U0499738

经时济世
继往开来
贺教育部
重大攻关项目
成果出版

季羡林
时年九十有八

教育部哲学社會科学研究重大課題攻關項目

“十四五”时期国家重点出版物出版专项规划项目

教育与经济发展：理论探索与实证分析

EDUCATION AND ECONOMIC DEVELOPMENT: THEORETICAL EXPLORATION AND EMPIRICAL ANALYSIS

杜育红 赵 冉

中国财经出版传媒集团

·北京·

图书在版编目（CIP）数据

教育与经济发展：理论探索与实证分析/杜育红等著．--北京：经济科学出版社，2024.6

教育部哲学社会科学研究重大课题攻关项目 “十四五”时期国家重点出版物出版专项规划项目

ISBN 978－7－5218－5428－2

Ⅰ.①教… Ⅱ.①杜… Ⅲ.①教育－关系－经济发展－研究－中国 Ⅳ.①G52

中国国家版本馆 CIP 数据核字（2023）第 247889 号

责任编辑：孙丽丽 撖晓宇
责任校对：刘 昕 王苗苗
责任印制：范 艳

教育与经济发展：理论探索与实证分析
杜育红 赵 冉 等著
经济科学出版社出版、发行 新华书店经销
社址：北京市海淀区阜成路甲 28 号 邮编：100142
总编部电话：010－88191217 发行部电话：010－88191522
网址：www. esp. com. cn
电子邮箱：esp@ esp. com. cn
天猫网店：经济科学出版社旗舰店
网址：http：//jjkxcbs. tmall. com
北京季蜂印刷有限公司印装
787×1092 16 开 32.5 印张 600000 字
2024 年 6 月第 1 版 2024 年 6 月第 1 次印刷
ISBN 978－7－5218－5428－2 定价：126.00 元
（图书出现印装问题，本社负责调换。电话：010－88191545）

总 序

哲学社会科学是人们认识世界、改造世界的重要工具，是推动历史发展和社会进步的重要力量，其发展水平反映了一个民族的思维能力、精神品格、文明素质，体现了一个国家的综合国力和国际竞争力。一个国家的发展水平，既取决于自然科学发展水平，也取决于哲学社会科学发展水平。

党和国家高度重视哲学社会科学。党的十八大提出要建设哲学社会科学创新体系，推进马克思主义中国化、时代化、大众化，坚持不懈用中国特色社会主义理论体系武装全党、教育人民。2016 年 5 月 17 日，习近平总书记亲自主持召开哲学社会科学工作座谈会并发表重要讲话。讲话从坚持和发展中国特色社会主义事业全局的高度，深刻阐释了哲学社会科学的战略地位，全面分析了哲学社会科学面临的新形势，明确了加快构建中国特色哲学社会科学的新目标，对哲学社会科学工作者提出了新期待，体现了我们党对哲学社会科学发展规律的认识达到了一个新高度，是一篇新形势下繁荣发展我国哲学社会科学事业的纲领性文献，为哲学社会科学事业提供了强大精神动力，指明了前进方向。

高校是我国哲学社会科学事业的主力军。贯彻落实习近平总书记哲学社会科学座谈会重要讲话精神，加快构建中国特色哲学社会科学，高校应发挥重要作用：要坚持和巩固马克思主义的指导地位，用中国化的马克思主义指导哲学社会科学；要实施以育人育才为中心的哲学社会科学整体发展战略，构筑学生、学术、学科一体的综合发展体系；要以人为本，从人抓起，积极实施人才工程，构建种类齐全、梯队衔接的高校哲学社会科学人才体系；要深化科研管理体制改革，发挥高校人才、智力和学科优势，提升学术原创能力，激发创新创造活力，建设中国特色新型高校智库；要加强组织领导、做好统筹规划、营造良好学术生态，形成统筹推进高校哲学社会科学发展新格局。

哲学社会科学研究重大课题攻关项目计划是教育部贯彻落实党中央决策部署的一项重大举措，是实施“高校哲学社会科学繁荣计划”的重要内容。重大攻关项目采取招投标的组织方式，按照“公平竞争，择优立项，严格管理，铸造精品”的要求进行，每年评审立项约40个项目。项目研究实行首席专家负责制，鼓励跨学科、跨学校、跨地区的联合研究，协同创新。重大攻关项目以解决国家现代化建设过程中重大理论和实际问题为主攻方向，以提升为党和政府咨询决策服务能力和推动哲学社会科学发展为战略目标，集合优秀研究团队和顶尖人才联合攻关。自2003年以来，项目开展取得了丰硕成果，形成了特色品牌。一大批标志性成果纷纷涌现，一大批科研名家脱颖而出，高校哲学社会科学整体实力和社会影响力快速提升。国务院副总理刘延东同志做出重要批示，指出重大攻关项目有效调动各方面的积极性，产生了一批重要成果，影响广泛，成效显著；要总结经验，再接再厉，紧密服务国家需求，更好地优化资源，突出重点，多出精品，多出人才，为经济社会发展做出新的贡献。

作为教育部社科研究项目中的拳头产品，我们始终秉持以管理创新服务学术创新的理念，坚持科学管理、民主管理、依法管理，切实增强服务意识，不断创新管理模式，健全管理制度，加强对重大攻关项目的选题遴选、评审立项、组织开题、中期检查到最终成果鉴定的全过程管理，逐渐探索并形成一套成熟有效、符合学术研究规律的管理办法，努力将重大攻关项目打造成学术精品工程。我们将项目最终成果汇编成“教育部哲学社会科学研究重大课题攻关项目成果文库”统一组织出版。经济科学出版社倾全社之力，精心组织编辑力量，努力铸造出版精品。国学大师季羡林先生为本文库题词：“经时济世　继往开来——贺教育部重大攻关项目成果出版”；欧阳中石先生题写了“教育部哲学社会科学研究重大课题攻关项目”的书名，充分体现了他们对繁荣发展高校哲学社会科学的深切勉励和由衷期望。

伟大的时代呼唤伟大的理论，伟大的理论推动伟大的实践。高校哲学社会科学将不忘初心，继续前进。深入贯彻落实习近平总书记系列重要讲话精神，坚持道路自信、理论自信、制度自信、文化自信，立足中国、借鉴国外，挖掘历史、把握当代，关怀人类、面向未来，立时代之潮头、发思想之先声，为加快构建中国特色哲学社会科学，实现中华民族伟大复兴的中国梦做出新的更大贡献！

教育部社会科学司

前　言

本书是在北京师范大学教育经济研究所承担的教育部哲学社会科学研究重大课题攻关项目“教育与经济发展关系及贡献研究”的研究成果基础上完成的。教育与经济发展的关系及贡献是教育经济研究的经典话题，亚当·斯密在《国富论》中就已经提出劳动力的技能是经济进步最强大的推动力量。许多古典经济学家都有关于教育或人力资本作为国家财富重要组成部分，以及教育或人力资本对经济的作用的论述。比较明确地提出人力资本的概念并具体测算了教育对经济增长贡献的是美国经济学家舒尔茨，于20世纪60年代测算了1939～1957年美国教育对经济增长的贡献。罗默、卢卡斯提出的内生经济增长模型内生化了技术进步与人力资本，发现技术进步与人力资本对长期经济增长的决定性作用。国内许多学者在分析了国外关于教育对经济增长作用的研究基础上，考察了中国改革开放40多年，甚至更早时期教育对经济增长的贡献。在这样的背景下我们再次开展教育与经济发展关系，以及教育对经济增长贡献研究的意义和价值是什么呢？随着课题组成员深入地分析教育与经济发展及教育对经济增长的贡献发现，实际上，不论是在理论上还是实践中都还有大量的问题没有解决。尤其是在中国经济进入“新常态”，进入跨向高收入国家后半程的新阶段，教育到底在未来一段时期经济发展中的作用是什么？未来一段时期教育发展的特点是什么？这些问题都需要从理论到实践给予回答。我们今天开展教育与经济发展的研究意义，一方面在于建立更一般的教育与经济增长的理论框架；另一方面，可以立足经济发展新常态背景下探讨教育与经济发展的关系以及优化路径。

关于教育对经济增长的贡献研究非常多，但纵观已有研究结论差异较大，原因主要在于资本、劳动力、人力资本等投入要素的精准计量以及估计方法上。由于对增长理论的前提约束条件探讨不足，大多数研究直接运用总量生产函数测算教育对经济增长的贡献，却往往忽视了其基本假定，其一是各行业的增加值函数完全相同，其二是不同行业之间每种资本或劳动的边际收益相等，满足以上假定才能直接用索洛余值法进行测算，但由于不同行业的生产模式不同，其生产函数形式往往不同，面对中国经济在劳动力无限剩余型的二元经济逐步发展的现实，很难满足该假定，从而造成教育对经济增长的贡献估计出现较大偏差。乔根森认为，差异化的来源是对实际产品和实际要素投入的测算不够精确，在精确计算基础上观察到的全要素生产率的影响是微不足道的，同时估算结果可比性的前提是不同行业之间要建立同质化的劳动力和资本投入。然而现有大部分研究并没有对投入要素的异质性进行处理，在资本和劳动力的测量上，用资本存量还是投资流量衡量资本投入，用受教育年限还是入学率衡量人力资本，已有研究在基础数据测算上的不准确，导致各类研究在估算结果上存在较大差异。此外，运用索洛余值法测算教育贡献的方法主要考虑了物质资本以及劳动力数量的贡献，但是由于回归结果并不能给出索洛残差的系数和显著性，还可能遗漏了全要素生产率中重要的增长来源，遗漏变量将带来对全要素生产率贡献的高估。新经济增长理论认为经济增长主要源于人力资本积累或技术进步，因此如何从全要素的贡献率中分离出教育、人力资本等因素的贡献份额也成为应用索洛余值法的核心问题。

过去 40 多年，中国经济快速发展，取得了举世瞩目的成就，走过了西方发达国家上百年，甚至是几百年的发展历程。中国经济发展的许多方面无法用近几十年发展起来的西方经济理论来解释。同样，教育、人力资本与经济增长的关系，也需要一种站在更高角度进行分析的理论。因此，本书中我们更加关注教育对经济增长贡献的理论逻辑分析，从人力资本概念和人力资本理论发展的过程出发，全面理清了人力资本的内涵、增长机制及其对经济增长的作用机制，尤其是卢卡斯强调的人力资本的外部效应，即脱离个体而存在的人力资本的社会遗传，人力资本促进各种生产要素相互作用的综合效应，以及这种效应对整个社会人力资本水平的影响的社会效应的阐释。罗默关注到人力资本的存量决定了知识与技术的增长，而且知识与技术的积累越多，其边际收益越大。赫克曼提出了一个全生命周期的学习与技能形成的动态分析框架，他的全生命周期动态人力资本理论关注了两方面的关键点，其一是认为人力资本投资是一种滚动的过程，前期的投资会影响后期的投资的效率，即前期与后期的互补性，另一个关键点则是强调了非认知能力的重要性，认为非认知能力与认知能力同样重要。

同时，在梳理人力资本理论发展历程后，结合经济增长理论、国民经济核算理论，以及增长要素分析方法等理论与方法的发展，我们总结了教育对经济增长作用的理论机制。在各个经济增长模型中，教育实际上是人力资本的代名词，教育对经济增长的贡献既有劳动投入要素质量提升的作用，也有人力资本外部性对整体创新能力边际递增的影响，还有人力资本对技术创新的直接作用，对追赶型经济技术吸收能力的影响。另外，从中国二元经济的特点看，资本快速积累也得益于劳动力的无限供给。在深挖各种理论与方法的内在逻辑及其存在的问题后，结合中国改革开放40多年发展的阶段特征，本书尝试提出符合中国经济社会发展实际的教育对经济增长贡献的测量框架。

从中国经济发展的特定阶段来看，我们还关注迈向中等收入陷阱的后半程这样一个全方位的变革中教育的作用是什么，如何通过教育促进中等收入陷阱的跨越？理解这一问题必须从人力资本理论、教育发展与经济发展、技能偏向型技术进步与教育需求、产业结构就业结构与教育需求、教育供给与技术进步路径的选择等分析框架和主要问题出发。在中国跨越中等收入陷阱的过程中，经济结构的升级与技术创新是关键，经济结构升级与技术创新必须以劳动力素质的提高为基础，必须不断加大教育投入，不断提高教育质量，尤其是高等教育和职业技术培训。在中美贸易摩擦、科技战的背景下，提升中国科技的自主创新能力成为中国进一步发展的决定性要素。跨国公司全球化经营与产业链配置提高了全球生产的效率，改变了全球的经济图景。中国经过40多年的高速增长仍然没有实现人均收入的高增长与新型的全球化密切相关。这种全球化的生产链对教育与人力资本对不平等的影响也带来了重要的影响，对发展中国家教育与人力资本的需求以及其作用于收入分配的机制带来了不同于以往的影响。

因此，本书还探讨了教育和收入分配、教育和社会流动的关系，教育既可以促进人力资本的增长，也可以作为社会流动与劳动力市场的筛选工具。从社会资源有效配置与实现共同富裕的大格局看，如果是作为筛选工具的教育，不仅不能缩小收入差距，反而会成为扩大收入差距的推手，一定是充分发挥人力资本促进功能的教育才可以促进社会流动，改善收入分配。我们重点考察了高等教育扩展过程中教育机会不平等的问题，自 1977 年恢复高考以来，高等教育扩展逐步加速，尤其是 1998 年之后高等教育进入了快速扩展阶段，高等教育入学机会不平等趋势在不同层面表现出不同的特征。近年来，对优质高等教育的入学机会省际不平等的争议日益高涨，基尼系数分析发现大部分省份和大学的入学机会分配存在严重的省际不平等。从高等教育入学机会的地域差异上，专科和普通本科是高等教育入学机会省际不平等的主要来源，而“211”大学和“985”大学的贡献率不到 4%。

2021 年我国人均 GDP 达到 80 976 元，按年平均汇率折算达 12 551 美元，超过世界人均 GDP 水平，达到了国际组织（世界银行）高收入国家的门槛水平，但与发达国家人均 GDP 的 4 万美元，甚至是 5 万元的水平相比，我们还相差很远，我们还没有真正走出中等收入陷阱。我国过去 40 多年经济增长奇迹在很大程度上取决于劳动力的充分供给，由劳动年龄人口比重和人口抚养比带来的人口结构变迁将对中国经济发展跨越中等收入陷阱产生重要冲击。与此同时，人口变动也将影响教育的发展，生育率的下降使不同教育层次结构的生源规模缩小，同时，人口年龄结构老龄化也对不同教育类型（普通教育、职业教育）的需求和供给产生影响。因此，必须在充分把握中国人口规模与结构变化趋势的基础上，充分考虑人口变动对教育和经济发展的影响及相互作用，合理做好前瞻性的教育发展规划。在人口变动、经济对教育发展的影响以及教育、技术进步与经济增长关系的研究过程中，我们剖析了中国改革开放以来，各阶段教育与经济发展两者之间存在的问题，并提出在经济发展新常态背景下，合理可行的政策优化路径以及学术界未来应当关注的方向。

基于以上研究框架，本书系统探讨了改革开放以来教育对我国经济增长作用的理论机制，教育对经济增长贡献的测量框架，迈向中等收入陷阱的后半程变革中教育的作用，教育与收入分配，教育与社会流动的关系，人口变动、经济对教育发展的影响以及教育、技术进步与经济增长的关系。从企业部门角度看，人力资本的总贡献率达到了65.85%，教育的贡献率为38.21%，且在不同部门之间教育的贡献率呈现显著差异，在资本技术密集部门中教育的贡献率最低，为25.67%。如何实现中国从中等收入国家向高收入国家转型这一宏伟的目标，需要我们更加深入地研究教育和人力资本在经济增长与收入分配中的深层逻辑，需要我们更加深入地研究产业结构升级的机制，需要我们更加准确地估算教育的贡献，在不断完善体制机制的过程中，实现经济增长方式转型升级的战略目标。

诚然，本书是基于集体智慧的劳动成果，参与本书的同仁们围绕教育与经济发展这一选题开展了大量的研究工作，付出了辛勤的汗水，在此表示敬意和感谢！具体各部分的研究撰写者如下：第一章至第四章，杜育红、赵冉；第五章，胡咏梅、梁文艳、唐一鹏、袁玉芝；第六章，杜育红；第七章，杜育红、王少义、周金燕；第八章，王少义；第九章，杜育红、岳志强；第十章，梁文艳；第十一章，曹淑江、马丁、杜屏、曹浩文、孙旭、袁玉芝。同时感谢教育经济研究所周镭、韩旭、赵相尧、孙旭、盛宇鑫等同学在数据处理与材料搜集方面的贡献。

摘　要

改革开放40多年来，中国经济年均GDP增长率在9%以上，对世界经济增长的贡献达到30%，中国用40年的时间实现了许多国家上百年，甚至是几百年才实现的飞跃。探讨中国40年经济快速增长过程中教育与人力资本的作用，有助于在更可见的时间范围内看清教育与人力资本在经济增长过程中的作用。很多学者从中国经济增长的实际情况出发，对教育在经济增长中的作用和贡献开展了大量的研究，并得到了很多有价值的结论，但同时也存在着众说纷纭、各不一致的现象。随着研究工作的不断深入，课题组成员对这一问题的挖掘也越来越深入。我们重点关注了三方面的问题。首先，我们深入探讨教育对经济增长的贡献，通过全面回顾现代经济增长理论的发展脉络，归纳总结了教育对经济增长的理论机制，在面向2035教育高质量发展背景下，提出了教育对经济增长贡献测量的理论框架；其次，在经济发展过程中，我们还关注了我们从中等收入水平向高收入水平迈进过程中的收入分配、收入不平等以及社会流动问题，在许多教育对收入分配作用的研究中没有将教育扩展过程中教育机会不平等效应剥离出来，从而得出了教育扩展也会导致收入不平等的错误结论；最后，教育与经济增长的关系是双向的，经济社会的飞速发展又影响着教育发展的目标、过程和结果，正在经历经济的转型与升级的新时代中国经济发展需要什么样的教育与人力资本来支撑，同时教育与经济增长如何更好地与其他社会因素互动共进，本书将针对以上问题进行探讨。为了与大家分享我们在五年多的时间里开展教育与经济发展关系及贡献研究的体会与经验，全书由十一章构成，深度剖析了教育对经济增长的作用机制和贡献（第一章至第五章），教育对收入分配、不平等和社会流动的影响（第六章至第九章）以及经济发展、人口变动与技术进步对教育需求的影响（第十章至第十一章）。

首先，第一部分我们充分探讨了教育对经济增长的作用和贡献，第一章在对人力资本理论的演变历程、概念内涵及各种测算方法进行梳理后，就我国不同阶段教育发展水平及人力资本存量状况进行了分析。改革开放以来，我国劳动力整体受教育水平不断提高，从基本完成小学教育阶段的5年左右提升到10年以上。利用J－F收入法测量的全国实际人均人力资本在1985～2019年呈现出增长态势，从4.37万元增至47.44万元，增长约10倍。中国在1985～2019年的实际人均人力资本年均增长率为7.49%左右。以往的研究模型多是从单一的理论出发，在进一步完善人力资本内涵的背景下，我们可以更加准确全面地考察教育和人力资本的贡献。第二章沿着现代经济增长理论的发展脉络，探讨教育对经济增长贡献研究的代表性观点，寻找各种理论与方法的内在逻辑及其存在的问题，归纳总结教育在经济增长中的作用机制。中国作为一个后发追赶型的二元经济，40多年的发展很难用西方经济学的某一理论解释，探讨教育与经济增长的关系需要建构统一的符合中国经济发展特色的理论框架，因此基于中国改革开放40多年以来经济与教育发展的特定背景，提出了符合中国经济社会发展实际的分行业部门测算教育对经济增长贡献的理论框架。第三章我们基于我国改革开放以来构建的经济增长贡献框架，分别按照新古典模型总量生产函数进行估计的经典方法和我们基于理论框架构建的分行业测算的方法，以及从企业部门的角度测算教育对经济增长的贡献。我们使用新古典总量生产函数作为测算与比较的基础，使用行业数据测算的结果表明教育在不同行业的贡献率存在显著差异，在劳动密集型行业中教育的增长率最快，使用行业内平均受教育年限测量的教育贡献率在劳动密集型行业中的贡献为1.72%，在资本密集型行业的贡献为7.53%，在知识密集型行业中教育的贡献为5.04%，在非知识密集型行业中教育的贡献为3.53%。考虑到数据的可得性，我们运用企业数据进一步测算了技术要素对教育在经济增长中贡献的作用。进一步地，我们测算了不同时期内教育的贡献，研究发现，2011～2020年教育的贡献率越来越大，从17.44%增加到32.48%。在教育对经济增长的贡献中，来自技术创新的贡献率从0.79%增加到1.28%，并呈不断上升趋势。第四章是教育对经济增长作用机制的实证检验，利用中国30个省（区、市）的面板数据实证探讨了教育人力资本在我国经济增长中的作用机制，发现教育人力资本既可以作为生产要素直接促进经济增长，又可以通过推动技术进步促进经济增长。初级教育人力资本更多地通过要素积累促进经济增长，高级教育人力资本更多地通过技术创新促进经济增长。教育人力资本的存量决定了技术创新的水平。教育与物质资本之间存在互补性，一个地方的教育人力资本水平决定了其能否吸引到更多的资本，物质资本对经济增长的贡献中有一部分可以归功于教育。第五章探讨了教育质量与经济增长的关系，在人力资本理论框架下，利用国际学生测评结果衡量教育质量，弥补了绝大多数研究使用国民受教育年限等数量指标衡量人力资本水平带来的偏差，以期全面和准确揭示经济增长逻辑。

其次，在第二部分教育与经济发展关系研究中，我们重点关注了我国从中等收入水平向高收入水平迈进过程中的收入分配、收入不平等以及社会流动问题。第六章首先探讨如何理解中等收入陷阱的概念，然后分析教育在国家跨越中等收入陷阱过程中的作用框架，最后进一步考察中国跨越中等收入陷阱的策略及其教育的作用。第七章在简要回顾收入分配理论，以及中国收入分配政策变化过程的基础上，分析教育与收入分配的作用机制，进而提出中国教育与收入分配分析的逻辑框架。关于教育对不平等和社会流动的影响，第八章考察了高等教育扩张与教育机会不平等现象。第一，对高等教育入学机会进行分类；第二，分析录取率以说明高等教育扩展状况；第三，分析录取率存在的问题，提出以当年入学率作为省际高等教育入学机会的测量指标；第四，进一步计量高等教育入学机会省际不平等程度，分析在高等教育扩展背景下不同层次高等教育入学机会省际不平等程度及其对总体不平等的贡献；第五，部属“211”大学和“985”大学入学机会的省际不平等备受争议，因此分别计算了每所部属“211”大学和“985”大学入学机会分配的省际不平等程度及其对部属“211”大学和“985”大学总体省际不平等程度贡献率。对高等教育入学机会省际不平等的来源分解发现专科对省际不平等的贡献率最大，普通本科是高等教育入学机会省际不平等的第二大来源，并且对总体省际不平等的贡献率呈现出增长的趋势，2010 年普通本科入学机会每增加 1%，省际不平等程度将下降 0.044%。与专科和本科相比，“211” 大学和 “985” 大学对总体省际不平等的贡献率极其有限，而且贡献率在下降，这两类大学入学机会每增加 1%，将使高等教育入学机会的省际公平性增加 0.007% 左右。同样，教育对社会流动的作用也是教育在经济社会发展过程中作用的一个重要方面。第九章首先论述社会流动的内涵以及如何测量，然后分析教育能否促进社会流动，随后结合相关理论和文献对教育在代际流动中作用机制进行理论分析，最后进行了高等教育促进代际流动的实证研究。

最后，我们在第三部分进一步讨论了经济发展对教育需求的影响。本书第十章探寻了人口变动与教育以及经济发展之间的关系。首先，基于六次人口普查数据，在重点考察人口政策松动以及人口城镇化进程两项因素后，对 2015 ~ 2030 年中国人口规模和结构进行预测；随后讨论了中国人口结构转变对经济发展的影响，论证了教育和人力资本是应对人口年龄结构老化的关键；其次，分析了人口变动对教育需求的影响，以基础教育为例讨论了人口老龄化对公共教育投入的挑战；最后，以学前教育和义务教育阶段为例，基于适龄人口规模和分布的变动，尝试制定教育发展规划。研究发现，如果能在考虑适龄人口波动的基础上提前做出预判和规划，不仅能使教育发展的供给和需求得到满足，而且能够促进教育质量和办学水平提升。第十一章则重点考察了技术进步这一因素，构建了一个同时以技术水平和教育水平为自变量的模型，综合考虑二者之间的相互作用，以对 “K－L之谜” 做出解答。随后分析了人力资本视角下技能的定义、分类及测量，并选取劳动力市场中的典型职业——计算机程序员，进一步讨论技术变化对技能需求的影响，研究发现劳动力市场中典型的以非常规分析型任务为主、强调认知技能的计算机程序员岗位，对非认知技能有较高的需求与回报。其中，团队合作技能以及社交能力是需求最强烈的非认知技能。进一步从需求与供给角度出发，探究劳动力市场中技能错配的情况。总体上，劳动者过度技能和技能不足的发生率略低于过度教育和教育不足的发生率；有30%的劳动者至少发生了一种教育错配或者技能错配；随着过度教育转为教育适切，过度教育的发生率下降，并且技能不足的发生率随之上升，教育匹配状况与技能匹配状况之间存在明显的关联。

教育、人力资本与经济发展的关系是教育经济学也是经济增长研究关注的核心问题。由于教育在经济发展中的作用机制十分复杂，准确测算教育对经济增长的贡献无论是从理论还是实证方法上都是极其复杂且具有挑战性的。本研究基于中国从计划经济向市场经济转型以及改革开放40多年来中国经济社会发展中产业结构不断升级的特点，重点考察了教育和人力资本在不同产业部门的贡献，基于部门的测算可以更好地刻画教育和人力资本对中国经济增长的贡献。通过对企业层面数据的剖析，更好地刻画出了教育对技术创新的作用，更好地从总体上描绘出改革开放过程中从计划经济向市场经济转型的制度效应以及产业升级的效应。尤其是我们重点关注了在经济发展过程中教育和人力资本对效率提升和创新的作用，这将对未来我国进一步实现创新驱动发展具有重要意义。

Abstract

Over the past 40 years of reform and opening-up, the average annual GDP growth rate in China has been over 9%, and its contribution to world economic growth has reached 30%. China has achieved a leap that many countries took a hundred or even hundreds of years to achieve in 40 years. Exploring the role of education and human capital in the process of China's 40-year rapid economic growth is helpful to see clearly the role of education and human capital in the process of economic growth in a more visible time range. Based on the actual situation of China's economic growth, many scholars have done a lot of studies on the role and contribution of education in economic growth, and obtained many valuable conclusions. At the same time, there are also different opinions and inconsistent phenomena. With the deepening of the research work, the members of the study group are digging deeper and deeper into this issue. We have focused on three aspects. First of all, we deeply discussed the contribution of education to economic growth, summarized the theoretical mechanism of education to economic growth by comprehensively reviewing the development context of modern economic growth theory, and put forward a theoretical framework for measuring the contribution of education to economic growth under the background of high-quality development of education by 2035; Secondly, in the process of economic development, we also pay attention to the income distribution, income inequality and social mobility in the process of stepping from middle income level to high income level. In many studies on the role of education in income distribution, the unequal effect of educational opportunities in the process of educational expansion has not been separated, thus drawing the wrong conclusion that educational expansion will also lead to income inequality. Finally, the relationship between education and economic growth is two-way, and the rapid development of economy and society affects the goal, process and result of education development. What kind of education and human capital is needed to support China's economic development in the new era of economic transformation and upgrading, and how education and economic growth can better interact with other social factors? This book will discuss the above issues. In order to share with you our experience in studying the relationship and contribution between education and economic development in more than eight years, this book consists of eleven chapters, which deeply analyze the mechanism and contribution of education to economic growth (chapter 1 to chapter 5), the influence of education on income distribution, inequality and social mobility (chapter 6 to chapter 9) and the influence of economic development, population change and technological progress on education demand (chapter 10 to chapter 11).

In the first part, we fully discussed the role and contribution of education to economic growth. In the first chapter, after sorting out the evolution process of human capital theory, the concept connotation and various calculation methods of human capital, we analyzed the current situation of education development and human capital stock in different stages in China. Since the reform and opening up, the overall education level of China's labor force has been continuously improved, and the length of education has been increased from about 5 years of basic completion of the primary school to more than 10 years. From 1985 to 2019, the national real per capita human capital measured by J-F income method showed a growth trend, from 43 700 yuan to 474 400 yuan, an increase of about 10 times. The average annual growth rate of real per capita human capital in China from 1985 to 2019 is about 7.49%. Previous research models are mostly based on a single theory. Under the background of further improving the connotation of human capital, we can examine the contribution of education and human capital more accurately and comprehensively. In the second chapter, along the development of modern economic growth theory, we discusses the representative viewpoints of the research on the contribution of education to economic growth, looks for the inherent logic and existing problems of various theories and methods, and summarizes the mechanism of education in economic growth. As a catching-up dual economy, China's development for more than 40 years is difficult to be explained by a certain theory of western economics. To explore the relationship between education and economic growth, it is necessary to construct a unified theoretical framework that conforms to the characteristics of China's economic development. Therefore, based on the specific background of China's economic and educational development for more than 40 years of reform and opening up, this book puts forward a theoretical framework for measuring the contribution of education to economic growth by different sectors in line with the actual economic and social development of

China. In the third chapter, based on the economic growth contribution framework constructed since China's reform and opening up, we estimate the contribution of education to economic growth according to the classical method of estimating the total production function of neoclassical model, and the method of calculating by different sectors based on our theoretical framework and from the perspective of enterprise departments. We use neoclassical total production function as the basis of calculation and comparison. And the result of calculation using industry data shows that there are significant differences in the contribution rate of education in different industries, and the growth rate of education is the fastest in labor-intensive industries. The contribution rate of education measured by the average years of education in industries is 1.72% in labor-intensive industries, 7.53% in capital-intensive industries, 5.04% in knowledge-intensive industries and 3.53% in non-knowledge-intensive industries. Considering the availability of data, we use enterprise data to further measure the role of technical factors in the contribution of education to economic growth. Furthermore, we measured the contribution of education in different periods, and found that the contribution rate of education increased from 17.44% to 32.48% from 2011 to 2020. The contribution rate from technological innovation has increased from 0.79% to 1.28%, showing a rising trend. The fourth chapter includes an empirical test of the mechanism of education on economic growth, which used the panel data of 30 provinces (cities, districts) in China to explore the mechanism of education human capital on China's economic growth. It is found that education human capital can not only directly promote economic growth as a factor of production, but also promote economic growth by promoting technological progress. Primary education human capital promotes economic growth more through factor accumulation, while advanced education human capital promotes economic growth more through technological innovation. The stock of education human capital determines the level of technological innovation. There is complementarity between education and material capital. The level of education human capital in a place determines whether it can attract more capital. Part of the contribution of material capital to economic growth can be attributed to education. The fifth chapter discusses the relationship between education quality and economic growth. Under the framework of human capital theory, the quality of education is measured by the results of international students' evaluation, which makes up for the deviation caused by using quantitative indicators such as national education years to measure the level of human capital in most studies, with a view to comprehensively and accurately revealing the logic of economic growth.

In the second part, in the study on the relationship between education and economic development, we focus on income distribution, income inequality and social mobility in the process of stepping from middle income level to high income level. The sixth chapter first discusses how to understand the concept of middle-income trap, then analyzes the framework of rhe role of education in the process of the country crossing the middle-income trap, and finally further examines China's strategy of crossing the middle-income trap and the role of education. The seventh chapter briefly reviews the theory of income distribution and the changing process of China's income distribution policy, analyzes the mechanism of education on income distribution, and then puts forward the logical framework of analysing China's education and income distribution. With regard to the influence of education on inequality and social mobility, the eighth chapter investigates the phenomenon of higher education expansion and unequal educational opportunities. Firstly, we classify the opportunities of higher education entrance; Secondly, we analyze the admission rate to explain the expansion of higher education; Furthermore, by analyzing the problems existing in the admission rate, this book puts forward that the enrollment rate of the current year should be used as the measurement index of the admission opportunity of inter-provincial higher education; Next, we further measures the inter-provincial inequality of higher education enrollment opportunities, and analyzes the inter-provincial inequality of different levels of higher education enrollment opportunities and its contribution to the overall inequality under the background of higher education expansion; Finally, the inter-provincial inequality of the enrollment opportunities of the universities of Project 211 and Project 985 under the Ministry of Education is controversial, so the inter-provincial inequality of the enrollment opportunities of each universities and its contribution rate to the overall inter-provincial inequality are calculated respectively. The result of the decomposition of the sources of the inter-provincial inequality of higher education admission opportunities shows that the junior college education contributes the most. The normal undergraduate education is the second largest source. And the contribution rate to the overall inter-provincial inequality shows an increasing trend. In 2010, the inter-provincial inequality will decrease by 0.044% for every 1% increase in the admission opportunities of normal undergraduate. Compared with junior college education and normal undergraduate education, the contribution rate of universities of Project 211 and Project 985 to the overall inter-provincial inequality is extremely limited, and the contribution rate is declining. Every 1% increase in admission opportunities of these two types of universities will increase the inter-provincial equity of higher education admission opportunities by about 0.007%. Similarly, the role of education in social mobility is also an important aspect in the process of economic and social development. The ninth chapter first discusses the connotation of social mobility and how to measure it, then analyzes whether education can promote social mobility, then theoretically analyzes the mechanism of education in intergenerational mobility by combining relevant theories and documents, and finally makes an empirical study on the promotion of intergenerational mobility by higher education.

In the third part, we further discuss the influence of economic development on education demand. Chapter 10 of this book explores the influence of population change on education and economic development. Firstly, based on the six census data, the population size and structure of China during 2015 – 2030 are predicted after focusing on two factors: the loosening population policy and the process of population urbanization. Then, we discussed the influence of China's demographic transition on economic development, and demonstrated that education and human capital are the key to deal with the population aging. Furthermore, the influence of population change on education demand is analyzed, and the challenge of population aging on public education investment is discussed with elementary education as an example. Finally, taking pre-school education and compulsory education as examples, based on the changes in the size and distribution of the school-age population, this book tries to make education development plans. It is found that if the pre-judgment and plans can be made in advance on the basis of considering the fluctuation of school-age population, not only the supply and demand of education development can be met, but also the quality of education and the level of running schools can be improved. The chapter 11 focuses on the factor of technological progress, constructs a model with both technical level and education level as independent variables, and comprehensively considers the interaction between them to answer the "K-L puzzle" . Then, we analyzes the definition, classification and measurement of skills from the perspective of human capital, and selects a typical occupation in the labor market, computer programmer, to further discuss the impact of technological changes on the skills demand. It is found that the typical computer programmer position in the labor market, which focuses on unconventional analytical tasks and emphasizes cognitive skills, has high demand and reward for non-cognitive skills. Among them, teamwork skills and social skills are the most demanding non-cognitive skills. From the perspective of demand and supply, this book further explores the skill mismatch in the labor market. Generally speaking, the incidence of workers' over-skill and under-skill is slightly lower than that of over-education and under-education. 30% of workers have at least one educational mismatch or skill mismatch. With the transition from over-education to education appropriateness, the incidence of over-education decreases, and the incidence of skill deficiency increases. There is an obvious correlation between the education matching and skill matching.

The relationship among education, human capital and economic development is the core issue of educational economics and economic growth research. Because the mechanism of education to economic development is extremely complicated, it is complicated and challenging to accurately measure the contribution of education to economic growth, both theoretically and empirically. Based on the characteristics of China's transition from planned economy to market economy and the continuous upgrading of industrial structure in China's economic and social development in the past 40 years of reform and opening up, this study focuses on the contribution of education and human capital in different industrial sectors. The calculation based on sectors can better describe the contribution of education and human capital to China's economic growth. Through the analysis of enterprise-level data, it better depicts the role of education in technological innovation, and better depicts the institutional effect of the transition from planned economy to market economy and the effect of industrial upgrading in the process of reform and opening up. In particular, we focus on the role of education and human capital in improving efficiency and innovation in the process of economic development, which will be of great significance to further realize innovation-driven development in China in the future.

目录

Contents

Contents

第一章

人力资本与教育发展

人力资本作为衡量人口规模、结构和质量的综合指标，决定了国家和地区经济增长的速度和质量。20 世纪 60 年代经济学家舒尔茨（T. W. Schultz）和贝克尔（G. S. Becker）创立了人力资本理论，主张经济增长依赖于资本（包括物质资本和人力资本）的积累、资本使用效率以及技术进步。20 世纪 80 年代，以卢卡斯（R. Lucas）和罗默（P. Romer）为代表的内生经济增长理论认为人力资本能够促进新思想的产生，带来创新，促进技术进步，人力资本是促进经济长期持续增长的重要源泉。以赫克曼（Heckman）等为代表的新人力资本理论开启了以能力为核心刻画人力资本异质性的研究框架，并基于生命周期视角回答了在个体一生每一阶段社会生活中能力的作用。

教育是人力资本积累的重要途径，同时也是提升效率、促进技术进步的重要因素。教育、人力资本与经济增长的关系是教育经济学家一直关注的重要问题之一。2021 年我国人均 GDP 达到 80 976 元，按年平均汇率折算达 12 551 美元，超过世界人均 GDP 水平，正处于向高收入国家迈进的新阶段。当前，中国正在推进的供给侧结构性改革核心其实就是教育与人力资本的提升。我们有什么样的人，决定了我们有什么样的技术以及会拥有什么样的技术生产者，进而决定了我们能够生产出什么样的产品和提供什么样的服务。教育与人力资本是现代经济增长的核心。正在经历经济的转型与升级的新时代中国经济发展需要什么样的教育与人力资本来支撑需要从理论到实践给予回答。

本章首先回顾了人力资本理论的发展过程，讨论了人力资本理论面临的挑战与未来发展；其次，从人力资本的内涵及其经济价值角度对比分析各种测算方法的理论依据和估算思想，对现有的典型研究做了一个较为清晰的系统梳理，基于成本法、收入法和指标法对比讨论了近年来我国人力资本测度的部分数据，完善的人力资本内涵框架将为我们准确回答教育和人力资本的作用与贡献奠定基础。

第一节　人力资本理论的发展

2020年是人力资本理论提出60周年，在过去60年里人力资本理论不断发展，对经济发展、社会发展以及人的发展都产生了极其深远的影响。人力资本理论是社会科学中为数不多的不仅在理论上不断发展，而且对政府的政策及个人生活产生广泛而深远影响的理论。今天，当人类社会正走进以人工智能等新技术引领的第四次产业革命之际，回顾人力资本发展的历程，梳理人力资本做出的贡献，进而在第四次工业革命来临之际，进一步推动人力资本理论的发展具有重要意义。

一、舒尔茨对人力资本理论的贡献

西奥多·舒尔茨（Theodore W. Schultz）被称为“人力资本之父”，是公认的人力资本理论的提出者，我们今天纪念人力资本理论提出60周年也主要是基于他在1960年12月28日发表的美国经济学会的主席演讲。这篇演讲的主题是人力资本投资，后来发表在《美国经济评论》（*The American Economic Review*）1961年第1期。在这篇文章中舒尔茨回答了四方面的问题：第一，为什么经济学家一直回避对人的投资问题？第二，对于人力资本对经济增长的贡献怎么看？第三，人力资本投资的范围与内容是什么？第四，人力资本理论的政策意义是什么？

对于为什么经济学家一直回避对人的投资问题，舒尔茨指出，经济学家一直都将人作为国家财富的重要组成部分，但没有重视的是人们对自身进行投资，而且这些投资是巨大的。经济学家忽视这一问题的原因是根植于人们思想深处的道德与哲学束缚，自由的人不再被看作经济的奴隶，不再是可以在市场上买卖的财产。把人作为可以通过投资而增长的财富，这一观念与人类社会长期以来争取自由的成就相抵触。他形容经济学家：每当他们接近这一问题，就会小心翼翼地试探，好像走进了深水区。在经济史上，亚当·斯密（Adam Smith）、阿尔弗雷德·马歇尔（Alfred Marshall）、欧文·费雪（Irving Fisher）都讨论过将人作为国家财富与资本的问题，但都没有将人纳入经济学的核心内容。经济学家忽视人力资本投资的另一个原因是，如果把劳动力仅仅看作一些天赋能力的同质体，与资本没有任何关系，在劳动力的边际生产力分析中会极为方便。

关于人力资本对经济增长的贡献，舒尔茨认为，一旦将人力资本纳入经济增长的分析，就会解决那些经济增长研究中面临的悖论与困惑。他用人力资本解释经济增长的逻辑，首先从劳动力市场上不同类型劳动者的收入的差别入手，他发现教育与健康因素是收入差别的主要原因，并进一步明确收入存在差别的原因是劳动生产率的差异。

基于对收入及劳动生产率差别这样的认识，舒尔茨回答了当时关于经济增长的三个困惑：一是从长期看资本收入比的变化异常问题；二是国民收入增长远远快于资源的增长；三是无法解释的劳动者实际收入的增长。在舒尔茨看来，资本收入比之所以没有因资本深化而上升，是因为计算资本收入比的资本没有包含人力资本，而人力资本增长的速度大大高于物力资本，也高于收入的增长速度。对于美国国民收入的增长速度高于各类投入要素的增长速度，而且差异越来越大的问题，舒尔茨认为，尽管存在规模收益提高等原因，但最重要的原因仍是劳动力质量，即人的能力的提升。劳动者实际收入的增长的根本原因是对劳动者人力资本投资带来的单位时间劳动生产率的提升。

对于人力资本的范围与内容，舒尔茨提出的问题是：什么是人力资本投资？其与消费的区别是什么？如何辨别与测量人力资本？舒尔茨认为，人力资源包括劳动力数量与质量，他主要关注的是能够提高劳动生产率的人的技能、知识等方面。对于如何测量人力资本投资，舒尔茨提出，可以像物力资本一样，以形成人力资本的费用作为测量标准。但是这种方法的缺点是无法区分用于人的费用中哪些是投资因素，哪些是消费因素？解决这一问题的可行方法是通过产出测量，而不是投入。人力资本投资形成的技能提升会提高劳动者的收入，因而可以用劳动者收入的提高作为人力资本的测量。

舒尔茨指出，提升劳动者生产能力的活动包括五个方面：第一，与劳动者健康相关的活动；第二，公司的在职培训；第三，正式的学校教育；第四，成人学习项目；第五，个人和家庭为工作机会而进行的迁徙。对于上述五类人力资本投资活动，他重点分析了正式学校教育投资。

舒尔茨认为，教育的成本不仅包括学校运行的各类直接费用，还包括学生因上学而放弃的收入，即机会成本。如果把教育作为纯粹的投资活动，人力资本的总量与增长速度就成为解释经济增长问题的关键。在中等教育和高等教育快速扩展的背景下，教育的收益率一直保持在物力资本投资收益率的水平之上。美国1929～1956年国民收入增量中，有3/5无法解释，其中很大一部分是由教育的收益带来的。

依据人力资本理论，舒尔茨提出了九条他认为非常大胆的政策建议："当提出一种理论的社会意义与政策建议时，实际是将自己置于非常危险的处境。传统的做法是闪烁其词隐藏其真正的价值观，用学术的无邪将自己保护起来。我不想这样，我会毫无保护地提出自己的建议。"可见舒尔茨是一位具有强烈社会责任感的学者，敢于从自己的研究出发提出社会改进的建议。可能也正是他的这种精神，才使人力资本理论产生了广泛的社会影响。

他的九条建议包括：(1) 改进税法以支持人力资本投资；(2) 人力资本的闲置不仅是劳动收入的损失，也是人力资本投资的浪费；(3) 促进职业的自由选择，以减少由种族、宗教等因素造成的职业选择障碍；(4) 由于人力资本投资比物力资本投资面临着更不完善的资本市场，需要建立学生贷款等支持人力资本投资的制度；(5) 政府应投资支持劳动力的迁移，降低迁移成本与障碍，让已经进入劳动力市场的个人与家庭更好地配置到效率最高的地方；(6) 改变过去只看结果不看原因的做法，加大对低收入群体的人力资本投资；(7) 尽管某些人才或技能可能存在过剩，但由于教育投资面临太多的不确定性，而且教育投资不像物力资本投资依靠市场的快速反应，往往需要较长的政治与文化过程，往往得不到应有的投资，需要加大对教育的投资；(8) 公共投资于普通教育的一个重要的收益是这种投资实际上起到了累进税的作用，政府投资于普通教育是一种改进收入分配的有效的途径；(9) 建议发展中国家在重视工业化过程中物力资本投资的同时重视人力资本投资，这样才能真正实现农业与工业的现代化。

舒尔茨是一位发展经济学与农业经济学家，他在对发展经济学与经济增长理论的研究中发现了人力资本的价值，并突破根植于人们思想深处的羁绊，正式提出人力资本的概念，第一次将人力资本纳入了经济学的分析体系，解释了长期困扰经济学家的三个增长之谜。他大胆地提出的九条政策建议很多已经成为世界上多数国家的政策，对整个世界的经济社会与教育发展产生了深远的影响。

二、贝克尔对人力资本理论的贡献

加里·贝克尔（Gary S. Becker）是另一位对人力资本理论作出里程碑式贡献的学者。舒尔茨从经济增长与发展的宏观视角发现了人力资本理论，贝克尔则是建立了微观决策的人力资本理论。詹姆斯·赫克曼（James J. Heckman）在纪念贝克尔的文章《作为经济科学家的贝克尔》（Gary Becker: Model Economic Scientist）开头就说：贝克尔通过拓宽经济学家研究的问题，通过创新研究框架，改进了经济学。人力资本理论的微观决策分析是贝克尔的突出贡献之一。1962年贝克尔在《政治经济学杂志》（*The Journal of Political Economy*）上发表了《人力资本投资：一个理论的分析》（Investment in Human Capital：A Theoretical Analysis），建立了人力资本微观决策理论的分析框架，不仅丰富了人力资本理论，而且带动了海量的后续研究。

贝克尔写这篇文章的初衷是为估计教育收益率梳理一个简单的投资分析框架，但他很快就发现建立一个普遍适用的人力资本投资理论的重要性，因为很多实证研究提供了大量的相互矛盾、无法解释的现象。贝克尔选择了在职培训作为其建立人力资本投资理论的载体。之所以选择在职培训，不是因为在职培训比其他类型的人力资本投资重要，而是因为在职培训可以最好地呈现人力资本投资理论几乎所有关键的变量。

贝克尔对在职培训的分析基于完全竞争的市场理论。他的分析构建了在完全竞争劳动力和产品市场上，厂商、劳动者等行为主体在追求自身利益最大化过程中，对在职培训投资的行为逻辑。在完全竞争的劳动力市场上，均衡的条件是工资等于边际劳动生产率。当把在职培训纳入分析后，各行为主体现在与未来的成本与收益发生了变化，各行为主体的选择发生变化，均衡的条件就发生了变化。

在职培训的成本包括培训的直接费用和劳动者用于培训时间的机会成本，劳动者参加培训必然减少工作时间，从而减少边际产出。劳动者在职培训的收益体现在培训后各个生产期间劳动生产率的提升，从而带来边际产出的增加。市场均衡的条件是各期间的成本与收益贴现值相等。

为了更深入地分析在职培训的成本与收益以及各行为主体的行为逻辑，贝克尔将在职培训分为一般人力资本培训与专用人力资本培训两类：一般人力资本培训指劳动者通过培训获得的技能在所有的厂商都可以使用。专用人力资本指劳动者通过培训获得的技能只能在所培训的企业使用。对于一般人力资本培训，由于工资是由劳动力市场决定，培训提升的边际产品收益全部通过工资归劳动者所有，理性的厂商不会承担任何成本，培训的成本应该由劳动者承担。

对于专用人力资本培训，由于劳动者通过培训获技能只能用在所培训的企业，劳动者在劳动力市场上的价格不会发生变化，通过培训提高的边际产品收益归企业所有，培训的成本应该由企业承担。不过，由于企业付出了培训的成本，所以如果劳动者在所有企业收入相同，劳动者有可能会迁移到其他企业，这时投入培训的企业就无法收回培训成本。因此，为了不损失培训投入，企业会提供高于劳动力市场均衡水平的工资，以保证劳动者不会流失到其他企业。

对于一般人力资本培训，培训的成本实际上是通过劳动者在培训期间接受低于市场水平的工资来实现的。从这一角度看，在培训这项活动上，收入与投资实际是混淆在一起了。贝克尔由此分析了人力资本投资与物力资本投资的区别。物力资本投资形成的资本写入企业的资本账户，根据折旧情况逐年计提。而人力资本投资形成的资本从来没有进入企业的资本账户，只是通过工资的涨跌，将收入与投资混淆在一起。人力资本投资的成本、收益及其折旧的特点，使年龄与收入曲线呈现先低、然后快速上升、再缓慢上升的形态。培训的投入越大，曲线就越陡峭。

基于在职培训形成的分析框架，贝克尔进一步分析了学校教育、知识信息以及健康等人力资本的投资行为。他将市场机制、垄断力量、企业行为、劳动者行为以及不同类型人力资本投资的特点结合起来，分析了离职、失业、劳动合同等经济问题。

贝克尔对人力资本理论的另一个贡献是关于收入、投资、成本与人力资本收益率的研究。一项投资的决策最重要的指标就是投资的收益率，人力资本投资一般要持续非常长的时间，有时投资的期间还会变动，同时人力资本投资数量经常是以混合了收入与成本的净收入的方式呈现，计算人力资本的收益率非常困难。贝克尔利用其建立人力资本净收入的概念，使用内部收益率法，在假定人力资本投资成本以机会成本为主的情况下，使用净收入流的数据，就可以计算使净收入现值相等的贴现率，即人力资本投资的收益率。有了人力资本投资的收益率公式，就可以清楚地区分投资数量的变化对收入的影响与对收益率的影响。

贝克尔还讨论了人力资本投资的激励因素。他认为，投资收益的期间是影响人力资本投资的重要因素，在不同投资活动之间的转换率也是影响投资的重要因素。专业化的人士进行人力资本投资的激励更强，尤其是在市场规模较大的时候。工资的绝对差异而不是相对差异，会激励人力资本投资。

由于人力资本具有不确定性高、流动性差的特性，在不完善的资本市场上，人力资本投资一般会低于均衡水平。在各种不同的人力资本投资中，花费更高的大学教育比短期迁徙更难获得投资；人力资本的家庭内投资比较普遍，富裕家庭比贫穷家庭更倾向于人力资本投资；专业人力资本可以被看作企业的无形资产，往往比一般性人力资本更容易获得投资。

运用人力资本的概念，贝克尔还解释了几个重要的实证研究困惑。第一，他解释了收入年龄曲线为什么会在高技能和高学历的人群中更陡峭。原因就是人力资本投资在年轻时会降低当期收入，但随着年龄的增长会大大提高收入水平。第二，他解释了为什么美国作为劳动力稀缺而资本丰富的国家却一直在出口劳动密集型的产品，而进口资本密集型的产品。其原因就是美国在人力资本方面具有比较优势。第三，他解释了为什么资本与劳动没有呈现相互替代的问题，因为工资提高的原因很大程度上是人力资本提升的结果。

贝克尔还特别关注了人力资本投资与收入分配的关系。在微观层面，贝克尔得出了与舒尔茨貌似相反的结论，由于人力资本投资边际收益高的人会比其他人更有动力投资于人力资本，所以能力强的人会比其他人在人力资本上投入更多。能力与人力资本投资会呈现正相关的关系，个人收入分配的曲线会向高收入的方向偏离。二人的结论貌似相反是因为他们都是依据人力资本决定劳动生产率这一共同的基础，不同之处在于他们是着眼于不同的作用机制。

贝克尔是一位经济学方法普适主义者，他认为经济学方法能够用来分析一切人类行为。他运用微观经济学的概念体系分析人力资本投资，构建了人力资本微观的行为分析体系，在微观层面将人力资本理论纳入了经济学的核心领域，对人力资本理论的后续研究产生了深远的影响。

三、卢卡斯与罗默对人力资本理论的贡献

罗伯特·卢卡斯（Robert E. Lucas）、保罗·罗默（Paul M. Romer）与舒尔茨比较相似，都是在研究经济增长理论过程中发展了人力资本理论。他们以不同的方式把人力资本作为独立的生产要素纳入经济增长模型，进一步挖掘了人力资本的内涵、增长机制及其对经济增长的作用机制。在知识经济背景下把人力资本置于经济增长核心，揭示了人力资本在长期经济增长中的决定作用。

卢卡斯对人力资本的发展最主要的体现是他 1988 年发表于《金融经济学杂志》的文章《关于经济发展的机制》（On the Mechanics of Economic Development）。卢卡斯写这篇文章的动机是为了回答世界经济发展中与索洛新古典增长的模型相悖的问题。世界经济发展并没有出现索洛模型所预测的收敛趋势，资本也没有流入发展中国家，而是更多地流入了发达国家。同时，索洛模型资本收益边际递减的规律限制了经济长期可持续增长的可能。卢卡斯通过将人力资本作为独立的生产要素纳入经济增长模型，解决了上述问题。

卢卡斯的人力资本概念及其构建的两类经济增长模型，都深受舒尔茨与贝克尔的影响。他在文章中写道："我将舒尔茨与贝克尔称为人力资本的要素加入模型，处理的方式采用了阿罗（Kenneth J. Arrow）、宇泽（Hirofumi Uzawa）以及罗默的方法。"实际上，卢卡斯构建了两个模型，一个是通过学校教育进行人力资本积累的模型，另一个是边做边学的专业人力资本积累模型。在将人力资本作为独立生产要素纳入增长模型时，卢卡斯关注的是人力资本积累机制以及人力资本为什么不像物力资本那样呈现边际收益递减的趋势。卢卡斯将人力资本的效应

分为内部效应与外部效应。内部效应更类似于舒尔茨与贝克尔定义的人力资本，更多地关注个体知识技能的增长对经济的效应。这种效应在卢卡斯看来，也会像物力资本一样出现边际收益递减的问题。卢卡斯在重视内部效应的同时，更强调人力资本的外部效应，即脱离个体而存在的人力资本的社会遗传，人力资本促进各种生产要素相互作用的综合效应，以及这种效应对整个社会人力资本水平的影响。他说："如果仅仅把边际收益递减的人力资本纳入模型，人力资本将不会成为经济增长的动力。"因此，在他以学校教育为主要机制的人力资本增长模型中，将人力资本分为两部分，一部分直接用于生产，另一部分用于人力资本积累，积累的结果作为整个社会的人力资本水平纳入了增长模型，保证了经济增长的长期可持续性。在专业人力资本积累模型中，卢卡斯专门论述了专用人力资本以新产品的家族遗传的方式形成外部效应，并以此分析了各个国家比较优势的建立。可见，卢卡斯人力资本理论的贡献主要表现在人力资本的增长机制以及人力资本的脱离于个体的社会效应。

罗默是最早提出内生经济增长模型的学者，他在1986年发表于《政治经济学杂志》（*Journal of Political Economy*）的文章《收益递增与长期经济增长》（Increasing Returns and Long-run Groth）开启了内生经济增长研究的热潮。本节更为关注的是他1990年发表于《政治经济学》杂志的文章《内生技术进步》（Endogenous Technological Change）。在这篇文章中，罗默将技术进步内生化，揭示了人力资本与技术进步的关系，提出人力资本的存量决定了经济增长率，是人力资本而不是人口决定经济增长的观点。

罗默在文章中首先提出了三个假设：第一，技术进步是长期经济增长的核心；第二，技术进步是由人们对市场激励的反映形成的，市场激励决定了技术的进步；第三，技术是一种特殊的产品，最初投入的成本一旦产生了技术，技术就可以无成本或非常低成本地无限复制。

在这三个假设基础之上，罗默从公共产品的非竞争性与非排他性出发，分析了知识、技术与人力资本的产品特性。在他看来，基础研究很大程度上是公共产品，通过政府投入，由税收支持，其成果具有非竞争、非排他的特性，可以由全社会共享，一部分人的使用不会排除另一部分人的使用。

技术与基础知识有所不同，从非竞争性的角度，技术与知识是类似的，其复制是无成本或低成本的。但从非排他的角度，技术不同于基础知识，是部分排他的。基于已有的基础知识存量和投入的人力资本，厂商生产的技术会得到专利的保护，在垄断竞争的市场上，厂商从技术的生产中获得的额外回报，激励着厂商不断地生产新的技术。这是罗默最核心的观点，即技术进步是由市场力量内生决定的。不过，即使受到保护，技术最终也会提高整个社会的技术水平，因此也不是完全排他的，只能是部分排他。

在罗默看来，人力资本其实可以像市场上其他的产品一样，既竞争又排他。给予一个人身上的人力资本投资，是不能与另一个人分享的。人力资本是附着于人身上的，随着生命的消亡而消亡。人力资本的重要意义在于其决定了知识与技术的生产，人力资本的存量决定了知识与技术的增长。由于知识与技术是脱离了人的生命而独立存在的非竞争、非排他或部分排他的产品，其增长是没有上限的，而且知识与技术的积累越多，其边际收益越大。

依据上述知识、技术和人力资本的特性与作用，罗默构建了三部门的经济增长模型，比卢卡斯更细致地将技术进步内化到经济增长模型，更深入地揭示了技术进步的经济逻辑。他构建的三部门如下，一是竞争性的研究部门，在现有知识和技术存量的基础上，雇佣一部分人力资本生产新知识与技术。这些知识与技术对研究部门是非排他的，对中间部门是排他的。

二是垄断竞争的中间产品部门，每一个厂商都根据一种技术专利生产一种耐用品。他们面临一个固定成本（专利费）和一个不变的边际成本，从而形成自然垄断。他们按垄断定价将生产耐用品销售（或出租）给最终产品部门。

三是竞争性的最终产品部门，它投入劳动、一部分人力资本和各种耐用品生产最终产品，各种要素获得相应报酬。

从罗默的模型出发，经济增长的一个最重要的决策就是人力资本在不同部门之间的配置与均衡。而知识与技术由于脱离了人的生命，具有非竞争、非排他或部分排他性，其增长是没有上限的，其边际收益是递增的。这些特性解决了技术进步内生化的问题，解决了人类经济长期可持续增长的问题，解决了实现内生化和经济增长的运行机制问题。实际上，从人力资本的角度看，罗默与卢卡斯很相似，都是在脱离于人力资本个体效应的外部效应上做文章。罗默比卢卡斯深入的地方在于，通过非竞争、非排他的产品特性以及技术生产垄断竞争机制，罗默更为细致地分析了人力资本的外部效应。

罗默、卢卡斯的内生经济增长理论通常被称为第二代人力资本理论，他们通过将人力资本要素纳入经济增长模型，揭示了人力资本作用与经济增长的机制，得出了人力资本是人类社会经济长期可持续增长的决定要素的重要结论。

四、赫克曼对人力资源理论的贡献

赫克曼对人力资本理论的研究更像贝克尔，主要是从微观的个体人力资本投资的分析入手。比贝克尔更进一步的是，他建立了从人的生命周期动态分析人力资本投资的理论框架，而且他对人力资本的分析不仅包括传统的认知能力，也包括非认知能力。赫克曼对人力资本理论的扩展还表现在他对人力资本政策的系统分析。赫克曼与彼得罗·卡内罗（Pedro Carneiro）合作的文章《人力资本政策》（Human Capital Policy）集中体现了赫克曼对人力资本的主要贡献。

赫克曼认为，人的技能是一个国家财富的源泉，生产率提升的主要来源是劳动力质量的提高。美国经济面临的问题是从20世纪80年代开始，劳动力质量的提高处于停滞状态，低技能与高技能劳动力工资的差异不断扩大，由此引发了不同社会经济背景的学生的学业成就差异扩大。这一问题的核心是技能的供给没能跟上需求的步伐，但如何更有效地提高技能的供给还没有解决的办法。赫克曼认为，像学费减免等着眼于短期效应的政策效果有限，无法解决技能供给不足的问题。他指出人力资本的政策从来不缺建议，缺乏的是对政策效果的实证依据，目前还没有一个普适的理论框架可以评估这些政策。

赫克曼提出了一个全生命周期的由学习与技能形成的动态分析框架，从而对各种各样的人力资本政策做出更科学的评价。他认为，人力资本积累是一个动态的过程，在生命周期的一个阶段获得的技能会形成下一阶段学习的初始条件与学习基础。从人的全生命周期看，人力资本的生产是家庭、学校、公司共同作用的结果，但人们往往讨论更多的是学校的作用。而且成功的学校的主要决定因素是成功的家庭，学校教育实际上是建立在家庭教育基础上的。在人的生命周期中，不同的能力形成有不同的关键期，错过了关键期，能力补偿的成本是极其高昂的。因此，个人需要一个基于科学与经济学综合考虑的整个生命周期的人力资本政策设计。

赫克曼使用的工具与贝克尔一样，是人力资本投资的收益率。与贝克尔不同的是，他认为人力资本投资是一种滚动的过程，前期的投资会影响后期的投资效率。前期与后期的互补性是赫克曼全生命周期动态人力资本理论的关键点之一。也正是基于这样的逻辑，赫克曼提出了他著名的生命周期人力资本收益率曲线（见图1-1）。学前教育收益率最高，学校教育、在职培训依次递减。由此，赫克曼提出越早投资越有利，应该将人力资本投资更多地投向年轻人而不是年龄大的人。从社会最优投资的角度看，应该更多地投资于收益率高的项目，直到收益率达到均衡。

赫克曼全生命周期动态人力资本理论的另一个关键点是强调非认知能力的重要性。他认为非认知能力与认知能力同样重要。不过，与认知能力相比，非认知能力在生命周期中的延展性更强，而且早期教育干预对非认知能力影响更大。现行的人力资本政策评估更多关注认知能力，忽视了非认知能力，但实际上非认知能力无论是在劳动力市场，还是在学校里，都起着非常重要的作用。

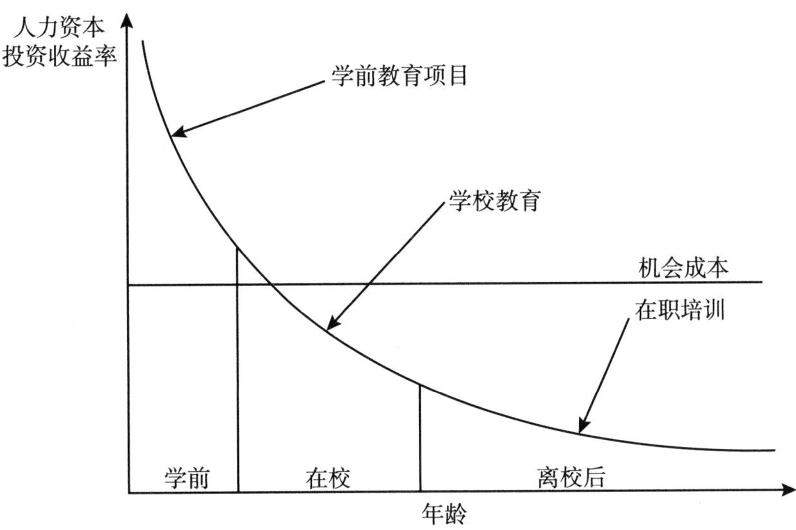

图 1-1　生命周期教育收益

资料来源：Heckman J. J.，Carneiro P. Human capital policy（NBER Working Paper 9495）. http：//www. nber. org/papers/w9495，2003.

对于人力资本政策评价，赫克曼强调要考虑全成本的成本效益分析。不仅要考虑社会机会成本，还要考虑直接成本和征税成本。基于全生命周期人力资本理论和考虑全成本的成本效益分析框架，赫克曼分析了短期的信用约束和认知能力对教育成就差异的作用，分析了早期认知能力差异的影响因素以及非认知能力差异的影响因素。他还探讨了中小学在没有改变激励与选择的情况下质量改进政策的低效性，探讨了早期儿童干预项目对非认知能力、动机和学业的影响。探讨了青少年辅导项目的效果，探讨了公私立的在职培训项目的有效性，探讨了税收与补贴政策的有效性，探讨了工资补助及流动政策的有效性等。

不知能否称赫克曼的全生命周期人力资本理论为第三代人力资本理论，但笔者可以断定的是，赫克曼确实将人力资本理论建立在更为全面系统的基础之上。同时，赫克曼作为微观计量经济学的开创者之一，运用了更为广泛的数学方法解决了人力资本理论构建过程中的许多难题。

五、人力资本理论面临的挑战与未来发展

因为以人工智能为代表的第四次技术革命正在形成，人工智能的发展会深刻地影响经济的结构与运行方式以及人们的工作内容与工作方式。也许在不远的将来，机器人会替代大部分人的工作。有研究预测，第二代机器人在制造业对人的

替代率将会达到60%，具有感知智能的机器人在某些行业将完全替代人，比如无人驾驶技术。如果是这样，随着第四次技术革命的不断深入，具有市场价值的人的能力与技能会发生非常大的甚至是根本性的变化。

在新技术革命的背景下，人力资本的内涵与测量、人力资本的积累方式、人力资本投资决策理论、人力资本与经济增长的关系、人力资本与收入分配的关系以及人力资本与劳动力市场的关系可能都会有新的发展。具有市场价值的技能供给与需求又将面临新的竞赛，适应新技术革命的新技能供给能否满足技能的需求可能是人力资本理论面临的又一次严峻挑战。当然，这也可能是人力资本理论再次发展的大好机遇，未来会是怎样的图景，我们拭目以待。

第二节　人力资本的概念与测量方法

从第一节的回顾可以发现，人力资本理论从诞生之日起就在不断地发展与变化，其不变的思想是对人本身有目的的投资以获得未来更大的收益，其变化的是人力资本内涵的不断扩展与深化。正是由于其内涵在不断地扩展与深化，人力资本的测量问题实际上一直没有真正解决。在具体的实证研究中，人们往往用受教育年限、学业成绩、非认知技能等各种能力与技能来作为人力资本的代理变量。但事实上人的能力与技能可能并不一定是人力资本，作为资本，只有在市场上具有价值的能力与技能才是人力资本。在市场上没有价值的能力与技能则不是人力资本。在新技术革命的背景下，市场上对不同能力与技能的需求在不断变化，这是不是意味着人力资本也在不断变化呢？

人力资本作为衡量人口规模、结构和质量的综合指标，决定了国家和地区经济增长的速度和质量。刘和弗劳梅尼（Liu and Fraumeni，2014）指出，因为人力资本的多维度，我们在做测算时应一步一步做。因此，在本小节中，我们将从人力资本的概念及发展出发，基于成本法、收入法和教育特征法三个角度分析人力资本的内涵与测量方法，并讨论改进测量方式将如何影响我们对教育、人力资本和经济增长之间关系的研究结论。

一、人力资本的概念及其发展

人力资本的概念起源于18世纪70年代，亚当·斯密（1776）在他的研究中指出居民获得的有用的技能是增加社会和个人财富的重要来源，虽然人们要为这些技能的获得支付一定的成本，但是一经获得，它们就成为人们拥有的固定资本。20 世纪 30 年代，沃尔什（J. R. Walsh，1935）在《人力资本观》的论文中，将人力资本视为同物质资本一样，也是资本的一种，他运用“费用—效益”法发现人们通过对个人人力资本的投资可以增加个人收入，从而创造经济价值。然而，将人的技能作为一种资本的观点在很长一段时期内未得到学界的广泛认可，“人力资本”的概念甚至被遗忘。直到 20 世纪 60 年代，一部分经济学家通过阐释这项“资本”对解释经济增长和收入差距的重要性时重新提出了这一观点，将这样的概念融入他们的研究中，他们发现，一个国家居民的技能和知识水平对其经济发展起着重要的促进作用，较高的人力资本可以使欠发达国家通过吸收学习国际技术，降低与发达国家间的收入差距。

研究者对人力资本的定义很多，大部分侧重于其经济收益，舒尔茨（Schultz，1961）将人力资本定义为“凝结在劳动者身上的，后天习得的，具有经济价值的体力、知识、健康、技能和能力”，将原始劳动力和熟练劳动力加以区分，贝克尔（Becker，1964）和凯克（Kiker，1966）将人力资本看作人们为了提高在劳动力市场的生产而对教育、健康、在职培训、移民等进行的投资活动。随着经济全球化的发展，人力资本的概念已经扩展到非市场活动领域，已有研究认为人力资本的提升无论是对提高个人竞争优势还是对增强国家竞争力都具有重要的意义（Jorgenson and Fraumeni，1989；Schultz，1994）。拉罗什（Laroche，1999）等在其研究中进一步扩大了人力资本的内涵，个人在一生中获得的技能的数量一定程度上取决于他们的初始能力，人们通过知识转移、在职培训、教育和社会化等方式获得这些技能，这项发现对人力资本概念的完善起到重要推动作用。在认识到经济和非经济方面的人力资本后，国际经济合作与发展组织（OECD）将人力资本定义为“个人拥有的能够创造个人、社会和经济福祉的知识、技能、能力和素质”（OECD，2001）。该定义较为全面地包含了人们从学习和经验中获得的各项技能以及先天的身体、心理健康因素。虽然 OECD 的人力资本定义被广泛接受，但现有很多国家的估算限制在较窄的范围内，而这样较窄口径的人力资本相关研究，以及基于货币形式衡量人力资本的方法已取得一定进步。

二、人力资本的测量方法

众多经济理论表明人力资本对经济增长有积极的促进作用，但实证研究的结果却存在颇多争议，一个重要的原因在于没有将人力资本测量中包含的存量与质量概念予以区分。弗劳梅尼（Fraumeni，2015）总结了目前世界范围内展开的 10 个主要的人力资本测量指标：OECD 关于科学、阅读和数学的测试国际学生评估项目（program for international students assessment，PISA）；OECD 关于成人读写能力、计算能力和处理问题的能力测试国际成人能力测评项目（program for international assessment of adult competencies，PIAAC）；巴罗－李（Barro－Lee）运用永续盘存法得到的平均教育获得程度（Barro and Lee，2015）；联合国发布的包容性财富报告中的人均人力资本；J－F 终身收入方法的人力资本；以及世界银行的无形资产等。由于人力资本的内涵丰富，相关研究者通过人力资本特征数量与质量（投资成本、收入水平价值）等不同维度测算得到差异巨大的结果。仅仅是对美国 1948～1969 年的人力资本存量，估计乔根森（Jorgenson）和弗劳梅尼使用的收入法就比肯德里克（Kendrick）采用成本法的估算结果高出 17.5～18.8 倍。已有研究关于各种方法的应用比较零散，测量指标包含的人口年龄范围差异也较大，本小节主要通过基于存量角度的成本法和收入法，以及包含数量和质量角度的教育指标法对已有测算方法进行分类、归纳和总结。

（一）基于投入的成本法

成本法的主要思想是类比物质资本测算的方法，即认为当前人力资本的价值水平等于人们为了提高人力资本而花费在教育、健康、培训等方面的累计投资成本。其假设前提是人们所拥有的知识和能力大小主要取决于劳动者后天为培养这些能力而进行的投资支出。成本法存在的关键问题在于：其一，如何处理人力资本积累的时滞问题。当期人力资本的投资并不等于实际人力资本的形成，而是需要一定时间后才能转化为个人的技能和知识，因此，成本法估算的人力资本通常不是当前人力资本水平。其二，人力资本是否存在折旧以及折旧率的设定仍然存在争议（Graham et al.，1979）。其三，个人能力的异质性将导致同样成本带来不等的人力资本，人力资本的积累会受到家庭环境、个人禀赋等综合因素的影响。成本法否定了人力资本的先天部分，甚至可能会得出天生聪颖者的人力资本比天生愚钝者低的谬论。其四，精确地区分花费在一个人身上的支出到底应该属于消费支出还是投资支出，也是影响该测算结果准确性的关键。采用成本进行研究的学者主要有恩格尔（Engel，1883）、舒尔茨（Shultz，1961）、肯德里克（1976）、艾斯纳（Eisner，1988），国内的学者钱雪亚（2012）、焦斌龙（2010）、孙淑军（2012）、孟望生（2014）等均基于成本法的思想运用永续盘存技术估算了中国不同时期的人力资本存量，乔红芳、沈利生（2015）考虑了人力资本积累的时滞问题，采用改进的成本加权法进行测算。

首先使用成本法测度人力资本的是恩格尔（1883），他使用孩子的养育成本来衡量人力资本，将一个人从出生到 25 岁的成长过程看作劳动力人力资本的生产过程，认为一个人在 26 岁时被“完全生产出来”，才具有独立的生产和生活能力。恩格尔将总人口划分为高、中、低三个阶层，每个阶层的人的出生成本和每年的新增成本都是不同的，因此，年龄为 x 的 i 阶层的人力资本计算公式为：

$$c_i(x) = c_{0i} + c_{0i}\left[x + \frac{1}{2}k_i x(x+1)\right] = c_{0i}\left[1 + x + \frac{1}{2}k_i x(x+1)\right](x<26) \qquad (1.1)$$

c_{0i}为一个人的出生成本，k_i 为每年新增成本的比例。恩格尔的测度方法开创了从成本角度考量人力资本水平的先河，对后续研究提供了一定的参考意义和价值，但是他忽视了许多重要变量的影响，如低水平的公共教育、健康服务和较差的家庭背景和环境可能会增加上述成本，而这些因素都未包含在其计算中。甚至还可能得到一个谬论：天生聪颖的孩子比天生愚笨的孩子人力资本水平低，显然要使两者完成同样的职业生涯，前者花费的成本更低。

舒尔茨（1961）强调人力资本是通过投资而形成的有用能力，而为了获得这种能力，人们必须承担相应的费用支出，因此关键问题在于区分人们的支出活动是属于投资还是消费支出。他首先将支出分为纯投资、纯消费和投资消费混合活动，再从投资活动中选取了健康、正规教育、在职培训、劳动力流动、成人教育，认为这五类活动的支出对人们有用能力的提升有重要影响，并进一步基于成本法的角度利用投入这些活动上的资金现值来度量人力资本存量。

肯德里克（1976）将人力资本投资划分为有形投资和无形投资，前者包括将孩子抚养到 14 岁的养育成本支出，后者是指提高劳动力质量和生产率的成本支出（包括卫生健康、安全、劳动力流动、教育培训和上学的机会成本），并据此估算了美国在 1929 ~ 1969 年的有形和无形资本中的人力资本和非人力资本存量，发现除了 1929 年和 1956 年以外，人力资本存量均远远超过非人力资本存量，1969 年美国的非人力资本存量为 32 200 亿美元，人力资本存量为 37 000 亿美元，41 年间以不变价计算的人力资本存量年均增长率为 6.3%，而非人力资本存量仅为 4.9%，其中教育和培训支出占人力资本存量的 40% ~ 60%，且该占比呈逐年上升趋势。

不同于肯德里克，艾斯纳（1988）将所有人力资本均视为无形资产，而且将科学研究与试验发展投入也计入人力资本的投资，这项因素未包含在之前的研究中。基于人力资本投资价值的永续盘存法，得到美国 1981 年总资本存量为 237 460 亿美元，人力资本存量为 106 760 亿美元。人力资本存量在 1945 ~ 1981 年年均增长 4.4%，而总资本存量年均增长 3.9%。当用不变价格核算时，他和肯德里克的估计结果非常相似。

（二）基于产出的收入法

成本法的人力资本与收入法人力资本中间隔着人力资本生产过程中的生产增

值过程。收入法是利用劳动者报酬来体现蕴藏在劳动者身上的人力资本，能够充分反映影响人力资本的个人努力、能力、人力资本供需状况等劳动力市场综合因素，具有切实的理论依据。从现有研究看，利用收入法核算人力资本主要有两种不同思路：一种是利用未来收入的现值之和来估计（Farrow，1852；Wickens，1924；Graham and Webb，1979；Jorgenson and Fraumani，1989）；目前国内有王德劲（2006）、柏培文（2012）、李海峥和唐棠（2015）和董志华（2017）采用过此方法，其逻辑为资本价格应是前期投资带来的未来期资本服务折现值加总（Fraumeni，2015）。另一种是利用劳动者的现值收入估算，最具有代表性的是由穆里根和沙拉·伊·马丁（Casey B. Mulligan and Sala-i－Maltin，1997）提出的LIHK（Labor－Income－Based Human Capital）劳动收入法，结果表现为指数形式而不是用货币价格直接呈现，该方法是基于边际劳动生产率的测算，可以有效反映出教育及工作经验差异对人力资本的影响。收入法的最大优势在于体现了资本化的同时不涉及折旧问题，终生收入的优势在于以未来收益作为人力资本投资回报的度量，但是其无法剔除物质资本逐年增加对人力资本存量的影响，LIHK劳动收入法反映了不同教育层次的差异、教育质量随时间的变化以及工作经验等因素对人力资本的作用，不受物质资本存量和技术的影响，同时测得的指标是基于当期劳动力提供的服务流，用于分析和预测经济增长更为合理。

最早使用收入法来计算人力资本的研究者是有“政治经济学之父”之称的英国统计学家威廉·配第（Petty，1690），他假定在封闭的经济体中国民总收入等于总支出，而总收入来源于两部分：一部分来源于资本收入，包括土地租金、动产收益等；另一部分则是人力资本。因此他将国民总支出即总收入4 200万英镑与资产收入1 600万英镑之差2 600万英镑作为人力资本，并假定固定利率为5%，计算出总人力资本为52 000万英镑，进一步得到人均人力资本是80英镑。配第用个人的劳动收入来代表人力资本的测算过程虽然比较粗略，但是开创了从货币收入角度出发计量人力资本的先河。

根据凯克（Kiker，1966）的论述，与配第有相同兴趣的法尔（Farr，1853）对其方法上做了适当的修正后，较为科学地使用个人未来净收入的现值即个人未来收入减去所有生活消费支出后的现值来衡量人力资本，并且根据个人生命表考虑了死亡率因素，得到英国农业劳动力的人均收入和人均生活成本支出分别为349英镑和199英镑，以此计算出的平均人力资本净值为150英镑。法尔开创了人力资本货币价值的测算，后来巴里奥尔（Barriol，1910）、许布纳（Huebner，1914）、威肯斯（Wickens，1924）等一大批学者沿用了法尔的方法，并将其应用于英国、美国、法国和澳大利亚的人力资本测算中。

巴里奥尔（1910）使用类似法尔的方法，利用法国人口的年龄分布估计男性劳动力的收入即“社会价值”，与法尔不同的是他并未将成本支出从终身收入中减去，并通过调整后的数据来解释法国与其他国家之间经济发展水平特别是工资水平的差异以及劳动力参与率的性别差异。由于巴里奥尔假定女性与男性具有相同的工资率，因此他对总量人力资本（社会价值）的估算结果偏高。许布纳（Huebner，1914）基于法尔的方法并考虑市场利率及死亡率因素计算出美国在1914年的人力资本存量是一般资本存量的6~8倍。威肯斯（Wickens，1924）用人们的财富价值来衡量一国的人力资本，首先计算了0~104岁的男性和女性拥有的财富价值，然后进一步将人口分为15岁以下的青少年、15~64岁的成年人、以及64岁以上的老年人三个群体，分别取得各样本中位数的财富价值，由此测得澳大利亚1915年的人力资本总额为62.11亿英镑，人均人力资本存量为1 246英镑（其中男性为1 923英镑，女性为928英镑），人力资本存量是物质资本存量的3倍。

最为典型的研究是1930年都柏林和洛特卡提出的使用终生收入法来测度人力资本，他们在法尔的测算基础上，进一步引入了就业率因素，用个人预期生命期的终生收入的现值来衡量人力资本水平。该模型的测算公式如下：

$$V_a = \sum_{t=a}^{\infty} V^{t-a} P(a, t) [Y_t E_t - C_t]$$
$$V^{t-a} = \frac{1}{(1+i)^{t-a}} \tag{1.2}$$

公式含义是用某特定年龄a岁开始的终生收入（扣除成本支出后）的贴现值来表示人力资本，这也是终生收入法的核心思想。其中a表示年龄，V^{t-a}表示$t-a$年后1单位货币的现值，贴现率为i，$P(a, t)$表示年龄为a的人活到$a+t$岁的概率，Y_t表示年收入，E_t表示就业率，C_t表示成本支出。在此方法的基础上，又有学者进行了完善和修正。

韦斯布罗德（Weisbrod，1961）使用截面数据，运用修正后的都柏林和洛特卡（1930）公式对人力资本存量进行估计：

$$V_a = \sum_{t=a}^{74} \frac{P(a, t) Y_t E_t}{(1+i)^{t-a}} \tag{1.3}$$

与前者不同的是，他假定劳动人口的退休年龄为74岁，且退休后不再有工资收入，不同年份的劳动者收入与年龄是一一对应的，即当年与十年后年龄为30岁的劳动者的收入是一样的，根据收入调整就业率及生存率并且剔除了成本支出，最终使用样本中位数的年收入估计出美国在1950年0~74岁的男性劳动力总人力资本价值为13 350亿美元（10%贴现率）和27 520亿美元（4%贴现率），同时还发现男性人力资本的下限值超过非人力资本价值8 810亿美元。但是，韦斯布罗德也指出，由于收入分布中中位数通常小于均值，而且截面数据的使用未考虑年龄收入随时间推移可能出现的积极影响，从而导致对实际人力资本价值的低估。

在韦斯布罗德测算的基础上，格雷厄姆和韦伯（1979）将经济增长率及教育因素引入模型中并应用于美国 14～75 岁的男性样本中，发现人们的终身财富曲线呈抛物线状变化，而且教育与所有年龄段的财富密切相关，特别是高等教育不仅提高了终身财富的增长率，而且延长了财富峰值的到达时间，进而促进财富积累。最终计算 1969 年美国 14～75 岁的男性人力资本为 29 100 亿美元（20% 贴现率）和 143 950 亿美元（2.5% 贴现率）。虽然格雷厄姆和韦伯的研究比以前的方法更复杂更全面，但是由于方法的局限性，他们的研究样本仅涵盖了美国人口的一半左右。

通过对格雷厄姆和韦伯方法的进一步完善，乔根森和弗劳梅尼（1989；1992）提出了改进的终生收入法，又称为 J－F 收入法，并使用该方法分别计算了美国不同性别组、61 个年龄组与 18 种受教育程度分组的人力资本现值，最终加总得到全部人口的人力资本价值。该种方法假设某年龄为 a 的个体其终身收入现值等于其 a 岁时的收入与 $a+1$ 岁时人的终生收入的现值。即假定个人在 75 岁时退休，则 73 岁个体的终身劳动收入等于其目前的劳动收入与 74 岁个体的终生劳动收入现值之和，计算公式如下：

$$mi_{y,s,a,e} = ymi_{y+1,s,a} + sr_{y,s,a+1} \times mi_{y,s,a+1,e} \times \frac{1+G}{1+r} \tag{1.4}$$

y、s、a、e 分别表示年份、性别、年龄以及受教育程度；mi 代表预期未来终生市场劳动收入；sr 为存活率；ymi 代表该群体该年的年收入；y 年 a 岁的人在 $y+1$ 年即他们 $a+1$ 岁时的人均收入等于 y 年 $a+1$ 岁相应人群即相同的性别和受教育程度的人的未来终生收入 mi 乘以 $1+G$，G 为实际收入增长率，r 为贴现率。则一个地区总人口的未来终身收入 $MI(y)$ 为个人预期未来收入 $mi_{y,s,a,e}$ 与地区总人口数 $L_{y,s,a,e}$ 的乘积，即 $MI(y) = \sum s \sum a \sum e mi_{y,s,a,e} \cdot L_{y,s,a,e}$。J－F 收入法按照年龄将生命周期划分为不上学也不工作阶段（0～4 岁）、上学阶段（5～13 岁）、可能上学也可能工作阶段（14～34 岁）、完全工作阶段（35～74 岁）和退休阶段（75 岁及以上）五个阶段，考虑到教育对未来收入的影响，将入学率 $senr$ 加入第二、第三年龄阶段的人口终生收入的计算中，这部分人的终生收入的计算公式为：

$$mi_{y,s,a,e} = ymi_{y,s,a,e} + [senr_{y+1,s,a,e} \times sr_{y,s,a+1} \times mi_{y,s,a+1,e+1} + (1 - senr_{y+1,s,a,e}) \times sr_{y,s,a+1} \times mi_{y,s,a+1,e}] \times \frac{1+G}{1+r} \tag{1.5}$$

同时，乔根森和弗劳梅尼认为人力资本不仅包括市场活动，还应包含非市场经济活动，由此在 1989 年估算出美国 1949 ~ 1984 年人力资本存量从 92 万亿美元增长到 171 万亿美元。在 1992 年的进一步研究中，考虑入学率后估算结果提高了 20%，得到平均人力资本由 1948 年的 742 000 美元上升到 1986 年的 855 000 美元。该方法被认为是目前基于收入角度来衡量人力资本的最为全面的研究，在提出后便得到了广泛的应用，成为众多学者测度人力资本的主流方法。

魏（2001）使用 J - F 收入法对澳大利亚的人力资本进行测算，与乔根森和弗劳梅尼不同的是，魏根据年龄仅区分了两个生命周期阶段：学习或者工作阶段（25 ~ 34 岁）和工作阶段（35 岁及以上），并将劳动人口的受教育程度分为五个等级，反映出他更注重通过学校教育和工作经验形成的人力资本。魏在研究中发现，人力资本与教育之间存在很强的积极关系，1981 ~ 1996 年各层次受教育程度的人其终身收入均先上升后下降，达到终身收入峰值的年龄呈上升趋势，最终测得澳大利亚按 1996 年价格估算的人力资本存量由 1.7 万亿元（1981 年）增加到 2.1 万亿元（1996 年）。

国内李海峥（2014）等使用改进的 J - F 估算体系测算了中国 1985 ~ 2010 年间总量即城乡人力资本的大小，由于缺乏相关收入数据的统计，李海峥等使用明瑟方程对国家和省级层面的收入数据进行估算，同时利用普查抽样数据，使用永续盘存法估算分城乡、性别、年龄、受教育程度的缺失年份人口数，由此方法估算我国实际人力资本存量由 1985 年的 28.6 万亿元上升至 2010 年的 168.98 万亿元，增长了近 5 倍。进一步在城乡的人力资本测算中，发现随着城镇居民人力资本的上升，城乡间人力资本存量差距呈逐渐拉大趋势，从人均水平看，实际人均人力资本存量在 1985 ~ 2010 年由 2.98 万元增加至 15.02 万元，增长了约 4 倍，城乡间人均人力资本的绝对差距也在逐渐扩大。

穆利根和萨勒马蒂（Mulligan and Sala-i-Martin，1997）认为劳动者收入中包含自身人力资本带物质资本带来的收入，而收入法并未剔除物质资本带来的收入，因此他们提出了劳动力收入法（labour income-based human capital，LIHK）。该方法选取受教育年限为 0 的劳动者作为标准工人，假定标准工人在不同时间和空间下即使工资水平不同但拥有相同的人力资本，因此用全国劳动力的总收入与标准工人的工资水平之比来测度一国人力资本，有效剔除了物质资本对测度的影响。一方面 LIHK 是基于收入法的测算，结果表现为指数形式并不是用货币价格直接呈现，另一方面该方法是基于边际劳动生产率的测算，可以有效反映出教育及工作经验差异对人力资本的影响，但是忽视了非正规教育、在职培训、健康等因素对测度结果的影响。结合美国 1940 年、1950 年、1960 年、1970 年、1980 年以及 1990 年的人口普查数据对各州人力资本进行测算，发现 1940 年美国一个工人的效率相当于3.7个简单工人，而在1990年则相当于4.4个简单工人（见图1-2）。

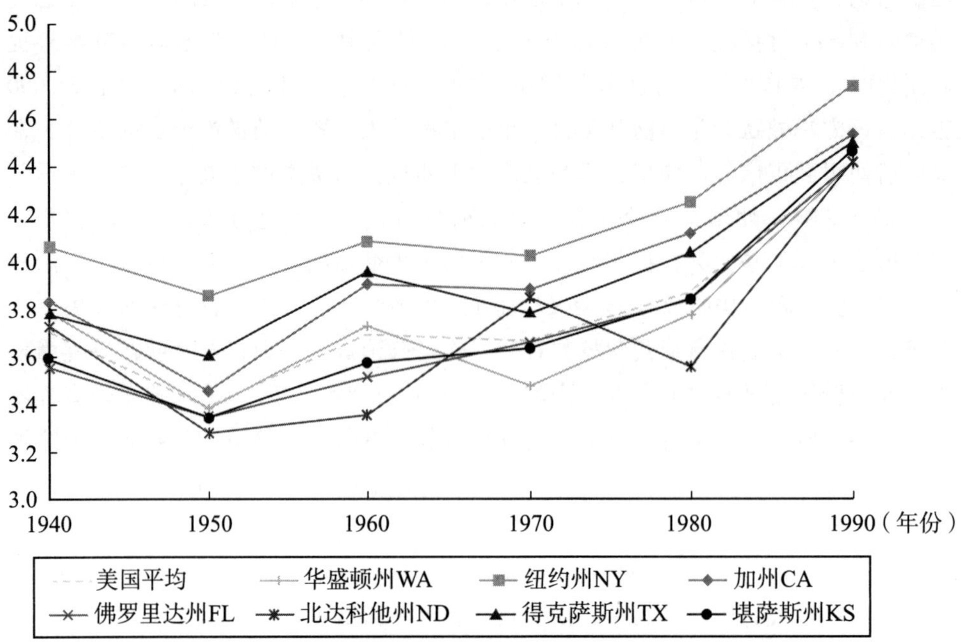

图1-2　美国人力资本存量对数（1940～1990）

（三）基于国民素质的指标法

1. 数量指标

（1）绝对指标。

教育指标法的绝对数指标一般分为平均指标（平均受教育年限）和总量指标（受教育年限总和）两类。

第一，使用总量指标是用受教育年限的总和来表示人力资本水平，一般依据一国（或地区）的平均受教育年限 s 与劳动力人口数 L 来计算全体劳动力人口的受教育年限总和 $S=\sum L_i s_i$，与平均受教育年限的思想是一样的，但是两者的趋势由于受到劳动力数量的影响而呈现较大差异，然而不同研究者设置的教育水平的层次及年数或是权重不同，如麦迪逊（1999）将教育水平分为初等教育、中等教育和高等教育三个层次，分别赋予它们1、1.4和2的权重，而王金营（2001）将教育水平分为文盲半文盲、小学、初中、高中、大专及以上5个等级，并赋予2、6、9、12和15.5的权重。

第二，平均指标：由于受教育程度是一个存量概念，需要考虑劳动力接受正规教育的总量。因此，平均受教育年限成为最受欢迎的衡量人力资本存量的指标，获取这一指标的研究方法主要分为 PIM（永续盘存法）、PRO（投影法）及 ATT（普查法），以下列举了部分具有代表性的研究：

第一种方法是利用普查和调查中收集的受教育程度的相关数据计算劳动力的平均受教育年限，称为普查法（ATT）。萨卡洛普洛斯和阿里亚加达（Psacharopoulos and Arriagada，1986）将教育水平分为未受过教育、完全小学、完全中学、不完全高中、完全高中、大学 6 级，则劳动力的平均受教育年限为：

$$s^{ATT} = \sum_a [n_a(\sum_{i=1}^{a} D_i)] \tag{1.6}$$

其中 n_a 表示劳动力中最高受教育水平为 a 的人所占的比重，即 $n_a = Na/L$，Na 为最高受教育水平为 a 的劳动力数量，L 为总劳动力人口数，Da 表示达到受教育程度 a 的持续年数，由于各国的普查数据年份差异较大，而且大多数国家只提供了一次观测值，因此萨卡洛普洛斯和阿里亚加达（1986）据此得到的跨国数据十分有限。

为了更好地进行跨国数据分析，巴罗和李（Barro and Lee，1993）在萨卡洛普洛斯和阿里亚加达（1986）的研究基础上，用劳动年龄人口数（25 岁以上）替代了劳动力数量，即 $n_a = Na/Padult$，扩大了样本量，获得了 129 个国家在 1960～1985 年间劳动年龄人口的平均受教育年限。他们根据 UNESCO 中国家教育分类标准（international standard classification of education，ISCED），将受教育程度分为未受过教育、不完全初等教育水平、完全初等教育水平、次级水平的第一阶段、次级水平的第二阶段、最高教育水平共 6 个层次。对于在普查和抽样调查中无法得到的数据，他们利用入学率数据和年龄人口数据估计生存率，并利用入学率数据对基期人力资本存量进行调整，使用永续盘存法得到非普查年份缺失的人力资本存量值。

吉里亚科（1991）使用投影法获得从入学率到教育年限的数据，他首先利用萨卡洛普洛斯和阿里亚加达（1986）的相关数据，得到了 20 世纪 70 年代中期（1974～1977 年）劳动力的平均受教育年限数据，然后将受教育程度分为初级，中级和高等教育三个层次，通过引入滞后入学率对 T 年劳动力的平均受教育年限进行计算：

$$s_T^{PRO} = \beta_0 + \beta_1 e_{pri,T-15} + \beta_2 e_{sec,T-5} + \beta_3 e_{hig,T-5} \tag{1.7}$$

其中，T 表示在 T 年受教育程度为 a 的劳动者的入学率。如 1976 年的各级入学率与平均受教育年限的参数可通过下式估计。

$$s_{1976}^{PRO} = \beta_0 + \beta_1 e_{pri,1961} + \beta_2 e_{sec,1971} + \beta_3 e_{hig,1971} \tag{1.8}$$

吉里亚科根据 70 年代中期的数据回归估计得到 β_s，对 42 个国家的跨国回归结果表明 20 世纪 70 年代中期，劳动力的平均受教育年限和滞后入学率之间的可

决系数 R^2 达到0.82，在该方法中假定这一关系在不同的时间和不同国家之间具有稳定性。但是他对入学率的滞后结构的设置并没有明确，包括为何将中等教育和高等教育的滞后期视为相同。

尼赫鲁（Nehru，1995）等利用依据入学率数据和永续盘存法测算劳动力的受教育年限，而PIM的使用要求有较长的时间序列数据作为保障，总受教育年限的计算公式如下：

$$S^{PIM} = \sum_{t=T-A_h+D_0}^{T-A_l+D_0} \sum_{g} E_{g,t+g-1}(1 - r_g - d)p_{g,t+g-1} \tag{1.9}$$

其中 $E_{g,t}$ 表示 t 时刻 g 年级的总入学率，A_h 表示一个人退出劳动力市场的最大可能年龄，A_l 表示一个人进入劳动力市场的最低可能年龄，假定劳动力年龄为15~64岁，D_0 表示入学年龄（一般情况下为6岁），d 为辍学率（不随时间和年级不同而变化），r_g 为重读率（不随时间变化），$p_{g,t}$ 表示 g 年级的入学者从 t 到 T 的存活率，则劳动力人口 Pw 的平均受教育年限为 $s^{PIM} = S^{PIM}/P_w$，据此得到了跨国的平均受教育年限数据，其中为美国的 s^{PIM} 为11.6年，位列第二，爱尔兰的平均受教育年限为12.56年，约为美国的1.083倍，位列第一。

（2）相对指标。

测算人力资本使用的教育相对量指标主要包括成人识字率、学校入学率等。

成人识字率是早期新经济增长实证研究中常用的人力资本代理变量，“识字”通常被定义为阅读、写作及理解能力，成人识字率即为成人（15岁及以上人口）中识字人数与总成人人口数的比例，阿扎里亚迪斯和德雷泽（Azariadis and Drazen，1990）及罗默（1990）均使用成人识字率作为人力资本的衡量指标。成人识字率指标忽视了高等教育、计算能力、逻辑分析和推理能力等重要的教育投资，仅仅反映了人力资本投资的最基础部分，使用这一指标代表人力资本具有片面性，意味着假定这些重要的教育投资都不直接作用于劳动生产率的提高，也无法反映这些重要投资在国家之间的差异性。

学校入学率是指各年龄组学生的入学人数与相应年龄组总人口数的比重，由于该比例是流量指标，因此用它作为人力资本的代理变量具有一定的片面性。因为目前入学的学生尚未成为劳动力的一部分，无法体现教育的生产作用。也就是说，人力资本存量间接地依赖于滞后的入学率，而且教育与未来增加人力资本存量的时间滞后期可能相当长，取决于教育阶段的最长期限。然而，入学率作为流量指标衡量人力资本同样存在几个关键问题：一方面，人力资本存量的变化体现为劳动力的净增加值，即新进入劳动力市场与即将退出劳动力市场的人力资本之差，显然入学率既没有体现当前新劳动者的人力资本存量，又未考虑即将退休者的人力资本部分。另一方面，由于留级或退学现象的存在，学生们毕业后并不一定直接成为劳动力，使得有些教育根本无法转化为劳动力人力资本存量。

2. 质量指标

以上教育指标仅仅反映了教育的数量对人力资本形成的影响，忽视了教育质量差异对人力资本的重要作用，可以通过教育投入的质量指标和以教育收益率为代表的教育产出类质量指标。

（1）基于教育投入的质量指标。

衡量教育投入的质量指标主要包括教师工资、学校的生师比、高学历教师比例、生均教育经费等，其在增长的回归分析中通常作为一个独立的解释变量来反映人力资本的外部作用。不同的学者根据研究目的的不同选取不同的代理变量，巴罗（Barro，1991）选取生师比，巴罗和萨勒马蒂（Barro and Sala-I-Martin，1995）则使用政府教育支出占 GDP 的比重，巴罗和李（Barro and Lee，1996）则收集了每个学生的教育支出、生师比、教师工资、学年的长短作为教育质量的代理变量，然而并未考虑这些投入在不同教育体制特征中的有效性差异，比如考试集中制或者自主招生制（WoBmann，2003）。

（2）基于教育产出的质量指标。

首先，基于能力的视角，OECD 将能力定义为“完成一项任务或活动所必须具备的知识、特征与潜能的集合。一个国家在一定时间内所具备的能力总和，就构成了这个国家的人力资本”（OECD，2012）。研究者们根据研究目的又将能力分为多种类型，其中最被广泛熟知的分类是将其分为认知能力（cognitive skills）、人际交往能力（interpersonal/interactive skills）和身体能力（manual/physical skills）。认知能力主要是应用在一些需要思考的活动中，例如，阅读、书写、问题解决、计算、IT、学习新的技能等。人际交往能力应用在各种类型的沟通交流（包括大部分类型的管理活动，与同事、客户、消费者沟通）以及一些需要合作完成的工作中。身体能力则主要由力量和敏捷性构成。奈瑟尔等（Neisser et al.，1996）将认知能力定义为智力或思维能力（intelligence or mental abilities），并将其划分为两类：①基本的认知能力，如读写能力（literacy）、计算能力（numeracy）（Acosta，Muller and Sarzosa，2015）；②高阶的认知能力（或内在的认知能力），如批判性思考或逻辑思维能力等。个体的基本认知能力能够通过接受教育得到提高，并且在相同教育水平下，更高的教育质量更有助于认知能力的获得（Glewwe，2002），认知能力（cognitive skills）作为人力资本的重要组成部分，对个体在劳动力市场中的回报［包括经济回报（收入等）和非经济回报（健康等）］均具有显著影响（Heckman and Mosso，2014）。认知能力与教育和培训政策最为相关，也最易测量，因此，目前对认知技能的测量最为丰富。测量内容包括一些具体的科目测试（如阅读、数学等）、读写算能力测试、问题解决能力测试等。目前使用比较广泛的大规模认知能力测试包括面向青少年学生的认知能力国际学生评估项目（program for international student assessment，PIAS）测试，国际数学与科学研究趋势（trends in international mathematics and science study，TIMMS）测试，中国人民大学组织的中国教育追踪调查（China education panel survey，CEPS）；面向大学生的学业质量调查，即高等教育学习成果评估（assessment of higher education learning outcomes，AHELO）；面向成年劳动力的国际成人技能调查国际成人能力测评项目（the programme for the international assessment of adult competencies，PIAAC）、世界银行组织的针对就业和生产力的技能测试（skills toward employability and productivity，STEP）测试、美国的新职业分类大典职业信息网络（the occupational information network，O＊NET）、英国的技能和就业调查 SES（skills and employment survey）以及中国的 CFPS（china family panel studies）调查等。研究中一般利用调查数据中的计算能力或读写能力或两者的均值来度量认知能力（如 Cawley，Heckman and Vytlacil，2001；Heckman，Lochner and Todd，2006；Hanushek and Zhang，2009；Hanushek and Woessmann，2012；Hartog，van Praag and van der Sluis，2010），一些跨国研究显示一旦考虑了教育质量因素（以数学、科学和阅读等考试成绩作为代理变量），教育数量的影响变得不显著，而认知能力则对经济增长有很强的正向促进作用（Jamison and Hanushek，2007；Hanushek and Woessmann，2011）。自 21 世纪开始，不少教育经济学研究学者将国际性学生测评结果放入增长模型中开展“认知能力、教育质量与国家经济增长”的问题研究。关于认知能力与教育质量的相关内容将在第四章详细讨论。

然而，随着研究的深入，越来越多的研究者开始强调非认知能力（Noncognitive skills）的重要性，非认知能力与不属于认知能力领域内的多个特征相关，包括社交的、情绪的、品格的、行为的、态度的等，主要包括个人的工作习惯（包括是否工作努力，是否遵守工作纪律，在工作中是否果断等），行为特征（包括自信心、善于交际、情绪稳定等）以及身体特征（包括力量、敏捷性、忍耐力）等。人际交往能力和身体能力都属于非认知技能的一部分（Almeida L.，Behrman J. and Robalino D.，2012）。在实践中，知识和技能水平类似的人群对经济增长的贡献可能有很大不同，原因在于认知能力类似的人可能表现出人力资本质量的巨大差异，伴随经济的发展，劳动力市场的技能需求也在不断变化（如表 1－1 所示）。一些大规模的调查研究也开始将非认知技能的测试纳入研究范围，例如 PISA 测试、STEP 测试、O＊NET 调查等，测量工具主要来源于心理学的大五人格量表。但由于非认知技能的内涵难以明确，再加上非认知技能容易受个体的主观情绪影响，测量难以客观，因此，与认知技能相比，对非认知技能的测试相对较少。

表 1-1　　劳动力市场的技能需求与教育的技能供给

劳动力市场	技能		教育
	需求	供给	
农业社会	主要需求身体技能	认知技能和非认知技能	自由教育，为教会和统治阶层服务
工业社会	主要需求一般性认知技能，程序性较强	认知技能培养，程序性较强	基础教育：读写算，科学知识的学习；高等教育：专业教育特点明显
信息社会	主要需求复杂的认知技能和非认知技能，非程序性	强调对复杂认知技能的培养，非认知技能的培养也越来越受到重视	基础教育：弱化学科教学，强调基于情境的教学；高等教育：通识教育得到重视，尤其是在一些顶尖高等院校内

其次，构建特定的教育收益率。在劳动力市场完全竞争的假设前提下，劳动力在国家或不同地区之间可以充分流动，且雇主完全清楚劳动力的人力资本质量的条件下，劳动力教育质量的差异可以通过教育收益率来体现，此时每个国家的教育收益率也反映了不同国家间的教育质量差异。因此包含质量的人力资本存量 h_i^r 可表示为：

$$h_i^r = e^{\Sigma_a r_{ai} s_{ai}} \tag{1.10}$$

其中，s_{ai}表示 i 国教育水平为 a 的平均受教育年限，r_{ai}表示 i 国受教育水平为 a 的教育收益率，乌斯曼（Wossmann）在考虑各国各级教育水平的收益率 r 的差异时，使用了一种类似内部收益率的更为精确的方法，计算教育成本和教育收益流量相等时的贴现率 r：

$$\sum_{t=1}^{s}(C_{h,t} + W_{l,t})(1+r)^{t} = \sum_{t=s+1}^{A_h}(W_{h,t} - W_{l,t})(1+r)^{-t} \tag{1.11}$$

其中，C_h 为从低教育水平 l 到获得高教育水平 h 的成本支出，W_l 表示学生在校学习的机会成本，$W_h - W_l$ 表示高低教育水平的收益之差，s 为平均受教育年限，A_h 表示工作年龄的上限值。该指标则考虑了教育收益率递减问题，衡量了不同国家间教育质量的差异，而且将不同工作年龄的收益和学校成本结合起来对教育收益率进行估计，从这个角度看优于基于收入法的单一估计。但是由于该方法假定条件的局限性，使得各国现有的特定教育收益率数据可能并不能很好地反映教育质量的差异。

（四）小结

关于人力资本的概念界定和度量方式的研究，从20世纪90年代的研究中广泛使用的成人识字率、各级教育入学率、劳动力的平均受教育程度，到近期一些研究使用认知和非认知能力等对受教育年限进行调整，选择其一作为人力资本的代理变量，但由于中国经济增长具有独特的阶段特征，从这个角度上看，人力资本指标的选择应该反映不同时期市场上对不同能力与技能的需求变化，而选取的指标能否实质性地捕捉到各个发展阶段的教育和人力资本特征变化尤为关键。尽管目前我国在政策上已经将教育作为一项基础性、战略性的投资，但在核算中资本账户仍然没有包含人力资本。一方面，学校教育只是人力资本形成的一部分，使用教育年限忽视了教育结构的异质性，尤其是忽略了教育质量的影响，在我国当前教育质量不断提升的进程中，除了教育外很多因素都会影响人力资本的变化，仅仅以教育指标来计量人力资本则会导致对劳动力生产率的低估，同时囿于国内有限的数据资料，使用追踪的认知和非认知能力数据作为教育质量的代理变量的研究仍十分缺乏。另一方面，收入法测算人力资本的最大优势在于体现了资本化的同时不涉及折旧问题，终生收入的优势在于以未来收益作为人力资本投资回报的度量，但是无法剔除物质资本逐年增加对人力资本存量的影响，LIHK劳动收入法反映了不同教育层次的差异，教育质量随时间的变化，以及工作经验等因素对人力资本的作用，同时不受物质资本存量和技术的影响，同时测得的指标是基于当期劳动力提供的服务流，用于分析和预测经济增长更为合理。但在我们的测算中未考虑由于忽略个人能力和测量误差所产生的影响，在后期的研究中考虑能力因素对收入的影响应引起更多的关注，构建能够实质性地反映人力资本数量和质量变化的指标。中国经济进入“新常态”，进入跨向高收入国家后半程的新阶段，构建更长的人力资本跨期数据，对于探究改革开放40年来中国教育、人力资本在经济增长中的短期和长期作用机制及演变趋势更具有政策的针对性，也是未来需要进一步探索的方向。

三、人力资本测量在中国的应用

（一）基于成本法和经费的测算：人力资本产出比

由于学者们估算人力资本存量的方法存在较大差异，对各类结果进行简单的横向比较将会存在一定误差，因此我们借鉴张军（2003）检验物质资本存量时，采用物质资本产出比指标进行分析，我们采用类似的人力资本/产出比指标分析其变化规律。考虑各类方法数据的可得性，我们比较部分学者1995～2011年成本法测算人力资本存量数据的差异与变化。从图1－3中可以看出，钱雪亚（2008）的统算结果呈现明显的波动趋势，谭永生（2007）的计算结果显示1995～2004年该比例出现大幅度上升，原因是其在计算人口迁移人力资本存量时采用的是趋势拟合数据，因此在一定程度上高估了人力资本存量。从整体来看，焦斌龙（2010）等的研究中人力资本产出比均在0.5以上，同时呈现小幅度提升趋势，反映出人力资本的产出效率有所下降，根据焦斌龙的结果，1978年人力资本产出比为1:2.73，而2007年该比例上升为1:1.31。根据新古典经济学的平衡增长路径，1995～2011年人力资本存量与产出之比处于较平稳状态，人力资本必将成为促进经济转型发展的核心驱动力。

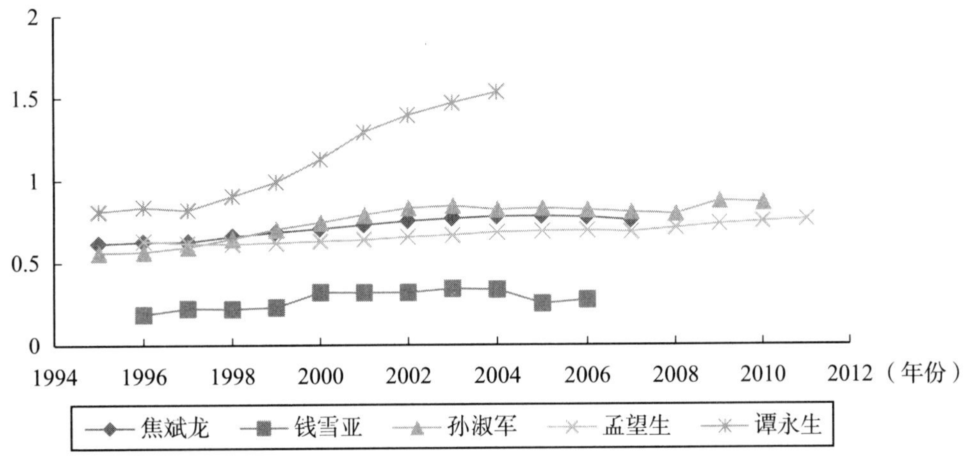

图1－3　成本法测算人力资本产出比数据的部分比较

（二）基于收入法的测算

1. LIHK测算法

LIHK法测算人力资本的关键是我们需要预测每个群体的人数以及每个群体的人力资本，最后加总得到整个社会的人力资本。Mulligan and Sala-i-Martin（1997）测算人力资本的具体步骤为：先估算劳动力的工资决定方程（Mincer方程），方程的常数项就表示一个没有受过教育也没有工作经验的简单工人的工资。然后再用当年全社会的总劳动收入除以该简单工人的工资，即得到全社会总体的人力资本存量。

根据梁润（2011）的研究，从中国的情况出发，将劳动力按年龄、性别、受教育程度和城乡维度进行划分，先估算1978～2030年历年分年龄、性别、受教育程度和城乡的人口数，再计算整体的人力资本存量。梁润使用1982年、1990

年、2000年3次人口普查的数据，通过构建人口生命表，首先对历年分年龄和性别的人口数进行了估计，并结合历年农村和城镇各级教育招生数以及人口普查微观数据中乡城转移人口按年龄、性别和受教育程度的分布来估算和预测历年分年龄、性别、受教育程度和城乡维度的人口数。

测算的对象是整个经济中的劳动力，因此估算的对象群体包括16~60岁的男性劳动力和16~55岁的女性劳动力，教育程度分为未上过学、小学、初中、高中、中专、大专、大学本科和研究生这8个层次，再加上城乡维度，每年一共是1 360个群体。

由于我国农村和城镇以及不同性别工人的教育收益率可能并不相同，因此使用下面的Mincer方程对城乡和不同性别的工人进行分别估计：

$$\ln(wage_{ijt}) = \alpha_{ijt} + \beta_{ijt} \cdot Edu_{ijt} + \gamma_{1ijt} \cdot Exp_{ijt} + \gamma_{2ijt} \cdot Exp_{ijt}^2 + \varepsilon_{ijt} \quad (1.12)$$

其中 $i = m\ or\ f$ 表示性别，$j = u\ or\ r$ 表示城乡，t 取调查年份。因此对每一有调查的年份我们都需要估计四组方程。$\ln(wage_{ijt})$ 表示工资对数，Edu_{ijt} 表示教育年限，Exp_{ijt} 表示潜在工作经验（$= Age_{ijt} - Edu_{ijt} - 6$），$Exp_{ijt}^2$ 是潜在工作经验的平方，ε_{ijt} 为随机误差。估计的参数中，α_{ijt} 表示在 t 年性别为 i 和处于 j 地区的没有受过教育也没有工作经验的工人的工资对数的平均值，β_{ijt} 表示在 t 年相应性别和地区的教育回报率，γ_{1ijt} 和 γ_{2ijt} 为与工作经验相关的回报参数。

该研究使用的数据是“中国营养与健康调查”（China Health and Nutrition Survey，CHNS）数据，调查年份有1989年、1991年、1993年、1997年、2000年、2004年、2006年和2009年，且同时覆盖了城镇和农村。以相当于一个未受过教育也没有工作经验的农村女性的劳动力作为我们人力资本的单位，农村和城镇工人人力资本的决定方程应该表示为：

农村女性：

$$\ln(H_{frt}) = \beta_{frt} \cdot Edu_{frt} + \gamma_{1frt} \cdot Exp_{frt} + \gamma_{2frt} \cdot Exp_{frt}^2 \quad (1.13)$$

农村男性：

$$\ln(H_{mrt}) = \alpha_{mrt} - \alpha_{frt} + \beta_{mrt} \cdot Edu_{mrt} + \gamma_{1mrt} \cdot Exp_{mrt} + \gamma_{2mrt} \cdot Exp_{mrt}^2 \quad (1.14)$$

城市女性：

$$\ln(H_{fut}) = \alpha_{fut} - \alpha_{frt} + \beta_{fut} \cdot Edu_{fut} + \gamma_{1fut} \cdot Exp_{fut} + \gamma_{2fut} \cdot Exp_{fut}^2 \quad (1.15)$$

城市男性：

$$\ln(H_{mut}) = \alpha_{mut} - \alpha_{frt} + \beta_{mut} \cdot Edu_{mut} + \gamma_{1mut} \cdot Exp_{mut} + \gamma_{2mut} \cdot Exp_{mut}^2 \quad (1.16)$$

其中，$H_{ijt}(i = f\ or\ m,\ j = u\ or\ r)$ 分别表示在 t 年相应性别和城乡个体的人力资本。对用式（1.12）估计得出的各系数按时间趋势做线性回归，得到1978~2030年历年该系数的拟合值，然后再使用此拟合值和上面的人力资本决定式

(1.13)~式(1.16)计算历年分年龄、性别、受教育程度和城乡的个体的人力资本，再将各群体的人数加总就得到总的人力资本存量。计算结果见图1-4和图1-5。

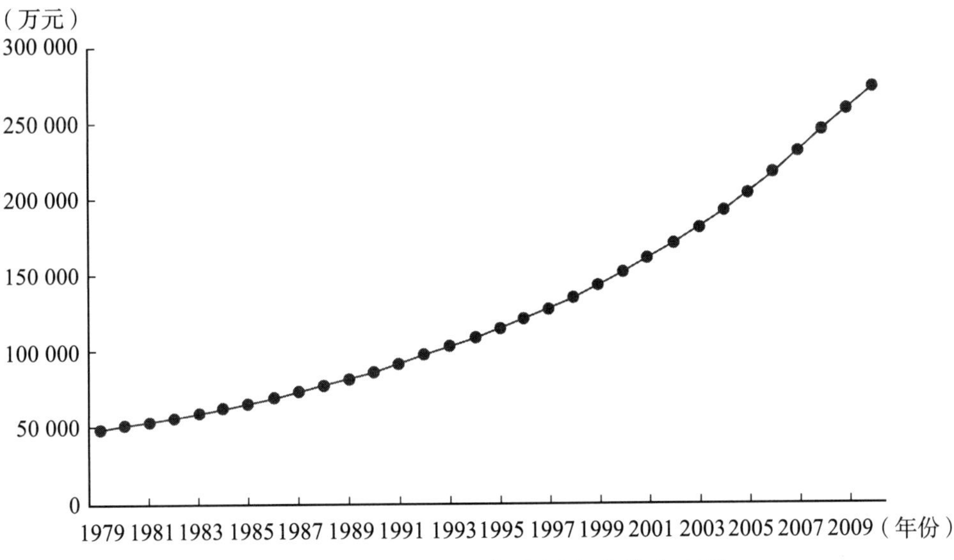

图1-4　1979~2010年中国人力资本存量

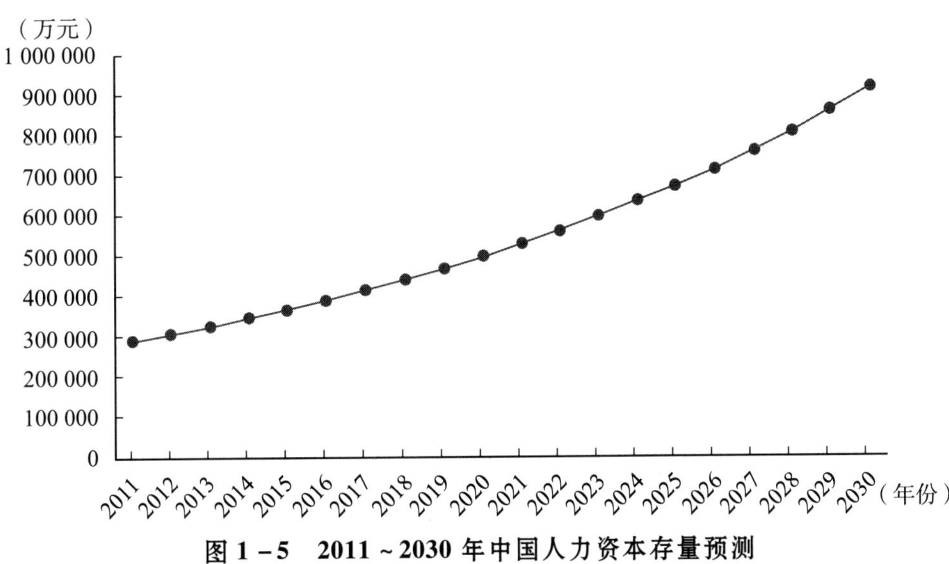

图1-5　2011~2030年中国人力资本存量预测

可以看出，从改革开放以来中国的人力资本得到了极大的提升，1980~2010年，人力资本的平均年增速为5.7%，2010年人力资本相当于1979年的5.5倍。人力资本的增速呈现加速趋势，20世纪80年代的平均年增速为5.3%，90年代的平均年增速增加至5.7%，自2000年以来，由于城镇化的加速和受过更高层次教育人数的增长，2000~2010年人力资本的平均年增速达到6.0%。

图1-6为1979~2010年人力资本存量增长率和GDP增长率的对比，可以看出人力资本存量的增长率在近30年内波动较小，在绝大多数年份中人力资本存量增长率低于GDP增长率，仅在1989年和1990年人力资本存量的增长率高于GDP增长率。

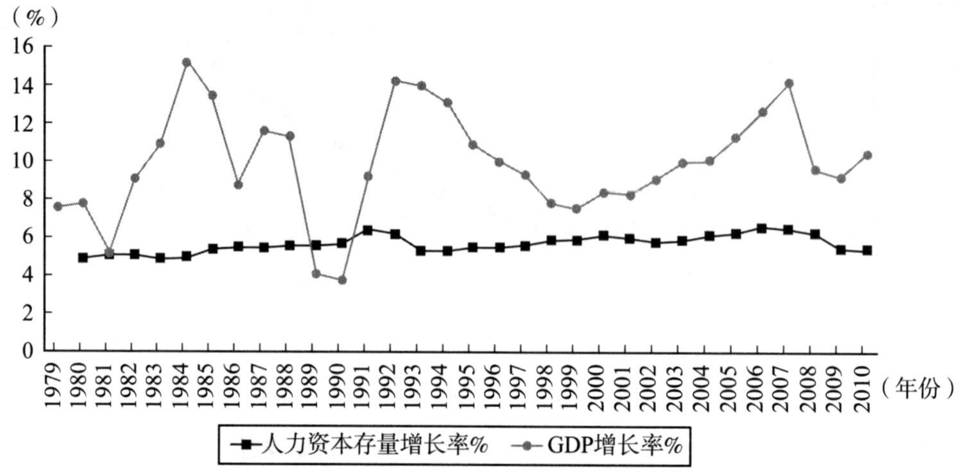

图1-6　1979~2010年人力资本存量增长率、GDP增长率

2. J-F收入法测算

中国人力资本与劳动经济研究中心（2021）用J-F收入法估算人力资本，J-F法主要通过生存率、升学率和就业率来估计预期未来收入。个人未来工资和收入是由估算年份中更年长个体的工资和收入决定。在估算未来的收入时，该方法考虑到了劳动收入增长率和折现率，并假设二者是不变的。同时，使用倒推的方式，利用59岁人口的终生收入计算58岁人口的终生收入，再计算57岁，以此类推，一直计算到0岁。对于因在校而没有参加工作的学生人群，计算的是其毕业后的预期终生收入。

该研究以1985年为基期的消费物价指数（CPI）作为平减指数来计算全国人力资本实际值。图1-7呈现了全国分性别、分城乡的实际人力资本存量。六种受教育程度的计算结果显示，实际人力资本存量持续增长，按照1985年可比价格计算，1985~2019年，中国人力资本存量由42.46万亿元增长到529.80万亿元，增长超过11倍。该时期人力资本存量的年均增长率达7.95%，但低于同期中国平均经济增长率。快速增长的原因在于低教育水平的老龄人口退出了劳动力市场，而新增劳动力人口的预期教育程度较高导致收入亦较高。男性人力资本存量始终高于女性，且随时间两者差距越来越大。

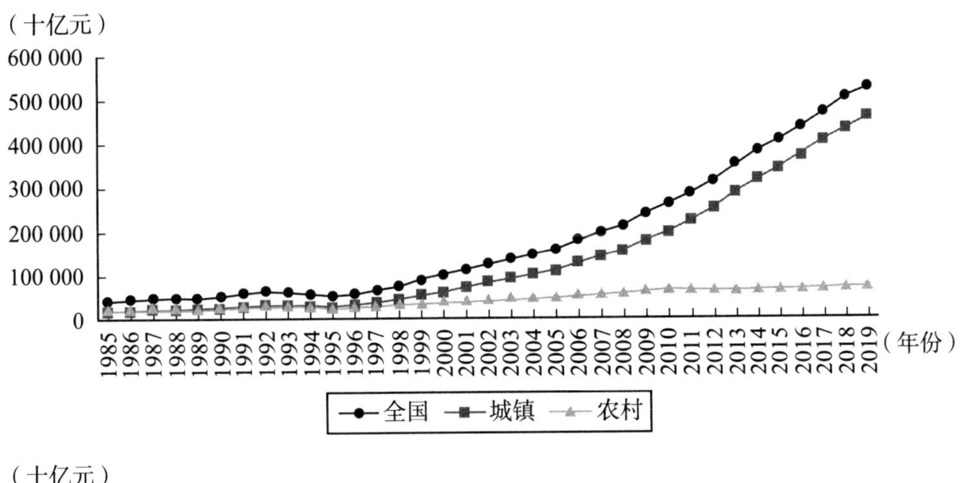

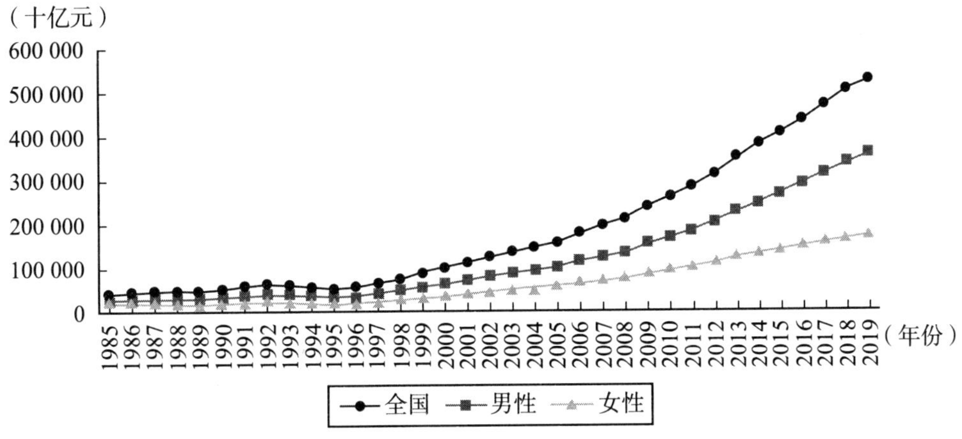

图 1-7　全国分性别、分城乡实际人力资本存量

1985～2019 年全国农村实际人力资本存量与城镇实际人力资本存量均呈现上升趋势，农村实际人力资本从 24.78 万亿元增长到 70.85 万亿元，城镇实际人力资本从 17.68 万亿元增至 458.95 万亿元。这一时期农村的人力资本年均增长 3.23%，而城镇的人力资本年均增长率达 10.37%。实际人力资本存量的城乡分布呈现出城镇人力资本后来居上的发展态势，具体为，在 1994 年之前农村人力资本高于城镇，1994 年之后则是城镇人力资本高于农村。自 1998 年之后，城镇的实际人力资本加速增长，农村却一直保持较低的增长幅度，导致实际人力资本的城乡差距迅速拉大。原因主要有两个方面：一是经济转型期间快速的城镇化进程，以及大规模的农村人口向城镇的迁移；二是城乡间人口的教育水平差距。

从全国人均总量上看（见图 1-8），1985～2019 年全国实际人均人力资本呈现出增长态势，其中，实际人均人力资本存量从 4.37 万元增至 47.44 万元，增长约 10 倍。中国在 1985～2019 年的实际人均人力资本年均增长率为 7.49% 左右。如此高的实际人均人力资本增长率源于中国1978年以来的快速经济增长、教育规模的迅速扩大、市场经济体制的转变（市场经济条件下人力资本能够实现更高的价值）以及大规模的人口城乡迁移。男性人均人力资本始终高于女性且差距不断增大。从分城乡的人均人力资本计算结果来看，在1985～2019年城镇人均人力资本显著高于农村，而且城乡间的实际人均人力资本差距在不断拉大。虽然在1997年之后城镇和农村的实际人均人力资本都呈现出显著的增长，但是城镇的增长速度明显高于农村，城乡间实际人均人力资本的绝对差距逐渐扩大。

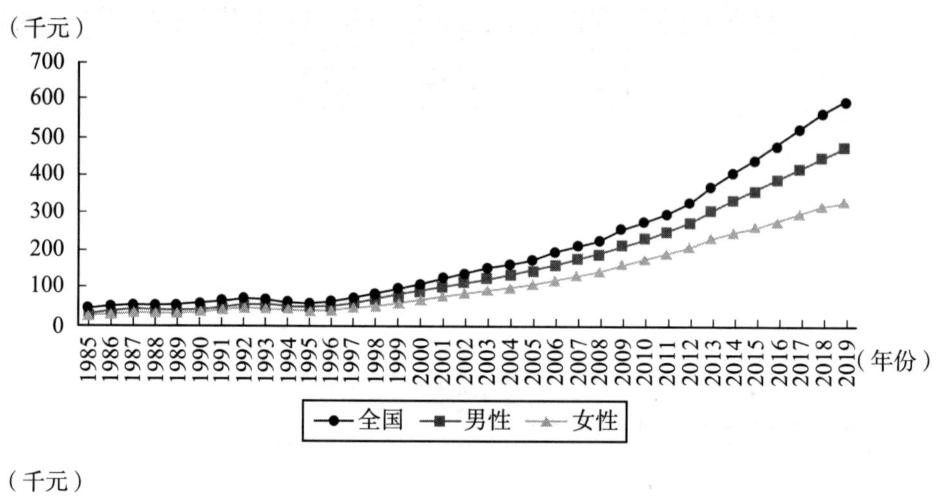

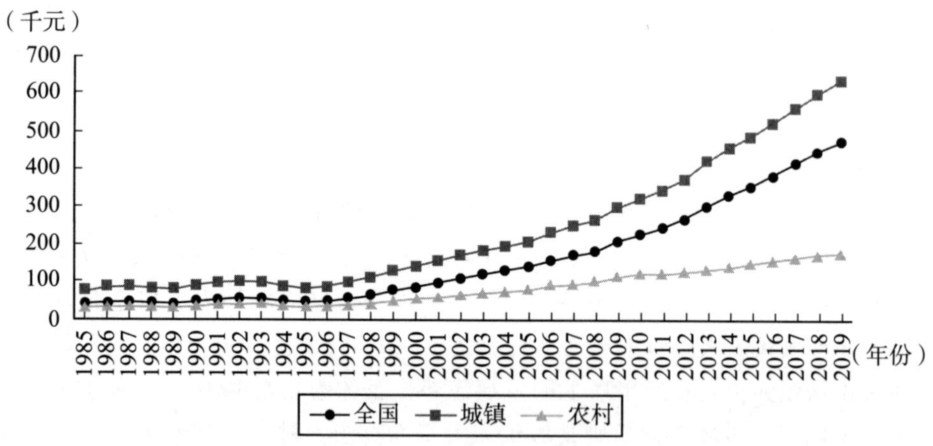

图1-8　全国分性别、分城乡实际人均人力资本存量

（三）基于教育指标法的测算

表1-2显示，以往研究者使用的平均受教育年限整体呈现较快的增长趋势，主要原因是全面普及义务教育、高考扩招以及研究生扩招带来的红利。国内外部

分学者在测度人均受教育年限时使用的口径不尽统一，分别为 6 岁以上人口的人均受教育年限、15 岁以上人口人均受教育年限以及 15 ~64 岁人口人均受教育年限。

表 1 -2　　人力资本存量测算结果比较（人均受教育年限）

研究者	测算口径	1952 年	1978 年	2008 年	2013 年	2020 年
Wang 和 Yao	15 ~64 岁劳动年龄人口	0.91	3.64	—	—	
朱承亮等	6 岁及以上人口	—	—	8.27	—	
宋家乐和李秀敏	15 岁及以上人口	4.03	5.2	7.3	—	
郑世林等	15 ~64 岁劳动年龄人口	1.76	3.85	6.55	7.98	
王小鲁	15 ~60 岁人口	2.68	5.12	8.79	9.58	10.60

资料来源：郑世林、张宇、曹晓：《中国经济增长源泉再估计：1953 -2013》，载于《人文杂志》2015 年第 11 期。

我们运用人口普查数据（2001 年、2005 年、2010 年、2015 年、2020 年）测算了我国劳动年龄人口整体受教育水平的变化趋势和地区差异。图 1 -9 描述了 2001 年、2005 年、2010 年、2015 年和 2020 年我国平均受教育水平的分布情况，可以发现 20 年间平均受教育水平的密度曲线整体向右推移，说明劳动年龄人口平均受教育水平不断提升。2001 年我国大部分地区受教育程度较低，平均年限在 8.5 年，基本完成了义务教育阶段。到 2020 年我国大部分地区人口接受的教育水平在 10 ~11 年之间，整体水平提升。

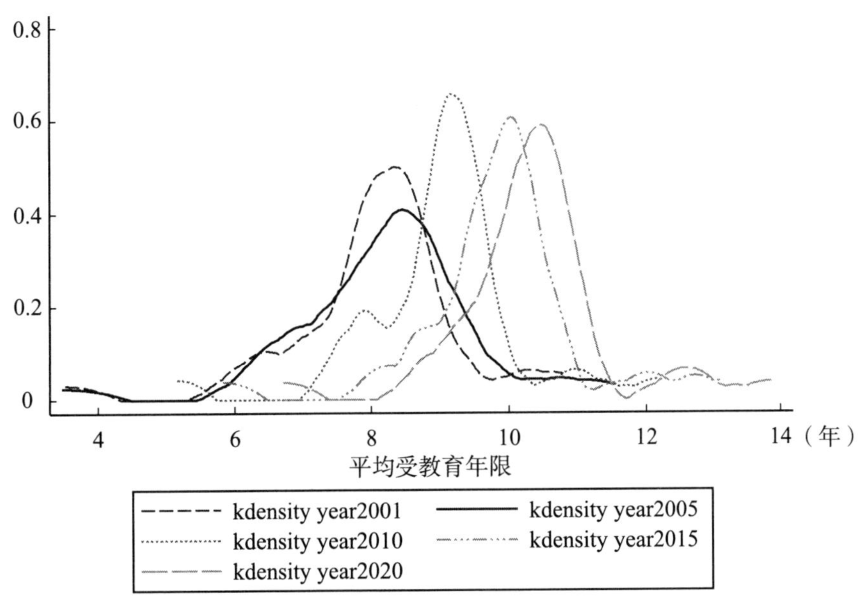

图 1 -9　受教育年限的分布情况（2001 年、2005 年、2010 年、2015 年、2020 年）

第三节　本 章 小 结

为了更好地理清人力资本与教育发展的关系，本章在对人力资本理论的演变历程、概念内涵及各种测算方法进行梳理后，就我国不同阶段教育发展水平及人力资本存量状况进行了对比分析。改革开放以来，我国劳动力整体受教育水平不断提高，从基本完成小学教育阶段的 5 年左右提升到 10 年以上。利用 J－F 收入法测量的全国实际人均人力资本在 1985～2019 年呈现出增长态势，从 4.37 万元增至 47.44 万元，增长约 10 倍。中国在 1985～2019 年的实际人均人力资本年均增长率为 7.49% 左右。中国 15 岁以上人口受教育年限与美国、日本等发达国家还存在较大差距，若中国保持 1970～2010 年人口受教育年限的几何增长速率，将在 2041 年、2034 年、2027 年分别达到美国、日本、马来西亚在 2010 年受教育年限的水平。通过以上梳理，我们进一步完善了人力资本的内涵，有助于更加深入地探讨改革开放 40 多年来教育对我国经济增长贡献的内在机理，有助于更加全面地回答中国经济进入跨向高收入国家后半程的新阶段，教育和人力资本在未来一段时期经济发展中的作用，有助于更加准确地回应正在经历经济的转型与升级的新时代中国经济发展需要什么样的教育与人力资本来支撑。

第二章

教育对经济增长贡献的理论分析

教育与经济增长的关系及其测量是教育经济学的经典研究话题，舒尔茨在20世纪60年代提出了人力资本理论，测算出1929～1957年美国教育对经济增长的贡献是33%。舒尔茨的人力资本理论对后来经济增长理论的发展及教育对经济增长贡献的研究产生了广泛的影响，很多学者围绕教育对经济增长的贡献展开了大量的研究，已有研究在教育如何作用于经济，教育对经济增长的贡献到底如何测量上一直存在较大的争议。改革开放以后，国内许多学者对教育在经济增长中的作用及其贡献进行了研究，但在教育对经济增长贡献的计量结果上差距非常大，无法达成共识（范柏乃和来雄翔，2005；杭永宝，2007；郑世林等，2015；陈彦斌和刘哲希，2017；Li Hongbin et al.，2017）。在实践层面，我们经常看到一些非常重要，但又相互矛盾的观点。一方面，认为改革开放40年中国经济发展的最重要的一个优势就是人口红利；另一方面，各种关于教育对经济增长贡献的测算发现教育的作用有限。一方面，经济结构转型升级需要大量的人才支撑；另一方面，大学生就业问题变得越来越突出。一方面，科教兴国战略的确立，反映了整个社会对教育重要性的认识；另一方面，读书无用论大有卷土重来之势。一方面“民工荒”“技工荒”挑战经济增长，另一方面，大学生就业难影响社会稳定，教育与现实的经济需求之间不匹配的问题非常突出。

中国作为一个后发追赶型的二元经济，40多年的发展很难用西方经济学的某一理论解释，探讨教育与经济增长的关系需要建构统一的理论框架。本章将沿着现代经济增长理论的发展脉络，探讨教育对经济增长贡献研究的代表性观点，寻找各种理论与方法的内在逻辑及其存在的问题，归纳总结教育在经济增长中的作用机制，并基于中国改革开放40多年经济与教育发展的特定背景，尝试提出符合中国经济社会发展实际的教育对经济增长贡献的测量框架。

第一节 教育对经济增长贡献的理论基础

一、早期的古典增长理论

古典经济学家大卫·李嘉图、亚当·斯密等都讨论过教育在经济增长中的作用，认为教育是经济增长的重要因素。亚当·斯密在其经典著作《国富论》(1776) 中将国民财富看作构成一国全部劳动年产物的一切商品，认为财富的积累来源于生产性劳动。他明确指出财富的增长取决于两个条件：一是劳动力人数和资本的增加；二是劳动生产率的提高，而劳动生产率的提高归根于专业化和社会分工。亚当·斯密还对人的行为和市场进行了分析，提出了经济学"理性人假设""看不见的手"等的思想，被誉为"经济学之父"。大卫·李嘉图继承了亚当·斯密关于国民财富的观点，并进一步把生产要素分为资本、劳动和土地，进而把国民收入分为工资、利润和地租。同时大卫·李嘉图还注意到了要素边际生产率递减和技术进步的关系，他认为技术进步导致边际生产率的递增，经济增长取决于土地、资本、劳动和技术之间的分配。对于农业部门而言，技术进步的增长空间是十分有限的；而对于工业部门，技术进步导致的边际生产率的递增抵消了要素边际生产率的递减。从长期来看，当利润率为零时，资本积累完全停止，工资处于自然水平上，技术不再进步，经济增长将处于停滞状态。亚当·斯密和大卫·李嘉图的观点虽然多是从定性角度分析经济增长的过程，但也蕴含了劳动生产率提高或生产技术水平进步对经济增长的重要作用这一思想。马尔萨斯则关注了经济增长中的人口增长因素，提出了所谓的"马尔萨斯增长陷阱"，认为经济增长只是在总量上增加但是人们的生活却不会因此变得富裕。可以说，早期的古典增长理论虽然多是从定性角度分析经济增长的原因和过程，但是其中蕴含的技术进步、人口增长以及边际生产率递减等思想，为经济增长理论的进一步发展奠定了基础。

二、索洛：增长要素分析

索洛的经济增长理论被认为是现代经济增长理论的基石，他解决了哈罗德—

多马模型一旦离开均衡状态就会发生巨大波动的问题，获得了一个经济向均衡增长路径收敛的增长模型，使经济长期稳定增长成为可能。其更重要的贡献在于索洛运用数学模型描述了一个完全竞争条件下，各种经济条件、投入要素及其作用机制的严密逻辑体系。他假定规模报酬不变，劳动力和资本按其边际生产力获得回报，价格和工资是可变的，劳动力是充分就业的，劳动与资本可以相互替代，技术进步是中性的。在这些假设条件下，索洛获得了均衡稳定增长的条件是：

$$\dot{k} = sf(k) - (n+\delta)k \tag{2.1}$$

当人均储蓄率等于新增人口人均资本量加上人均原有资本存量的折旧时，经济增长就处于稳定均衡状态。在索洛看来，人均产出的增长来源于人均资本存量和技术进步，但是资本投入存在边际收益递减的问题，经济的长期可持续发展依赖于技术进步。强调技术进步是索洛增长理论非常重要的观点，也是其后来受到批评最多的地方。因为在索洛的模型中，技术进步是外生的，与整个经济体系的运行没有关系。

索洛对后期研究产生重大影响的另一项工作是提出了要素分析方法估计经济增长的来源。索洛（Solow，1957）首次提出了要素分析法，并对美国 1909 ~ 1949 年的技术变化对经济增长的贡献做了实证研究，提出了著名的索洛残差。美国 1909 ~ 1949 年的增长中只有 1/8 可以由生产要素的增长来解释，其余的 7/8 是由技术变化带来的。由于不是由投入要素增长带来的，这 7/8 的增长也被称为索洛的技术残差。索洛的推导过程见式（2.2）~ 式（2.4）。

在假定保持边际替代率不变的技术中性条件下，总量生产函数可以写成如下形式：

$$Q = A(t)f(K, L) \tag{2.2}$$

其中，$A(t)$ 代表一定时间内的技术变化累积效应。式（2.2）对 t 做全微分，并除以 Q，得到式（2.3）：

$$\frac{\dot{Q}}{Q} = \frac{\dot{A}}{A} + w_k \frac{\dot{K}}{K} + w_L \frac{\dot{L}}{L} \tag{2.3}$$

其中，w_k、w_L 是资本和劳动的相对份额。

令 $\frac{Q}{L} = q$，$\frac{K}{L} = k$，$w_L = 1 - w_K$，上式可变为：

$$\frac{\dot{q}}{q} = \frac{\dot{A}}{A} + w_K \frac{\dot{k}}{k} \tag{2.4}$$

从 1909 ~ 1949 年，美国单位产出翻一番，技术进步指数增长 1.8 倍，技术进步占经济增长的 7/8。

索洛的这一结果产生了广泛的影响，经济增长理论后来的发展主要是围绕技术进步在经济增长中的作用机制展开的。也正是在索洛残差的解释中，舒尔茨提出了人力资本理论，计算了美国教育对经济增长的贡献。当然，索洛的研究也存在广泛的争议，乔根森在生产率变化的解释一文中就提出，“如果实际产品和实际要素投入是精确计算的，那么，观察到的全要素生产率的增长是微不足道的”（罗伯特·M. 索洛等，1991）。乔根森提出的问题也正是后来大量运用要素分析法计算经济增长来源研究困扰的问题，即投入要素的准确计量的问题。

这里需要重点强调的一点是索洛的模型及其对美国经济增长实证研究的两个关键点：一是索洛的模型是一个通过数学模型表达的严密的增长理论逻辑体系，这样的理论体系将完全竞争的经济体系的假设条件、投入要素的经济特性及其作用机制联系在一起，也就是说，结论是建立在一系列的前提条件下的；二是索洛的实证研究是对 1909～1949 年美国经济的研究，从一定意义上索洛实际上假定这一时期美国经济符合其增长模型的假定条件。强调这两个关键点是因为国内关于教育对经济增长贡献的研究很多运用了索洛的要素分析法，但忽略了中国经济是在劳动力无限剩余模型的二元经济基础上逐步发展起来的现实，也就是说国内经济的环境在很多方面并不符合索洛要素分析法的前提条件。

三、舒尔茨：投资收益法

一般地，经济理论在讨论经济增长因素时主要关注的是资本、劳动、土地、技术与制度这几个因素，教育并不是经济增长的直接影响因素。最早系统分析教育对经济增长贡献的是舒尔茨。受经济增长理论与国民核算方法进步的影响，舒尔茨在解释索洛残差的过程中提出了人力资本理论（Schultz，1961），进而对美国 1929～1957 年教育对经济增长的贡献进行了测算。舒尔茨认为，一旦将人力资本纳入经济增长的分析，就会解决那些经济增长研究中面临的悖论与困惑。他首先从劳动力市场上不同类型劳动者的收入的差别考察入手，发现教育与健康因素是收入差别的主要原因，并进一步明确收入存在差别的原因是劳动生产率的差异。

基于这样的对收入及劳动生产率差别的认识，舒尔茨回答了当时关于经济增长的三个困惑：一是从长期看资本收入比的变化异常问题；二是国民收入增长远远快于要素的增长；三是无法解释的劳动者实际收入的增长。在舒尔茨看来，之所以资本收入比没有由于资本深化而上升，是因为计算资本收入比的资本没有包含人力资本，而人力资本增长的速度大大高于物力资本，也高于收入的增长速度。对于美国国民收入的增长速度高于各类投入要素的增长速度，而且差异越来越大的问题，舒尔茨认为，尽管存在规模收益提高等原因，但最重要的原因是劳动力质量，即人的能力的提升。对于劳动者实际收入的增长，其根本原因是对劳动者人力资本投资带来的单位时间劳动生产率的提升。

舒尔茨认为，人力资源包括劳动力数量与质量，他主要关注的是能够提高劳动生产率的人的技能、知识等方面。对于如何测量人力资本投资？舒尔茨认为，可以像物力资本一样，以形成人力资本的费用测量。但是这种方法的缺点无法区分用于人的费用中哪些是投资因素，哪些是消费因素？解决这一问题的可行方法是通过产出测量，而不是投入。人力投资形成的技能提升会提升劳动者的收入，因而可以用劳动者收入的提升作为人力资本的测量。舒尔茨重点分析了正式学校教育投资。他认为教育的成本不仅包括学校运行的各类直接费用，而且包括学生因上学而放弃的收入，即机会成本。如果把教育作为纯粹的投资活动，人力资本的总量与增长速度就成为解释经济增长问题的关键。在中等教育和高等教育快速扩展的背景下，教育的收益率一直保持在物力资本投资收益率的水平之上。美国1929～1957年国民收入增量中有3/5无法解释，其中很大一部分是由教育的收益带来的。基于这样的思想，舒尔茨计算了1929～1957年教育对美国经济增长的贡献，得出了教育对经济增长的贡献为33%的结论。

舒尔茨的计算方法是：第一步，计算经济增长及其余数。1957年美国国民收入比1929年增加1 520亿美元。根据国民核算的数据劳动收入占国民收入的3/4，1957年劳动收入为2 265亿美元。以1929年的劳动力平均收入水平计算，1957年的劳动收入为1 555亿美元。两者相差710亿美元。第二步，计算教育资本存量及其余数。用各级各类教育生均费用乘以就业人员各级受教育程度的人数，得到社会积累的教育资本存量。用同样的思路计算1929年与1956年教育资本的增量为2 860亿美元。第三步是计算各级教育投资的收益率。用受教育程度相邻的劳动者平均收入之差除以受教育的成本，得到各级教育的收益率。平均的教育收益率为17.27%。第四步，计算教育对国民收入增长的贡献。教育资本存量2 860亿元×教育平均收益率17.3%＝495亿美元，即1929～1957年由于劳动者受教育程度提高所获收入，相当于“余数”710亿元的70%，相当于国民收入增量1 520亿元的33%，即教育对国民收入增长的贡献为33%。

舒尔茨在解释1929～1957年美国经济增长时面临的问题是劳动力收入的大幅度提高，以及资本收入比的异常。需要将人力资本加入资本总量中去，解决资本收入占比异常的问题。中国改革开放后相当长的时间面临的是资本占国民收入份额过大的问题，在有些年份甚至出现了全要素生产率为负的情况。这种情况的出现很可能与中国总体上是一个劳动力无限剩余的二元经济，教育普及的成本基本上由政府承担造成。劳动力一直处于供过于求的状态下，劳动力价格没有反映其劳动生产率的提高。从这个角度出发，国民收入中资本回报实际上包含了劳动力效率的提升。

四、丹尼森：因素分析法

舒尔茨关于教育对经济增长贡献的研究得益于索洛经济增长理论与国民核算研究的发展，有增长核算之父美誉的丹尼森也对美国教育对经济增长的贡献做了深入的研究。他在1962年出版了《美国经济增长因素和我们面临的选择》（Denison，1962），依据翔实的经济统计数据对美国1909～1929年以及1929～1957年经济增长的因素做了深入细致的分析。他把美国经济实际增长率分解到各个因素中，从每个因素的增长变化情况来说明美国经济增长的来源。他将影响美国经济增长的因素分为两大类：投入要素与效率提升。投入要素主要包括劳动、资本、土地，效率提升主要包括配置效率、市场的规模效应、知识的进展等方面。对于劳动投入又进一步分解为就业、工作时间、年龄—性别构成、教育等方面。图2－1为丹尼森考虑的主要要素贡献。

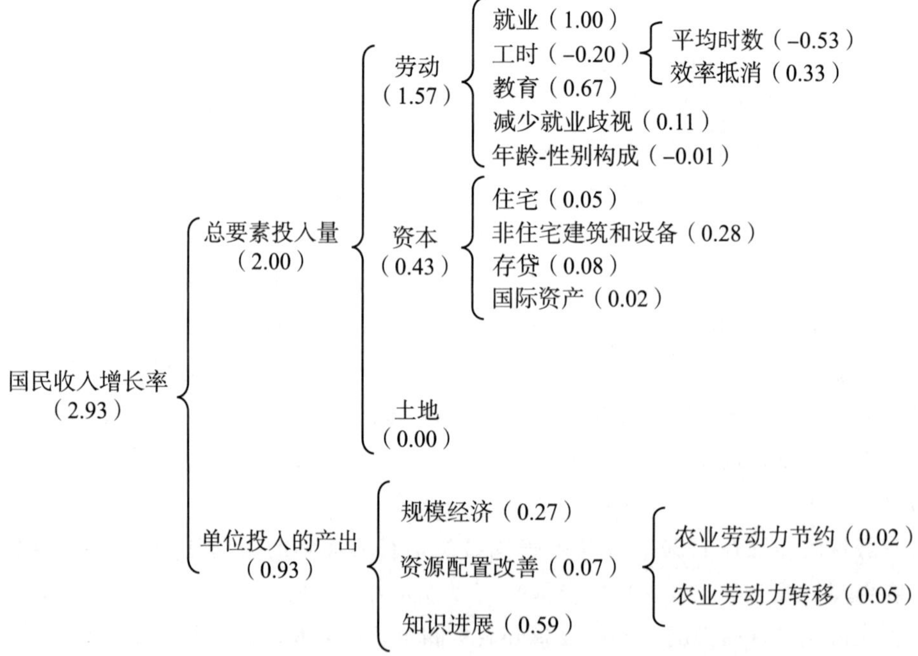

图2－1　丹尼斯的因素分析法

其基本模型为：

$$\dot{Y} = \sum_{i=1}^{p} w_i x_i + \sum_{j=1}^{q} b_j + a \tag{2.5}$$

其中，$\dot{Y}$ 表示国民收入的增长率，x_i 表示第 i 个影响因素的增长率，w_i 表示因素 i 的权重，b_j 表示各不均衡要素（规模经济、部门间资源配置、贸易壁垒、气候对生产的影响等）的增长速度，a 为除 x_i、b_j 因素外的技术进步的速度。以1929～1957年为例，美国经济的增长率为2.93%，投入要素量的增加与质的改进占增长率的68%，效率提升占增长率的32%。其中教育的直接效应是0.67%。知识进展的0.59%中有60%来自教育，是教育的间接效应。两者加起来是1.02%，占2.93%实际增长率的35%。

如果说舒尔茨计算教育对经济增长贡献的方法在劳动收入占比、教育资本存量计算、教育收益率计算等方面存在争议，丹尼森依据翔实的国民核算数据的测算则更为扎实，也开启了以国民收入数据计算教育对经济增长贡献的先河。而且舒尔茨与丹尼森计算美国教育对经济增长贡献的时间基本相同，得出的结论也很近似，说明教育在美国1929～1957年的经济增长中发挥了非常大的作用。

五、新经济增长理论与人力资本外部效应

（一）卢卡斯模型

内生经济增长理论的代表人物是卢卡斯和罗默。卢卡斯通过赋予人力资本理论新的内涵，把人力资本的外部性作为独立的要素纳入经济增长模型，构建了人力资本的内生经济增长模型。他的代表性论文是1988年发表于《金融经济学杂志》的《关于经济发展的机制》（Lucas，1988）。卢卡斯写这篇文章的动机是为了回答世界经济发展并没有出现索洛模型所预测的收敛趋势，资本也没有流入发展中国家，相反更多地流入了发达国家的问题，以及索洛模型资本收益边际递减的规律限制了经济长期可持续增长的问题。

卢卡斯的人力资本概念，以及其构建的两类经济增长模型，都深受舒尔茨与贝克尔的影响。他将舒尔茨与贝克尔称为人力资本的要素加入模型。实际上，卢卡斯构建了两个模型，一个是通过学校教育进行人力资本积累的模型，另一个是边做边学的专业人力资本积累模型。在将人力资本作为独立生产要素纳入增长模型时，卢卡斯关注的是人力资本积累机制，以及人力资本为什么不像物力资本那样呈现边际收益递减的趋势。卢卡斯将人力资本的效应分为内部效应与外部效应。内部效应更类似于舒尔茨与贝克尔定义的人力资本，更多地关注的个体知识技能的增长对经济的效应，这种效应在卢卡斯看来也会像物力资本一样会出现边际收益递减的问题。卢卡斯在重视内部效应的同时，更加强调人力资本的外部效应，即脱离个体而存在的人力资本的社会遗传，人力资本促进各种生产要素相互

作用的综合效应，以及这种效应对整个社会人力资本水平的影响。他说："如果仅仅把边际收益递减的人力资本纳入模型，人力资本将不会成为经济增长的动力。"因此，在其以学校教育为主要机制的人力资本增长模型中，将人力资本分为两部分，一部分直接用于生产，另一部分用于人力资本积累，积累的结果作为整个社会的人力资本水平纳入了增长模型，保证了经济增长的长期可持续性。

卢卡斯（Lucas，1988）假定所有劳动者都是同质的，每一个劳动者用一定比例时间 u 从事生产，还用一定比例时间 $1-u$ 投入人力资本积累。总产出 y 就取决于资本存量 k，有效劳动 uh 以及平均人力资本水平 ha，即 $y=Ak^{\alpha}(uh)^{1-\alpha}(h_a)^{\gamma}$，$\gamma>0$ 反映了人力资本具有正外部性，人力资本积累模型得到人力资本存量增长率，$\frac{\dot{h}}{h}=\delta(1-\mu)$。$h_a$ 是卢卡斯模型的关键，反映的是人力资本边际效应递增的外部效应。

卢卡斯模型发表后，许多学者以卢卡斯内生经济增长模型为基础，运用要素分析法测算人力资本对经济增长的贡献，重点考虑的就是人力资本的外部性。不过，由于卢卡斯模型中的人力资本外部性 h_a 是指人力资本促进各种生产要素相互作用的综合效应，在实证中经常遇到测量的困难。另外，在增长要素分析法中如何区分边际效应递增的要素与边际效应递减的效应也没有特别好的解决办法。

（二）罗默模型

罗默 1990 年发表于《政治经济学杂志》的文章《内生技术进步》（Romer，1990），将技术进步内生化，揭示了人力资本与技术进步的关系，提出人力资本的存量决定了经济增长率，是人力资本而不是人口决定经济增长的观点。罗默在文章中首先提出了三个假设：第一，技术进步是长期经济增长的核心；第二，技术进步是由人们对市场激励的反映形成的，市场激励决定了技术的进步；第三，技术是一种特殊的产品，最初投入的成本一旦产生了技术，技术就可以无成本或非常低成本地无限复制。在这三个假设基础之上，罗默从公共产品的非竞争性与非排他性出发，分析了知识、技术与人力资本的产品特性，在他看来，基础研究很大程度上是公共产品，通过政府投入，由税收支持，其成果具有非竞争非排他的特性，可以由全社会共享。技术与基础知识有所不同，从非竞争性的角度来看，技术与知识其实是类似的，其复制的是无成本或低成本的。但从非排他的角度，技术不同于基础知识，是部分排他的。基于已有的基础知识存量和投入的人力资本，厂商生产的技术会得到专利的保护，在垄断竞争的市场上，厂商会从技术的生产中获得额外的回报，激励着厂商不断地生产新的技术。这是罗默最核心的观点，技术进步是由市场力量内生决定的。不过，即使受到保护，技术最终也会提高整个社会的技术水平，因此也不是完全排他的，只能是部分排他。在罗默看来，人力资本的重要意义在于其决定了知识与技术的生产，人力资本的存量决定了知识与技术的增长。由于知识与技术是脱离了人的生命而独立存在的非竞争、非排他或部分排他的产品，其增长是没有上限的，而且知识与技术的积累越多，其边际收益越大。

依据上述的知识、技术、人力资本的特性与作用，罗默构建了三部门的经济增长模型：第一，竞争性的研究部门。这一部门生产的投入包括：用于研究与开发的人力资本、现有的知识存量，产出是新的产品设计，其生产函数形式为：$\dot{A} = cH_A A$，$c>0$。第二，垄断竞争的中间产品部门。这一部门生产的投入包括新设计和已有的产出。产出是耐用资本设备，该部门生产函数形式为：$K = \int_0^A X(i)\,di$。第三，竞争性的最终产品部门。这一部门生产的投入包括：劳动力 L、用于最终产品生产的人力资本 Hy、耐用资本设备 K。这一部门的总量生产函数形式为：$Y = H_y^{\alpha} L^{\beta} \int_0^A X(i)^{1-\alpha-\beta} di,\ 0 < \alpha,\ \beta < 1$，产出是消费品。

这样一个三部门模型，融合了罗默对知识与技术的非竞争性及不完全排他性的特点，运用垄断竞争的机制内生化公司对知识与技术创新的激励，获得了一个长期可持续增长的模型。从罗默的模型出发，经济增长的一个最重要的决策就是人力资本在不同部门之间的配置与均衡。而知识与技术由于脱离了人的生命，具有非竞争非排他或部分排他性，其增长是没有上限的，其边际收益是递增的，这些特性解决了技术进步内生化的问题，解决了人类经济长期可持续增长的问题，解决了实现内生化和经济增长的运行机制问题。比较罗默与卢卡斯的内生增长模型，其实卢卡斯的综合效应的人力资本外部性与罗默的技术进步非常相似，都是脱离了个体技能的知识或人力资本的综合效应，而且这种效应是边际效应递增的。罗默的不同之处是对技术的产品性质与产生机制做了更为深入的分析，为估计技术创新奠定了理论基础。20 世纪 60 年代丹尼森将技术进步效应的 60% 归于教育与罗默有异曲同工之处。许多关于教育对经济增长贡献的实证研究都是依据罗默的模型，用人力资本存量来估计教育对经济增长的贡献。实际上，如果能够有好的测量指标与数据，罗默研究部门与中间部门的生产模型是估计教育对技术进步贡献的重要基础。

（三）纳尔逊—菲尔普斯模型

1966 年纳尔逊和菲尔普斯提出了一种解释经济增长的新理论框架，他们认为技术创新与技术吸收扩散是一国经济增长的主要动力和源泉，而人力资本水平是影响一国技术创新以及技术模仿和扩散的重要因素（Nelson and Phelps，1966）。该理论由两部分组成：一国的技术进步取决于该国家技术水平与技术领先国家技术前沿的差距，且与该技术差距正相关；人力资本水平决定了各国的技术水平与技术前沿水平之间的收敛速度。假设存在一个技术引领地区的全要素生产率为 $TFPm(t)$，初始时期的全要素生产率为 $TFPm(0)$，以增速 g 呈指数形式增长，$TFP_m(t) = TFP_0(t)e^{gt}$同时假定技术吸收与扩散与人力资本水平正相关，则对某地区 i 而言，它的技术进步速度微分方程为：

$$\dot{TFP}_i(t)/TFP_i(t) = \Phi(h) \times \{[TFP_m(t) - TFP_i(t)]/TFP_i(t)\} \quad (2.6)$$

其中，$\Phi'(h) > 0$，所以技术进步的速度由人力资本的水平 h 和某地区实际技术水平与最高水平之间的差距决定，是人力资本水平的增函数。根据这个理论，从长期看，对所有地区而言，只要 $h > 0$，实际全要素生产率都以同样速度 g 增长。

纳尔逊—菲尔普斯模型体现的意义有以下三方面：一是教育人力资本与一国经济增长及地区内的技术创新正向相关；二是教育的边际产出是技术进步速度的增函数；三是教育程度较低的地区可以通过技术模仿与扩散向先进地区学习，进而提高经济增长速度。

（四）本哈比和斯皮尔斯技术扩散有限指数模型

在纳尔逊和菲尔普斯的理论框架下，本哈比和斯皮格尔（1994；2005）进一步细化了技术扩散的两种具体形式，将其设定为有限指数（confined exponential technology diffusion）形式和逻辑斯蒂形式（logistic technology diffusion）。本哈比和斯皮格尔（Benhabib and Spiegel，1994）在研究中指出，人力资本可以通过两个途径对全要素生产率产生影响：一是人力资本通过影响技术创新速度对全要素生产率产生影响；二是人力资本还可以通过影响一国的技术追赶与技术扩散速度影响全要素生产率。本哈比和斯皮格尔结合了罗默和纳尔逊—菲尔普斯的思想，综合了技术创新和技术吸收扩散对技术进步速度的影响效应。因为从本质上讲，技术进步又可以分为高端技术和低端技术，技术创新是高端技术，而技术追赶是低端技术，其有限指数模型表示为：

$$\dot{TFP}_i(t)/TFP_i(t) = g(h_{it}) + \Phi(h_{it}) \times \{[TFP_m(t) - TFP_i(t)]/TFP_i(t)\} \quad (2.7)$$

其中，m 表示技术领先国家或地区，i 表示技术追赶国家或地区，$g(h_{it})$ 表示技术进步中取决于人力资本水平的部分，$\Phi(h_{it}) \times \{[TFP_m(t) - TFP_i(t)]/TFP_i(t)\}$ 表示技术先进地区到技术落后地区的技术扩散率。假定 $g(h_{it})$ 和 $\Phi(h_{it})$ 均为增函数，h_{it}为常数时技术先进地区以 $g_m = g(h_{mt}) > g_i = g(h_{it})$ 的速度增长，最终追赶国家也将以 g_m 的速度增长，此时微分方程的解为：

$$TFP_i(t) = \left[TFP_i(0) - \frac{\Phi_i}{\Phi_i - g_i + g_m} TFP_m(0) \right] e^{(g_i - \Phi_i)t} + \frac{\Phi_i}{\Phi_i - g_i + g_m} TFP_m(0) e^{g_m t} \quad (2.8)$$

显然由于 $g_m > g_i$，$\lim\limits_{t \to \infty} \frac{TFP_i(t)}{TFP_m(t)} = \frac{\Phi_i}{\Phi_i - g_i + g_m}$根据这个理论模型，技术追赶和技术扩散保证所有地区最后以统一速度增长。

在本哈比和斯皮尔斯（Benhabib and Spiegel，2005）的研究中进一步推广了纳尔逊—菲尔普斯（Nelson and Phelps）的思想，认为技术扩散除了采取有限指数形式（confined exponential technology diffusion）外，还可以是逻辑斯蒂形式（logistic technology diffusion），与前者出现“增长收敛”不同，当一国或地区的人力资本存量足够低，低于某一临界值水平时，逻辑斯蒂模型允许出现技术追赶地区与技术先进地区之间差距持续扩大的情况，逻辑斯蒂形式的技术扩散模型表达式为：

$$\dot{TFP}_i(t)/TFP_i(t) = g(h_{it}) + \Phi(h_{it}) \times \{[TFP_m(t) - TFP_i(t)]/TFP_m(t)\} = g(h_{it}) + \Phi(h_{it}) \left(\frac{TFP_i(t)}{TFP_m(t)} \right) \{[TFP_m(t) - TFP_i(t)]/TFP_i(t)\} \quad (2.9)$$

对比两种形式的技术扩散形式，我们发现两者的差异在 $TFP_i(t)/TFP_m(t)$ 这一项，反映了远距离技术追赶的困难，即伴随与技术先进国或地区的差距扩大，技术扩散率会下降。如果技术先进国或地区与追赶地区之间的差距过大，则该先进技术并不能立即适用于追赶国家或地区，而该差距适中时，追赶的速度最快。假定 h_{it} 为常数则 $\Phi(h_m) > \Phi(h_i)$，此时逻辑斯蒂形式技术扩散微分方程的解为：

$$TFP_i(t) = \frac{TFP_i(0) e^{(g_i + \Phi_i)t}}{\left[\frac{TFP_i(0)}{TFP_m(0)} \frac{\Phi_i}{\Phi_i + g_i - g_m} + 1 \right] (e^{(\Phi_i + g_i - g_m)t} - 1)} \quad (2.10)$$

对上式取极限，得到：

$$\lim_{t \to \infty} \frac{TFP_i(t)}{TFP_m(t)} = \begin{cases} \frac{\Phi_i + g_i - g_m}{\Phi_i}, & \Phi_i + g_i - g_m > 0 \\ \frac{TFP_i(t)}{TFP_m(t)}, & \Phi_i + g_i - g_m = 0 \\ 0, & \Phi_i + g_i - g_m < 0 \end{cases} \quad (2.11)$$

因此逻辑斯蒂技术扩散形式意味着稳态的增长关系取决于技术追赶的速度和创新带来的增长率之间的差距 $g_i - g_m$，如果 $\Phi_i + g_i - g_m > 0$，那么最终增长率将会收敛；反之若 $\Phi_i + g_i - g_m < 0$，由于追赶国家或地区的人力资本水平过低，无法实现技术赶超，因此增长率的差距会逐渐增大，最终增长将呈发散趋势，落后国家或地区要跨越这种低水平的收敛状况必须通过人力资本投资来实现，这也是人力资本与技术扩散交互作用的体现。

正如前文所述，中国改革开放以来快速发展的一个重要原因就是对国外先进技术的引进与吸收，自主创新与引进吸收的基础就是中国的人力资本状况。中国经济的总体技术状况在改革开放之初，与国外的差距巨大，到现在逐步缩小差距，甚至在5G、高铁等领域已经处于领先水平，说明我们实现了技术上的追赶，而这一切的基础是中国的教育发展带来的人力资本水平的提升。有学者更认为，创新带来的效率增长是经济增长的唯一源泉，不仅如此，它还促进了物质资本的增长。因此，物质资本对经济增长的独立作用实际上是一个假象（格里高利·克拉克，2009）。物质资本的增长反映了经济的技术结构，而技术结构由人力资本决定，资本对经济增长的贡献中包含了技术与人力资本的作用。

六、经济发展的结构效应与制度效应

（一）罗斯托：经济增长阶段理论

提到罗斯托人们首先想到的是经济成长的阶段论，他将经济成长划分为五个阶段：第一个阶段是“传统社会”，主要依靠手工劳动，农业是主要产业；第二阶段是“起飞”的准备阶段，科学技术开始应用于经济活动；第三个阶段是“起飞”阶段，新技术在生产实践中得到广泛应用，工业中的主导部门迅速增长；第四个阶段是技术成熟阶段，现代科学技术得到普遍推广和应用，工业部门迅速发展，经济持续增长；第五个阶段是大众消费阶段，耐用消费品成为经济的主导部门，经济需求引导经济增长（见表2-1）。

表2-1　　技术创新与主导部门

时期	主导部门
18世纪80年代~19世纪30年代	棉纺业、瓦特蒸汽机、焦炭冶炼
19世纪40年代~20世纪初	铁路、钢铁
20世纪初~20世纪60年代	汽车、电力、化学制品
20世纪70年代至今	微电子、生物技术、新工业材料、激光

作为一名经济史学者，罗斯托擅长运用系统整体的方法研究经济增长（罗斯托等，2016）。他提出经济成长阶段论的基础是他对经济增长过程中主导部门的分析，以及在主导部门变化背后的技术创新的考察。他认为："经济增长过程的核心意味着，在给定的（或者缓慢变化的）社会框架下（后者通过其中的那些倾向来界定），存在一组动态最优的部门路径，在其中，经济以一种约略而有备的方式，随着时间的流逝而逼近该路径。"重视科学与技术创新在经济增长中的作用是罗斯托的经济阶段划分的另一个重要基础。对于技术成熟阶段，他指出："这是一个技术吸收能力逐渐增长的过程；也就是说，整个社会中能够吸收，并且有动力吸收迄今未用且日益精密的重要技术存量的人群在逐渐积累，包括科学家和工程师、工人和企业家、领班和管理人员等。这不仅意味着教育在每一个层面上的扩展，推进这一进程的现代化机构在广泛的范围内出现，而且意味着连续几代人，每一代人一出生就视技术上更复杂、更多样化的世界为理所当然。"

他将技术创新划分为增量式创新与不连续性的创新。认为不连续创新将为经济带来革命性增长，不连续的创新将会带来经济增长新的主导部门，将技术革命与主导部门结合起来成为其分析增长很重要的基础（罗斯托等，2016）。他将技术创新与主导部门描述如表 2－1 所示，对于技术创新，他认为："整个研发过程都被看作内生的，因而本质上可被看作一个复杂的投资子部门或一组子部门。"对于技术吸收能力，他认为"一个社会的企业家有效吸收具有潜在盈利可能的发明的能力，不但是前期教育和培训投资的函数，还是社会制度和社会所提供的创新激励（或抑制）的函数"。

按照罗斯托的以上思路，教育对经济增长的贡献应该考虑以主导部门为基础的方法，关注不同发展阶段的主导部门，才能更为准确地把握教育通过对技术创新的支撑，促进经济增长的贡献。罗斯托是经济史学者，他发现了技术创新是内生的，企业家吸收创新的能力是前期教育和培训投资的函数，也是社会制度所提供激励的函数，但他还没有把技术创新与经济增长的内在逻辑充分展示，这方面正是罗默的主要贡献。

（二）蔡昉：经济增长阶段理论

改革开放 40 多年来，中国经济快速发展，用 40 多年的时间完成了西方工业革命以来 200 多年的发展历程。作为一个后发追赶型的二元经济，加上从计划经济向市场经济的转型，中国 40 多年的发展很难用西方经济学的某一理论解释。为此，中国著名的经济学家蔡昉提出了四阶段的经济增长理论，力图建立包括中国在内的各国经济增长的统一框架。蔡昉（2017）认为西方主流经济增长理论基本上都是以新古典经济学为基础，许多隐含的前提条件都是以发达国家为背景，无法解释更广阔历史背景的增长问题。中国由于40年的快速发展，客观上创造了一个可以用较短时间分析不同阶段经济增长的条件。蔡昉（2017）将经济发展分为四个阶段："第一，马尔萨斯贫困陷阱或M类型的经济增长。第二，刘易斯的二元经济发展或L类型的经济增长。第三，刘易斯转折点，或T类型。我们特别把刘易斯转折阶段列出来，因为他对中国有特别的含义。第四，索洛新古典增长，或S类型。"

M型增长指的是工业革命前人类社会漫长的增长方式。在这种增长方式中，物质资本的积累被由生活改善而带来的人口增长所抵消，一直在维持生存的低水平上下波动。工业革命是物质资本积累与人力资本积累有效结合，产生创新的结果。在大分流时代，中国之所以没有走上工业化之路，一个重要原因就是物质资本积累与人力资本积累没能有效结合。有研究认为，实际上中国古代的科举制度阻碍了科技的发展，没有促进技术创新的出现（林毅夫，2010）。从这个角度看，中国古代的教育没能有效促进经济增长。教育能够促进经济增长，但只有能够促进技术创新的教育，才能促进经济增长。

L型的增长指的是刘易斯提出的二元经济发展阶段，在这一阶段经济增长实际上就是把农业中的剩余劳动力不断吸纳出来，用不变的工资将农村剩余劳动力转移到现代的非农部门，在农村劳动力的转移过程中实现经济增长。中国改革开放以来持续30多年近10%的高增长率，一个很重要的原因就是得益于人口红利。农村大量的剩余劳动力以很低的工资支持了物质资本的快速积累，并保持了物质资本的边际收益没有出现快速递减。另外一个重要原因是中国与发达国家的巨大技术差距，使我们有大量的技术存量可以直接吸收与学习。这一时期教育对经济增长的贡献主要应该体现在教育对劳动力转移的促进作用，以及教育对吸收新技术的支撑作用（劳动力无限剩余与技术扩散模型）。表面上看是中国经济增长是由资本投入驱动的，实际上资本要素没有出现边际收益递减的原因是我们普遍接受了义务教育的劳动力投入的支撑。

T型增长指的是刘易斯拐点出现后二元经济发展的特殊阶段。刘易斯拐点是二元经济劳动力转移过程中开始出现劳动力短缺与普通劳动者工资上涨的阶段，是二元经济发展向现代经济过渡的一个特殊的阶段。由于劳动力短缺开始出现，劳动力成本开始上升，资本边际收益开始递减。但这时二元经济还没有完全结束，二元经济的最终转折点是农业与非农业边际劳动生产率达到相等的商业化点，这时经济增长进入索洛的新古典阶段（蔡昉，2013）。在这一阶段由于劳动力开始短缺，资本边际收益开始下降，原有的物质资本积累与人力资本积累的激励机制不再有效，必须通过产业结构的升级提高全要素生产率，才能形成新产业，发现经济增长的新动能。教育在这一时期对经济增长的贡献更多地体现在教育对技术创新的支撑。一方面高水平大学的科学研究孕育了技术创新的可能；另一方面各级各类教育培养的各类人才对新技术的创新与吸收将成为经济能否成功转型，从而跨越中等收入陷阱的关键。

S 型增长指的是农业与非农产业边际劳动生产率相等后新古典式经济增长。这种增长假设劳动力是短缺的，尽管资本劳动比仍然可以合理地提高，但终究会遭遇资本报酬递减问题，经济增长主要依靠技术进步带来的全要素生产率的提升。这一阶段经济增长的核心是如何促进技术进步，以及解决由于技术进步带来的创造性破坏问题。新的技术革命在带来效率与增长的同时，也需要全社会的适应，形成一套适应新技术的能够保证社会平稳运行的机制。在这一时期，教育是经济增长的决定性因素，教育一方面要为技术创新提供足够的人力支撑；另一方面要让更多的人能够适应新的技术要求。如果按照蔡昉的阶段划分，中国 1978 年以来的经济发展主要可以分为两个阶段，1978 年到 2004 年，主要是 L 型阶段，2004 年至今是 T 型阶段。只有当农业与非农业劳动生产率相等的商业化点来临时，中国才完全进入 S 型的发展阶段。不过，由于中国是一个后发追赶型的经济，劳动力转移、产业升级与技术创新是同步推进，对于发展阶段的划分不能简单地以劳动力转移为一个标准，还应该考虑不同阶段各产业的增长情况，把劳动力转移与产业升级结合在一起决定中国经济发展的阶段性特征。

第二节　教育在经济增长中的理论机制

教育与人力资本对经济增长作出的贡献包括以下几方面（见表 2－2）。

表 2－2　　教育作用于经济增长的理论机制

理论	研究者	理论机制	
人力资本理论	舒尔茨	教育的投资收益	教育通过提高劳动者能力，提高劳动生产率，进而提高劳动者的收入，促进经济增长
	卢卡斯	教育的内部效应和外部效应	内部效应：同舒尔茨，教育提升个体能力直接作用于生产过程；外部效应：人力资本作用于整个社会的综合效应，具有边际效益递增的特点

续表

理论	研究者	理论机制	
新经济增长理论	罗默	教育对技术创新的作用	一方面类似卢卡斯的内部和外部效应；另一方面强调投入于技术创新的人力资本与全社会已有的知识与技术存量，共同决定了技术创新产出
	纳尔逊—菲尔普斯	教育对技术追赶与吸收的作用	体现在追赶型经济对领先型经济技术扩散的吸收能力，这种技术吸收能力与罗默的自主创新不同，更多的是对现有技术的学习与应用
经济发展阶段论（结构效应与制度效应）	罗斯托	主导部门	强调教育的各种作用机制是通过部门经济实现的，增长的主导部门及其背后的技术创新是经济增长的核心
	蔡昉	不同经济发展阶段、不同产业劳动力的作用	劳动力在中国经济的不同发展阶段（L 型、M 型和 T 型三个阶段）作用存在差异

第一，从舒尔茨的理论看，教育更多是提高劳动者能力，提高劳动者的生产率，进而提高劳动者的收入，促进经济增长。

第二，从卢卡斯的增长理论看，教育作用与经济增长通过两个方面，一是与舒尔茨相同的个体能力的提升，即人力资本的内部效应，直接作用于生产过程；二是卢卡斯更为强调的人力资本的外部效应，即人力资本作用于整个社会的综合效应，具有边际效益递增的特点。

第三，从罗默的增长理论看，教育作用于经济增长的作用在于三个方面，前两个方面很类似于卢卡斯的两种作用机制，教育作用于生产过程及整个社会综合效应。第三个方面强调的是投入于技术创新的人力资本与全社会已有的知识与技术存量，共同决定了技术创新产出。

第四，从纳尔逊—菲尔普斯的理论看，教育作用于经济增长主要体现在追赶型经济对领先型经济技术扩散的吸收能力。不过这种技术吸收能力与罗默的自主创新不同，更多的是对现有技术的学习与应用。

第五，从罗斯托的增长理论看，教育的作用与上面几位学者的观点没有本质区别，其不同之处在于强调各种作用机制是通过部门经济实现的，增长的主导部门及其背后的技术创新才是经济增长的核心。因此，教育对经济增长的作用应该以部门分析为基础。

第六，从蔡昉的增长理论看，劳动力无限剩余的二元经济是改革开放后中国经济发展的起点，劳动力在中国经济的不同发展阶段作用存在很多差异。在L型、M型和T型三个阶段，教育作用与经济增长的方式也是不同的。同时，蔡昉将产业分为第二产业劳动密集型、第二产业资本密集型、第三产业劳动密集型、第三产业技术密集型的思想可以结合罗斯托的思想，按产业对劳动、资本、技术的不同要求进行分析。

第三节 教育对中国经济增长贡献测量的理论框架

中国作为一个后发的追赶型经济，用40多年的时间走了西方200多年的工业化过程，这40多年间差不多每10年就会跨上一个新台阶，因此抓住中国经济发展阶段性特征是测量教育对经济增长贡献必须充分考虑的因素。改革开放以来中国经济的快速发展也主要依赖于改革与开放两个核心词上，一方面是制度变革释放的生产力；另一方面是对外开放引进国外先进技术与管理理念。国外先进技术与管理理念在中国能够快速落地并不断发展的一个重要原因就是中国各级教育的快速普及。快速普及的中国教育为技术的吸收与改进提供了充足的高质量的人力资本，因此测量教育对经济增长的贡献必须考虑人力资本的外部效应与边际收益递增。对中国这一阶段教育、人力资本对经济增长的贡献测量必须考虑中国经济发展的实际。如果说美国人力资本理论诞生是因为要解释美国资本存量不足的问题，那么中国人力资本理论的设计就是要解释国民收入资本份额过大的问题。考虑到中国改革开放以来相当长时间的制度性分割以及资源配置的不平衡状况，使用要素分析法测量各类要素对经济增长的贡献可能没有使用各级各类教育的收益率进行估算更为贴近经济增长的实际。

一、基于产业与部门特征的分阶段要素分析法

结合以上分析与中国经济发展的实际，笔者认为，中国教育对经济增长贡献的测量要从中国经济增长的实际出发，真正抓住中国经济发展的关键性特征，针对不同的发展阶段与不同的关键特征，设计符合实际的教育对经济增长贡献的测量方法。

首先是按照产业进行增长要素分析。因为改革开放后的中国经济，是典型的

劳动力无限剩余的二元经济。从总体趋势上看，传统的第一产业劳动力有一个减少的过程，第二产业、第三产业的劳动力则逐步增长，简单地用总量生产函数，不考虑劳动力无限剩余二元经济劳动力转移的情况，必然会导致估计的错误。

其次是按照行业进行增长要素分析。罗斯托的部门主导理论描述了一个经济增长过程中部门发展的路径。找到一个发展时期经济发展的主导部门，按主导部门进行增长要素分析，会更准确地抓住中国经济发展的关键特征。

再次是按照蔡昉提出的四类产业进行增长要素分析。蔡昉（2017）在分析中国如何跨越中等收入陷阱时对第二、第三产业做了进一步的划分，分为劳动密集型与资本密集型第二产业，劳动密集型与技术密集型第三产业，以此来区分不同产业对劳动力受教育程度的要求（见图 2 - 2）。很明显，上述四类产业的增长机制与对劳动力质量的要求都存在较大的差异。一般来说，劳动密集型产业是农村剩余劳动力的主要就业产业，而资本密集型与技术密集型产业的增长机制与对劳动力质量的要求要远远高于劳动密集型产业。

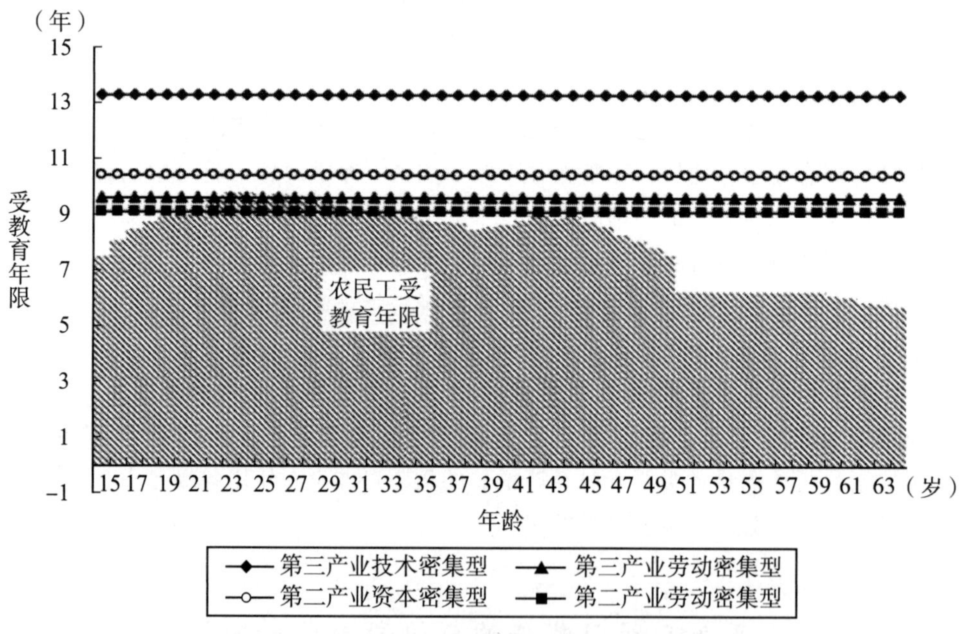

图 2 - 2　农民工受教育年限与市场需求

资料来源：蔡昉：《读懂中国经济——大国拐点与转型路径》，中信集团出版社 2017 年版，第 145 页。

最后是按照内生经济增长模型分析教育的外部效应和收益递增的贡献。运用要素分析法测算教育对经济增长的贡献，重点考虑的就是人力资本的外部性。在卢卡斯模型中，人力资本既包含了要素作用又具有外部性作用，其中外部性作用提高了资本、技术创新和技术模仿吸收的贡献份额，人力资本内生于劳动力的生产函数模型中，人力资本贡献是提高劳动产出的贡献，并非人力资本的全部贡献，通过这两类模型的比较，可以进一步分离出教育直接对提高劳动产出的贡献以及教育的外部作用。由于卢卡斯模型中的人力资本外部性是指人力资本促进各种生产要素相互作用的综合效应，还需要结合罗默的内生增长模型进一步分离出教育促进技术创新和技术模仿吸收的贡献。

按照上面的产业、行业类别，结合蔡昉从劳动力供给角度做出的阶段划分，以及罗斯托对经济成长阶段的划分，考虑中国发展的阶段性特点进行增长要素分析，通过不同经济增长模型，分别测算教育提升生产过程劳动力质量的贡献、教育提升整个社会人力资本与知识水平的外部作用、教育提升技术创新的作用、教育提升技术吸收能力的作用，以及教育在资本积累方面的贡献，才能比较全面准确地测量中国教育对经济增长的贡献。

二、基于产业与部门的分阶段教育投资收益法

要素分析法的优势是能够区分出教育对经济增长的不同作用机制，其缺点也恰恰是各种机制的估计科学性与准确性难于把握。舒尔茨测量教育对经济增长贡献的教育投资收益法则避开了这些困难，通过教育投资收益综合地衡量了各种机制的作用。从这个角度看，借鉴舒尔茨估计教育对经济增长贡献测量的思路，也是可以借鉴的方法。

舒尔茨关于教育对经济增长贡献的测算主要是基于他的人力资本理论，将教育投入看作一种投资。在他的测算中一项很重要的工作就是估计教育投资形成的资本，这是将教育作为投资，而不是消费的很基础的一项工作。因为无论是在微观的企业核算，还是在宏观的国民经济核算中，如果是投资的话，核算方式一定是在资本账户中增加资本存量。而如果只是消费的话，在核算上则是直接计入费用消耗。虽然人力资本理论得到了认可，但在核算上一直没有将人力资本投资作为资本性支出核算，人力资本投资形成的资本存量没有直接可供使用的数据来源。

其实，直到今天，尽管政策上已经将教育作为一项基础性、战略性的投资，但在核算中资本账户仍然没有包含人力资本。这也是使用舒尔茨的方法进行教育对经济增长贡献估计的最大困难。如果能够运用成本法对中国教育资本存量进行估计，加上对教育投资的私人收益率与社会收益率的估计，就可以针对中国教育对经济增长的贡献进行测算。如果按照上面的思路，能够进行分产业分阶段的教育对经济增长贡献的测算，在这些测算的基础上，可以通过加权的方式，计算各

阶段中国教育对经济增长的贡献。

由于中国经济发展具有独特的阶段性特征，因此测算贡献的一个重要问题就是选择的教育指标能否实质性地捕捉到各个发展阶段的教育特征变化，只有指标设定正确才能准确地测量中国教育对经济增长的贡献。根据舒尔茨的人力资本理论，度量人力资本投资量的最直观指标应该是全社会教育支出在 GDP 中的占比，但教育支出并不一定全部是投资，同时伴随技术进步，人力资本的折旧难以确定，因此 20 世纪 90 年代的研究中广泛使用了成人识字率、各级教育入学率、劳动力的平均受教育程度（Romer，1990；Barro，1993），随后有一些研究使用认知技能和非认知技能等各种能力与技能对受教育年限进行调整（Hanushek and Woessmann，2011），作为教育质量的代理变量，然而，能力与技能可能并不一定是人力资本，因为作为资本，只有在市场上具有价值的能力与技能才是人力资本，在市场上没有价值的能力与技能就不是人力资本。从这个角度上看，人力资本指标的选择应该反映市场上对不同能力与技能的需求变化。因此在贡献测算时还要充分关注人力资本的测量以及人力资本与劳动力市场的关系变化。

第四节　本章小结

教育与经济增长的关系是教育经济学研究的一个经典问题，已有研究在教育如何作用于经济，教育对经济增长的贡献到底如何测量上一直存在较大的争议。中国作为一个后发追赶型的二元经济，40 多年的发展很难用西方经济学的某一个理论解释，探讨教育与经济增长的关系需要建构统一的理论框架。基于新古典增长理论、新经济增长理论以及蔡昉、罗斯托的经济发展阶段理论，寻找各种理论与方法的内在逻辑及其存在的问题，结合中国改革开放 40 多年发展的阶段特征，分析教育对经济增长的作用机制并尝试提出符合中国经济社会发展实际的教育对经济增长贡献的测量框架。一方面，通过分阶段分产业分部门进行增长要素分析，基于作用机制分别测算教育提升生产过程劳动力质量的贡献，提升整个社会人力资本与知识水平的外部作用，提升技术创新的作用，提升技术吸收能力的作用以及在资本积累方面的贡献。另一方面，借鉴舒尔茨的投资收益法，在分产业分部门的教育投资收益法基础上，通过加权的方式，计算各阶段中国教育对经济增长的贡献。

第三章

教育对经济增长贡献的测算

关于教育对经济增长的贡献研究非常多，但纵观已有研究结论差异较大，原因主要是大量研究对于增长理论的约束条件讨论不足，在资本、劳动力、人力资本等投入要素内涵的精确测量以及投入要素相互关系的逻辑建构上存在不足，导致测量结果出现偏误甚至错误。乔根森认为，差异化的来源是对实际产品和实际要素投入的测算不够精确，在精确计算基础上观察到的全要素生产率的影响是微不足道的，同时估算结果可比性的前提是不同行业之间要建立同质化的劳动力和资本投入。然而现有大部分研究并没有对投入要素的异质性进行处理，在资本和劳动力的测量上，用资本存量还是投资流量衡量资本投入，用受教育年限还是入学率衡量人力资本，已有研究在基础数据测算上的不准确，导致各类研究在估算结果上存在较大差异。此外，运用索洛余值法测算教育贡献的方法主要考虑了物质资本以及劳动力数量的贡献，但是由于回归结果并不能给出索洛残差的系数和显著性，还可能导致遗漏了全要素生产率中重要的增长来源，遗漏变量将带来对全要素生产率贡献的高估。新经济增长理论认为经济增长主要源于人力资本积累或技术进步，因此如何从全要素的贡献率中分离出教育、人力资本、技术等因素的贡献份额也成为应用索洛余值法的核心问题。

基于上一章我们对不同研究学者关于教育对经济增长贡献的理论解释，结合中国改革开放40多年发展中教育对经济增长的作用机制，以及教育对经济增长贡献的理论测量框架，本章将在理论解释的基础上，按照新古典总量生产函数进行估计的经典方法和我们基于理论框架构建的分行业测算的方法以及从企业部门的角度对教育在经济增长中的贡献进行测算。考虑到数据的可得性，我们使用企业部门数据测算了技术要素在教育对经济增长贡献中的作用，探究高等教育对经济增长的贡献率，并进一步比较不同发展阶段中教育与高等教育的贡献率。

第一节　教育对经济增长的贡献——基于总量生产函数的测算

改革开放以来许多学者对我国教育在经济增长中的贡献进行了测算，这些研究大多数在柯布—道格拉斯生产函数的基础上，借鉴并修正丹尼森和麦迪逊的教育对经济增长贡献测算方法（Maddison，1987），构造教育投入的劳动增长型生产函数，通过计算由教育这个要素投入所带来的那部分国民产值的增长速度占国民产值总增长速度的比例测算教育贡献。尽管这类方法难以适应高度非线性以及庞大复杂多变的社会经济系统，但得益于其较强的原生性和理论支撑，应用相对成熟。本部分研究借鉴新古典总量生产函数的测算思路，使用有效劳动模型和人力资本外部性模型对教育的贡献率进行测算。在人力资本外部性模型中，大多数学者使用平均受教育年限作为教育和人力资本水平的代理变量，但关注到我国平均受教育年限增长趋势可能无法准确反映出卢卡斯内生经济增长理论中提到的人力资本边际效应递增的特征，我们在此基础上采用专利申请量这一指标进行衡量。

一、教育对经济增长贡献测算的总量生产函数设定

（一）有效劳动模型生产函数

有效劳动投入的柯布—道格拉斯生产函数模型，简称有效劳动模型。

$$Y_t = A_t K_t^{\alpha} H_t^{\beta} = A_t K_t^{\alpha} (L_t h_t)^{\beta} \tag{3.1}$$

其中，Y_t 为产出变量，K_t 为资本投入量，H_t 为卢卡斯所说的有效劳动投入，L_t 为劳动力投入量，h_t 为劳动力具有的平均人力资本水平，简称人力资本水平。该模型内生地引入劳动力的人力资本水平因素，充分考虑了人力资本具有的生产功能特性，为判断人力资本在经济增长中的作用提供了可以参考的分析框架。其增长方程为：

$$\frac{\Delta Y_t}{Y_t}=\frac{\Delta A_t}{A_t}+\alpha\frac{\Delta K_t}{K_t}+\beta\frac{\Delta H_t}{H_t} \tag{3.2}$$

$$\frac{\Delta Y_t}{Y_t}=\frac{\Delta A_t}{A_t}+\alpha\frac{\Delta K_t}{K_t}+\beta\frac{\Delta L_t}{L_t}+\beta\frac{\Delta h_t}{h_t} \tag{3.3}$$

方程的左边$\frac{\Delta Y_t}{Y_t}$为经济增长率指标；右边$\frac{\Delta A_t}{A_t}$为综合要素生产率增长率，$\frac{\Delta K_t}{K_t}$为资本增长率，$\frac{\Delta H_t}{H_t}$为人力资本存量增长率，则$\alpha\frac{\Delta K_t}{K_t}$、$\beta\frac{\Delta H_t}{H_t}$分别表示资本和人力资本的贡献份额，它们分别除以$\frac{\Delta Y_t}{Y_t}$所得的商就是各自在经济增长中的贡献率。

对要素产出弹性α、β的估计采用回归检验法，回归方程为：

$$\ln Y_t=\ln A_t+\alpha\ln K_t+\beta\ln H_t \tag{3.4}$$

引入GDP增长率G_Y、人力资本增长率G_h、物质资本增长率G_Y、劳动力增长率G_L，就可利用经济增长核算率方程进行经济增长因素分解分析。

人力资本投入贡献率为：

$$E_h=\beta\frac{G_h}{GY}\times 100\% \tag{3.5}$$

物质资本投入贡献率为：

$$E_K=\alpha\frac{G_K}{GY}\times 100\% \tag{3.6}$$

劳动力投入贡献率为：

$$E_L=\beta\frac{G_L}{GY}\times 100\% \tag{3.7}$$

技术进步贡献率可由下式算出：

$$E_A=\frac{G_A}{G_Y}=100\%-E_K-E_L-E_h \tag{3.8}$$

（二）人力资本外部性模型生产函数

人力资本外部性内生经济增长模型，简称人力资本外部性模型。

$$Y_t=A_tK_t^{\alpha}H_t^{\beta}h'^{\gamma}_t=A_tK_t^{\alpha}(L_th_t)^{\beta}h'^{\gamma}_t \tag{3.9}$$

根据前文的分析，教育人力资本不仅内生于劳动力投入的有效劳动，同时还与物质资本投入、技术进步、配置效率等因素有着内生关系，可以将其统一称为教育人力资本的“外部性作用”，因此仅仅将教育人力资本内生化为生产函数模型中的有效劳动力并不能反映教育人力资本的真实作用。人力资本外部性模型不仅充分考虑了人力资本的生产功能，而且充分考虑到人力资本对其他非人力资本要素的外部性作用。它真实地反映了产出与要素投入的函数关系，为准确判断人力资本在经济增长中的作用提供了可靠的分析模型。该模型的增长方程为：

$$\frac{\Delta Y_t}{Y_t}=\frac{\Delta A_t}{A_t}+\alpha\frac{\Delta K_t}{K_t}+\beta\frac{\Delta H_t}{H_t}+\gamma\frac{\Delta h_t'}{h_t'} \tag{3.10}$$

$$\frac{\Delta Y_t}{Y_t}=\frac{\Delta A_t}{A_t}+\alpha\frac{\Delta K_t}{K_t}+\beta\frac{\Delta L_t}{L_t}+(\gamma+\beta)\frac{\Delta h_t'}{h_t'} \tag{3.11}$$

方程中$\frac{\Delta Y_t}{Y_t}$、$\frac{\Delta A_t}{A_t}$、$\frac{\Delta K_t}{K_t}$、$\frac{\Delta H_t}{H_t}$的经济涵义同上，$\frac{\Delta h_t'}{h_t'}$是人均人力资本的增长率，用年专利申请受理量增长率来表示，则$\alpha\frac{\Delta K_t}{K_t}$、$\beta\frac{\Delta H_t}{H_t}$、$\gamma\frac{\Delta h_t'}{h_t'}$分别表示资本、人力资本存量和人均人力资本的贡献份额，它们分别除以$\frac{\Delta Y_t}{Y_t}$所得的商就是各自在经济增长中的贡献率。

各要素的产出弹性的估计仍采用回归方法，回归方程为：

$$\ln Y_t=\ln A_t+\alpha\ln K_t+\beta\ln H_t+\gamma\ln h_t' \tag{3.12}$$

人力资本投入贡献率为：

$$E_h=\beta\frac{G_h}{GY}+\gamma\frac{G_{h'}}{GY}\times 100\% \tag{3.13}$$

人力资本内生于有效劳动的贡献率为：

$$E_h=\beta\frac{G_h}{GY}\times 100\% \tag{3.14}$$

人力资本外部性要素贡献率为：

$$E_h=\gamma\frac{G_{h'}}{GY}\times 100\% \tag{3.15}$$

物质资本投入贡献率为：

$$E_K=\alpha\frac{G_K}{GY}\times 100\% \tag{3.16}$$

劳动力投入贡献率为：

$$E_L=\beta\frac{G_L}{GY}\times 100\% \tag{3.17}$$

技术进步贡献率可由式（3.18）算出：

$$E_A=\frac{G_A}{G_Y}=100\%-E_K-E_L-E_h \tag{3.18}$$

我们将教育人力资本作为生产要素直接促进生产的功能作为直接贡献，将教育人力资本通过影响其他要素间接影响产出的作用称为间接贡献。人力资本的直接贡献可以用人力资本外部性模型估计得到，而人力资本的间接贡献无法直接利用单一模型估计得到。

对于以下的简单模型中我们仅考虑教育人力资本内生化于劳动力的作用，而不考虑外部性作用，因此，该方程得到的物质资本和技术进步对经济增长的贡献要大于其实际的贡献。以一个简单模型 $Y_t = A_t K_t^{\alpha} H_t^{\beta}$ 中资本对经济增长的贡献为例，假设物质资本对经济增长的贡献中包含真正的物质资本本身的贡献 K_{kt}和人力资本外部性带来的间接贡献 K_{ht}，即 $K_t = K_{kt} + K_{ht}$，则资本产出弹性为：

$$\alpha = \frac{\partial Y_k}{\partial K_t}\frac{K_t}{Y} = \frac{\partial Y_k}{\partial K_t}\frac{K_{kt}+K_{ht}}{Y} = \frac{\partial Y_{kt}}{\partial K_{kt}}\frac{K_{kt}}{Y} + \frac{\partial Y_{ht}}{\partial K_{ht}}\frac{K_{ht}}{Y} + \frac{\partial Y_{kt}}{\partial K_{kt}}\frac{K_{ht}}{Y} + \frac{\partial Y_{ht}}{\partial K_{ht}}\frac{K_{ht}}{Y}$$

$$= \alpha_{kk} + \alpha_{kh}\frac{K_{kt}}{K_{ht}} + \alpha_{kk}\frac{K_{ht}}{K_{kt}} + \alpha_{ht} > \alpha_{kk} \tag{3.19}$$

可见由此估计出来的产出弹性包括物质资本自身的实际产出弹性、资本与人力资本交互的产出弹性以及由于人力资本外部性提高的产出弹性，因此如果不考虑教育人力资本的外部性直接估计得到的资本产出弹性要大于其真实的产出弹性。因此我们基于有效劳动模型和人力资本外部性模型考察教育和人力资本对经济增长的贡献。

$$\frac{dY_t}{Y_t} = \frac{dA_t}{A_t} + \alpha_1\frac{dK_t}{K_t} + \alpha_2\frac{dL_t}{L_t} + \alpha_2\frac{dh_t}{h_t} \tag{3.20}$$

$$\frac{dY_t}{Y_t} = \frac{dA_{tt}}{A_{tt}} + \beta_1\frac{dK_t}{K_t} + \beta_2\frac{dL_t}{L_t} + (\beta_2+\beta_3)\frac{dh_t}{h_t} \tag{3.21}$$

根据以上分析，$\frac{dA_t}{A_t} + \alpha_1\frac{dK_t}{K_t} + \alpha_2\frac{dL_t}{L_t}$中包含了教育的外部性作用，$\frac{dA_{tt}}{A_{tt}} + \beta_1\frac{dK_t}{K_t} + \beta_2\frac{dL_t}{L_t}$反映了非教育的真实作用，因此教育对经济增长的间接贡献为：

$$\text{间接贡献} = \left[\frac{dA_t}{A_t} + \alpha_1\frac{dK_t}{K_t} + \alpha_2\frac{dL_t}{L_t}\right] - \left[\frac{dA_{tt}}{A_{tt}} + \beta_1\frac{dK_t}{K_t} + \beta_2\frac{dL_t}{L_t}\right] \tag{3.22}$$

二、各类投入要素的描述统计

（一）全国从业人员与受教育程度

1. 全国从业人员调整数据及变化趋势

《中国统计年鉴（2016）》中对就业人员的统计解释指 16 岁以上从事一定社

会劳动并获得劳动报酬或经营收入的人员，其以获得劳动收入为统计口径，不包括经济活动人口中的失业人口，众多文献中也以从业人员表示。本研究运用从业人员数据表示劳动力要素投入。

由于统计口径的变化，1990 年我国从业人员数量在国家统计局数据中显示较 1989 年增长了 9 420 万人，1990 年以前从业人员的统计主要按照传统方法进行，将城镇单位就业人员、城镇个体就业人员和农村就业人员三部分汇总相加，而城镇单位的频繁变动以及农村劳动力的流动都使得这一统计误差逐渐增大。以往大部分学者忽视了这一变动，少部分学者运用各类统计方法进行了数据处理（王小鲁，2000；谭永生，2007；唐家龙，2011）。本书采用趋势离差法[①]对 1978 ~ 1990 年的从业人口进行调整，使用该方法调整后的数据与 1978 年以前和 1990 年以后的数据衔接良好。图 3 - 1 为我国从业人员 1978 ~ 2019 年的数据修订结果，42 年间全国从业人口数量不断增加，从 1978 年的 40 152 万人上升到 2019 年的 75 447 万人，年均增长 1.6%，远远低于同期 GDP 和物质资本的增长水平。图 3 - 2 为 1978 ~ 2019 年我国劳动力增长率，1978 ~ 1990 年劳动力平均增长率为 4%，1990 年以后从业人员的增速下降，与我国人口净增长明显下降现状相符。1991 ~ 2015 年年均增速保持在 1% 左右，2016 ~ 2019 年劳动力增长率为负。

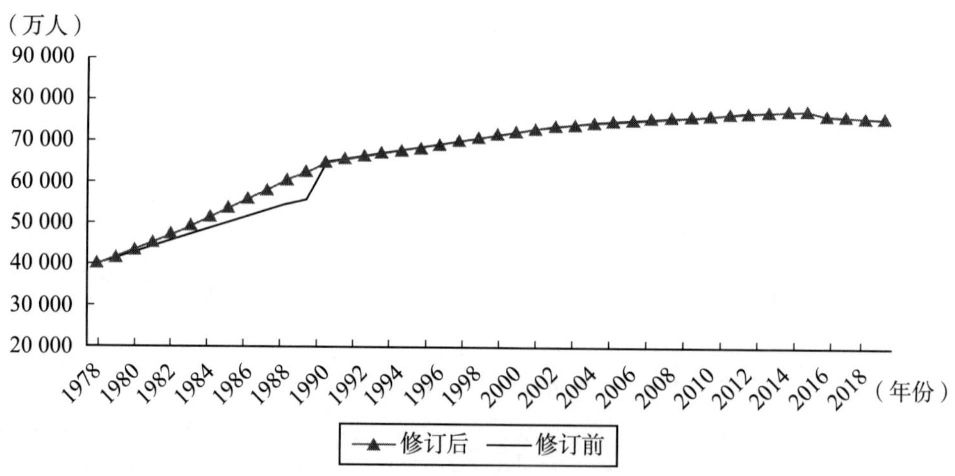

图 3 - 1　我国从业人员数据修订结果（1978 ~ 2019 年）

① 趋势离差法是利用修订前数据序列的趋势离差乘以修订值的趋势估计值，得到修订后的序列数据。

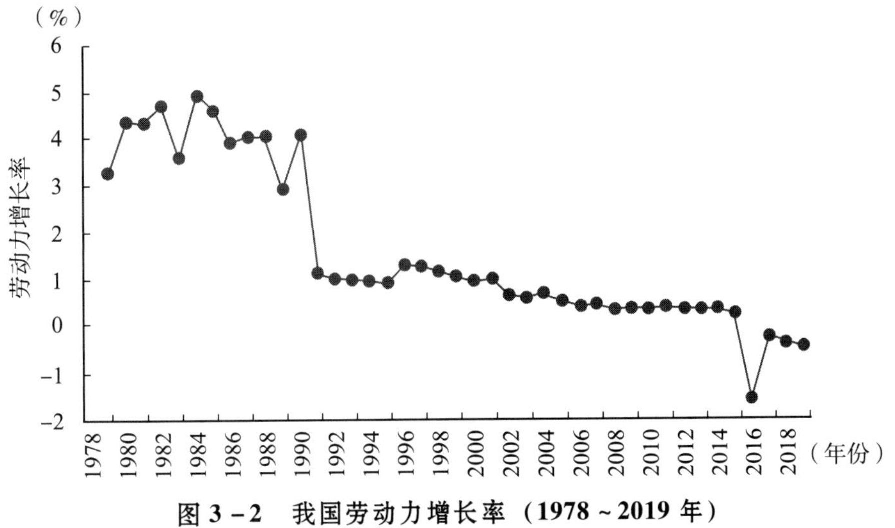

图 3-2　我国劳动力增长率（1978~2019 年）

2. 平均受教育年限与专利申请受理量数据

专利是衡量技术进步和科技创新能力的重要指标，因此可以看作教育人力资本通过影响其他要素间接影响产出的衡量指标。我国专利申请受理量由 1985 年的 14 372 项增加到 2019 年的 4 380 468 项，图 3-3 为我国专利申请受理量变化趋势，数值自 2000 年起大致呈指数趋势快速增长。用一次回归曲线和二次回归曲线拟合每年专利受理量，可看出 2003 年之前专利申请受理量增长较为缓慢（见图 3-4），自 2003 年之后进入迅速增长阶段。

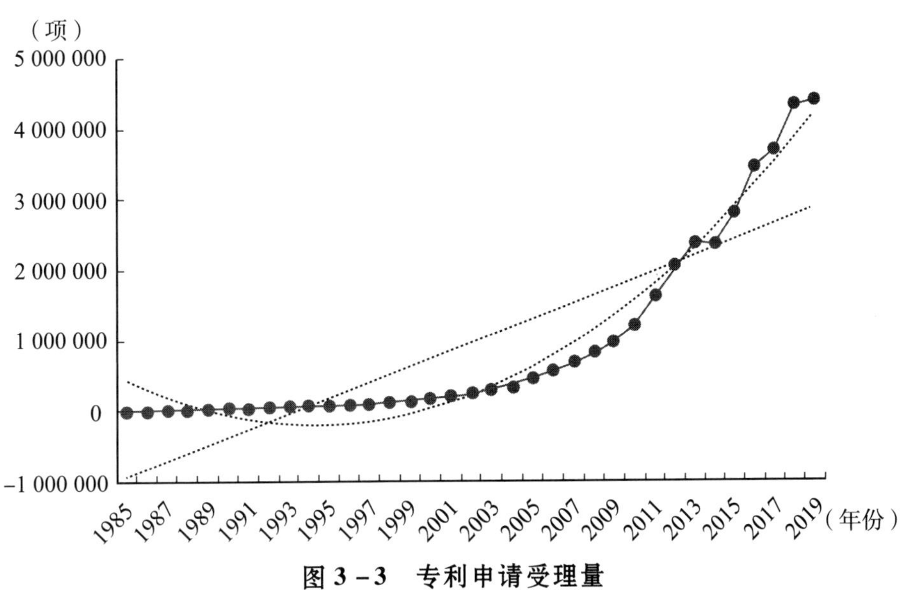

图 3-3　专利申请受理量

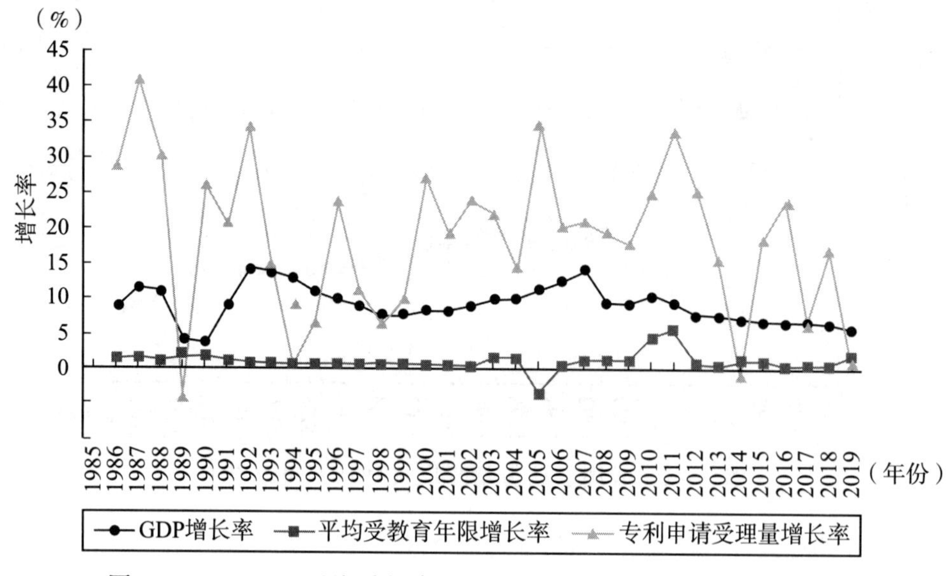

图 3-4　GDP、平均受教育年限、专利申请受理量增长率趋势

（二）全国物质资本存量变动趋势

由于目前相关学者使用的估算方法和价格平减指数不尽相同，已有文献中对 1952 年物质资本存量的估计也存在较大差异，国内外学者对 1952 年资本存量的估计在 230 亿～1 750 亿元之间，本部分物质资本存量数据来自霍尔兹（Holz）和孙（Sun）的测算，其计算的 1952 年资本存量为 419 亿元。

图 3-5 为 1978～2019 年中国物质资本增长率和 GDP 增长率变化趋势对比。物质资本存量年平均增长率达 9.94%，高于 GDP 的年平均增长率，其中 2018 年同比增长率最低为 -6.4%，2009 年同比增长率最高，达到 15.1%，与 GDP 的变动趋势基本一致。改革开放以后资本存量增长率逐渐上升，1990 年左右出现投资回落，之后又保持了平稳增长，2008 年金融危机后物质资本增长率下降。数据显示，1978～2019 年不变价 GDP 的均值为 42 655 亿元，最小值为 1978 年的 3 768.7 亿元，最大值为 2019 年的 143 903.2 亿元，从增长率角度来看，GDP 的年均增长率为 9.35%，1990 年的同比增长率最低为 3.9%，1984 年的同比增速最高为 15.2%。①

① 1979～2020 年《中国统计年鉴》。

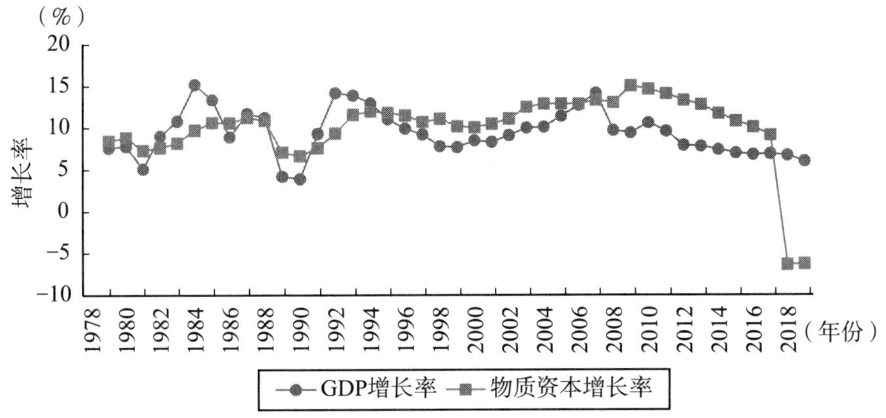

图 3-5　中国经济增长率和物质资本增长率（1978～2019 年）

（三）经济增长变动趋势

图 3-6 和图 3-7 分别为 1978～2019 年 GDP 和人均 GDP 总量与变化率。改革开放以来，我国经历了长达 40 多年的经济高速增长，名义 GDP 总量从 1978 年的 3 678.7 亿元增长到 2019 年 986 515 亿元，年复合增速达 14.6%，2009 年我国经济规模超过日本跻身世界第二，人均 GDP 从 1978 年的 385 元增长至 2019 年的 70 328 元，年复合增速达 13.5%，我国俨然成为中等偏上的经济体，对世界经济发展作出了巨大贡献。近年来经济增速逐步回落至个位数并企稳，2010 年至今呈现出“L”型增长特征，意味着我国经济进入了新常态发展阶段，同时也面临着诸多新问题和新挑战。

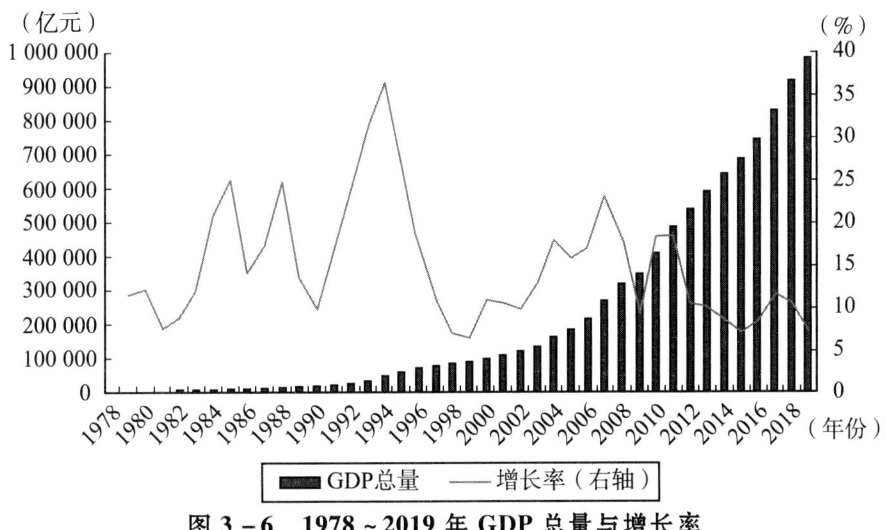

图 3-6　1978～2019 年 GDP 总量与增长率

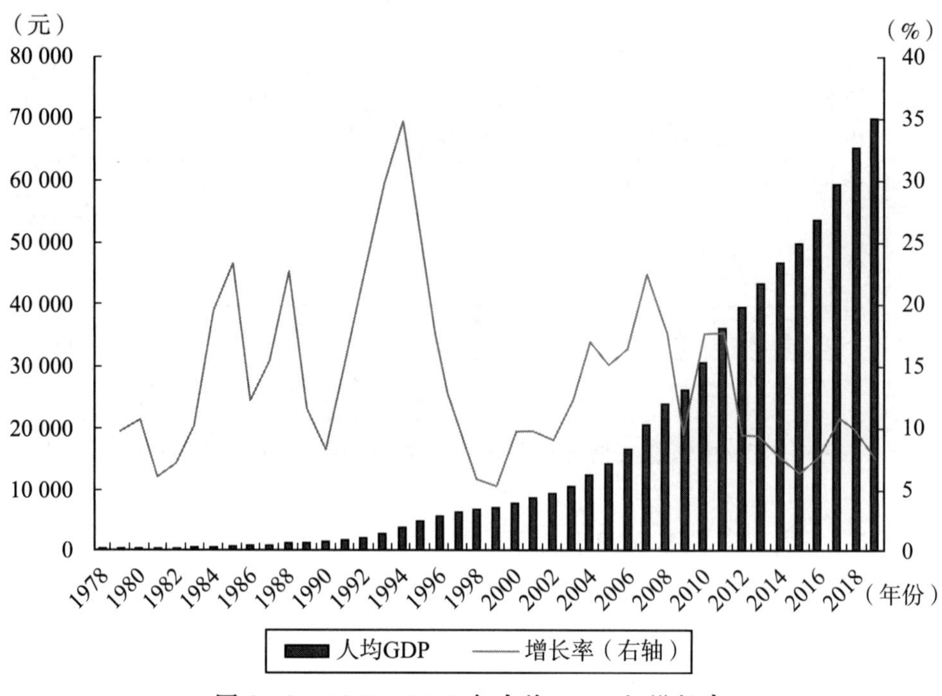

图 3-7　1978～2019 年人均 GDP 与增长率

（四）各要素增长率变动趋势

图 3-8 为 1978～2019 年 GDP 增长率、平均受教育年限增长率、物质资本增长率和从业人员增长率的变化趋势。1978～2019 年，GDP 增长率与物质资本增长率的变化趋势呈现高度一致性，从业人员增长率和平均受教育年限增长率普遍低于 GDP 增长率和物质资本增长率，受教育年限增长较快的阶段在 1978～1982 年，随后平均受教育年限的增长率在绝大部分年份中保持在 2% 以下，人力资本的增长先于物质资本。专利申请受理量增长率在 1989 年和 2014 年为负，其余年份增长率均处于较高水平。

三、基于全国数据的分阶段要素分析结果

（一）基于有效劳动模型生产函数的测算结果

本部分数据来源如下。国内生产总值用于衡量经济产出，数据来源为《2021 中国统计年鉴》，并将 GDP 数据以 1978 年不变价为实际值；资本存量数据来自霍尔兹和孙的测算，以 1978 年不变价为实际值；劳动力投入数据采用全社会从

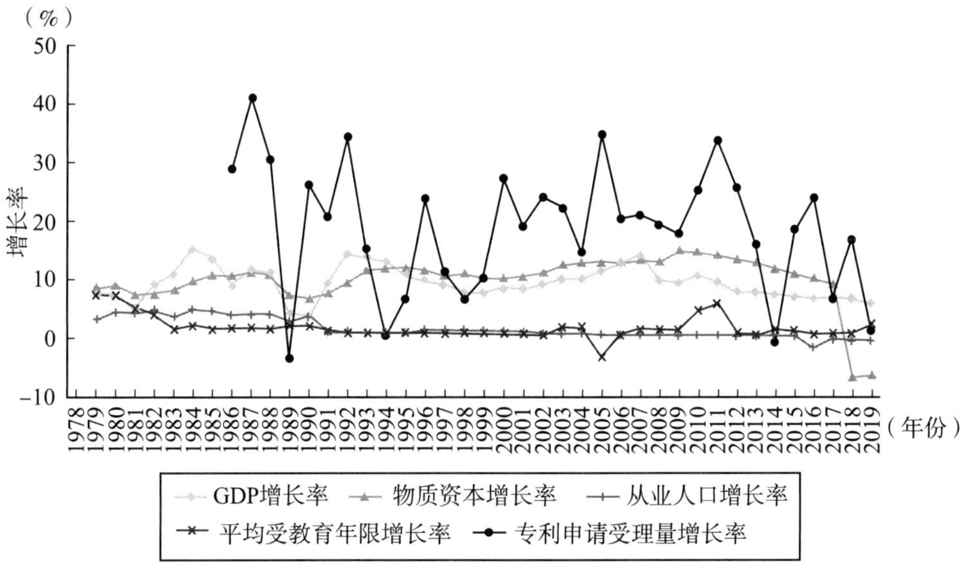

图 3－8　1978～2019 年各要素增长率变化

业人数，数据来源为 2021 年《中国统计年鉴》；人力资本水平采用劳动力的平均受教育年限数据表示，其中 1978～2000 年数据来自唐家龙（2010）测算结果，2001 年以后数据来自《中国劳动统计年鉴》。将 Y_t、K_t、H_t 三变量时间序列数据分别取自然对数，得到三列新数据 LNY_t、LNK_t、LNH_t，再利用它们采用线性回归方法得到 $\alpha=0.758$、$\beta=0.519$。

将 1978～2019 年进行分段，分别在 1978～1992 年、1993～1998 年、1999～2008 年、2009～2019 年四个时间段进行经济增长因素分析，结果见表 3－1。

表 3－1　　1978～2019 年中国经济增长因素分析　　单位：%

变量	总时间段	子时间段			
	1978～2019 年	1978～1992 年	1993～1998 年	1999～2008 年	2009～2019 年
GDP 增长率	9.35	9.40	10.17	10.43	7.66
物质资本增长率	9.94	8.85	11.40	12.12	8.11
劳动力增长率	1.55	3.63	1.12	0.63	−0.05
平均受教育年限增长率	1.77	2.87	0.85	0.66	1.90
物质资本贡献率	80.51	71.42	85.03	88.11	80.27
劳动力贡献率	8.60	20.05	5.72	3.15	−0.34
教育贡献率	9.80	15.84	5.32	3.30	12.89
人力资本贡献率	18.40	35.89	11.04	6.45	12.55

为分析经济增长的源泉，我们首先运用有效劳动模型对物质资本、劳动力和教育对经济增长的贡献进行测算。1978～2019年，我国GDP的年均增速高达9.35%，其中物质资本贡献率占80.51%，表明我国过去42年间经济增长约4/5得益于物质资本的积累。人力资本的贡献为18.40%，远低于物质资本的贡献率。在人力资本贡献部分中，劳动力人数增加的贡献为8.60%，占46.74%，而劳动力质量提升的贡献占53.26%，说明过去42年间人力资本的直接贡献中主要是依赖劳动力质量的提升来实现的。

表3-1为不同时间阶段各要素对经济增长的贡献。从各阶段各要素对经济增长的贡献率来看，1978～1992年、1993～1998年、1999～2008年和2009～2019年这四个阶段我国GDP的年均增长率分别为9.40%、10.17%、10.43%以及7.66%，在前三个阶段物质资本对经济增长的贡献越来越大，2008年金融危机后我国尝试通过"调结构"来降低经济发展对高投资的依赖，使物质资本在2009～2019年对经济增长的贡献率为80.27%。图3-9为不同时间阶段劳动力和教育对经济增长的贡献。劳动力数量对经济增长的贡献整体呈现下降趋势，而教育和人力资本贡献出现先下降后上升趋势，上升说明人力资本的贡献越来越依赖于平均受教育年限的提升即劳动力质量的提升。

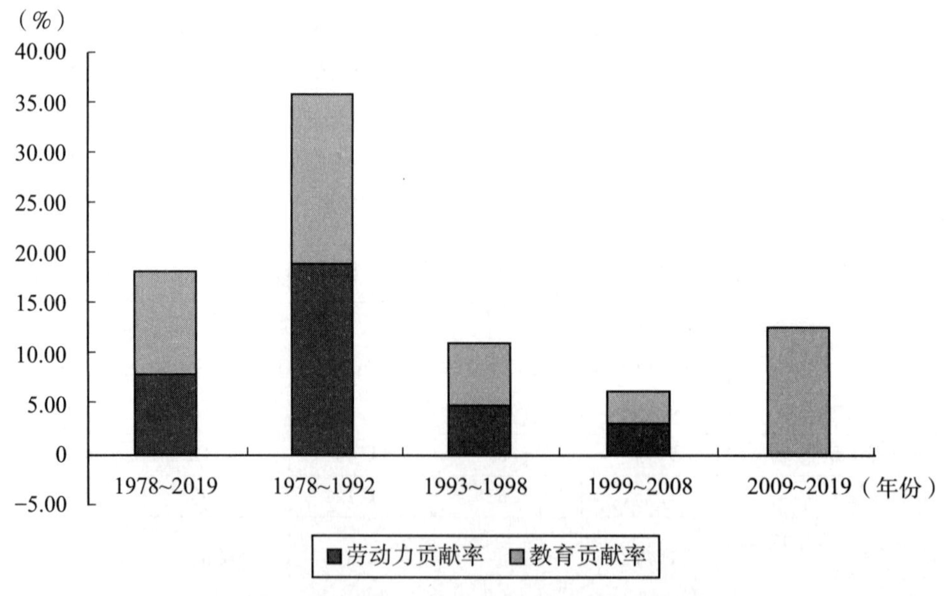

图3-9　教育、劳动力对经济增长的贡献

（二）基于人力资本外部性模型生产函数的结果

本部分数据来源如下。国内生产总值用于衡量经济产出，数据来源为《2021中国统计年鉴》，并将 GDP 数据以 1985 年不变价为实际值；资本存量数据来自霍尔兹（Holz）和孙（Sun）的测算，以 1985 年不变价为实际值；劳动力投入数据采用全社会从业人数，数据来源为《2021 中国统计年鉴》；人力资本水平采用劳动力的平均受教育年限数据表示，其中 1978～2000 年数据来自唐家龙（2010）测算结果，2001 年以后数据来自《中国劳动统计年鉴》。专利申请受理量数据来源于《中国统计年鉴》。

将 Y_t、K_t、H_t、h_t 变量时间序列数据分别取自然对数，得到新数据 LNY_t、LNK_t、LNH_t、LNh'_t，再利用它们采用线性回归方法得到 $\alpha=0.636$、$\beta=0.616$、$\gamma=0.064$。

将 1985～2019 年进行分段，分别在 1985～1992 年、1993～1998 年、1999～2008 年、2009～2019 年四个时间段进行经济增长因素分析，结果见表 3－2。

表 3－2　1985～2019 年中国经济增长因素分析　单位：%

变量	总时间段	子时间段			
	1985～2019 年	1985～1992 年	1993～1998 年	1999～2008 年	2009～2019 年
GDP 增长率	9.26	9.00	10.17	10.43	7.66
物质资本增长率	10.20	9.04	11.40	12.12	8.11
劳动力增长率	1.00	3.01	1.12	0.63	－0.05
平均受教育年限增长率	1.29	1.63	0.85	0.66	1.90
专利申请受理量增长率	18.17	24.63	9.56	22.41	15.69
物质资本贡献率	70.01	63.87	71.29	73.91	67.35
劳动力贡献率	6.67	20.62	6.78	3.72	－0.40
人力资本内生于有效劳动的贡献率（平均受教育年限）	8.56	11.15	5.15	3.90	15.30
人力资本外部性贡献率（专利申请受理量）	12.55	17.52	6.02	13.75	13.11

续表

变量	总时间段	子时间段			
	1985～2019 年	1985～1992 年	1993～1998 年	1999～2008 年	2009～2019 年
人力资本直接贡献率	21.11	28.67	11.17	17.65	28.41
人力资本间接贡献率	11.58	16.28	5.45	13.32	11.44
人力资本总贡献率	32.69	44.95	16.62	30.97	39.85

本部分运用人力资本外部性模型对物质资本、人力资本存量以及人力资本水平对经济增长的贡献进行测算。1985～2019 年，我国 GDP 的年均增速高达 9.26%，其中物质资本贡献率占 70.01%，表明我国在 1985～2019 年 35 年间经济增长超 2/3 得益于物质资本的积累。人力资本的直接贡献为 21.11%，远低于物质资本的贡献率。与有效劳动模型的测算结果相比，物质资本贡献率降低，表明此模型剥离了人力资本外部性作用于物质资本的间接贡献。在人力资本的直接贡献部分中，劳动力人数增加的贡献为 8.56%，占 40.55%，而劳动力质量提升的贡献占 59.45%，说明过去 35 年间人力资本的直接贡献中主要是依赖劳动力质量的提升来实现的。

从各阶段各要素对经济增长的贡献率来看，1985～1992 年、1993～1998 年、1999～2008 年和 2009～2019 年这四个阶段我国 GDP 的年均增长率分别为 9.00%、10.17%、10.43% 以及 7.66%，物质资本对经济增长的贡献趋势与有效劳动模型相似，在前三个阶段物质资本对经济增长的贡献越来越大，2008 年金融危机后我国尝试通过“调结构”来降低经济发展对高投资的依赖，4 万亿政策推行和总投资的快速增长，使物质资本在 2009～2019 年对经济的贡献率为 67.35%。劳动力数量对经济增长的贡献整体呈现下降趋势，而人力资本的直接贡献出现先下降后上升趋势，上升说明人力资本的贡献越来越依赖于劳动力质量的提升，下降趋势可能与近年来人力资本的需求结构有关，反映了现阶段我国市场需求逐渐向各级各类高技能型人才倾斜，“人职匹配”成为制约人力资本贡献降低的主要原因。图 3－10 为各时间段教育人力资本对经济增长的贡献。由于人力资本外部性作用间接提高了资本的使用效率和劳动力生产率，进而提高这些要素对经济增长的贡献，因此人力资本的总贡献率大于其直接贡献率。35 年间经济增长中人力资本的贡献率为 32.69%，其中直接贡献为 21.11%，占总贡献率的 64.58%，间接贡献为 11.58%，占总贡献率的 35.42%（见表 3－3）。

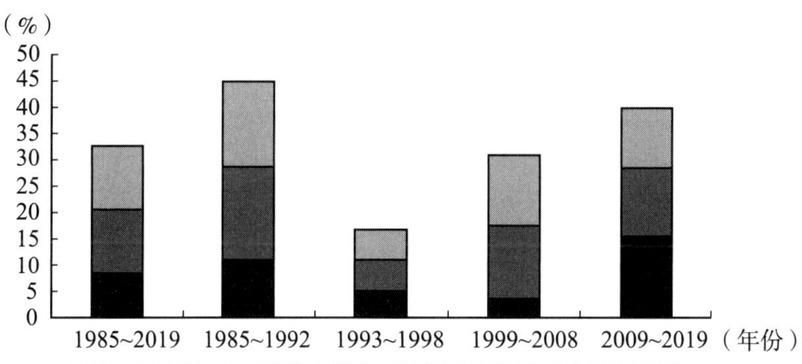

图 3-10　教育人力资本对经济增长的贡献

注：1985~2019 年有效劳动模型估计结果：系数估计结果：$\alpha=0.723$、$\beta=0.684$。

表 3-3　　1985~2019 年中国经济增长因素分析　　单位：%

变量	总时间段	子时间段			
	1985~2019 年	1985~1992 年	1993~1998 年	1999~2008 年	2009~2019 年
GDP 增长率	9.26	9.00	10.17	10.43	7.66
物质资本增长率	10.20	9.04	11.40	12.12	8.11
劳动力增长率	1.00	3.01	1.12	0.63	-0.05
平均受教育年限增长率	1.29	1.63	0.85	0.66	1.90
物质资本贡献率	79.64	72.62	81.04	84.01	76.55
劳动力贡献率	7.39	22.88	7.53	4.13	-0.45
教育贡献率	9.53	12.39	5.72	4.33	16.97
人力资本贡献率	16.92	35.27	13.25	8.46	16.52

第二节　教育对经济增长的贡献——基于行业部门的测算

一、行业生产函数设定

基于扩展索洛分析框架，用从业人口数据对应索洛模型中的劳动力投入变量，平均受教育年限数据对应人力资本模型中的人力资本投入变量拟合生产函数模型，进一步测算教育、物质资本，以及全要素生产率对我国经济增长的贡献。

假定技术进步是非物化的希克斯中性的，并以一个固定的指数比率增长，得到劳动增强型新古典模型为：

$$Y = A_0 e^{\lambda t} K^{\alpha} (Lh)^{\beta} e^{\mu} \tag{3.23}$$

式中，Y、K、L、h 分别为 t 时期的总产出、固定资本存量、劳动力数量和受教育年限，A_0 为初始技术水平，λ 表示技术进步比率，α、β 分别为资本和劳动的产出弹性，e^{μ} 是误差项。对方程两边取对数，得：

$$\ln Y = \ln A_0 + \lambda t + \alpha \ln K + \beta \ln L + \beta \ln h + \mu \tag{3.24}$$

假设 $\alpha + \beta = 1$，则该方程可化简为：

$$\ln Y = \ln A_0 + \lambda t + \alpha \ln K + (1 - \alpha) \ln L + (1 - \alpha) \ln h + \mu \tag{3.25}$$

$$\ln Y - \ln L - \ln h = \ln A_0 + \lambda t + \alpha(\ln K - \ln L - \ln h) + \mu \tag{3.26}$$

记 $y = \ln Y - \ln L - \ln h$，$c = \ln A_0$，$x = \ln K - \ln L - \ln h$，可得新的待估方程为：

$$y = c + \lambda t + \alpha x + \mu \tag{3.27}$$

引用人力资本增长率 G_h，就可利用经济增长核算率方程进行经济增长因素分解分析。G_h、G_Y 分别为教育增长率与 GDP 增长率，β 为系数。人力资本投入贡献率为：

$$E_h = \beta \frac{G_h}{G_Y} \times 100\% \tag{3.28}$$

资本和劳动投入的贡献率可以用相同方法算出，而技术进步贡献率可由式算出：

$$E_A = \frac{G_A}{G_Y} = 100\% - E_K - E_L - E_h \tag{3.29}$$

二、数据来源与描述统计

从经济发展史的角度来看，发达国家行业要素密集度基本经过劳动密集型、资金密集型、技术密集型，以致资金技术密集型和知识技术密集型等各个阶段，当然中国也不例外（姜意，1989）。了解不同发展阶段有利于合理调整不同要素的投入。学界不同学者对于要素密集度的分类主要分为两要素、三要素和多要素投入（范巧，2012）。由于两要素投入计算较为粗糙，而多要素与三要素本质区别并不大，因此采用三要素投入划分我国 19 个行业，国家统计局 2003 年修改了行业分类标准，因此本书将 2004 ~ 2019 年 19 个行业分别按劳动资本划分为资本密集型、劳动密集型、劳动资本均等型，按知识划分为知识密集型和非知识密集型。根据不同学者（刘仁毅，1985；李绍荣，2018）的研究，本书采用固定资本存量 K、劳动就业人数 L、受教育年限 H 与行业增加值 Y 作为划分指标。

（一）数据来源与处理方法

本节所采用的行业增加值、分行业固定资本增量数据来自《中国统计年鉴》，分行业受教育年限数据来自《中国人口和就业统计年鉴》，劳动就业人数数据来自《中国劳动统计年鉴》的分行业城镇非私营单位就业人员年末人数条目，虽然在总量生产函数中仅使用城镇单位劳动力高估了劳动力的作用，但该条目是目前公布的数据中最完整的分行业劳动力数据。统计分行业就业人口时常使用“按比例分配”方法来推算缺失数据（王亚菲，2021），该方法假设未公布的就业结构与已知的城镇单位的就业结构相同，使用对数模型的直接估计结果与使用按比例分配方法补全全国总体就业人数后再估计的结果是一致的。此外，行业类型划分使用的也是相对指标，受数据绝对值影响不大，因此本书使用城镇非私营单位就业人员数作为劳动力变量是当前数据可得性条件下最好的选择。本书研究数据的时间跨度为 2004～2019 年以 2004 年为基期对增加值和固定资产进行平减，其中对增加值平减使用的是居民消费价格指数，对固定资产平减使用的是固定资产投资价格指数。

由于从事农林牧渔业的大量劳动力在农村，仅使用城镇非私营单位的就业数据无法真实反映农林牧渔业的就业情况，若采用国家统计局公布的农村第一产业的就业人数，则会导致统计口径不一致，因此本部分选择剔除农林牧渔业。

根据姚毓春（2014）的方法计算 2004 年固定资本存量。2004 年固定资本存量为 $K_i^{2004} = I_i^{2004}/(\delta_i + \mu_i)$，其中 I_i^{2004}、δ_i、μ_i 分别代表行业 i 在 2004 年的固定资产投资、折旧率以及该行业固定资产投资在 2004～2018 年间的几何增长率。由于本章的重心在于探究教育以及人力资本对分行业经济增长的贡献，测量固定资本存量的目的是观测不同行业固定资本的增长率与贡献率的趋势，全行业折旧借鉴姚毓春等（2014）7% 的折旧率。基期资本存量 = 基期资本增量/(7% + 几何增长率)。

PIM 由戈德史密斯（1951）提出，是估算物质资本存量的主流方法。本研究利用永续盘存法计算 2004～2019 年固定资本存量，其出发点是将过去的投资流量赋权累加，从而得到当期的资本存量。具体的计算方法公式为当期实际总资本存量 = 上期实际资本存量 ×(1 - 资产折旧率) + 本期新增实际资本存量。最后利用固定资产投资价格指数对存量数据进行平减。

不同学历受教育年限因地区教育制度不同而存在不同，在考虑全国总体情况与不同学者（陈钊、陆铭，2004；刘海英、赵英才，2004）经验后，本书假设不同学历受教育年限为未上学0年、小学6年，初中9年、高中（中职）12年、大学本科（大专）16年、研究生19年。

（二）数据的描述统计

图3-11为2004年与2019年分行业GDP增加值，2019年全国各行业GDP增加值的平均值为34 799.87亿元，相比于2004年的20 125.79亿元，增加14 674亿元。2019年中行业GDP增加值最小值为“水利、环境和公共设施管理业”的3 928.45亿元，最大值为制造业的177 033.84亿元。

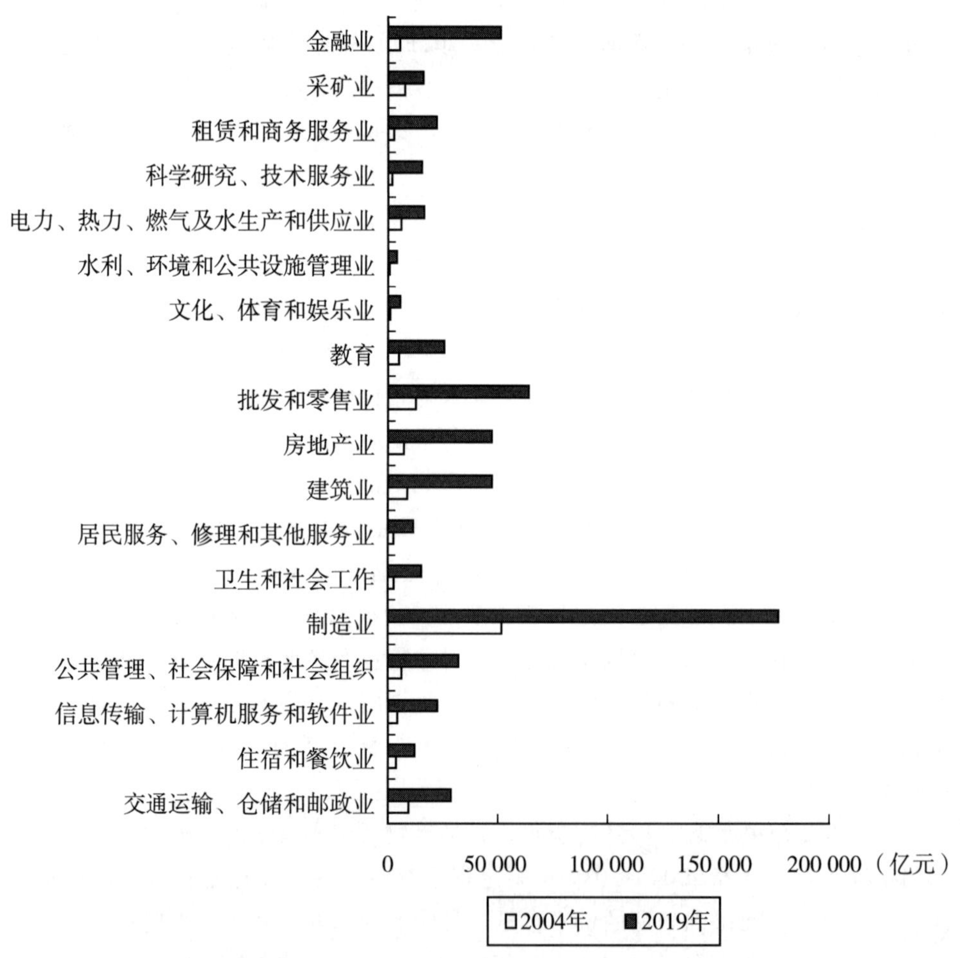

图3-11　2004年与2019年分行业GDP增加值

图3-12为2004~2019年分行业GDP变化趋势，在2004~2019年“金融业”“科学研究和技术服务业”以及“租赁和商务服务业”三者的GDP增长最

为明显，分别从 2004 年的 5 393 亿元、1 759 亿元、2 627 亿元增长到 2019 年的 51 106 亿元、15 164 亿元、21 875 亿元，增长幅度分别为 847.6%、761.8% 和 732.6%。增长最缓慢的是"采矿业"，从 2004 年的 7 628 亿元增加到 2019 年的 158 882 亿元，增长幅度为 108.2%。从几何增长率来看，"金融业""科学研究和技术服务业""租赁和商务服务业"在这 16 年间的变化最明显，年均增速分别为 16.2%、15.4% 和 15.2%。

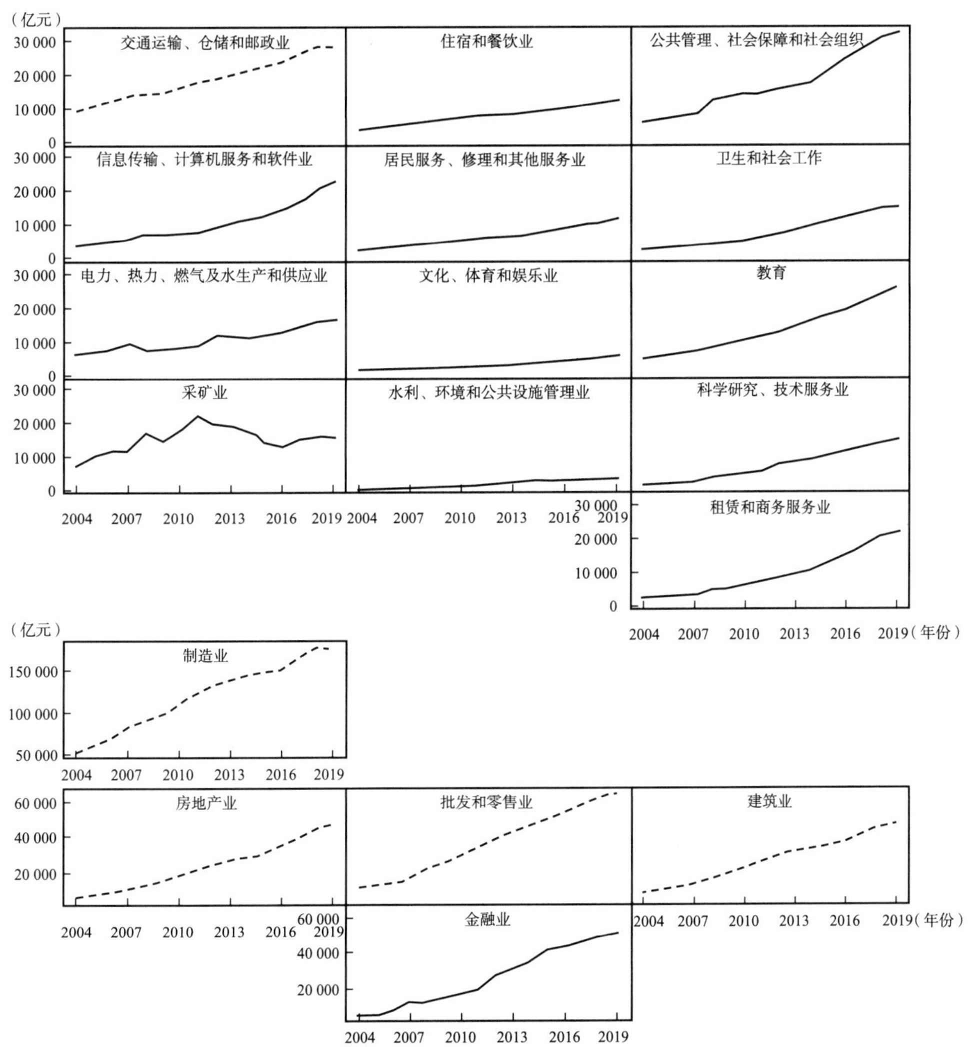

图 3-12　2004~2019 年分行业 GDP 时间趋势

注：左列为资本密集型产业，中列为资本劳动均等型产业，右列为劳动密集型产业；实线为知识密集型产业，虚线为非知识密集型产业。

图 3－13 为 2004 年与 2019 年分行业固定资本存量，2019 年全国各行业固定资本存量均值为 292.62 万亿元，相比 2004 年的 24.41 万亿元，增加了 268 万亿元。2019 年金融业固定资本存量最少，为 5 796.7 亿元，制造业拥有最大的固定资本存量，为 92.8 万亿元。各行业按固定资本存量从大到小排列，前三位分别是“房地产业”“水利、环境和公共设施管理业”“交通运输、仓储和邮政业”，其存量分别为 92.8 万亿元、68.5 万亿元和 31.9 万亿元。

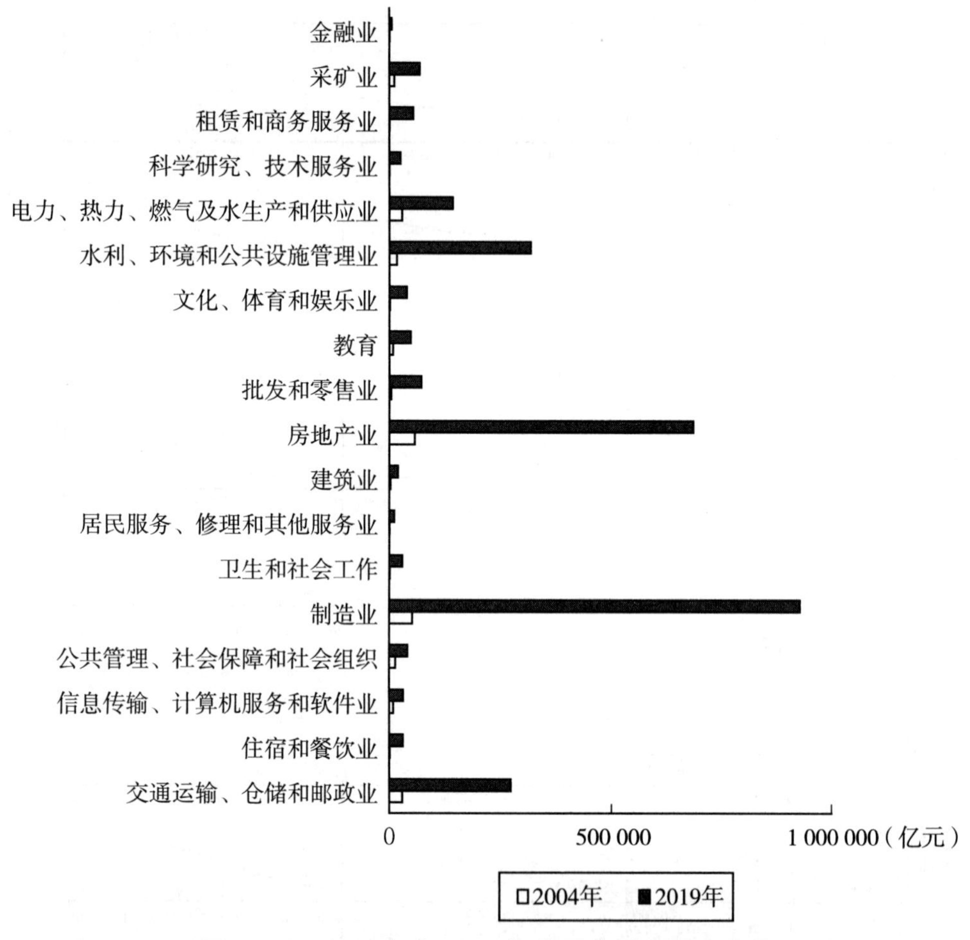

图 3－13　2004 年与 2019 年分行业固定资本存量

图 3－14 为 2004～2019 年分行业固定资本存量变化趋势，“房地产业”和“租赁和商务服务业”在 16 年间变化最明显，增长了 55 倍，年均几何增长率为 30.8%。

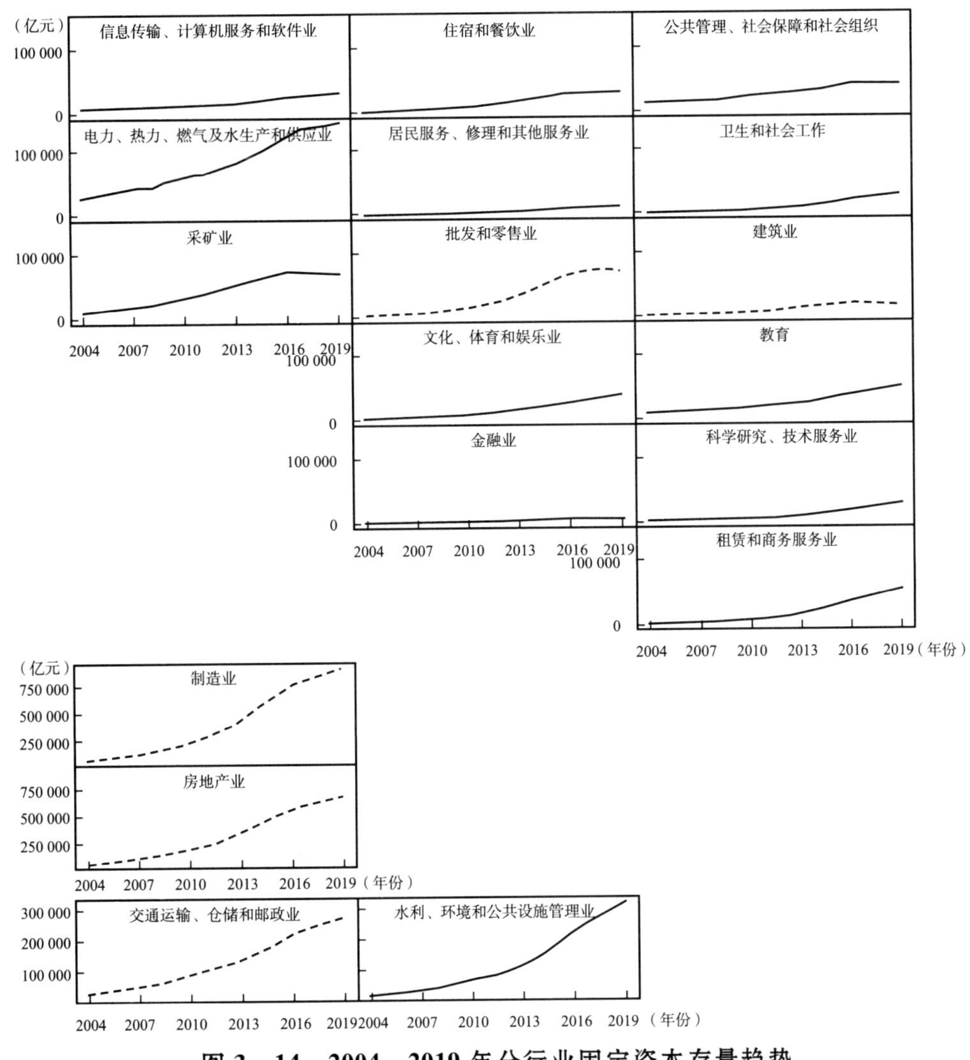

图 3－14　2004～2019 年分行业固定资本存量趋势

注：左列为资本密集型产业，中列为资本劳动均等型产业，右列为劳动密集型产业；实线为知识密集型产业，虚线为非知识密集型产业。

图 3－15 为 2004 年与 2019 年分行业劳动力数量，2019 年各行业城镇单位就业人数均值为 946 万人。相比于 2004 年的 590.7 万人，增加了 355.3 万人。2019 年各行业劳动力数量最少的为“居民服务、修理和其他服务业”，共计 86.3 万人，最多的为“制造业”，共计 3 832 万人。

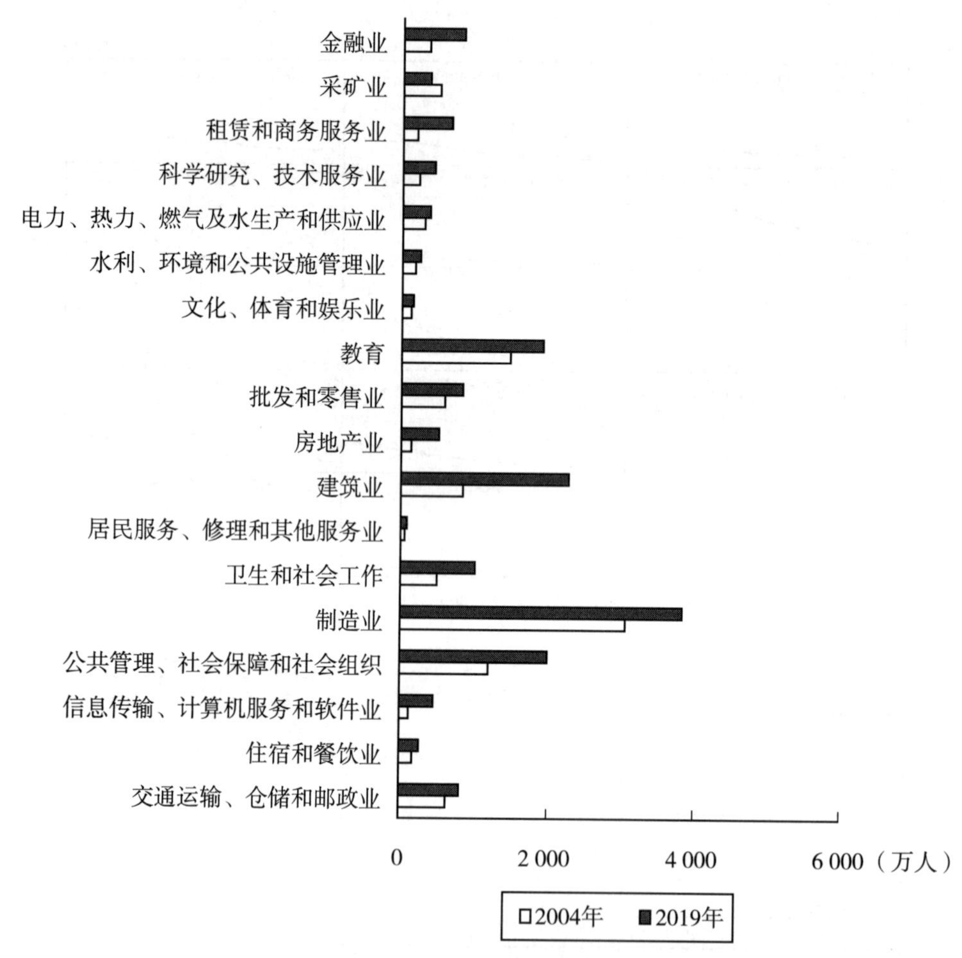

图 3－15　2004 年与 2019 年分行业劳动力数量

图 3－16 为 2004～2019 年分行业劳动力数量时间趋势，在所有行业中，只有“采矿业”劳动力数量增长为负，减少了 26.56%，合 133 万人，劳动力从中迁出。从劳动力数量绝对值的变化来看，“建筑业”增长人数最多，为 1 429.5 万人，“公共管理、社会保障和社会组织”次之，为 790.8 万人。从增速来看，“房地产业”的劳动力数量增长最多，增长了 282.5%，“信息传输、计算机服务和软件业”次之，增长了 268.07%，两者年均增速分别为 9.36% 和 9.08%。从总体来看，2004～2019 年，中国劳动密集型行业中劳动力数量不断减少，劳动力不断向资本密集型与知识密集型行业转移，在未来产业间还存在一定的劳动配置结构效应。

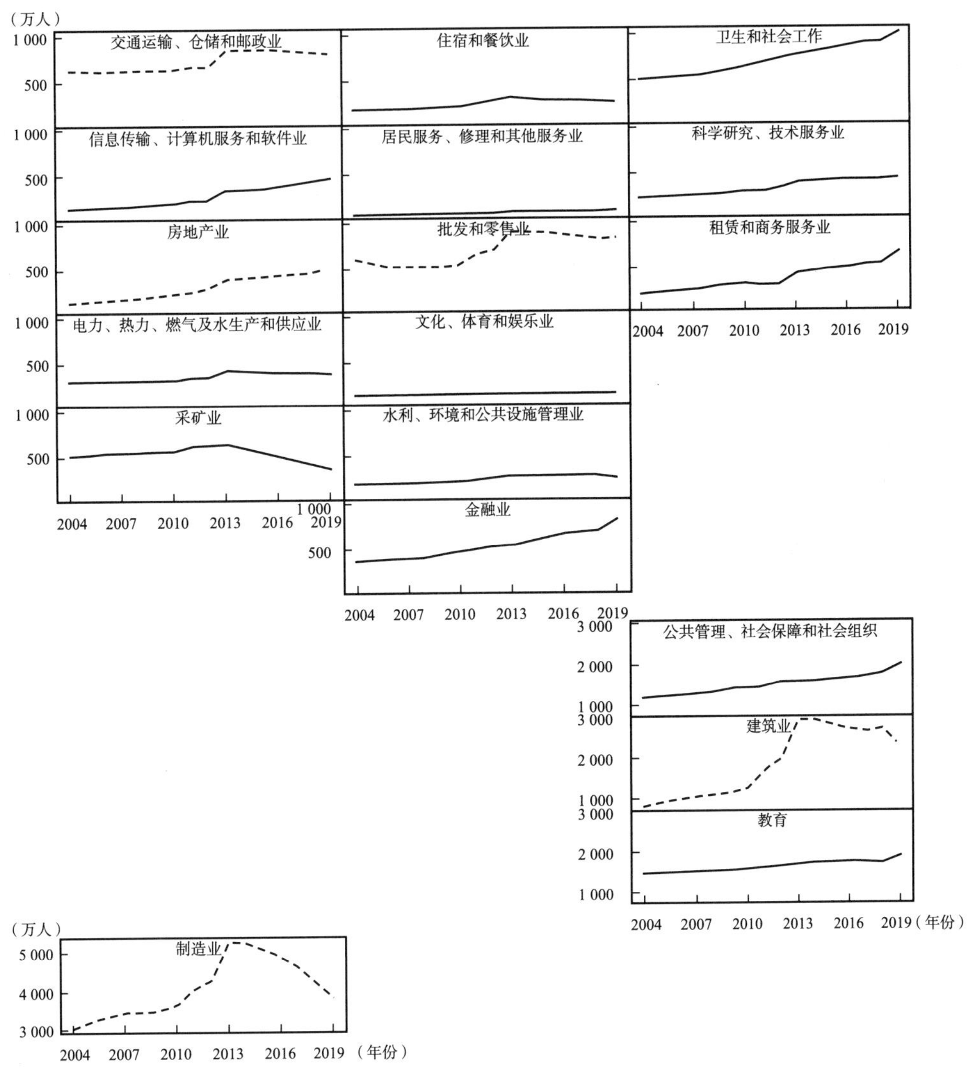

图 3-16　2004~2019 年分行业劳动力数量时间趋势

注：左列为资本密集型产业，中列为资本劳动均等型产业，右列为劳动密集型产业；实线为知识密集型产业，虚线为非知识密集型产业。

图 3－17 为 2004 年与 2019 年各行业平均受教育年限，全国各行业平均受教育年限均显著增加。截至 2019 年，全国各行业平均受教育年限为 12.36 年，相比于 2004 年的 11.13 年，增加了 1.23 年。

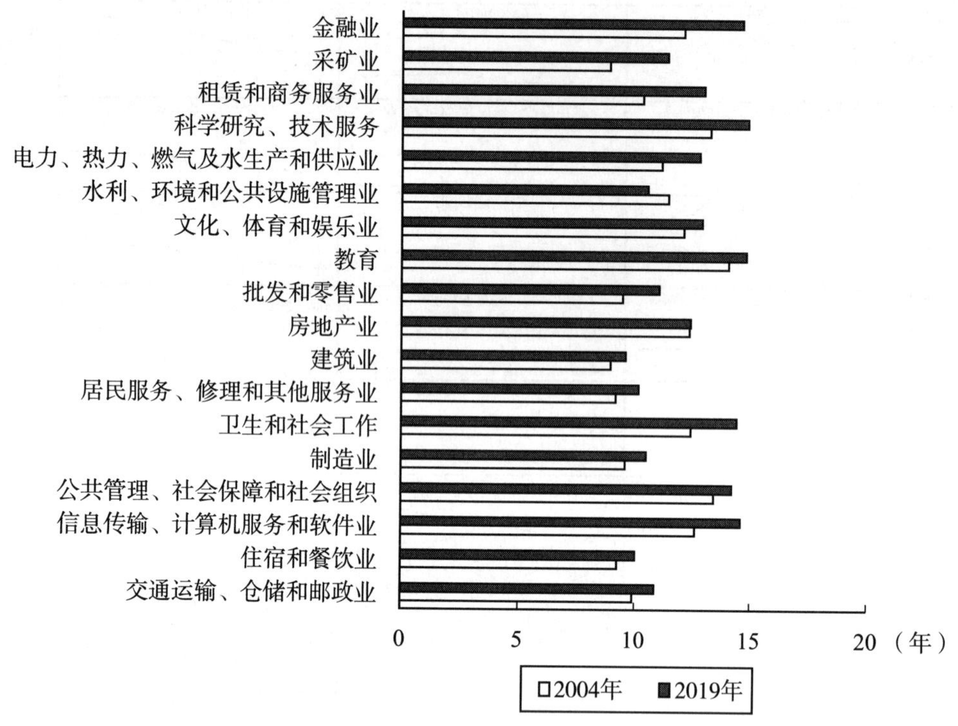

图 3－17　2004 年与 2019 年各行业平均受教育年限

图 3－18 为 2004～2019 年分行业受教育程度时间趋势，2019 年，“建筑业”拥有最短的平均受教育年限，为 9.60 年，全国各行业平均受教育年限前四名分别为“科学研究、技术服务业”（14.87 年）、“教育业”（14.81 年）、“金融业”（14.63 年）和“信息传输、计算机服务和软件业”（14.58 年）。16 年间平均受教育年限变化最大的行业为“租赁和商务服务业”“金融业”和“采矿业”，平均受教育年限分别增加了 2.65 年、2.54 年和 2.5 年。“水利、环境和公共设施管理业”是唯一一个平均受教育年限下降的行业，下降了 0.9 年。由于 2004～2019 年受教育年限的统计口径与行业划分标准发生变化，因此部分行业的平均受教育年限图存在波动。

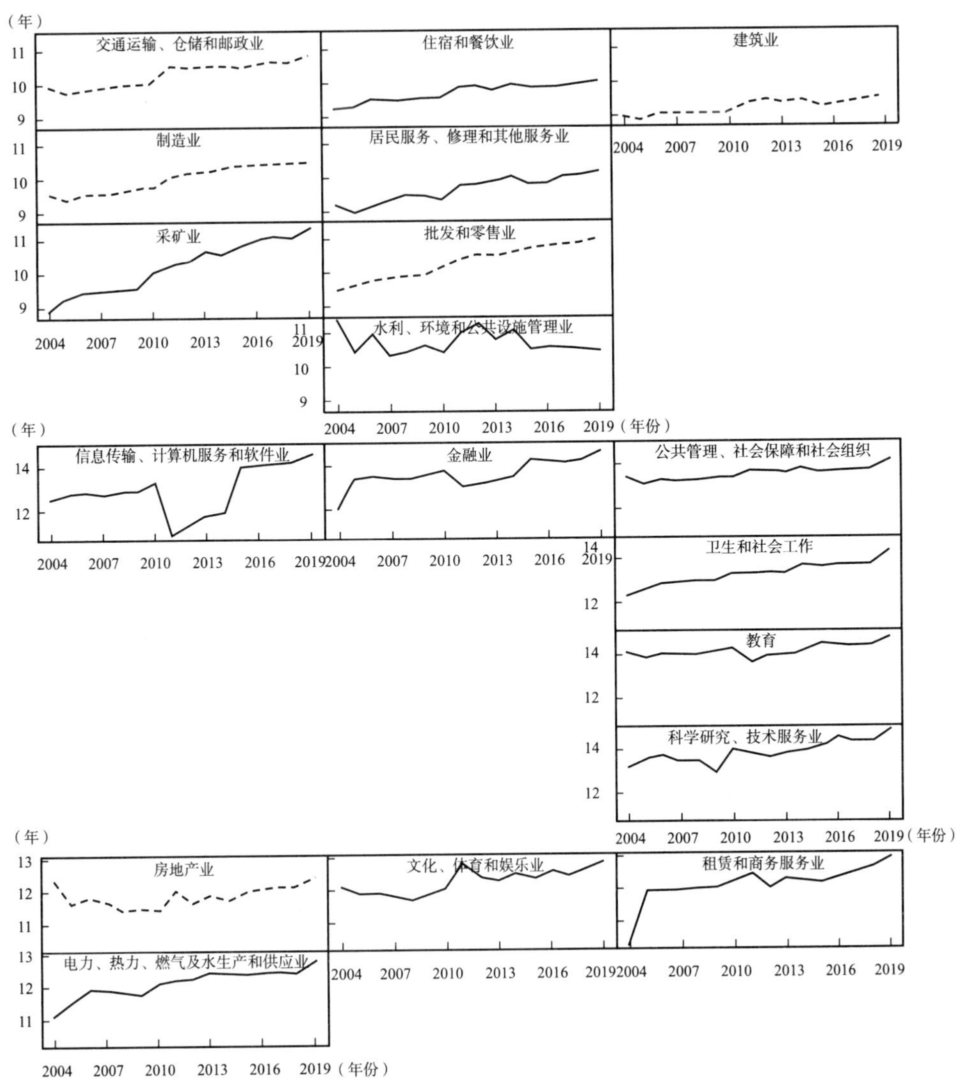

图 3-18　2004~2019 年分行业受教育程度时间趋势

注：左列为资本密集型产业，中列为资本劳动均等型产业，右列为劳动密集型产业；实线为知识密集型产业，虚线为非知识密集型产业。

三、行业部门划分标准

（一）按照劳动和资本划分

劳动密集型行业的判断标准依据世界银行（Erzan and Yeats，2000）的方法，用标准化的单位产出增加值 l_i 大小进行判断，其公式为：$l_i = (V_i \div L_i)/(V_t \div L_t)$。$l_i$ 越小，表明此产业偏向劳动密集型产业的程度越高。其中，V_i 为第 i 个行业的增加值，L_i 为第 i 个行业的劳动力数量，V_t 为当年所有行业的增加值，L_t 为当年所有行业的劳动力加总。表 3－4 为 2004～2019 年各个行业的 l_i 值。

刘仁毅等提到判断资本密集型产业可采用的标准有人均劳动力资本（k/L）、每单位产出资本（k/V）、人均产出（V/L），三者中 k/L 是衡量资本密集度最直接、最重要的指标。因此本书采取 k/L 的指标，并依据李绍荣（2018）的方法，使用 $K_i = (K_i \div L_i)/(K_t \div L_t)$进行标准化。其中，$K_i$ 为第 i 个行业的资本数量，用第 i 个行业固定投资的存量数值表示；L_i 为第 i 个行业的劳动力数量；K_t 为当年所有行业的固定资产存量的总和；V_t 为当年所有行业的增加值。计算结果如表 3－5 所示。

计算 l_i 与 K_i 的均值，当两者同时大于 1 时，该产业为资本密集型；两者同时小于 1 时，该产业为劳动密集型；其他情况视为资金劳动均等。最终所有的类型划分如表 3－6 所示。

（二）按知识划分

美国商务部偏重以技术服务特征来对知识密集型服务业进行定义，它认为知识密集型服务业是以信息、技术知识或专利权为产品，支持其他产业进行科学、工程、技术推动的服务业，或提供服务时融入科学、工程、技术等的产业。而在英国，知识密集型服务业被定义为业务极大地依赖于专业知识与专门技术，提供知识型的中间产品和中间服务的行业。知识密集型行业具有高知识密集度、高互动性和高技术性三个特征。

判断知识密集型产业使用的公式是 $h = (H_i/V_i)/(H_t/V_t)$，h 越大越接近知识密集型，当 h 大于 1 时，该行业被视为知识密集型行业。其中，V_i 为第 i 个行业当年的行业增加值；H_i 为第 i 个行业当年的知识存量，使用平均受教育年限表示，数据来源于《中国人口和就业统计年鉴》中的全国按行业、性别分的就业人员受教育程度构成。具体而言 H_i =（小学占比 ×6 + 初中占比 ×9 + 高中占比 ×12 + 专科占比 ×15 + 本科占比 ×16 + 研究生占比 ×19）；V_t 为所有行业当年的行业增加值总和，H_t 为所有行业的知识存量总和。使用 2004～2019 年数据计算得到的结果如表 3－7 所示。

表 3-4　　$2004\sim2019$ 年各行业 l_i 值

年份	交通运输、仓储和邮政业	住宿和餐饮业	信息传输、计算机服务和软件业	公共管理、社会保障和社会组织	制造业	卫生和社会工作	居民服务、修理和其他服务业	建筑业	房地产业	批发和零售业	教育	文化、体育和娱乐业	水利、环境和公共设施管理业	电力、热力、燃气及水生产和供应业	科学研究、技术服务业	租赁和商务服务业	采矿业	金融业
2004	1.1308	1.5890	2.6297	0.3933	1.3025	0.4068	3.5157	0.7938	4.1296	1.6300	0.2561	0.6492	0.3351	1.4901	0.6083	1.0379	1.1699	1.1632
2005	1.2028	1.5770	2.4974	0.3750	1.2759	0.3929	3.9565	0.7453	3.8346	1.6954	0.2599	0.6610	0.3211	1.5439	0.6137	0.9083	1.3809	1.1962
2006	1.2228	1.5642	2.3147	0.3607	1.2754	0.3667	3.7559	0.7195	3.7693	1.8008	0.2465	0.6499	0.3031	1.5905	0.6141	0.8318	1.3692	1.3872
2007	1.2052	1.5142	2.0259	0.3396	1.2801	0.3555	3.5325	0.6885	3.7399	1.8877	0.2430	0.6142	0.2897	1.6063	0.6097	0.7738	1.2761	1.7351
2008	1.0963	1.4393	2.0711	0.4339	1.2549	0.3452	3.4427	0.7344	3.5869	2.1392	0.2435	0.6412	0.2696	1.1095	0.6531	0.8581	1.5267	1.4959
2009	1.0523	1.4057	1.8746	0.4340	1.2586	0.3405	3.5779	0.7592	3.9000	2.2211	0.2698	0.6876	0.2872	1.0889	0.6913	0.8506	1.2056	1.5793
2010	1.0645	1.3543	1.6786	0.3985	1.2582	0.3320	3.5592	0.7386	3.7807	2.3458	0.2673	0.6670	0.2811	1.0699	0.6772	0.8816	1.3082	1.5672
2011	1.1176	1.2480	1.5176	0.4051	1.2163	0.3645	4.0134	0.6115	3.5575	2.2155	0.2945	0.7355	0.2924	1.0504	0.7706	1.0838	1.4699	1.6310
2012	1.0868	1.0982	1.6345	0.3981	1.2162	0.3824	4.0098	0.5603	3.4854	2.1372	0.3073	0.7827	0.3202	1.2408	0.8723	1.1748	1.2140	2.0353
2013	1.0185	1.1120	1.3882	0.4581	1.1447	0.4742	3.9480	0.4632	3.1870	2.0910	0.3717	0.8707	0.3902	1.2274	0.9396	1.0460	1.3242	2.5342
2014	1.0197	1.1888	1.4608	0.4530	1.1499	0.4843	3.9675	0.4735	2.9120	2.1651	0.3776	0.9054	0.3977	1.1313	0.9254	1.0476	1.2099	2.5397
2015	1.0104	1.2608	1.4161	0.4913	1.1130	0.4963	3.9822	0.4832	2.8859	2.1686	0.3970	0.9607	0.4273	1.1636	0.9567	1.0795	0.9973	2.6245
2016	1.0019	1.3002	1.4243	0.5215	1.1032	0.4984	4.1639	0.4871	2.9828	2.1712	0.4018	0.9535	0.4162	1.1557	0.9454	1.1359	0.9719	2.3230
2017	0.9968	1.2831	1.3644	0.5101	1.1433	0.4681	3.9772	0.4964	2.9082	2.1820	0.3956	0.9864	0.3884	1.1939	0.9403	1.0958	1.0638	2.1332
2018	0.9868	1.2269	1.3569	0.4842	1.2273	0.4535	3.8295	0.4841	2.7786	2.1636	0.3925	0.9979	0.3918	1.2243	0.9824	1.1151	1.0924	2.0232
2019	0.9713	1.2591	1.3679	0.4480	1.2856	0.4144	3.6705	0.5804	2.5748	2.1494	0.3706	1.0039	0.4471	1.2011	0.9716	0.9218	1.2020	1.7216

表 3-5　　2004~2019 年各行业 K_i 值

年份	交通运输、仓储和邮政业	住宿和餐饮业	信息传输、计算机服务和软件业	公共管理、社会保障和社会组织	制造业	卫生和社会工作	居民服务、修理和其他服务业	建筑业	房地产业	批发和零售业	教育	文化、体育和娱乐业	水利、环境和公共设施管理业	电力、热力、燃气及水生产和供应业	科学研究、技术服务业	租赁和商务服务业	采矿业	金融业
2004	2.0545	0.3958	3.1858	0.5221	0.7518	0.1329	0.2769	0.1332	18.9704	0.3194	0.2517	0.6124	4.1143	4.1912	0.1952	0.2170	1.0146	0.0484
2005	2.1668	0.4363	2.7871	0.4630	0.7861	0.1426	0.3077	0.1199	17.6587	0.3700	0.2415	0.6830	4.3494	4.1451	0.2157	0.2310	1.0056	0.0479
2006	2.2358	0.4876	2.4188	0.4148	0.8213	0.1478	0.3252	0.1114	17.2629	0.4136	0.2271	0.7417	4.4650	4.0081	0.2213	0.2500	0.9859	0.0460
2007	2.2168	0.5515	2.0176	0.3668	0.8689	0.1476	0.3502	0.1044	16.6049	0.4455	0.2096	0.7864	4.5270	3.8292	0.2187	0.2718	0.9984	0.0432
2008	2.1800	0.5855	1.7123	0.3184	0.9404	0.1464	0.3827	0.1003	16.3813	0.4595	0.1888	0.8242	4.6366	3.5711	0.2140	0.2788	1.0080	0.0429
2009	2.2624	0.6211	1.4458	0.2814	0.9888	0.1536	0.4291	0.0921	15.1123	0.4915	0.1778	0.8882	4.8566	3.4559	0.2209	0.3101	0.9991	0.0435
2010	2.3617	0.6591	1.2183	0.2574	1.0141	0.1543	0.4968	0.0904	14.2627	0.5035	0.1666	0.9483	4.9251	3.2850	0.2187	0.3347	0.9962	0.0461
2011	2.3637	0.6655	1.0002	0.2533	1.0501	0.1603	0.6606	0.0777	13.7212	0.4822	0.1635	1.0461	5.1572	3.0438	0.2452	0.4426	0.9887	0.0508
2012	2.3495	0.6860	0.8854	0.2327	1.1062	0.1584	0.7909	0.0722	13.4492	0.4923	0.1563	1.1397	5.1437	2.8556	0.2543	0.5132	0.9822	0.0570
2013	2.1154	0.7423	0.6417	0.2454	1.0980	0.1755	0.8963	0.0573	11.9566	0.5004	0.1713	1.3290	5.8615	2.6969	0.2787	0.4639	1.1161	0.0742
2014	2.0394	0.7894	0.5893	0.2252	1.1271	0.1716	0.9253	0.0563	11.2527	0.5390	0.1631	1.4053	5.8522	2.5820	0.2941	0.4894	1.1333	0.0753
2015	2.0080	0.8113	0.5530	0.2052	1.1604	0.1723	0.9708	0.0582	10.6008	0.5726	0.1579	1.3883	5.9348	2.5283	0.3098	0.5028	1.1328	0.0707
2016	1.9884	0.7939	0.5277	0.1894	1.1883	0.1770	0.9852	0.0577	10.0468	0.5839	0.1588	1.4064	6.3289	2.5187	0.3216	0.5412	1.1283	0.0632
2017	1.9936	0.7693	0.4844	0.1720	1.2301	0.1806	0.9458	0.0551	9.5058	0.5915	0.1615	1.4242	6.7279	2.5012	0.3328	0.5414	1.0857	0.0577
2018	2.0250	0.7162	0.4453	0.1491	1.3415	0.1844	0.9125	0.0490	8.8612	0.5642	0.1622	1.5327	7.1258	2.4201	0.3514	0.5659	1.0751	0.0526
2019	2.0329	0.6986	0.4177	0.1254	1.4581	0.1746	0.7859	0.0515	8.0791	0.5239	0.1531	1.5723	7.8483	2.3150	0.3536	0.4900	1.1272	0.0422

表3－6 各行业按资本劳动划分密集型情况

行业	l_i 均值	K_i 的均值	划分类型
采矿业	1.2364	1.0486	资本密集型
电力、热力、燃气及水生产和供应业	1.2555	3.1217	资本密集型
房地产业	3.3758	13.3579	资本密集型
公共管理、社会保障和社会组织	0.4315	0.2763	劳动密集型
建筑业	0.6137	0.0804	劳动密集型
交通运输、仓储和邮政业	1.0740	2.1496	资本密集型
教育	0.3184	0.1819	劳动密集型
金融业	1.8556	0.0539	资本劳动均等型
居民服务、修理和其他服务业	3.8064	0.6526	资本劳动均等型
科学研究、技术服务业	0.7982	0.2654	劳动密集型
批发和零售业	2.0727	0.4908	资本劳动均等型
水利、环境和公共设施管理业	0.3474	5.4909	资本劳动均等型
卫生和社会工作	0.4110	0.1612	劳动密集型
文化、体育和娱乐业	0.7979	1.1080	资本劳动均等型
信息传输、计算机服务和软件业	1.7514	1.2706	资本密集型
制造业	1.2191	1.0582	资本密集型
住宿和餐饮业	1.3388	0.6506	资本劳动均等型
租赁和商务服务业	0.9901	0.4027	劳动密集型

表 3 - 7　　2004 ~ 2019 年各行业 h_i 值

年份	交通运输、仓储和邮政业	住宿和餐饮业	信息传输、计算机服务和软件业	公共管理、社会保障和社会组织	制造业	卫生和社会工作	居民服务、修理和其他服务业	建筑业	房地产业	批发和零售业	教育	文化、体育和娱乐业	水利、环境和公共设施管理业	电力、热力、燃气及水生产和供应业	科学研究、技术服务业	租赁和商务服务业	采矿业	金融业
2004	0. 7362	1. 7443	2. 0580	1. 5096	0. 1279	3. 2752	2. 5522	0. 7109	1. 1905	0. 5255	1. 9834	8. 0171	10. 2766	1. 3188	5. 1987	2. 7137	0. 8043	1. 5503
2005	0. 7142	1. 7600	2. 1400	1. 5310	0. 1238	3. 4330	2. 2831	0. 6933	1. 1240	0. 5655	1. 9530	7. 9834	9. 7988	1. 3543	5. 2643	3. 2506	0. 7164	1. 6955
2006	0. 7220	1. 8067	2. 2166	1. 6025	0. 1226	3. 6835	2. 3627	0. 6971	1. 1210	0. 5789	2. 0827	8. 2199	10. 6465	1. 3584	5. 2123	3. 3281	0. 7180	1. 4596
2007	0. 7471	1. 9151	2. 3930	1. 7146	0. 1222	3. 7929	2. 6189	0. 7083	1. 0688	0. 5824	2. 1571	8. 7488	10. 5153	1. 3825	5. 1523	3. 5524	0. 7900	1. 1274
2008	0. 8343	1. 9675	2. 2500	1. 3201	0. 1285	3. 8489	2. 8082	0. 6620	1. 0611	0. 5182	2. 1630	8. 3406	11. 3286	1. 9954	4. 6246	2. 9415	0. 6634	1. 2420
2009	0. 8922	1. 9991	2. 3665	1. 3123	0. 1312	3. 8167	2. 6751	0. 6012	0. 9178	0. 5119	2. 0079	7. 9275	10. 7307	2. 0843	4. 0864	2. 9006	0. 8495	1. 1456
2010	0. 9100	2. 0502	2. 5959	1. 4281	0. 1299	3. 8635	2. 6605	0. 5885	0. 8681	0. 4920	2. 0518	8. 3974	10. 3383	2. 2074	4. 3182	2. 7110	0. 8329	1. 1414
2011	0. 9517	2. 1924	2. 2698	1. 5472	0. 1360	3. 6221	2. 7292	0. 5927	0. 9125	0. 4876	1. 9321	8. 6793	11. 0410	2. 3298	4. 0478	2. 6839	0. 7659	1. 0597
2012	1. 0238	2. 4221	2. 2167	1. 5868	0. 1395	3. 4699	2. 7968	0. 5948	0. 8708	0. 4927	1. 9539	8. 1821	10. 2899	2. 0351	3. 3600	2. 4823	0. 9636	0. 8719
2013	1. 0287	2. 4528	2. 1850	1. 6034	0. 1433	3. 0985	2. 9336	0. 5829	0. 8423	0. 4782	1. 8927	8. 1456	9. 0597	2. 1106	3. 2212	2. 3591	1. 0677	0. 8287
2014	1. 0166	2. 4436	2. 0567	1. 6113	0. 1441	2. 9581	2. 8350	0. 5758	0. 8480	0. 4677	1. 8365	8. 0481	8. 7972	2. 2983	3. 1297	2. 2059	1. 2414	0. 7988
2015	1. 0029	2. 3423	2. 3439	1. 4066	0. 1518	2. 7072	2. 7145	0. 5678	0. 8217	0. 4637	1. 7329	7. 1642	7. 4950	2. 2215	2. 9815	1. 9702	1. 6434	0. 7406
2016	1. 0125	2. 2934	2. 2110	1. 2800	0. 1571	2. 5886	2. 5486	0. 5714	0. 7628	0. 4631	1. 6900	7. 0983	7. 7178	2. 2580	2. 9765	1. 8072	1. 8761	0. 7491
2017	1. 0106	2. 3258	2. 1055	1. 2521	0. 1576	2. 6148	2. 5753	0. 5750	0. 7506	0. 4736	1. 6829	6. 6548	8. 1589	2. 2196	2. 9087	1. 7503	1. 8323	0. 7722
2018	1. 0338	2. 3535	1. 9340	1. 2284	0. 1601	2. 6054	2. 6584	0. 5654	0. 7367	0. 4789	1. 6565	6. 7527	8. 0956	2. 1510	2. 7877	1. 6806	1. 9163	0. 7904
2019	1. 0484	2. 2952	1. 7911	1. 2182	0. 1629	2. 6443	2. 4504	0. 5571	0. 7227	0. 4734	1. 6008	6. 4953	7. 3618	2. 1822	2. 6963	1. 6296	1. 9688	0. 7869

依据前文所述的标准，可以将各行业按知识划分密集类型，结果如表 3－8 所示。

表 3－8　　各行业按知识划分密集型情况

行业	h 的平均值	划分类型
采矿业	1.1656	知识密集型
电力、热力、燃气及水生产和供应业	1.9692	知识密集型
房地产业	0.9137	非知识密集型
公共管理、社会保障和社会组织	1.4470	知识密集型
建筑业	0.6153	非知识密集型
交通运输、仓储和邮政业	0.9178	非知识密集型
教育	1.8986	知识密集型
金融业	1.0475	知识密集型
居民服务、修理和其他服务业	2.6376	知识密集型
科学研究、技术服务业	3.8729	知识密集型
批发和零售业	0.5033	非知识密集型
水利、环境和公共设施管理业	9.4782	知识密集型
卫生和社会工作	3.2514	知识密集型
文化、体育和娱乐业	7.8034	知识密集型
信息传输、计算机服务和软件业	2.1959	知识密集型
制造业	0.1399	非知识密集型
住宿和餐饮业	2.1477	知识密集型
租赁和商务服务业	2.4979	知识密集型

四、模型回归及贡献率测算结果

（一）回归结果

回归结果如表 3－9 所示，劳动密集型和劳动资本均等型行业的 α 值不显著，但仍能代表样本中的平均效应。劳动密集型行业的资本弹性系数为 0.217，从而劳动弹性系数与教育弹性系数为 0.783；资本密集型行业的资本弹性系数为 0.238，劳动弹性系数与教育弹性系数为 0.762；劳动资本均等型行业的资本弹性系数为0.115，劳动弹性系数与教育弹性系数为0.885；知识密集型行业的资本弹性系数为0.218，劳动弹性系数与教育弹性系数为0.782；非知识密集型行业的两个系数则分别为0.412和0.588。

表3－9　　　　　　　　　　　回归结果

变量	(1) 劳动密集型	(2) 资本密集型	(3) 劳动资本均等型	(4) 知识密集型	(5) 非知识密集型
α	0.217 (1.17)	0.238*** (5.94)	0.115 (1.00)	0.218** (2.20)	0.412*** (6.18)
时间项	0.0441 (1.45)	0.00762** (2.35)	0.0513** (2.39)	0.0350** (2.14)	－0.00914** (－2.11)
常数项	－0.393 (－0.94)	0.456*** (3.50)	0.424 (0.94)	0.0113 (0.04)	0.441** (2.36)
R－sq Overall	0.370	0.561	0.0187	0.133	0.570
R－sq Within	0.837	0.650	0.842	0.807	0.759
R－sq Between	0.114	0.539	0.245	0.0268	0.559
Prob (Chi-sq)	9.39e－22	4.09e－28	4.51e－12	1.45e－20	9.41e－22
Rho	0.927	0.858	0.970	0.967	0.931

注：括号内为t统计量。* 表示 $p<0.1$，** 表示 $p<0.05$，*** 表示 $p<0.01$。

对系数进行横向比较，按资本劳动划分时，劳动资本均等型行业的劳动和教育弹性最大，资本密集型行业的资本弹性最大，劳动密集型行业介于二者之间；按知识密集划分时，知识密集型行业的劳动和教育的弹性系数更大，非知识密集型行业的资本弹性更大。

（二）分行业贡献率测算结果

表3－10展示了2004～2019年各类型行业投入要素的增长及对经济增长的贡献率情况。劳动密集型、劳动资本均等型、资本密集型、知识密集型和非知识密集型行业的GDP年均几何增长率分别为12.52%、12.35%、8.86%、11.39%、9.82%，劳动密集型行业增长最快，其中“教育、公共管理和商务服务业”贡献了较多的增长率，资本密集型行业增长最慢，这与“采矿业”的增加值下降有较大关系。采矿业属于知识密集型产业而知识密集型产业的整体增长率高于非知识密集型产业，说明除“采矿业”之外的其他知识密集型产业的增长

率足够高于非知识密集型产业增长率。

表 3－10　2004～2019 年按行业类型分我国经济增长因素分析结果　单位：%

	劳动密集型	劳资均等型	资本密集型	知识密集型	非知识密集
GDP 增长率	12.52	12.35	8.86	11.39	9.82
资本投入增长率	14.47	21.80	17.54	15.64	18.96
劳动投入增长率	4.27	3.32	1.97	3.30	3.07
教育增长率	2.75	0.99	0.88	0.73	0.59
人力资本增长率	4.56	4.34	2.86	4.06	3.68
资本投入贡献率	25.14	20.22	47.15	29.85	79.61
劳动投入贡献率	26.68	23.77	16.95	22.66	18.41
教育贡献率	1.72	7.10	7.53	5.04	3.53
技术进步贡献率	17.97	17.81	3.75	14.58	－23.60

资本投入的增长率中劳动资本均等型产业最高，资本密集型产业居中，基年资本密集型产业的资本存量已很高，其较低的增长率也能代表较大的增长绝对值，劳动密集型产业的资本增长率最低。非知识密集型产业的资本增长率比知识密集型产业高。

各类型行业的劳动力投入增长率都较低，其中劳动密集型产业最高，资本密集型产业最低，劳动资本均等型产业居中。知识密集型产业的劳动投入增长率高于非知识密集型产业。

受限于人均受教育年限的变动范围，各类型行业的教育增长率也较低。劳动密集型产业的教育增长率是唯一超过 1% 的（同时也超过了 2%），其中“租赁与商务服务业”以及“卫生和社会工作业”贡献了较多的增长率。

按资本和劳动划分的产业类型中，资本密集型行业的资本贡献率最高，劳动密集型行业的劳动贡献率最高，劳动密集型产业的教育贡献率显著低于劳动资本均等型和资本密集型产业，同时资本密集型产业略高于劳动资本均等型产业。由于居中的劳动贡献率和教育贡献率，劳动资本均等型行业的人力资本贡献率反而在三类行业中最高，劳动密集型其次，资本密集型最低。按照知识划分的两种行业类型中，非知识密集型行业的资本贡献率高达 79.61%，远高于知识密集型行业的水平，而劳动和教育的贡献率均为知识密集型行业较高。

第三节　教育对经济增长的贡献——基于企业部门的测算

一、模型设定

本节基于企业与部门数据测算教育对经济增长的贡献率，采用最传统的人力资本设定形式，将教育变量与劳动力直接相乘作为人力资本变量，使用柯布—道格拉斯生产函数形式列出方程如下：

$$Y = AK^{\alpha}(EL)^{\beta} \tag{3.30}$$

其中，Y 表示产出，K 表示资本投入，EL 表示人力资本，L 表示劳动力数量，E 表示教育，A 表示技术进步率或全要素生产率。

罗默认为 A 的重要表现形式是技术创新，专利存量可作为技术创新水平的代理变量，将技术创新所带来的生产率提升从 A 中剥离出来。纳尔逊（Nelson）和菲尔普斯（Phelps）认为，技术创新是人力资本存量的增函数，因而教育促进技术进步增长模型的柯布—道格拉斯生产函数可以写成如下形式：

$$\ln Y = C_1 + \alpha \ln K + \beta \ln LE + \gamma A(I) \tag{3.31}$$

$$\ln A(I) = C_2 + \delta \ln LE \tag{3.32}$$

我们通过估计这两个计量经济学方程来估算该模型，式（3.33）和式（3.34）中 ε 和 η 是模型内要素无法解释的产出部分，可以理解为全要素生产率。

$$\ln Y = C_1 + \alpha \ln K + \beta \ln LE + \gamma A(I) + \varepsilon \tag{3.33}$$

$$\ln A(I) = C_2 + \delta \ln LE + \eta \tag{3.34}$$

随后使用和索洛相同的增长核算方法计算出各要素的贡献率。

二、数据来源与描述统计

本节使用中国 A 股上市公司的数据，其中净利润、固定资产以及员工总人数数据来自国泰安数据库；专利存量数据来自中国研究数据服务平台数据库，源数据为增量数据，以 2000 年为基期转化为存量数据，其中对联合申请的专利赋予权重为 0.5；员工的受教育水平数据来自 Wind 数据库，原始数据为各学历员工占比，转化为平均受教育年限。限于数据可得性，样本的时间跨度为 2011 ~ 2020 年。

将面板数据视作截面数据进行描述性统计，得到结果如表 3 - 11 所示。可以看出净利润、员工总人数、固定资产、专利存量的最大值和最小值相差数个数量级，这说明样本中的企业在各变量上的变异较大。

表 3 – 11　　描述性统计表

变量	观测数	平均值	最小值	中位数	最大值	标准差
净利润（百万元）	26 113	1 155.27	0.03	140.55	317 685	9 574.89
员工总人数（千人）	26 113	6.64	0.01	1.93	552.81	25.81
固定资产（百万元）	26 113	3 964.17	0.002	518.02	732 577	23 831.54
平均受教育年限（年）	26 113	13.39	10.00	13.26	21.24	1.44
专利存量（件）	26 113	326.07	0.00	59.00	65 892	1 709.47

参考与本章第二节一致的方法将企业划分为资本密集型和劳动密集型，并参考李绍荣（2018）的做法将企业划分为技术密集型和非技术密集型，使用的指标为标准化后的专利存量除以净利润（增加值）之商，随后在两个维度上对样本进行联合分类。分类后各类别企业每年所包含的样本数如图 3 – 19 所示，总体来说样本数呈现逐年上涨趋势，每年观测数的变化主要有两个原因，一是新上市企业的加入，二是因原始数据库数据缺失导致的样本剔除。在每年内部，可以看出劳动密集型企业明显多于资本密集型企业，在劳动密集型企业内技术密集型企业多于非技术密集型企业，而在资本密集型企业内则是非技术密集型企业多于技术密集型企业。

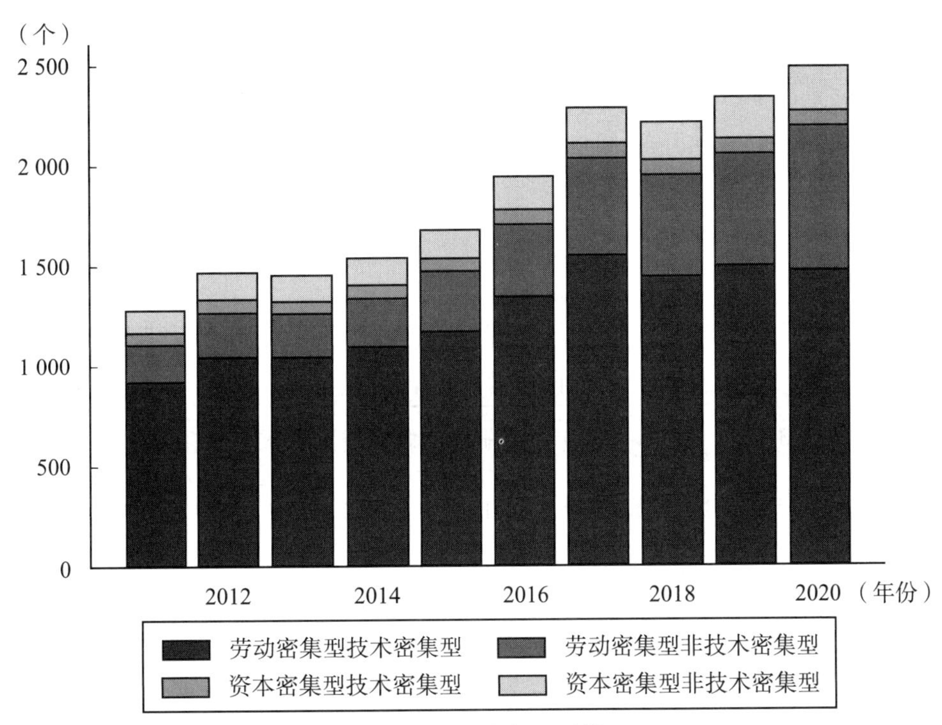

图 3 – 19　样本观测数

图3-20为2011~2020年企业单位规模增加值水平变化趋势。整体来说，十年间企业增加值是上涨的，劳动密集型企业的增长趋势较为平稳，而资本密集型企业的增长则波动较大。所有类型企业增加值的平均数都大于中位数，说明大多数企业的增加值在样本中是小于平均值的。资本密集且非技术密集的企业增加值最大，技术密集且劳动密集的企业增加值最小。

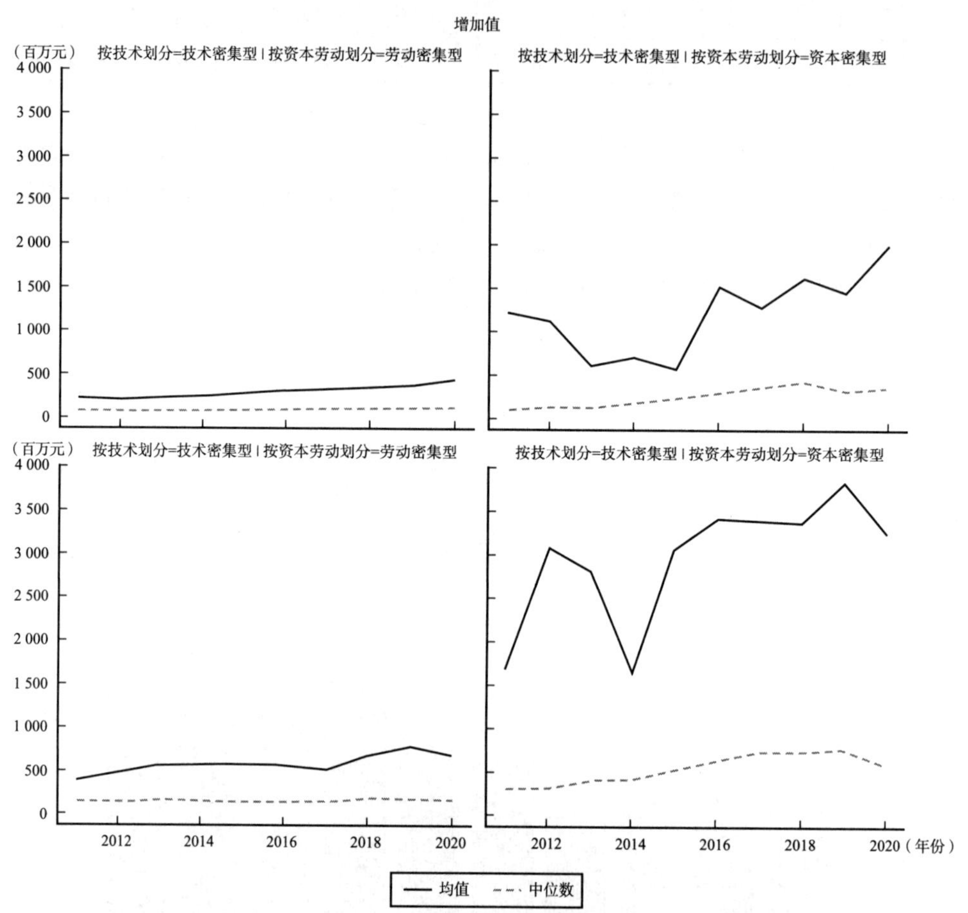

图3-20　2011~2020年企业单位规模增加值水平变化趋势

图3-21为2011~2020年企业员工数量水平变化趋势。所有类型企业员工总人数在十年里均有所增加，技术密集型企业员工总人数呈现出比较明显的上升趋势，非技术密集型企业的员工总人数则呈现出波动态势，十年间的整体上升幅度较小。劳动密集型企业的员工总人数明显高于在技术划分上同类型的资本密集型企业，而同属于劳动密集型企业，非技术密集型企业的员工总人数高于技术密集型企业。

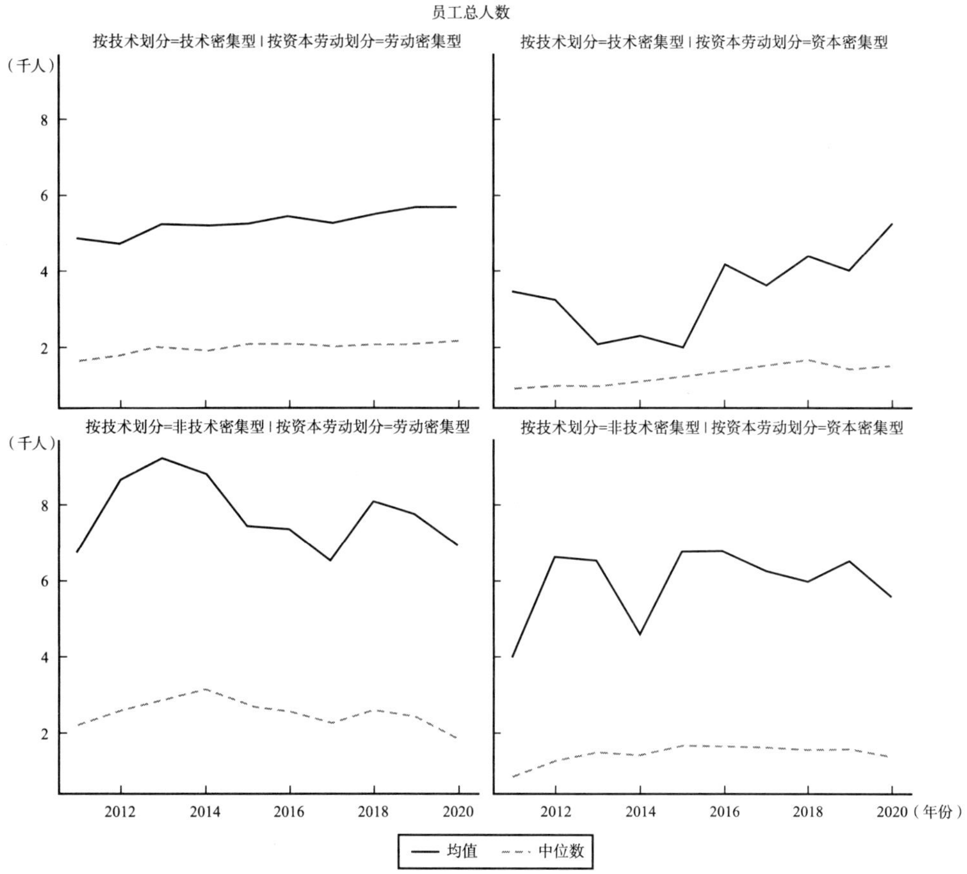

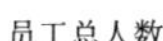

图 3-21　2011～2020 年企业员工数量水平变化趋势

图 3-22 为 2011～2020 年企业固定资产净值水平变化趋势。总体来说，除非技术密集且劳动密集类型企业趋势持平外，各类型企业的固定资产都呈上升趋势。资本密集型企业的固定资产都显著高于相同技术类型的劳动密集型企业，在资本密集型企业中，非技术密集型企业的固定资产更高，在劳动密集型企业中，技术和非技术密集型企业的固定资产水平相差不大。

图 3-23 为 2011～2020 年企业员工平均受教育年限变化趋势。总体来看，各类型企业的员工平均受教育年限都呈稳定上升趋势。所有类型企业数据都在 2012 年处有一个不正常的跳变，这可能与源数据库的数据异常有关。劳动密集型企业员工的平均受教育年限均低于相同技术类型的资本密集型企业员工，在劳动密集型企业中，技术和非技术密集型企业的员工平均受教育年限数值十分接近，没有显著差异，在资本密集型企业中，非技术密集型企业略高于技术密集型企业，但差异并不大。

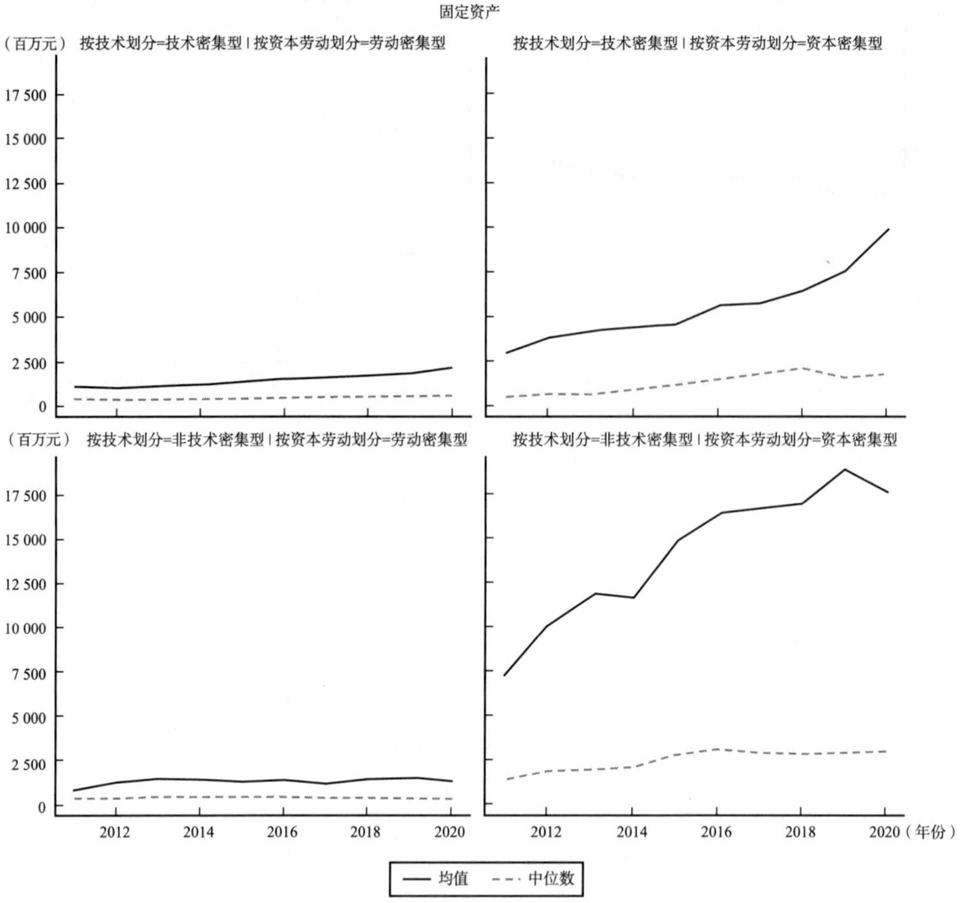

固定资产

（百万元） 按技术划分=技术密集型 | 按资本劳动划分=劳动密集型

按技术划分=技术密集型 | 按资本劳动划分=资本密集型

（百万元） 按技术划分=非技术密集型 | 按资本劳动划分=劳动密集型

按技术划分=非技术密集型 | 按资本劳动划分=资本密集型

—— 均值 - - - 中位数

图 3-22　2011～2020 年企业固定资产净值水平变化趋势

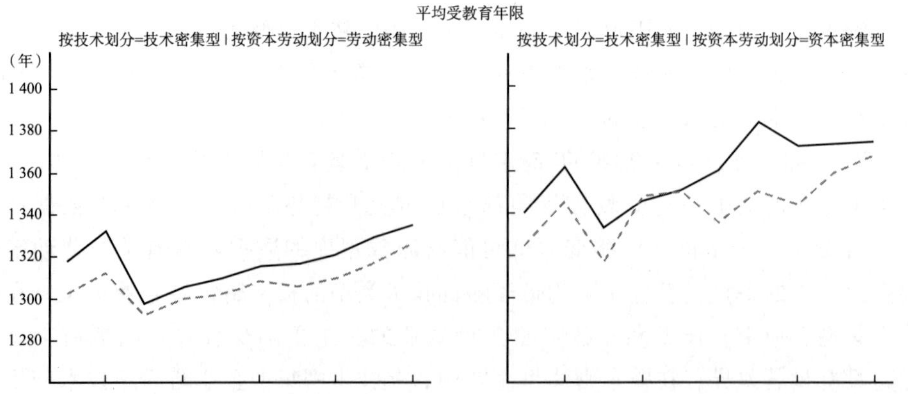

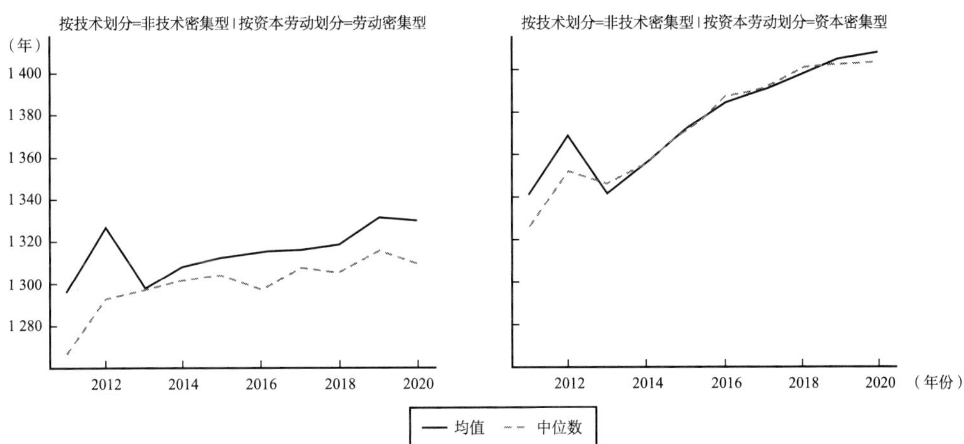

图 3-23　2011～2020 年企业员工平均受教育年限变化趋势

图 3-24 为企业高等教育员工占比变化趋势。总体来看，在这十年间，各类型企业的高等教育员工占比都有较大幅度的上升，资本密集型企业的上升趋势较为稳定，劳动密集型企业则在 2013 年后涨势趋缓。资本密集型企业的高等教育员工占比均高于劳动密集型企业，非技术密集型企业和技术密集型企业则差异不大，非技术密集型企业略高，相对大小情况与平均受教育年限类似。

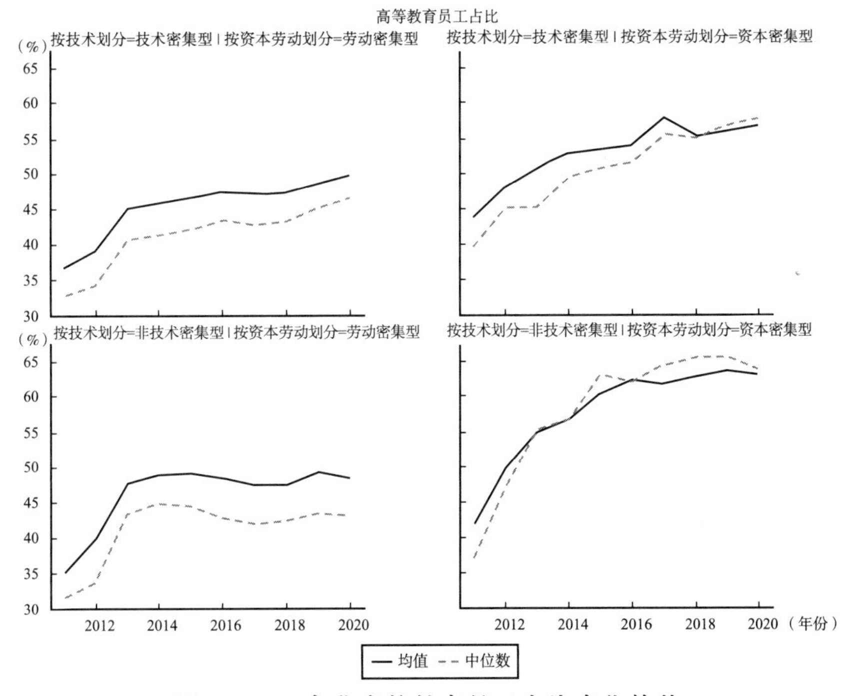

图 3-24　企业高等教育员工占比变化趋势

图 3－25 为 2011～2020 年企业专利申请数变化趋势。总体来看各类型企业的专利申请数都呈稳定的上升趋势。技术密集型企业专利申请数均显著高于对应类型的非技术密集型企业，资本密集型企业略高于对应类型的劳动密集型企业，但差距并不明显。

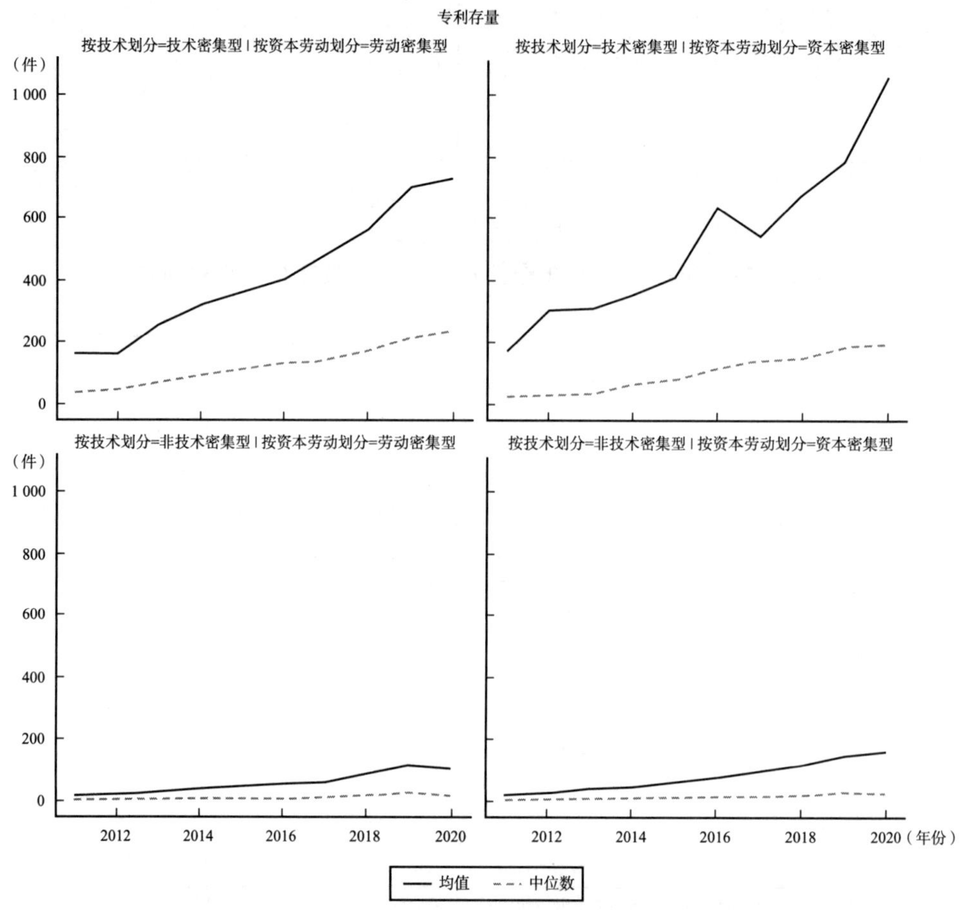

图 3－25　2011～2020 年企业专利申请数变化趋势

所有的变量都呈现出了均值大，中位数小的现象，这从一定程度上反映出了大多数企业的规模不及平均水平，而少部分大企业拉高了平均水平的现象。

三、结果描述

对生产函数的估计结果如表 3－12 所示，模型（1）是基于全体样本估计出的结果，模型（2）是对劳动且技术密集型企业的估计结果，模型（3）是对劳动且非技术密集型企业的估计结果，模型（4）是对资本且技术密集型企业的估计结果，模型（5）是对资本且非技术密集型企业估计的结果。所有的模型都通过了卡方检验，除劳动与技术密集型的资本弹性系数外，所有的系数都在1%的水平下显著。从模型（1）可以看出在样本内人力资本的弹性大于物质资本，而模型（2）至模型（4）中的系数相对大小也显示出了相同的结果。劳动且技术密集类型的企业物质资本的弹性系数为负且接近0，伴随概率为0.075，考虑到样本数量很大，可以认为在实际上该系数不显著，因此对于劳动且技术密集型企业来说，物质资本的变动很难引起产出的变化。劳动密集型企业的人力资本弹性系数均大于资本密集型企业，而物质资本的弹性系数则都小于资本密集型企业。劳动密集型企业中，技术密集型企业的人力资本弹性大于非技术密集型企业，创新的弹性系数则比非技术密集型企业更大。资本密集型企业则恰好相反，技术密集型企业的人力资本弹性系数更小，创新的弹性系数更大。劳动或资本密集型企业都呈现出人力资本弹性系数和创新的弹性系数互补的现象。在资本密集型企业中，技术密集型企业的物质资本弹性系数更大。

表 3 – 12　　　　对生产函数的估计结果

变量	(1) 全体样本	(2) 劳动且技术密集型	(3) 劳动且非技术密集型	(4) 资本且技术密集型	(5) 资本且非技术密集型
ln*LE*	0.552*** (42.67)	0.753*** (42.11)	0.602*** (31.94)	0.364*** (5.67)	0.409*** (12.43)
ln*K*	0.197*** (21.37)	–0.0243* (–1.78)	0.0899*** (6.15)	0.190*** (4.12)	0.246*** (11.10)
ln*I*	0.0225*** (4.16)	0.0813*** (10.14)	0.138*** (17.31)	0.254*** (5.89)	0.136*** (8.98)
_*cons*	1.714*** (38.46)	1.784*** (32.12)	2.186*** (33.08)	1.974*** (8.76)	2.805*** (20.64)
N	18 644	12 530	3 785	715	1 614

注：*t* statistics in parentheses。* 表示 $p<0.1$，** 表示 $p<0.05$，*** 表示 $p<0.01$。

对式（3.34）的估计结果如表3–13所示，与前文一样，模型（1）是基于全体样本估计出的结果，模型（2）是对劳动且技术密集型企业的估计结果，模型（3）是对劳动且非技术密集型企业的估计结果，模型（4）是对资本且技术密集型企业的估计结果，模型（5）是对资本且非技术密集型企业估计的结果。所有的模型都通过了卡方检验，且所有系数都在1%的显著性水平下显著。对全体样本的估计结果显示人力资本对创新的弹性系数为0.927，这表明人力资本的增长转化为创新的效率较高。对不同模型进行横向对比，劳动和技术密集型的弹性系数最高，资本和技术密集型的弹性系数最小，创新的弹性系数越小的企业类型，表明创新有更多的部分被人力资本吸收，因而人力资本对创新的弹性系数也就越大。

表3-13　　人力资本对创新贡献的估计结果

变量	(1) 全体样本	(2) 劳动且技术密集型	(3) 劳动且非技术密集型	(4) 资本且技术密集型	(5) 资本且非技术密集型
ln*LE*	0.927 *** (65.79)	0.953 *** (62.95)	0.897 *** (27.44)	0.654 *** (17.93)	0.849 *** (19.59)
_*cons*	0.659 *** (11.63)	1.478 *** (26.73)	-1.101 *** (-8.86)	2.678 *** (18.93)	-0.345 ** (-2.06)
N	18 644	12 530	3 785	715	1 614

注：*t* statistics in parentheses。* 表示 $p<0.1$，** 表示 $p<0.05$，*** 表示 $p<0.01$。

表3-14为通过增长核算的方法计算出的各要素对增长的贡献率，从全样本来看，人力资本对经济增长的贡献率是最大的，达到了65.85%。除劳动和技术密集型企业以外，其他类型企业均是创新的贡献率最大，除资本且技术密集型企业外，其他类型企业人力资本的贡献均大于物质资本的贡献，这体现了2011~2020年的十年间，中国的上市企业进入了以创新和人力资本为驱动的高质量发展阶段。

表3-14　　各要素对增长的贡献率　　单位：%

		全样本	劳动且技术密集型	劳动且非技术密集型	资本且技术密集型	资本且非技术密集型
GDP = 100%	*K*	10.91	-2.71	7.31	55.11	33.15
	I	19.31	25.68	72.77	152.42	84.53
	其中：*E*	28.57	21.53	31.46	9.23	18.80
	LE	65.85	57.40	62.13	54.46	40.97
	其中：*L*	50.36	58.26	49.75	78.70	61.67
	其中：*E*	49.64	41.74	50.25	21.30	38.33
	TFP	3.93	19.62	-42.20	-161.99	-58.64
E 的总贡献		38.21	29.49	54.11	25.67	31.59

单独计算教育对增长的贡献率，全样本企业中教育的贡献率大小为38.21%，劳动且非技术密集型企业的教育贡献率最大，达到了54.11%，资本且技术密集型企业的教育贡献率最小，只有25.67%。通过交叉对比，劳动密集型企业的教育贡献率均大于资本密集型企业，非技术密集型企业的教育贡献率都大于技术密集型企业。

表3－15为依据中介效应模型计算出的教育对产出的总弹性系数与教育增长率结果，发现弹性系数的大小与贡献率的大小刚好呈现相反的现象，且技术密集型企业的总弹性系数均大于非技术密集型企业，因此教育对技术密集型企业仍然重要。由于技术密集型企业本身拥有较高的教育存量，因此想要保持较高的教育增长率较为困难，而非技术密集型企业也认识到了人力资本的重要性，重视员工受教育水平的提高，因而可以获得较高的教育增长率，从而获得更高的教育贡献率。从产出对要素的敏感程度来说，教育变化同样的百分比，技术密集型企业仍会获得更多的产出增加。

表3－15　　总弹性系数与教育增长率

变量	全体样本	劳动且技术密集型	劳动且非技术密集型	资本且技术密集型	资本且非技术密集型
总弹性系数	0.572858	0.830479	0.725786	0.530116	0.524464
教育增长率	7.89%	5.56%	15.99%	3.78%	8.49%

对资本密集型企业来说，无论是总弹性系数还是教育贡献率，都不及劳动密集型企业，这体现了人力资本以人为载体的性质，在资本密集型企业中，机器是生产的主要承担者，高度程式化以及自动化的现代工业流水线进一步降低了人力劳动的重要性。但资本密集型企业仍应重视教育，人力资本与物质资本存在互补效应，在面向智能化的未来，机器的自主性将进一步提高，人在生产场景的角色将从机器的操纵者变成机器的维护者、引导者，这需要劳动者对机械和智能化的更深刻了解，企业对员工的需求将变为少量但高质。

四、高等教育的贡献率测算

前文的分析以员工平均受教育年限作为教育的代理变量，包含各学历的信息，探究了教育整体的贡献。但是，在现代社会高等教育的重要性越来越高，因此本章选取高等教育员工占比作为高等教育的代理变量，以进行扩展性研究，探究在中国A股上市企业中，高等教育对生产的贡献情况。

模型设定与测算方法同上，对系数的估计结果如表3－16所示，模型（1）是基于全体样本估计出的结果，模型（2）是对劳动且技术密集型企业的估计结果，模型（3）是对劳动且非技术密集型企业的估计结果，模型（4）是对资本且技术密集型企业的估计结果，模型（5）是对资本且非技术密集型企业估计的结果。所有的模型都通过了卡方检验，且所有系数都在1%的显著性水平下显著。从模型（1）可以看出，在全样本范围内，物质资本的弹性系数大于高等教育人力资本的弹性系数，而模型（2）至模型（4）也呈现出相同的现象，模型（5）中高等教育人力资本的弹性系数大于物质资本弹性系数，但两者差距不大。高等教育人力资本的弹性系数最大的是资本且非技术密集型企业，为0.296；最小的是资本且技术密集型，为0.127。物质资本的弹性系数最大的是劳动且非技术密集型企业，为0.292；最小的是劳动且技术密集型企业，为0.262，且各类型企业之间的差距不大。技术创新的弹性系数最大的是资本且技术密集型企业，为0.298；最小的是劳动且技术密集型企业，为0.0946。对比模型（2）至模型（5）的回归结果，非技术密集型企业的物质资本和人力资本的弹性系数均大于技术密集型企业，按劳资划分类型的维度上则没有固定的大小关系。相比整体教育人力资本的情形，高等教育人力资本的弹性系数更小，物质资本的重要性也被提高了。

表3－16　　　　高等教育对增长贡献的回归结果

变量	(1) 全体样本	(2) 劳动且技术密集型	(3) 劳动且非技术密集型	(4) 资本且技术密集型	(5) 资本且非技术密集型
ln*LE*	0.211*** (29.59)	0.218*** (24.15)	0.222*** (18.95)	0.127*** (3.30)	0.296*** (11.66)
ln*K*	0.351*** (43.22)	0.262*** (22.53)	0.292*** (22.45)	0.278*** (6.79)	0.290*** (13.90)
ln*I*	0.0340*** (6.17)	0.0946*** (11.02)	0.154*** (18.04)	0.298*** (6.81)	0.136*** (8.90)
_cons	1.627*** (35.42)	1.558*** (26.27)	2.057*** (28.66)	1.688*** (7.70)	2.404*** (17.35)
N	18 428	12 392	3 733	707	1 596

注：*t* statistics in parentheses。* 表示 $p<0.1$，** 表示 $p<0.05$，*** 表示 $p<0.01$。

高等教育人力资本对技术创新的弹性系数的估计结果如表3－17所示，模型（1）是基于全体样本估计出的结果，模型（2）是对劳动且技术密集型企业的估计结果，模型（3）是对劳动且非技术密集型企业的估计结果，模型（4）是对资本且技术密集型企业的估计结果，模型（5）是对资本且非技术密集型企业估计的结果。所有的模型都通过了卡方检验，所有的系数都在1%的显著性水平下显著。从模型（1）可以看出高等教育人力资本对技术创新的弹性系数为0.437，表明高等教育人力资本每增加1%，技术创新会增长0.437%。对比模型（2）至模型（5）的回归结果，高等教育人力资本对技术创新的弹性系数不存在任何单一维度企业类型上的固定大小关系，弹性系数最大的是资本且非技术密集型企业，为0.645；最小的是劳动且技术密集型，为0.464。

表3－17　　高等教育对技术创新贡献的回归结果

变量	(1) 全体样本	(2) 劳动且技术密集型	(3) 劳动且非技术密集型	(4) 资本且技术密集型	(5) 资本且非技术密集型
ln*LE*	0.437*** (51.87)	0.464*** (49.85)	0.401*** (19.18)	0.359*** (13.80)	0.645*** (18.88)
_cons	1.788*** (35.63)	2.605*** (53.68)	0.150 (1.38)	3.090*** (21.05)	-0.606*** (-3.30)
N	18 428	12 392	3 733	707	1 596

注：*t* statistics in parentheses。* 表示 $p<0.1$，** 表示 $p<0.05$，*** 表示 $p<0.01$。

表3－18为通过增长核算的方法计算出的各要素对增长的贡献率，全样本模型中，贡献率最大的要素是物质资本，大小为39%；高等教育人力资本的贡献率为29.23%，仅次于物质资本。物质资本贡献率最大的是资本且技术密集型企业，为54.77%；最小的是劳动且非技术密集型企业，为26.19%。高等教育人力资本贡献率最大的是资本且非技术密集型企业，为34.37%；最小的是劳动且非技术密集型企业，为26.19%。资本密集型企业的物质资本贡献率均大于劳动密集型企业。非技术密集型企业的高等教育人力资本贡献率均大于物质资本，技术密集型企业则相反。

将高等教育的贡献单独提取出来，全样本模型中高等教育的贡献率为16.75%；对比不同类型企业，资本且非技术密集型企业的教育贡献率最大，达到了30.82%；而资本且技术密集型企业的教育贡献率最小，只有16.22%。

表 3－18　　各要素对增长的贡献率　　单位：%

变量		全样本	劳动且技术密集型	劳动且非技术密集型	资本且技术密集型	资本且非技术密集型
GDP = 100%	*K*	39.27	28.08	26.19	54.77	34.37
	LE	29.23	27.52	34.77	23.05	45.59
	其中 *L*：	46.48	44.63	44.35	61.81	47.88
	其中 *E*：	53.52	55.37	55.65	38.19	52.12
	I	5.65	18.07	30.61	85.05	32.50
	其中 *E*：	19.52	16.93	17.52	8.72	21.72
	TFP	25.85	26.33	8.44	－62.87	－12.46
E 的总贡献		16.75	18.30	24.71	16.22	30.82

表 3－18 显示非技术密集型企业的高等教育贡献率大于技术密集型企业，表 3－19 为总弹性系数和高等教育增长率计算结果，发现非技术密集型企业的高等教育弹性系数更大，样本期间内的高等教育增长率也更大，因而贡献率自然也更大。

表 3－19　　弹性系数与高等教育增长率

项目	全体样本	劳动且技术密集型	劳动且非技术密集型	资本且技术密集型	资本且非技术密集型
弹性系数	0.225858	0.261894	0.283754	0.233982	0.38372
高等教育增长率（%）	11.42	8.98	19.94	6.51	12.91

五、教育贡献大小的时间变化

为了进一步探究教育贡献大小随时间变化的情况，我们将样本期分为 2011 至 2013 年、2014～2017 年、2018～2020 年三个阶段，依次采用平均受教育年限和高等教育员工占比作为关注变量，选取全体样本，用与前文相同的方法分别计算这三个阶段内教育及高等教育对产出的贡献率。

使用平均受教育年限计算出的教育整体对产出的贡献率随时间变化的情况如图 3－26 所示，可以看出，随时间的推移，教育的贡献率越来越大，三个阶段的总大小依次为 17.44%、24.83% 和 32.48%。在教育对增长的贡献中，来自技术创新的贡献率大小分别为0.79%、1.08%和1.28%，呈不断上升趋势，但是其在教育的总贡献中的占比则越来越小，分别为4.55%、4.35%和3.95%，说明企业越发认识到教育的重要性，但是目前企业内教育的主要作用仍是人力资本的积累，大部分企业还未到以创新竞争的发展阶段，因而技术创新的增长速度较慢，贡献率被上升速度较快的人力资本挤压了。

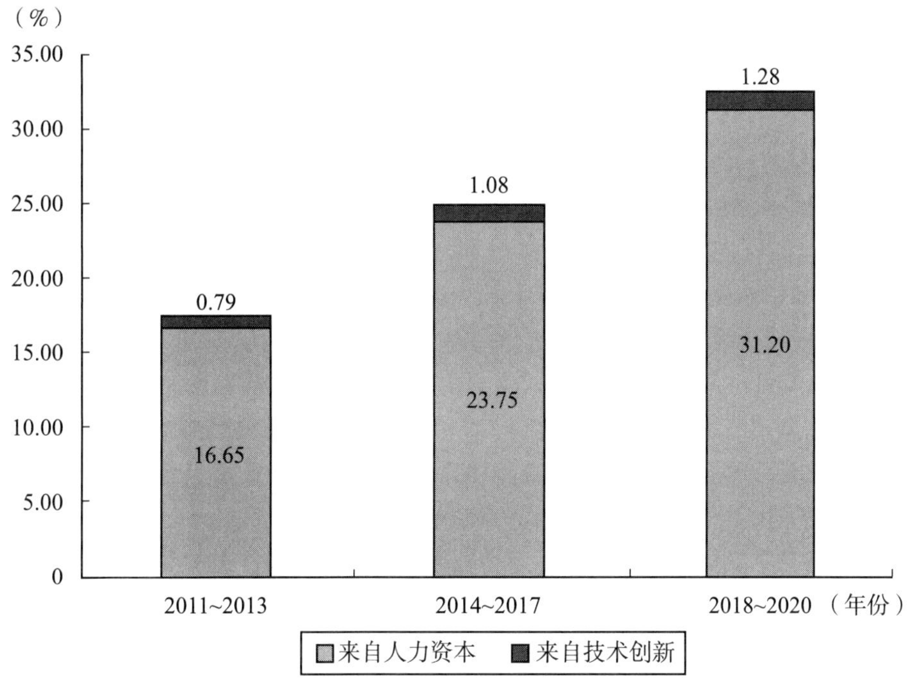

图3-26　教育整体对产出的贡献率随时间变化情况

第四节　本章小结

我们基于我国改革开放以来构建的经济增长贡献框架，分别按照新古典模型总量生产函数进行估计的经典方法和我们基于理论框架构建的分行业测算的方法以及从企业部门的角度测算教育对经济增长贡献。使用新古典总量生产函数作为测算与比较的基础，从全国总量数据来看，我国经济增长绝大部分得益于物质资本的积累，人力资本的贡献远低于物质资本的贡献率，在人力资本的贡献中主要是依赖劳动力质量的提升来实现的。考虑人力资本的外部性后，物质资本的贡献率降低，人力资本的总贡献率得到提高。从各阶段各要素对经济增长的贡献率来看，人力资本的直接贡献率出现先下降后上升趋势，上升说明人力资本的贡献越来越依赖于劳动力质量的提升，下降趋势可能与近年来人力资本的需求结构有关，反映了现阶段我国市场需求逐渐向各级各类高技能型人才倾斜，"人职匹配"成为制约人力资本贡献降低的主要原因。由于人力资本外部性作用间接提高了资本的使用效率和劳动力生产率，进而提高这些要素对经济增长的贡献，因此人力资本的总贡献率大于其直接贡献率。

使用行业数据测算的结果表明教育在不同行业的贡献率存在显著差异，在劳动密集型行业中教育的增长率最快，使用行业内平均受教育年限测量的教育贡献率在劳动密集型行业中的贡献为 1.72%，在资本密集型行业的贡献为 7.53%，在知识密集型行业中教育的贡献为 5.04%，在非知识密集型行业中教育贡献为 3.53%。2004～2019 年我国经济增长因素分析结果显示，三种密集型行业的 GDP 几何增长率分别为劳动密集型 10.46%、资本密集型 11.00%、知识密集型 14.51%，知识密集型行业在 2004～2019 年之间增长最快，而劳动密集型行业增长最慢。2004～2019 年，随着城镇化进程、人口红利消失，劳动密集型行业就业人数大幅度减少，资本投入弥补了劳动力人数的下降。从资本贡献率的角度来看，资本密集型行业的贡献率最高，而知识密集型行业的贡献率最低。从劳动贡献率角度来看，知识密集型行业的劳动贡献率最高，主要源于劳动力人数的增加。人力资本对于知识密集型行业的贡献最大。

考虑到数据的可得性，我们运用企业数据进一步测算了技术要素对经济增长的贡献。在劳动且非技术密集型企业部门中教育的贡献率最大，达到了 54.11%，而资本且技术密集型企业中的教育贡献率最低为 25.67%，平均来看教育的贡献率为 38.21%。进一步地，我们测算了不同时期教育的贡献，研究发现，2011～2020 年教育的贡献率越来越大，从 17.44% 增加到 32.48%。在教育对经济增长的贡献中，来自技术创新的贡献率从 0.79% 增加到 1.28%，呈不断上升趋势。

第四章

教育在经济增长中作用机制的实证研究

教育在经济增长中的作用是经济学家一直关注的重要问题之一，改革开放40多年来，中国经济年均GDP增长率在9%以上，对世界经济增长的贡献达到30%。探讨中国40多年经济快速增长过程中教育与人力资本的作用，有助于在更可见的时间范围内，看清教育与人力资本在经济增长过程中的作用。当前，中国正在推进的供给侧结构性改革核心其实就是教育与人力资本的提升。因为我们有什么样的人，决定了我们有什么样的技术，拥有什么样的技术生产者，决定了我们能够生产出什么样的产品与服务。教育与人力资本是现代经济增长的核心。正在经历经济转型与升级的新时代中国经济发展需要什么样的教育与人力资本来支撑，大众化的教育与精英化的教育作用于经济增长的机制是什么，新时代教育与人力资本政策重点是什么，都需要进一步地深入分析。本章将针对这些问题，探讨教育与人力资本作用于经济增长的机制，进而提出新时代促进中国经济转型与升级的教育与人力资本政策建议。

第一节　教育在经济增长中的作用机制

古典经济学家大卫·李嘉图、亚当·斯密等都讨论过教育在经济增长中的作用，认为教育是经济增长的重要因素。现代经济学最早研究教育对经济增长作用的是诺贝尔奖获得者美国经济学家舒尔茨，他在20世纪60年代依据他所提出的人力资本理论，计算了美国1929~1957年经济增长中教育的贡献是33%。舒尔茨的研究重新开启了人们对教育与人力资本在经济增长中作用与贡献的研究。人力资本理论提出后，由于教育是人力资本投资的最主要形式，对教育与经济增长关系的研究越来越多。但实际上在经典的增长模型中并不能直接看到教育变量的作用。一般来说，经济增长的投入要素主要包括资本、劳动、技术，以及一些与企业家精神、管理、制度相关的因素。因此，探讨教育对经济增长的作用往往要通过教育与资本、教育与劳动、教育与技术，甚至是教育与制度、教育与管理的关系来考察教育对经济增长的贡献。经济增长最简单的逻辑就是资本投入的增加带来产出的增长，劳动投入的增加也带来产出的增长。技术的进步不仅能提高生产效率，还能创造出新产品新产业。教育与这三者的关系非常密切，劳动力的数量与质量都与教育关系密切，技术的进步一定是高水平的专业人员努力工作的结果。即使是资本，也与高技能劳动力存在着很强的互补关系，资本实际上是跟着人在走，没有丰富的人力资本储备，一个地区很难吸引到好的投资。回顾教育人力资本与经济增长关系的研究，其核心关注主要在于以下几方面。

一、教育促进经济增长的增量效应与存量效应

教育人力资本促进经济增长的增量效应与存量效应。在总量生产函数中，经济产出是资本和劳动力（而非人力资本）的直接函数。早期的舒尔茨、丹尼森等一批学者的研究主要着眼于教育对劳动力质量提升的作用。劳动力技能的提升会提高劳动生产率，相当于增加了劳动力的投入。正是基于这一点，早期一些学者的实证研究试图解释索洛残差来源于教育水平提升导致的劳动力质量提升。索洛—斯旺（Solow - Swan）的新古典增长模型是人力资本理论提出的重要基础，这一模型提出的著名“稻田条件”帮助经济学家找到了经济增长稳态点，但也推导出了无法长期可持续增长的悲观结论。卢卡斯（Lucas）提出的人力资本模型解决了经济长期可持续增长的问题，他认为产出由人力资本积累（人力资本增值）决定，将人力资本作为一个独立要素纳入柯布—道格拉斯生产函数当中，认为专业化的人力资本积累（人力资本增值）是促进经济持续增长的决定因素，进而各国产出增长率的差异是由人力资本积累速度不同造成的，教育人力资本遵循“要素积累”的作用路径。

然而，本哈比和斯皮尔斯以及伊斯拉姆和普里切特的实证研究却表明人力资本的变化并不能很好地解释跨国增长率的差异，人力资本直接解释产出的作用并不显著。恩格尔布雷希特的研究发现无论是教育存量还是教育增量都对国际经济合作与发展组织（OECD）国家的经济增长存在显著的积极影响。对于这一矛盾，克鲁格

和林达尔给出了一种解释，他们指出教育存量对经济增长的作用与样本选择密切相关，并发现在教育发展水平较低的国家，人力资本存量的增长效应表现显著，而在教育水平较高的国家表现并不显著。针对中国的研究中，张传国和庄礼焕检验了不同层次教育增量的“要素积累”作用，同时检验了教育存量和教育增量对经济增长的作用，却忽视了教育的异质性。从已有研究看，从要素投入的角度分析教育人力资本对经济增长的作用，增量效应与存量效应是一个需要进一步探讨的问题。

二、教育通过促进技术进步进而促进经济增长的间接效应

教育人力资本促进技术进步，进而促进经济增长的间接效应。新古典经济模型认为技术进步是经济长期增长的关键因素，但技术进步是外生的，不是经济因素决定的。罗默的研究将技术进步内生化，提出知识与技术具有边际收益递增的特性，解决了经济长期可持续增长的问题。他认为高水平的人力资本存量可以通过激发创新和技术进步，间接影响总产出，是经济增长的源动力。从这个意义上讲，各国产出增长率的不同是由人力资本存量水平的差异造成的，人力资本可以通过影响技术进步和全要素生产率来影响经济增长。巴罗验证了人力资本初始存量对解释经济发展差距的增长效应。范登伯斯奇探讨了不同类型人力资本对技术追赶的影响，进一步验证了人力资本“效率提升”的作用路径。由于不同类型的人力资本在技术创新与技术追赶过程中的作用不同，处于不同发展阶段的国家或地区在教育人力资本政策上会采取不同的策略。有学者检验了人力资本存量对我国经济增长的积极作用，也有研究表明我国教育和人力资本存量对经济增长没有显著影响。可见，中国在过去的 40 多年从低收入国家发展为中高收入国家，技术创新与技术追赶在中国发展过程中的作用还有待实证检验，利用中国省级层面的数据更有利于检验教育人力资本在技术创新与技术追赶中的作用。

三、教育促进物质资本投入从而促进经济增长的间接效应

教育人力资本促进物质资本投入，从而促进经济增长的间接效应。美国经济学家格里利谢斯提出的“资本－劳动力技能互补性”假设，即物质资本与技能型劳动力的互补性要强于物质资本与非技能型劳动力的互补性。资本跟着人在走，没有丰富的人力资本储存，一个地区很难吸引到好的投资。随着对高技能劳动力需求的增加，将导致技能溢价的上升，并进一步促进资本积累，进而使产出增加。国内有学者利用人力资本外部性模型将人力资本提高资本和其他要素使用效率的作用分离出来。可见物质资本作用的发挥需要依托教育人力资本，从这个角

度上讲，教育还可以通过促进物质资本积累间接影响产出水平，物质资本对经济增长的贡献中也包含了教育人力资本的作用。

概括起来，教育在经济增长中的作用机制主要体现在三个方面：要素投入效应、效率提升效应和资本互补效应。国内已有的研究笼统地分析教育对经济增长贡献的较多，但从作用机制角度考虑教育人力资本与经济增长关系的研究较少。此外，已有研究缺少对我国不同层次教育分类作用机制的研究，教育在经济增长中直接和间接作用路径的关系仍然比较模糊。因此，本书将利用我国分省数据对教育人力资本和异质型教育人力资本的三项作用机制进行实证分析。

第二节　教育在经济增长中的时空作用

一、分位数估计

传统的 OLS 估计描述的是解释变量对被解释变量条件期望 $E(Y|X)$ 的影响，只能估计条件分布 $Y|X$ 的集中趋势，不能刻画解释变量对整个条件分布的整体特点，同时均值估计假定误差项服从相同分布而且使用最小化的目标函数为残差平方和，较容易受到极端值的影响，当被解释变量的分布为非对称或厚尾时，OLS 估计便会忽视数据的大量信息。科伦克和巴赛特（Koenker，Bassett，1978）① 提出的分位数回归允许在不同分位点存在不同估计值，能够提供条件分布的全面信息，放松了参数同质性的假定，更能呈现出变量之间的随机关系。该方法给模型估计的残差添加一定权重，通过下式采用线性规划法计算其最小加权绝对偏差，进而得到不同分位点 θ 解释变量的估计参数$\widehat{\beta_\theta}$。

$$\min_{\beta_\theta}\{\sum_{i\in\{i:y_i\geqslant\beta x_i'\}}\theta|y_i-\beta_\theta x_i'|+\sum_{i\in\{i:y_i<\beta x_i'\}}(1-\theta)|y_i-\beta_\theta x_i'|\} \tag{4.1}$$

对于估计量的检验而言，布钦斯基（Buchinsky，1998）提出$\widehat{\beta_\theta}$是总体分位数回归系数 β_θ 的一致估计量，且$\widehat{\beta_\theta}$服从渐进正态分布，即$\sqrt{n}(\widehat{\beta_\theta}-\beta_\theta)\to N(0,\mathrm{Avar}(\widehat{\beta_\theta}))$。目前估计分位数回归的方差—协方差矩阵 $\mathrm{Avar}(\widehat{\beta_\theta})$ 的主要方法有科伦克和巴赛特（1978）提出的基于误差项独立同分布假设的渐进估计值，但考虑到本文的小样本性质，我们采用布钦斯基（Buchinsky，1995，1998）提到的

① Roger W. Koenker, Jr. Gilbert Bassett. Regression Quantile [J]. *Econometrica*, 1978, 46 (1): 33-50.

自助法（Bootstrap），使用 Bootstrap 在相对小样本和异方差的情况下表现更加稳健，使估计结果更加可靠。

二、动态模型

考虑到经济增长具有“时间记忆”的特征与教育发展的内生问题，如果采用 OLS 估计，可能会导致有偏性与内生性问题：一些不随时间变化的不可观测变量的固定效应，与解释变量之间存在相关性，这种相关性会导致 OLS 估计时存在有偏性和非一致性；滞后被解释变量与解释变量之间存在潜在内生性问题。为解决上述问题，本论文运用系统广义面板矩估计克服教育发展和经济增长间潜在的反向因果关系并控制不可观察的特定时间和地区效应。阿雷拉诺和邦德（Arellano and Bond，1991）提出了广义矩估计（generalized methods of moments，GMM），将一阶差分（first difference）和滞后变量作为工具变量，较好地控制了内生性和教育—经济增长之间的逆向因果关系。进一步地，考虑到系统 GMM（SYS - GMM）在差分 GMM（DIF - GMM）的基础上采用差分变量的滞后项作为水平值的工具变量与矩条件，通过综合利用差分方程和水平方程的估计，进一步增加了可用的工具变量，从而使估计更加有效，因此本文综合采用系统 GMM 和差分 GMM 估计。

考虑到教育发展与经济增长存在时间上的互动关系，被解释变量的时间滞后因素应当考虑在内。被解释变量滞后项同误差项相关，组内估计会产生有偏结果。此外，鉴于被解释变量经济增长是一个动态过程，为解决时间动态及内生性问题，选用广义面板矩估计进行分析。

$$y_{it} = \alpha y_{i,t-1} + x_{it}'\beta + Z_{it}'\theta + \eta_i + \gamma_t + v_{it} \tag{4.2}$$

其中，y_{it}为被解释变量，用人均 GDP 表示，$y_{i,t-1}$为滞后一期被解释变量，x_{it}为解释变量，包括物质资本（k）、劳动力人数（L）、初等教育（pri）、中等教育（sec）、高等教育（ter）、平均受教育年限（sch），Z_{it}为控制变量，包括外贸依存度（$open$）、产业结构（$indus$）以及政府支持（gov）。γ_t 和 η_i 分别为时间效应和个体效应变量，v_{it}为随机扰动项。

三、空间效应模型

通过对上述分析可知中国经济增长及教育发展的空间区域差异客观存在，因此有必要纳入空间因素进行分析。佩林克（1979）基于区域差异和地理位置的层面首先提出空间计量经济学研究区域经济发展问题。此后，克鲁格曼（1991）的“新经济地理”理论通过规模经济、运输成本及中心外围理论解释了经济的空间结构。费歇尔和巴尔加（2003）发现了经济增长过程中空间上的“路径依赖”和“溢出效应”，空间效应会导致经济的非均衡增长而空间计量模型能够包含经济活动中普遍存在的空间相关性（Anselin，1988）。

考虑到地区教育发展对经济增长的依赖效应主要可以分为三类：内生交互效应，即某一地区经济增长共同取决于相邻地区经济增长效应的影响；外生交互效应，即某一地区经济增长受相邻地区教育发展规模结构的影响；误差项交互效应，即除教育发展及其他控制变量以外的不可观测变量的影响。

空间交互的两种基本设定方式为：一是空间滞后模型（滞后因变量），二是空间误差模型（误差项包含一个空间自回归过程）。空间杜宾模型（SDM）是空间计量模型的一般形式，是空间自回归模型（SLM）和空间误差模型（SEM）的更为广义的计量模型，模型的基本表达式为：

SLM：

$$y_{it} = \mu_i + \alpha_t + \eta \sum_{j=1}^{N} w_{ij} y_{it} + \lambda x_{it} + \varepsilon_{it} \tag{4.3}$$

SEM：

$$y_{it} = \mu_i + \alpha_t + \lambda x_{it} + \varepsilon_{it}$$

$$\varepsilon_{it} = \rho \sum_{j=1}^{N} w_{ij} \varepsilon_{ij} + v_{it} \tag{4.4}$$

SDM：

$$y_{it} = \mu_i + \alpha_t + \eta \sum_{j=1}^{N} w_{ij} y_{it} + \lambda \sum_{j=1}^{N} w_{ij} x_{it} + \varepsilon_{it} \tag{4.5}$$

η 表示空间自回归系数，ρ 表示空间自相关系数，$\varepsilon_{it} \sim N(0,\ \sigma_\varepsilon^2 I_N)$，$v_{it} \sim N(0,\ \sigma_v^2 I_v)$，$w_{ij}$表示空间权重矩阵的元素，通过研究变量在地理位置上相邻与否来赋值 0 或 1，若 $i=j$，则省域 i 和 j 相邻；若 $i \neq j$，则省域 i 和 j 不相邻，邻接矩阵 $W1$ 也是最为本义的空间权重设置方式。

$$w_{ij} = \begin{cases} 0, & i=j \\ 1, & i \neq j \end{cases} \tag{4.6}$$

此外，为了结果的稳健性，我们还考虑空间效应随距离递增而衰减，构建地理矩阵权重矩阵 $W2$：

$$w_{ij} = \begin{cases} 0, & i=j \\ 1/d_{ij}^2, & i \neq j \end{cases} \tag{4.7}$$

同时，我们也构建经济空间权重矩阵 $W3$，$w_{ij} = 1/|\bar{y}_i - \bar{y}_j|$，其中 $\bar{y}_i$ 为 i 地区的人均生产总值 y_i。

为了设定模型的具体形式，利用瓦尔德统计量检验 SDM 是否可以简化为 SLM 或 SEM。此外，当瓦尔德检验与拉格朗日乘数检验（LM 检验）不一致时，选用 SDM 更为合理。

四、数据来源与变量描述

本书采用 1990～2017 年中国大陆 30 个省级行政单位（区、市）面板数据作为研究样本（由于数据所限，西藏除外），数据来自《中国 1990 年人口普查资料》、《中国 2000 年人口普查资料》、《中国 2010 年人口普查资料》、《中国人口统计年鉴（1991～2017）》、《中国劳动统计年鉴（1991～2018）》、各省份人口普查资料及统计年鉴和《中国统计年鉴（1991～2018）》。表 4－1 是各变量的描述性统计结果。

表 4－1　变量的描述统计

指标名称	变量	样本量	单位	均值	标准差	最小值	最大值
总产出	*GDP*	840	亿元	2 823.733	3 759.812	42.64	26 199.48
人均产出	*y*	840	元	9 880.173	9 379.406	938.061	65 348.22
资本存量	*Capital*	840	亿元	680.886	984.45	14.2	7 513.897
人均资本存量	*k*	840	元	25 990.65	30 040.54	984.951	190 000
劳动力数量	*L*	840	万人	2 669.417	1 612.51	265.354	7 404.053
平均受教育年限	*Sch*	840	年	8.667	1.438	5.086	13.348
初等教育	*Pri*	840	%	0.265	0.095	0.043	0.469
中等教育	*Sen*	840	%	0.566	0.104	0.266	0.735
高等教育	*Ter*	840	%	0.088	0.07	0.012	0.488
外贸依存度	*Open*	840	%	0.296	0.385	0.018	2.259
产业结构	*Industry*	840	%	0.396	0.083	0.244	0.815
政府支持	*Gov*	840	%	0.168	0.089	0.001	0.623

（1）产出水平（Y）：产出水平反映一个省份的经济发展状况，使用各省份的地区生产总值（Y）来表示，以 1985 年为基期，使用历年各省份 GDP 平减指数消除价格影响，使用人均地区生产总值（y）表示。

（2）资本（K）：鉴于统计年鉴中并未公布各省市资本存量，借鉴张军（2004）的永续盘存法思路，对资本存量进行计算。具体形式如下：

$$K_t = FAI_t / FPI_t + (1 - \delta_t) K_{t-1} \tag{4.8}$$

K_t 表示第 t 年的资本存量，FAI_t 表示第 t 年的实际固定资产投资额，FAI_t/FPI_t 即第 t 年新增资本，δ_t 为固定资本折旧率，本研究采用樊纲（2000）等的研究 $\delta_t = 5\%$。此外基期资本存量的确定采用国际通用的研究方法：$K_t = 1/(g+\delta) \times FAI_t/FPI_t$，$g$ 为相邻时期变量的年均增长率或者投资增长率。

劳动力人口数（L）：应当综合考虑劳动时间、劳动数量及劳动质量等因素表征劳动要素投入，考虑到相关数据的可得性，本文以各省份 15～64 岁劳动年龄人数（万人）作为劳动投入指标。

教育指标（Sch）：用各省份受教育层次不同的劳动力人数占该地区劳动力总数比例来表示，分别为初等教育、中等教育和高等教育。同时我们通过计算得到了劳动年龄人口的平均受教育年限。

其他控制变量：外贸依存度（$open$）、产业结构（$indus$）、政府支持（gov），分别用地区进出口总额占 GDP 比重、第三产业增加值与 GDP 比值、政府公共预算财政支出占 GDP 的比值来表示。

五、估计结果分析

（一）教育发展对经济增长的传统面板估计

运用传统面板估计（混合面板估计、面板固定效应估计、面板随机效应估计）分别模拟教育发展各变量对经济增长的影响，结果如表 4－2 所示。可以看出，豪斯曼检验（Hausman Test）显示上述模型均支持面板固定效应估计（FE），混合面板估计（OLS）与面板随机效应估计（RE）结果相差不大，考虑为样本数据时间较样本截面较短，时间差异对于结果影响不大。当不考虑空间影响因素时，不同截面个体差异对于经济增长的影响，在初等教育、中等教育和高等教育均显著为正，且高等教育规模的作用大于中等教育，中等教育规模的作用大于初等教育；平均受教育年限表现为正向作用，且平均受教育年限增加一年，将带来经济增长率提升约 0.03 个百分点。此外，物质资本对经济增长的作用高于初等和中等教育，和高等教育规模的影响效应基本持平。

表 4－2　　教育发展对经济增长作用的普通面板模型估计结果

变量	(1) FE	(2) RE	(3) OLS	(4) FE	(5) RE	(6) OLS
k	0.5192*** (31.8583)	0.5336*** (33.5745)	0.5298*** (33.0648)	0.5368*** (35.8568)	0.5458*** (37.0228)	0.5440*** (36.7628)
L	−0.0086* (−1.8660)	0.0017 (0.5278)	−0.0002 (−0.0652)	−0.0148*** (−3.4096)	−0.0031 (−0.9164)	−0.0051 (−1.2661)
Pri	0.1916*** (11.8080)	0.1861*** (11.4728)	0.1873*** (11.6553)			

续表

变量	(1) FE	(2) RE	(3) OLS	(4) FE	(5) RE	(6) OLS
Sec	0.3545 *** (22.4405)	0.3407 *** (22.1523)	0.3443 *** (22.2052)			
Ter	0.5307 *** (17.5864)	0.4886 *** (17.2509)	0.4981 *** (17.0992)			
Sch				0.0311 *** (20.4499)	0.0292 *** (20.0535)	0.0296 *** (19.7328)
open	0.0114 *** (4.3867)	0.0112 *** (4.4114)	0.0112 *** (4.4390)			
industry	-0.0018 (-0.1824)	-0.0034 (-0.3405)	-0.0032 (-0.3213)			
gov	-0.0110 (-1.1272)	-0.0092 (-0.9480)	-0.0097 (-1.0007)			
_cons	0.7769 *** (16.1083)	0.6785 *** (16.8953)	0.6990 *** (15.9577)	0.8134 *** (19.8719)	0.7204 *** (20.2860)	0.7368 *** (18.5834)
N	840	840	840	840	840	840
R^2	0.9854	0.9927		0.9839	0.9925	

注：* 表示 $p<0.1$，** 表示 $p<0.05$，*** 表示 $p<0.01$。

（二）教育发展对经济增长效应的分位数估计

从面板条件分布模型的分位数回归来看，结果更为丰富。表4-3中，各级教育规模在经济增长的不同分位点处影响力度出现了明显的差异，对初等教育而言，较高分位点处的参数估计值随着分位点的增加减小了很多，说明对经济发展较为落后的地区，提高教育程度有更迫切的需求；对中等和高等教育而言，经济发展快的地区对接受中等和高等教育的人才需求越强烈。而劳动年龄人数对经济增长的影响没有表现出任何分位点的显著性，但是按分位点由低到高依次负影响逐渐地减弱，说明目前经济增长已经有从依赖“人口红利”转向“人力资本红利”的趋势（见图4-1）。

表4-3　教育发展对经济增长作用的分位数（分级教育）估计结果

变量	(1) QR_10	(2) QR_25	(3) QR_50	(4) QR_75	(5) QR_90
K	0.6122 *** (7.4433)	0.5704 *** (9.6567)	0.5125 *** (10.0404)	0.4583 *** (6.1530)	0.4094 *** (3.8268)

续表

变量	(1) QR_10	(2) QR_25	(3) QR_50	(4) QR_75	(5) QR_90
L	-0.0043 (-0.3951)	-0.0062 (-0.8032)	-0.0089 (-1.3402)	-0.0115 (-1.1700)	-0.0137 (-0.9776)
Pri	0.2164*** (6.3075)	0.2053*** (8.3458)	0.1898*** (8.9670)	0.1753*** (5.6356)	0.1622*** (3.6332)
Sec	0.3448*** (6.2948)	0.3492*** (8.8951)	0.3552*** (10.5272)	0.3609*** (7.2656)	0.3660*** (5.1339)
Ter	0.4560*** (4.3344)	0.4895*** (6.4873)	0.5361*** (8.2465)	0.5797*** (6.0802)	0.6189*** (4.5220)
Open	0.0155*** (2.7894)	0.0137*** (3.4286)	0.0111*** (3.2381)	0.0087* (1.7313)	0.0066 (0.9082)
Industry	0.0318 (1.5163)	0.0167 (1.1089)	-0.0043 (-0.3270)	-0.0238 (-1.2567)	-0.0415 (-1.5221)
Gov	-0.0696*** (-2.6996)	-0.0433** (-2.3317)	-0.0068 (-0.4216)	0.0273 (1.1717)	0.0580* (1.7316)
N	840	840	840	840	840

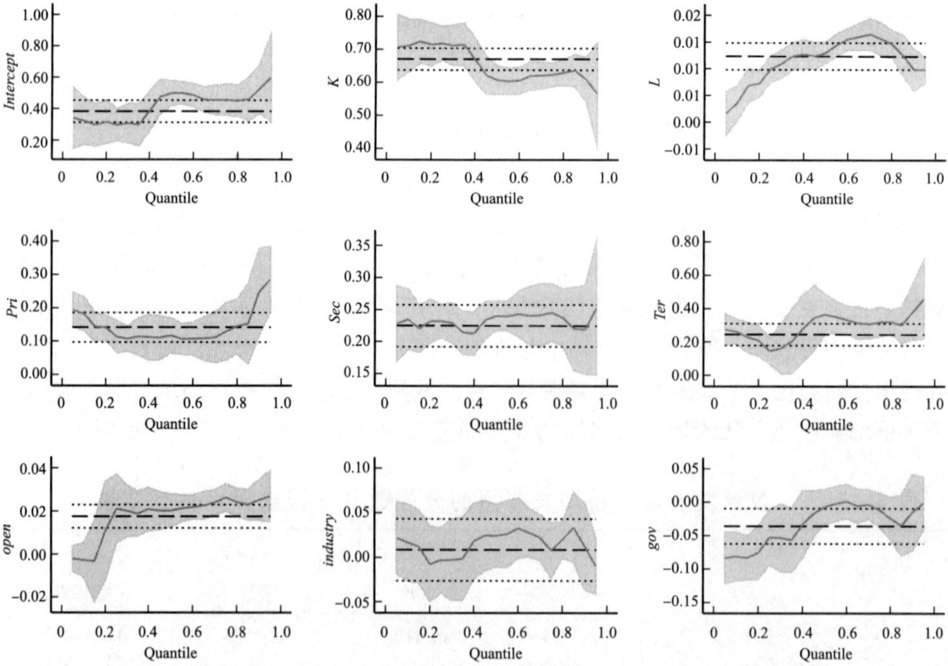

图 4-1 教育发展对经济增长作用的分位数（平均受教育）

表 4－4 中，随着分位数的增加（1/10→2.5/10→5/10→7.5/10→9/10），平均受教育年限的分位数回归系数呈现上升趋势。这表明，受教育年限对人均 GDP 的条件分布的较高端的影响大于对其低端水平的影响，经济发展快的地区对人才的需求越强烈。劳动年龄人数对经济增长的影响也没有表现出任何分位点的显著性。随着分位数的增加，物质资本的分位数回归系数呈现下降趋势，表明物质资本对人均 GDP 的条件分布的较高端影响小于对其低端的影响，经济发展水平较低的地区对物质资本的需求更加明显。与分级教育的分位数回归结果一致，劳动力数量对人均 GDP 的条件分布的影响表现不显著（见图 4－2）。

表 4－4　教育发展对经济增长作用的分位数（平均受教育）估计结果

变量	(1) QR_10	(2) QR_25	(3) QR_50	(4) QR_75	(5) QR_90
K	0.6030*** (4.0683)	0.5688*** (5.4243)	0.5241*** (9.3734)	0.4835*** (10.0705)	0.4502*** (5.7463)
L	−0.0157 (−0.6950)	−0.0142 (−0.8878)	−0.0122 (−1.4372)	−0.0104 (−1.4302)	−0.0089 (−0.7492)
Sch	0.0310** (2.2981)	0.0320*** (3.3562)	0.0333*** (6.5715)	0.0345*** (7.9442)	0.0355*** (4.9953)
Open	0.0188 (1.3964)	0.0154 (1.6221)	0.0110** (2.1823)	0.0071 (1.6300)	0.0038 (0.5398)
Industry	−0.0022 (−0.0439)	−0.0108 (−0.3076)	−0.0219 (−1.1803)	−0.0321** (−2.0158)	−0.0405 (−1.5523)
Gov	−0.0812 (−1.5146)	−0.0525 (−1.3813)	−0.0150 (−0.7340)	0.0191 (1.0876)	0.0470* (1.6457)
N	840	840	840	840	840

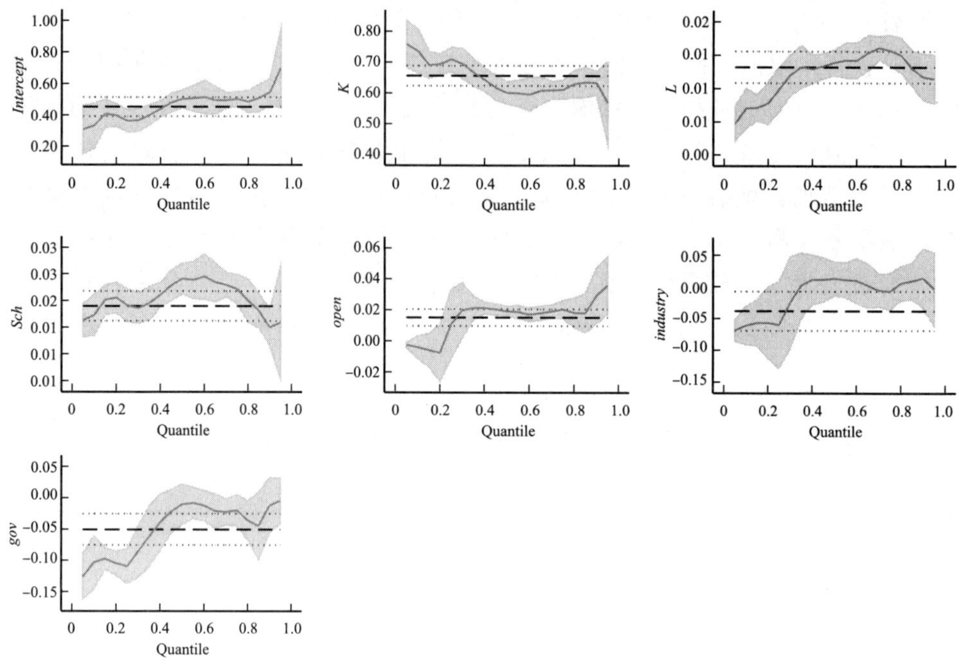

图 4-2 教育发展对经济增长作用的分位数（平均受教育）

（三）教育发展对经济增长的动态效应估计

考虑到教育发展和经济增长之间可能存在的双向因果关系，以内生变量的滞后项作为工具变量进行广义矩估计，进而揭示教育发展与经济增长之间的动态互动关系。将各级教育发展规模的表征变量（Pri、Sec 和 Ter）设为内生变量，满足"工具变量不应超过截面数"的拇指法则并控制各地区不随时间变化的误差。为避免工具的过度识别使用，最多滞后 3 阶工具变量，以萨根检验识别工具变量的有效性；此外，矩估计要求差分方程中残差序列不存在二阶或高阶自相关，通过阿雷拉诺-邦德序列相关检验判别是否存在二阶序列相关。表 4-5 反映了教育发展规模各分级变量对于经济增长动态影响的广义面板矩估计结果，（1）~（3）列为分别纳入单个教育发展指标的结果，（4）~（5）列为差分 GMM 估计结果。（1）~（5）列的阿雷拉诺—邦德序列相关检验表明差分方程的残差序列只存在一阶序列相关，不存在二阶序列相关。萨根检验表明所有工具变量均有效。因此，矩估计的估计结果是一致有效的。由估计结果可知：各模型中经济增长的滞后一阶系数均显著，既表明动态面板模型设定合理也表明经济增长存在经济惯性，前一期经济增长对于当期经济增长具有正向作用，表现为经济增长增速的增加。在控制变量层面，在纳入教育发展各指标的综合影响后，经济开放度对于经济增长表现为显著的正向促进作用，而产业结构和政府支出表现出显著的负向抑制作用，分别通过了10%和1%的显著性检验。

表4-5　　教育发展对经济增长的广义面板矩估计

变量	(1)	(2)	(3)	(4)	(5)
		SYS-GMM		DIF-GMM	
L. y	0.9984*** (349.9850)	0.9877*** (128.8976)	0.8907*** (18.9623)	0.9998*** (345.6410)	1.0257*** (141.3544)
Ter	-0.0182*** (-7.9573)	-0.0017 (-0.3387)	-0.0014 (-0.0962)	-0.0208*** (-9.1191)	-0.0231*** (-3.8608)
Pri		0.0146*** (4.2712)	0.0207** (2.0621)		0.0126** (2.2306)
Sec		0.0087*** (2.9158)	0.0093* (1.8854)		-0.0030 (-0.8095)
K			0.1132** (2.4755)		
L			-0.0010 (-0.2709)		
open			0.0021*** (4.6331)		
industry			-0.0090*** (-6.2590)		
gov			-0.0069* (-1.7418)		
_cons	0.0074*** (3.6851)	0.0056 (1.2412)	-0.0110 (-0.8238)	0.0066*** (3.2317)	-0.0150*** (-3.1483)
N	810	810	810	780	780
AR(1)p	0.0012	0.0012	0.0056	0.0012	0.0010
AR(2)p	0.7747	0.7309	0.8925	0.7877	0.8273
chi2	3.4e+06	1.8e+07	1.4e+06	3.4e+06	9.7e+06

（四）教育发展对经济增长的空间估计

考虑到中国教育发展水平与经济增长在经济关联和地理关联上的空间差异，分别应用邻接矩阵（*W*1）对经济增长的相关模型进行LM检验（估计结果见表4－6）。可以看出空间误差的拉格朗日乘数检验LM（error）、空间滞后的拉格朗日乘数检验LM（lag）均通过了1%的显著性水平检验，经济增长的稳健拉格朗日乘数空间滞后通过了1%的显著性水平检验，经济增长的空间滞后的显著性高于空间误差的稳健拉格朗日乘数，因此，教育发展水平对经济增长的影响均存在空间效应，且结果具有稳健性。SAR和SEM两者之一或均通过相关的LM检验，可以进一步考虑选用SDM模型（Elhorst，2014）。对于教育发展水平对经济增长的空间计量模型的Wald检验结果可以看出，对于邻接矩阵（$W1$），Wald统计量均显著拒绝空间杜宾模型（SDM）退化为空间滞后模型（SAR）或空间误差模型（SEM）的原假设，说明适用于空间杜宾模型。考虑到经济发展对绿色全要素生产率增长的空间影响更多反映为地理和经济上的空间联系，因此，对于空间动态杜宾模型采用地理距离矩阵和经济距离矩阵分别进行稳健性检验。

表4－6　　　　教育发展对经济增长的LM检验结果

检验	统计值	P值
LM（lag）test	322.65	0.000
Robust LM（lag）test	331.89	0.000
LM（error）test	8.82	0.003
Robust LM（error）test	18.06	0.000
Wald test for spatial lag	225.47	0.000
Wald test for spatial error	368.69	0.000

表4－7为教育发展水平对经济增长影响的空间计量模型估计结果。不同空间权重矩阵下初等、中等和高等教育规模估计值均在1%的显著性水平上为正，表明各级教育能够显著地促进本地区经济增长，同时空间溢出效应估计值亦显著为正，表明教育水平存在空间溢出效应，邻近地区的教育发展规模和水平对本地区的经济增长有正向促进作用。同时，经济距离矩阵（$W3$）和反距离矩阵（$W2$）的估计结果基本接近，经济距离矩阵的空间关联作用下各变量更为显著，表明教育发展的空间关联主要表现为经济上的相互联系，单纯地理上的关联作用并不显著。在空间经济关联作用下，经济增长模型的空间效应系数均为正，反映为邻地教育水平的提升会致使本地经济增长水平的增加，印证了教育和人力资本的外溢性特征，技术及人员等要素资源的流动产生了空间外溢效应。在控制变量层面，对于经济增长水平，本地和邻地政府支出会起到显著的促进作用；邻地的经济开放度和产业结构升级提升会通过资源竞争产生虹吸作用，对本地经济增长呈现显著的抑制作用，反映为第三产业比值的提升会显著抑制邻地经济增长。

表 4-7　　空间杜宾模型（SDM）的估计结果

项目	变量	稳健性检验		
		SDM - FE	SDM - FE	SDM - FE
		邻接权重矩阵	地理距离矩阵	经济距离矩阵
X	*K*	0.3245*** (0.0135)	0.3387*** (0.0141)	0.3461*** (0.0133)
	L	-0.0320*** (0.0020)	-0.0273*** (0.0019)	-0.0319*** (0.0018)
	Pri	0.0149** (0.0070)	0.0441*** (0.0065)	0.0181** (0.0064)
	Sec	0.0509*** (0.0084)	0.0636*** (0.0073)	0.0338*** (0.0076)
	Ter	0.0930*** (0.0147)	0.1300*** (0.0132)	0.0766*** (0.0134)
	Open	0.0019** (0.0010)	0.0003 (0.0009)	0.0022** (0.0009)
	Industry	-0.0128** (0.0040)	-0.0168*** (0.0041)	-0.0084** (0.0037)
	Gov	0.0130** (0.0043)	0.0029 (0.0047)	0.0087** (0.0040)
W×X	*W. k*	0.0091 (0.0278)	0.2240*** (0.0466)	0.0082 (0.0358)
	W. l	0.0200*** (0.0035)	0.0229*** (0.0065)	0.0335*** (0.0049)
	W. Pri	-0.0098 (0.0126)	0.0268 (0.0205)	0.0485** (0.0171)
	W. Sec	-0.0249* (0.0151)	0.0340 (0.0232)	0.1124*** (0.0168)
	W. Ter	0.0403 (0.0269)	-0.0361 (0.0478)	0.1679*** (0.0292)
	W. Open	-0.0011 (0.0017)	0.0010 (0.0028)	-0.0131*** (0.0016)

续表

	变量	稳健性检验		
		SDM - FE	SDM - FE	SDM - FE
		邻接权重矩阵	地理距离矩阵	经济距离矩阵
$W \times X$	*W. Industry*	-0.0308** (0.0097)	-0.0254* (0.0142)	-0.0619*** (0.0105)
	W. Gov	0.0710*** (0.0079)	0.0461*** (0.0129)	0.0638*** 0.0108
	N	840	840	840
	R^2	0.499	0.513	0.582

注：***、**、*分别代表在1%、5%、10%的统计水平上显著。

SDM模型的估计结果无法完全反映被解释变量和解释变量的关系，根据勒萨和佩斯（Lesage and Pace，2009）的研究，使用偏微分的方法可以更好地处理检验空间溢出效应估计出现的偏误问题，运用偏微分的方法将空间杜宾模型（SDM）中的空间溢出总效应分解为直接效应和间接效应，直接效应即本地效应，是指某一地区的解释变量每变化一个单位对该地区被解释变量的影响效应；间接效应即邻地效应，是指某一地区解释变量每变化一个单位对其他地区被解释变量的空间影响效应；总效应是直接效应与间接效应的加总，表明了解释变量的变化对被解释变量的总体影响。

表4-8报告了经济距离矩阵和反距离矩阵下解释变量的本地直接效应、邻地间接效应以及总效应的估计值。以经济距离为例，物质资本存量对经济增长的直接效应在1%的水平上显著为正，物质资本提高1%，对本地经济增长的作用提升0.346%，同时，物质资本水平对邻近地区的经济增长产生正向的非显著空间溢出效应，在直接效应和外部效应的双重作用下，物质资本的总效应为0.356%，并在1%的水平上显著。高等教育规模的直接效应系数显著为正，说明高等教育规模能够显著促进区域内经济增长，即高等教育规模水平每提高1%，区域内经济增长将提升7.7%。高级人力资本间接效应为0.168，即高等教育规模水平每提高1%将带来邻近地区经济增长提升16.8%，具有显著的空间协同效应。邻地高等教育规模效应的系数显著高于本地，表明高等教育规模对邻地的经济增长影响更突出，邻地效应占总效应的一半以上，进一步证明了提升人力资本水平过程中由要素资源流动带来的空间外溢效应对经济增长有重要的促进作用。初等教育和中等教育规模的直接和间接效应均显著为正，但是其影响效应均低于高等教育规模的本地和邻地效应，说明教育和经济发展存在经济距离上的协同发展。

表4-8　空间效应分解

变量	直接效应		间接效应		总效应	
	W3	W2	W3	W2	W3	W2
K	0.3462*** (0.0133)	0.3338*** (0.0146)	0.0101 (0.0280)	0.0914** (0.0308)	0.3563*** (0.0311)	0.4252*** (0.0292)
L	-0.0321*** (0.0016)	-0.0290*** (0.0018)	0.0338*** (0.0051)	0.0256*** (0.0051)	0.0017 (0.0050)	-0.0033 (0.0051)
Pri	0.0187** (0.0069)	0.0440*** (0.0070)	0.0501** (0.0202)	0.0105 (0.0172)	0.0687*** (0.0189)	0.0545** (0.0176)
Sec	0.0346*** (0.0077)	0.0636*** (0.0075)	0.1135*** (0.0199)	0.0107 (0.0195)	0.1481*** (0.0186)	0.0743*** (0.0191)
Ter	0.0766*** (0.0145)	0.1332*** (0.0146)	0.1678*** (0.0327)	-0.0646* (0.0388)	0.2443*** (0.0322)	0.0685* (0.0403)
Open	0.0022** (0.0008)	0.0002 (0.0009)	-0.0131*** (0.0016)	0.0011 (0.0023)	-0.0109*** (0.0018)	0.0013 (0.0021)
Industry	-0.0081** (0.0037)	-0.0156*** (0.0041)	-0.0615*** (0.0099)	-0.0153 (0.0112)	-0.0696*** (0.0110)	-0.0309** (0.0117)
Gov	0.0081** (0.0036)	0.0002 (0.0046)	0.0637*** (0.0109)	0.0354*** (0.0103)	0.0718*** (0.0114)	0.0355*** (0.0105)

六、基本结论

第一，考虑到中国教育发展还反映地区发展水平的异质性特征，运用分位数回归对各级教育在经济增长的不同分位点处影响力度的异质性进行分析。第二，考虑到教育发展与经济增长在时间维度上潜在的双向因果关系，运用动态面板模型研究各个省份教育发展对经济增长的动态影响效应。第三，考虑到中国教育发展与经济增长在空间维度上的巨大差异以及彼此的空间关联性，使用推算得到的我国受高等教育劳动力比例和初中等教育劳动力人口比例进一步分析人力资本对我国经济增长影响的时空效应，运用空间杜宾模型，纳入空间因素研究教育发展影响经济增长的空间溢出机制。主要得到以下结论：

（1）各级教育规模在经济增长的不同分位点处影响力度显示了明显的差异，

对中等和高等教育而言，经济发展快的地区对接受中等和高等教育的人才需求越强烈，对初等教育而言，较高分位点处的参数估计值随着分位点的增加减小了很多，说明对经济发展较为落后的地区，提高教育程度有更迫切的需求。

（2）动态面板模型估计结果表明经济增长存在经济惯性，前一期经济增长对于当期经济增长具有正向作用，表现为经济增长增速的增加。

（3）在空间层面，教育发展的空间关联主要表现为经济上的相互联系，单纯地理上的空间关联并不显著。不同空间权重矩阵下初等、中等和高等教育规模估计值均在1%的显著性水平上为正，表明各级教育能够显著地促进本地区经济增长，空间溢出效应估计值亦显著为正，表明教育水平存在空间溢出效应，邻近地区的教育发展规模和水平对本地区的经济增长有正向促进作用。从效应分解来看，高等教育规模的直接效应系数显著为正，说明高等教育规模能够显著促进区域内经济增长，即高等教育规模水平每提高1%，区域内经济增长将提升7.7%。高级人力资本间接效应为0.168，即高等教育规模水平每提高1%将带来邻近地区经济增长提升16.8%，具有显著的空间协同效应。邻地高等教育规模效应的系数显著高于本地，表明高等教育规模对邻地的经济增长影响更突出，邻地效应占总效应的一半以上，进一步证明了提升人力资本水平过程中由要素资源流动带来的空间外溢效应对经济增长有重要的促进作用。

根据上述研究结论，本书得到政策启示如下：

第一，充分发挥人力资本的空间溢出效应，实现经济联动发展。实证检验结果表明，异质型人力资本的空间溢出效应存在差异，高级人力资本空间外溢效应大于初级人力资本，因此在制定区域经济发展政策时，应将空间因素纳入其中，放大集聚效应和规模效应，建立人力资本供给和需求的市场调节机制，大力发展我国人力资本市场，不断提升人力资本的层次水平，保障人力资本创新效应外部性的充分发挥，实现人力资本与地区经济发展的联动发展。

第二，发挥中心省份人力资本优势，构建区域内双向互补机制。检验结果表明，高级人力资本创新作用的“直接—间接”效应存在显著异质性，邻地效应高于本地效应。政府应进一步强化区域内人力资本创新作用的正向溢出效应，同时提升邻近地区的技术消化吸收能力，通过营造有利于区域内部知识分享的环境，激发邻近地区的模仿创新与自主创新能力，促进区域人才联盟双向互补机制的形成。

第三，对不同发展水平区域实行差异化政策，构建区域间协同发展体系。由于不同地区资本和人力资本要素的丰裕度、经济发展水平存在一定差异，各级教育规模在经济增长的不同分位点处影响力度出现了明显的差异，应结合不同城市经济圈发展规律实行差异化的教育和人力资本投资政策，避免出现资源浪费的

"拥挤外部性"，构建区域间协同创新的经济发展体系。

第三节 教育在经济增长中的三项作用机制检验：要素积累、效率提升与资本互补

一、教育人力资本作为独立生产要素的增长模型

格里利谢斯（Griliches）认为测度教育人力资本作用的最直接方法就是将教育作为生产函数中的一个独立变量，利用回归进行估计。卢卡斯及曼昆、罗默和韦尔（Mankiw，Romer and Weil）的研究也使用类似的方法将教育人力资本作为一个独立的变量构建生产函数。按照这种思路构建的科布—道格拉斯生产函数形式如下：

$$Y_t = A_t K_t^{\alpha} H_t^{\beta} L_t^{\gamma} \tag{4.9}$$

其中，Y 表示产出，K 表示资本，H 表示教育人力资本，L 表示劳动力数量，A 表示技术进步率或全要素生产率。为了简化研究，我们假定 L 和 A 分别以给定的外生增长率 n 和 m 变化，即：

$$L_t = L_0 e^{nt} \tag{4.10}$$

$$A_t = A_0 e^{mt} \tag{4.11}$$

令 $y_{it} = \frac{Y_{it}}{L_{it}}$ 为人均 GDP，$k_{it} = \frac{K_{it}}{L_{it}}$ 为资本—劳动比，$h_{it} = \frac{H_{it}}{L_{it}}$ 为平均教育人力资本，得到公式（4.12）。

$$Y_{it} = A_{it} K_{it}^{\alpha} h_{it}^{\beta} L_{it}^{\gamma+\alpha+\beta-1} \tag{4.12}$$

对式（4.12）两边同时取对数并差分，将式（4.10）、式（4.11）代入可得面板数据模型（4.13）：

$$\Delta\ln(y_{it}) = m_i + \gamma_{i1}\Delta\ln(k_{it}) + \gamma_{i2}\Delta\ln(h_{it}) + \gamma_{i3} n_{it} + \varepsilon_{it} \tag{4.13}$$

其中，ε_{it} 为白噪声序列，$i=1, 2, 3, \cdots, N$，$t=1, \cdots, T$，m_i 代表 i 地区的外生技术进步率，n_{it} 表示 i 地区 t 年劳动力数量增长率。

二、教育人力资本促进技术创新和技术追赶的增长模型

罗默强调人力资本的作用是间接通过促进技术进步、提高全要素生产率来实现的，影响增长的是人力资本存量而不是其变化值，m_i 不再是外生的，可以将

A_t 视为 h_t 的函数。纳尔逊和菲尔普斯认为，技术创新的速度是人力资本存量的增函数，因此教育人力资本促进技术进步增长模型的科布—道格拉斯生产函数可以写成：

$$y_{it} = A(h_{it})k_{it}^{\alpha}L_{it}^{\alpha+\beta-1} \tag{4.14}$$

相应地，对数形式的模型表达式为：

$$\ln(y_{it}) = \ln A(h_{it}) + \gamma_{i1}\ln(k_{it}) + \gamma_{i2}\ln(L_{it}) + \varepsilon_{it} \tag{4.15}$$

为了探讨技术进步速度与教育人力资本存量之间具体的函数关系，我们借鉴黄燕萍的方程 $A_{it} - A_{i0} = gh_{it}A_{i0} + \delta h_{it}(A_0^* - A_{i0})$，其中 A_0^* 表示初始年的技术前沿水平，即基年最先进省份的技术水平。仿照本哈比和斯皮尔斯（Benhabib and Spiegel）的做法将方程在 A_{i0}附近泰勒线性展开得到一阶近似式：

$$\ln A_{it} - \ln A_{i0} = gh_{it} + \delta h_{it}(A_0^* - A_{i0})/A_{i0} \tag{4.16}$$

在式（4.16）中我们将技术进步分解为两部分：技术创新和技术模仿，考虑到在实际回归中技术的模仿吸收通常是未知的，类似地我们采用本哈比和斯皮尔斯的处理方式 $y_0^*/y_{i0} \approx A_0^*/A_{i0}$，$y_0^*$ 代表全国最高水平的劳均产出，由此得到：

$$\Delta\ln(y_{it}) = \alpha_i + \gamma_{i1}\Delta\ln(k_{it}) + \gamma_{i2}n_{it} + \gamma_{i3}h_{it} + \gamma_{i4}h_{it}(y_0^*/y_{i0} - 1) + \varepsilon_{it} \tag{4.17}$$

三、不同层次教育人力资本促进经济增长的机制

一般来讲，教育人力资本既可以通过增加要素投入促进经济增长，也可以通过推动技术进步促进经济增长。不过，由于推动技术创新对教育人力资本的要求较高，不同层次的教育人力资本促进经济增长的机制会有所不同。我们将人力资本分为初级和高级两个水平，假定不同层次教育人力资本促进经济增长的作用机制不同：初级教育人力资本更多通过增加要素投入促进经济增长，高级教育人力资本则通过推动技术进步促进经济增长。我们可以把包含初级和高级教育人力资本的科布—道格拉斯生产函数表示为：

$$y_{it} = A(ha_{it})k_{it}^{\alpha}hb_{it}^{\beta}L_{it}^{\alpha+\beta+\gamma-1} \tag{4.18}$$

通过进一步对数差分变化可表示为：

$$\Delta\ln(y_{it}) = \alpha_i + \gamma_{i1}\Delta\ln(k_{it}) + \gamma_{i2}n_{it} + \gamma_{i3}ha_{it} + \gamma_{i4}ha_{it}(y_0^*/y_{i0} - 1) + \gamma_{i5}\Delta\ln(hb_{it}) + \varepsilon_{it} \tag{4.19}$$

其中，ha_{it}表示高级教育人力资本，hb_{it}表示初级教育人力资本，通过这个模型可以检验不同层次教育人力资本对经济增长的作用机制。

四、教育人力资本与物质资本的互补效应

根据教育人力资本与物质资本之间存在的互补性特征，我们使用巴伦和肯尼的逐步检验法，检验二者的互补效应：

$$\Delta\ln(y_{it}) = \gamma_{i1}\Delta\ln(y_{it-1}) + \gamma_{i2}\Delta\ln(k_{it}) + \varphi X + \varepsilon_{it} \tag{4.20}$$

$$\Delta\ln(h_{it}) = \gamma_{i1}\Delta\ln(h_{it-1}) + \gamma_{i2}\Delta\ln(k_{it}) + \varphi X + \varepsilon_{it} \tag{4.21}$$

$$\Delta\ln(y_{it}) = \alpha_i + \gamma_{i1}\Delta\ln(k_{it}) + \gamma_{i2}\Delta\ln(h_{it}) + \varphi X + \varepsilon_{it} \tag{4.22}$$

式（4.20）表示 $\Delta\ln(k_{it})$ 影响经济增长的总效应，式（4.21）是为了验证教育人力资本与物质资本的互补效应，式（4.20）和式（4.21）中加入被解释变量的滞后项 $\Delta\ln(h_{it-1})$ 和 $\Delta\ln(y_{it-1})$，在一定程度上控制内生性偏误。如果式（4.22）中控制教育人力资本后，物质资本对经济增长的影响系数显著降低，且人力资本对经济增长的影响显著，同时式（4.20）和式（4.21）中回归系数也显著，则说明物质资本对经济增长的贡献中有一部分也要归功于教育人力资本。X 为其他控制变量。为了更好地控制省际间不可观测的异质性并结合赫斯曼检验结果，本文使用固定效应模型进行估计。

五、数据来源

本部分的样本为中国 30 个省份[①] 1997～2015 年的面板数据，本书使用的原始数据主要来自《新中国 60 年资料汇编》、《中国统计年鉴（1986～2016 年）》以及各省份的统计年鉴。为了消除通货膨胀的影响，选用以 1985 年为基期的劳动力人均 GDP 作为衡量经济增长的指标。对于物质资本变量，由于目前并没有各省份每年物质资本存量数据的官方统计，所以只能通过一定的方法进行估算，本书使用的省际物质资本存量数据来源于霍尔兹教授和孙越博士的测算。劳动力用年末从业人员的数量表示[②]，对于教育人力资本变量，我们用全国 30 个省（市）的劳动力平均受教育年限数据来衡量，高级人力资本用受高等教育的劳动力受教育年限之和与劳动力人数的比重表示，而初级人力资本用接受过小学、初

① 由于西藏自治区的某些年份数据缺失较多，予以剔除。

② 本书使用的劳动力从业人员数，是按照获得劳动报酬（而非户籍）口径统计的，在一定程度上考虑了劳动力流动的影响。

中、高中教育的劳动者受教育年限之和与劳动力人数的比重表示。① 为了减少遗漏变量产生的内生性及省际异质性问题，我们在回归模型中引入外贸依存度和产业结构作为控制变量，分别用地区进出口总额占 GDP 比重和第三产业增加值与 GDP 比值表示。以下是主要变量的描述性统计结果（见表 4-9）。

表 4-9　　变量的描述统计

变量	观测值	单位	均值	标准差	最小值	最大值
y	570	万元/人	1.312	1.042	0.172	6.176
k	570	万元/人	3.617	4.046	0.276	32.023
L	570	万人	2 437.071	1 630.815	254.8	6 636.08
h	570	年	8.765	1.329	4.71	13.388
ha	570	年	1.605	1.279	0.144	8.939
hb	570	年	7.182	0.721	4.107	12.576
open	570	%	30.611	38.180	3.21	168.02
indus	570	%	40.82	7.81	27.10	79.70

六、实证结果

（一）教育人力资本促进经济增长的增量与存量效应

依据第三部分的模型设定，以人均 GDP 的增长率 $\Delta\ln(y)$ 为因变量，以人均资本变化 $\Delta\ln(k)$、人均教育人力资本变化 $\Delta\ln(h)$、教育人力资本存量 h 作为自变量，对外开放程度和产业结构作为控制变量进行回归估计，结果如表 4-10 所示。

表 4-10 中模型（1）和模型（2）分别考察了教育的存量和增量对经济增长的单独影响效应，模型（3）同时纳入教育增量和存量变量考察联合作用机制，模型（4）到模型（6）则是加入控制变量后的估计情况。估计结果显示：教育人力资本既可以作为一般投入要素直接促进产出［$\Delta\ln(h)$ 的系数显著为正］，

① 黄燕萍等（2013）指出，在目前世界使用最多的受教育年限数据（Barro and Lee，2010）和世界银行数据都采用总人口的教育分布近似劳动力的教育分布，对于中国省际数据而言，使用国家统计局 1996 年开始公布的抽样调查得到的劳动力（非总人口）的教育分布数据已经是目前研究中最好的衡量教育人力资本数据，本书也采用类似的数据处理方式。

物质资本对经济增长的贡献中有一部分可以归功于教育。而且经济发展水平越高，教育与物质资本的互补性越强。

又可以通过技术创新间接促进经济增长（变量 h 的系数显著为正），体现了教育人力资本“要素积累”和“效率提升”的双重作用机制。然而当模型（3）中同时纳入教育人力资本增量和存量时，估计系数变得不再显著，因为教育人力资本同时具有生产要素和技术进步工具的双重身份，忽略教育人力资本内部结构的异质性很可能造成整体结果不再显著，因此有必要对不同层次教育人力资本的作用机制进行检验。在所有模型的估计中物质资本对产出的影响一直显著为正，说明我国经济发展对投资的依赖。模型（4）~模型（6）中主要变量的估计系数方向与之前一致，加入对外开放程度和产业结构控制变量后的稳健性检验再次证明了教育人力资本的双重作用机制。

表 4-10　教育人力资本的双重作用机制检验："要素积累"抑或"效率提升"

	因变量：$\Delta\ln(y)$					
	（1）	（2）	（3）	（4）	（5）	（6）
$\Delta\ln(k)$	0.7038*** (67.69)	0.7054*** (66.33)	0.7059*** (66.31)	0.7031*** (69.2)	0.7036*** (67.65)	0.7039*** (67.55)
$\Delta\ln(h)$	0.3472*** (4.91)		0.3647 (0.97)	0.3184*** (4.58)		0.2374 (0.64)
h		0.0539*** (4.01)	0.0181 (0.46)		0.0478*** (3.53)	0.0243 (0.63)
$h(y_0^*/y_{i0}-1)$		-0.0023 (-0.94)	-0.0043 (-1.35)		-0.0016 (-0.65)	-0.0029 (-0.91)
N	0.0019 (0.05)	-0.0596 (-1.16)	-0.0570 (-1.11)	-0.0023 (-0.06)	-0.0487 (-0.97)	-0.0472 (-0.94)
Open				0.1494*** (5.22)	0.1503*** (5.26)	0.1487*** (5.18)
Indus				0.0017 (1.69)	0.0014 (1.31)	0.0014 (1.36)
_cons	0.0534*** (8.71)	-0.3014*** (-4.25)	0.0148 (0.04)	-0.0574 (-1.38)	-0.3686*** (-5.00)	-0.1637 (-0.5)
N	540	540	540	540	540	540

注：* 表示 $p<0.05$；** 表示 $p<0.01$；*** 表示 $p<0.001$，括号内代表 t 值。

（二）不同层次教育人力资本的作用机制检验

根据前文分析，教育人力资本既可以通过要素投入促进经济增长，也可以通过技术进步促进经济增长，但由于不同类型的教育人力资本作用机制不同，区分不同层次的教育人力资本将提高估计结果的稳健性。因此我们将教育人力资本分为初级和高级两个层次，检验不同层次教育人力资本在经济增长中的作用机制（见表4-11）。

表4-11　　不同层次教育人力资本的作用机制检验

变量	因变量：$\Delta\ln(y)$					
	(1)	(2)	(3)	(4)	(5)	(6)
$\Delta\ln(k)$	0.7416*** (98.77)	0.7492*** (72.98)	0.7348*** (68.50)	0.7339*** (98.59)	0.7443*** (74.1)	0.7285*** (69.55)
$\Delta\ln(hb)$	0.0329 (0.59)		0.3192*** (4.05)	0.0809 (1.44)		0.3426*** (4.46)
ha		0.00025** (2.94)	0.00061*** (4.98)		0.0002* (2.36)	0.0006*** (4.83)
$ha(y_0{}^*/y_{i0}-1)$		-0.00006* (-2.05)	-0.00013*** (-3.96)		-0.00005 (-1.76)	-0.00013*** (-3.93)
n	0.0474 (1.07)	-0.0747 (-1.41)	-0.1026 (-1.95)	0.0491 (1.13)	-0.0615 (-1.19)	-0.0914 (-1.78)
Open				0.1567*** (5.37)	0.1541*** (5.30)	0.1616*** (5.65)
indus				0.0028** (2.61)	0.0014 (1.23)	0.0012 (1.14)
_cons	0.0573*** (9.11)	0.0473*** (6.08)	0.0257** (2.74)	-0.0984* (-2.25)	-0.0499 (-1.14)	-0.071 (-1.64)
N	540	540	540	540	540	540

注：* 表示 $p<0.05$；** 表示 $p<0.01$；*** 表示 $p<0.001$，括号内代表 t 值。

表4-11中模型（1）和模型（2）分别考察了初级教育人力资本增量和高级教育人力资本存量对经济增长的单独影响，模型（3）将两者同时纳入考察教育异质性作用机制，模型（4）到模型（6）则是加入控制变量后的估计情况。估计结果表明不同层次的教育人力资本对经济增长具有不同的作用机制。初级教

育人力资本主要是通过最终产品生产直接作用于经济增长，高级教育人力资本则主要通过技术创新间接影响产出。高等教育是技术创新的源泉，初等和中等教育与资本等要素的结合更接近生产可能性边界，只有当初级和高级教育人力资本联合作用时，初级教育人力资本的生产要素功能才能被释放出来，同时高级教育人力资本对技术创新的作用也明显增大。对比表 4 - 11 和表 4 - 10 中的模型（3）和模型（6）可以看出教育异质性的影响，也说明了我们选择模型的合理性和必要性，从而验证了不同层次教育人力资本的联合作用机制。

（三）教育人力资本与物质资本的互补效应检验

教育人力资本与物质资本的互补效应是教育促进经济增长的另一个重要方面，为了检验这一互补效应，我们依据第三部分的模型（4.20）~模型（4.22），采用巴伦和肯尼的分析方法，检验了教育人力资本与物质资本的互补关系对经济增长的影响（见表 4 - 12）。

表 4 - 12　　教育人力资本与物质资本的互补效应检验

变量	$\Delta\ln(y)$	$\Delta\ln(h)$	$\Delta\ln(y)$
$\Delta\ln(k)$	0.7392*** (113.62)	0.1136*** (27.86)	0.7031*** (69.2)
$\Delta\ln(h)$			0.3184*** (4.58)
N	0.0218 (0.56)	0.0757** (3.09)	-0.0023 (-0.06)
Open	0.1547*** (5.31)	0.0168 (0.92)	0.1494*** (5.22)
Indus	0.0024* (2.32)	0.0020*** (3.20)	0.0017 (1.69)
_cons	-0.0805 (-1.92)	-0.0725** (-2.76)	-0.057 (-1.38)
N	540	540	540

注：* 表示 $p<0.05$；** 表示 $p<0.01$；*** 表示 $p<0.001$，括号内代表 t 值。

如表 4 - 12 所示，我们进一步计算出教育人力资本的间接效应占总效应的比重，即 q = 间接效应/总效应 = 0.1136 × 0.3184/0.7392 × 100% ≈ 5%，说明物质资本对经济增长的贡献中约有 5% 的部分也要归功于教育人力资本，再次说明物质资本作用的发挥需要依托人口红利和人力资本。

第四节　本章小结

本章从内生经济增长理论、技术扩散理论以及资本—劳动力技能互补理论出发，利用中国30个省份的面板数据实证探讨了教育人力资本在我国经济增长中的作用机制，发现教育人力资本既可以作为生产要素直接促进经济增长，又可以通过推动技术进步促进经济增长。初级教育人力资本更多地通过要素积累促进经济增长，高级教育人力资本更多地通过技术创新促进经济增长。教育人力资本的存量决定了技术创新的水平。教育与物质资本之间存在互补性，一个地方教育人力资本水平决定了其能否吸引到更多的资本，物质资本对经济增长的贡献中有一部分可以归功于教育。而且经济发展水平越高，教育与物质资本的互补性越强。

中国目前正在推进供给侧结构性改革，正在向创新型经济转型，这种改革与创新能否成功的一个关键因素就是教育与人力资本的发展水平。为适应这种发展需要，中国教育改革与发展要进一步关注以下几个方面。

第一，把教育优先发展作为供给侧结构性改革的首要战略重点推进。供给侧结构性改革本质上是一个经济体的能力建设，能力建设的基础是教育与人力资本的水平。前面的实证分析表明，一个经济体的教育人力资本存量，既可以通过要素积累促进经济增长，也可以通过技术创新促进经济增长，教育人力资本存量决定了其技术创新水平。而教育人力资本的存量水平需要长期持续地投入来实现，只有教育优先发展长期积累，才能保证供给侧结构性改革的推进。

第二，加大力度发展精英型高水平大学，精英型高水平大学是创新型经济发展的前提。教育人力资本对经济增长作用机制的层次性分析表明，技术创新更多地与高级教育人力资本的存量相关。精英型高水平大学培养的人才是创新型经济的前提，精英型高水平大学的基础研究是孕育技术创新的基础。

第三，加大力度推进大众化普及性高等教育的实践性应用型转型。初级教育人力资本更多地通过要素积累促进经济增长，这就要求大众化普及性高等教育人才培养必须紧密地结合产业发展的技能需求，必须突出实践性应用型的导向，才能真正成为经济增长的重要推动力。

第四，加速推进高等教育与地区经济发展的协同。教育与资本的互补性凸显出资本投入对教育的依赖。过去在促进高等教育与地区经济发展协调方面效果不佳，一方面是我们的体制机制有问题；另一方面是经济发展的内在需求还不够强烈。近几年许多经济发达地区对高等教育的重视说明，随着经济的发展，物质资本追逐人力资本的趋势会越来越明显。“深圳奇迹”正是这一情形的真实写照，历经“深圳制造”到“深圳创造”的过程，一度掀起“到深圳去”的产业集聚趋势。如今作为“创新之都”的深圳已经汇聚了全球的创新资源，为资本、人才和创新技术的融合提供了机遇。

总之，随着我们对教育人力资本作用于经济增长机制认识的深入，随着供给侧结构性改革的推进和创新型经济的进一步发展，教育人力资本将对经济增长发挥越来越大的作用，教育优先发展战略必须做深做实，才能保障中国经济长期可持续的增长。

第五章

教育质量与国家经济增长的国际比较研究

过去的60年里，经济学家从不同纬度和视角探索教育与经济增长的关系。舒尔茨（Schultz）和邓森（Dension）指出，以教育为核心投资途径的人力资本在很大程度上解释了长期困扰经济学家的“增长余值”问题；萨卡洛普洛斯（Psacharopoulos）基于29个发展中国家的面板数据测算出教育对经济增长贡献率介于1%～23%；卢卡斯（Lucas）将人力资本分为接受学校教育获得的一般性人力资本和“干中学”获得的专业性人力资本，一般性人力资本不仅能够直接影响到经济增长，而且决定着专业性人力资本的规模、速度和质量，可以说，学校教育在经济增长中的作用值得关注。此后，随着研究问题不断深入以及全球经济环境不断变化，研究者进一步指出不同阶段和类型的学校教育对经济增长影响机制并不一致：初等教育侧重提高劳动者基本素质，在经济“起飞”阶段至关重要；中等教育及职业教育是构成劳动者职业技能和管理技能的关键，对发展中国家学习吸收先进技术、实现技术追赶和扩散非常重要；高等教育则对国家基础研发、技术创新具有关键影响。

总之，教育是人力资本投资的核心手段并直接影响到经济增长①，正是基于这一观点的广泛认可，几乎每个国家都通过加大公共投入、改善办学条件、加强师资队伍建设等手段以期通过发展教育实现经济持续稳定增长。然而，第二次世

① 人力资本是比教育更为宽泛的概念，但教育是形成人力资本的最重要、最核心手段，正因为如此，在基于人力资本理论开展的经济研究中通常用教育指标以衡量人力资本水平。

界大战后，除日本和亚洲“四小龙”等为数不多的国家/地区伴随教育发展从中低收入迈入高收入水平外，绝大多数发展中国家经济增长之路并非一帆风顺。最典型的代表是阿根廷、巴西和智利等拉美国家，它们在20世纪60年代达到中等收入水平后，尽管保持了较高水平公共投入①、实现了初等教育普及、提高了初中后和高等教育入学率②，但经济增长却几近停滞③，长期陷于“中等收入陷阱”④不能自拔，教育经济学者将这一现象称为“拉美国家经济增长之惑”（Latin American Growth Puzzle）。

为何日本等东亚国家伴随教育发展顺利进入高收入国家行列，而拉美各国却未表现出同样规律？这似乎是对教育与经济增长关系提出的挑战。奥兹图尔克（Ozturk）将拉美经济停滞的原因归结为教育质量不高，他指出“教育对经济增长是不可或缺的……在拉美等国，尽管初等教育普及程度较高，但青少年教育质量却远低于OECD国家……没有任何一个经济体能忽视教育质量实现经济持续增长”。汉纳谢克和乌斯曼（Hanushek and Woessmann）指出，绝大多数有关教育、人力资本与经济增长关系的研究都是基于巴罗（Barro）增长模型，衡量人力资本水平的指标基本为国民受教育年限等数量指标，尽管数量指标具有数据易得性和劳动力市场中人力资本存量直接可测性等优势，但却受限于无法衡量教育质量，在度量人力资本水平上存在偏差。

对于奥兹图尔克（Ozturk）和汉纳谢克（Hanushek）等学者的上述观点我们不难理解，由于国家/地区间学校教育质量不同，同样的受教育年限并不意味着青少年将拥有同等人力资本水平。因此，揭示教育与经济增长的关系，不仅需要关注传统教育数量指标，还需重视对教育质量的研究。然而，受限于国家层面长期缺乏统一测度教育质量指标，经济增长研究迟迟未能引入教育质量指标⑤。进入21世纪后，一方面，“中等收入陷阱”、全球经济危机等问题的出现，使得经济增长再次成为经济学领域最热门的问题；另一方面，伴随“国际学生测评项目”（Programme for International Student Assessment，PISA）、“国际数学与科学学习测

① 拉美各国财政性教育经费占国家GDP的比重平均已超过4%。资料来源：WB. EdStats online database，2010.

② 拉美各国平均高等教育入学率从1985年的16%提高到2005年的34%。资料来源：1985年数据来自Winkler（1990）估算；2005年数据来自WB（2010），EdStats online database.

③ 1960～2000年拉美各国GDP年均增长率仅为1%。

④ 世行《东亚经济发展报告（2006）》首次提出“中等收入陷阱”概念，特指一国/地区达到中等收入水平后，需要摆脱以往要素驱动发展模式，但又没有找到新的发展模式支持，增长动力不足，最终经济停滞。

⑤ 著名经济学家巴罗（Barro）和萨拉—伊—马丁（Sala－I－Martin）认为“对经济发展问题，教育质量远比教育年限重要。不过很遗憾，与考试分数相关的国际数据的有限性使得引入教育质量到经济增长分析困难重重”。

评项目”（Trends in International Mathematics and Science Study，TIMSS）等国际学生测试参与国分布更广，从国家层面构建统一的教育质量测度指标成为可能；因此，越来越多的学者致力于在人力资本理论框架下，利用国际学生测评结果衡量教育质量，以期全面和准确揭示经济增长逻辑。

在当下面临“中等收入陷阱”挑战的背景下，准确揭示和剖析教育对经济增长的作用和逻辑尤为迫切。梳理国内文献发现，20 世纪 90 年代以来国内涌现出大量“教育与经济增长”问题研究，例如，蔡增正、叶茂林、杨建芳等的实证研究，以及崔玉平和姚益龙的综述研究，虽然以上研究均很有启发，但其侧重于关注教育数量指标与经济增长关系。截至目前，国内专门讨论“教育质量与经济增长”问题的研究非常有限，仅罗来军和邓华等的两篇文献重点关注了教育质量与经济增长之间的关系；相对利用国际大规模学生测评数据衡量教育质量、并揭示其对经济增长影响效应的研究，上述两项研究内在逻辑并不相同，前一项研究是从内生经济增长理论视角构建理论模型、探讨教育质量对经济增长影响逻辑，而后一项研究则侧重学生科学素养这一维度的表现、评述其对经济增长影响效应。

基于此，本章旨在梳理相关文献，归纳和总结教育质量与经济增长关系研究的内在逻辑和普遍规律，并在此基础上，对转型期中国教育优质均衡发展提供有意义的参考信息。

第一节　基于国际性学生测评结果衡量教育质量

一、国际学生测评项目概览

国际教育成就评价协会（international association for the evaluation of education achievement，IEA）在 1959～1962 年开展了一项关于数学、阅读、科学、地理、写作能力的测试项目，自此拉开了国际学生测评项目的序幕。此后，IEA 于 1964 年正式启动第一次正规的国际大规模学生测评项目，即“第一次国际数学测试”（first international mathematics study，FIMS）。

表 5－1 梳理了近 60 年来主要国际学生测试项目的基本信息，归纳其主要特征如下：第一，目标群体均为基础教育阶段的青少年，测评样本具有可比性。第

二，尽管各类测评项目的侧重点不尽相同①，但同一国家在各项测评项目中的结果高度一致，这为综合使用不同测评结果开展研究带来了可行性。第三，参与国数量不断增加、范围不断扩大②，保障了跨国研究样本的充足性。以上三大特征为研究“教育质量与国家经济增长”问题奠定了基础。

表5-1　近60年来全球主要国际学生测试项目概览

名称	缩写	时间	科目	被测者年龄[a]	参与国/地区数量[b]	组织者
第一次国际数学测试	FIMS	1964年	数学	13，FS	11	IEA
第一次国际科学测试	FISS	1970～1971年	科学	10，14，FS	14，16，16	IEA
第一次国际阅读测试	FIRS	1970～1972年	阅读	13	12	IEA
第二次国际数学测试	SIMS	1980～1982年	数学	13，FS	17，12	IEA
第二次国际科学测试	SISS	1983～1984年	科学	10，13，FS	15，17，13	IEA
第二次国际阅读测试	SIRS	1990～1991年	阅读	9，13	26，30	IEA
第三次国际数学和科学测试	TIMSS	1994～1995年	数学&科学	9，13，FS	25，39，21	IEA
第三次国际数学和科学测试（第二轮）	TIMSS-Repeat	1999年	数学&科学	13	38	IEA

① IEA组织的TIMSS等测试是一种基于课程的测试，侧重考查学生学科学业知识的掌握程度；OECD组织的PISA等测试则侧重考查（即将）完成中小学阶段教育（15岁）的青少年对全面参与社会所需要终身学习能力和素养的掌握程度。

② 相对首次测试仅11个参与国/地区，2012年PISA项目参与国/地区已增加到67个；国家类型由最初发达国家扩展到发展中国家；同时，至少参与一次测试项目的国家从最初不足30个增加到超过100个。

续表

名称	缩写	时间	科目	被测者年龄[a]	参与国/地区数量[b]	组织者
国际学生测试项目	PISA 2000/02	2000～2002年	数学&科学&阅读	15	31+10	OECD
国际读写能力测试项目	PIRLS	2001年	阅读	9	34	IEA
国际数学和科学测试趋势	TIMSS 2003	2003年	数学&科学	9，13	24，45	IEA
国际学生评估项目	PISA 2003	2003年	数学&科学&阅读&问题解决	15	40	OECD
国际读写能力测试项目	PIRLS 2006	2006年	阅读	9	39	IEA
国际学生评估项目	PISA 2006	2006年	数学&科学&阅读	15	57	OECD
国际数学和科学测试趋势	TIMSS 2007	2007年	数学&科学	9，13	35，48	IEA
国际学生评估项目	PISA 2009	2009年	数学&科学&阅读	15	65	OECD
国际学生评估项目	PISA 2012	2012年	数学&科学&阅读&问题解决&金融素养	15	67	OECD

注：a. 该列中数字表示实际年龄，FS表示高中学习的最后一年。

b. IEA组织测试的参与国数量根据所选择被测试者年龄/年级的不同而存在差异。

资料来源：表中数据截至2012年。PISA 2009、PISA 2012相关信息来自http：//www.oecd.org/pisa/pisaproducts/pisa2009/；其余信息均由汉纳谢客（Hanushek）和乌斯曼（Woessmann）的专著整理，见Hanushek E. A. and Woessmann L. The economics of international differences in educational achievement. In *Handbook of the Economics of Education*, 2010, 3: 89-200. Amsterdam: North Holland.

二、国际学生测评项目数据的处理

要利用国际学生测评结果研究“教育质量与经济增长”问题，首先需要解决两个问题：第一，需要验证国际学生测评结果很大程度上能够度量滞后一定时期国家/地区人力资本水平。“教育质量与经济增长”问题的研究假设是国际学生测评项目结果所衡量的教育质量能够较好反映一国人力资本水平；但由于国际学生测评项目的参与样本为青少年，其结果不是劳动力市场中人力资本存量信息的直接度量，二者间的关系必须验证。第二，需要解决不同测评项目成绩的横向与纵向可比性。横向可比指同一年度不同国家在学生测评结果上具有可比性，纵向可比指同一国家不同年度学生测评结果具有可比性；由于不同国际学生测试项目覆盖国家样本存在差异，且即使同一国际学生测试项目，其覆盖国家样本在不同年份同样存在差异，因此，直接利用国家层面测评成绩放入经济增长模型不满足横向和纵向可比性要求，必须进行数据处理。

针对第一个问题，研究者在对数据进行滞后处理后，选择国家/地区人力资本存量水平指标与国际学生测评成绩指标进行相关分析加以验证。例如，汉纳谢克和张（Hanushek and Zhang）验证了国家在 TIMSS 和“国际成人读写能力测评”（International Adult Literacy Survey，IALS）中的表现存在高度正相关；由于 IALS 是针对已就业成年劳动者阅读技能的测评，其结果一定程度上度量了国家/地区劳动力市场人力资本存量水平，因此，从两项测评结果高度正相关关系可近似得到，国家/地区在 TIMSS 项目中的表现能够较好度量其人力资本存量水平，当然其间存在时间上的滞后[①]。

第二个问题源自仅有极少数国家从始至终参与了所有测试项目，要从始至终利用单一一项测评数据难以开展跨国研究，这使得同一项研究中必须综合利用表 5 - 1 所列多项国际学生测评项目数据，这就对解决测试数据的横向和纵向可比性提出要求。为此，研究者通常利用“经验校准”（empirical calibration）方法来解决这一问题。简单概括，实施“经验较准”分两个步骤：第一

① 进入 21 世纪，OECD 吸收了 IALS 和项目成人读写与生活技能测评项目（adult literacy and life skills survey，ALL）的经验，开发了“国际成人能力测试项目”（programme for the international assessment of adult competencies，PIAAC）。相对 IALS 和 ALL，PIAAC 对成年劳动者读写能力、计算能力、解决问题能力等认知和非认知技能展开全面测量，更为准确衡量人力资本存量水平。因此，未来开展教育质量和国家经济增长研究，可利用国际学生测评数据和 PIAAC 数据开展更为严格的相关分析，这不仅能更为准确验证国际学生测试成绩与未来劳动力市场人力资本水平的相关性，而且有助于研究者选择更有效的教育质量指标。

步，找到“基准国家和基准国家组”，利用组内变异情况去校准整个样本总体变异情况，这是“经验校准”① 的核心。“基准国家（组）”选择标准是，这些国家应尽可能多地参加同一国际学生测试，保障它们具有较高横向可比性，同时，这些国家具有稳定的政治、相似的经济制度、稳定的中等后教育参与率，保障它们具有较高纵向可比性。根据以上标准，在部分主要文献中，选择的基准国均为美国（美国参加了所有国际学生测评项目），基准国家组均为奥地利等 12 个 OECD 发达经济体（均为 OECD 发达经济体），又被称为 OECD 标准组（OECD Standardization Group，OSG）。第二步，通过测量学分值转化的手段，将被考察国家国际学生测试成绩变成以美国成绩为均值、以 OSG 标准差为标准差的可比成绩②。

第二节　教育质量与经济增长相关研究的计量模型及其结论

一、基本计量模型

基于人力资本理论，经济增长的基本模型可以表示为国家年度经济增长率（g）是受该国劳动力人力资本水平（H）以及诸如初始经济水平、社会经济制度、自然资源状况等一系列其他因素（X）影响的函数关系式。基本模型如式（5.1）所示：

$$g = \gamma H + \beta X + \varepsilon \tag{5.1}$$

“教育质量与国家经济增长”问题研究同样沿用上述基本模型，但其最突出特色在于测量一国人力资本水平时引入了对教育质量的考察。根据经济学家的长期研究，在劳动者微观个体层面，劳动者人力资本受家庭投入（F）、教育数量（S）和质量（Q）、个体禀赋（A）以及其他因素（Z，包括工作经验、健康、迁徙等因素）共同影响，即式（5.2）所示：

$$H = \lambda F + \phi(QS) + \eta A + \alpha Z + \upsilon \tag{5.2}$$

---

① 考虑本书的重点不在测量方法介绍，“经验校准”具体介绍参见文末参考文献。

② 在 http：//hanushek. stanford. edu/download 可下载汉纳谢克（Hanushe）估算的全球 77 个国家 1962 ~ 2007 年期间可比成绩。

由此可见，人力资本是一个潜变量，即无法直接测量、需要通过相关指标加以综合测度。在人力资本构成要素中，教育是最核心的组成部分，正如本文引言部分所指出，由于平均受教育年限等教育数量指标更多地反映对教育的数量投入，并不能全面和真实地代表国家人力资本水平，这是制约教育与经济增长研究难以得到一致结论的主要原因。自 21 世纪开始，不少教育经济学者将国际性学生测评结果放入增长模型（5.1）中开展“教育质量与国家经济增长”问题研究。汉纳谢克和乌斯曼（Hanushek and Woessmann）归纳了这类研究的三个主要优点：第一，国际学生测评结果能够反映学生知识和技能掌握状况，而这些知识和技能与他们进入劳动力市场后的生产力紧密相关；第二，学生测评结果不仅受到学校教育的影响，也受到个人、家庭、社会环境等诸多因素的影响，该指标更全面地度量教育总体效果，因而能更真实衡量人力资本水平；第三，研究是在承认教育质量存在差异（即使是同样的受教育年限但其质量并不相同）的基础上进行，其结果能够为国家在普遍实现基础教育受教育年限延长、高等教育入学率提高后找准未来教育政策的制定方向提供信息参考。

二、主要研究发现

表 5 - 2 列出了 2000 年以来相关学者利用国际学生测评项目数据构建增长模型开展“教育质量与经济增长”问题研究的基本信息和研究结论。归纳后，主要得到以下结论：

第一，教育质量对于经济增长存在明显和稳定的正向影响效应，在分组研究中，教育质量的影响效应在经济增长速度较高的国家群体（主要为东亚国家）中最为突出。这从某种程度上揭示出教育质量确实在创造“东亚经济增长奇迹”中扮演着重要角色。

第二，利用国际学生测评成绩作为教育质量指标以衡量人力资本水平，将其放入经济增长模型确实较好地提高传统经济增长模型（指通过平均受教育年限等数量指标衡量人力资本的传统经济增长模型）对国家经济增长的解释力度。同时，引入教育质量指标后，一系列教育数量指标的影响效应大大降低、某些数量指标从显著变为不显著，这进一步证实了引入教育质量指标在研究经济增长问题中的重要性。

表 5-2　　2000 年以来利用国际学生测试成绩构建经济增长模型的主要研究概览

序号	文献	国家数量[b]	数据跨期	教育质量变量[c]	宏观经济变量	主要结论
1	汉纳谢克和金穆科 (Hanushek and Kimko)	17	1960～1990 年	国际测试科学均值	各国人均 GDP 年均增速	引入测试成绩后，经济增长模型拟合度明显提高，而受教育年限指标不再显著；国家学生测试平均成绩对经济增长存在明显的、稳定的正相关性
2	巴罗（Barro）	39，45，44	1965～1995 年	国际/地区测试数学、科学和阅读均值	各国人均 GDP 每 10 年平均增速	国家学生测试平均成绩对经济增长有显著影响，尤其是科学科目的测试成绩；教育质量对经济增长的重要性远远超过教育数量
3	刚德拉克 (Gundlach) 等	131	1960～1990 年	国际/地区测试数学和科学均值	各国 1990 年人均生产力[a]	国家学生测试平均成绩能够解释 131 个国家人均生产力差异的 45%；在以 OECD 国家样本建立的模型中，国家学生测试平均成绩的解释力度更高
4	乌斯曼 (Woessmann)	64	1960～1990 年	国际测试数学和科学均值	各国 1990 年人均生产力[a]	国家学生测试平均成绩能够解释 64 个国家人均生产力差异的 60%
5	博斯沃斯和柯林斯 (Bosworth and Collins)	31～84	1960～2000 年	国际测试数学和科学均值	各国人均 GDP 年均增速	国家学生测试平均成绩对经济增长有显著影响
6	拉米雷斯 (Ramirez) 等	38	1970～2000 年	国际测试数学和科学均值	各国人均 GDP 年均增速	国家学生测试平均成绩对经济增长有显著影响，特别是在东亚国家表现明显
7	汉纳谢克和乌斯曼 (Hanushek and Woessmann)	50	1960～2000 年	国际测试数学和科学均值	各国人均 GDP 年均增速	引入测试成绩后，经济增长模型拟合度明显提高，而受教育年限指标不再显著；国家学生测试平均成绩与经济增长存在明显的、稳定的正相关性

续表

序号	文献	国家数量[b]	数据跨期	教育质量变量[c]	宏观经济变量	主要结论
8	贾米森（Jamison）等	43～54	1960～2000年	国际测试数学均值	各国人均收入年均增速	国家学生测试平均成绩通过提高技术进步率进而影响人均收入
9	汉纳谢克和乌斯曼（Hanushek and Woessmann）	24（OECD）	1960～2000年	国际测试数学和科学均值	各国人均GDP年均增速	国家学生测试平均成绩对经济增长具有决定作用，比社会经济体制、高等教育水平以及教育数量指标（受教育年限）的影响效应更强更重要
10	汉纳谢克和乌斯曼（Hanushek and Woessmann）	59（其中拉美经济体16个）	1965～2000年	国际/地区测试数学、科学和阅读均值	各国人均GDP年均增速	国家学生测试平均成绩较低能够揭示拉美国家经济增长乏力、陷入“中等收入陷阱”的问题
11	汉纳谢克和乌斯曼（Hanushek and Woessmann）	50～52	1960～2000年	国际测试数学和科学均值	各国人均GDP年均增速	国家学生测试平均成绩对经济增长始终有显著正向影响；引入工具变量法和倍差法等手段更加严格地揭示出因果关系

注：a. 该项数据来自 Penn World Table（PWT）（1994）. Version 5. 6a. Read-only file maintained by the NBER，Cambridge，MA，available at http：//www. nber. org/pwt56. html.

b. 由于部分研究使用多个教育测试数据库，参与的国家数量并不一致，造成所构建经济增长模型的参与国数量也并不固定。

c. 相关研究所使用的教育质量变量主要为 PISA、TIMSS、FIMS 等国际测试；也有部分研究采用测量学手段（多为“经验校准”方法）将区域测试成绩进行处理后引入模型，这大大增加了研究样本量，也使得研究拉美地区等区域经济增长规律以及“中等收入陷阱”等问题成为可能。

第三节 计量模型的改进和研究问题的拓展

从文献来看，研究者拓展了研究样本，选择不同国家样本组合、不同控制指标、不同学生学业测试数据、不同经济增长时期、不同经济增长率计算方法构建模型，均得到较为一致的结论，这说明模型具有较好的稳定性。但是，使用国际学生测评成绩研究经济增长问题仍存在改进的空间。从计量模型看，存在的最大争议则在于内生性问题，即可能存在一些同时影响国家经济增长和教育质量的因素；换句话说，如果经济增长模型确实存在内生性，研究所得结论仅能够表示学生教育质量与经济增长之间存在相关关系，而非因果关系，研究结果对于教育政策制定的现实意义将大打折扣；因此，相关研究不断改进计量模型以尽可能地揭示因果效应。从研究问题的拓展来看，不仅考察了教育质量的结构效应，而且就研究教育质量与拉美地区“中等收入陷阱”等现实问题进行了分析。总之，改进计量模型、拓展研究问题，为教育政策制定提供更有现实意义的参考信息。

一、计量模型的改进

在近期改进计量模型以解决内生性问题的研究中，最典型的手段是构建工具变量模型，以及在准实验设计思想下综合构建配对模型和倍差法模型。例如，在一系列最新的研究中，研究者使用了工具变量法、配对法、倍差法等手段构建模型以揭示因果效应，并取得了更加可靠的研究结果。

（一）工具变量模型

引入工具变量是解决回归模型内生性问题的重要手段。具体到“教育质量与国家经济增长”问题，即找到与教育质量相关但与遗漏变量不相关的指标作为工具变量放入模型，如果仍然得到该指标对经济增长存在显著影响，则验证了教育质量对经济增长存在因果效应[①]。

1. 工具变量1——“外部考试制度”(external exist exam systems)

选择是否存在“外部考试制度”作为工具变量的主要原因有三点：第一，设

① 工具变量是计量经济学中用于解决内生性问题的常用手段，其难点在于找到理想的工具变量开展研究。由于该方法相对成熟，限于篇幅，本节重点在介绍工具变量模型研究设计，而非呈现相关结果。

立外部考试制度是学校系统问责的重要举措，而教育生产函数研究则证实学校问责程度与学生教育产出显著相关，因此，“设定外部考试制度”与学校教育质量显著正相关；第二，该指标与其他可能影响经济增长并难以控制的遗漏变量无明显相关；第三，外部考试制度作为一项教育系统内部的政策，将其设为工具变量，不仅能相对准确地揭示教育质量与经济增长间的因果关系，而且能为教育政策改进提供参考信息。

2. 工具变量 2——“国家收入分配系统中教师工资的相对位置”（relative position of teacher salary in the income distribution of a country）

选择教师相对工资地位作为工具变量的主要原因同样有三点：第一，教师相对工资地位与教师队伍质量直接相关，而教育生产函数研究发现教师质量是为数不多与学生教育产出显著正相关的学校要素，因此，“国家收入分配系统中教师工资的相对地位”与教育质量显著正相关。第二，该指标与其他可能影响经济增长、难以控制的遗漏变量无明显相关。第三，作为教育系统内部的一项政策，将其作为工具变量，不仅能够相对准确揭示教育质量与经济增长间的因果关系，而且能够为教育政策改进提供参考信息。

（二）准实验设计思路下的配对模型与倍差模型

“教育质量与经济增长”之关系本质是一个由个体到整体、由微观到宏观的经济过程。因此，宏观因果关系的探寻必然要求有坚实的微观基础，这在现代宏观经济研究中已经成为共识。自然地，另一种解决内生性问题的重要手段就是利用某一微观劳动力市场①中劳动者收入数据进行准实验设计后构建明瑟收入方程②，并利用倍差法进行估计。在将准实验设计方法应用到经济增长的研究中，实验组和对照组都是美国劳动力市场中的移民劳动者③，前一组大学前教育在原籍国接受，而后一组大学前教育则在美国接受。其模型是明瑟收入模型：

$$\ln y_{ic} = \alpha_0 + \alpha_1 S_{ic} + \alpha_2 PE_{ic} + \alpha_3 PE_{ic}^2 + (\alpha_4 ORIGIN_i + \delta \bar{T}_c + \delta_0 \cdot \bar{T}_c \cdot ORIGIN_i) + \nu_{ic} \tag{5.3}$$

在式（5.3）中，y_{ic}是来自 c 国的移民 i 年均收入；S 是该移民受教育年限；

---

① 汉纳谢克和金穆科（Hanushek and Kimko）指出，利用单一劳动力市场数据构建模型的原因是：对所有劳动者而言，处于同一劳动力市场，同时影响到经济增长以及“教育与劳动者生产力关系”的因素完全相同。

② 该方法基于微观明瑟方程，在控制个体教育程度等个体因素后，估计所属群体人力资本对个体收入影响。

③ 移民样本选择的要求：（1）25 岁以上，劳动力市场全职就业，年收入高于 1 000 美元；（2）不在美国出生；（3）原籍国参与国际学生测评项目；（4）样本要么完全在原籍国接受大学前教育，要么完全在美国接受大学前教育（不包括既在美国又同时在原籍国接受大学前教育的样本）。

PE(=年龄$-S-6$)是估计的受教育年限；ORIGIN是虚拟变量，等于1属于实验组，等于0则属于对照组；$\bar{T}_c$是原籍国c在国际测试中的平均；δ控制了那些容易遗漏的诸如原籍国文化特征等变量对移民收入产生的影响；α_4控制了实验组与对照组两类移民内在差异可能对收入存在的影响；δ_o双重差分[①]（difference-in-differences，DID）估计的原籍国测试成绩差异对不同国家移民的收入影响效应。

二、研究问题的拓展

（一）教育结构影响效应的考察

在教育系统中，关于精英教育与大众教育谁应获得更多关注的结构性争论长期存在。一些学者认为国家应优先关注优等生教育问题，因为这关系到国家未来经济管理者和创新驱动者，例如，印度的教育政策就体现对精英教育的关注和重视；另一些学者则认为一国应优先关注普通大众学生教育问题，理由是这关系到国家未来普通劳动者对技术的学习、模仿和掌握，例如，联合国教科文组织（UNESCO）的教育发展政策就体现对普遍提升最低水平受教育者教育质量问题的关注和重视。那么，以上两种教育结构到底对一国经济增长的影响是否存在差异？如果存在差异，差异程度怎样？

为回答以上问题，研究者以各国国际测评项目中优等生和普通学生[②]比重来衡量该国基础教育阶段学生结构，并将该变量放入经济增长模型，某种意义上，前一比例衡量精英学生构成状况，后一比例衡量普通大众学生构成状况。从研究结果看，第一，两个比例都对国家经济增长都存在显著积极影响，这说明任何国家都应该同时兼顾普通大众学生学业成绩达标与优秀精英学生的拔高；第二，引入人均GDP控制各国所处经济发展阶段后发现，对发达国家，精英学生构成比例影响更大；反之，对发展中国家，普通学生构成比例的正向影响效应则更大，这说明发展中国家更应重视绝大多数普通大众学生成绩达标问题。

① 第一次差分为来自同一个国家对照组与实验组群体的差异，第二次差分为不同原籍国平均测试成绩差异。

② 普通学生的标准为：在PISA测试中成绩高于400分，但是低于OECD平均成绩1个标准差的学生。优等生的标准为：在PISA测试中成绩高于OECD平均成绩1个标准差的学生。另外，对于没有PISA成绩但有其他国际测试的国家，则根据“经验校准”的方法进行折算，估算该国优等生和普通学生的构成比例。

（二）拉美“中等收入陷阱”与教育质量关系的考察

部分研究利用前文所介绍的“经验校准”手段将区域性学生测试成绩转化成与国际测试可比的分数，这极大地拓宽了“教育质量与经济增长”问题研究对象和关注问题，使得发展中国家能够成为研究样本。事实上，在全球社会经济高速发展变化的今天，当下发展中国家的经济问题具有非常重要的现实意义和研究价值。

为解释“拉美经济增长之谜”，汉纳谢克和乌斯曼（Hanushek and Wossemann）利用“经验校准”的测量学手段将墨西哥、阿根廷、智利等 6 个国家的 20 世纪下半叶跨期 35 年的拉美地区性测试成绩转化成与 PISA 成绩可比的分数，并与部分 OECD 国家组成样本开展教育质量与经济增长问题的研究。以低于 OECD 经济体平均成绩 1 个标准差作为阈值，对比研究发现，高收入国家仅有 5% 不到的学生样本低于这一阈值；而巴西和秘鲁分别有高达 66% 和 88% 的学生低于这一阈值，这反映拉美国家青少年教育质量不高，一定程度说明教育质量和人力资本水平与东亚成功国家存在差异是拉美国家落入“中等收入陷阱”的主要原因。更进一步，研究者预测，如果拉美地区整体国际测试成绩从当前平均 388 分提高到东亚国家的 480 分，其 1965 ~ 2000 年人均 GDP 年均增速将从 1.6% 提高到 2.6%，而这 1 个百分点的差别会在近 40 年复利变化中极大改变拉美地区经济状况，如果真如此，不少拉美国家早已经跨越“中等收入陷阱”。

第四节　教育质量与经济增长——基于多国数据的实证研究

一、数据来源

本章的数据主要来源于国际成人能力评估项目（PIAAC）和世界银行数据库。

国际成人能力评估项目（PIAAC）是迄今为止规模最大的测评成年劳动力技能的项目。它是在国际成人阅读调查（IALS）和成人读写能力与生活技能调查（ALL）的基础上发展起来的，主要目的是获得劳动力在新的技术环境背景下技能掌握和使用情况。PIAAC 的第一轮调查始于 2011 年 8 月，共有 22 个 OECD 国家和 2 个 OECD 伙伴国家参与，第二轮调查始于 2012 年，共有 9 个国家参与。每次分别从各个国家随机抽取约 5 000 名 16～65 岁的成人参与调查。调查主要涉及三个方面的内容：一是受访者的背景资料，包括劳动力的年龄、性别等人口统计变量，收入、就业状况等劳动力市场相关变量，家庭人口数量、子女个数等家庭结构变量，语言背景移民状况个人和父母受教育程度等；二是劳动力在工作中各类技能的使用程度；三是测评劳动力的关键技能：读写技能、计算技能以及问题解决技能，测试结果并非一个分数，而是由根据项目反应理论形成的 10 个似真值构成（Plausible Value，PV）。这 10 个似真值并非劳动力技能的直接测量值，而是从劳动力技能可能的分布区间中随机抽取的 10 个值。对劳动力技能的处理需要使用 PIAAC 官方组织提供的 Stata 等软件的特有命令，如果单独选择一个似真值作为劳动力的技能得分结果将产生一定的误差。总之，该数据库不仅提供了包括收入在内的劳动力的背景资料，还提供了在各国间具有可比性的技能测试得分，为研究技能与经济增长、个人就业和收入提供了数据支持。

世界银行数据库公开了 200 多个国家包含 GDP、人均 GDP、人均 GDP 增长率、15 岁以上人口的平均受教育年限等 7 000 多个指标数据，这些数据免费向所有人开放，为比较和研究各个国家的经济发展提供了丰富的数据资源。

二、模型设置

基于 PIAAC 数据和已有研究，构建如下模型，g 代表国家从 2011～2014 年的人均 GDP 年均增长率，由于 PIAAC 测试从 2011 年开始，获得的是成人劳动力在 2011 年时的技能情况，而技能对经济发展的作用具有一定的滞后性，故选择 2011～2014 年年均增长率作为因变量。lit 代表劳动力的平均读写技能得分，num 指劳动力的平均计算技能得分，psl 代表劳动力的平均问题解决技能得分。X 则是其他控制变量，主要是指国家在初始年份即 2010 年的人均 GDP，s 为误差项。

$$g = \beta_0 + \beta_1 lit + \beta_2 num + \beta_3 psl + \sum \alpha_i X_i + \varepsilon \tag{5.4}$$

三、实证结果

根据袁玉芝（2017）的研究结果，在经济全球化的背景下，国际成人能力评估项目（PIAAC）基于信息通信技术的发展，提出了成人的关键信息处理技能，即读写技能、计算技能以及问题解技能，并把这些技能作为影响成人的劳动力市场结果的关键技能。从2011年8月份开始在全球范围内主要是OECD国家通过两次调查共计测评了35个国家或地区成人劳动力的关键技能。从国家的经济发展水平与劳动力的平均技能得分来看，人均GDP越高的国家，劳动力的读写技能、计算技能、问题解决技能的平均得分也越高（见图5-1）。

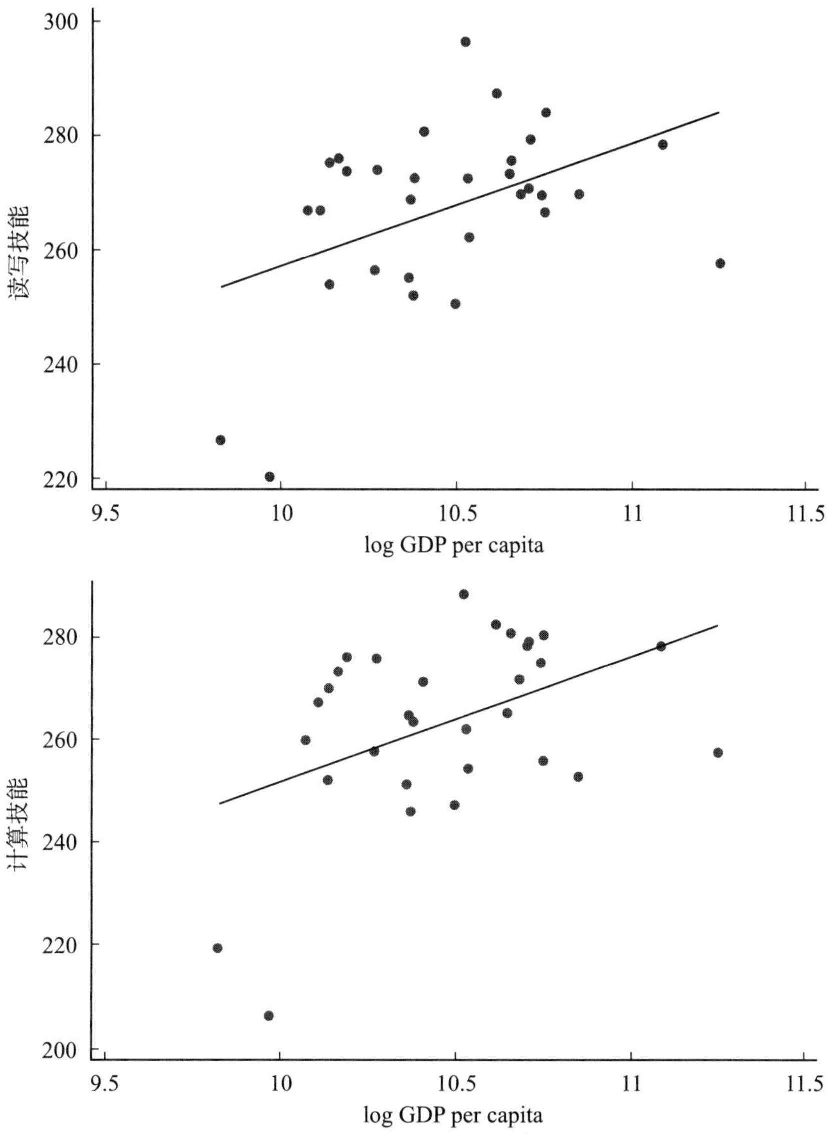

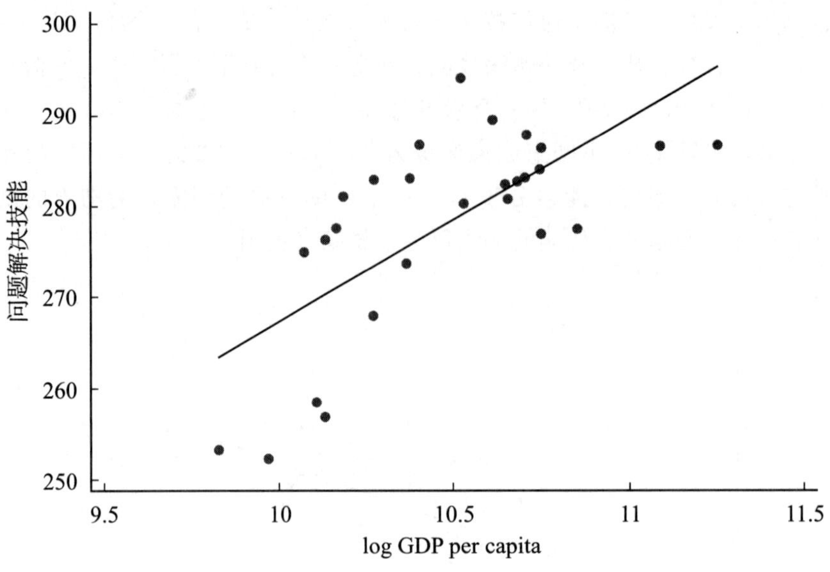

图 5-1　各国技能与人均 GDP

表 5-3 呈现了式（5.4）的回归结果，可以看出，初始年份的人均 GDP 越高，2011～2014 年人均 GDP 的年均增长率越低。劳动力的平均读写技能每增加 1 分，人均 GDP 年均增长率将提高 0.015%；劳动力的平均计算技能每增加 1 分，人均 GDP 年均增长率将提高 0.007%；劳动力的平均问题解决能力每增加 1 分，人均 GDP 年均增长率将提高 0.033%，但都不显著。当把劳动力的这些关键技能全部放进模型中，发现劳动力的平均计算技能与人均 GDP 年均增长率之间开始出现负向关系，但不显著。劳动力的平均技能得分对国家的经济增长有积极的影响，但并不显著，可能是由于样本中的国家以发达国家为主，经济发展成熟，GDP 增长速度相对放缓，再加上发达的经济体系更多需求高技能劳动力，读写技能、计算技能以及问题解决技能等基本认知技能在这些经济体的经济增长中的作用并不突出。

表 5-3　　　技能对人均 GDP 年均增长率的影响

变量	(1)	(2)	(3)	(4)
读写技能	0.015			0.003
计算技能		0.007		-0.046
问题解决技能			0.033	0.098
初始人均 GDP（log）	-2.302*	-2.171*	-2.616**	-2.990**
R^2	0.129	0.121	0.173	0.238
N	31	31	27	27

注：* 表示在 0.1 水平下显著，** 表示在 0.05 水平下显著，*** 表示在 0.01 水平下显著。

第五节 本章小结

回顾中国三十余年经济高速增长历程，既得益于市场经济体制确立后释放的、被计划经济体制长期压抑的市场活力，也得益于人口红利高峰期数量庞大、廉价而勤劳的劳动力。尽管中国目前已经成为世界第二大经济体，但是，人均收入水平与高收入国家的差距仍然很大；且进入中等收入阶段后，经济发展过程中的各种矛盾集中凸显，原有维持经济增长要素间的协调关系被打破；中国既面临其他国家中等收入发展阶段遇到的推进技术进步、实现产业升级等挑战，也面临现实环境下未富先老、地区差异巨大、全球化冲击等特有问题。这意味着中国迈向高收入国家的道路并不平坦，如何跨越“中等收入陷阱”成为各界关注的热点。

从成功国家的经验来看，跨越“中等收入陷阱”根本在于实现经济系统从要素拉动为主的增长模式转向依赖人力资本积累带来的创新和技术进步为主的增长模式，重视人力资本投资、实施人力资本先行战略是成功国家的共同选择。不少经济学家认为，“人力资本是最终决定中国富裕的资产”①，“必须通过教育深化提高劳动生产率，产生保持中国经济可持续增长性的第二次‘人口红利’”。跨国数据的实证研究表明，教育质量是影响一国能否成功实现经济可持续增长的关键要素，因此，我们必须重视教育质量在实现中国经济快速稳定增长中的关键作用，以及科学揭示中国国情下教育质量对经济增长的直接作用。接下来，探讨相关研究对跨越“中等收入陷阱”背景下中国教育及教育研究发展的启示：

第一，充分重视基础教育阶段教育质量问题，这直接关系到中国未来经济发展转型是否拥有充足的高素质人力资源。从基于国际学生测评数据的跨国研究来看，青少年教育质量对国家经济增长具有较好的解释力度：在二战后顺利从中低收入跨入高收入的“亚洲四小龙”等国家或地区中，高质量的教育产出是其经济平稳高速增长的重要推力；同时，忽视基础教育阶段教育质量的发展模式，成为拉美诸国深陷“中等收入陷阱”的主要原因。在中国九年义务教育成功普及、高等教育迈入大众化的今天，未来教育改革需要重视的首要问题即是基础教育质量

---

① 中国青年网．https：//pinglun. youth. cn/mtgz/201007/t2010070b＿1279640＿1. htm. 原文地址：http：//finance. siha. com. cn/roll/20031204/1543547777. shtml.

问题。中国幅员辽阔、地区差异巨大，尽管上海在 PISA2009 测试中位居榜首，但其他区域、农村地区，流动儿童群体的受教育质量仍然较低，基础教育质量差距和不均衡程度仍然很大，提高教育质量的任务仍然非常艰巨。

第二，在跨越"中等收入陷阱"的关键时期，要重视基础教育结构问题。在兼顾高层次、创新型人才教育和培养的同时，更需要重视普通学生教育质量问题，强调确保所有学生公平地获得为达到特定水平的知识与技能所需的教育机会。从跨国研究对教育结构问题的讨论中可以得出，对于正在迈向高收入水平的发展中国家，重视提高普通大众学生教育质量的经济收益最为明显，他们不仅是劳动力市场中新技术掌握与使用的中坚力量，同时也是科技创新过程中高层次创新人才的"蓄水池"。对应中国当前社会经济发展阶段，重视基础教育质量的重点和难点应落在解决普通大众学生"读好书"的问题上，为广大青少年提供能充分满足未来产业结构转型的知识和技能。某种意义上，这也是"高质量教育均衡"发展政策的内涵。

第三，加强对基础教育质量开展科学、长期的监测与评价，为以中国青少年为对象开展相关研究提供丰富和完备的数据库基础。国际上，教育质量与国家经济增长问题研究的不断涌现，在某种程度上得益于 PISA、TIMSS 等国际学生测试数据库的丰富与完善，它们为研究开展提供了宝贵的数据支撑。就中国而言，缺乏相应完备的数据库使研究者难以立足中国国情、揭示中国的经济增长规律。因此，在未来我国不仅应当有步骤、有计划地加入国际测评项目，还应借鉴和学习国际组织学生测评的经验开展基础教育质量与公平的监测。非常可喜的是，上海地区已于 2009 年代表中国大陆正式加入 PISA 测试项目；同时，教育部于 2007 年成立了"基础教育质量监测中心"，这是短时期内开展基础教育质量测评比较可行的途径，也为未来更为广泛和可行的基础教育质量监测奠定基础。

第四，拓宽研究思路，立足中国开展教育质量与地区经济增长问题的研究。地区间社会经济发展差异巨大是中国经济发展最明显的特征。借鉴 2011 年世行对世界经济体经济水平划分的最新标准①，中国既有北京、上海和天津这三个已跨入高收入水平行列的富裕地区；也有 6 个仍处于中低收入水平的省份，其中最低的贵州省人均 GDP 仅 2 500 美元；其余 22 个省份尽管都处于中高收入水平，但最高的江苏省和最低的四川省人均 GDP 差距高达 5 563 美元。近年来，一些研

---

① 2011 年世行对经济体收入水平划分标准为：年人均国民总收入（gross national income，GNI）1 025 美元及以下为低收入水平，1 026 ~ 4 035 美元为中低收入水平，4 036 ~ 12 475 美元为中高收入水平，12 476 美元及以上高收入水平。鉴于数据可得性，本文用各省/直辖市 2011 年人均 GDP 近似替代人均 GNI 简单划分中国大陆各省/直辖市经济收入水平：2011 年，高收入水平的地区有北京、天津和上海三个直辖市，人均 GDP 依次为 12 759 美元、13 314 美元以及 12 900 美元；中低收入水平的地区有安徽、广西、西藏、甘肃、云南和贵州，其人均 GDP 均低于 4 035 美元；其余 22 个省份均处于中高收入水平。

究均关注到人力资本对中国地区经济和收入差距的影响，但是，这些研究侧重揭示地区间劳动者平均受教育年限、各层次受教育者比重等传统人力资本存量差异对地区经济差距的影响，并未关注到以基础教育阶段学生测评结果为衡量指标的教育质量差异对地区经济增长差异造成的长期影响。面对中国当前巨大的地区社会经济发展水平差异，未来研究不仅可以将整个中国作为样本开展“教育质量与国家经济增长”的跨国比较研究，还可以对中国不同地区教育质量与区域经济增长问题开展研究。这是对经济增长理论和经验研究的极大丰富与拓展。

第五，进一步改进和修正现有计量模型，提高研究的科学性及其应用于中国研究的可行性。从已有的文献看，研究者不断尝试先进的计量手段以弥补现有经济增长模型的不足，力求更清楚地获得教育质量与经济增长的因果关系。正如前文所述，受数据等因素所限，相关模型和研究设计主要以发达国家为样本，那么，囿于社会经济国情、文化制度背景等差异，引入中国样本开展“国家教育质量与经济增长”的跨国研究以及以中国不同地区开展“地区间教育质量与经济增长”的跨地区研究都不能完全照搬国际已有研究设计和工具。对于未来相关研究，必须大胆设计、小心求证，建立科学可行的准实验设计，选择更合理的工具变量。

第六章

教育与“中等收入陷阱”

世界银行2007年在《东亚复兴：经济增长的思路》报告中提出“中等收入陷阱”的概念，其认为随着一国进入中等收入水平阶段，由于人均收入的上升，劳动力成本也会上升，产业结构及科技创新却未出现显著的改善或进步，其结果是，在低端制造业与低收入、低劳动力成本的发展中国家竞争时失去了成本优势，同时在高端技术领域又无法与发达国家抗衡，从而陷入一种发展困境。根据世界银行的研究，20世纪60年代以来，全世界101个中等收入国家和地区只有13个国家和地区成功地迈入了高收入国家和地区行列。拉美国家是典型的落入“中等收入陷阱”的国家，从20世纪六七十年代开始就一直在中等收入徘徊。

本章首先探讨如何理解“中等收入陷阱”的概念，然后分析教育在国家跨越中等收入陷阱过程中的作用框架，最后进一步考察中国跨越“中等收入陷阱”的策略及教育的作用。

第一节　如何理解“中等收入陷阱”

一、“中等收入陷阱”的最初讨论

2007年世界银行提出中等收入陷阱概念后，国内就有许多学者开始探讨这一问题，尤其关注中国是否会陷入中等收入陷阱的问题，因为中国改革开放后30多年的快速增长已经使中国开始步入中等收入阶段。改革开放初期，我国是一个尚未解决温饱的低收入发展中国家，据世界银行公布的1980年世界人均国民生产总值GNP（或称国民收入GNI）的排名，在196个国家和地区中，我国以人均192美元列第189位。而据世界银行2009年的排名，在213个国家和地区中我国以人均3 620美元列第124位。从GDP增长速度看，2009年我国GDP总量（按可比价格）是1978年的18倍以上，年均增长9.79%，总量已居世界第三位，占当年全球GDP比重近7%。图6－1反映了过去33年中国经济增长率的变动情况。

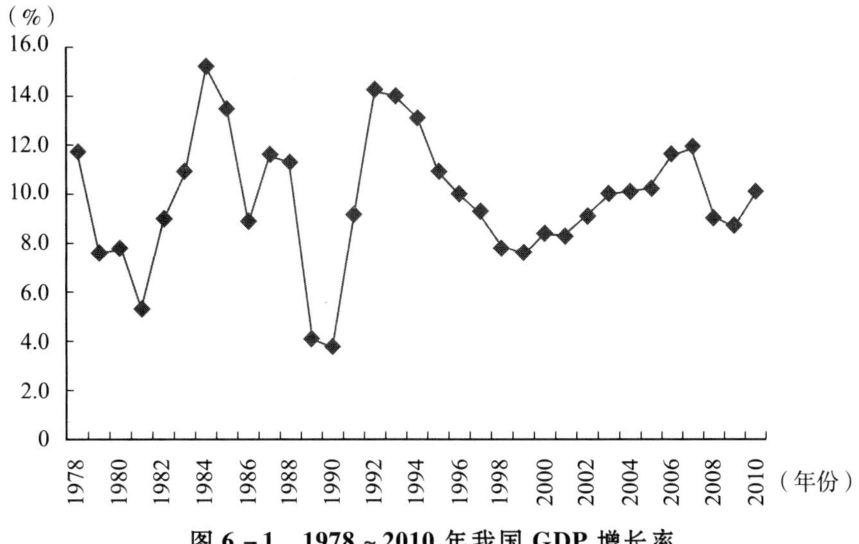

图6－1　1978～2010年我国GDP增长率

资料来源：《中国统计年鉴（2011）》。

尽管如此，从人均国民收入水平来看，按三年平均汇率方法计算，2009年世界人均收入为8 751美元，我国人均收入为3 620美元，不到世界平均水平的一半。按照世界银行2009年界定标准，我国仍处于中低收入国家行列。表6－1显示了世界银行不同年份对收入水平的划分。

表6－1　　国家收入水平划分标准

	1990年	2000年	2009年
低收入国家人均国民收入水平（美元/人）	≤610	≤755	≤995
中低收入国家人均国民收入水平（美元/人）	611～2 465	756～2 995	996～3 945
中高收入国家人均国民收入水平（美元/人）	2 466～7 620	2 996～9 265	3 946～12 195
高收入国家人均国民收入水平（美元/人）	>7 621	>9 265	>12 195

资料来源：Classifying Countries by Income. The World Bank，https：//datatopics. worldbank. org/world-development-indicators/stories/the-classification-of-countries-by-income. html.

按照世界银行的分类，中国目前正处于从中低收入向中高收入的转型期，是欠发达经济体成为较发达或发达经济体的关键阶段。在这一阶段，经济结构与社会结构都将发生巨大的变化，经济与社会的发展既有巨大的机遇，也面临着极大的挑战。处理得好则迈进发达经济体，处理得不好则可能掉进“中等收入陷阱”。

《人民论坛》在对50名知名专家的调查中列出了“中等收入陷阱”的十个关键词：经济增长停滞或回落、民主乱象、贫富分化、腐败多发、过度城市化、社会公共服务短缺、就业困难、社会动荡、信仰缺失、金融体系脆弱。显然，“中等收入陷阱”是对经济发展特点阶段总体状况的一种描述，涵盖了经济社会发展的各个方面。不过其核心仍然是经济增长的持续问题。

基于这样的理解，许多学者认为“中等收入陷阱”并不是一个理论问题，只是对经济发展特定阶段出现问题的一种综合概况。对于经济增长是否会出现停滞，仍然要看经济体自身的要素投入增加、产业结构的升级和生产效率的提升。这些问题在经济增长理论及发展经济学中都有非常深入的探讨，形成了一系列的理论。中国真正需要探讨的是中国经济可持续发展的问题，在中国进入中等收入国家后，仍然沿用过去的发展战略是否可行？中国经济与社会经济进一步发展需要什么样的新战略？

对于这一问题，世界银行前行长佐利克（Robert Zoellick）指出：“中国人均国民收入很可能到2030年将达到1.6万美元，对世界经济影响将相当于增加15个现在的韩国。很难想象，这样的增长如何在由出口和投资拉动的增长模式下实现，中国必须推动国内需求，降低储蓄水平并增加消费，以实现经济再平衡。如果不进行根本的结构性变革，中国有可能落入‘中等收入陷阱’。”① 国内外大量研究也得出了与佐利克类似的结论，中国经济进一步发展必须进行结构性改革，必须从资源投入驱动的增长方式转变到技术创新驱动的增长方式上来。

2006年世界银行在《东亚经济发展报告》中提出，当一个国家的人均国内生产总值达到中等水平后，由于需要摆脱以往的发展模式，又没有找到新的发展模式支撑，增长动力不足，最终出现经济停滞徘徊的状态。

克鲁格曼等的研究发现20世纪90年代之前，中国的经济增长之所以高速，主要源于两方面因素：一是要素投入量的不断扩大，而不是要素和全要素效率的提高；二是要素成本低带来的竞争优势，而不是竞争性收益率提高促成的优势。这种低效率、低成本下的量的投入扩张带来的高速增长，不仅难以持续，而且必

① 《中国加入世界贸易组织十周年高层论坛实录》，中国发展门户网，2011年12月11日，http://cn.chinagate.cn/infocus/2011-12/11/content_24124613_3.htm。

将导致泡沫经济。

针对这些问题，胡鞍钢指出，要从加快发展速度到加快发展方式的转变，要从经济转型向社会转型转变。马晓河则从需求结构与产业结构的角度提出，从生产型向消费型的转化，及产业结构高级化的战略。蔡昉认为我国在从低中等收入向高中等收入迈进的阶段，如何解决收入差距过大的问题、基本形成良好的收入分配格局，关系到能否实现这个跨越。另外，他认为随着农村剩余劳动力存量的减少、普通劳动者工资水平的提高，刘易斯转折点开始到来。

在进行这些讨论时，其实在实践上还没有看到“中等收入陷阱”最重要的经济增长速度的下降。不过，从2012年开始，中国开始从高速向中高速转变，“中等收入陷阱”的问题由理论探讨变成了刻不容缓的现实。

二、经济进入新常态后的讨论

2012年中国经济增长从高速进入中高速，开始低于8%。对于经济增速的下降，开始有不同的判断，有的认为通过新的刺激政策，很快会回到高速的增长。更为理性的观点则认为，中国经济不可能像以前一样保持高速增长，必须通过增长方式的转变，寻找经济增长的新动能。《经济日报》钟经文发表署名文章认为，中国经济发展新常态不能简单归于增速下降几个百分点，而是经济结构再平衡、增长动力实现转变等多方面表现。习近平总书记在2013年中央经济工作会议上指出：“我国发展仍处于重要战略机遇期的基本判断没有变，但面对日趋严峻的国际经济形势和国内改革发展稳定的繁重任务，重要战略机遇期的内涵和条件发生很大变化，发展仍然具备难得的机遇和有利条件。”①

中国的发展仍处于重要战略机遇期，但也面临经济增长放缓、消化产能过剩任务繁重、内生动力不足等困难。尤其是当增速换挡期、转型阵痛期和改革攻坚期这三方面相互作用后，宏观调控的难度进一步加大。

从高速进入中高速，中国经济发展进入一种新常态。以新常态来判断中国经济的特征，并将之上升到战略高度，表明中国对当前中国经济增长阶段变化规律的认识更加深刻。GDP增速往往围绕潜在增长率合理波动。未来一段时间，潜在增长率下降已成为不争的事实。随着劳动力供给下降、环境治理成本上升、消费向服务性商品的倾斜，中国经济增长潜力下降，相应地，GDP增速也会有所回落。

---

① 《重要战略机遇期的变与不变》，人民网，2013年2月26日，http://politics.people.com.cn/n/2013/0226/c70731-20603354.html。

从成功跨越"中等收入陷阱"的国家来看，当一个国家或地区经历了一段时间的高速增长后，都会出现增速"换挡"现象。1950～1972年，日本GDP年均增速为9.7%，1973～1990年回落至4.26%，1991～2012年更是降至0.86%。1961～1996年，韩国GDP年均增速为8.02%，1997～2012年仅为4.07%。

进入新常态后，面对增长方式的转变，中央提出实施供给侧结构性改革的新战略，旨在调整经济结构，使要素实现最优配置，提升经济增长的质量和数量。相对于需求侧改革主要关注投资、消费、出口"三驾马车"，供给侧则更加关注劳动力、土地、资本、制度、技术创新等要素。

供给侧结构性改革，就是从提高供给质量出发，用改革的办法推进结构调整，矫正要素配置扭曲，扩大有效供给，提高供给结构对需求变化的适应性和灵活性，提高全要素生产率，更好地满足广大人民群众的需要，促进经济社会持续健康发展。2016年1月中央财经领导小组第十二次会议强调，供给侧结构性改革的根本目的是提高社会生产力水平，落实好以人民为中心的发展思想。① 要在适度扩大总需求的同时，去产能、去库存、去杠杆、降成本、补短板，从生产领域加强优质供给，减少无效供给，扩大有效供给，提高供给结构适应性和灵活性，提高全要素生产率，使供给体系更好适应需求结构变化。

进入新常态，说明中国经济进入一个新的发展阶段，过去行之有效的办法，在新的发展阶段可能不再适用。供给侧结构性改革战略正是针对新的发展阶段提出新战略。从跨越中等收入陷阱的角度看，是中国跨越中等收入陷阱的新战略。

三、中美贸易摩擦后的讨论

2010年中国GDP为6.09万亿美元，超过日本成为世界第二大经济体，占第一大经济体美国的40.6%。2016年中国GDP为11万亿美元，占美国GDP的60.9%。有研究发现，美国与第二大经济体有一个"60%定律"。当另一个国家经济规模达到美国的60%，并保持强劲的增长势头时，美国就一定会将其定为对手，千方百计地遏制住其成长。② 中国在2010年成为第二大经济体后，很快在2016年GDP达到美国的60%。尽管2016年中国人均GDP只有8 123美元，与美国人均GDP的57 607美元存在着巨大的差距，③ 美国对中国的战略开始发生重大

① 《沈丁立：美对华重演"60%打击"不会得逞》，中国经济网，2018年8月22日，http://views.ce.cn/view/ent/201808/22/t20180822_30093820.shtml? tdsourcetag = s_pcqq_aiomsg。

② 王继翔：《博弈视角下中美贸易争端应对策略及前景预测》，载于《财经科学》2019年第9期。郭克莎、李琍：《中美贸易摩擦的动因、趋势和影响分析》，载于《天津社会科学》2021年第5期。

③ 数据来源：国家统计局、美国商务部经济分析局。

转变，逐渐把中国作为战略竞争对手。

美国从20世纪90年代开始执行了“接触加遏制”的对华政策。但是，随着中国实力的上升，美国“接触加遏制”政策中的接触力度减小、遏制力度加大。尤其是特朗普政府在2017年底发布的首份国家安全战略报告，明确将中国确定为战略竞争对手，再加上美国实行的经济单边主义和贸易施压政策，更使中美关系面临着更多的不确定性和不稳定性，也对整个世界格局的变化产生了重大的影响。2012年，哈佛大学教授格雷厄姆·艾利森在《金融时报》发表文章《修昔底德陷阱已经在太平洋地区凸显》，首次提出“修昔底德陷阱”这一概念，认为守成大国与崛起大国的竞争已经出现。

2018年，特朗普政府以贸易条件不对等，中国对美贸易存在巨大顺差，以及中国知识产权保护问题等为借口，对中国输美商品加征高额关税，要求中国加强知识产权保护及消除贸易障碍，进一步开放金融等服务产业。

2019年中国人均GDP突破1万美元大关，达到10 276美元，相当于世界平均水平的90%。中国还没有达到12 000美元的高收入国家的门槛，应该说中国还没有完成对“中等收入陷阱”的跨越，但由于中国的经济规模巨大，中国在迈向高收入国家的过程中，对世界经济的格局产生了巨大的影响。随着中国经济总量的不断提升，整个世界的经济体系需要重新设计，这是其他国家跨越“中等收入陷阱”时没有遇到的情况。中国对“中等收入陷阱”的跨越，不仅需要中国自身产业结构的升级与效率提升，而且必须考虑中国对整个世界经济格局与经济秩序的重构。

2018年6月，习近平总书记在中央外事工作会议上提出了一个重大论断，即“当前中国处于近代以来最好的发展时期，世界处于百年未有之大变局”。① 进入21世纪以来，国际格局朝着多极化的趋势发展，尤其是2008年金融危机以后，以美日欧为代表的西方国家的整体实力出现相对衰落，对世界事务的主导能力下降；而以中国为代表的新兴市场国家和一大批发展中国家群体性崛起，进一步改变了国际力量的分配，推动了国际格局向着更加均衡的方向发展。中国的快速发展带来了深远的影响，世界第一次面对一个在意识形态和政治体制上不同于西方国家，同时又在政治、经济和军事等领域全面发展的崛起大国，中国因此成为推动“百年未有之大变局”的关键力量。

2019年中国GDP占世界的比重预计将超过16%，中国经济增长对世界经济增长的贡献率预计将达到30%左右，中国仍然是世界经济发展动力最足的

---

① 《在积极应对变局中开拓新局》，新华网，2020年7月21日，http://www.xinhuanet.com/politics/2020－07/21/c_1126264595.htm。

"火车头"。中国的经济规模决定了中国跨越中等收入陷阱不仅是中国自身经济结构的升级与效率的提升，还涉及整个世界政治经济秩序的重构。中国虽然人均 GDP 已经超过 1 万美元，但人均 GDP 只有世界平均水平的 90%，中国仍然是世界上最大的发展中国家。跨越"中等收入陷阱"对于像中国这样规模的国家实际上需要政治、经济、军事、文化、教育、社会管理全方位的变革才能实现。

第二节　教育在跨越"中等收入陷阱"中的作用

一、教育在跨越"中等收入陷阱"过程中的作用

"中等收入陷阱"是随着一国进入中等收入水平阶段，由于人均收入的上升，劳动力成本也会上升，它的产业结构及科技创新却未出现显著的改善或进步，其结果是，它在低端制造业与低收入、低劳动力成本的发展中国家竞争时失去了成本优势，同时在高端技术领域又无法与发达国家抗衡，从而陷入一种发展困境。核心是产业结构的升级与创新能力的提升。但正如上节所述，"中等收入陷阱"的跨越还涉及收入分配、腐败治理、社会稳定与治理等问题，对于中国这样规模的国家甚至还涉及政治、军事、国际秩序等方面。应该说"中等收入陷阱"的跨越是一个社会政治、经济、军事、文化、教育、社会管理全方位的变革。在这样一个全方位的变革中教育的作用是什么？如何通过教育促进"中等收入陷阱"的跨越呢？

教育是人力资本形成的最主要的形式，是促进国家的经济增长最重要的因素之一。中国基础教育的快速普及是 20 世纪八九十年代大量农村剩余劳动力转移到城市的基础，是促进中国经济快速增长的关键因素。在中国跨越"中等收入陷阱"的过程中，经济结构的升级与技术创新是关键，经济结构升级与技术创新必须以劳动力素质的提高为基础，必须不断加大教育投入，不断提高教育质量，尤其是高等教育和职业技术培训。在中美贸易战、科技战的背景下，提升中国科技的自主创新能力成为中国进一步发展的决定性要素。进一步提升研究型大学质量，培养拔尖创新人才将是中国教育发展的重要战略。同时，贸易战与逆全球化的苗头也要求中国必须提升产业链的竞争力，需要中国保持完善的产业体系，需要中国有大量受过良好教育的产业技术技能人才，高等职业教育与应用技术大学应该进一步提升质量，保持中国的全产业链竞争力。

人力资本投资不仅能够促进经济增长，也能改善收入分配，提高中低收入群体的受教育水平，从而提高其劳动技能，进而提高其收入水平，也是教育的一个重要功能。增加中低收入群体子女公平接受教育的机会将有助于收入分配的改善，促进社会阶层的流动，保持社会的活力，促进社会稳定。

技术进步对工作的影响也是一个重要的视角，以人工智能、物联网、3D 打印等新技术代表的第四次工业革命对经济的运行方式与收入分配带来巨大的影响，大量中等技能的工作消失，带来社会上中产阶级的消融，导致极化社会的产生。在题为《仅有增长是不够的》文章中，曼纽尔·穆尼兹认为，世界发达经济体的宏观经济数据揭示了一个麻烦的事实，如果财富产生和分配的方式不发生变化，近几年来席卷世界的政治"抽风"只会更加严重。就业的增长并未让工资占国民总收入比率下降的趋势有所放缓乃至逆转。相反，2008 年危机后大部分财富都流向了富人。这也许可以解释大部分发达经济体消费水平低迷的现象，以及为何极端宽松的货币政策也无法提高通货膨胀。教育尽管无法完全解决新技术革命带来的收入分配问题，但通过加强教育发展，可以缓解对高技能人才的供给不足的问题。

二、教育促进经济结构升级与技术创新的作用

对于教育与人力资本在经济发展中的重要性应该说无论是从理论上，还是从社会各界都已经达成共识，但是，在我国特定背景下，对于教育与人力资本到底如何作用于经济增长？发挥作用的机制是什么？什么样的教育与人力资本是这一特定发展阶段所需要的？这些问题似乎研究得还不够深入，一些关键问题还困扰着决策者。

人力资本理论提出后，教育经济学对教育投资收益率，以及教育对经济增长的贡献进行了大量的实证研究。这些研究一方面从总体上进一步证明了教育对提高劳动生产率，改善收入分配和促进经济增长的作用；另一方面随着研究的深入，一些核心的问题开始凸显出来。到底什么是人力资本？如何测量人力资本？最初，人们从最简便的方法入手，大多以受教育年限作为人力资本的替代指标。但很显然这样的替代丢失了很多信息。人们开始使用学业成绩、课程内容等反映教育质量的因素作为对人力资本的测量，期望可以得到更好的实证结果，可是这些指标的运用似乎也没有比受教育年限给出更好的解释。以另一位诺贝尔经济学奖获得者詹姆斯·赫克曼（James Heckman）为代表的学者则从非认知技能的视角研究教育的收益率，发现非认知技能可以更好地解释教育的收益率。亨利·莱文（Henry Levin）在总结相关研究基础上，以新经济为背景提出在快速变化的时

代，人们受教育获得的最重要能力是适应性（adaptability）。这种适应性包括了适应快速变化的社会经济条件所需的认知技能与非认知技能，人的学习能力本身变得越来越重要。

这些研究是不是解释了人们对教育与人力资本的所有疑惑呢？显然，没有解决的问题还很多。一个最为重要的方面是无论何种技能，在分析其经济价值时，一定要与经济的需求联系起来。不考虑经济需求，纯粹地分析教育与人力资本的价值是没有意义的。其实，人力资本理论本身的前提假设也是以完全竞争的市场为基础的。只有在完全竞争的劳动力市场上，工资率才等于劳动生产率，也才能通过明瑟方程计算教育或人力资本的收益率。而且经济本身也是一个变化的过程，把教育与人力资本放到经济发展的过程中才能更好地解释其在经济发展中的作用。

（一）经济发展的核心是教育与技术的竞赛

从历史的视角看，教育与经济本身都处在不断变化之中。安格斯·麦迪逊（Angus Maddison）对人类经济发展的描述非常清晰地说明了人类经济发展的变化。1800 年前后是人类经济发展的一个重要转折点。在 1800 年之前，全世界的经济增长非常缓慢，大概在 1800 年，全世界的经济增长速度才不断地加快。工业革命改变了人类的经济增长方式，工业取代农业成为经济增长的最主要来源，教育与人力资本才开始在经济增长中发挥了越来越重要的作用，普及教育，尤其是基础教育的需求才开始出现。随着工业的发展，尤其是科学技术在经济增长中作用的凸显，教育与人力资本在经济增长中的作用越来越重要，人力资本理论随之应运而生。经典的人力资本理论从劳动力质量的视角出发解释索洛增长模型中的残差，催生了教育对劳动技能培养的作用研究。但索洛模型中最重要的技术进步仍然是天外来物。20 世纪 80 年代产生的新增长理论则在技术进步内生的过程中赋予人力资本理论新的内涵。技术进步来源于人类将更多的资源用于研究与开发，来源于人们将更多的时间用于技术创新与技术传播。而知识与技术的积累形成了脱离个体的人力资本的社会效应，这类人力资本具有边际效应递增的特性，为人类经济发展描绘了美好的蓝图。

从教育发展的历史看，教育本身也是在不断地变化着。从教育的内容看，科学、技术以及与经济活动相关的知识在各级教育中所占的比重在工业革命后不断提高。尽管我们一直在使用同一个词汇，但教育的内容发生了非常大的变化。教育的结构也越来越复杂，普通教育、职业教育、高等教育、成人教育不断发展。即使高等教育一个层级也是一个非常复杂的体系。从层次看，既有研究型大学，又有四年制本科院校，还有两年或三年制高等职业院校。从类型与专业看，既有综合大学，也有专科学院；既有理科，又有工科，还有人文社会科学。高等教育学科与专业的设置既与各学科专业知识的发展有关，也与经济发展对专门人才的需求相关。今天的高等教育已经是集教学、科研、社会服务于一体，与经济社会发展密切联系的组织。教育的发展已经与经济增长方式、经济结构的变化密切相关。

关于教育发展与经济发展的关系最有代表性的著作是哈佛大学高尔金和凯茨《教育与技术的竞赛》一书。该书从历史的角度分析了整个20世纪美国经济发展与教育发展的关系。他们认为美国能够在20世纪成为全球经济翘楚，其中一个重要的原因就是美国的教育在全球领先。美国不论是基础教育、职业教育，还是高等教育都领先欧洲30年到40年。

美国19世纪后半期基础教育的普及与美国的早期工业化密切相关，20世纪上半叶职业教育的快速发展则与美国制造业的兴起密不可分，二战后高等教育的扩展则与美国高技术产业的发展直接相关。高尔金与凯茨分析的另一个特色在于从经济需求的角度探讨教育的发展。他们的逻辑是技术进步是经济发展的重要推动力，技术进步带来技能需求，进而带动教育的发展。他们使用的一个核心概念是技能偏向型技术进步。

高尔金和凯茨分析给我们的启示是教育发展与经济增长方式密切相关，技术进步，尤其是技能偏向型技术进步与教育的技术供给能力决定了经济发展的路径与可能。分析教育与经济的关系，考察经济发展过程中教育的需求，技能偏向型技术进步是一个关键概念。

从技能需求的角度看，技术进步可以分为技能偏向型（skill-biased）、非技能偏向型（unskill-biased）两类。技能偏向型技术进步是指新的技术、生产方法的改进，或生产组织的改变对劳动力的技能水平提出更高要求，在相对工资（高技能劳动者工资/低技能劳动者工资）固定的条件下，提高了高技能劳动者的需求。这里关键的是两个变量：一是高低技能劳动者的相对工资；二是劳动力市场中高低技能劳动者的比率。如果劳动力市场中高技能劳动者比率上升，而相对工资没有变化或相对工资提高，说明经济发展与技术进步是技能偏向的。

对于技能偏向型技术进步，高尔金和凯茨给出了一个分析框架：生产过程分为两个阶段，设备的安装维护阶段（machine maintenance）和使用设备的生产阶段（production）。参与安装维护阶段工作的主要是具有一定技能的劳动力，而参与生产制造阶段的则主要是技能水平相对较低的劳动力。技能型劳动力经过设计、生产、安装和维护等过程，为低技能劳动力提供了生产设备，低技能劳动力在生产装配线上使用这些设备进行生产。生产方式的转变是否提高了对技能的需求就取决于这种生产方式对高技能劳动者的需求是否超过对低技能劳动者的需求。换句话讲，一种新技术的出现是否为技能偏向的，决定于这种技术对劳动力组合的调整，如果蕴含这种技术的设备使新劳动力组合中高技能劳动力比例增加，且劳动力技能高者工资水平更高，则说明高技能劳动力供给不足，这种技术进步是技能偏向型的。

在过去150余年的历史中，制造业的生产方式经历了从手工作坊（artisanalshops）到工厂化生产（factories）和组装线生产（assembly lines），又到连续批量生产（batchprocess），再到自动化生产线（robotized assembly lines）生产的演化。在这样的发展过程中，对劳动力技能的需求从数量到结构都发生了巨大的变化。自动化生产线的出现使生产过程中对低技能工人需求下降，对能够熟练操作设备的技能工人需求上升，对技能较高的生产设备维护人员需求上升。以汽车为例，汽车普遍进入家庭催生了汽车销售和维修业的发展，对具有一定技能工人的需求也会上升。

（二）充足的教育供给促进产业升级

经济发展的本质是产业结构不断调整和升级的过程。产业结构从一定意义上讲决定了就业结构。而从产业结构到就业结构最重要的就是各产业的技术结构。关于产业结构的变化趋势，罗斯托提出的主导产业扩散效应理论和经济成长阶段理论最具代表性。罗斯托根据技术标准把经济成长阶段划分成了六个阶段，每个阶段都存在主导的产业部门，经济阶段的演进就是以主导产业交替为特征的。这六个阶段及其相应的主导部门分别是：(1) 传统社会阶段。科学技术水平和生产力水平低下，主导产业部门为农业部门。(2) 起飞前提阶段。该阶段的主导部门主要是食品、饮料、烟草、水泥、砖瓦等工业部门。(3) 起飞阶段。替代进口货的消费品制造业综合体系，主要是非耐用消费品的生产，如纺织业。(4) 向成熟推进阶段。技术不断改进和新兴产业迅速发展，产业结构发生了巨大变化，主导部门是重型工业和制造业综合体系，如钢铁、煤炭、电力、通用机械、肥料等部门。(5) 高额大众消费阶段。工业已经高度发达，主导产业部门已经转移到耐用消费品和服务业部门，如汽车工业综合体系。(6) 追求生活质量阶段。主导部门不再是耐用消费品工业，而是为提高生活质量的部门，包括文教、保健、医疗、社会福利、娱乐、旅游、建筑等产业。

罗斯托对产业结构变化的分析尽管在今天看来没有包含一些新兴产业，但总体上描绘了产业结构升级的大趋势。在产业结构变化的大趋势下，技术结构与就业结构必然随之变化，这种变化与教育供给密切相关。

技术进步、产业结构决定就业结构与教育需求，但技能溢价，即劳动力市场能否提供足够的激励则是教育供给是否充足的核心因素。同时，人口的规模与结构、教育系统的规模与结构，以及教育系统的运行机制都会影响教育供给问题。另一方面，教育供给也会对技术进步的路径选择产生影响。人才与技术相比是更为重要的要素，因为没有人才无法创新技术，没有人才，创新技术也无法传播与应用。人才的培养需要比较长的周期，等技术出现了再培养人才是不可能的，一定程度的人才储备是技术创新与应用的必要条件。按照林毅夫的观点，任何经济结构都是内生的，是受其劳动力、资本、自然资源，以及制度环境等要素禀赋结构决定。从要素禀赋结构角度分析，一定程度的人才储备是技术创新的先决条件。

阿西莫格鲁（Acemoglu）在研究技能偏向型技术进步内生机制的过程中，讨论了高技能劳动力的供给对技能溢价，进而对技术进步路径的影响。技能供给对技能溢价的影响取决于两方面的因素：一方面技能供给的增加会降低技能溢价幅度；另一方面，技能供给的增加会加速技能偏向技术进步的产生。当技能供给加速技能偏向型技术进步的效应大于技能供给降低技能溢价的效应时，将会发生技能偏向的技术进步，技能溢价幅度会提高。因此，分析教育供给、技能溢价与技能偏向型技术进步之间的关系，对产业结构与技术结构的升级非常重要，教育优先发展对于技术进步具有重要的内生价值。

在经济全球化趋势下，发展开放经济已成为各国的主流选择。开放经济环境中，各国之间的经济活动联系更加紧密，国际贸易成为知识传递和技术扩散的重要途径，它和自主创新一起成为研究者在探索发展中国家技术进步来源时考虑的重要因素。

伍德（Wood）最早提出了国际贸易对发展中国家技术进步及其偏向存在的影响，即“防御性技术创新的概念”，认为国际贸易开放度的提高引起的激烈竞争，会促使各国企业通过改变资源配置和创新技术来提升自身的国际竞争力，因而提升了高技能劳动者的需求和价格回报。阿西莫格鲁在此基础上，突破了技术进步和国际贸易的联系，将技术进步和国际贸易的要素偏向联系起来。他的研究表明，国际贸易和技术进步是相容的。国际贸易创造了技能密集型产品价格上升的趋势，激励引进新的技能偏向型技术进步，进而加大了高技能劳动者的相对需求。

由于发展中国家与发达国家之间的技术差距，经历改革开放以来长时间的“市场换技术”后，中国正在积极向“自主创新”转型。分析中国在跨越“中等收入陷阱”过程中对不同技能劳动力的需求时，开放经济下国际贸易带来的技术扩散和本国自主创新都将扮演重要的角色。

从国际形势的发展看，金融危机引发的世界政治经济格局大调整、大变革，在给我们带来历史性机遇的同时，也带来了前所未有的挑战。世界经济增长格局面临深度调整，各国对市场、资源、人才、技术的争夺更加激烈，贸易保护、逆全球化、气候变化、金融安全、粮食安全、恐怖主义等全球性问题更加突出，世界经济可能进入一个增速放缓、结构转型、竞争加剧等多重特征并存的时期。为抢占后危机时代的战略制高点，无论是发达国家还是奋起直追的发展中国家，都把科技创新和新兴产业作为突破口，实施更加积极的科技和人才战略，全球将进入创新密集的时代，进而引发新一轮产业变革，充足的教育供给是应对新一轮产业革命的基础。

三、教育改善收入分配的作用

（一）教育扩展对收入分配的改善

教育对收入分配的改善作用，最早进行系统理论分析的是舒尔茨，他认为，人力资本可以促进经济增长，改善收入分配。他这种观点的逻辑是基于对美国经济增长核算中出现的矛盾。对于美国国民收入的增长速度高于各类投入要素的增长速度，而且差异越来越大的问题。舒尔茨认为，尽管存在规模收益提高等原因，最重要的原因是劳动力质量，即人的能力的提升。对于劳动者实际收入的增长，其根本原因是对劳动者人力资本投资带来的单位时间劳动生产率的提升。基于此，作为人力资本投资最主要形式的教育就成为改善收入分配的重要手段。通过大力发展教育，劳动力生产效率大幅提高，收入水平也会随着劳动生产率的提高而提高，从而大大改善收入分配状况。在教育与收入分配关系的研究中，这种通过发展教育改善收入分配的研究一般被称为教育扩展与收入分配，目的在考察教育扩展对收入分配的影响。很多教育扩展对收入分配影响的研究往往用基尼系统作为收入分配改善的指标，但笔者认为，更直接的测量是比较不同教育水平劳动力收入的差异，再按教育扩展的规模核算教育扩展的收入分配改善效应。

（二）教育选择机制带来收入不平等

在大量研究教育扩展对收入分配影响的研究中，对于教育扩展对收入分配的影响却发现了不同的结论，既有教育扩展改善收入分配的结论，也有教育扩展加大了收入分配差距的结论。出现这种矛盾的原因不是舒尔茨的人力资本理论出现了错误，而是在教育扩展过程中还伴随着教育扩展机会分配的问题。尽管在教育扩展过程中，所有人的教育水平都得到了提高，但不同群体从教育扩展中获得的机会并不相同。这里面既有市场机制的作用，也有社会差距的影响。

对于市场机制的影响，人力资本理论另一位大师贝克尔指出，由于人力资本投资边际收益高的人会比其他人更有动力投资于人力资本，能力强的人会比其他人在人力资本上投入更多。能力与人力资本投资会呈现正相关的关系，个人收入分配的曲线会向高收入的方向偏离。从这里我们可以发现，舒尔茨发现了教育扩展会提高劳动生产率，进而会改善收入分配的逻辑，影响了政府对教育的大规模投资。贝克尔则是发现了个体教育选择的机制会导致收入分配曲线向高收入方向偏离的机制，越是学习能力强的人，其人力资本投资的动力越强。如果不加以干预的话，自由的教育选择会导致受教育机会的不平等，进而会影响收入分配。

除了市场机制的教育选择外，在现实的社会中，社会经济地位高，收入水平高的家庭往往会通过各种方式维持自身在教育机会方面的优势。这方面代表性的理论是卢卡斯的有效地维持不平等理论。卢卡斯认为上层阶级在高等教育中达到饱和时，高等教育机会不平等还将被维持。因为在教育机会分配方面存在着两种不平等，一种是数量上的不平等，比如上层阶级的子女获得高等教育机会的可能性大于较低阶层的子女；另一种是质量上的不平等，即在同一级别的教育中存在着等级分层，同样是高等教育，某些高等教育的文凭具有更高的价值，而另一些高等教育文凭价值较低。教育选择的社会机制也会影响不同社会阶层的受教育机会，从而导致受教育机会的不平等，导致收入分配不平等的加剧。

（三）第四次技术革命的不平等效应

正如前面所分析的，工业革命后，经济发展的核心从某种意义上可以说是教育与技术的竞赛，技术的进步触发了产业革命，改变了教育需求。对于新产生的教育需求，教育供给的状况影响了经济的增长与收入分配的状况。有学者认为，当重大的技术革命带来技能需求与供给的巨大差距时，会带来社会阵痛。而当技能供给满足技术需求时，则会带来社会繁荣。当前，随着数字化革命的到来，有可能带来新一轮的社会阵痛（见图6－2）。

以人工智能、物联网、3D打印等新技术代表的第四次工业革命对经济的运行方式带来巨大的影响，大部分就业增长出现在高技能或低技能岗位，而没有发生在中等技能岗位，大量中等技能的工作消失。中产阶级正在逐渐消融，中低阶层或低收入阶层在生活中面对比从前更大的经济不确定性。社会变得越来越两极化，对整个社会提出了新的挑战。

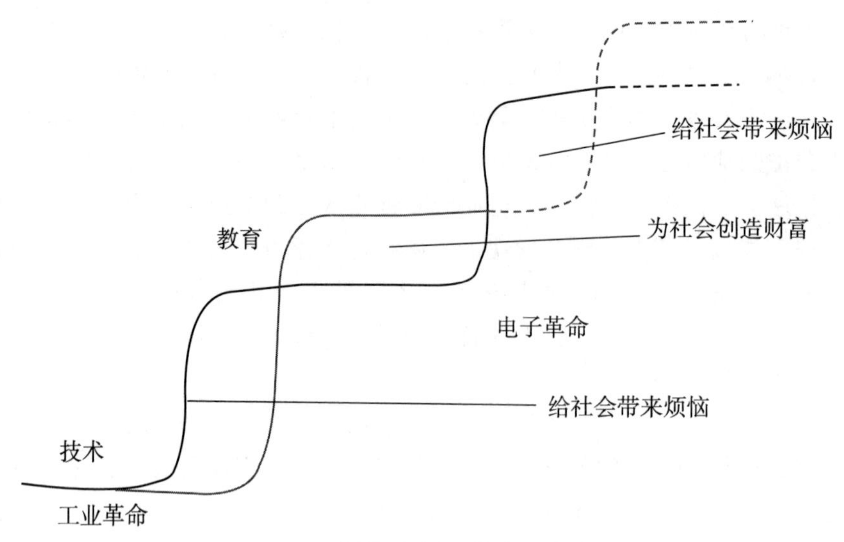

图 6－2 安德瑞斯·施来策的报告

生产力增长也变得极化。据经合组织数据，在过去 10 年中，“前沿企业”——定义为生产力增长最高的 5% 的企业，它们的生产力提高了三分之一多；而其他私人部门企业，生产力几乎没有任何提高。换句话说，更少的公司贡献了更多的效率增长，但相对来说，这些好处没有扩散到整个经济中。有研究发现，在宏观层面，美国总生产力自 20 世纪 70 年代初以来提高了 250% 以上，但时薪保持停滞。这意味着生产力增长不但只集中于少数几类企业，并且与市场劳动力收入脱了钩。资本生产力的增加不再转化为更高的中位收入，导致了“就业岗位—生产力—收入”分配三角发生倾斜，朝不保夕阶层（precariat）出现。这个社会经济阶层不但包括那些找不到工作的人，也包括那些从事非正式、非全职或无保障的工作的人。经济不安全感从某种程度上促发了反精英情绪、政治激进化，民粹主义兴起。先进技术，特别是先进电脑和机器人技术，让生产力的提高不必然引起工资相应增长。相反，生产力提高所创造出来的新财富，更多地流入了这些技术的所有者的腰包。

技术革命是否又在重复技能供求巨大缺口情况下的社会阵痛，如何改变这些技能的缺口？如何更公平地分配技术进步带来的新财富？这些问题可能是全世界面临的新问题。如果想要遏制并最终平息各自国家所发生的政治动乱，就必须以打造新的包容性增长模式来应对，除此之外别无他法。

四、教育促进社会稳定与融合的作用

从中低收入向中高收入转变的过程，既是中国发展的重要战略机遇期，又是社会矛盾凸显期。不仅长期积累起来的深层次社会问题会凸显出来，而且还会出现一些新的社会问题和不确定因素。新生问题与原有问题相互交织在一起，社会系统性的风险加大、社会的脆弱性加剧，社会发展背后隐含着潜在的动荡和发展风险。随着居民收入水平和文化水平的提高，更应适应形势与任务的变化，加强和创新社会管理。教育在加强社会管理与社会融合方面可以发挥重要的作用。

（一）教育促进社会流动的作用

“朝为田舍郎，暮登天子堂。将相本无种，男儿当自强。”从古诗词中可以看到中国传统上一直把教育作为促进社会流动的重要渠道，鼓励青年人建立不论什么出身，只要受到良好的教育就能够实现社会流动的观念。从这个角度出发，为所有的孩子提供受教育机会也一直是中国社会所追求的教育理想。跨越“中等收入陷阱”，中国社会一个重要的变化就是要从目前的“金字塔”型的社会结构发展成为橄榄型的社会结构，让越来越多的中低收入阶层发展成为中高收入阶层，这样一方面可以提升中国整个社会的收入水平；另一方面可以改善收入分配，提高社会的稳定性。

（二）教育促进流动人口社会融合的作用

加强和创新社会管理涉及多个方面、多项维度。就中国当前的实际情况来看，中国社会经济发展的过程，实际是劳动力从农村转向城市，为城市带来大量廉价劳动力的过程。中国农民工数量已达到 2.24 亿人，其中，生在城市、长在城市的新生代农民工数量达到 1 亿人，“十二五”期间，城镇化率将超过 50%，意味着一半以上的人将工作和生活在城镇。但是，由于流出地与流入地在经济、社会、文化、风俗、生活方式等因素上的差异，特别是由于城乡二元体制的存在，大规模劳动力从农村进入城市后基本停留在流而不迁的状态，无法成为流入地的永久居民，成为候鸟式的“迁徙人”。同时，由于离开农村太久，特别是新生代农民工和流动人口子女，他们几乎没有务农经历，尽管难以真正融入城市，但是对城市的认同却超过了对农村的认同（林彭，2004），他们更难再回到农村的生活，处于两难境地。

新生代农民工和流动人口子女是中国未来人力资源最重要的组成部分之一，特别是随着城市老龄化趋势的不断增大，确保新生代农民工和流动人口能稳定地在城市生活和工作、真正融入社会，成为各级政府和社会高度重视并尽快着手解决的社会管理问题之一。毫不夸张地说，如果没有有效解决流动人口社会融合问题，其潜在的社会不稳定风险将难以估量。

在国外有关移民社会融合问题的研究中，研究者们最早关注的重要维度是人力资本对其社会文化、价值融入的决定性作用。教育作为人力资本投资最主要的手段，中国政府应当将教育作为提高社会管理水平的重要抓手，通过职业教育提高当前农民工尤其是新生代农民工的人力资本水平、促进就业、保障收入，解决农民工社会融合问题；通过基础教育，解决流动儿童上学难、上学贵、上好学更难的问题，从小解决流动人口的社会融合问题。

人力资本理论的创始人之一贝克尔提出，如果移民进入的是一个公开竞争的市场，则他们在迁入国的经济成就将主要取决于其人力资本水平。其后，切茨维克和博加斯也将“人力资本”概念引入移民研究，用移民的教育水平、工作经验和其他劳动技能来代表他们的人力资本（赵延东等，2002）。切茨维克根据对美国外来移民的经验研究发现，移民在美国居留时间越长，就越有可能积累相关的劳动经验、语言能力等人力资本，从而更有可能获得经济成功。切茨维克同时认为，移民在新环境中面临的最重要问题之一是如何将在原住国获得的人力资本转化为移居国可用的人力资本。这实际上是一种重新学习和适应的过程。周敏等（2004）考察新华人移民社区后认为，具有雄厚的人力资本的新移民，能够更好地融入美国主流社会。

国内的多项研究已证明了农民工人力资本对移民的过程及对其经济收入的关系。姚先国等（2003）的一项调查表明，职业培训在统计上对外出劳动力成为生产工人或从事服务业具有显著影响。与没有受过职业培训的劳动力相比，职业培训对促进服务业就业的作用近6个百分点，而对在工业生产部门就业的促进作用高达21个百分点。赵延东等（2002）的研究表明，职业培训对流动人口经济地位的影响与他们所接受正规教育的作用相差无几。对此的解释是，职业培训不仅可以获得新的人力资本，而且可以为流动者原有的人力资本提供一种有效的补充和转化方式。人力资本对促进城市流动人口发展并非表现出一致的显著性。曾旭晖（2004）对成都市进城农民工的一项研究表明，在被假定为市场化程度很高的非正式劳动力市场中，进城农民工的教育回报并不十分明显，而且同其他研究结果相比（尤其是同城市居民教育收益率相比），回报率还明显偏低。出现这种现象并非必然否定人力资本对移民发展的影响，而正可说明贝克尔的观点，即劳动力市场被制度性地分割会影响人力资本回报率的高低。要使人力资本得以合理地配置，就必须拆除体制上的障碍，建立统一的劳动力市场，真正实现劳动力的自由流动。研究者同时发现，城市生活本身具有人力资本再生产的意义，而务农经历可能导致相对消极的影响（曾旭晖，2004）。

从国际上经济发展的经验看，19世纪后期以来，在世界经济发展史上，曾经先后出现了三次现代化后进国追赶先进国的代表范例，包括美国对英国的追赶、日本对美国的追赶及韩国西欧国家的追赶，每一次成功经济追赶，都伴随着以人力资本的先行追赶，证明人力资本追赶是经济追赶的先导。许多国家的经验研究也表明，教育形成的人力资本是技术创新与经济增长的源泉，是推动经济发展方式转变、经济社会可持续发展的重要因素，也是减少贫困和不平等的重要保证（Stroombergen et al.，2002；Keeley，2007）。正如2000年诺贝尔经济学奖得主赫克曼（Heckman）在2003年访问北京时指出，“人力资本是最终决定中国富裕的资产”。

第三节　本章小结

本章第一节对“中等收入陷阱”进行讨论，“中等收入陷阱”的最初讨论阶段认为，中国正处于从中低收入向中高收入的转型期，是欠发达经济体成为较发达或发达经济体的关键阶段。“中等收入陷阱”是对经济发展特点阶段总体状况的一种描述，涵盖了经济社会发展的各个方面。不过其核心仍然是经济增长的持续问题。中国经济进一步发展必须进行结构性改革，必须从资源投入驱动的增长方式转变到技术创新驱动的增长方式上来。

2012年中国经济增长从高速进入中高速，GDP增长开始低于8%，中国经济发展进入一种新常态。中国的发展仍处于重要战略机遇期，但也面临经济增长放缓、消化产能过剩、任务繁重、内生动力不足等困难。进入新常态后，面对增长方式的转变，中央提出实施供给侧结构性改革的新战略。旨在调整经济结构，使要素实现最优配置，提升经济增长的质量和数量，更加关注劳动力、土地、资本、制度、技术创新等要素。

中国的经济规模决定了中国跨越“中等收入陷阱”不仅是中国自身经济结构的升级与效率的提升，还涉及整个世界政治经济秩序的重构。

第二节讨论了教育在跨越“中等收入陷阱”过程中的作用，教育是人力资本形成的最主要的形式，是促进国家的经济增长最重要的因素之一。教育发展与经济增长方式密切相关，技术进步，尤其是技能偏向型技术进步与教育的技术供给能力决定了经济发展的路径与可能。在中国跨越“中等收入陷阱”的过程中，经济结构的升级与技术创新是关键，在产业结构变化的大趋势下，技术结构与就业结构必然随之变化，这种变化与教育供给密切相关，教育供给也会对技术进步的路径选择产生影响，经济结构升级与技术创新必须以劳动力素质的提高为基础，必须不断加大教育投入，不断提高教育质量，尤其是高等教育和职业技术培训。

人力资本投资不仅能够促进经济增长，也能改善收入分配，提高中低收入群体的受教育水平，从而提高其劳动技能，进而提高其收入水平，这也是教育的一个重要的功能。增加中低收入群体子女的公平接受教育的机会将有助于收入分配的改善，促进社会阶层的流动，保持社会的活力，促进社会稳定。但对于教育扩展对收入分配的影响也发现了不同的结论，有结论认为教育扩展加大了收入分配差距，在教育扩展过程中还伴随着教育扩展机会分配的问题。教育选择的社会机制也会影响不同社会阶层的受教育机会，从而导致受教育机会的不平等，导致收入分配不平等的加剧。以人工智能、物联网、3D 打印等新技术代表的第四次工业革命对经济的运行方式与收入分配带来巨大的影响，导致极化社会的产生。通过加强教育发展，可以缓解对高技能人才的供给不足的问题。

同时，教育起到促进社会流动和通过形成人力资本促进流动人口社会融合的作用。

总体而言，中国从中等收入国家向高收入国家的转型，需要教育和人力资本发挥其重要作用，解决转变经济发展方式中出现的一系列问题。通过教育，人力资本能够提高劳动生产率，提高劳动者收入水平；通过教育，人力资本能够提高劳动者收入，缩小居民收入差距；通过教育，人力资本能提高技术创新水平，实现产业结构的升级；通过教育，人力资本能促进社会流动，形成更有活力更为稳定的社会；通过教育，人力资本可以提高农民工的素质，促进城镇化和社会融合。

第七章

教育与收入分配

收入分配是经济学研究的经典问题之一。人类创造的财富如何分配？既是财富在不同利益主体间合理分配的问题，也是经济有效循环持续发展的问题。收入分配不合理，生产出来的产品没有足够的购买需求，经济也不能持续增长。对于发展中国家来说，经济结构的升级在很大程度上有赖于中等收入阶层的扩大，只有中等收入阶层的扩大，对于高质量的消费品的需求才会不断上涨，经济也才能不断升级。另一方面，收入分配也涉及公平的问题，如果收入差距过大，经济增长的成果不能为全社会分享，将会影响社会稳定，进而影响经济发展。对于发展中国家，在从中等收入水平向高收入水平迈进的过程中，由于经济结构、社会结构变动剧烈，更应该关注收入分配与社会稳定问题。

教育承载着家庭与社会的希望，是促进社会流动与改善收入分配的重要手段。通过教育促进收入分配的改善是人力资本理论的提出者舒尔茨的重要观点。他认为，通过教育可以提高劳动者的劳动生产率，进而在完全竞争的劳动力市场上，可以提高劳动者的收入。基于这样的思想，舒尔茨认为，社会上存在很多低收入者的原因是这些劳动力缺乏教育与培训，劳动生产率低下。因此，通过教育扩展，让更多的劳动者受到更好的教育，就会从根本上提高劳动生产率，改进收入分配，进而促进经济增长。从这一视角来看，教育是各种社会机制中最伟大的平等者。

不过，在大量对教育与收入分配的研究中对于教育与收入分配的关系存在着激烈的争论。很多实证研究发现教育有时不仅不能改善收入分配，还有可能加剧收入分配的不平等。本章将在简要回顾收入分配理论，以及中国收入分配政策变化过程的基础上，分析教育与收入分配的作用机制，进而提出中国教育与收入分配分析的逻辑框架。

第一节　教育与收入分配关系的理论分析

一、收入分配理论的简要回顾

威廉·配第是最早研究收入分配的古典经济学家，他提出“土地为财富之母，而劳动则是财富之父和能动的要素”①。亚当·斯密则进一步认为，工人付出劳动获得工资，资本家付出资本获得利润，地主付出土地获得地租。他的这种收入分配的思想被称为三位一体的要素收入分配理论。尽管后来大卫·李嘉图、萨伊等古典经济学家进一步扩展了古典收入分配理论，不过总体上没有改变斯密的三位一体的要素分配理论的基本架构。

新古典经济学家在分配理论上进一步推进了古典经济学的要素分配理论，认为在完全竞争的市场上，生产要素的边际贡献决定要素的报酬。马歇尔在均衡价格理论框架下，提出要素报酬由供给与需求决定，要素供给取决于要素边际成本，要素需求取决于要素边际使用效率。新古典经济学尽管进一步发展了古典经济学的收入分配理论，但他们关注的重点是一样的，都是关注国民收入总量在不同生产要素之间的分配问题，尤其是劳动收入占比问题，是要素分配理论特别关注的重点。要素分配理论往往被称为功能分配理论。

与功能分配理论不同的是规模收入分配理论，或者个人收入分配理论。规模收入分配理论更关注的是不同社会阶层个体间收入的差距，以及个体间收入分配公平性的问题。规模收入分配研究始于凯恩斯，他认为有效需求不足是经济危机的根本原因，而有效需求不足的一个重要原因是收入分配不公。因此，应通过国家干预的方式，建立收入分配的宏观调节机制，将收入分配差距控制在一定范围之内。

现代经济分析将收入分配研究的重心从要素分配理论转向个人收入分配理论，即从国民收入在工资、利润间的分配转向由基尼系数描述的个人收入分配的不平等。库兹涅茨从发展经济学的角度，提出了经济增长与收入分配不平等呈现

① 威廉·配第：《赋税论：献给英明人士，货币略论》，陈冬野等译，商务印书馆 1972 年版，第 71 页。

倒“U”型关系的著名假说。认为在从传统农业产业向现代工业产业转变的过程中，随着经济增长，收入分配会表现出先扩大，到达顶点后再逐渐缩小的过程。基尼系数等描述收入不平等的统计指标成为分析收入分配的主流方法。

随着经济运行方式的变化，个人收入的结构也开始发生比较大的变化，通过各种金融手段以及财产获得的收益，成为个人收入的重要组成部分，收入分配的研究面临新的挑战。尤其是20世纪80年代后，西方主要发达国家收入分配经过六七十年代黄金时期后开始出现新的问题，收入分配极化现象越来越凸显。

法国经济学家皮凯蒂在其著作《21世纪资本论》中，通过引入了资本总量与收入比的指标，从更上位的角度分析了国民收入的来源与分配问题。他认为："了解这些变化最有效的办法是分析资本和收入比的演变（即资本总量和每年收入流之比），而不是只关注资本—劳动划分（即收入分别分配到资本和劳动的份额）。"① 如图7-1所示，资本存量与收入比的变化预测反映出皮凯蒂对由资本存量作用的增大而带来的收入不平等的加剧。

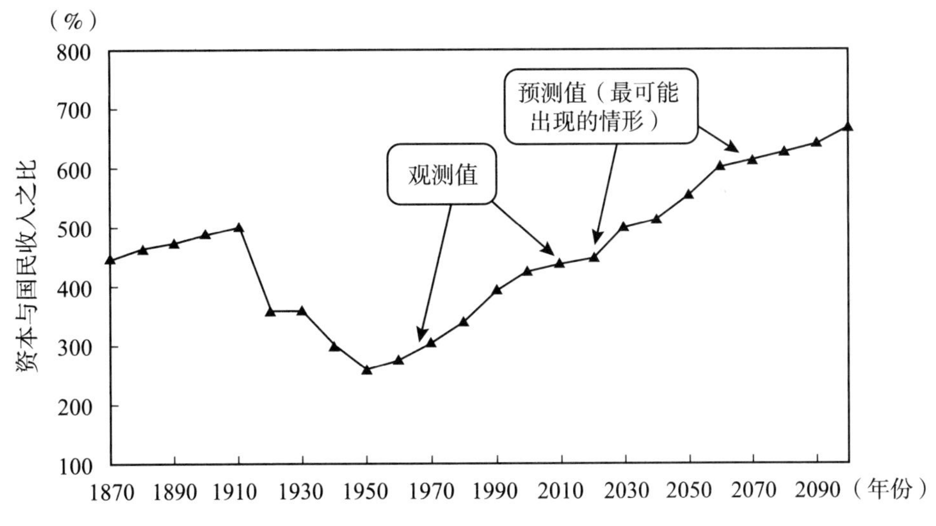

图7-1　1870～2100年全球资本/收入比

皮凯蒂构建的收入分析框架实际上分为两个层次：一是在资本总量/收入比的角度考察资本在收入分配中的作用，以及资本与劳动的关系；二是劳动收入层次上分析个人劳动收入的分配问题。皮凯蒂的收入分配理论实际上在现代意义上综合了要素分配理论与规模收入分配理论，对于世界收入分配的再次恶化作出了深入的分析。

① 托马斯·皮凯蒂：《21世纪资本论》，中信出版社2014年版，第200页。

实际上个人收入分为财产性收入和工资性收入，财产性收入具有一定的粘性不易发生变化，个人收入如果主要由财产性收入构成，容易出现马太效应，收入差距日益扩大。而工资性收入则会更多地与个人的人力资本关联，更有利于促进社会流动，保持社会活力。从整个社会来看，控制财产性收入的占比，提高工资性收入的占比，会有利于收入分配的改善。对于工资性收入，通过提供更加公平的教育机会，有利于改善人力资本的分布状况，进而有利于改进收入分配。

二、中国收入分配政策的变化

收入分配政策作为整个经济制度的重要组成部分，随着经济体制的变化，中国收入分配政策也在整体经济体制变化的背景下不断地调整。改革开放之前，中国的收入分配总体上以平均主义为主要取向，在城市与农村都实行的是平均主义取向的单一按劳分配制度，实际上是缺乏激励的平均主义分配制度。

党的十一届三中全会之后，农村实行了家庭联产承包责任制。党的十二届三中全会之后，企业开始实行新的利益分配激励机制，“使企业职工的工资和奖金同企业经济效益的提高更好地挂起钩来”“在企业内部，要扩大工资差距，拉开档次，以充分体现奖勤罚懒、奖优罚劣，充分体现多劳多得、少劳少得”① 平均主义的分配制度开始打破。

1987 年，党的十三大提出按劳分配为主体，多种分配方式并存。指出“在促进效率提高的前提下体现社会公平”。党的十四大明确指出要鼓励非公有制经济发展，以公有制为主体，个体经济、私营经济、外资经济为补充，多种经济成分共同发展。党的十四届三中全会则提出了“个人收入分配要坚持以按劳分配为主体、多种分配方式并存的制度，体现效率优先、兼顾公平的原则”，至此效率优先成为收入分配的重要原则，平均主义的收入分配制度彻底打破。

1997 年，党的十五大正式确立了我国“公有制为主体、多种所有制经济共同发展”的基本经济制度，提出多种分配方式并存的收入分配制度，将按劳分配与按生产要素分配联系起来。在坚持按劳分配为主体、多种分配方式并存制度的基础上，“把按劳分配和按生产要素分配结合起来”“允许和鼓励资本、技术、土地、知识产权等生产要素参与收益分配”②，将按劳分配与按生产要素分配结合起来，是我国经济所有制结构变化的必然要求，是市场经济改革深化的必然结

---

① 《中共中央关于经济体制改革的决定》，载于《经济体制改革》1984 年第 5 期。

② 江泽民：《高举邓小平理论伟大旗帜，把建设有中国特色社会主义事业全面推向二十一世纪——在中国共产党第十五次全国代表大会上的报告（1997 年 9 月 12 日）》，载于《求是》1997 年第 18 期。

果。承认资本、技术、土地、知识产权等生产要素参与分配，是收入分配制度的一个重要的变化。

2002 年党的十六大和 2007 年党的十七大进一步明确初次分配按要素贡献参与分配，再次分配更加注重公平，强调要"确立劳动、资本、技术和管理等生产要素按贡献参与分配的原则，完善按劳分配为主体，多种分配方式并存的分配制度"。从政策实施的效果看，对生产要素所有者收入提升的效应有所差异，其对资本、技术、管理等生产要素所有者带来收入提升的幅度较大，而对农民、基层职工等普通劳动者带来收入提升的幅度较小，整个社会收入差距不断扩大。

针对这种情况，对二次分配公平性的关注逐步提升。党的十六大提出"以共同富裕为目标，扩大中等收入者比重，提高低收入者收入水平"。党的十七大对收入分配有了更为具体化的目标模式。一是要"着力提高低收入者收入，创造条件让更多群众拥有财产性收入"；二是强调通过"扩大转移支付，强化税收调节，整顿分配秩序"，加强政府对收入分配的再调节，以逐步扭转收入分配差距扩大趋势。

2012 年，党的十八大更为重视收入分配的公平问题，强调"初次分配和再分配都要兼顾效率和公平，再分配更加注重公平"。收入分配政策从效率优先，兼顾公平，到初次分配强调效率，二次分配强调公平，到现在强调初次分配与再分配都要兼顾效率和公平。

2017 年，党的十九大提出习近平新时代中国特色社会主义思想，提出我国社会主要矛盾已经转化为人民日益增长的美好生活需要和不平衡不充分的发展之间的矛盾。在收入分配方面提出"坚持按劳分配原则，完善按要素分配的体制机制，促进收入分配更合理、更有序。鼓励勤劳守法致富，扩大中等收入群体，增加低收入者收入，调节过高收入，取缔非法收入。坚持在经济增长的同时实现居民收入同步增长、在劳动生产率提高的同时实现劳动报酬同步提高。拓宽居民劳动收入和财产性收入渠道。履行好政府再分配调节职能，加快推进基本公共服务均等化，缩小收入分配差距"，坚持以人民为中心，共享发展成果，实现共同富裕成为新时代中国收入分配政策的主线；提出到 2035 年"人民生活更为宽裕，中等收入群体比例明显提高，城乡区域发展差距和居民生活水平差距显著缩小，基本公共服务均等化基本实现，全体人民共同富裕迈出坚实步伐"。

从以上的简要回顾，我们可以发现，中国的收入分配制度在计划经济时期强调单一的平均主义的按劳分配。在改革开放之初，强调打破平均主义"大锅饭"，鼓励多劳多得。党的十三大提出效率优先，兼顾公平的按劳分配，党的十五大提出按劳分配和按生产要素分配结合起来的分配制度。党的十六大提出初次分配按要素贡献分配，再次分配更加注重公平的制度。党的十八大更加注重公平，强调初次分配和再分配都要兼顾公平和效率，再分配更加注重公平。党的十九大更加强调完善按要素分配的体制机制，共享发展成果，实现共同富裕。中国的收入分配政策的演变在公平与效率、按劳分配与按要素分配的平衡中不断发展，不断完善，基本上形成了适应中国特色社会主义市场经济的收入分配制度。

三、中国教育与收入分配的关系

研究中国教育与收入分配的关系，既要从教育与收入分配的一般性规律中着手，也要充分考虑中国收入分配政策与制度的特定背景。中国的特定背景既有“搞导弹的不如卖茶叶蛋的”“脑体”倒挂现象，也有劳动无限剩余带来的农民工问题。既有教育收益的大幅上升带来的教育激烈竞争现象，也有制度效应凸显的行业收入差距过大的现象。分析中国教育与收入分配的关系需要从中国的特定发展阶段与背景出发，抓住教育在中国收入分配过程中的作用机制。

（一）教育扩展对收入分配的改善

教育对收入分配的改善作用，最早进行系统理论分析的是舒尔茨，他认为，人力资本可以促进经济增长，改善收入分配。他这种观点的逻辑是基于对美国经济增长核算中出现的矛盾。对于美国国民收入的增长速度高于各类投入要素的增长速度，而且是差异越来越大的问题，舒尔茨认为，尽管存在规模收益提高等原因，最重要的原因是劳动力质量，即人的能力的提升。对于劳动者实际收入的增长，其根本原因是对劳动者人力资本投资带来的单位时间劳动生产率的提升。基于此，作为人力资本投资最主要形式的教育就成为改善收入分配的重要手段。通过大力发展教育，劳动力生产效率大幅提高，收入水平也会随着劳动生产率的提高而提高，从而大大改善收入分配状况。舒尔茨（Schultz，1963）明确提出：“人力资本的改善是减少个人收入分配不平等的基本因素。”从这个意义出发，舒尔茨称教育是“伟大的平等者”。在教育与收入分配关系的研究中，这种通过发展教育改善收入分配的研究一般被称为教育扩展与收入分配，目的在考察教育扩展对收入分配的影响。在很多具有教育扩展对收入分配的研究往往用基尼系统作为收入分配改善的指标，但笔者认为，更直接的测量是比较不同教育水平劳动力收入的差异，再按教育扩展的规模核算教育扩展的收入分配改善效应。

（二）教育选择机制带来收入不平等

在大量研究教育扩展对收入分配影响的研究中，对于教育扩展对收入分配影响的研究却发现了不同的结论，既有发现教育扩展改善收入分配的结论，也有教育扩展加大了收入分配的结论。出现这种矛盾的原因不是舒尔茨的人力资本理论出现了错误，而是在教育扩展过程中还伴随着教育扩展机会分配的问题。尽管在教育扩展过程中，所有人的教育水平都得到了提高，但不同群体从教育扩展中获得的机会并不相同。这里面既有市场机制的作用，也有社会差距的影响。

（三）中国教育与收入分配的关系

研究中国教育与收入分配的关系，除了一般性依托教育扩展、教育选择与收入分配的关系，还要充分考虑中国收入分配制度与政策的变化，才能准确地把握教育在发展不同阶段对于收入分配的影响。

改革开放40多年以来，中国逐步从计划经济走向市场经济，从二元经济走向一元经济。在这个过程中收入分配制度发生了巨大的变化，正如前面对中国收入分配制度的回顾，从单一的按劳分配的平均主义到对多种经济形式的分配制度的认可，从平均主义到效率优先，兼顾公平。从单纯的按劳分配，到按劳分配与按要素分配相结合。从初次分配强调效率，二次分配重视公平，到初次分配与二次分配都要兼顾公平与效率。在这些不同的收入分配体制下，教育在不同的体制与不同的分配环节中发挥着不同的作用。

从市场化的影响来看，制度因素一直起着非常重要的作用。20世纪80年代的乡镇企业、价格双轨制改革、九二下海浪潮、外资企业兴起、国有企业改革、垄断行业准入，一系列的重大政策对中国的收入分配产生了巨大的影响。

从二元社会的角度看，教育，尤其是高等教育，在相当长的时期里，其在收入分配方面最主要的作用是从农村到城市的鲤鱼跳龙门。通过中等以上的教育，农村孩子可以进入城市，提高收入水平。有人将1977～1979年三年高考的百万天之骄子称为“百万雄师”，在改革开放之初急需大量人才的背景下，成为各行各业的精英，实现了阶层的提升与收入的改善。今天，人们对“985”“211”的追求，对考研的向往，是教育改善收入分配的最好的例证。随着市场化改革的深入，教育的收益率不断提升。20世纪“搞导弹的不如卖茶叶蛋的”“脑体倒挂”的时代已经一去不返了。收入水平与受教育水平的关系越来越相关，教育收益率不断提高，教育在收入分配中的作用越来越强。

不过，由于中国是一个快速工业化，产业结构快速变化的社会，选择一个快速发展、收益率高的行业，会给个人带来高额的回报。教育对收入的影响在经济发展过程中也存在波动，资源行业、金融行业、房地产行业、互联网行业，这些快速发展的行业收入水平比其他行业高出许多。从这一角度看，行业选择比教育似乎更重要。但是随着产业结构的不断升级，随着中国经济越来越进入以创新驱动的发展模式，教育的重要性再度凸显，在新的技术革命与产业升级过程中，教育对收入分配的影响也会出现新的变化趋势。

中国教育在收入分配方面的作用需要特别重视的一个方面是教育普及对经济发展与产业升级的支撑作用。许多研究在分析中国改革开放40多年经济发展取得巨大成就时，都将人口红利作为中国在国际市场上最大的竞争优势。而人口红利最核心的其实不是人口的数量，而是义务教育快速普及，以及各类教育的快速发展，为经济发展提供了充裕的人力资源。教育扩展支撑了经济发展，同时也让超过6亿人口脱离了贫困。教育扩展对整体收入水平的提高发挥了巨大的作用。

当然，中国教育发展不平衡，以及个人受教育机会的差距从一定程度上也会扩大收入分配的不平等。在总体收入水平不断提高的过程中，中国收入分配的差距呈现不断扩大的趋势，其中体制与制度因素影响最大。不过，教育机会不平等也会影响收入分配。前面我们在教育与收入分配一般框架中介绍教育选择的市场机制与社会机制都会造成教育机会的不平等。如果再加上教育发展不平衡等现实与制度因素，教育机会不平等问题会更突出。教育机会的不平等通过各种机制进一步加剧了收入分配的不平等。可以说，教育之于收入分配，既有缩小差距的作用，也有扩大差距的机制。

第二节　中国收入分配的基本变动情况

一、中国居民收入水平不断提高，接近高收入水平的低限

新中国成立以来，尤其是改革开放以来，随着中国经济的高速增长，居民的收入水平也不断提高，2019年，中国的人均国民总收入（GNI）首次突破1万美元大关，达到10 410美元，高于中等偏上收入国家9 074美元的平均水平。居民人均可支配收入为30 733元人民币，约为人均GDP的43.4%，比2018年名义增长8.9%。其中，城镇居民人均可支配收入为42 359元，农村居民人均可支配收入为16 021元；如果从改革开放算起，中国城乡人均可支配收入实现了巨大的增长。表7－1是1978～2017年城乡人均居民可支配收入增长的情况。

1978年农村居民人均纯收入指数为100，2017年比1978年增长了18.26倍，

年均增长 7.73%；以 1978 年城镇居民人均可支配收入指数为 100，2017 年比 1978 年增长了 15.42 倍，年均增长 7.26%。

二、收入差距居于高位水平，不平衡问题仍然突出

新中国成立后，尤其是改革开放以来，中国的收入分配政策经历了打破平均主义大锅饭，提高生产效率阶段。也经历了收入差距不断扩大背景下，不断完善收入分配体制，越来越重视收入公平问题的新阶段。不过，总体来看，我国收入分配差距与不平衡问题仍然较为突出。

从图 7-2、表 7-1 来看，中国收入分配差距处于高位水平，基尼系数从改革开放之初的 0.35，扩大到 2008 年 0.49 的高点，之后有所下降，但仍高于 0.45 的警戒线水平。最高收入的 20% 群体占总收入近 50%，是最低收入组近十倍。李克强总理在答记者问时指出，"我们人均年可支配收入是 3 万元人民币，但是有 6 亿中低收入及以下人群，他们平均每个月的收入也就 1 000 元左右"。

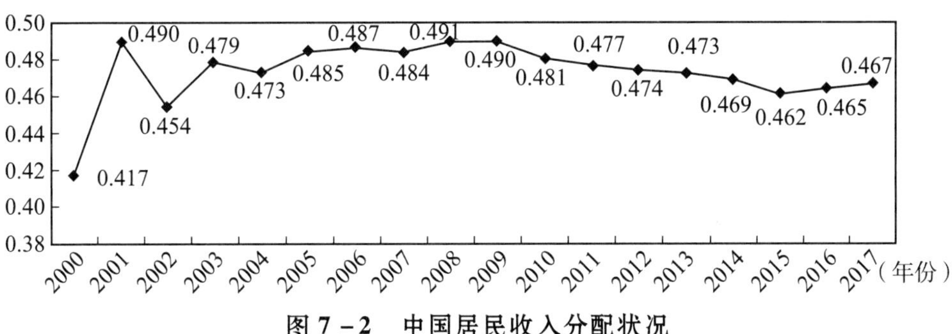

图 7-2　中国居民收入分配状况

表 7-1　　中国居民收入分配状况

年份	各组占全部收入的比重（%）					基尼系数
	最低 20%	第二个 20%	第三个 20%	第四个 20%	最高的 20%	
1981	8.67	13.13	17.37	22.89	37.94	0.350
1984	8.85	13.53	17.81	23.19	36.62	0.339
1987	7.99	13.06	17.63	23.38	37.94	0.338
1990	8.04	12.15	16.51	22.57	40.73	0.336
1993	7.35	11.32	15.80	22.30	43.23	0.356
1996	7.24	11.31	15.83	22.30	43.32	0.372
1999	6.39	10.29	15.01	22.21	46.10	0.386
2002	5.47	9.37	14.33	22.19	48.64	0.401

续表

年份	各组占全部收入的比重（%）					基尼系数
	最低 20%	第二个 20%	第三个 20%	第四个 20%	最高的 20%	
2005	4.99	9.85	14.99	22.24	47.93	0.485
2008	4.78	9.64	15.01	22.70	47.87	0.491
2010	4.67	9.74	15.31	23.19	47.09	0.481
2011	—	—	—	—	—	0.477
2012	—	—	—	—	—	0.474
2013	—	—	—	—	—	0.473
2014	—	—	—	—	—	0.466

资料来源：各组占全部收入的比重数据来自世界银行数据库，基尼系数来自国家统计局。

三、城乡收入绝对差距仍然在扩大

改革开放之初，中国是典型的二元经济，80%多的人口在农村，农村存在大量的劳动力剩余。中国的经济发展从某种意义上看，其实是农村劳动力向城市转移的过程。当劳动生产率低下的农村劳动力转移到劳动生产率较高的城市时，中国经济实现了生产要素配置的极大改善。2019 年，中国城镇化率达到 60.6%，比 1978 年的 17.92% 提高了 43 个百分点。城乡发展战略也从过去以城市为中心，逐步向城乡统筹、城乡一体化，到最终的城乡融合。

从图 7-3 可以发现，改革开放以来城乡居民收入都实现了快速增长，但城乡收入之比仍然较高，实现城乡融合战略下的人员、信息、资金等生产要素的双向流动还需要对农村发展的更多的政策支持。

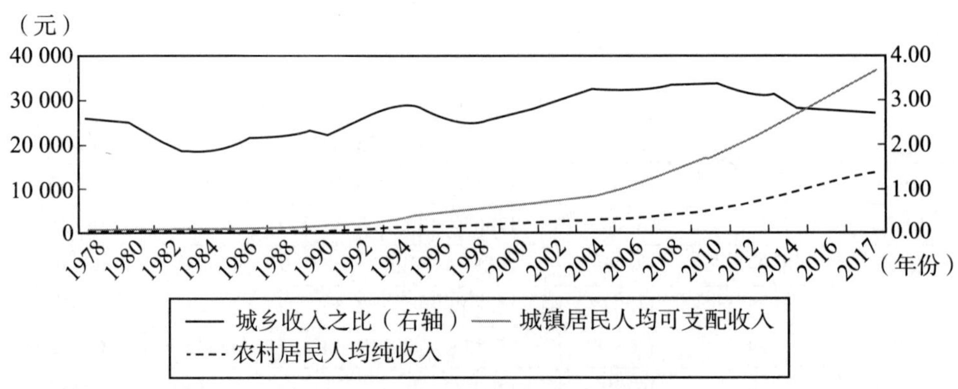

图 7-3　中国城乡居民收入状况

四、地区间收入差距过大的问题仍然没有缓解

地区间收入差距过大是中国经济发展过程中一个长期的老问题，尽管国家出台了一系列的政策支持西部地区发展，但由于各方面的综合因素，西部地区的发展与东部发达地区的差距仍然在扩大。以 2019 年为例，内地 31 个省份，人均居民可支配收入最高的是上海达到 69 442 元，最低是甘肃为 19 139 元，上海是甘肃的 3.63 倍。由于人均可支配收入包括了工资性收入、经营性收入、财产性收入、转移性收入等多个方面，收入差距的造成也是一个全方位的经济问题。

五、行业间收入差距过大的问题仍然突出

行业间收入差距是中国收入差距产生的重要原因。表 7－2 是按照国民经济统计的行业分类最高与最低收入行业的变化情况。

表 7－2　1978～2017 年按行业分城镇单位人均工资最高与最低统计

年份	人均工资最高行业及平均工资水平（元）		人均工资最低行业及平均工资水平（元）		差值	比值
1978	电力煤气	840	社会服务	392	458	2.17
1990	采掘	2 718	农林牧渔	1 541	1 177	1.76
2000	金融保险	13 478	农林牧渔	5 184	8 294	2.60
2005	信息传输、计算机服务业和软件业	38 799	农林牧渔	8 207	30 592	4.73
2010	金融业	70 146	农林牧渔	16 717	53 429	4.20
2015	金融业	114 777	农林牧渔	31 947	52 830	3.59
2017	信息传输、计算机服务业和软件业	133 150	农林牧渔	36 504	96 646	3.65

资料来源：1979～2018 年《中国统计年鉴》。

在改革开放之初，电力煤气行业、采掘业收入最高，社会服务行业、农林牧渔行业收入最低。近些年则主要是金融业与 IT 业收入最高，农林牧渔业一直是收入最低，最高最低收入行业收入比是 4 倍左右。行业间收入差距的形成有制度因素，也有人力资本因素，还包括了市场自然垄断以及技术创新等因素。不过总体看，我国行业间的收入差距还是高于发达国家的水平。

六、劳动报酬占比过低，初次分配结构仍需改进

劳动报酬占比是收入分配重要研究的重要指标，反映了劳动力投入在国民收入初次分配中的比例。从要素分配理论看，如果市场是充分竞争的，则各生产要素的投资回报率最终会达到均衡。我国劳动报酬占国民收入的比例情况如图 6 – 5 所示。

从图 7 – 4 中可以发现，我国劳动报酬占比在 1999 年达到 60. 5% 之后基本上呈下降的趋势，尽管在 2011 年之后有所反弹，但回升比例很小，基本上处于比较低的水平。而正如皮凯蒂所分析的，如果劳动收入占比降低，收入分配会越来越受资本的马太效应影响，收入分配不平等会进一步加剧。

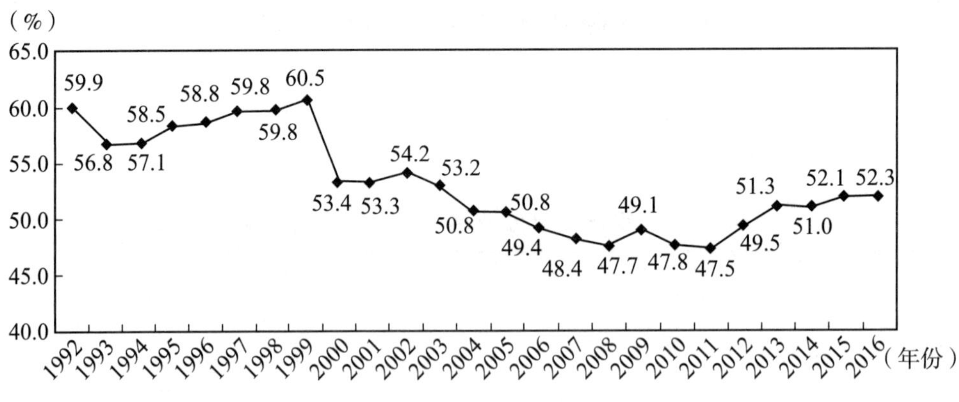

图 7 – 4　1978 ~ 2016 年中国劳动报酬比

第三节　教育扩展与收入分配

第二节分析了中国收入分配的总体情况与存在的问题，本节我们将进一步关注教育扩展对收入分配的影响。从国内外已有的研究来看，大部分研究是将人均受教育年限、各级教育入学率等教育扩展的指标作为自变量，将基尼系数等收入分配差异的指标作为因变量，来探讨教育扩展对收入分配差异的影响。这样开展教育扩展对收入分配的作用，由于没有剔除教育不平等的因素，往往无法获得真正的教育扩展对收入分配的作用。按照舒尔茨的理论，教育能够提高劳动生产率，从而提高受教育者的收入水平。从这样的逻辑出发，分析教育扩展对收入分

配的影响，最直接的方法是看受教育水平的变化，以及不同受教育水平劳动力的收入差距，就能直接计算出教育扩展对收入水平提高的作用。因为在教育扩展过程中，由于教育的市场选择与社会选择，教育扩展并不必然意味着带来教育机会的平等，也可能导致教育机会不平等的加剧，尤其是在各级教育的高端领域。因此，本节选择对教育扩展总量的核算，以及不同受教育水平收入差异对收入分配的影响，来分析教育扩展对收入分配的影响。

按照舒尔茨的观点，教育可以提高劳动生产率，进而提高收入水平，改善收入分配。教育扩展是适龄人口受教育情况的直接反映，劳动人口受教育水平则是教育扩展的结果在劳动人口上的体现。通过比较不同年份的劳动人口受教育水平，同时依据不同受教育水平劳动力的收入水平，可以直接获得教育扩展对收入提高的影响。

改革开放以来，中国教育发展取得举世瞩目的成就。学前教育、基础教育、高中阶段教育、职业教育、高等教育等各级各类教育都获得了长足的发展。九年义务教育全面普及，2019 年学前教育入学率达到 83.4%，高中阶段教育毛入学率达到 89.5%，高等教育毛入学率达到 51.6%。教育的快速扩展为中国的经济发展提供了良好的人力资源，使中国从人口大国变成了人力资源的大国，有力地促进了中国的经济发展。

表 7 - 3 反映了中国劳动人口受教育水平的变化，1990 年劳动人口中受过高等教育的人口只占 1.87%，到 2018 年受劳动人口中受过高等教育的人口比例上升到 20.2%。与之相对的是小学及以下的人口占比从 54.74%，下降到 18.7%。教育的快速扩展极大地改变了中国劳动人口的受教育水平。受教育水平的改善必然带来收入水平的提升，对中国的收入水平提升起到了重要的作用。

表 7 - 3　　　　中国劳动人口受教育水平的变化　　　　单位：%

学历水平	1990 年	2000 年	2010 年	2018 年
本科及以上	0.66	1.38	4.09	9.4
专科	1.21	3.29	5.96	10.8
高中	11.07	12.65	13.87	18.0
初中	32.31	41.70	48.80	43.1
小学及以下	54.74	40.98	27.27	18.7

为了实证观察教育扩展对收入水平提高的作用，笔者采用中国家庭健康调查（CHNS）微观抽样调查数据，比较了不同受教育水平的劳动者收入的差别，考虑

了教育对个体收入在不同年龄阶段的影响，分年龄组考察了接受高等教育与高中教育收入水平的差距。

CHNS 调查数据采取完全随机抽样，调查内容包含城市以及农村劳动者的受教育水平、收入、性别、行业等详细信息。样本中的有工资性收入的劳动力主要集中于 18 ~60 岁，具体样本数量为 1989 年 1 112 个，1991 年 1 034 个，1993 年 1 011 个，1997 年 1 121 个，2000 年 1 225 个，2004 年 984 个，2006 年 1 378 个，2009 年 1 167 个。

首先，考察不同年龄不同年份收入水平的情况。

表 7 -4 显示，我国劳动者收入水平随着年龄的增长而不断提高，说明在我国年龄对于工资收入水平有着很大的影响。同时，随着经济的发展，同一年龄段收入水平随着的经济发展而不断提高。

表 7 -4　　　　按年龄分组我国劳动力收入变化趋势

年份	18 ~30 岁	31 ~40 岁	41 ~50 岁	51 ~60 岁
1989	73. 36	106. 23	101. 19	136. 86
1991	83. 25	116. 23	128. 45	140. 4
1993	120. 11	173. 86	160. 32	186. 22
1997	356. 69	469. 41	455. 16	579. 64
2000	585. 91	706. 19	678. 54	773. 38
2004	795. 32	1 189. 23	998. 36	1 056. 65
2006	1 019. 25	1 265. 67	1 457. 6	1 703. 32
2009	1 527. 52	1 935. 67	2 356. 89	2 245. 98

我们关注的重点是不同教育水平的劳动者收入的差距，从而考察教育扩展对收入的影响。为了能够考察教育对不同年龄阶段收入的影响，我们分别比较了 18 ~30 岁、31 ~40 岁、41 ~50 岁、51 ~60 岁四个年龄组大学水平劳动者与高中水平劳动者之间的收入差距。

表 7 -5 反映了 18 ~30 岁这个年龄段的收入差距变化情况，从总体上看，大学水平劳动者与高中水平劳动者收入差距较小。有些年份，高中水平劳动者收入还高于大学水平劳动者。出现这种情况的原因主要在于高中毕业生进入劳动力市场时间较早，同时大学毕业生的学历与技能优势还没有充分释放出来。

表 7 - 5　　18 ~ 30 岁劳动者按受教育水平分组收入分布　　单位：元

年份	18 ~ 30 岁		
	大学水平劳动者	高中水平劳动者	技能溢价
1989	74.9	73.6	1.3
1991	83.7	82.5	1.2
1993	116.1	132.2	-16.1
1997	332.4	382.4	-50.0
2000	587.4	583.6	3.8
2004	842.2	701.2	141.0
2006	1 020.6	1 018.3	2.3
2009	1 523.5	1 532.41	-8.91

表 7 - 6 反映了 31 ~ 40 岁年龄组收入差距变动的情况。从 20 世纪 90 年代后期开始，大学水平劳动者的学历优势开始显现，大学水平劳动者的技能溢价逐年增长，尤其在 2000 年之后这种增长趋势越来越明显。按年龄收入曲线的一般规律预测，这一阶段大学水平劳动者收入水平会高于高中水平劳动者。但表 7 - 6 数据显示，从 20 世纪 90 年代后期开始，大学劳动者的收入水平才开始高于高中水平。其原因与计划经济时期的工资体系密切相关。在计划经济时期，按当时的工资体系与知识分子政策，普遍存在“脑体倒挂”的问题。

表 7 - 6　　31 ~ 40 岁劳动者按受教育水平分组收入分布　　单位：元

年份	31 ~ 40 岁		
	大学水平劳动者	高中水平劳动者	技能溢价
1989	95.3	112.3	-17
1991	120.5	115.3	5.2
1993	170.6	174.2	-3.6
1997	473.2	465.3	7.9
2000	780.2	693.5	86.7
2004	1 270.1	1 023.6	246.5
2006	1 389.9	1 146.7	243.2
2009	2 013.4	1 645.5	367.9

表 7-7 反映了 41~50 岁年龄组收入差距变动情况。从总体上这一年龄阶段与上一阶段呈现了相近的特点，从 20 世纪 90 年代后期开始，大学水平劳动者的收入优势开始显现。与上一年龄组的差异是收入差距进一步拉大，反映了接受教育的收入效应的不断增长趋势。

表 7-7　41~50 岁劳动者按受教育水平分组收入分布　单位：元

年份	41~50 岁		
	大学水平劳动者	高中水平劳动者	技能溢价
1989	101.2	101.4	-0.2
1991	131.6	117.4	14.2
1993	156.7	165.4	-8.7
1997	501.3	435.1	66.2
2000	738.4	647.5	90.9
2004	1 178.2	832.5	345.7
2006	2 039.9	1 100.3	939.6
2009	2 910.2	1 983.4	926.8

表 7-8 反映的是 51~60 岁年龄组收入差距变动情况。在这一年龄阶段，除了延续了前两个阶段大学水平劳动者收入上的优势外，更突出是大学阶段劳动者收入持续增长能力明显高于高中水平，大学水平劳动者收入已经是高中水平收入的两倍以上，反映了教育持续提升收入水平的效应。大学水平劳动者更多地从事的是管理岗位或高级技术岗位，这些岗位的技能会随着年龄的增长而增长，而一些通过手工或技能型的岗位的技能则往往会随着年龄的增长出现衰退。

表 7-8　51~60 岁劳动者按受教育水平分组收入分布　单位：元

年份	51~60 岁		
	大学水平劳动者	高中水平劳动者	技能溢价
1989	122.5	149.5	-27
1991	149.3	122.2	27.1
1993	299.6	156.7	142.9
1997	586.3	574.6	11.7
2000	654.3	815.7	-161.4
2004	1 152.8	998.5	154.3

续表

年份	51～60岁		
	大学水平劳动者	高中水平劳动者	技能溢价
2006	2 546.3	1 325.9	1 220.4
2009	3 106.8	1 429.5	1 677.3

从以上分析，我们可以发现，由于不同受教育水平收入的差距，教育扩展会提高劳动者终生的收入，受到较好教育的劳动者高收入阶段持续时间长，通过教育扩展会不断提高劳动者的收入水平。

当然，对于教育水平高的劳动者收入水平高也有不同的解释逻辑。筛选理论就不同意人力资本理论关于教育提高劳动生产率，进而提高收入水平的逻辑。筛选理论认为，由于劳动力市场上信息不对称的原因，雇主在劳动力市场上往往是通过教育的信号作用把高素质的劳动者筛选出来，教育不是提高了劳动生产率，而是劳动力市场筛选的信号。对于这种解释，笔者认为更多的是从个体角度的分析。但从社会角度看，如果教育仅仅是为了提供筛选信号，这种信号的成本就太高了。因此，从教育政策与劳动力市场的政策设计角度，一定要更多地发挥教育的人力资本作用，而不是筛选作用，这样才有利于整个社会的资源有效配置。

第四节 教育不平等与收入不平等

教育扩展会改善收入分配，扩展教育成为相当长一段时期各国改善收入分配的一个重要手段。但从现实看，教育的扩展并没有带来人们预期的收入分配的改善，从而导致人们对教育对改善收入分配的作用产生怀疑。不过，深入分析教育扩展的微观机制就会发现，不论是从教育选择的市场机制，还是教育选择的社会机制，都会导致教育机会的不平等，从而导致收入分配的不平等。在许多教育扩展对分配作用的研究中没有将教育扩展过程中教育机会不平等效应剥离出来，从而得出了教育扩展也会导致收入不平等的错误结论。

一、教育不平等与收入不平等的理论模型

关于教育与收入分配最经典的文献是贝克尔与奇斯威克1966年的论文《教育与收入分配》，论文的一个重要的贡献是推导了教育与收入分配的方程：

$$\log Y_s = a + rS + \varepsilon \tag{7.1}$$

这里，r 为教育收益率，S 为学校教育水平，ε 为影响收入的其他因素。

如果对以上方程进行变换，两边都取方差，得到如下形式：

$$Var(\log Y_s) = \bar{r}Var(S) + S \cdot Var(r) + 2rS \cdot Cov(r,\ S) + Var(\varepsilon) \tag{7.2}$$

在变量上带横线表示变量的平均数。显然，在其他因素不变的前提下，教育的平均收益率（$\bar{r}$）和教育不平等程度（$Var(S)$）的提高将导致收入不平等程度的增加。如果教育收益率和学校教育水平（S）相互独立，即二者的协方差为零，则学校教育水平的提高将会增加收入不平等。如果教育收益率和学校教育水平的协方差为负①，则学校教育水平的提高就有可能降低收入不平等。

从上面的方程中可以看出，教育与收入分配的关系主要受教育收益率、教育不平等，以及收益率与教育水平的综合作用几方面的影响，这几方面各自的影响程度决定了教育与收入分配的关系。

二、教育不平等与收入不平等的相关研究

关于教育不平等与收入不平等，国内外开展了大量的实证研究，贝克和奇司威克（Beck and Chiswick，1966）、奇司威克（1971）、丁伯根（Tinbergen，1972）、瓦恩加德纳（Winegarden，1979）均以方差反映教育不平等程度，选择的样本包括美国各地区，9 个国家的截面数据，美国、加拿大、荷兰 3 国的跨国数据以及 32 个国家的截面数据。研究表明，教育不平等与收入不平等显著正相关，即教育不平等程度的减小，有益于收入不平等的改善。

萨卡罗普洛斯（Psacharopoulos，1977）以不同层次教育入学人数的差异系数衡量教育不平等，对 49 个国家的截面数据进行研究，实证发现在不同的回归方程中，教育不平等变量均与收入基尼系数显著相关，教育不平等程度能解释收入分配 23% 的变异。

帕克（Park，1996）分别以劳动者平均受教育年限的标准差和变异系数作为教育不平等变量，以基尼系数、收入最低的 40% 人口所占的收入份额和收入最高的 20% 人口所占的收入份额作为收入不平等变量，采用 59 个国家的截面数据进行实证研究，证实了教育不平等程度的加深将扩大收入不平等程度。

格雷格里奥和李（Gregorio and Lee，2002）以 15 岁以上人口平均受教育年限为基础数据，计算得到每一国家 1960 ~ 1990 年时隔 5 年的教育标准差，以其作为教育不平等变量，并选取基尼系数和收入的 5 等分分布为收入分配变量，运

① 正如萨卡洛布洛斯（1975，1977，1985）大量的研究证实的那样。

用 SUR（seemingly-unrelated-regression）估计技术，对跨国混合数据进行计量估计，实证结果表明，教育不平等显著地影响收入分配状况。

国内学者采用中国的数据也对教育不平等与收入不平等之间的关系展开了大量的研究。大部分研究者的研究证明教育不平等与收入不平等正相关。陈玉宇、王志刚和魏众（2004）利用 1995 年和 1999 年中国城镇居民的相关数据，用教育基尼系数衡量教育不平等，收入的泰尔指数、基尼系数、变异系数衡量收入不平等，通过对收入不平等的分解，发现减少教育不平等能够缩小工资性收入差距。白雪梅（2004）等一系列研究得出了相似的结论，即教育不平等与收入不平等之间正相关。

也有学者通过研究发现二者并不存在显著关系。杜鹏（2005）和杨俊、黄潇、李晓羽（2008）都用教育基尼系数和收入基尼系数分别代表教育不平等和收入不平等指标，采用中国面板数据，发现教育平等化在我国未能缩小收入分配差距。

总之，对于教育不平等与收入不平等，国内外都做了大量的实证研究，教育不平等使用地系数主要包括教育基尼系数、受教育年限的标准差、城乡间受教育年限的比值来衡量教育不平等，收入不平等则使用地指标主要包括收入的基尼系数、泰尔指数、不同群体收入的比值来指标。但囿于数据的局限，对教育不平等与收入不平等作用机制有待更进一步地分析。

三、教育对收入不平等的贡献

本节重点关注职业间收入不平等的影响因素，考察教育在职业间收入差异中作用的变化趋势。

在研究方法上，主要采用万广华在 2002 年、2004 年的两个研究中所使用的夏普利值分解法将职业间的收入不平等因素进行分析，从而确定各个因素对收入不平等的贡献。

具体步骤如下：

第一，将 CHNS 数据库中的收入数据按照职业进行分组。由于数据质量和数量的问题，我们选定了高级专业技术工作者、一般专业技术工作者、管理者/行政官员/经理、办公室一般工作人员、农民、渔民、猎人、技术工人或熟练工人、非技术工人或熟练工人、服务行业人员，这八类数据收集比较完整的职业进行分析。

第二，计算按职业分组的收入不平等指数，即泰尔指数。根据泰尔指数的广义熵定义：

$$GE(\partial) = \frac{1}{\partial(\partial-1)}\left[\frac{1}{n}\sum_{i=1}^{n}\left(\frac{y_i}{\bar{y}}\right)^{\partial}-1\right] \tag{7.3}$$

其中，$GE(\partial)$ 为广义熵系数，n 为样本中个体的数量，y_i 为个体 i 的收入水平指标，$\bar{y} = \sum_{i=1}^{n} y_i/n$，参数 ∂ 用于调节不同个体占总体份额权重的大小，可以取任意值。最常用的取值为 0，1，2。$\partial > 0$ 且越大，取值较大的样本（或者说，收入分配当中较高的收入的样本）对 $GE(\partial)$ 的影响就越大。

当 ∂ 趋于 1 时，$GE(1)$ 即被称为泰尔指数（Theilindex）：

$$GE(1) = \frac{1}{n}\sum_{i=1}^{n}\frac{y_i}{\bar{y}}\ln\frac{y_i}{\bar{y}} \tag{7.4}$$

第三，半对数线性回归分析。通过上一步计算职业组间泰尔指数后，我们需要对组间泰尔指数进行分解，主要采用万广华在 2002 ~ 2004 年提出的基于回归的夏普利值分解法，其主要的逻辑如下：

$$\begin{aligned} Y_1(x_1) = {} & \frac{2}{6}[Y(x_1, \bar{x}_2, \bar{x}_3) - Y(\bar{x}_1, \bar{x}_2, \bar{x}_3)] \\ & + \frac{1}{6}[Y(x_1, x_2, \bar{x}_3) - Y(\bar{x}_1, x_2, \bar{x}_3)] \\ & + \frac{1}{6}[Y(x_1, \bar{x}_2, x_3) - Y(\bar{x}_1, \bar{x}_2, x_3)] \\ & + \frac{2}{6}[Y(x_1, x_2, x_3) - Y(\bar{x}_1, x_2, x_3)] \end{aligned} \tag{7.5}$$

我们需要建立一个基于 Mincer 收入方程的回归模型，由于夏普利值的分析在分解过程中，因变量即收入会自动转化为对数形式，因此如果再使用原始的 Mincer 收入方程采取收入取对数的形式，会造成收入分布的扭曲，因此万广华提出了半对数线性回归的形式，个人收入的对数为受教育水平、劳动者年龄、国有企业比例、城市比例、技能溢价的线性函数，即：

$$\ln Y = a + \sum_{i=1}^{n}\beta_i X_i + \varepsilon \tag{7.6}$$

第四，夏普利值分解。将式（7.6）从半对数线性方程转变为自然对数的指数方程则有：

$$Y = e^{a} \cdot e^{\sum_{i=1}^{n}\beta_i X_i} \cdot e^{\varepsilon} \tag{7.7}$$

具体运算时，常数项贡献暂可不予考虑，残差项贡献等于总体不平等与式（7.7）右边中间项各变量对总体不平等的贡献之和的差额。

分解结果如表 7－9 所示，我国不同职业、不同技能、不同受教育水平劳动力之间的收入不平等差距不断上升（其中 1997 年由于数据量较少估算偏误较大，仅供参考)。虽然在20世纪90年代中期曾经出现过一些波动，但是对于整体趋势并没有太多的影响，进入2000年之后收入不平等趋势逐年加大。

表7-9　　职业间收入不平等泰尔指数及各变量贡献率

		1989年	1991年	1993年	1997年	2000年	2004年	2006年	2009年
受教育水平	GE(1)	0.041	0.067	0.066	0.036	0.096	0.102	0.134	0.137
	组间贡献率	18.30%	26.69%	37.50%	39.56%	32.99%	35.54%	44.52%	43.22%
劳动者年龄	GE(1)	0.015	0.032	0.006	0.002	0.016	0.014	0.009	0.007
	组间贡献率	6.70%	12.75%	3.41%	2.20%	5.50%	4.88%	2.99%	2.21%
单位性质	GE(1)	0.105	0.097	0.076	0.016	0.069	0.071	0.054	0.049
	组间贡献率	46.88%	38.65%	43.18%	17.58%	23.71%	24.74%	17.94%	15.46%
城乡	GE(1)	0.075	0.045	0.021	0.015	0.018	0.016	0.021	0.015
	组间贡献率	33.48%	17.93%	11.93%	16.48%	6.19%	5.57%	6.98%	4.73%
技能溢价	GE(1)	0.012	0.01	0.007	0.026	0.092	0.084	0.083	0.109
	组间贡献率	5.36%	3.98%	3.98%	28.57%	31.62%	29.27%	27.57%	34.38%
总和	GE(1)	0.224	0.251	0.176	0.091	0.291	0.287	0.301	0.317
	组间贡献率	100%	100%	100%	100%	100%	100%	100%	100%

教育、年龄、单位性质、城乡、技能溢价等因素对职业间收入差异的贡献在不同时期呈现不同特征，在20世纪90年代中期，工作的单位性质是对职业间收入不平等的贡献最大，而在1997年后，劳动力的受教育水平逐渐成为职业间收入差距的主要贡献因素。反映出教育在职业选择与收入决定中的作用越来越大。同时，技能溢价的作用也成为重要的影响因素，反映出高技能与低技能劳动者间收入差距的加大。表7-10呈现了各个影响因素对职业间差距影响的大小的变化趋势。

表7-10　　各变量对收入不平等贡献率排名

1989年	1991年	1993年	1997年	2000年	2004年	2006年	2009年
单位所有制	单位所有制	单位所有制	受教育水平	受教育水平	受教育水平	受教育水平	受教育水平
城乡	受教育水平	受教育水平	技能溢价	技能溢价	技能溢价	技能溢价	技能溢价

续表

1989 年	1991 年	1993 年	1997 年	2000 年	2004 年	2006 年	2009 年
受教育水平	城乡	城乡	单位性质	单位所有制	单位所有制	单位所有制	单位所有制
劳动者年龄	劳动者年龄	技能溢价	城乡	城乡	城乡	城乡	城乡
技能溢价	技能溢价	劳动者年龄	劳动者年龄	劳动者年龄	劳动者年龄	劳动者年龄	劳动者年龄

第五节 教育与收入机会不平等

收入机会不平等是近年来收入分配研究的新兴概念。它是针对长期以来，功利主义统辖下的经济学研究侧重收入分配结果上的规模平等，而忽视收入不平等来源是否正义这一问题的回应和改进。侧重分配结果上的平等，隐含的对分配正义的诉求是让公民享有同等的收入，而无论公民是否工作或努力工作。但这样一种平等主义的诉求在伦理需求（ethically desirable）上是有问题的，因为未能在收入分配中体现人们的选择、责任或偏好，而可能导致用勤快人的成果去奖励那些有能力工作却游手好闲的人。为了解决这一问题，机会不平等理论借鉴了政治哲学的新兴理论——运气均等主义（luck egalitarianism），对不平等的来源进行了分解并判断其是否符合伦理的需求，从而回应了分配正义的问题。运气均等主义理论的基本思想是，应加入“责任”作为一个重要的条件判断不平等的来源是否正义，即应允许个人负有责任的因素如努力或个人偏好等所产生的不平等结果；而超于个人控制如家庭出身、个人特征等人们不应负有责任的因素所产生的不平等，应被视为是非正义的。这构成了“机会不平等”概念的核心内容，并被用以研究教育、健康和收入等各个领域福利的不平等研究。在收入分配领域，以约翰·罗默（John Roemer）为代表的经济学家进行了这项努力，通过分析收入不平等来源的正义属性，建构了收入机会不平等的概念及其分析框架，自此形成了收入机会不平等研究的新阶段。

学校教育是产生收入不平等的重要来源，同样在传统的经济学研究中，侧重于核算学校教育对收入不平等贡献的规模，至于这一贡献是否正义却并不被关心。但在社会学或教育学领域，学校教育的平等化功能却被长期讨论。虽然早在

19 世纪初，学校教育就被贺拉斯·曼（Horace Mann）喻为“社会的平等器”，但研究者指出，学校教育同时还起到了反映和复制已有经济社会不平等的作用。出现这种争议，最主要的原因是未能从伦理价值上对学校教育的贡献进行分解和分析。机会不平等理论为解决这一争议提供了契机，在分配正义的视角下，对学校教育的贡献进行判断、分解和核算，回应了这样的问题：学校教育究竟是促进了收入分配正义，抑或是起到相反的作用呢？

对当代中国来说，回应上述问题，尤其重要。在改革开放的过程中，中国经济虽然迅速增长，但贫富差距也持续扩大，公平和正义问题已成为影响中国持续发展的主要瓶颈。那么在这一过程中，学校教育起到了什么作用呢？又如何通过学校教育构建一个开放公平的社会？回应这一问题，需要对学校教育的贡献进行规范性的讨论和分解。

本节即在这一方向上作出努力，在机会不平等理论的基础上建构学校教育对收入不平等的贡献模型，并应用 1993～2011 年的中国住户调查数据进行实际核算和分析。余下部分安排如下：第二部分对机会不平等的理论、模型进行梳理和介绍；第三部分介绍核算方法；第四部分介绍数据来源和主要变量设计；第四部分报告核算过程和结果；最后部分是结论和讨论。

一、机会不平等理论及模型

（一）机会不平等理论

在某种意义上，约翰·罗尔斯（John Rawls）是机会不平等理论的始作俑者。他在批评功利主义最大化效用原则基础上提出的两个正义原则，处理了成员出发点的运气问题，如人一出生便被赋予的不同社会出身和自然天赋。罗尔斯认为，这种运气应被看成是一种集体资产，应遵循差别原则即最大限度地促进处境最不利者的利益。但是，差别原则被质疑在实际上损害发展，因为有可能导致有才能者会不愿意努力工作或进行有效率的工作，从而损害整个社会的财富积累和发展。因此，罗尔斯的正义理论被认为没有很好地处理和“努力”“责任”等之间的关系，但却激发了人们对“运气”和“努力”的讨论：“一个正义的社会应该如何处理运气或努力对人们生活的影响”？

罗纳德·德沃金（Ronald Dworkin）是回应这一问题的代表人物。他在 1981 年先后发表的两篇论文《福利平等》（*Equality of Welfare*）和《资源平等》（*Equality of Resources*）中，试图解决罗尔斯理论中的问题。他提出的资源均等理论为平等主义理论引入了有关“选择”和“责任”的思想。德沃金指出，福利平等并不是一种理想的平等，因为它没有体现人们对他们的偏好所负的责任。如果一个人有昂贵的偏好，社会并没有义务提供额外的资源予以满足。那么如何处理这种因偏好或自律因素造成的不平等呢？德沃金认为，应当将“责任”的因素纳入考量之中，既要考虑产生不平等的客观因素，也应承认个人的自主选择和努力在资源分配中的重要性。因此，应以“资源”的平等代替“福利”的平等。其中，“资源”是指人们所处客观的物理或生物的环境。对于这些“环境”的影响，人们不应负有责任，但应允许反映个人选择或努力因素造成的福利上的不平等。这一观点成为运气均等主义（luck egalitarian）的核心内容，其他代表人物还有理查德·阿内逊（Richard J. Arneson）、杰拉德·柯亨（Gerald A. Cohen）、约翰·罗默（John Roemer）。

但是，运气均等主义者虽然普遍同意以责任区分和判断不平等的来源，具体到责任的划分（responsibility cut），即哪些应负有责任，哪些不应负有责任的观点，却并不一致，特别是在处理有关“偏好”和“资源”相关关系的问题上。例如，一些生活偏好，如喝酒、锻炼身体和吸烟等行为，似乎在人们的控制之下，但实际上也同样受到生长环境等的影响。对此，Dworkin 的看法是人们应当为这些偏好负责，无论是否因家庭背景所致，但另一些学者并不同意。柯亨就认为，人们不应该对他们内在的天赋和继承的资源而负有责任；但是对他们的偏好完全负有责任也不正确，因为偏好在一定程度上在环境中形成。如果一个人由于遗传上的特殊而偏好昂贵的香槟，那么他值得补偿。柯亨认为，判断不平等的来源是否正义，只能根据是否由人们负有责任的选择而造成。举例来说，如果人们因贫穷而厌学，那么对于这种因资源匮乏而形成的偏好，柯亨认为不应该负有责任，其产生的不平等结果应被视为非正义。

总的来说，运气均等主义理论为“平等”和“责任”之间建立了纽带，提出应当尽力消除环境因素对不平等的影响，允许人们的自主选择和努力的影响。做到既“敏于志向”，又“钝于禀赋”；既实现境况平等，又顾及个人选择。这一观点在经济学家罗默的努力下，被用来研究收入分配，并成为收入机会不平等的概念基础。他在接受上述科亨等责任划分的观点基础上，建构了一个分析收入不平等来源正义的框架，以努力区分人们负有责任的因素，以环境区分人们不应负有责任的因素。前者产生的不平等结果视为正义，后者视为非正义。

（二）学校教育的贡献模型

学校教育是收入不平等的重要来源，那么依照罗默的分析框架，应属于环境因素还是努力因素呢？这一区分关系到如何判断学校教育对收入不平等贡献的正义属性。一般来说，学校教育成就不仅受制于家庭背景等客观环境的制约，同时也是个人发挥主观选择和努力的结果，而这正导致了学校教育作用的特殊性。依照罗默的机会不平等分析框架，如果能分辨出哪些教育归于环境因素，而哪些归于努力因素，那么从理论上可以根据这一分类，建立学校教育对收入分配正义的贡献模型。

本书建构的学校教育贡献模型如图 7－5 所示。收入不平等的来源被分解为环境因素、努力因素和其他因素①。由于学校教育的中介路径作用，环境对收入不平等的贡献被分解为环境的直接贡献和学校教育的中介环境贡献；同样，努力因素的贡献也被分解为努力的直接贡献和学校教育的中介环境贡献。因此，学校教育对收入不平等的贡献，包括了环境贡献和努力贡献两部分，前者视为不正义，后者视为正义。识别并核算这两部分的贡献，是研究和判断学校教育对收入分配正义贡献的关键。但这并非易事，正如罗默指出：“并不存在一个确切的标准，可以精确地划分出哪些影响因素属于‘环境’类别，因超于个人控制而可以减少他对该行为的责任；而哪些因素不属于‘环境’类别，置于个人的选择和控制下，个人应对此负责。”尤其是当这一思想讨诸实证时，更是面临操作上的困难以及因果关系、遗漏变量或内生性等问题。

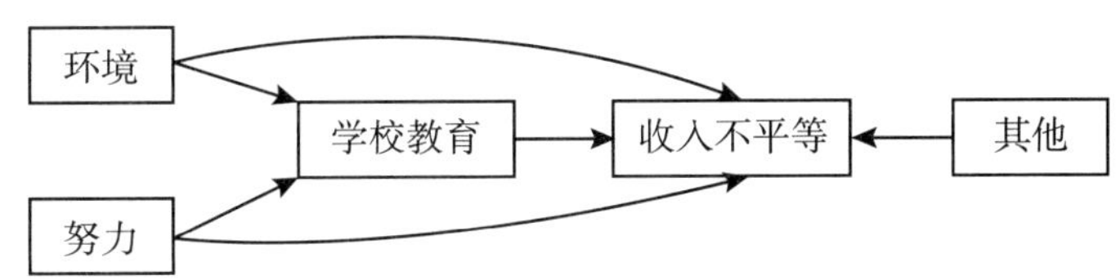

图 7－5　教育对收入机会不平等的贡献模型

在识别“环境”变量时，幸运的是由于“环境”的影响通常发生在过去，因此基本可以忽略因果关系的质疑，但仍然遭遇遗漏变量的问题。因为如果存在一些环境遗漏变量和被预测变量显著相关，那么说明我们没能完全揭示出环境因素的贡献，从而低估学校教育对收入不平等的环境贡献。

建立机会不平等模型，最困难的莫过于对“努力”因素的识别。因为在实际测量中，很难找到能反映个人努力的测量工具和数据。对此，罗默等的处理办法是在尽力识别环境因素的基础上，将残差视为努力因素。本书借鉴了这一思想，即在尽量识别出影响教育获得的环境因素基础上，将其残差视为教育的努力因素。但这种处理方法，由于难以识别全部的环境因素，不可避免将一部分环境因素错置入努力的范畴，进而高估努力效应，因此总的来说，对努力的测量通常不

① 其他因素是指可能存在这样一种因素，其影响既不是正义的，也不是不正义的，例如年龄等（Roemer and T. Rannoy，2015）。

如对环境的测量稳健。

二、反事实模拟法

为了核算收入机会不平等模型，弗朗索瓦·布尔吉尼翁（François Bourguignon）等发展了一种反事实模拟法，并用于实际核算。但他们核算的重点是环境对收入不平等的贡献，而对学校教育作为重要来源对收入机会不平等贡献的核算和分析却不足。在借鉴这一反事实模拟方法的基础上，本书进行了扩展，分别核算教育作为环境因素和努力因素对收入不平等的贡献。具体包括两个步骤，首先建立收入预测方程，再进行反事实模拟核算。

（一）收入预测方程

假设收入不平等的来源包括环境、努力、人口特征（其他因素）和随机因子四个方面。假设收入为 w_i，收入在某人群中的分布为 $\Phi(w_i)$，环境变量组为 C，教育变量为 E，人口特征变量为 D，残差为 u_i。以环境、学校教育和人口特征为预测变量，建立收入预测方程：

$$\ln w_i = \lambda + \alpha C_i + \beta E_i + \gamma D_i + u_i \tag{7.8}$$

式（7.8）中，α 为控制学校教育、人口特征变量后环境因素对收入的影响系数，表示环境的直接效应。β 为在控制环境因素和人口特征后学校教育对收入的影响系数，表示学校教育的努力效应，但这需要满足一个条件，即 u_i 和 E_i 相互独立。如果不满足这个条件，u_i 仍然包含影响 E_i 的环境因素或其他因素的干扰，将会高估教育的努力效应。如第二部分所述，本书的办法是尽力识别环境因素，以假设满足这一条件。但很明显，由于实际上难以穷尽环境因素，估算的结果会不可避免高估学校教育的努力效应。

进一步，由于学校教育因素还受到环境因素的影响，得到：

$$E_i = HC_i + V_i \tag{7.9}$$

将式（7.9）代入式（7.8）中，得到：

$$\ln w_i = \lambda + C_i(\alpha + \beta H) + D_i\gamma + \beta V_i + u_i \tag{7.10}$$

式（7.10）中，α 是环境因素对收入的直接效应，βH 为学校教育的中介环境效应。

令 $\psi = \alpha + \beta H$，$\varepsilon_i = \beta V_i + u_i$，代入式（7.10）得：

$$\ln w_i = \lambda + C_i\psi + D_i\gamma + \varepsilon_i \tag{7.11}$$

ψ 即为环境对收入的总影响效应。

（二）反事实模拟核算

应用上述收入预测方程，采用反事实模拟法可核算各类因素对收入不平等的贡献。反事实模拟核算的基本思路是：假设环境因素对收入没有影响的情况下，收入不平等减少的幅度即是环境因素对收入不平等的贡献。为了实现这一假设，可以假设所有个体的环境因素都相同，即对环境变量进行同值化。具体做法是，设 $C_i=\bar{C}$，$\forall i$，代入到相应收入预测方程，得到每个人的反事实模拟收入，再应用这些模拟收入值，计算一个模拟收入的不平等指数，并与真实的收入不平等值进行比较，它们之间的差值即为环境因素对收入不平等的贡献。如果要核算某个具体环境变量对收入不平等的贡献，可以依照同样的思路对该环境因素进行同值化模拟的方法进行核算和比较。同样，也可核算教育环境因素和教育努力因素对收入不平等的贡献。具体核算步骤如下：

1. 环境对收入不平等的总贡献

应用前文收入式（7.6）预测个体收入值，如下：

$$\ln w_i=\hat{\lambda}+C_i\hat{\psi}+D_i\hat{\gamma}+\varepsilon_i \tag{7.12}$$

其中，字母上的尖顶号表示收入预测方程的固定系数，采用该系数预测在不同条件下的收入值。针对残差 ε_i 可能包含环境遗漏变量的问题，Roemer 提出的解决办法是将重心放在能被解释的部分，即排除了残差后的收入预测值 $\hat{w}_i$，即：

$$\hat{w}_i=exp\ (\hat{\lambda}+C_i\hat{\psi}+D_i\hat{\gamma}) \tag{7.13}$$

接下来，对被核算的环境因素 C 同值化，去除其对不平等的影响，得到反事实的收入预测值 $\tilde{w}_i^c$，即：

$$\tilde{w}_i^c=exp(\hat{\lambda}+\bar{C}_i\hat{\psi}+D_i\hat{\gamma}) \tag{7.14}$$

如果将不平等指数标记为 I，那么 $\hat{w}_i$ 的收入不平等指数为 $I(\hat{w}_i)$ 的收入不平等指数为 $I(\tilde{w}_i^c)$。这样我们可以通过计算 $I(\hat{w}_i)$ 和 $I(\tilde{w}_i^c)$ 的差值，得到环境对收入不平等的总贡献，以 Φ^c 代表，得到：

$$\Phi^c=I(w_i^c)-I(\tilde{w}_i^c) \tag{7.15}$$

以 Φ 代表总收入不平等，得到：

$$\Theta_I^C=\frac{\Phi^c}{\Phi} \tag{7.16}$$

其中，Θ_I^c 表示环境对收入不平等的贡献占总收入不平等的比例，被称为收入机会不平等指数。此外，如果需要估计具体环境因素的贡献，依照相似的估计步骤，对被估计的环境因素进行反事实预测和模拟估计即可。

2. 教育对收入不平等的贡献

先估计前文的收入预测方程式（7.12），得到：

$$\ln w_i = \lambda' + C_i\psi' + D_i\gamma' + E_i\beta' + \varepsilon_i \tag{7.17}$$

其中，上撇号“′”代表收入方程估计得到的固定系数，并用该系数估计 w_i'，即：

$$w_i' = exp(\lambda' + C_i\psi' + D_i\gamma' + E_i\beta') \tag{7.18}$$

在式（7.18）的基础上，采用反事实模拟法分别核算学校教育对收入不平等的努力贡献和环境贡献，如下：

第一，设学校教育的努力贡献为 Φ_E^E，得到：

$$\Phi_E^E = I(w_i') - I(\tilde{w}_i^E) \tag{7.19}$$

其中：

$$\tilde{w}_i^E = exp(\lambda' + C_i\psi' + D_i\gamma' + E_i\beta') \tag{7.20}$$

设 Θ_{equal}^E 为学校教育的努力贡献占总收入不平等的比例，得到：

$$\Theta_{equal}^E = \frac{\Phi_E^E}{\Phi} \tag{7.21}$$

第二，设学校教育的环境贡献为 Φ_E^C；环境的直接贡献为 Φ_{direct}^C，$\tilde{w}_i^{C_{direct}}$ 表示式（7.17）消除环境因素 C 后的收入预测值，得到：

$$\tilde{w}_i^{C_{direct}} = exp(\lambda' + \bar{C}_i\psi' + D_i\gamma' + E_i\beta') \tag{7.22}$$

$$\Phi_{direct}^C = I(w_i') - I(\tilde{w}_i^{C_{direct}}) \tag{7.23}$$

$$\Phi_E^C = \Phi^C - \Phi_{direct}^C \tag{7.24}$$

设学校教育的环境贡献占总收入不平等的比例为 $\Theta_{unequal}^E$，得到：

$$\Theta_{unequal}^E = \frac{\Phi_E^C}{\Phi} \tag{7.25}$$

（三）国外的相关核算

近年来一些研究对各个国家的收入机会不平等进行了核算。布鲁诺里（Brunori）等对其中 8 个研究对 41 个国家（涵盖低收入国家和高收入国家）的核算结果进行了回顾和分析，发现了一些规律：一是收入机会不平等和收入不平等之间表现为正向的显著相关。即收入不平等高的国家，收入的机会不平等一般也高，反映了社会流动和收入不平等之间的负相关关系，即较高的收入不平等通常伴随较低的社会流动。二是人均国民收入和收入机会不平等指数呈现倒“U”形关系。即随着经济水平增长，收入机会不平等呈现先上升后下降的趋势。但布鲁诺里也指出，这并不能就此认为是因果关系，它们的关系需要更进一步的识别和验证。

上述研究多是对收入机会不平等指数的核算，少有研究关注学校教育的贡献。本书尝试在这一方向上有所努力和贡献。

三、数据和变量

（一）数据

本章数据来自北卡罗大学的卡罗人口中心和中国疾病预防控制中心营养与食品安全所合作的中国健康与营养调查（China Health Nutrition Survey，CHNS①）。CHNS是追踪调查数据，并采取了多阶段整群随机抽样，样本覆盖沿海和内地省份，包括辽宁、黑龙江、江苏、山东、河南、湖北、湖南、广西、贵州。本章以6～7年为间隔，选取了1993年、2000年、2006年、2011年4个年度的调查数据。其中，2011年CHNS数据还增加了北京、上海和重庆三个直辖市样本，但为了加强年度可比性，本书删去了这部分直辖市样本。经过处理后，该数据具有很高的年度可比性。

CHNS作为住户调查数据，可通过子女和父母ID配对的方法获得代际之间的信息，因此该数据也被广泛用来研究代际议题。CHNS以是否共担和共享家庭经济资源来定义住户，住户成员还包括在外地工作、上学、探亲的有经济关系的家庭成员。本书仅选取了20～40岁有工作收入并且收入不为0的男性样本，这是因为中国的中青年男性群体和父母同属于一个经济共同体的比率较高。通过样本配对和缺失值的处理后，得到有效父子配对样本共2 308个。

（二）变量设计

在设计环境变量时，已有研究较多使用出生地、种族、父母的收入、父母职业和父母教育水平等变量。结合中国实际背景，本书的环境变量包括出生户籍（城市、农村）、地区（沿海、内地）和父亲收入，考虑如下：

（1）出生户籍（农业、非农业）：户籍制度是中国计划经济时期形成的一项基本社会管理体制，核心内容是将公民分为农业户口和非农业户口的二元身份制，并和升学、就业、社会保障和福利等资源配置联系起来，因而成为影响中国分配不平等的重要因素。由于出生时拥有何种户籍资籍由其母亲的户籍性质决定②，因而超于个人的控制范围，应被归为环境因素，在本书中以母亲的户籍性

① 有关CHNS的调查方法和质量监控可详见CHNS调查数据的“调查员工作标准及问卷填写要求”和“质量监控程序”（Carolina Population Center，2016）。

② 中国的政策是1998年之前随母落户，但自1998年之后开始允许随父落户。考虑到本书样本的出生年均在1998年之前，因此使用母亲的户籍性质变量。见1998年7月颁布的《国务院批转公安部关于解决当前户口管理工作中几个突出问题意见的通知》。

质（农业或非农业）代表。

（2）出生地（沿海、内地）：自改革开放后，中国地区之间开始出现巨大的发展差距，这构成了中国收入分配差距的重要内容，特别表现在沿海和内地之间。一个人出生在沿海还是内地，面临的教育、就业和福利分配的机会并不相同。因此在本书中，出生地（沿海、内地）被视为一个重要的环境变量。其中，本书样本的沿海地区包括辽宁、黑龙江、江苏和山东等省份；内地地区包括河南、湖南和贵州等省份，并以家庭居住地作为个人出生地的代理变量①。

（3）父亲收入：父亲收入是影响子女收入的重要环境因素，这一变量在代际收入流动领域得到较充分的研究。考虑到采用父亲多年平均收入比用单年收入更能降低测量偏误，本书采用父亲多年收入作为环境因素②。

已有研究的环境因素还通常包括父母教育水平和种族等，但从中国的情况来看，当控制了父亲收入、户籍等因素，父母亲的教育年限对子女经济收入的影响并不显著，这反映了中国计划经济时代及转型时代的特殊国情，因此在本书没有被纳入以核算其对收入不平等的贡献。而种族或民族等，在中国也并非显著的收入预测变量。此外，由于数据的限制，本书的环境因素也没能包括代表能力遗传的变量如 IQ 等，这将会低估环境因素却高估努力因素对收入不平等的贡献。

在本书中个体的年龄被视为其他因素变量，既不被视为不正义的环境因素，也不被视为属于正义范畴的努力因素。另外，本书的学校教育变量以教育年限测量；个体收入是指当年收入，并取对数形式③；收入不平等以基尼系数测量。

（三）数据描述

变量的数据描述如表 7－11 所示。在中国改革开放过程中，人均年收入、平均教育年限、沿海人口的比例、非农业户籍比例和父亲收入都趋于上升，这反映了中国在经济、学校教育以及城市化的快速发展过程。在这一过程中，本书核算

① CHNS 是 1989 年开始的以家庭为追踪单位的数据，尽管中国改革开放后出现劳动力流动的现象，但是在中国长期的户籍制度控制下，省间举家迁移的可能性比较小，一般是个体劳动力的流动；因此，如果没有举家迁徙，那么在 CHNS 数据中，跨省务工人员的信息仍然是被记录其老家所在地的住户调查信息中，接近其出生地，具有一定合理性。

② 由于数据限制，本文仅对当年和前一调查年的父亲收入数据进行了加总平均，得到父亲多年平均收入。此外，这里的收入是指劳动性收入，不包括补助性收入、礼物和租金收入等。CHNS 数据以 2009 年为基期进行了消费价格指数（CPI）调整。具体计算方法详见《个人收入指标建构手册》（CHNS，2015）。本书对父亲收入缺失值的处理方法是首先计算收入的平均变动率，并按照平均变动率和相邻年度收入数据进行计算并替代缺失值。

③ 个体收入的内容同父亲收入变量内容，指到东西收入，不包括补助性收入、礼物和租金收入等。

的收入基尼系数呈现倒"U"形变化趋势，这和其他研究如程永宏、国家统计局研究结果的趋势基本一致，但在具体数值上有所不同，这可能是因为本文的样本是20~40岁的男性。特别是1993~2000年，本书的收入基尼系数明显高于其他全样本的数据，而这可能是由于1992年"南方谈话"下海潮所致。下海者多属中青年群体，因此中青年群体内部拉开了收入差距，使得该群体的收入基尼系数要高于其他样本的估算。

表7-11　　变量描述

年份	收入	教育年限	年龄	父亲收入	出生户籍		地区		收入基尼系数		样本量
	均值（元）	均值（年）	均值（岁）	均值（元）	非农业（%）	农业（%）	沿海（%）	内地（%）	CHNS（20~40岁，男）	其他来源[a]	
1993	4 632 (4 703)	8.88 (2.93)	26.20 (4.73)	4 419 (4 301)	34.1	65.9	33.3	66.7	0.4605	0.4183	694
2000	9 557 (13 697)	9.42 (2.73)	27.61 (5.09)	6 098 (8 002)	31.8	68.2	40.3	59.7	0.5031	0.4275	593
2006	16 050 (18 650)	10.43 (3.19)	30.15 (5.18)	8 955 (8 102)	40.1	59.9	43.1	56.9	0.4423	0.4870	487
2011	26 391 (25 813)	10.79 (3.13)	30.20 (5.43)	13 113 (15 958)	44.6	55.4	45.2	54.8	0.3840	0.4770	534

注：表中括号内的数值为标准差。

a：栏中，1993~2000年的数据来自程永宏；2006~2011年的数据来自国家统计局。

四、反事实模拟核算的结果

依照第三部分介绍的方法，第一步先建构收入和学校教育的预测方程，如下所示：

$$\ln(Inc_i) = \lambda + \hat{\alpha}_1 CI_i + \hat{\alpha}_2 CR_i + \hat{\alpha}_3 CG_i + \hat{\gamma}_1 Age_i + u_i \tag{7.26}$$

$$\ln(Inc_i) = \lambda + \alpha_1' CI_i + \alpha_2' CE_i + \alpha_3' CR_i + \beta_1' Edu_i + \gamma_1' Age_i + u_i \tag{7.27}$$

$$Edu_i = \lambda + \varphi CI_i + \varphi_2 CE_i + \varphi_3 CR_i + \varphi_1 Age_i + \varepsilon_i \tag{7.28}$$

式（7.26）是以环境变量，包括父亲收入（CI_i）、出生户籍（CR_i）及地区

（CG_i）作为预测变量建立的收入估计方程；式（7.27）进一步加入子代的学校教育年限（*Edui*）作为预测变量；式（7.28）是以环境变量（父亲收入 CI_i、出生户籍 CR_i 和地区 CG_i）为预测变量建立的学校教育年限（*Edu*）方程。此外，上述方程还加入年龄（*Age*）作为控制变量。

第二步进行反事实模拟核算，具体方法见本节第三部分介绍。此外，为了比较不同代人的收入机会不平等及其学校教育的贡献，本书还分年龄样本进行了核算，其中，20～29 岁的群体被视为青年群体；30～40 岁的群体视为中年群体。以下将报告主要的核算结果，其中环境对收入不平等的贡献见表 7－11 至表 7－13；教育对收入不平等的贡献见表 7－14 至表 7－16。

（一）环境对收入不平等的贡献

1. 环境的基尼贡献趋势

环境的基尼贡献是指因环境因素产生的收入不平等（以基尼系数核算），结果如表 7－11 所示。1993～2011 年，环境的基尼贡献呈现倒“U”形趋势，因环境因素产生的收入基尼系数，1993 年为 0.1503，持续上升到 2006 年的 0.2053，进而下降到 2011 年的 0.0935。具体到各个环境因素，有如下发现：

第一，地区（沿海、内地）的基尼贡献表现为先迅速上升后略有下降的趋势，并保持在较高水平，这反映了改革开放以来，中国政府对地区发展采取的从不均衡战略转换到均衡化战略的政策。前者导致地区收入差距迅速扩大；后者试图缓解这种差距，并取得了一定的效果。

第二，出生户籍（非农业、农业）的基尼贡献表现为明显的倒“U”形曲线，反映了中国城乡改革的均衡—非均衡—均衡化的三个阶段特征，即 20 世纪 80 年代农村家庭联产承包责任制改革和乡镇企业崛起带来的城乡均衡化效应；20 世纪 90 年代以城市地区市场化改革为重心但仍然依附于户籍资源配置制度带来的城乡非均衡结果；以及 21 世纪后允许申请城市户籍或取消农业和非农业户籍划分等改革带来的均衡化发展。

第三，父亲收入的基尼贡献总体趋于下降，但中间年度出现上升，这反映了中国的复杂转轨过程。一方面，中国旧有的再分配制度得到改革，包括改革国有企业，建立劳动力市场制度，废除“子女顶替”制度[①]，导致单位制效应趋于消减；另一方面，体制外经济迅速发展，人们获取资源的途径多样化，产生新的社会流动渠道，这两方面因素共同导致代际收入效应总体趋于减弱。但一些学者特

---

① “子女顶替”，又称接班顶替，是指父母退休、退职后，由其子女办理手续，顶替空下来的名额，进入父母原工作单位上班。这是我国计划经济时代的一项劳动就业制度，存在于 20 世纪 50～80 年代（郑晓奕，2014）。

别是社会学者指出，在改革过程中，原来的再分配权力会通过转化为社会关系和网络资源等，继续维持其收益和在资源分配中的作用。这反映在本书的核算结果，父亲收入的基尼贡献曾在2000~2006年出现上升。而之后再度出现下降，可能和总收入基尼系数下降有关（见表7-12）。

表7-12　环境对收入不平等的基尼贡献（全样本）

年份	环境	地区	出生户籍	父亲收入
1993	0.1503	0.0281	0.0044	0.1127
2000	0.1835	0.0496	0.0588	0.0729
2006	0.2053	0.0425	0.0248	0.0959
2011	0.0935	0.0419	0.0013	0.0343
平均	0.1582	0.0405	0.0223	0.0790

2. 收入机会不平等指数

收入机会不平等指数是指环境的基尼贡献占总收入基尼系数的比例，代表总收入不平等有多大比例来自环境因素。如表7-13所示，1993~2011年收入机会不平等指数的取值范围为24%~46.41%，平均值为34.97%，2011年为24.35%。

表7-13　收入机会不平等指数（全样本）　　单位：%

年份	环境	地区	户籍	父亲收入
1993	32.63	6.10	0.96	24.47
2000	36.48	9.86	11.68	14.49
2006	46.41	9.61	5.60	21.68
2011	24.35	10.90	0.35	8.93
平均	34.97	9.12	4.65	17.39

依环境类别，可分为地区、出生户籍和父亲收入环境的收入机会不平等指数。从1993~2011年的平均贡献来看，以父亲收入的贡献最大，达17.39%；其次为地区，为9.12%，出生户籍仅为4.65%。但在2011年，地区收入机会不平等指数超过了父亲收入机会不平等指数，成为收入不平等来源中最重要的环境因素。

3. 不同年龄群体的比较

分年龄样本核算环境的基尼贡献及收入机会不平等指数，结果如表7-14所示。发现2011年之前，青年群体的收入不平等比中年群体更少来自环境的贡献。尤其是2000年前，虽然青年群体的收入基尼系数明显高于中年群体，但是来自环境贡献的比例却明显低于中年群体。这表明与中年群体相比，青年群体的收入不平等虽然更高，但是分配机会却更平等，即更少受控于环境的影响。但到2011年，这一情况发生了反转，青年群体的收入机会不平等指数达到了39.79%，明显高于中年群体的机会不平等指数25.65%，表示青年群体的收入不平等开始比中年群体更多来自环境因素。

表7-14　　环境对收入不平等的贡献（分年龄样本）

样本	年份	基尼贡献				收入机会不平等指数				收入基尼系数
		环境	地区	户籍	父代收入	环境（%）	地区（%）	户籍（%）	父亲收入（%）	
青年群体	1993	0.1679	0.0288	0.0039	0.1174	35.50	6.08	0.82	24.82	0.4729
	2000	0.2139	0.0476	0.0563	0.0861	42.21	9.39	11.12	17.00	0.5067
	2006	0.2034	0.0363	0.0231	0.0882	47.31	8.43	5.38	20.51	0.4299
	2011	0.1274	0.0479	0.0012	0.0489	39.79	14.94	0.37	15.27	0.33203
	平均	0.1782	0.0402	0.0211	0.0852	41.20	9.71	4.42	19.40	0.4354
中年群体	1993	0.1921	0.0332	0.0041	0.1468	46.66	8.05	1.00	35.65	0.4116
	2000	0.2114	0.0583	0.0621	0.0778	43.24	11.92	12.69	15.91	0.4889
	2006	0.2213	0.0533	0.0250	0.1043	49.04	11.82	5.54	23.11	0.4513
	2011	0.1085	0.0451	0.0018	0.0360	25.65	10.66	0.44	8.51	0.4228
	平均	0.1833	0.0475	0.0233	0.0912	41.15	10.61	4.92	20.80	0.4437

上述发现反映了中国改革的阶段性特征。在改革之初，由于青年群体往往是最先进入市场或者被改革的对象，而中年群体更易留在原有的单位体制内保持相对稳定的收入（例如在就业领域实行“老人老办法，新人新办法”的政策），这导致青年群体的收入更易分化，但来源却更多体现为个人选择和努力的结果，因而表现为收入不平等高于中年群体，而收入机会不平等指数低于中年群体。但进入到改革中后期，市场化改革趋于稳定，社会阶层形成并通过其社会地位上的优势影响年轻人的教育、就业和收入分配等，导致上述2011年数据的反转。这表明了新阶段的开始，与年长者相比，年轻人的收入分配更多受制于环境的限制，面临更严重的收入机会不平等。

（二）学校教育对收入不平等的贡献

如第三部分所述，学校教育对收入不平等的贡献，被分解为学校教育的环境贡献和学校教育的努力贡献。前者是指学校教育作为环境因素产生的收入不平等，被视为非正义；后者是指学校教育作为努力因素产生的收入不平等，被视为正义。学校教育的环境贡献比例是指学校教育的环境贡献基尼占总收入基尼系数的比例；学校教育的努力贡献比例是指学校教育的努力贡献基尼占总收入基尼系数的比例。核算结果如表 7－15 至表 7－17 所示。

1. 比较学校教育的环境贡献和努力贡献

如表 7－15 所示，1993～2011 年，教育的环境贡献基尼呈现倒“U”形趋势，从 1993 年的 0.0144 上升到 2006 年的 0.0851，进而下降到 2011 年的 0.0268，分别占总收入基尼系数的 3.13%、19.24% 和 6.98%。教育的努力贡献基尼也呈现倒“U”形趋势，从 1993 年的 0.0218 上升到 2006 年的 0.0766，下降到 2011 年的 0.021，分别占总收入基尼系数的 4.73%、17.32% 和 5.48%。

表 7－15　　教育的环境贡献和努力贡献

年份	教育的环境贡献		教育的努力贡献	
	基尼	比例（%）	基尼	比例（%）
1993	0.0144	3.13	0.0218	4.73
2000	0.0157	3.10	0.0350	6.96
2006	0.0851	19.24	0.0766	17.32
2011	0.0268	6.98	0.0210	5.48
平均	0.0355	8.11	0.0386	8.62

比较学校教育的环境贡献和努力贡献的大小，发现自 2006 年始，学校教育的环境贡献基尼开始超过学校教育的努力贡献基尼。由于本书的核算方法低估学校教育的环境贡献却高估学校教育的努力贡献，可以认为这一发现具有稳健性，意味着从 2006 年开始学校教育更多发挥传递环境不平等的作用，而非个人突破环境限制的努力机会。依照运气均等主义的观点，教育更多发挥促进收入分配非正义的作用，而非减少。

究其原因，这可能是在中国转轨过程中，教育机会不平等迅速加大的结果。在本文建立的教育预测回归模型中，环境因素对教育年限的解释比 R^2 从 1993 年的 19% 上升到 2011 年的 29%，表示学校教育的获得随着中国的改革过程，越来越受制于环境因素，进而导致与教育的努力贡献相比，教育的环境贡献上升速度更快，导致 2006 年开始教育的环境贡献基尼超过教育的努力贡献基尼。

2. 分解学校教育的环境贡献

表 7－16 是学校教育的各个环境贡献。可以发现，学校教育的地区、出生户

籍和父亲收入的贡献基尼基本呈现倒“U”形上升趋势，2011 年分别为 0.0029、0.0113 和 0.0035，占总收入基尼系数的 0.74%、2.95%、0.91%。如果从 1993 ~ 2011 年的平均贡献比例来看，以出生户籍最高（3.03%），其次为父亲收入（2.12%），地区的贡献最低（0.52%），这表明了户籍制度在教育资源分配中发挥的重要作用。

表 7 - 16　　教育环境的贡献（20 ~ 40 岁）

年份	基尼贡献			贡献比例（%）		
	地区	户籍	父代收入	地区	户籍	父代收入
1993	0.0006	0.0077	0.0028	0.13	1.67	0.61
2000	0.0033	0.0130	0.0021	0.66	2.58	0.42
2006	0.0024	0.0217	0.0289	0.54	4.91	6.53
2011	0.0029	0.0113	0.0035	0.74	2.95	0.91
平均	0.0023	0.0134	0.0093	0.52	3.03	2.12

3. 比较青年群体和中年群体

分年龄样本核算学校教育的环境贡献和努力贡献，结果如表 7 - 17 所示，可以发现 2006 年是分水岭。2006 年之前，对学校教育的环境贡献来说，青年群体低于中年群体；但学校教育的努力贡献相反，青年群体却高于中年群体。也就是说，2006 年前，和中年群体相比，青年群体的收入不平等更少源于教育的环境因素，而是更多源于教育的努力因素。这一发现表明，在 2006 年之前，年轻人是更少受制于环境因素和更多能通过教育的努力提升收入的群体，而非中年群体。

表 7 - 17　　分年龄样本的核算

样本	年度	教育的环境基尼				教育的环境贡献比例（%）				教育的努力贡献基尼	教育的努力贡献比例（%）
		环境	地区	出生户籍	父代收入	环境	地区	出生户籍	父代收入		
青年群体	1993	0.0174	0.0002	0.0069	0.0046	3.68	0.04	1.45	0.97	0.0214	4.52
	2000	0.0229	0.0022	0.0118	0.0041	4.52	0.44	2.32	0.81	0.0375	7.40
	2006	0.0949	0.0073	0.0199	0.0263	22.07	1.70	4.63	6.12	0.0644	14.97
	2011	0.0444	0.0044	0.0096	0.0115	13.86	1.37	3.00	3.59	0.0161	5.02
	平均	0.0449	0.00353	0.0121	0.01163	11.03	0.89	2.85	2.87	0.0349	7.98

续表

样本	年度	教育的环境基尼				教育的环境贡献比例（%）				教育的努力贡献基尼	教育的努力贡献比例（%）
		环境	地区	出生户籍	父代收入	环境	地区	出生户籍	父代收入		
中年群体	1993	0.0200	0.0039	0.0080	0.0033	4.85	0.96	1.94	0.80	0.0136	3.31
	2000	0.0298	0.0060	0.0145	0.0038	6.10	1.23	2.97	0.78	0.0337	6.88
	2006	0.0861	0.0019	0.0222	0.0335	19.07	0.42	4.91	7.42	0.0836	18.52
	2011	0.0409	0.0064	0.0140	0.0054	9.68	1.51	3.32	1.28	0.0266	6.29
	平均	0.0442	0.0046	0.0147	0.0115	9.93	1.03	3.29	2.57	0.0394	8.75

但上述现象在2006年发生反转。2006年及之后的核算结果都发现，之于教育的环境贡献，青年群体开始高于中年群体；而对于教育的努力贡献，青年群体却开始低于中年群体。也就是说，和中年群体相比，近年来青年群体的收入不平等更多源于教育的环境因素，而更少源于教育的努力因素。这表明从2006年开始，年轻人成为更多受制于环境和更少能通过教育的努力提高收入的群体。

五、主要结论

长期以来，经济学家对收入不平等的研究，关心的是不平等最好的测量办法是什么，但后罗尔斯—德沃金（Rawls－Dworkin）的不平等文献改变了这一视角。他们指出一些不平等在伦理上是不可接受或可接受的，经济学家却忽视了这种区别。而这种区分大概是过去40年政治哲学对平等主义最重要的贡献，并成为机会平等理论的基础。机会不平等理论对影响广泛的福利主义假设提出了尖锐的批评，指出除了福利的最后产出，还需要更多的信息为分配政策提供正确判断和依据，特别是人们必须知道他们应当为其享受的产出负有多少责任。我们不仅要考虑到原生禀赋对分配结果的影响，同时也应承认个人选择和努力的作用。前者因个人不应负有责任，产出的不平等被视为不正义；后者被认为个人对其结果负有责任，因此形成的不平等结果被视为正义。这两类因素在罗默的机会不平等分析框架中被归于“环境”和“努力”因素。而学校教育因其兼具“环境”和“努力”因素的特征，在收入分配正义中扮演重要角色，并引发很多争议。

本书的贡献是在对机会不平等理论的梳理基础上，建构并核算了中国学校教育对收入机会不平等的贡献。即将收入不平等的学校教育来源分解为“环境”和“努力”这两类因素，前者的影响视为不正义，后者的影响视为正义，并应用反事实模拟法和中国 1993 ~2011 年的 CHNS 数据进行核算，得到主要结论如下：

第一，本书将环境对收入不平等的贡献视为非正义来源，研究发现，20 世纪 90 年代以来，收入机会不平等指数即环境（包括出生户籍、地区和父亲收入）对收入不平等的贡献比例呈现先上升后下降的倒“U”形趋势，并于 2011 年达到 24.35%，表示收入不平等有近 1/4 因环境因素产生，这与其他国家相比是较高的①。

第二，本书将学校教育对收入不平等的贡献分解为环境贡献和努力贡献，分别代表非正义来源和正义来源。核算结果发现，自 2006 年始，学校教育的环境贡献开始超过其努力贡献，表示学校教育更多成为收入不平等的非正义来源，而非正义来源。

第三，比较不同年龄群体，对于收入机会不平等指数来说，本书发现从 2011 年开始，青年群体开始超过中年群体，这表示年轻人的收入比中年人更多受制于环境的影响而非努力。而就学校教育的贡献来说，从 2006 年开始，与中年群体相比，青年群体的收入不平等更多源于教育的环境因素而非教育的努力因素。这表示，从 2006 年开始，中国的年轻人比中年人面临更严重的因学校教育导致的收入机会不平等。这些发现反映了近年来中国社会阶层趋于固化和沉淀的现象。

上述发现反映了中国改革开放过程中不同力量交织在收入分配中的复杂作用。一方面，中国通过引入市场机制提供大量体制外的机会，推动了人力资本的升值，增加了教育对收入分配的贡献；但另一方面，中国的经济改革是在政治制度不变条件下以渐进的方式开展的，行政机制又维系了再分配权力的作用，这导致尽管市场机制在资源配置上的作用越来越大，但是原有的计划经济制度安排并未完全退出，甚至在某些方面出现新的变种，仍然成为影响教育、就业和劳动力市场分割的重要原因，从而更隐性地增加环境（如户籍、地区、家庭社经背景等）对收入和教育机会分配的影响。而这一影响更易于反映在年轻一代中，表现为与中年群体相比，近年来青年群体收入不平等来源于环境和教育环境的贡献比例更快地上升，社会阶层趋于固化和沉淀。

进入 21 世纪后，中国政府意识到这一愈益扩大的贫富差距，开始推行东西

① Brunori，Ferreira，Peragine（2013）对 41 个国家核算研究的回顾发现，环境的基尼贡献范围在 0.005 ~0.223；收入机会不平等指数大概在 2.3% ~32.2%。

部地区、城乡均衡发展的国家战略，包括建立城乡户籍一体化制度和扶持中西部地区战略，如西部大开发战略（1999 年）、振兴东北地区等老工业基地战略（2002 年）、促进中部地区崛起战略（2004 年）等。这些努力开始在收入分配领域产生积极的影响，在一定程度上导致上述收入基尼系数和收入机会不平等指数的倒“U”形曲线后半部分的下降趋势。但在学校教育领域里，教育机会的分配仍然趋于恶化，并导致近年来教育的环境贡献超过努力贡献，表示教育更多成为收入不平等的非正义来源，更多发挥环境复制而非努力机会的作用。对于机会平等理论的支持者来说，政治共同体的理想应当是建立这样一种机制，尽力弥补因环境影响产生的不平等，并允许和强化自主选择和努力在分配中的作用。学校教育正可以成为这样一种机制，但要发挥学校教育促进收入机会平等的作用，首先需要保障学校教育内部分配的机会平等。

第六节　教育与收入分配的国际经验

中国目前正处于迈入高收入国家的临界点，跨越“中等收入陷阱”，以及跨越“中等收入陷阱”后的持续发展问题，是中国发展的面临的最大挑战。经济发展过程中的收入分配问题是中国发展必须面对，并需要系统的机制设计的领域。关于经济发展与收入分配的关系，许多学者都做过深入的研究，其中最著名的应该是美国经济学家库兹涅茨，他提出的经济发展与收入分配的倒“U”形假说，呈现了一种经济发展与收入分配的完美的曲线，也是引起争论最多的一种理论。本节在简要回顾经济发展过程中收入分配变化的研究基础上，选择日本、韩国、巴西等国家经济发展过程中收入分配的变化，及其相关的人力资本政策，为理解经济发展过程收入分配的变化趋势，以及相关的教育与人力资本政策提供国际比较的经验。

一、经济发展与收入分配的理论回顾

20 世纪 50 年代诺贝尔经济学家得主、著名经济学家刘易斯的二元结构经济增长模型认为，在国家发展起步阶段，只有在收入分配不均等状况下，国民财富通过集中于少数人手中，实现资本积累的快速增长，才能快速推动二元经济结构从低水平均衡发展到高水平均衡，进而推进经济快速增长。换句话说，刘易斯经济增长模型所蕴含的假设是，在经济发展未达到特定阶段之前，收入分配不均等

是经济增长的一个必要条件。

基于类似的假设，库兹涅茨提出著名的经济发展与收入分配的倒“U”形假说。他认为，随着经济发展而来的“创造”与“破坏”改变着社会结构与经济结构，并影响着收入分配。在经济未充分发展的阶段，收入差距将随同经济发展而不断扩大。在达到收入差距最大的顶点后，收入差距会逐步缩小趋于平等。

库兹涅茨基于经验数据发现了经济发展与收入分配的倒“U”形曲线，但是对于为什么会出现倒“U”形曲线并没有给出特别细致的解释。对于库兹涅茨曲线是否合理，库兹涅茨之后大量的实证研究使用不同的数据进行了检验，得出的结论不一，有支持的，也有反对的。不过，20 世纪 80 年代后，随着西方发达国家收入差距再次扩大，越来越多的学者认为，收入分配不会随着经济增长自动改善，增长并不必然带来收入分配的改善，收入分配的改善必须依托系统的制度设计，才能保证收入差距保持在一个社会可接受的范围，也才能保持经济的持续发展。

为了进一步解释收入分配与国家经济增长之间的关系，我们选择了 5 个 20 世纪 60 ~70 年代已经取得相对较高人均收入水平的国家，分析收入分配与经济增长二者之间的关系，以及在这个过程中采取的教育与人力资本政策。其中，日本和韩国继续保持了经济增长，并成功实现“中等收入陷阱”的跨越；而阿根廷、巴西和马来西亚则没有延续经济增长发展趋势，成为跨越“中等收入陷阱”失败国家/地区的典型案例。国际比较非常清晰地呈现出，进入中等收入发展阶段后，能否抑制收入分配差距的不断扩大，在很大程度上决定着其跨越“中等收入陷阱”是否成功。

二、日本与韩国经济发展过程的收入分配与教育政策

（一）日本经济发展过程中的收入分配与教育政策

第二次世界大战之后，日本在被战争拖垮的经济基础上，迅速恢复并极速增长，在 1966 年步入中等收入国家行列后，1986 年成功迈入高收入国家行列。日本经济成功的原因很多，其中最重要的基石是教育快速扩展后，形成了庞大的中等收入群体和相对较小收入差距。

表 7 - 18 呈现了 1963 年以后日本居民收入分配状况。日本在从中等收入阶段向高收入水平迈进的过程中，居民收入分配均衡状况较好。按照收入五等分法，将占人口中间 60% 的收入群体作为中产阶层，那么 1963 ~2010 年日本的中等收入阶层所拥有收入占全民总收入比重介于 59% ~55%；占日本 20% 人口的最低收入群体所拥有收入占全民总收入比重介于 10% ~12%；而占日本 20% 人

口的最高收入群体所拥有收入占全民总收入比重介于31%～33%。从中可以非常明显地看到，日本属于以中产阶层为主，非常有利于社会稳定的“橄榄型”收入结构。

从基尼系数来看，20世纪60年代以来，日本居民收入差距并不大，从1963年到2010年的基尼系数基本保持在0.32～0.38，即使在经济增长速度最快的年代也没有超过0.4。日本在从低收入国家向高收入国家发展过程中并没有出现倒“U”形曲线。比较合理的收入分配状况，为日本经济的可持续发展提供了良好的条件。

为保持经济的持续增长，日本一直高度重视教育。1960年，池田内阁又推出“国民收入倍增计划”（1961～1970年），把人力资源开发与振兴科学技术作为重要内容，对教育结构进行了调整。高等教育增大了理工科的比例、扩充研究生院招生人数、改进奖学金制度等，培养更多高层次的科技人才。在初等、中等教育中，充实了实习内容和实验设备，增大了职业高中的比例。日本能够抓住几个重要的战略机遇，实现产业升级，良好的人力资本储备是其重要的经验条件。

表7－18　日本居民收入分配状况

年份	各组占全部收入的比重（%）					基尼系数
	最低20%	第二个20%	第三个20%	第四个20%	最高的20%	
1963	10.24	15.02	18.64	22.84	33.25	0.380
1965	11.11	15.50	18.35	22.85	32.19	0.366
1970	11.70	15.93	19.01	22.69	30.66	0.355
1975	11.49	15.54	18.78	22.79	31.40	0.361
1980	11.73	15.61	18.89	22.66	31.11	0.364
1985	11.15	15.16	18.84	22.96	31.90	0.365
1990	11.21	15.28	19.04	23.09	31.38	0.369
1995	11.50	15.45	19.13	22.71	31.20	0.316
2000	11.22	15.30	18.72	23.06	31.70	0.329
2005	10.91	15.02	18.43	22.97	32.68	—
2010	11.10	15.11	18.35	23.23	32.21	0.340

资料来源：杨丽：《收入分配与中等收入陷阱的关系研究》，南开大学博士学位论文，2013年，第68页。

（二）韩国经济发展过程中的收入分配与教育政策

韩国跨越“中等收入陷阱”的时间要晚于日本，按照世界银行的标准，韩国是在1977年步入中等收入国家行列，并于1996年进入高收入国家行列。

伴随着韩国经济水平的发展，其收入分配呈现先扩大、后稳定的变化趋势。在经济增长初期，韩国的收入差距逐渐扩大。在1975年到1980年，由于当时韩国还处于工业化初期，资本产出比较高，再加上城市化开始后，推动房价上涨，导致基尼系数的增加，从1970年的0.362上升到1980年的0.39。在20世纪70年代末进入中等收入水平国家行列后，韩国在发展过程中，致力于控制收入分配扩大趋势，通过多项改革，调整收入分配差距。进入20世纪90年代后，收入分配扩大局面大大改善，1992年韩国的中产阶级在全社会中的比例高达75.2%，基尼系数也由原来的0.39下降到1991年的0.263，形成了良好的“橄榄型”社会，为进入高收入国家行列打好基础。

韩国在经济发展过程中高度重视教育发展，尤其进入中等收入国家后，韩国教育进入快速发展期，是世界上高等教育入学率最高的国家。韩国教育的快速发展为其中产阶级的扩大，及收入分配的改善发挥了重要的作用。

（三）巴西经济发展过程中的收入分配与教育政策

第二次世界大战后，巴西通过实行进口替代工业化战略获得了经济的高速增长。1968～1974年的GDP年增长率都超过了10%，和韩国一样在第二次工业化的背景下，实现了重工业化，并在1975年进入了中等收入国家行列。但是由于产业结构失衡、收入分配结构失衡、城市化超前、通货膨胀严重等因素，在20世纪80年代以后，巴西的经济增长速度放慢，并深陷“中等收入陷阱”。巴西从1981～2012年的基尼系数都在0.5以上，占人口20%的最高收入群体占全部收入的一半还多，而中等阶层所占比例不到40%（见表7-19），可见经济发展所增加的财富主要集中于大企业家、大庄园主和企业白领阶层手中，而消费倾向很高的中低收入阶层收入水平则较低，购买能力难以提高，导致内需不足，使经济增长乏力。

表7-19　巴西居民收入分配状况

年份	各组占全部收入的比重（%）					基尼系数
	最低20%	第二个20%	第三个20%	第四个20%	最高的20%	
1981	2.68	6.16	10.47	18.40	62.29	0.579
1982	2.61	6.00	10.32	18.33	62.74	0.584
1983	2.61	5.87	10.03	18.09	63.40	0.590
1984	2.74	6.05	10.20	18.11	62.90	0.584

续表

年份	各组占全部收入的比重（%）					基尼系数
	最低 20%	第二个 20%	第三个 20%	第四个 20%	最高的 20%	
1985	2.88	6.46	11.02	19.65	59.99	0.556
1986	2.66	6.04	10.32	18.18	62.80	0.585
1987	2.37	5.70	10.07	18.12	63.74	0.597
1988	2.14	5.33	9.55	17.50	65.48	0.614
1989	1.99	4.96	8.91	16.83	67.31	0.633
1990	2.33	5.46	9.72	17.88	64.61	0.605
1992	2.81	7.09	12.24	20.77	57.09	0.532
1993	2.35	5.81	10.07	17.50	64.27	0.601
1995	2.43	5.81	10.06	17.87	63.83	0.596
1996	2.25	5.68	10.03	18.18	63.86	0.599
1997	2.30	5.70	10.05	18.14	63.81	0.598
1998	2.42	5.81	10.05	17.91	63.81	0.596
1999	2.50	5.96	10.25	17.99	63.30	0.590
2001	2.40	5.90	10.29	17.97	63.44	0.593
2002	2.60	6.04	10.40	18.03	62.93	0.586
2003	2.59	6.19	10.65	18.36	62.21	0.580
2004	2.82	6.46	10.92	18.56	61.24	0.569
2005	2.90	6.54	11.04	18.48	61.04	0.567
2006	3.00	6.74	11.23	18.59	60.44	0.559
2007	2.97	6.89	11.60	18.97	59.57	0.552
2008	3.14	7.13	11.80	19.09	58.84	0.544
2009	3.17	7.28	11.98	19.23	58.34	0.539
2011	3.25	7.53	12.30	19.36	57.56	0.531
2012	3.39	7.65	12.43	19.34	57.19	0.527

资料来源：世界银行数据库。

巴西的教育与人力资源对经济发展的支撑也严重不足。巴西政府也一直非常重视教育发展，制定了雄心勃勃的发展计划。比如，联邦政府于 2014 年承诺扩大高等教育入学规模，计划在 2024 年前将 18 ~ 24 岁年轻人的大学本科入学率提升至1/3。但是巴西国家教育研究院公布的高等教育人口普查数据显示，2017年，巴西高等教育入学率大约为18%，2015～2017年，全国高等教育入学率的年平均增幅为1%。如果巴西政府没有更有效的措施，巴西高等教育的发展目标可能需要到2037年才能实现。

通过国际比较可以非常明确发现，日本、韩国的成功经验在于实现收入分配和经济增长的平衡，教育快速发展，有力支持了产业结构的升级，中等收入群体不断扩大，形成“橄榄型”社会结构，居民收入差距不大，其基尼系数基本控制在0.4以下。与之相对，巴西居民收入差距大，基尼系数一直在0.5以上，教育发展相对滞后，经济结构升级困难，陷入“中等收入陷阱”。

第七节　本章小结

改革开放以来，在总体收入水平不断提高的过程中，中国收入分配的差距也呈现出不断扩大的趋势，并在城乡、地区间和行业间都表现出来，其中教育机会不平等的影响不容小觑。

我们发现，由于不同受教育水平收入的差距，教育扩展会提高劳动者终生的收入，受到较好教育的劳动者高收入阶段持续时间长，通过教育扩展会不断提高劳动者的收入水平。但是由于教育选择的市场机制与社会机制，教育机会的获得并不平等，从而导致收入分配也不平等。

基于政治哲学中的机会不平等理论和弗朗索瓦·布尔吉尼翁提出的反事实模拟法，我们使用CHNS的数据对收入不平等的四个来源进行了估计，尝试比较其中公平与不公平的来源的大小。研究结果表明，20世纪90年代以来非正义的环境因素（包括出生户籍、地区和父亲收入）对收入不平等的贡献比例呈现先上升后下降的趋势，并于2011年达到近1/4，处于国际较高水平，而且青年群体受这种来源的制约相比中年群体更高。对于我们尤其关注的教育在其中的影响，我们发现，自2006年始，学校教育的环境贡献开始超过其努力贡献，表示学校教育更多成为收入不平等的非正义来源，而非正义来源。

究其背后原因，在改革开放的过程中，中国通过引入市场机制提供大量体制外的机会，推动了人力资本的升值，增加了教育对收入分配的贡献，但是行政机制的改革慢于市场经济改革的步伐，限制了再分配权力的作用，导致市场机制在资源配置上的作用越来越大的同时，原有的计划经济制度安排以部分保留或改变表现形式的方式仍然保持作用，成为影响教育、就业和劳动力市场分割的重要原因，从而更隐性地增加环境（如户籍、地区、家庭社经背景等）对收入和教育机会分配的影响。而这一影响更易于反映在年轻一代中，社会阶层趋于固化和沉淀。

进入 21 世纪后，中国政府通过一系列战略举措努力开始在收入分配领域产生积极的影响，在一定程度上导致上述收入基尼系数和收入机会不平等指数的倒“U”形曲线后半部分的下降趋势。但在学校教育领域里，教育机会的分配仍然趋于恶化，教育更多成为收入不平等的非正义来源，更多发挥环境复制而非努力机会的作用。对于机会平等理论的支持者来说，政治共同体的理想应当是建立这样一种机制，尽力弥补因环境影响产生的不平等，并允许和强化自主选择和努力在分配中的作用。学校教育正可以成为这样一种机制，但要发挥学校教育促进收入机会平等的作用，首先需要保障学校教育内部分配的机会平等。

第八章

高等教育扩展与高等教育机会不平等

按照舒尔茨人力资本收入分配理论，教育扩展会提升劳动力的生产率，进而会改善收入分配。但是当考虑到教育选择的机制时，就会发现，在教育扩展过程中，教育机会不平等问题会凸显出来，从而由于教育机会不平等的加剧，教育扩展对收入分配展现出复杂的影响。当扩展效应大于不平等效应时，教育扩展就会改善收入分配，当不平等效应大于扩展效应时，教育扩展就会扩大收入不平等。本章重点考察高等教育扩展过程中教育机会不平等的问题，在中国，高等教育入学机会不平等可以从微观和宏观两个层面分析：微观层面包括阶层间、民族（种族）间、性别间的不平等；宏观层面包括城乡、地域之间的不平等。自1978年恢复高考以来，高等教育扩展逐步加速，尤其是1998年之后高等教育进入了快速扩展阶段，高等教育入学机会不平等趋势在不同层面表现出不同的特征。本章关注的重点是高等教育入学机会的地域差异。为详细呈现高等教育入学机会省际不平等，本章的主要内容包括：第一，为分析不同层次高等教育入学机会的省际不平等，首先对高等教育入学机会进行分类；第二，分析录取率以说明高等教育扩展状况；第三，分析录取率存在的问题，提出以当年入学率作为省际高等教育入学机会的测量指标；第四，计量高等教育入学机会省际不平等程度，分析在高等教育扩展背景下不同层次高等教育入学机会省际不平等程度及其对总体不平等的贡献；第五，部属“211工程”大学和“985工程”大学入学机会的省际不平等备受争议，因此第四部分和第五部分将分别计算每所部属“211工程”大学和“985工程”大学入学机会分配的省际不平等程度及其对部属“211工程”大学和“985工程”大学总体省际不平等程度贡献率。

第一节　高等教育入学机会分类

一、高等学校的分类

依据《中华人民共和国高等教育法》，“高等学校和其他高等教育机构”是高等教育供给者。高等学校包括了大学、独立设置的学院和高等专科学校；大学、独立设置的学院主要实施本科及本科以上教育，高等专科学校实施专科教育[①]。其他高等教育机构则是指专门的科学研究机构，但是经过国务院教育行政部门批准后可以承担研究生教育的任务，但是不能承担本专科的教育。本书只关注大学、独立设置的学院和高等专科学校。根据其隶属关系和中央政府的支持力度，可以将这三类高校做进一步的分类（见图8－1）。

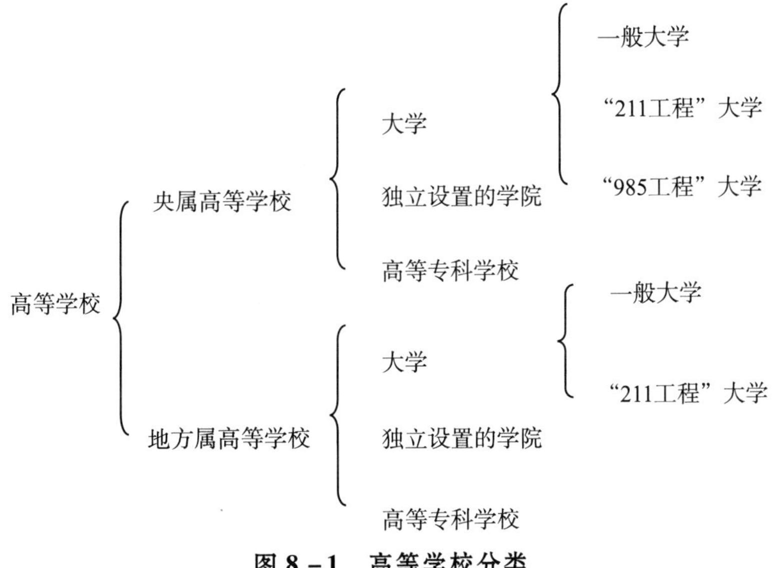

图8－1　高等学校分类

首先，根据隶属关系，可以把高等学校划分为中央政府及其各部门举办的高等学校（以下简称“央属高校”）和地方政府及其各部门举办的高等学校（以下

① 在实际中，大学和独立学院承担部分专科教育，但是高等专科学校不能承担本科及本科以上的教育。

简称“地方属高校”）。其次，根据提供学历教育的级别又可以分为大学及独立设置的学院和高等专科学校。其中，根据中央政府的支持力度，央属大学可以分为一般大学、“工程”大学（以下简称“央属大学”）和“大工程”大学（以下简称“大学”）；地方属大学则可以分为一般大学和“工程”大学（以下简称“地方大学”①）。地方属大学、央属大学、大学代表着中国高质量的本科高等教育。这些大学，尤其是央属大学和大学代表了中国最高质量的高等教育。因为这是国家实施“985 工程”和“211 工程”的目标所在。

“211 工程”，即面向 21 世纪重点建设 100 所左右的高等学校和一批重点学科的建设工程。“211 工程”最早出现在中共中央、国务院印发的《中国教育改革和发展纲要》中，“为了迎接世界新技术革命的挑战，要集中中央和地方等各方面的力量办好 100 所左右重点大学和一批重点学科、专业，力争在下世纪初，有一批高等学校和学科、专业，在教育质量、科学研究和管理方面，达到世界较高水平”。全国共计有 105 所大学，其中，中国矿业大学、中国地质大学、中国石油大学和华北电力大学是两地办学；哈尔滨工业大学、东北大学和山东大学各有一个分校。如将两地办学和分校看作是独立的一所大学，全国将共有 109 所大学。

“985 工程”是我国政府为建设若干所世界一流大学和一批国际知名的高水平研究型大学而实施的高等教育建设工程。1998 年 5 月 4 日，江泽民同志在北大百年校庆上发表重要讲话，标志着我国建设世界一流大学计划，即“985 工程”正式启动。江泽民在北大百年校庆上说：“为了实现现代化，我国要有若干所具有世界先进水平的一流大学。这样的大学，应该是培养和造就高素质的创造性人才的摇篮，应该是认识未知世界、探求客观真理、为人类解决面临的重大课题提供科学依据的前沿，应该是知识创新、推动科学技术成果向现实生产力转化的重要力量，应该是民族优秀文化与世界先进文明成果交流借鉴的桥梁。”② 全国共计 39 所“985 工程”大学，其中一期为 34 所，二期增加了 5 所（含 1 所军事院校）③。

二、高等教育入学机会的分类

公众和媒体最关注的高等教育入学机会地域不平等实际上是央属“211 工程”

① 地方属大学实际上是省部共建的大学。从隶属关系或直接管理者来说，那些省部共建大学的直接管理者是省级教育部门，所以称之为地方属大学。

② 江泽民：《继承和发扬五四运动的光荣传统》，人民网，2009 年 4 月 30 日，https：//baike. baidu. com/reference/991606/533aYdO6cr3_z3kATPOOxa - lNHuRZYj5vrfRUbNzzqIP0XOpWIHpU5w748Rx7vJoBAfO_pttbZgWmKeNeFRN7_ 4YbuwwQbMilGn - VjDEyL359tswk9dEq5QbHPBL。

③ 国防科学技术大学是唯一的一所隶属于军事系统的“工程”大学；西北农林科技大学是唯一的一所先进入“985 工程”，而后进入“211 工程”的大学。

大学（以下简称“211”大学）和“985工程”大学（以下简称“985”大学）的入学机会不平等，而不是高等教育总体入学机会的不平等。因为部分就业单位设立的“门槛”就是毕业生必须毕业于“211工程”大学或“985工程”大学才给予面试的机会。此外，央属“211”大学和“985”大学的办学经费主要来自中央财政。从公共财政的角度来说，这些大学是全国人民的大学，每一个人都应有平等的机会进入这些大学学习。相反，地方属“211”大学的办学经费主要来自属地，所以其招生有理由给予属地考生一定的优惠或者照顾。

根据大学的质量，本研究依据高等学校的分类将高等教育入学机会分为专科入学机会和本科入学机会；本科入学机会包括央属“211”大学入学机会和普通本科入学机会；央属“211”大学入学机会又可以分为“211”（非“985”）大学和“985”大学的入学机会；普通本科入学机会可以分为地方本科（一般本科和“211”大学）和央属一般本科大学的入学机会（见图8-2）。

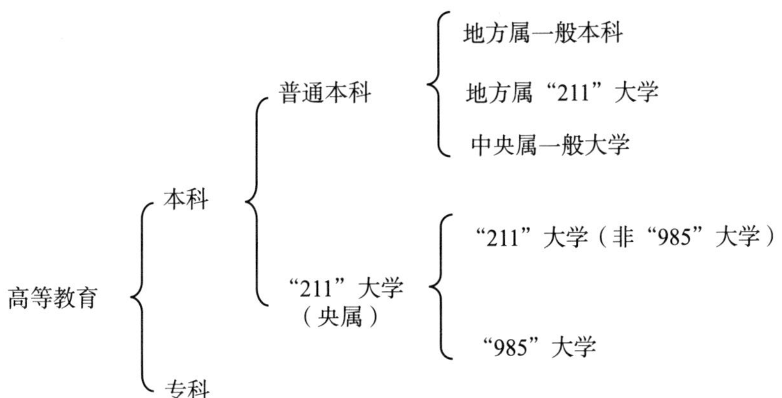

图8-2　高等教育入学机会分类

高等学校还可以按照普通高考招生录取可以划分为四个层次：普通类本科一批、普通类本科二批、普通类本科三批和普通类专科批次，简称一本、二本、三本和高职（专）。一本通常是“211”大学和省属重点大学，二本是非重点大学，三本是民办本科。当一个大学生毕业走向劳动力市场时，他在被大学录取时是一本、二本或者三本已经不再重要，而是否毕业于“211”大学或“985”大学才是至关重要的[①]。因此，本书中没有按照这种方式将高等学校和高等教育入学机会进行分类。

① 北京师范大学教育学部的一些博士同学在找工作中常常因为本科或者硕士不是毕业于“211工程”大学或“985工程”大学而被拒之门外。

第二节　高等教育扩展与录取率的变化

一、1977～2012 年录取率变化趋势

自 1977 年恢复高考以来，录取率一直被用于反映高等教育入学机会。图 8－3 呈现了 1977～2012 年的高考录取率。总体来说，1977 年以来，中国高等教育经历了大规模扩张。首先，录取人数从 1977 年的 27 万人增长到 2012 年的 685 万人，增长了 24 倍多；相应地，录取率从 4.74% 增长到了 74.86%①，增长了近 15 倍。从图 8－3 中可以发现高考录取率的变化。

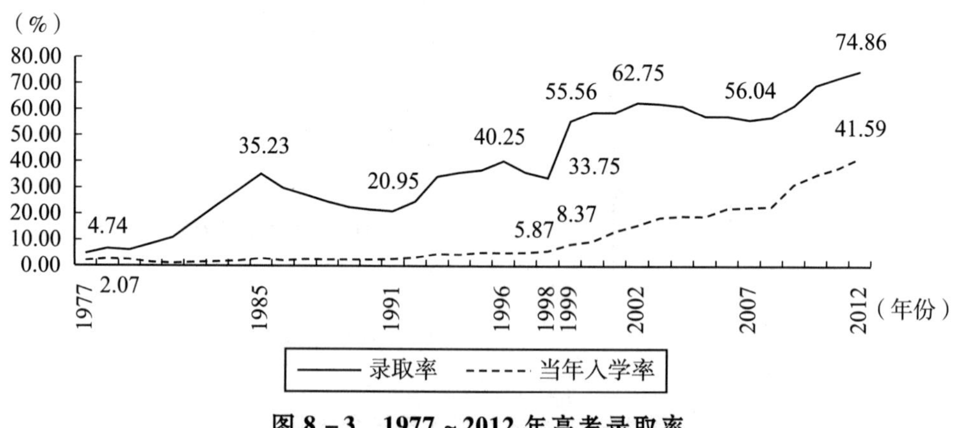

图 8－3　1977～2012 年高考录取率

资料来源：教育在线网站；18 周岁人口来自国家统计局第五次人口普查数据，依据年龄统计推断各年份的 18 周岁人口数，未考虑人口损失情况。

可以划分为几个不同的阶段：第一阶段是 1977～1985 年，录取率从 4.74% 增长到 35.23%。这一阶段的录取率快速增长，不是因为录取人数的快速增长，而是参考高考人数的锐减造成的。在“文革”十年，很多青年学生无法参加高考，所以在恢复高考后，积累了多年的青年学生都集中在这一时期参加高考。在 1977 年参加考高的人数为 570 万，1978 年达到了 610 万人，之后，逐年下降，到 1984 年降到了 164 万人，是 1977 年以来参加高考人数最少的一年。所以说，

① 这里计算的录取率低于本书所收集的数据计算而出的录取率。根据本书建立的数据库计算结果，2010 年的录取率达到了 70.25%，2012 年达到了 78% 以上。

这一时期录取率的增长是由于参考人数减少和招生人数增加共同造成的。

第二阶段是 1986～1991 年，录取率从 35.23% 下降到 20.95%。这一阶段的录取率下降是因为录取人数的增长速度低于参考人数的增长速度。这一时期的考生中，由于“文革”的原因而不能参加高考的学生几乎很少了，更多的是受到应届考生等因素的影响。这一时期的录取率呈现下降的趋势，主要是因为参考人数的增长速度大于录取人数的增长速度。

在 1992～2012 年，根据录取率的增长趋势，可以分为四个阶段，即第三阶段（1992～1998 年）、第四阶段（1999～2002 年）、第五阶段（2003～2007 年）和第六阶段（2008～2012 年），这四个阶段与第二阶段的变化趋势的原因一致，即参考人数与录取人数增长率的此消彼长决定了录取率的变化趋势。

二、2010 年和 2012 年各省份高等教育录取率的变化

从 2010～2012 年，全国高等教育计划录取率从 69.45% 增长到了 74.86%。图 8-4 呈现了在 2010 年和 2012 年 31 个省份的录取率情况。在 2010 年，河北的录取率最低，仅有 44.12%，海南的录取率最高，达到了 87.93%；在 2012 年，广西的录取率最低，为 56.35%，海南仍然是录取率最高的省份，高达 95.65%。从图 8-4 可以看出，在 2012 年海南、天津和内蒙古的录取率均达到了 90% 以上，河北、安徽、青海、江西、吉林、浙江、辽宁、上海、山东、福建、黑龙江 11 个省份的录取率达到了 80% 以上。比较而言，广西、北京、江苏和新疆的录取率有所下降，其他 27 个省份的录取率均有所增长，其中，河北的录取率增长幅度最大，增长了 37.98 个百分点。从全国整体来看，录取率增长了 8.24 个百分点。

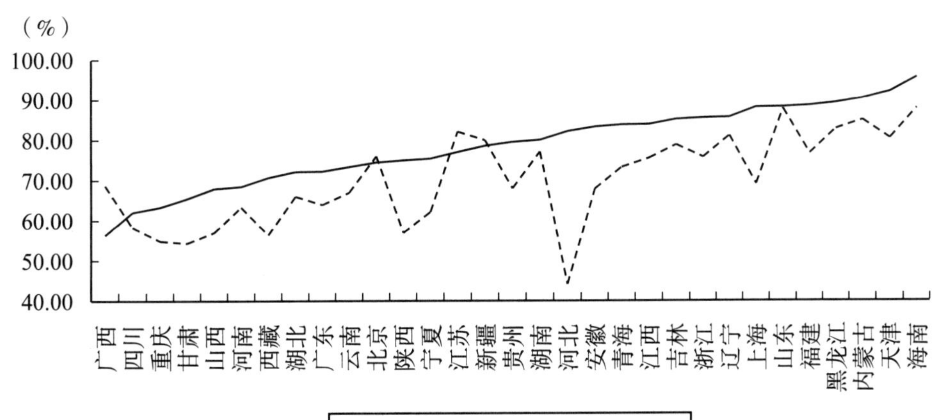

图 8-4　2010 年和 2012 年各省份高考录取率

第三节　高等教育入学机会的测量指标

一、录取率存在的问题

录取率等于高等教育录取人数与高考报名人数之比，常被用于衡量高等教育入学机会。但是录取率并不能很好地反映高等教育入学机会，因为高考报名人数存在两个重要的问题：

第一，往届考生的问题。高考复读生在很大程度上会降低录取率。如果两个省份的应届考生规模相当，高考录取人数也相当，但是当一个省份往届考生规模较大，另一个省份较小时，就会产生录取率的差异。从图 8－5 中可以看到，浙江的往届考生比例最低只有 4.79%，录取率则达到了 75.70%；甘肃的往届考生比例最大，达到了 33.98%，录取率却只有 54.34%，排在全国的倒数第二位。同样，以录取率最高的海南为例，录取率达到了 87.93% 以上，而往届考生的比例则只有 7.69%。所以说，往届考生的规模将严重影响录取率的大小。

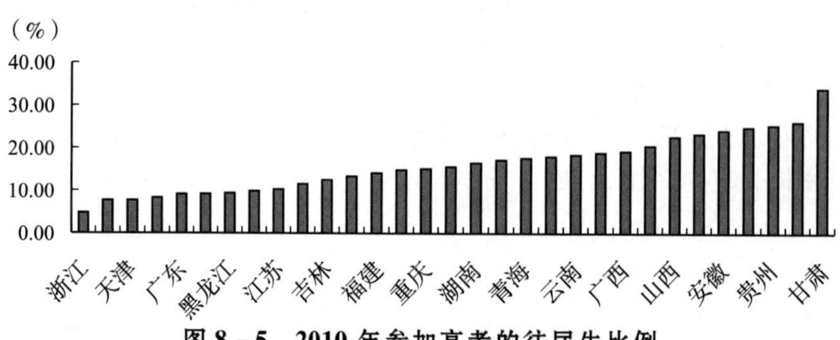

图 8－5　2010 年参加高考的往届生比例

资料来源：《中国教育统计年鉴（2010）》。

第二，普通高中规模的问题。普通高中的普及程度越高，参加高考的适龄人口比例就越大。在各个省份之间，高中普及率存在着巨大差异，在 2007 年普通高中升学率最低的省份只有 30.59%，而最高的省份则达到了 65.87%[①]，相差一倍之多（见图 8－6）。在使用录取率测量高等教育入学机会时，高中普及率高的省份则占有优势，而普及率低的省份虽然有较高的录取率，但是在高等教育入学机会方面并

① 计算 2007 年普通高中升学率的原因在于这些学生在 2010 年参加高考。

不占优势。以录取率最高的省份海南为例，录取率达到了 87.76%，但是高中的升学率只有 32.94%，说明只有 28.91% 的适龄人口能够接受高等教育；相反，北京的录取率为 75.97%，低于海南 11 个百分点，但是高中升学率达到了 65.87%，说明至少有 50.05% 的适龄人口可以接受高等教育。录取率忽略了普通高中规模的省际差异。总而言之，这两个问题直接影响了录取率衡量高等教育入学机会的准确性。

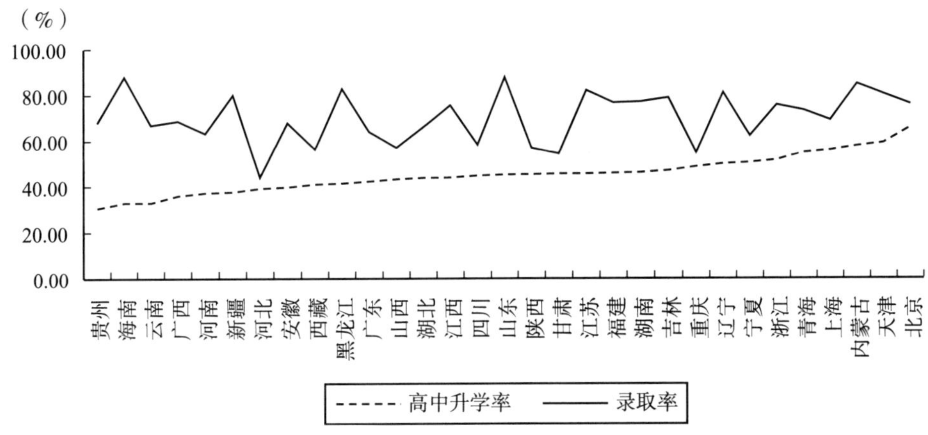

图 8-6　2007 年高中升学率与 2010 年高考录取率的比较

资料来源：《中国教育统计年鉴（2007）》和各省份公布的招生计划。

二、录取率与当年入学率的比较

图 8-7 不仅呈现了 2010 年和 2012 年的录取率，还呈现了当年入学率。1977～2012 年的录取率有几次的增长高峰。但是，当年入学率在 1977～1999 年一直是缓慢增长，自扩招政策实施之后，才开始较快增长。从 1977 年的 2.07%，缓慢增长到 1999 年的 8.37%，然后快速增长到 2012 年的 41.59%①。

---

① 需要说明的是，计算当年入学率的重要依据是 18 周岁的人口数。虽然无法获得各个省份的 18 周岁人口数，但是可以获得官方公布的全国的 18 周岁人口数。为准确估计全国 18 周岁人口数，可以依据第五次人口普查数据或者第六次人口普查数据，因为这两次人口普查公布了每个年龄的人口数。由此可以在不考虑人口损失的情况下推断 1977～2012 年的 18 周岁人口数。因为推断越早的人口数，可能存在的人口损失就越大，所以使用第五次人口普查的数据进行推断。此外，还有一个原因是，当用第六次人口普查数据推断 18 周岁人口数时发现，2007～2012 年的推断结果均比第五次人口普查的推断结果高出 200 万人左右。在 2000 年 7 周岁的人口数将是 2010 年时 18 周岁人口数。如果考虑各种原因造成的人口损失，那么 2010 年的 18 周岁人口数要低于 2000 年的 7 周岁人口数。但是第六次人口普查却多出来 200 万。差距如此之大，只能说明其中一次的统计是偏差是相当严重，甚至是错误的。本书使用的是第五次人口普查数据推断 18 周岁人口数。有一点是确定的，不管使用哪次普查数据推断 18 周岁人口数，除 2000 年或 2010 年之外，其他年份的人口基数都将被低估，因为人口都会因为死亡等原因而减少。所以，不管如何推断人口数，当年入学率都是被高估的。

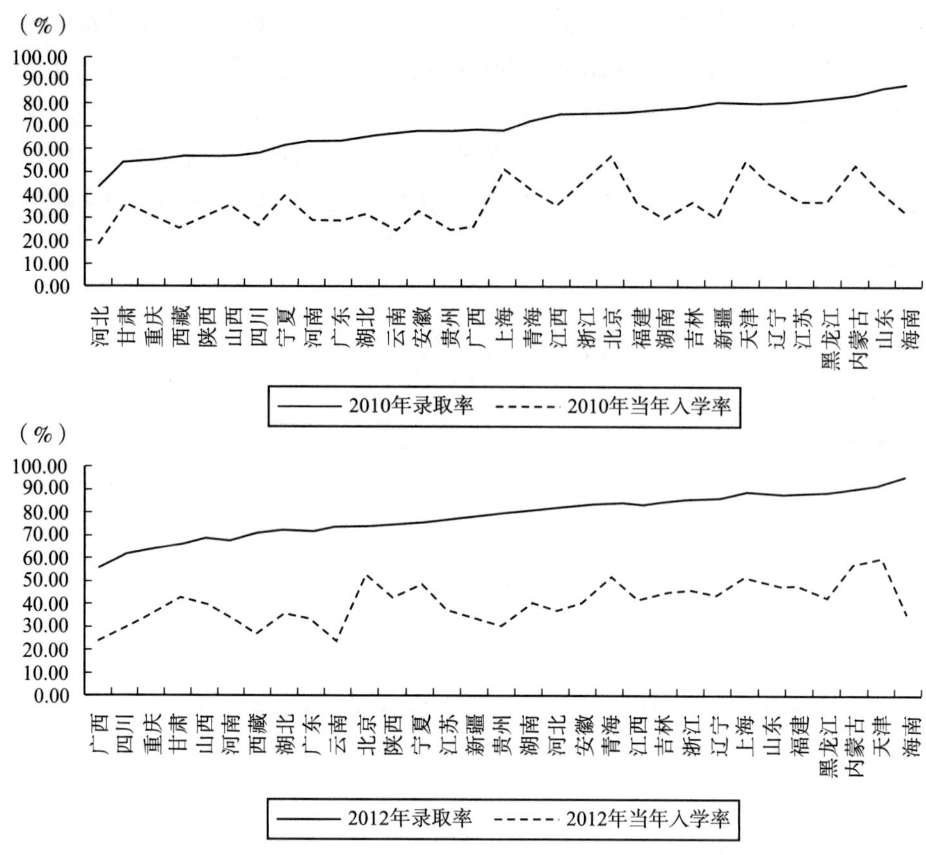

图 8 - 7　2010 年和 2012 年高等教育录取率与当年入学率的比较

图 8 - 7 至图 8 - 11 呈现了高等教育（本科和专科之和）、专科、本科、“211”大学、“985”大学的录取率和当年入学率。为与录取率的单位保持一致，当年入学率等于录取人数除以周岁人口数之后再乘以 100%。从图 8 - 7 中可以看到，通常被认为录取率最高的北京和上海，在 2010 年的录取率并不是最高的，而是排在了第 12 位和第 16 位，录取率分别为 75.97% 和 69.03%；录取率排在前两位的是海南和山东，录取率达到了 87.93% 和 87.76%。但是，当使用当年入学率来衡量高等教育入学机会时，高等教育入学机会最多的省份则是北京、天津、内蒙古和上海，这四个省份的当年入学率达到了 50% 以上，分别为 57.20%、56.77%、54.58% 和 52.14%。

从录取率来看，专科录取率最高的两个省份是海南和山东（见图 8 - 8）；本科录取率最高的则是天津和上海，北京排在了第 4 位（见图 8 - 9）；“211” 大学录取率最高的则是北京、天津和上海（见图 8 - 10）；“985” 大学录取率最高的则是天津、北京和上海（见图 8 - 11）。但是，从当年入学率来看，高等教育入学机会总量、本科、“211”大学和“985”大学入学机会，北京、上海和天津在入学机会均是最高的省份。图8－7至图8－11中的当年入学率与录取率的变化走势存在着较大的差异。所以，当年入学率和录取率不仅在测量高等教育入学机会、专科和本科入学机会时会存在较大的差异；而且在测量“211”大学和“985”大学的入学机会时也存在一定的差异。造成这一差异的原因有两个：一是往届高生规模不一致；二是高中阶段，尤其是普通高中的规模在某些省份仍然比较小。

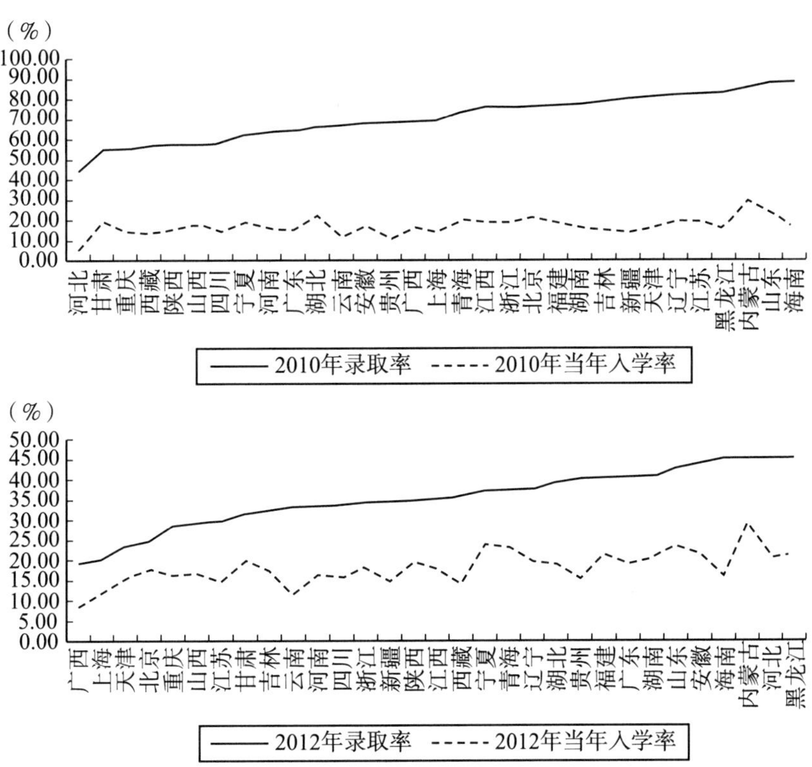

图8－8　2010年和2012年专科录取率与当年入学率的比较

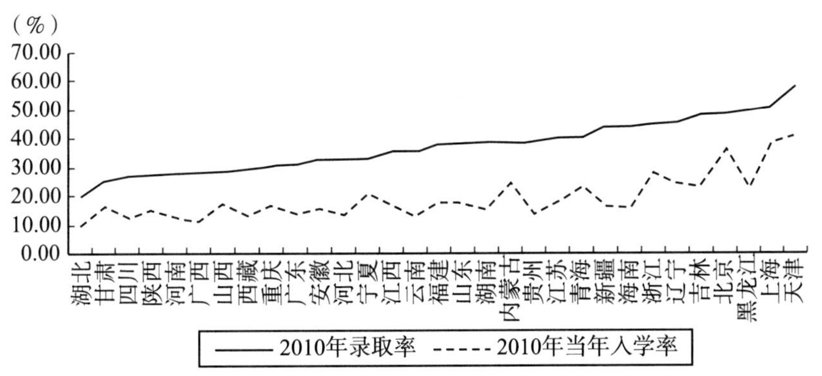

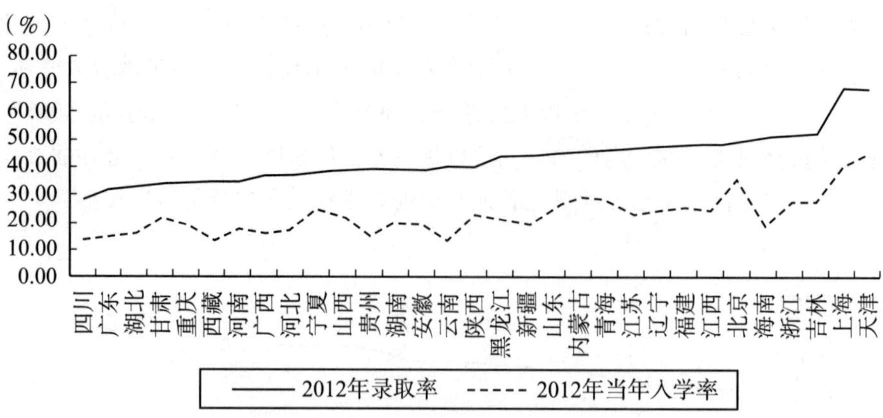

图 8-9　2010 年和 2012 年本科录取率与当年入学率的比较

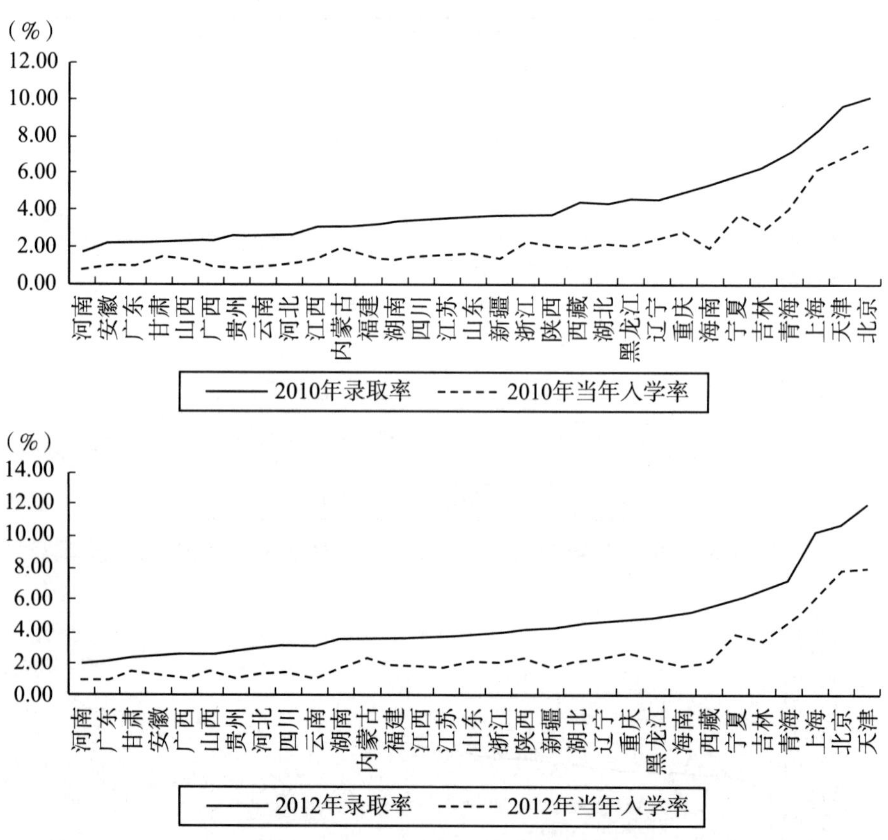

图 8-10　2010 年和 2012 年“211”大学录取率与当年入学率的比较

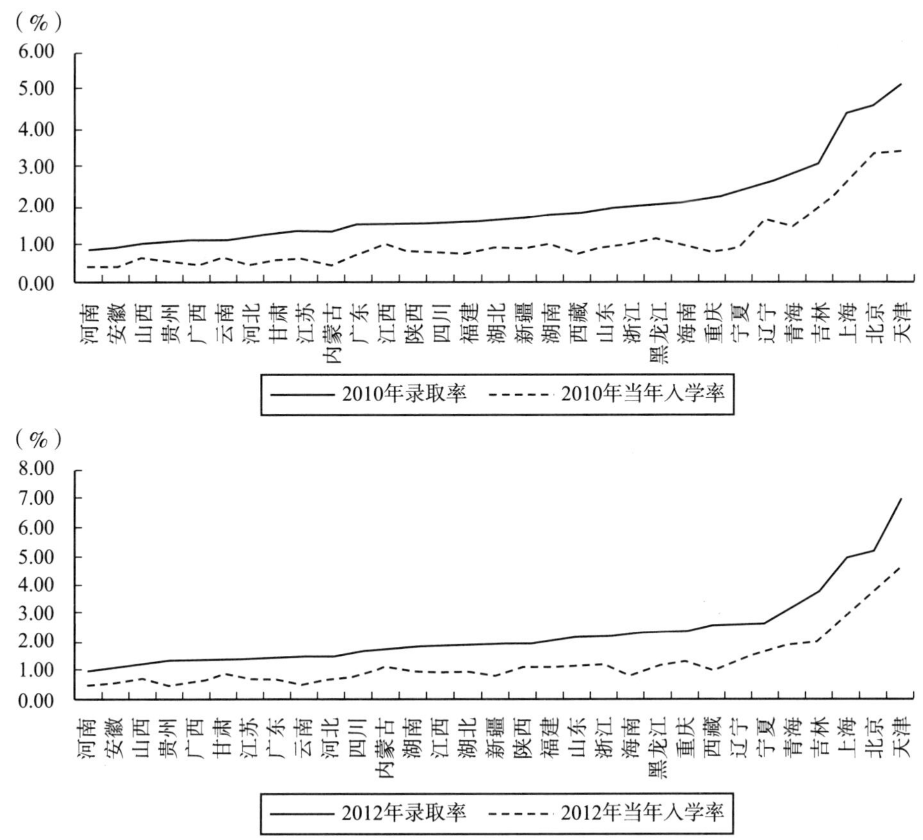

图 8-11　2010 年和 2012 年“985”大学录取率与当年入学率的比较

以山东为例，高等教育录取率高，而当年入学率低。在 2010 年，往届考生的比例达到 17% 以上，录取率则应该较低，但是仍有较高的录取率。这说明山东是按照参加高考的人数来制定招生计划的。但是当年入学率较低，这说明高中阶段，尤其是普通高中相对于适龄人口规模来说是比较小的。山东通过控制高阶段教育规模来限制参加高考的人数，进而得到了较高的录取率。这对那些因为高中规模有限而无法上高中的学生来说，显然是不公平的。因为，在北京、上海、天津这些发达地区，高中教育已经基本普及了。

所以说，有些省份虽然高等教育录取率较高，但是在全国高等教育入学机会分配时并没有占有足够的优势，而是表面上获得了较多的入学机会，实际上入学机会仍然很少。事实是，当年入学率更能准确地描述各个层次的高等教育入学机会的省际差异。

第四节 高等教育入学机会省际不平等

在2013年，官方认为高等教育入学机会不存在地域不平等，其依据是录取率的最低值（68%）和平均值（70%多）相比，差别不大。当用录取率的最大值（95.65%）与平均值比较时，差别较大，这证明平等是存在还是不存在呢？这种方法显然不能反映真实的不平等程度。所以，本章将使用极差率、变异系数和基尼系数来测量高等教育入学机会（当年入学率）的省际不平等程度。录取率常被用于反映高等教育入学机会，因此本节也计算了录取率的极差率、变异系数和基尼系数，以便于将其与当年入学率的省际差异进行比较。

一、高等教育入学机会的省际不平等的测量

（一）极差率与高等教育入学机会省际不平等

使用录取率最小值与录取率平均值的比较虽然可以得出“省际没有不平等”的结论。但是，这样的方法缺乏科学性，更不能反映高等教育入学机会的整体差异，而计算高等教育入学机会省际不平等的最简便指标是极差率，即当年入学率最大值与最小值之比，可以反映两者之间的倍数关系。表8－1呈现了高等教育及其各个层次高等教育当年入学率的极差率。可以发现，不仅存在省际不平等，而且不平等程度很大。在2010年和2012年高等教育入学机会的当年入学率的极差率分别为3.08%和2.47%。其中，普通本科省际不平等程度最小，2010年和2012年的极差率分别为4.38%和3.29%；专科次之；“985”大学再次之；“211”大学的省际不平等程度最大，极差率分别达到了12.67%和11.87%。总体高等教育入学机会省际不平等程度小于各层次高等教育的省际不平等程度。

表8－1　　高等教育当年入学率的省际差异　　单位：%

	高等教育		专科		普通本科		“211”大学（不含“985”大学）		“985”大学	
	2010年	2012年	2010年	2012年	2010年	2012年	2010年	2012年	2010年	2012年
平均值	35.93	40.94	16.65	18.21	16.91	20.22	1.22	1.24	1.15	1.26
最小值	18.57	24.68	4.87	8.62	7.78	11.32	0.33	0.34	0.41	0.50

续表

	高等教育		专科		普通本科		"211"大学（不含"985"大学）		"985"大学	
	2010 年	2012 年	2010 年	2012 年	2010 年	2012 年	2010 年	2012 年	2010 年	2012 年
最大值	57.20	60.90	29.97	29.16	34.11	37.19	4.12	4.02	3.66	4.64
极差	38.63	36.22	25.11	20.54	26.33	25.87	3.79	3.68	3.25	4.14
极差率	3.08	2.47	6.16	3.38	4.38	3.29	12.67	11.87	9.01	9.36
变异系数	0.27	0.23	0.26	0.23	0.37	0.30	0.75	0.71	0.73	0.75

表 8－2 计算了录取率的极差率。与当年入学率的极差率相比，不管是高等教育总体入学机会还是不同层次高等教育的省际差异都相对较小。因此，当使用录取率来衡量高等教育入学机会时，"没有地域不公平"的说法在一定程度上是可信的。此外，录取率的极差率所反映的省际不平等程度也有所不同，专科、"211"大学和"985"大学的入学机会的省际不平等程度扩大；但是，当年入学率的极差率证明只有"985"大学的入学机会省际不平等程度有所扩大。

表 8－2　　　　高等教育录取率的省际差异　　　　单位：%

	高等教育		专科		普通本科		"211"大学（不含"985"大学）		"985"大学	
	2010 年	2012 年	2010 年	2012 年	2010 年	2012 年	2010 年	2012 年	2010 年	2012 年
平均值	70.25	78.49	70.25	35.35	32.84	38.53	2.15	2.30	2.10	2.31
最小值	44.12	56.35	44.12	19.51	15.83	25.28	0.73	0.73	0.90	1.01
最大值	87.93	95.65	87.93	45.19	48.43	57.59	5.31	5.59	5.18	7.01
极差	43.81	39.30	43.81	25.68	32.59	32.32	4.58	4.86	4.28	6.00
极差率	1.99	1.70	1.99	2.32	3.06	2.28	7.25	7.66	5.77	6.92
变异系数	0.16	0.12	0.16	0.20	0.23	0.20	0.53	0.54	0.50	0.57

极差率实际上是衡量高等教育入学机会最高的省份与最低省份的倍数关系，而损失了其他省份的差异信息，以及 31 个省份高等教育入学机会的绝对差异及其全国平均入学机会的信息。所以，使用变异系数测量高等教育入学机会省际不平等将更加准确。

（二）变异系数与高等教育入学机会省际不平等

变异系数等于标准差与平均值之比。变异系数一般在 0 ~ 1 之间，平等程度越高则越接近于 0；反之，则越接近于 1。奥登和匹克斯（2003）认为，在用变异系数来衡量教育资源配置时，只有变异系数小于 0.1 才能被认为是平等的。

表 8 - 1 计算了不同层次高等教育当年入学率的变异系数。2010 年和 2012 年高等教育当年入学率的变异系数分别为 0.27 和 0.23，是变异系数标准值的 2.7 倍和 2.3 倍，所以说高等教育入学机会存在严重的省际不平等。对于不同层次高等教育来说，专科当年入学率的变异系数最小，分别为 0.26 和 0.23；普通本科次之，分别为 0.37 和 0.30；"211" 大学则达到了 0.75 和 0.71；"985" 大学与 "211" 大学类似，达到了 0.73 和 0.75。在 2010 年，省际不平等程度由小到大的排序是专科、普通本科、"985" 大学、"211" 大学；2012 年的排序略有不同，省际不平等程度最大的是 "985" 大学，"211" 大学排在第二位。概而言之，各个层次的高等教育入学机会都存在严重的省际不平等。

表 8 - 2 计算了录取率的变异系数。可以发现，录取率的变异系数普遍低于当年入学率的变异系数，而且反映的省际不平等程度的变化趋势也不同。当使用录取率时，专科、"211" 大学和 "985" 大学的入学机会省际不平等程度均有所增大；当使用当年入学率时，只有 "985" 大学的入学机会省际不平等程度有所增大。

变异系数与极差率相比，变异系数所反映的省际不平等程度更加可靠。计算变异系数的核心指标是标准差和平均数。标准差是反映离散程度的指标；平均数则是反映集中趋势的指标。当存在极值时，使用平均数反映其集中趋势将存在严重的偏差。通过平均值、最小值和最大值的比较，可以发现，"211" 大学和 "985" 大学的当年入学率平均值严重地偏向于最小值。这说明这两类大学的当年入学率存在极值。事实也是如此，北京、上海、天津三个直辖市的 "211" 大学和 "985" 大学的当年入学率均远远高于其他省份。当极值存在时，使用平均数来反映集中趋势就必然存在偏差，也会导致变异系数的测量存在偏差。为解决这一问题，使用加权的基尼系数是一个有效的办法。

（三）基尼系数与高等教育入学机会省际不平等

当极值存在时，基尼系数是测量高等教育入学机会省际不平等的最佳选择。基尼系数值越大，表明省际不平等程度越大；反之，则越小。与变异系数相比，基尼系数的优势在于可以不用考虑极值的影响，而只考虑人口百分比和入学机会百分比之间的关系。基尼系数是否用人口加权，其计算结果将存在较大的差异。

用人口加权的基尼系数则是认为各个省份之间存在人口规模的差异；不用人口加权的基尼系数则是假设各个省份人口规模一致。本书使用18周岁人口数（滞后三年的初中毕业生数）进行加权。同时，为了比较录取率所测量的高等教育入学机会省际不平等程度，计算了使用高考报名人数加权的基尼系数。

图8-12计算了高等教育和不同层次高等教育的入学机会基尼系数，包括未加权的基尼系数、用高考报名人数加权的基尼系数和用18周岁人口数加权的基尼系数。从高等教育入学机会总体来说，在2010年和2012年未加权的基尼系数分别为0.3628和0.3622；高考报名人数加权的基尼系数分别为0.2666和0.2527；18周岁人口加权的基尼系数分别为0.2625和0.2523。未加权的基尼系数最大；18周岁人口加权的基尼系数最小。

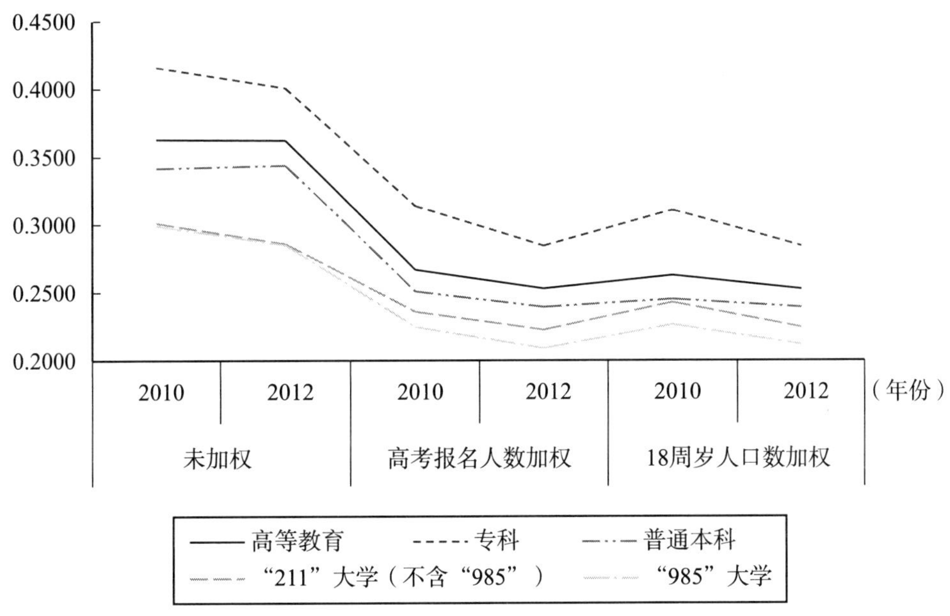

图8-12　高等教育入学机会的基尼系数

专科入学机会省际不平等程度最大。在2010年和2012年，未加权的基尼系数则为0.4158和0.4004；高考报名人数加权的基尼系数为0.3137和0.2841；18周岁人口加权的基尼系数为0.3104和0.2839。未加权的基尼系数反映的专科入学机会省际不平等程度最大；18周岁人口加权的基尼系数测量的省际不平等程度相对最小。

普通本科入学机会的省际不平等程度仅次于专科。在2010年和2012年，未加权的基尼系数分别为0.3415和0.3437；高考报名人数加权的基尼系数分别为0.2508和0.2393；18周岁人口加权的基尼系数分别为0.2450和0.2391。未加权的基尼系数最大；18 周岁人口加权的基尼系数最小。

"211"大学入学机会的省际不平等程度低于普通本科。在 2010 年和 2012 年，未加权的基尼系数分别为 0.3010 和 0.2857；高考报名人数加权的基尼系数分别为 0.2359 和 0.2225；18 周岁人口加权的基尼系数分别为 0.2425 和 0.2243。对于"211"大学入学机会不平等程度来说，仍然是未加权的基尼系数值最大，高考报名人数加权的基尼系数最小。

"985"大学入学机会的省际不平等程度最小。在 2010 年和 2012 年，未加权的基尼系数分别为 0.2991 和 0.2846；高考报名人数加权的基尼系数分别为 0.2248 和 0.2091；18 周岁人口数加权的基尼系数分别为 0.2263 和 0.2119。与"211"大学相同，未加权的基尼系数值最大，高考报名人数加权的基尼系数最小。

总而言之，不管是加权或未加权的基尼系数，其所展示出的共同特征是，高等教育层次越高，其入学机会的省际不平等程度越小。而且，随着人口的减少和教育规模继续扩展，高等教育入学机会的省际不平等程度也随之下降。但是，根据奥登和匹克斯（2003）的观点，基尼系数达到 0.05 及以下才能被认为是平等的。所以，从基尼系数的测量结果来看，高等教育入学机会仍然存在着严重的省际不平等。

与极差率和变异系数相比，基尼系数对高等教育入学机会省际不平等程度的测量更加准确，其测量结果也说明了各级政府的责任。从隶属关系来看，全国的 2 358 所高校，其中央属本科院校 108 所，高职（专科）院校 3 所；2010 年共计招生约 662 万人，其中央属高校招生规模仅占 5% 左右。专科和普通本科入学机会的省际不平等程度最大，而"211"大学和"985"大学的最小。由此可以得出一个结论，即高等教育省际不平等的主要是由地方高校造成的。这一结论是否可靠，还需要进行不平等来源的分解。

二、高等教育入学机会省际不平等的变化趋势

从省际不平等的变化趋势来看，除"985"大学之外，高等教育及不同层次高等教育的当年入学率的省际差异逐渐缩小（见表 8-3）。从极差率看，高等教育入学机会省际不平等在总体上下降了 19.87%。其中，专科下降了 45.09%，下降幅度最大；普通本科下降了 25.04%；"211"大学（不含"985"大学）下降了 6.31%；但是"985"大学的省际差异扩大了 3.88%。从变异系数来看，当年入学率的省际差异下降了 16.69%。其中，专科下降了 12.25%，普通本科下降了 19.04%，"211"大学（不含"985"大学）下降了 6.21%，"985"大学的

当年入学率省际差异则扩大了1.73%。由此可以看出，较低层次高等教育入学机会的省际不平等程度下降幅度较大，而高层次高等教育则下降幅度较小，甚至省际的不平等程度继续扩大。

表8-3　2010~2012年高等教育入学机会省际不平等度下降幅度　　单位：%

	高等教育	专科	本科	普通本科	"211"大学	"211"大学（不含"985"大学）	"985"大学
当年入学率							
极差率	-19.87	-45.09	-19.44	-25.04	-16.27	-6.31	3.88
变异系数	-16.69	-12.25	-17.59	-19.04	-2.67	-6.21	1.73
录取率							
极差率	-14.84	16.22	-15.99	-25.50	1.98	5.64	20.00
变异系数	-22.24	25.77	-10.76	-15.34	7.29	0.80	14.21
基尼系数							
未加权	-0.15	-3.69	1.17	0.63	-3.79	-5.10	-4.83
高考报名人数加权	-5.22	-9.42	-3.11	-4.57	-6.58	-5.69	-6.97
18周岁人口数加权	-3.87	-8.55	-1.26	-2.42	-3.51	-7.53	-6.38

录取率的省际差异程度在整体上下降，但是专科、"211"大学（不含"985"大学）、"985"大学的入学机会省际不平等程度有不同程度的扩大（见表8-3）。从极差率来看，高等教育入学机会省际不平等在总体上下降了14.84%。其中，普通本科下降了25.50%，专科、"211"大学（不含"985"大学）、"985"大学的省际不平等程度分别扩大了16.22%、5.64%和20.00%。从变异系数来看，高等教育入学机会省际不平等在总体上下降了22.24%。其中，普通本科下降了15.34%，而专科、"211"大学（不含"985"大学）、"985"大学的省际不平等程度分别增长了25.77%、0.80%和14.21%。总体而言，用录取率衡量的高等教育入学机会省际不平等程度下降了，但是并不能反映不同层次高等教育入学机会省际不平等的变化趋势。而且这种下降更多的是由普通本科的平等化程度提高带来的；相反，高层次高等教育——"211"大学或"985"大学的入学机会省际不平等程度在继续恶化。

加权基尼系数与未加权基尼系数均证明高等教育入学机会的省际不平等程度

有所下降（见表 8-3）。高等教育入学机会的未加权基尼系数下降了 0.15%，加权的基尼系数分别下降了 5.22% 和 3.87%。从未加权基尼系数来看，专科、"211" 大学（不含"985" 大学）和"985" 大学的省际不平等程度分别下降了 3.69%、5.10% 和 4.83%，但是普通本科的不平等程度扩大了 0.63%。从高考报名人数加权的基尼系数来看，专科下降了 9.42%，普通本科下降了 2.42%，"211" 大学（不含"985" 大学）下降了 5.69%，"985" 大学下降了 6.97%；从 18 周岁人口数加权的基尼系数来看，各层次高等教育入学机会的省际不平等程度相应地下降了 8.55%、2.42%、7.53% 和 6.38%。从基尼系数来看，专科的省际不平等下降幅度最大，其次是"211" 大学，普通本科则下降幅度最小。

总的来说，只谈高等教育入学机会是否存在省际不平等，会掩盖不同层次高等教育入学机会的不平等问题。此外，用不同的指标来计算省际不平等，会得出不同的结论，这也说明了选择指标和计算方法的重要性。在第三章中已经论述了录取率存在的问题，因此后面的所有分析均不再使用录取率，以及与录取率相关的用高考报名人数加权的基尼系数。此外，需要说明的是，在绝对平等的情况下，不管用何种方法计算不平等，都可以证明平等是存在的，即不管是极差率、变异系数还是基尼系数的值都应该为 0。就目前的情况来看，使用当年入学率或者 18 周岁人口加权的基尼系数来分析高等教育入学机会省际不平等比较合适。所以，接下来高等教育入学机会省际不平等的分析将在未加权的基尼系数和 18 周岁人口加权的基尼系数的基础上展开。

三、高等教育入学机会省际不平等的主要来源

Stata 软件的"descogini"和"ineqfac"两个命令可以分解不同层次高等教育对总体省际不平等的贡献率。"descogini"的优势在于可以测量各个不平等来源每 1% 的变化对总体不平等所产生的效用；"ineqfac"能够用人口加权，更精确地分解各个不平等来源对总体不平等的贡献率。

表 8-4 呈现了高等教育入学机会省际不平等的来源分解。专科对省际不平等的贡献率最大，其贡献率达到了 50% 以上。这说明高等教育入学机会省际不平等主要来自专科入学机会的省际不平等。但是，在高等教育扩展的今天，已经出现了高职（专科）院校招生难的问题，所以，消除专科入学机会省际不平等的办法不是增加入学机会，而是减少部分省份的专科入学机会并增加普通本科的入学机会。"descogini"的分解证明，专科入学机会每增加 1%，高等教育入学机会省际不平等程度将增加 0.0459% ~0.0583%。

表 8 - 4　　高等教育入学机会不平等来源分解

来源	descogini 分解					ineqfac 分解				
	100 × s_F	S_f	100 × m_f/m	CV_f	CV_f/CV (Total)	Sk	Gk	Rk	Share	% Change
2010 年										
专科	56. 9271	0. 3812	50. 2003	0. 7763	1. 1593	0. 502	0. 4158	0. 974	0. 5603	0. 0583
普通本科	39. 765	0. 2663	44. 7699	0. 6216	0. 9284	0. 4477	0. 3415	0. 9578	0. 4037	-0. 044
"211" 大学（不含 "985" 大学）	1. 6311	0. 0109	2. 5497	0. 5571	0. 832	0. 0255	0. 301	0. 8492	0. 018	-0. 0075
"985" 大学	1. 6768	0. 0112	2. 4801	0. 5421	0. 8097	0. 0248	0. 2991	0. 8816	0. 018	-0. 0068
合计	100	0. 6696	100	0. 6696	1					
2012 年										
专科	52. 5585	0. 3445	47. 643	0. 7344	1. 1202	0. 4764	0. 4004	0. 9919	0. 5224	0. 0459
普通本科	44. 4195	0. 2912	47. 7217	0. 6227	0. 9499	0. 4772	0. 3437	0. 9852	0. 4461	-0. 0312
"211" 大学（不含 "985" 大学）	1. 4299	0. 0094	2. 2803	0. 5295	0. 8078	0. 0228	0. 2857	0. 8469	0. 0152	-0. 0076
"985" 大学	1. 5921	0. 0104	2. 355	0. 5152	0. 7859	0. 0235	0. 2846	0. 8831	0. 0163	-0. 0072
合计	100	0. 6555	100	0. 6555	1					

注：f 为 *factor* 的首字母，在此表示各类教育；$s\_f = rho\_f \times sd(f)/sd(total)$；$S\_f = s\_f \times CV(total)$；$m\_f = mean(f)$；$sd(f) = std.\ dev.\ of\ f$；$CV(f) = sd(f)/m\_f$；*Sk* 表示各类教育机会占总教育机会的份额；*Gk* 表示各类教育机会的基尼系数；*Rk* 表示各类教育机会与教育机会总和排序的相关性；*Share* 表示各类教育机会不平等占总教育机会不平等的份额；% *Change* 表示各类教育机会每提高 1% 基尼系数的变化率。

普通本科是高等教育入学机会省际不平等的第二大来源，其贡献率超过了40%，并且对总体省际不平等的贡献率呈现出增长的趋势，从2010年的39.77%（或40.37%）增长到2012年的44.42%（或44.61%）。普通本科入学机会的扩展将有利于缩小高等教育入学机会省际不平等，在2010年普通本科入学机会每增加1%，省际不平等程度将下降0.044%；在2012年消除不平等的作用为0.0312%。与专科和本科相比，“211”大学和“985”大学对总体省际不平等的贡献率极其有限，而且贡献率在下降。同时，这两个大学入学机会每增加1%，将使高等教育入学机会的省际公平性增加0.007%左右。

从不平等来源看，促进高等教育省际公平的主要责任应由高职（专科）院校和普通本科院校承担（主要是地方高校）；从政府责任来看，举办高职（专科）院校和普通本科院校的责任是地方政府，所以促进高等教育入学机会的主要责任应由地方政府承担，要么继续扩大省内高等学校的招生规模，要么通过对口支援等方式从其他省份获得更多的入学机会。但是，在招生规模和建立新的高等学校均由中央政府严格控制。所以，在这种情况下，中央政府应该通过分省招生计划调整各个省份的高等教育招生计划，以实现高等教育入学机会省际平等的目标。

第五节 “211”大学和“985”大学入学机会省际不平等

一、“211”大学入学机会的省际不平等

（一）“211”大学入学机会的省际不平等测算

表8-5计算了每一所“211”大学入学机会的省际不平等程度。从加权基尼系数来看，入学机会分配最不平等的是暨南大学，不平等程度达到了0.7630和0.7532；从未加权的基尼系数来看，则是北京协和医学院（清华大学医学院）入学机会的省际不平等程度最高，达到了0.7557和0.7697。

表 8-5 “211”大学的入学机会省际不平等

学校	未用人口加权的基尼系数		用人口加权的基尼系数	
	2010 年	2012 年	2010 年	2012 年
北京大学	0. 3396	0. 3020	0. 2271	0. 1935
北京大学医学部	0. 4876	0. 4853	0. 2507	0. 2601
北京航空航天大学	0. 3601	0. 3526	0. 2548	0. 2439
北京化工大学	0. 2289	0. 2148	0. 1525	0. 1533
北京交通大学	0. 2627	0. 2591	0. 2349	0. 1729
北京科技大学	0. 3448	0. 3274	0. 2594	0. 2486
北京理工大学	0. 2843	0. 2682	0. 1749	0. 1755
北京林业大学	0. 2732	0. 2627	0. 1695	0. 1554
北京师范大学	0. 3433	0. 3708	0. 2813	0. 3200
北京体育大学	0. 1890	0. 1856	0. 0929	0. 1137
北京外国语大学	0. 3769	0. 4179	0. 3187	0. 2962
北京协和医学院	0. 7557	0. 7697	0. 6442	0. 6860
北京邮电大学	0. 2951	0. 2919	0. 1822	0. 1889
北京语言大学	0. 4177	0. 4040	0. 2444	0. 2476
北京中医药大学	0. 3838	0. 3425	0. 2528	0. 2490
对外经济贸易大学	0. 2359	0. 2631	0. 1546	0. 1544
华北电力大学（北京）	0. 1360	0. 1217	0. 0751	0. 0652
清华大学	0. 3320	0. 3060	0. 1952	0. 1798
中国地质大学（北京）	0. 2571	0. 2682	0. 2007	0. 2173
中国矿业大学（北京）	0. 4275	0. 4149	0. 3514	0. 3417
中国农业大学	0. 3825	0. 3945	0. 3159	0. 3231
中国人民大学	0. 3136	0. 3042	0. 1742	0. 1652
中国人民公安大学	0. 1813	0. 2071	0. 1407	0. 1745
中国石油大学（北京）	0. 1360	0. 3048	0. 0751	0. 2721
中国政法大学	0. 2678	0. 2536	0. 1870	0. 1800
中央财经大学	0. 2375	0. 2399	0. 1331	0. 1374
中央民族大学	0. 2694	0. 2729	0. 2643	0. 2738
厦门大学	0. 4770	0. 4721	0. 3757	0. 3551
华南理工大学	0. 6753	0. 6487	0. 7055	0. 6990

续表

学校	未用人口加权的基尼系数		用人口加权的基尼系数	
	2010 年	2012 年	2010 年	2012 年
暨南大学	0. 7115	0. 6903	0. 7630	0. 7532
中山大学	0. 6305	0. 6041	0. 6762	0. 6689
东南大学	0. 5236	0. 4633	0. 5190	0. 4418
河海大学	0. 4678	0. 4708	0. 4421	0. 4286
江南大学	0. 5865	0. 5612	0. 5504	0. 5166
南京大学	0. 5286	0. 4563	0. 5457	0. 4633
南京航空航天大学	0. 4777	0. 4374	0. 4440	0. 3869
南京理工大学	0. 5348	0. 5346	0. 5103	0. 5023
南京农业大学	0. 4456	0. 4516	0. 4336	0. 4231
中国矿业大学（徐州）	0. 4726	0. 4518	0. 4258	0. 3981
中国药科大学	0. 3600	0. 3417	0. 4078	0. 3707
大连海事大学	0. 4148	0. 4109	0. 3372	0. 3353
大连理工大学	0. 5459	0. 5214	0. 4274	0. 4217
东北大学	0. 4901	0. 4488	0. 3793	0. 3352
哈尔滨工业大学威海分校	0. 5927	0. 5617	0. 5265	0. 4984
山东大学	0. 5880	0. 5944	0. 6095	0. 5794
山东大学威海分校	0. 5969	0. 5205	0. 6311	0. 5204
中国海洋大学	0. 4391	0. 4267	0. 5093	0. 4359
中国石油大学（华东）	0. 5133	0. 4796	0. 5318	0. 4871
东华大学	0. 4565	0. 4333	0. 2974	0. 3030
复旦大学	0. 4681	0. 3895	0. 2522	0. 2083
华东理工大学	0. 5441	0. 4840	0. 3799	0. 3671
华东师范大学	0. 5576	0. 5137	0. 4114	0. 3718
上海财经大学	0. 4863	0. 4242	0. 2430	0. 2218
上海交通大学	0. 3982	0. 3285	0. 2810	0. 2195
上海交通大学医学部	0. 3982	0. 5238	0. 2810	0. 3421
上海外国语大学	0. 4969	0. 4492	0. 3349	0. 3165
同济大学	0. 3208	0. 2965	0. 1737	0. 1617

续表

学校	未用人口加权的基尼系数		用人口加权的基尼系数	
	2010 年	2012 年	2010 年	2012 年
南开大学	0.4814	0.4509	0.2819	0.2763
天津大学	0.4906	0.4739	0.3487	0.3411
浙江大学	0.6813	0.6583	0.5574	0.5639
合肥工业大学	0.4636	0.4773	0.4483	0.4601
中国科学技术大学	0.5194	0.3634	0.4592	0.3006
东北大学秦皇岛分校	0.3641	0.3604	0.3440	0.3387
华北电力大学（保定）	0.2629	0.2625	0.2451	0.2308
东北林业大学	0.5650	0.5231	0.5117	0.4732
哈尔滨工程大学	0.5631	0.5660	0.4581	0.4759
哈尔滨工业大学	0.4307	0.4373	0.3036	0.3094
华中科技大学	0.6102	0.5931	0.5637	0.5479
华中农业大学	0.6038	0.5595	0.5367	0.5028
华中师范大学	0.5904	0.5647	0.5343	0.5071
武汉大学	0.5201	0.5033	0.4935	0.4765
武汉理工大学	0.5589	0.5343	0.4936	0.4704
中国地质大学（武汉）	0.4499	0.4399	0.4297	0.4213
中南财经政法大学	0.5541	0.5398	0.5032	0.4829
湖南大学	0.3801	0.3401	0.3346	0.2605
中南大学	0.3878	0.3148	0.3154	0.2258
东北师范大学	0.5445	0.5146	0.4530	0.4292
吉林大学	0.5617	0.5473	0.4546	0.4413
兰州大学	0.4867	0.4557	0.3654	0.3368
陕西师范大学	0.4900	0.4900	0.4624	0.4663
西安电子科技大学	0.4635	0.4651	0.3972	0.4011
西安交通大学	0.5331	0.5237	0.4622	0.4531
西北工业大学	0.5378	0.5534	0.4514	0.4730
西北农林科技大学	0.5425	0.5639	0.4996	0.5331
长安大学	0.4571	0.4614	0.4166	0.4264
电子科技大学	0.4617	0.4562	0.4059	0.3982

续表

学校	未用人口加权的基尼系数		用人口加权的基尼系数	
	2010 年	2012 年	2010 年	2012 年
四川大学	0.5042	0.4766	0.4674	0.4508
西南财经大学	0.3891	0.3875	0.4230	0.4415
西南交通大学	0.4913	0.4228	0.4549	0.3599
西南大学	0.5923	0.5899	0.5203	0.5322
重庆大学	0.5470	0.5163	0.4284	0.3993

需要特殊说明的是北京大学、清华大学和中国政法大学。北京大学和清华大学是入学机会省际分配最受关注的两所大学，而中国政法大学是最早进行招生计划改革的大学，即按照人口比例分配招生名额。从加权的基尼系数来看，北京大学入学机会不平等程度从 2010 年的 0.2271 下降到 2012 年的 0.1935；同期，清华大学从 0.1952 下降到了 0.1798。由此可见，相比之下，北京大学和清华大学的入学机会分配相对较为合理。

但是，中国政法大学的入学机会分配真的如改革所说的按照人口比例分配入学机会吗？首先，这个分配方案是存在的。因为基尼系数在 2010 年和 2012 年分别为 0.1870 和 0.1800，入学机会省际不平等程度较低。但是，中国政法大学的入学机会省际不平等程度并不是最低的，甚至清华大学 2012 年的加权基尼系数也要小于中国政法大学。入学机会省际平等程度高于中国政法大学还有北京化工大学（2010 年和 2012 年的加权基尼系数分别年为 0.1525 和 0.1533，不平等程度略有增长）、北京理工大学（2010 年和 2012 年的加权基尼系数分别年为 0.7749 和 0.1755）、北京体育大学（2010 年和 2012 年的加权基尼系数分别年为 0.0929 和 0.1137）、对外经济贸易大学（2010 年和 2012 年的加权基尼系数分别年为 0.1546 和 0.1544）、华北电力大学（北京）（2010 年和 2012 年的加权基尼系数分别年为 0.0751 和 0.0652）、中国人民大学（2010 年和 2012 年的加权基尼系数分别年为 0.1742 和 0.1652）、中国人民公安大学（2010 年和 2012 年的加权基尼系数分别年为 0.1407 和 0.1745）中央财经大学（2010 年和 2012 年的加权基尼系数分别年为 0.1331 和 0.1374）和同济大学（2010 年和 2012 年的加权基尼系数分别年为 0.1737 和 0.1617）等。在全国“211”大学中，入学机会分配省际最平等的不是号称实施招生计划改革的中国政法大学，而是华北电力大学（北京）。

此外，从地域来说，北京地区的“211”大学入学机会省际不平等程度相对是最低的；广东地区的“211”大学入学机会省际不平等程度是最高的。

前面的分析可以看到高等教育入学机会的省际不平等程度在逐年下降，那么各个大学的入学机会省际不平等程度也在下降吗？省际不平等程度在各个“211”大学之间表现出了不同的变化趋势。省际不平等程度扩大的大学有北京大学医学部、北京化工大学、北京理工大学、北京师范大学、北京体育大学、北京协和医学院、北京邮电大学、北京语言大学、中国地质大学（北京）、中国农业大学、中国人民公安大学、中国石油大学（北京）、中央财经大学、中央民族大学、东华大学、上海交通大学医学部、浙江大学、合肥工业大学、哈尔滨工程大学、哈尔滨工业大学、陕西师范大学、西安电子科技大学、西北工业大学、西北农林科技大学、长安大学、西南财经大学和西南大学 27 个大学或医学部。其他大学入学机会的省际不平等程度则均有不同程度的下降。

（二）“211”大学对省际不平等的贡献

前面使用基尼系数计算了“211”大学入学机会的省际不平等程度：在 2010 年和 2012 年，未加权的基尼系数分别为 0.3010 和 0.2857；18 周岁人口加权的基尼系数分别为 0.2425 和 0.2243。

从未加权的分解结果来看，2010 年和 2012 年武汉理工大学对省际不平等的贡献均是最大，贡献率分别为 4.42% 和 4.46%；在 2010 年，贡献率最小的是中国药科大学，为 -0.02%，在 2012 年，则是上海财经大学和中央民族大学的贡献率最小，均为 -0.12%。从加权的分解结果来看，在 2010 年，武汉理工大学对省际不平等的贡献率仍然最大，为 6.22%，厦门大学的贡献率最小，为 -0.34%；在 2012 年，哈尔滨工业大学威海分校对省际不平等的贡献率最大，为 6.15%，中央民族大学的贡献率最小，为 -0.20%。贡献率为正，说明在现有的入学机会分配机制下，入学机会的增加将扩大省际不平等程度；反之，则说明有利于缩小省际不平等。

清华大学和北京大学对省际不平等程度贡献又是如何呢？从未加权的分解来看，2010 年和 2012 年清华大学的贡献率分别为 0.26% 和 0.33%；北京大学的贡献率分别为 0.19% 和 0.16%。从加权的分解来看，清华大学的贡献率分别为 0.24% 和 0.29%；北京大学的贡献率分别为 0.20% 和 0.16%。虽然清华大学对省际不平等的贡献率有所增加，但是就整体的贡献率而言，贡献是比较小的。这两所大学入学机会省际不平等的程度虽然较小，但是在不改变目前的入学机会分配机制的情况下，这两所大学如果扩招，将加剧“211”大学入学机会的省际不平等。

二、"985"大学入学机会省际不平等

（一）"985"大学入学机会的省际不平等测算

每所"985"大学入学机会的省际不平等程度呈现在表8-6之中。从加权基尼系数来看，入学机会省际不平等程度最大的是华南理工大学，基尼系数达到了0.7055和0.6990；入学机会省际不平等程度最小的是同济大学，基尼系数分别仅有0.1737和0.1617。从未加权的基尼系数来看，则是北京协和医学院（清华大学医学院）入学机会的省际不平等程度最大，达到了0.7557和0.7697；在2010年省际不平等程度最低的是中央民族大学，为0.2694；在2012年省际不平等程度最低的则是北京理工大学，为0.2682。此外，从地域来说，北京、上海和天津的"985"大学入学机会省际不平等程度相对较低；广东的"985"大学入学机会省际不平等程度是最高的，基尼系数均达到了0.6以上。

表8-6　"985"大学的入学机会省际不平等

学校	未用人口加权的基尼系数		用人口加权的基尼系数	
	2010年	2012年	2010年	2012年
北京大学	0.3396	0.3020	0.2271	0.1935
北京大学医学部	0.4876	0.4853	0.2507	0.2601
北京航空航天大学	0.3601	0.3526	0.2548	0.2439
北京理工大学	0.2843	0.2682	0.1749	0.1755
北京师范大学	0.3433	0.3708	0.2813	0.3200
北京协和医学院	0.7557	0.7697	0.6442	0.6860
清华大学	0.3320	0.3060	0.1952	0.1798
中国农业大学	0.3825	0.3945	0.3159	0.3231
中国人民大学	0.3136	0.3042	0.1742	0.1652
中央民族大学	0.2694	0.2729	0.2643	0.2738
厦门大学	0.4770	0.4721	0.3757	0.3551
华南理工大学	0.6753	0.6487	0.7055	0.6990
中山大学	0.6305	0.6041	0.6762	0.6689
东南大学	0.5236	0.4633	0.5190	0.4418
南京大学	0.5286	0.4563	0.5457	0.4633

续表

学校	未用人口加权的基尼系数		用人口加权的基尼系数	
	2010 年	2012 年	2010 年	2012 年
大连理工大学	0.5459	0.5214	0.4274	0.4217
东北大学	0.4901	0.4488	0.3793	0.3352
哈尔滨工业大学威海分校	0.5927	0.5617	0.5265	0.4984
山东大学	0.5880	0.5944	0.6095	0.5794
山东大学威海分校	0.5969	0.5205	0.6311	0.5204
中国海洋大学	0.4391	0.4267	0.5093	0.4359
复旦大学	0.4681	0.3895	0.2522	0.2083
华东师范大学	0.5576	0.5137	0.4114	0.3718
上海交通大学	0.3982	0.3285	0.2810	0.2195
上海交通大学医学部	0.3982	0.5238	0.2810	0.3421
同济大学	0.3208	0.2965	0.1737	0.1617
南开大学	0.4814	0.4509	0.2819	0.2763
天津大学	0.4906	0.4739	0.3487	0.3411
浙江大学	0.6813	0.6583	0.5574	0.5639
中国科学技术大学	0.5194	0.3634	0.4592	0.3006
东北大学秦皇岛分校	0.3641	0.3604	0.3440	0.3387
哈尔滨工业大学	0.4307	0.4373	0.3036	0.3094
华中科技大学	0.6102	0.5931	0.5637	0.5479
武汉大学	0.5201	0.5033	0.4935	0.4765
湖南大学	0.3801	0.3401	0.3346	0.2605
中南大学	0.3878	0.3148	0.3154	0.2258
吉林大学	0.5617	0.5473	0.4546	0.4413
兰州大学	0.4867	0.4557	0.3654	0.3368
西安交通大学	0.5331	0.5237	0.4622	0.4531
西北工业大学	0.5378	0.5534	0.4514	0.4730
西北农林科技大学	0.5425	0.5639	0.4996	0.5331
电子科技大学	0.4617	0.4562	0.4059	0.3982
四川大学	0.5042	0.4766	0.4674	0.4508
重庆大学	0.5470	0.5163	0.4284	0.3993

前面的分析可以看到高等教育入学机会的省际不平等程度在逐年下降，那么各个“985”大学的入学机会省际不平等程度也在下降吗？省际不平等程度在各个“985”大学之间表现出了相反的变化趋势。省际不平等程度扩大的大学有北京大学医学部、北京理工大学、北京师范大学、北京协和医学院、中国农业大学、中央民族大学、东华大学、上海交通大学医学部、浙江大学、哈尔滨工业大学、西北工业大学、西北农林科技大学12个大学或医学部。

（二）“985”大学对省际不平等的贡献

在2010年和2012年，“985”大学入学机会的未人口加权的基尼系数分别为0.2991和0.2846；使用18周岁人口数加权的基尼系数分别为0.2263和0.2119。

从未加权的分解来看，2010年和2012年中山大学对省际不平等的贡献均是最大，贡献率分别为8.74%和8.02%；贡献率最小的是中央民族大学，分别为-0.25%和-0.22%。从人口加权的分解来看，在2010年中山大学对省际不平等的贡献率仍然最大，为9.77%；在2012年山东大学对省际不平等的贡献率最大，为9.39%；中央民族大学的贡献率在两年里均为最小值，分别为-0.17%和-0.20%。

清华大学和北京大学对省际不平等程度贡献又是如何呢？从未加权的分解来看，2010年和2012年清华大学的贡献率分别为0.44%和0.55%；北京大学的贡献率分别为0.31%和0.20%。从人口加权的分解来看，清华大学的贡献率分别为0.44%和0.56%；北京大学的贡献率分别为0.31%和0.23%。虽然清华大学对省际不平等的贡献率有所增加，但是就整体的贡献率而言，贡献是比较小的。

总之，不同方法得到高等教育入学机会省际不平等程度的结果不一致。极差率和变异系数分析发现，随着高等教育层次越高，其入学机会的省际不平等程度越大。但是，基尼系数的分析结果恰好相反，高等教育层次越高，入学机会的省际不平等程度越小。但是不管其变化趋势如何，高等教育入学机会省际不平等客观存在。根据奥登和皮克斯（2003）的经验，当变异系数小于0.1和基尼系数小于0.05时，教育资源配置才能被认为是平等的。本研究中得到的变异系数值和基尼系数值远高于这个标准。因此，可以认为，高等教育入学机会仍然存在着严重的省际不平等。

不论使用何种计算方法，高等教育入学机会省际不平等程度逐年下降，至少在2010年和2012年的比较时，可以证实这一点。从极差率和变异系数来看，高等教育入学机会的省际不平等程度整体呈现下降趋势，具体来说专科、普通本科、“211”大学的省际不平等程度下降，而“985”大学的省际不平等程度有所扩大。

从加权的基尼系数来看，各层次高等教育入学机会的省际不平等程度均有所下降。

在高等教育入学机会省际不平等来源分析中，发现最主要的不平等来源是专科和普通本科，而“211”（非“985”）大学和“985”大学对总体不平等的贡献率不到4%。专科和普通本科的主要供给者是地方政府和地方高校，因此实现高等教育入学机会省际平等，不仅是中央政府的责任，更是地方政府和每一所地方高校的责任。

此外，部属“211”大学和“985”大学经过十数年的大规模投入和建设，已成为优质高等院校。虽然这些大学对高等教育入学机会不平等贡献最小，但更受公众关注。部属“211”大学和“985”大学入学机会的省际不平等客观存在，甚至有些学校的省际不平等程度相当严重。所以改革部属高校入学机会的分配机制至关重要。

第六节　分省招生制度对高等教育入学机会的影响机制

分省高等教育机会公平是社会关注的热点，深入分析各省高等教育入学机会差异及其影响机制，对促进高等教育机会公平和相应公共政策制定有重要的借鉴意义。本节通过收集各省历年高等教育录取人数数据，基于中国家庭收入调查数据（CHIP2013），采用Logit回归模型和多层线性回归模型，探究省域入学机会差异的影响机制。结果发现：在分省招生制度对个体高等教育入学机会的影响机制中，省域入学机会对个体高等教育入学机会产生显著的正向影响，并通过家庭背景的调节作用对其产生影响。省域入学机会越高的省份，个体获得高等教育的机会越大。虽然城镇户籍出身的个体高等教育入学机会要高于农村出身的，父亲工作单位在体制内的个体显著高于体制外的，父亲从事“单位负责人”等优势职业的个体显著高于“农业生产人员”等弱势职业的个体；但在入学率越高的省份，这种优势显著下降。但省域入学机会对父亲教育年限的正向影响没有调节作用。

一、数据、变量和研究设计

（一）数据

本节同时使用了微观数据和宏观数据，微观数据选取了2013年中国家庭收入调查项目（CHIP2013），宏观数据使用了高等教育分省分年录取人数和18岁人口数。

1. 2013年中国家庭收入调查项目（CHIP2013）

本书使用“中国家庭收入调查项目”CHIP2013数据库的样本来研究。该数据库按照东、中、西分层，根据系统抽样方法抽样，样本覆盖了从14个省份共64 777个个体样本，具有较强的全国代表性。样本覆盖的14个省份有：东部地区的北京、江苏、辽宁、广东、山东；中部地区的河南、湖北、湖南、山西、安徽；西部地区的重庆、四川、云南、甘肃。CHIP2013数据库中有本研究关心的家庭背景变量和教育史变量，尤其是高考情况数据。

首先，研究筛选1980～1994年出生组，即期望在1998～2012年的高考的个体作为样本。主要原因是本书研究的关键解释变量所需的高考录取人数数据目前只有1998～2013年可得。同时，选取1998年及以后期望参加高考的个体，可以部分排除高等教育扩招前后的差异。

其次，本书选取与户主关系为“户主”“配偶”和“子女”的个体为研究样本。CHIP2013数据按家庭编码，通过个体和户主的关系可以识别个体ID。与户主关系为“岳父母或公婆”“祖父母”的个体的出生年均小于1980年，不是在本研究的范围。与户主关系为“孙子女”和“其他”的个体数量较少，且孙子女的出生年大多高于1994年，因而直接剔除不会带来太大影响。但是，与户主关系为“媳婿”和“兄弟姐妹”的个体，因为无法识别和匹配其父母背景信息而不能使用，可能对估计带来偏误。

针对与户主的关系为户主本人和配偶的样本，调查分别询问了双方父母的受教育程度、工作单位类型、职业等信息；针对与户主关系为子女的家庭成员，可以通过匹配该家庭户主和配偶的个人信息获取其父母的受教育程度、工作单位类型和职业信息。最后，通过以上过程得到样本10 160个，在剔除部分重要缺失值的个体后，最终获取有效样本6 416人。

2. 高等教育分省录取人数

衡量分省招生制度对高等教育入学机会的影响，最好用招生计划数。但是实际数据收集过程中，招生考试负责单位较少公布招生计划数，而较多地公布实际录取人数，两者一般非常接近。因此本研究以实际录取数来替代招生计划数来开展研究。

目前关于分省招生计划最权威的公开资料是教育部考试中心出版的《中国教育考试年鉴》。1999～2001年的《中国教育考试年鉴》统计了1998～2000年分省的高考考生人数和录取比例，可以计算出这三年的录取人数数据。2002～2014年的《中国教育考试年鉴》中汇编了各省份招生考试负责机构的工作文件和统计资料，其中大部分公布了当年的高等教育考试计划数和录取人数，占全部数据的77.6%。

然而，由于各省份招生考试负责机构的工作总结文件规格不一，历年均有部分省份没有公布高考招生计划数和录取人数，甚至没有向教育部考试中心上报工作总结。因此，本书从各省份的省级《教育考试年鉴》和省级年鉴中寻找相关文件和统计资料。通过该方法收集到了13.9%的数据，补充了大部分缺失值。

没有任何政府公开资料记载的缺失值，则从网络新闻报道中搜寻，并且通过不同来源和前后年份的数据核准保证其可靠性。最后通过多种途径仍旧无法获得的数据有15个，为了不影响整体的计算，本书采取前后两年的平均值代替。这可能会导致误差，但只占全部数据的3.0%，影响较小。

3. 18岁人口数

目前学者对18岁适龄人口数的推算主要有三种方式：用人口普查抽样调查数据推算、用滞后6年的小学毕业生数推算、用滞后3年的初中毕业生数推算。后两种方法都存在教育普及率差异和流动儿童的问题，而使用人口抽样调查则存在抽样误差的问题。本研究通过比对三种数据和国家统计局公布的人口普查数据，发现通过人口抽样调查推算的数据具有较强的可靠性。因此，本研究采用2000年第五次人口普查抽样0.95%调查数据的样本出生年来推算18岁人口数。

（二）变量

本书使用的解释变量为“是否接受高等教育”的二分变量，家庭背景变量选用了18岁时户籍类型、父亲受教育年限、父亲工作单位类型、父亲职业类型，省域入学机会变量使用了当年入学率和平均入学率（见表8-7）。

表8-7　　样本变量赋值及其分布基本情况

变量名	值	值标签	频数	百分比
高等教育	0	否	4 139	64.51
	1	是	2 277	35.49
18岁户籍	0	农业	3 996	62.28
	1	非农业	2 420	37.72
父亲工作单位	0	体制外	5 203	81.09
	1	体制内	1 213	18.91
父亲受教育年限	0	未上过学	298	4.64
	6	小学	1 499	23.36

续表

变量名	值	值标签	频数	百分比
父亲受教育年限	9	初中	2 908	45.32
	12	高中/职高/技校	1 274	19.86
	15	专科	283	4.41
	16	本科	142	2.21
	19	研究生	12	0.19
父亲职业类型	0	农业生产者	2 111	32.9
	1	单位负责人	314	4.89
	2	专业技术人员	711	11.08
	3	办事人员	560	8.73
	4	商业服务业人员	1 263	19.69
	5	设备操作人员	1 457	22.71
性别	0	男	3 681	57.37
	1	女	2 735	42.63
少数民族	0	汉族	6 039	94.12
	1	少数民族	377	5.88

1. 高等教育入学

本研究的被解释变量为“是否接受高等教育”一个虚拟变量（0 = 未接受高等教育，1 = 接受高等教育）。具体的做法是使用 CHIP2013 数据库中的“完成的最高学历”变量，将最高学历为大专、大学本科、研究生的个体赋值为 1，将其他学历水平的个体赋值为 0。对于在校学生，调查员会填写其调查时就读的学校，因此不会遗漏已经获取高等教育机会但是未完成学业的个体。

2. 家庭背景变量和控制变量

本研究选取的家庭背景变量有 18 岁时户籍类型、父亲受教育年限、父亲工作单位类型、父亲职业类型 4 个；控制变量有性别和少数民族 2 个。

“18 岁时户籍类型”被定义为一个虚拟变量，0 代表农业户口，1 代表非农户口。首先，根据个体当前的户口性质，将农业户口赋值为 0，将非农业户口、居民户口和其他（外籍等）赋值为 1。其次，根据个体户籍变迁历史数据和出生年数据，将 18 岁时户口状态为农业、当前户口为非农的个体重新赋值为 0。

父亲受教育年限是个体父亲实际接受学校教育的年数。CHIP2013 数据库的个人信息中有受教育年限变量，与户主关系为子女的样本可以匹配得到父亲受教育年限数据，但是户主关系为户主和配偶的样本只能获得其父亲的受教育最高层次。为了保持变量的一致性，本研究统一选取父亲的受教育最高层次变量，根据学界通用的规则将受教育程度最高层次转换为受教育年限。具体的做法是，"未上过学" 计为 0 年，"小学" 计为 6 年，"初中" 计为 9 年，"高中" "中专" 和 "职校/技校" 计为 12 年，"大专" 计为 15 年，"大学本科" 计为 16 年，"研究生" 计为 19 年。

父亲工作单位类型是通过是否为体制内单位定义的一个虚拟变量，0 代表体制外单位，1 代表体制内单位。根据 CHIP2013 数据对工作单位类型的调查，党政机关团体、事业单位、国有及控股企业集体和集体企业被定义为体制外单位；中外合资或外商独资企业、个体、私营企业、土地承包者和其他被定义为体制内单位。

父亲职业类型参照中国标准职业分类，根据 CHIP2013 的职业编码表，被处理为一个多分类变量。编码从 0 到 5 依次是：

0 = "农业生产人员"，即问卷中 "农林牧渔和水利生产人员"，对职业编码 28 ~ 30；

1 = "单位负责人"，即问卷中 "国家机关、党群组织、企事业单位负责人"，对应职业编码 14；

2 = "专业技术人员"，对应职业编码 5 ~ 17；

3 = "办事人员"，即问卷中 "办事人员和有关人员"，对应职业编码 18 ~ 21；

4 = "商业服务业人员"，对应职业编码 22 ~ 27；

5 = "设备操作人员"，即问卷中 "生产、运输设备操作人员及有关人员"，对应职业编码是 31 ~ 49。

高等教育入学变量和家庭背景变量的赋值及其分布情况如表 8 - 5 所示。由各变量取值的频数和百分比可知，该样本各变量的分布与同出生世代的全国统计比较接近，因而具有较强的样本代表性。

性别和少数民族为虚拟变量，其中 "男" 和 "汉族" 的值被设为 0。

3. 省域入学机会变量

当年入学率是分省分年各省高等教育录取人数在适龄人口中的录取比例。其操作性定义为：当年入学率 = 某年某省份高考录取人数/某年某省份 18 岁适龄人口数。对于参加过高考的个体，按照其最后一次参加高考时的年份和省份匹配当年入学率。对于没有参加过高考的个体，则将其出生年推后 18 年作为其期望高考年，将其户籍所在省份作为期望高考省份。

为了分析各省份的高等教育入学机会差异，本书定义 "省域平均入学率" 的指标，以衡量较长时期内各省份的入学机会。计算公式为：省域平均入学率＝某时期某省份总录取人数/该时期每年对应的18岁人口数总和。

（三）研究设计

本书使用的研究方法有描述分析、Logit回归模型和多层线性模型。省域入学机会问题的本质是对各省整体入学机会的测算问题，因此主要使用描述分析来进行。分省招生制度对个体高等教育入学机会的影响，需要建立回归模型，如前文所述，为了沿袭已有文献的研究脉络，保证模型设定的可靠性，将使用Logit回归模型和多层线性模型分别研究。

1. Logit模型

研究将使用一层模型来估计家庭背景对个体高等教育入学机会的影响效应。因为被解释变量为二分变量，一层模型应该使用Logit回归模型。使用一层的Logit模型进行研究的目的有三：第一，用相似的模型重复已有文献的研究，对结果进行比对。第二，试探性引入当年入学率代替省份或区域虚拟变量探究高等教育入学机会的地区差异，及其与家庭背景的交互作用。第三，将估计结果与多层线性模型的估计结果相比较。具体设置如下：

式（8.1）即为学者常用的高等教育入学机会研究模型。

$$\log\left[\frac{P_i}{(1-P_i)}\right] = \beta_0 + \sum_{m=1}^{M}\beta_m fam_{mijk} + \sum_{n=1}^{N}\beta_n x_{nijk} + \sum_{j=1}^{J}\beta_j prov_j + \sum_{k=1}^{K}\beta_k year_k + e_{ijk} \tag{8.1}$$

其中，P_i 为第 i 个个体高等教育入学的概率，fam_{mijk} 为一系列的家庭层面解释变量，x_{nijk} 为一系列控制变量，$prov_j$ 为省份虚拟变量，$year_k$ 为高考年份虚拟变量。β_m 代表第 m 个家庭背景变量 fam_{mijk} 的回归系数，衡量了家庭背景变量对个体入学机会的影响效应，e_{ijk} 为残差项。

式（8.2）为本书的主模型。在式（8.1）的基础上，用当年入学率变量 $rate_{jk}$ 代替了省虚拟变量，并且加入了 $rate_{jk}$ 和 fam_{mijk} 的交互项。

$$\log\left[\frac{P_i}{(1-P_i)}\right] = \beta_0 + \sum_{m=1}^{M}\beta_m fam_{mijk} + \sum_{n=1}^{N}\beta_n x_{nijk} + \beta_r rate_{jk} + \sum_{m=1}^{M}\beta_{rm} rate_{jk} fam_{mijk} + \sum_{k=1}^{K}\beta_k year_k + e_{ijk} \tag{8.2}$$

2. 多层线性模型

个体不仅嵌套于参加高考的省份，同时还嵌套于参加高考的年份。年份组不是在省份之上的第三层组，而是与省份构成了“省份—年份”交互组，层一的个体同时嵌套于层二的“省份—年份”交互组。在这种情况下，应该选用多层线性模型的交互分类模型（cross-classified hierarchical linear models）。利用多层线性模型的交互分类模型，可以将高等教育入学机会的总变异在省份—年份层面和个体层面进行分解，然后在不同层次的模型中引入相应的自变量对因变量进行解释。本研究将家庭背景及其他个体变量作为内层解释变量，个体参加高考当年本省的当年入学率为外层解释变量，来解释分省招生制度和家庭背景分别对个体的高等教育入学机会有何影响，以及前者对后者的调节作用。具体设置如下：

首先需要引入一个零模型［式（8.3）和式（8.4）］，来直接考察高考省和高考年及其他家庭和个体因素导致的高等教育入学机会省际不平等的大小。

第一层模型：

$$\log[P_i/(1-P_i)] = \pi_{0jk} + e_{ijk} \tag{8.3}$$

第二层模型：

$$\pi_{0jk} = \theta_0 + p_{00j} + y_{00k} \tag{8.4}$$

零模型是多层线性模型分析的基础，它主要考察因变量在层间是否存在显著差异。交互分类模型的零模型将总体差异分解为个体差异 e_{ijk} 和组间差异 $\pi\theta_{0jk}$，并进一步将组间差异分解为高考省之间的差异 p_{00j} 和高考年之间的差异 y_{00k}。

如式（8.5）~式（8.7）为本书的主模型。

第一层模型：

$$\log\left[\frac{P_i}{(1-P_i)}\right] = \pi_{0jk} + \sum_{m=1}^{M}\beta_m fam_{mijk} + \sum_{n=1}^{N}\beta_n x_{nijk} + e_{ijk} \tag{8.5}$$

第二层模型：

$$\pi_{0jk} = \theta_0 + p_{0j} + y_{0k} + \delta_0 rate_{jk} \tag{8.6}$$

$$\pi_{mjk} = \theta_1 + p_{mj} + y_{mk} + \delta_m rate_{jk} \tag{8.7}$$

其中，P_i 为第 i 个个体接受教育入学的概率，fam_{mijk} 为一系列的家庭层面解释变量，x_{nijk} 为一系列控制变量。π_{0jk} 为与省域 j 和年份 k 相关的内层的截距，通过中心化以后，可以解释为第 j 省第 k 年的平均个体入学机会。π_{mjk} 代表与第 m 个家庭背景变量 fam_{mijk} 有关的回归系数，衡量了其对个体入学机会的影响效应。e_{ijk} 为内层个体的随机效应，即个体 i 同组 jk 平均值的离差。

式（8.6）和式（8.7）分别为第二层方程的截距模型和斜率模型。两式中都包含了当年入学率变量 $rate_{jk}$。其中，截距模型的截距 θ_0 为全体样本截距的平均值；斜率 δ_0 衡量了省域入学机会对个体入学机会的影响效应。斜率方程的截距 θ_1 可以解释为所有第二层单位在内层的斜率的总体平均数；斜率 δ_m 可以解释为省域入学机会对个体层面解释变量的调节作用。

二、研究结果

（一）高等教育省域入学机会

1. 全国高等教育入学机会变化

由当年入学率的计算公式可以得知，每年全国高等教育的入学机会的变化取决于录取人数的变化和18岁适龄人口数的变化。

由图8-13可知，全国录取人数的变化主要受高等教育扩招政策的影响，从时间上按2006年可以分为两个阶段。第一阶段是1999~2005年，这一阶段中国高等教育招生规模增长迅猛，本研究计算的录取人数增长率在10%~30%。第二阶段是2006~2013年，这一阶段中国高等教育招生规模增长放缓，本书计算的录取人数增长率在1%~6%。这种趋势与高等教育政策的发展相一致。1999年教育部出台的《面向21世纪教育振兴行动计划》，开始大幅度的高等教育扩招。2006年开始，教育部的高等教育政策开始放在提高质量上，扩招幅度有所放缓。

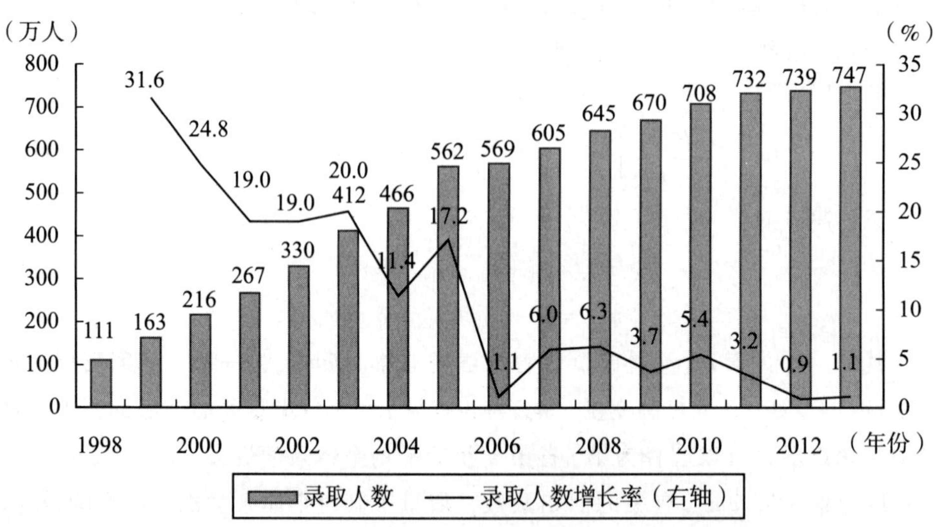

图8-13　1998~2013年全国高考录取人数

由图8-14可知，1998~2000年全国18岁适龄人口的变化趋势大致分为四个阶段。1998~2000年和2001~2005年，全国18岁适龄人口分别经历了两轮增长，至2005年达到顶峰。2005~2008年，18岁适龄人口数保持在较高水平，约2 500万。从2009年18岁适龄人口迅速下降，此后5年持续下降，导致2009~

2013 年的 18 岁适龄人口处在一个较低的水平。

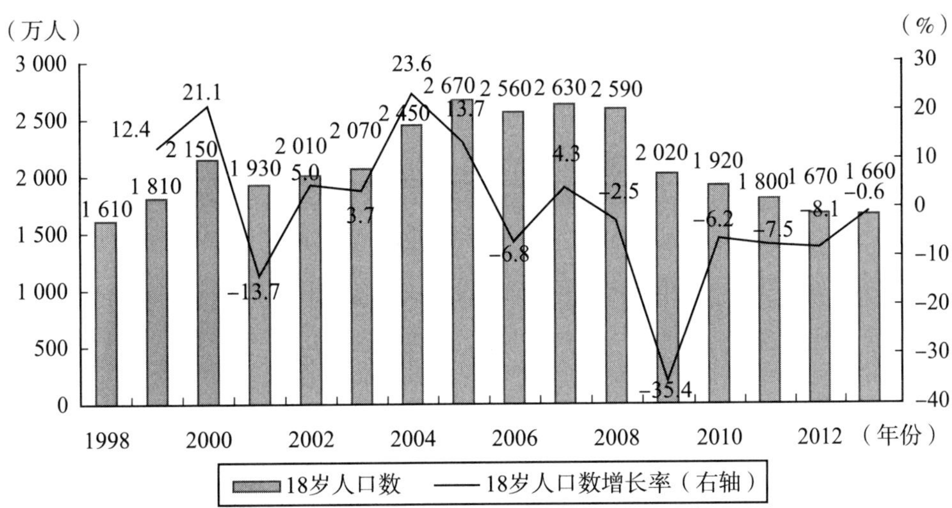

图 8－14　1998～2013 年全国 18 岁人口数

由图 8－15 可知，1998～2013 年当年入学率的变化可以明显地分为 3 个阶段，其变化综合了高等教育扩招和 18 岁适龄人口变化的效应。第一阶段是 1998～2003 年，这 5 年当年入学率从 6.9% 直线上升到 19.9%，主要是因为高校扩招的效应超过了 18 岁适龄人口增长的效应。第二阶段是 2003～2008 年，这 6 年的当年入学率的上升速度有所放缓，综合了不同阶段的人口变化效应和扩招效应。第三阶段是 2009～2013 年，这 5 年的当年入学率增长速度再次提高，主要源于 18 岁适龄人口的持续下降和高等教育的缓慢扩招。

通过以上分析结果，本书认为对高等教育入学机会的研究可以划分为更精细的阶段。目前，学者的研究大都按照 1998 年将高等教育入学机会按照扩招前和扩招后分为两组进行比较研究。研究扩招政策的效应，还可以将高校扩招分为 1999～2005 年快速扩招阶段和 2006 年及以后的缓慢扩招阶段。研究高等教育入学机会的变化，可以按当年入学率划分为 1998～2003 快速增长期、2004～2008 年慢速增长期和 2009～2013 年快速增长期三个阶段。

2. 高等教育省域不均衡变迁

基尼系数可以有效地测量分省招生计划的名额分配造成的高等教育入学机会不平等情况。因为中国各省份人口基数差异巨大，且本研究关注的高等教育入学机会为在适龄人口中的入学机会，在对各省录取人数求基尼系数时需要用各省当年的 18 岁适龄人口进行加权。

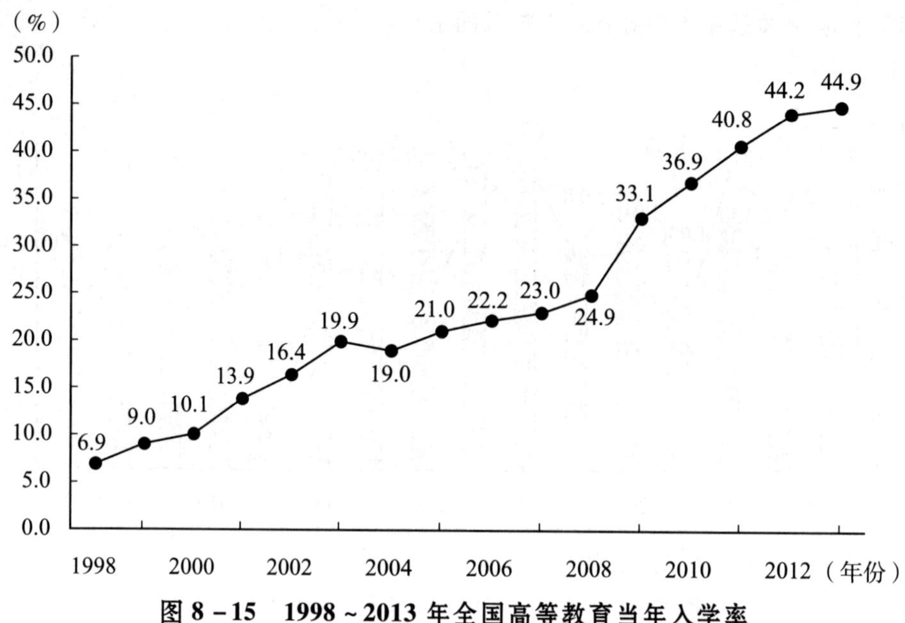

图 8-15　1998～2013 年全国高等教育当年入学率

如图 8-16 所示，计算结果表明，中国 1998～2013 年间的高等教育招生名额分配的基尼系数保持在 0.25～0.28 之间，有轻微的波动，但是没有明显的变化趋势。2010～2013 年的基尼系数似乎有下降的趋势，需要更新年份的数据进行观察。这显示高等教育总体规模的扩张并没有改善招生名额在各省之间均衡分配的问题。

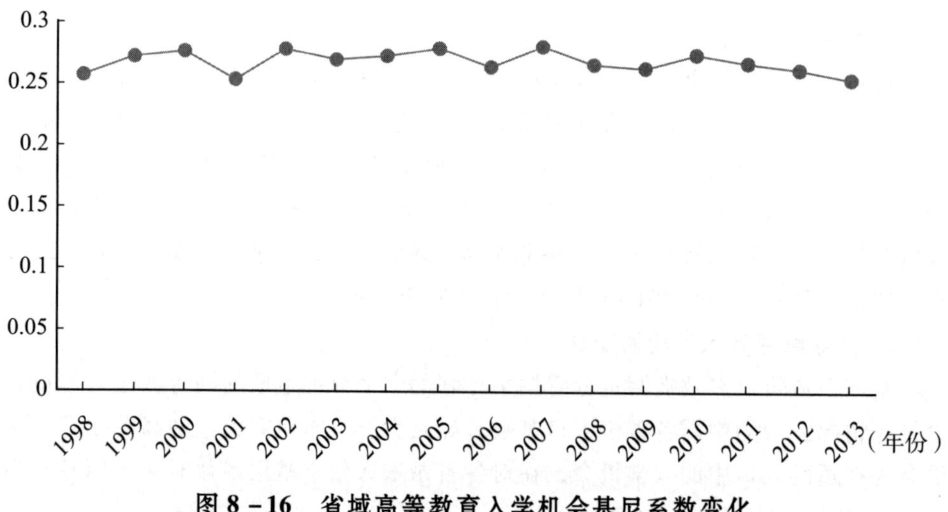

图 8-16　省域高等教育入学机会基尼系数变化

本书用基尼系数代表的不平等程度并没有展现出刘精明（2007）和曹妍

(2015) 年研究表现的下降趋势。可能的原因是，用年度毛入学和综合指标衡量的省域入学机会不均等不能精确地反映历年各省适龄人口和招生计划的变化。因为使用了相同的数据和方法，本书的结果与王少义（2013）对2010和2012年的基尼系数计算完全一致。另外，与潘昆峰（2010）对2004～2008年全国央属高校省域入学机会基尼系数的计算也相似。

各省高等教育平均入学率：根据可得数据，本书数据以1998～2013年为时期计算此16年间的省域平均入学率，即1998～2013年高考录取人数与1980～2005年出生人口之比。计算结果如图8－17所示。

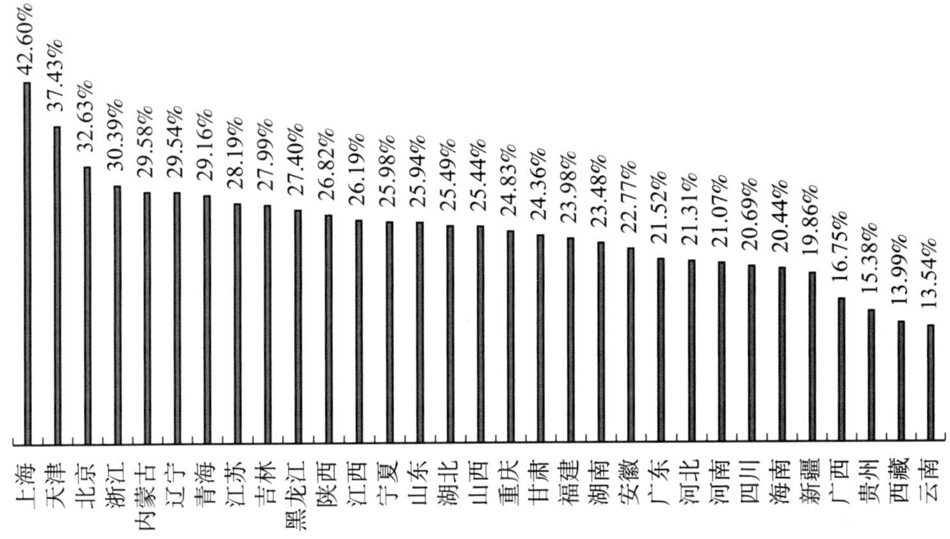

图8－17　1998～2013年各省高等教育平均入学率

为了方便分析和研究，根据各省1998～2013年16年间的平均入学率的大小，可以将31个省份分为5个组别，如表8－8所示。

表8－8　省域平均入学率分组

分组	平均入学率	省份	特征
最高组	32%以上	上海、天津、北京	直辖市
中高组	27%～31%	浙江、江苏、辽宁、吉林、黑龙江、内蒙古、青海	东北三省、江浙等
中等组	24%～27%	陕西、湖北、重庆、山东、山西、甘肃、宁夏、江西、福建	无明显特征

续表

分组	平均入学率	省份	特征
中低组	19.5% ~23.5%	湖南、安徽、广东、河南、河北、四川、海南、新疆	人口大省为主
最低组	17%以下	广西、云南、贵州、西藏	西南地区

上海、天津和北京3个直辖市的平均入学率远高于其他省份，且与第四名浙江比有2.2个百分点的明显差距，故划分为最高组。

广西、贵州、云南、西藏4个西南省份的平均入学率远低于其他省份，且与倒数第五名新疆有2.3个百分点的明显差距，故划分为最低组。

平均入学率处在20% ~30%的省份较多，为了便于分析可以按照平均入学率的差距大致平均分为中高组、中等组和中低组三组。归类后不难发现，中高组包含了东北三省和江浙两省，主要为东部地区省份。而中低组除了海南和新疆外均为人口大省，包含了中国人口最多8个省份中的6个。

值得注意的是，平均入学率的大小与经济地理意义上的“东部、中部和西部”的划分相关，但并非一致。通过5组省份的东中西分布大致看来，整体上东部地区的平均入学率较高，西部地区和中部地区较低。但是，东部地区中的广东和河北有着较低的平均入学率；西部地区的省份横跨了除最高组以外的4个分组。现有的研究大多通过“东、中、西”的划分来分析地理因素对高等教育入学机会的影响，有一定的合理性，但是这样做混合了经济因素和分省招生制度的影响。研究分省招生制度下的高等教育入学机会时，应该按照平均入学率的高低来划分地区组别。

（二）分省招生制度对高等教育入学机会的影响机制

1. 基于Logit模型的估计

Logit模型的估计结果如表8-9所示。

表8-9　Logit模型分析结果

自变量	模型1		模型2		模型3		模型4	
	系数	优势比	系数	优势比	系数	优势比	系数	优势比
截距	3.955*** (0.144)	0.0192*** (0.00276)	3.452*** (0.241)	0.0317*** (0.00763)	4.460*** (0.204)	0.0116*** (0.00235)	4.461*** (0.318)	0.0116*** (0.00368)

续表

自变量	模型 1		模型 2		模型 3		模型 4	
	系数	优势比	系数	优势比	系数	优势比	系数	优势比
18 岁时户口	1.022*** (0.0629)	2.780*** (0.175)	0.997*** (0.0662)	2.710*** (0.179)	1.045*** (0.0644)	2.842*** (0.183)	1.802*** (0.148)	6.062*** (0.896)
父亲受教育年限	0.221*** (0.0135)	1.247*** (0.0168)	0.212*** (0.0141)	1.236*** (0.0174)	0.209*** (0.0139)	1.233*** (0.0172)	0.171*** (0.0292)	1.186*** (0.0347)
父亲工作单位	0.361*** (0.0862)	1.435*** (0.124)	0.462*** (0.0905)	1.587*** (0.144)	0.449*** (0.0889)	1.567*** (0.139)	0.725*** (0.198)	2.064*** (0.408)
父亲职业单位负责人	0.865*** (0.164)	2.375*** (0.389)	0.666*** (0.170)	1.945*** (0.332)	0.645*** (0.170)	1.905*** (0.324)	1.003*** (0.388)	2.728*** (1.060)
父亲职业专业技术人员	0.753*** (0.121)	2.123*** (0.256)	0.493*** (0.127)	1.638*** (0.207)	0.512*** (0.125)	1.668*** (0.209)	0.543** (0.275)	1.721** (0.473)
父亲职业办事人员	0.833*** (0.131)	2.300*** (0.300)	0.652*** (0.138)	1.920*** (0.266)	0.655*** (0.137)	1.926*** (0.264)	0.587** (0.296)	1.798** (0.533)
父亲职业商业服务业人员	0.790*** (0.100)	2.204*** (0.221)	0.516*** (0.109)	1.675*** (0.183)	0.539*** (0.107)	1.715*** (0.184)	0.128 (0.236)	1.137 (0.269)
父亲职业设备操作人员	0.538*** (0.0942)	1.713*** (0.161)	0.246** (0.103)	1.278** (0.132)	0.253** (0.102)	1.288** (0.131)	0.187 (0.224)	0.829 (0.186)
性别	0.551*** (0.0615)	1.736*** (0.107)	0.519*** (0.0626)	1.681*** (0.105)	0.516*** (0.0623)	1.676*** (0.104)	0.516*** (0.0626)	1.675*** (0.105)
少数民族	0.151 (0.133)	1.163 (0.154)	0.0916 (0.147)	1.096 (0.161)	0.203 (0.134)	1.224 (0.165)	0.172 (0.136)	1.188 (0.161)
当年入学率					2.950*** (0.466)	19.11*** (8.898)	1.865 (1.264)	6.455 (8.158)
当年入学率 × 18 岁时户口							2.851*** (0.503)	0.0578*** (0.0290)
当年入学率 × 父亲受教育年限							0.185* (0.105)	1.203* (0.127)
当年入学率 × 父亲工作单位							1.192* (0.668)	0.304* (0.203)

续表

自变量	模型 1		模型 2		模型 3		模型 4	
	系数	优势比	系数	优势比	系数	优势比	系数	优势比
当年入学率×父亲职业单位负责人							1.295 (1.395)	0.274 (0.382)
当年入学率×父亲职业专业技术人员							0.195 (1.051)	0.822 (0.865)
当年入学率×父亲职业办事人员							0.154 (1.174)	1.167 (1.370)
当年入学率×父亲职业商业服务业人员							1.465 (0.945)	4.328 (4.092)
当年入学率×父亲职业农业生产人员							1.540* (0.905)	4.665* (4.223)
山西			0.941*** (0.174)	0.390*** (0.0681)				
浙江			0.866*** (0.197)	0.421*** (0.0829)				
辽宁			0.393** (0.170)	0.675** (0.115)				
安徽			0.980*** (0.179)	0.375*** (0.0671)				
山东			0.776*** (0.176)	0.460*** (0.0812)				
河南			1.180*** (0.165)	0.307*** (0.0508)				
湖北			0.810*** (0.173)	0.445*** (0.0769)				

续表

自变量	模型 1		模型 2		模型 3		模型 4	
	系数	优势比	系数	优势比	系数	优势比	系数	优势比
湖南			0.788*** (0.174)	0.455*** (0.0792)				
广东			1.076*** (0.166)	0.341*** (0.0564)				
重庆			0.750*** (0.207)	0.472*** (0.0977)				
四川			0.995*** (0.195)	0.370*** (0.0721)				
云南			0.809*** (0.202)	0.445*** (0.0902)				
甘肃			0.765*** (0.189)	0.466*** (0.0879)				
1999 年			0.0433 (0.209)	1.044 (0.219)	0.0207 (0.205)	0.980 (0.200)	0.0231 (0.217)	1.023 (0.222)
2000 年			0.596*** (0.201)	1.815*** (0.365)	0.462** (0.197)	1.587** (0.312)	0.572*** (0.211)	1.772*** (0.373)
2001 年			0.372* (0.213)	1.451* (0.309)	0.185 (0.210)	1.203 (0.253)	0.318 (0.224)	1.375 (0.308)
2002 年			0.425** (0.207)	1.529** (0.317)	0.126 (0.209)	1.134 (0.237)	0.313 (0.223)	1.367 (0.305)
2003 年			0.167 (0.203)	1.182 (0.240)	-0.287 (0.210)	0.751 (0.158)	-0.0723 (0.222)	0.930 (0.207)
2004 年			0.382* (0.203)	1.465* (0.297)	-0.0206 (0.207)	0.980 (0.203)	0.197 (0.220)	1.217 (0.268)
2005 年			0.517*** (0.194)	1.677*** (0.325)	0.0474 (0.202)	1.049 (0.212)	0.254 (0.215)	1.290 (0.277)
2006 年			0.533*** (0.192)	1.704*** (0.327)	0.00393 (0.203)	1.004 (0.204)	0.214 (0.216)	1.239 (0.267)
2007 年			0.709*** (0.187)	2.033*** (0.380)	0.171 (0.198)	1.186 (0.235)	0.404* (0.212)	1.499* (0.317)

续表

自变量	模型 1		模型 2		模型 3		模型 4	
	系数	优势比	系数	优势比	系数	优势比	系数	优势比
2008 年			0.634 *** (0.188)	1.885 *** (0.355)	0.0630 (0.202)	1.065 (0.216)	0.279 (0.215)	1.322 (0.284)
2009 年			0.925 *** (0.191)	2.521 *** (0.481)	0.0825 (0.222)	1.086 (0.241)	0.289 (0.231)	1.335 (0.309)
2010 年			1.186 *** (0.190)	3.275 *** (0.622)	0.228 (0.233)	1.257 (0.293)	0.407 * (0.239)	1.502 * (0.358)
2011 年			1.169 *** (0.194)	3.218 *** (0.624)	0.0888 (0.244)	1.093 (0.267)	0.226 (0.249)	1.253 (0.312)
2012 年			0.735 *** (0.196)	2.086 *** (0.410)	-0.460 * (0.260)	0.631 * (0.164)	-0.319 (0.262)	0.727 (0.190)
pseudo R^2	0.1845		0.2077		0.2025		0.2096	

注：括号内为标准误，“ *** ”“ ** ”“ * ”分别表示在 0.01、0.05、0.1 的显著性水平上显著。

模型 1 仅引入了个体家庭背景变量和控制变量，以探究不控制省份和时间因素的情况下，个体家庭背景对高等教育入学机会的影响。结果显示：城镇户口出身的个体的高等教育入学机会要高于农村户口出身的个体。父亲的受教育年限越高，个体获得高等教育入学机会的概率也越大。父亲在体制内单位工作的个体比父亲在体制外单位工作的个体更容易获得高等教育入学机会。从父亲的职业类型来看，父亲职业类型为“单位负责人”“专业技术人员”“办事人员”“商业服务业人员”的个体的高等教育入学机会均高于对照组“农业生产人员”。另外，女性的入学机会显著大于男性，而少数民族的差异则不显著。这显示了家庭文化资本、政治资本和阶层等优势家庭背景的个体在高等教育入学机会上的优势。

模型 2 在模型 1 的基础上加入了两组个体高考年份和省份虚拟变量，以控制高等教育入学机会在省份和年份之间的差异。从省份差异来看，13 个 CHIP 样本省份的高等教育入学机会均显著低于参照组北京，体现了分省招生制度的效应。这与前文第四章第一节所描述的各省份平均入学率的情况一致，CHIP 样本省中只有北京属于最高组。从年份差异来看，大多数年份（除 1999 年和 2003 年）与 1998 年相比，个体的高等教育入学机会均有显著提高，且系数有逐渐增大的趋势，体现了高等教育扩招的效应。

模型 3 与模型 2 相比，将省份虚拟变量移除，代之以当年当省入学率这一连续变量来解释个体教育入学机会在省份之间的差异。各高考省年组的个体拥有相同的当年当省入学率，控制高考年份以后，可以得到个体所在省份的入学率高低对其高等教育入学机会的影响效应。估计结果显示，个体所在省份的当年入学率越高，个体的高等教育入学机会越高。需要说明的是，控制当年当省入学率以后年份虚拟变量的影响效应失去了统计显著性，是因为拥有同一当年入学率的个体处于同一个高考年组。

模型 4 加入了个体高考对应的当年入学率与个体家庭背景变量的交互项，以探究省域入学机会与个体家庭背景的交互作用。在当年入学率越高的省份，户口出身为城镇的个体相对于户口出身为农村的个体在高等教育入学机会上的优势显著下降；父亲工作单位为体制内的个体相对于父亲工作单位为体制外的个体在高等教育入学机会上的优势也显著下降。从父亲职业类型来看，父亲职业为“党政机关、企事业单位负责人”“专业技术人员”个体的高等教育入学机会的优势随着所在省份的当年当省入学率的上升而下降。与以上三个家庭背景变量相反的是，当年当省入学率对父亲受教育年限的调节作用是正向的，即当年入学率越高的地区，父亲受教育年限对个体高等教育入学机会的影响越大，但是没有通过显著性检验。

Logit 模型的估计表明，在不同的省份和年份，家庭文化资本、政治资本、阶层和户籍出身上处于优势的家庭在高等教育入学机会上也有优势，这与已有的研究相一致。而省域入学机会对家庭背景的影响有调节作用，且对不同家庭背景变量的调节作用不同。由于缺乏相关研究，将在使用多层线性模型验证后再进行讨论。

2. 基于多层线性模型的估计

表 8 - 10 展示了使用多层线性模型对个体高等教育入学机会的考察。

表 8 - 10　　多层线性模型分析结果

自变量	模型 5		模型 6		模型 7		模型 8	
	系数	优势比	系数	优势比	系数	优势比	系数	优势比
截距	-0.647*** (0.156)	0.523*** (0.0817)	-3.738*** (0.176)	0.0238*** (0.00420)	-4.252*** (0.170)	0.0142*** (0.00243)	-4.182*** (0.294)	0.0153*** (0.00449)
18 岁时户口			1.001*** (0.0659)	2.720*** (0.179)	1.010*** (0.0657)	2.745*** (0.180)	1.778*** (0.149)	5.916*** (0.884)
父亲受教育年限			0.214*** (0.0132)	1.238*** (0.0163)	0.211*** (0.0132)	1.235*** (0.0163)	0.179*** (0.0276)	1.196*** (0.0330)

续表

自变量	模型 5		模型 6		模型 7		模型 8	
	系数	优势比	系数	优势比	系数	优势比	系数	优势比
父亲工作单位			0.446*** (0.0891)	1.561*** (0.139)	0.454*** (0.0888)	1.574*** (0.140)	0.728*** (0.197)	2.071*** (0.409)
父亲职业——单位负责人			0.701*** (0.164)	2.015*** (0.331)	0.660*** (0.164)	1.935*** (0.316)	1.062*** (0.373)	2.893*** (1.078)
父亲职业——专业技术人员			0.538*** (0.129)	1.713*** (0.220)	0.510*** (0.127)	1.666*** (0.212)	0.566** (0.279)	1.761** (0.492)
父亲职业——办事人员			0.684*** (0.139)	1.982*** (0.275)	0.662*** (0.138)	1.939*** (0.267)	0.573* (0.296)	1.774* (0.526)
父亲职业——商业服务业人员			0.565*** (0.108)	1.759*** (0.190)	0.531*** (0.107)	1.700*** (0.181)	0.172 (0.235)	1.187 (0.278)
父亲职业——农业生产人员			0.296*** (0.103)	1.345*** (0.138)	0.257** (0.101)	1.293** (0.131)	-0.158 (0.220)	0.854 (0.188)
性别			0.523*** (0.0621)	1.688*** (0.105)	0.518*** (0.0621)	1.678*** (0.104)	0.516*** (0.0625)	1.675*** (0.105)
少数民族			0.0951 (0.140)	1.100 (0.154)	0.125 (0.138)	1.134 (0.157)	0.0951 (0.140)	1.100 (0.154)
当年入学率					2.342*** (0.368)	10.41*** (3.830)	1.656 (1.140)	5.238 (5.971)
当年入学率×18 岁时户口							-2.910*** (0.509)	0.0545*** (0.0277)
当年入学率×父亲受教育年限							0.162 (0.1000)	1.176 (0.118)
当年入学率×父亲工作单位							-1.201* (0.671)	0.301* (0.202)
当年入学率×父亲职业——单位负责人							-1.476 (1.333)	0.229 (0.305)

续表

自变量	模型 5		模型 6		模型 7		模型 8	
	系数	优势比	系数	优势比	系数	优势比	系数	优势比
年入学率×父亲职业——专业技术人员							-0.320 (1.045)	0.726 (0.758)
当年入学率×父亲职业——办事人员							0.221 (1.162)	1.248 (1.449)
当年入学率×父亲职业——商业服务业人员							1.260 (0.920)	3.526 (3.245)
当年入学率×父亲职业——农业生产人员							1.429 (0.870)	4.175 (3.634)
随机效应								
层二——省份	0.258*** (0.059)		0.289*** (0.063)		0.176*** (0.048)		0.189*** (0.050)	
层二——年份	0.313*** (0.067)		0.168*** (0.045)		0.160*** (0.045)		0.177*** (0.048)	

注：括号内为标准误，“***”“**”“*”分别表示在0.01、0.05、0.1的显著性水平上显著。

模型5即为本研究的零模型。零模型的结果表明，个体高等教育入学机会在省份间和年份间均存在显著差异。因此，普通Logit回归模型的样本个体独立性假设不成立，应使用多层线性模型进行准确估计。

模型6仅将家庭背景变量引入第一层的方程中，并使用了随机截距模型。结果显示，个体高考时户籍出身、父亲教育年限、父亲工作单位、父亲职业类型均对个体的高等教育入学机会有显著的影响。城镇户口出身的个体的高等教育入学机会要高于农村户口出身的个体。父亲的受教育年限越高，个体获得高等教育入学机会的概率也越大。父亲在体制内单位工作的个体比父亲在体制外单位工作的个体更容易获得高等教育入学机会。从父亲的职业类型来看，父亲职业类型为“单位负责人”“专业技术人员”“办事人员”“商业服务业人员”和“设备操作人员”的个体的高等教育入学机会均高于对照组“农业生产人员”。另外，女性的入学机会显著大于男性，而少数民族的差异则不显著。对比 Logit 模型 2 可知，多层线性模型的估计结果与 Logit 模型研究的结果基本一致，但各家庭背景变量的系数有略微降低，这表明使用仅将省份和年份作为虚拟变量控制的 Logit 模型可能高估家庭背景对高等教育入学机会的影响，而低估高等教育入学机会的省际差异和年份差异。

模型 7 在模型 6 的基础上加入了当省入学率作为层二的控制变量。结果显示，随着个体面临的当年入学率的提高，其接受高等教育的概率显著变大。这显示当年入学率对高等教育入学机会的省际差异和年份差异有一定的代表性。

模型 8 是主模型，包含了第一层的家庭背景变量，第二层的当年入学率变量，以及当年入学率与家庭背景变量的交互作用。结果表明，在省域入学率越高的地区，户籍、父亲单位类型、父亲职业对个体高等教育入学机会造成的影响显著削弱；省域入学机会与父亲受教育年限对个体高等教育入学机会的影响没有显著的交互作用。

多层线性模型的研究结果表明，在不同的省份和年份，父亲受教育年限、职业类型、工作单位类型、户籍出身处于优势都会显著增高个体接受高等教育的概率。这与中外学者已有研究相一致，即优势家庭由于占有了更多的经济资本、文化资本、政治资本和社会资本等资源，因而会投入资源获取高等教育以保持其优势。

家庭背景对个体高等教育入学机会的影响是不同的。在省域入学机会越高的省份，由父亲职业、工作单位类型、户籍出身造成的个体入学机会差异越小。可能的解释是，分省招生制度将全国分为 31 个分割的省域入学机会空间，即使两个家庭在拥有资源和所处阶层完全相同，其面临的整体入学机会却是不同的。以最大化维持不平等假设的理论视角来看，在当年入学率越高的省份，其优势家庭的高等教育机会的满足程度更高，以至于接近饱和，因而降低了其在高等教育机会上的优势比。

父亲受教育年限的影响在不同的省域入学机会下却没有显著差异，由已有文献可知，这可能由于家庭文化资本的传递性要强于经济资本、社会资本的传递造成。由于家庭文化资本对高等教育入学机会的影响高于户籍出身、父亲职业类型等因素，当分省招生制度导致各区域整体入学机会差异时，户籍出身、父亲职业等导致的优势比下降，而父亲受教育年限导致的优势比仍旧有保持的趋势。

三、主要研究结论

（一）省域入学机会差异客观存在

对 1998 ~ 2013 年分省招生人数的分析发现，省域入学机会差异客观存在。

全国适龄人口的高等教育入学机会随着时间不断上升，从1998年的6.9%上升到2013年的44.9%，显示了高等教育扩招的对高等教育入学机会的整体改善。然而，通过省域入学机会基尼系数的计算发现，1998~2013年的高等教育招生名额分配的基尼系数保持在0.25~0.28，没有明显的下降趋势，显示出高等教育省域不平等的持续存在。分地区来看，以1998~2013年的平均省域入学率计算，最高的上海、天津和北京三个直辖市16年间的平均省域入学机会均超过32%，而最低的云南、贵州和西藏三个西南省份同时期内的平均入学率均低于17%，四川、广东、河南等人口大省的省域入学机会也处于较低水平。

（二）省域入学机会对个体高等教育入学机会有显著影响

Logit模型和多层线性模型的回归分析表明，省域入学机会对个体高等教育入学机会存在着显著的影响。高等教育省域入学机会越高的省份，个体获得高等教育的机会越大；高等教育入学机会越高的年份，个体获得高等教育的机会越大。

省域入学机会对家庭背景影响个体高等教育入学机会有调节作用，即在当年入学率越高的省份：户口出身为城镇的个体相对于户口出身为农村的个体在高等教育入学机会上的优势显著下降；父亲工作单位为体制内的个体相对于父亲工作单位为体制外的个体在高等教育入学机会上的优势也显著下降。父亲职业类型处于优势的个体的高等教育入学机会的优势下降。而父亲受教育年限对个体高等教育入学机会的影响没有受到省域入学机会的影响。

（三）政策建议

本书对我国高等教育政策的制定有一定的现实意义，根据研究结果，现提出政策建议如下：

第一，建立分省招生计划公示制度，监测省域入学率变化。

分省招生计划人数和实际录取人数是直接体现高等教育入学机会的数据，对于学者研究和公共讨论具有重要的作用。然而，教育部和各省教育部门并没有官方公布整体招生计划的惯例，只是在新闻报道中有零星披露。教育部也没有公开的历年全国各省实际录取人数的统计数据，作为中国高等教育入学考试权威资料的《中国教育考试年鉴》，也只是汇编了各教育招生考试部门参差不齐的工作文件，且每年均有一些省份没有被编入。其中可能有各地区利益分配和社会舆论的压力，但是作为公共服务部门有义务制度性地向社会公开分省招生计划。

因此，建议教育部建立分省招生计划公示制度，以监测省域入学率的变化。一方面，可以支持学者研究，为合理公共政策的制定提供支持；另一方面，要给广大考生和家长应有的知情权。

第二，关注弱势家庭子女高等教育机会，可从调整分省招生计划做起。

研究表明，控制省份和年份的差异后，家庭背景处于弱势的个体高等教育入学机会也处于弱势。中国当下的高等教育招生政策考虑到了少数民族群体在语音文化上的弱势，给予了高考加分等倾斜政策，而没有考虑家庭背景处于弱势的群体。北京大学和清华大学等重点大学农村生源日益减少已经引起了社会的一定关注。未来，除了致力于降低招生名额分配导致的各省份省域入学率不均衡外，如何降低高等教育入学机会在不同家庭之间的差异，以促进社会公平，需要教育部门和社会关注。

另外，本研究的结果还显示，省域入学机会越低的地区，户口出身、父亲职业等家庭背景对个体高等教育入学机会的影响越强，这显示省域入学机会的不平等会加剧不同社会阶层的入学机会不平等。改善弱势家庭子女的高等教育入学机会，可以从改善分省招生配额的制度层面来实现。

第三，调整分省招生计划，逐步降低省域入学率不均等。

分省招生制度导致长期以来高等教育入学机会存在省域不平等的状态，高等教育扩招并未改善这种状态。而宏观的省域入学机会不均等最终会影响每一个个体，高等教育省域入学率低的省份，适龄人口获得高等教育机会的概率也越低。这种差异不因家庭背景好坏、个人能力高低而改变。要实现高等教育入学机会的均等，首先要努力取消这种制度造成的不均等。目前的高等教育招生既然是计划的，相关部门就应该有调整计划的能力。然而，调整招生计划可能涉及教育财政体制、地区利益分配和社会舆论压力的重重制约。虽然山高路远，降低高等教育省域入学率的不均等，促进社会公平，是一个有为政府应有的目标和义不容辞的责任。

第七节　本章小结

高等学校包括了大学、独立设置的学院和高等专科学校，根据隶属关系可以把高等学校划分为央属高校和地方属高校，而根据提供学历教育的级别又可以分为大学及独立设置的学院和高等专科学校，根据中央政府的支持力度，央属大学又可以分为一般大学、“211 工程”大学和“985 工程”大学，地方属大学则可以分为一般大学和“211 工程”大学。

用录取率反映高等教育入学机会，自 1977 年恢复高考以来，我国高等教育经历了大规模扩张。录取人数从 1977 年的 27 万人增长到 2012 年的 685 万人，录取率从 4.74% 增长到了 74.86%，在 2012 年，海南、天津、内蒙古、河北、安徽、青海、江西、吉林、浙江、辽宁、上海、山东、福建、黑龙江的录取率都达到了 80% 以上。

使用极差率计算高等教育入学机会省际不平等，则可以发现，不仅存在省际不平等，而且不平等程度很大，其中普通本科省际不平等程度最小，专科次之，"985" 大学再次之，"211" 大学的省际不平等程度最大，总体高等教育入学机会省际不平等程度小于各层次高等教育的省际不平等程度。使用变异系数测量高等教育入学机会省际不平等，也可以发现高等教育入学机会存在严重的省际不平等，但是不同层次高等教育的不平等程度排序不同，专科的不平等程度最小，普通本科次之，"211" 大学和 "985" 大学则轮流占据不平等程度最高的两个位次。使用基尼系数进行测量，这一顺序则又有所改变，"985" 大学入学机会的省际不平等程度最小，随后依次是 "211" 大学、普通本科和专科。基尼系数的优势在于可以不用考虑极值的影响，对高等教育入学机会省际不平等程度的测量更加准确。

从省际不平等的变化趋势来看，除 "985" 大学之外，高等教育及不同层次高等教育的当年入学率的省际差异逐渐缩小。录取率的省际差异程度在整体上下降，但是专科、"211" 大学（不含 "985" 大学）、"985" 大学的入学机会省际不平等程度有不同程度的扩大。这反映了普通本科的平等化程度提高，而高层次高等教育—— "211" 大学或 "985" 大学的入学机会省际不平等程度在继续恶化的情况。

对高等教育入学机会省际不平等的来源分解，可以发现专科对省际不平等的贡献率最大，专科入学机会每增加 1%，高等教育入学机会省际不平等程度将增加 0.0459% ~0.0583%。普通本科是高等教育入学机会省际不平等的第二大来源，并且对总体省际不平等的贡献率呈现出增长的趋势，在 2010 年普通本科入学机会每增加 1%，省际不平等程度将下降 0.044%。与专科和本科相比，"211" 大学和 "985" 大学对总体省际不平等的贡献率极其有限，而且贡献率在下降，这两类大学入学机会每增加 1%，将使高等教育入学机会的省际公平性增加 0.007% 左右。从不平等来源看，促进高等教育省际公平的主要责任应由高职（专科）院校和普通本科院校承担（主要是地方高校）；从政府责任来看，举办高职（专科）院校和普通本科院校的责任是地方政府，所以促进高等教育入学机会的主要责任应由地方政府承担。

使用各省历年高等教育录取人数数据，和中国家庭收入调查数据（CHIP2013），采用 Logit 回归模型和多层线性回归模型，探究省域入学机会差异的影响机制。

结果发现：在分省招生制度对个体高等教育入学机会的影响机制中，省域入学机会对个体高等教育入学机会产生显著的正向影响，并通过家庭背景的调节作用对其产生影响。省域入学机会越高的省份，个体获得高等教育的机会越大。虽然城镇户籍出身的个体高等教育入学机会要高于农村出身的，父亲工作单位在体制内的个体显著高于体制外的，父亲从事“单位负责人”等优势职业的个体显著高于“农业生产人员”等弱势职业的个体；但在入学率越高的省份，这种优势显著下降。省域入学机会对父亲教育年限的正向影响没有调节作用。若是能建立起分省招生计划公示制度，利用监测到的省域入学率变化数据，及时动态调整分省招生计划，就能努力减少制度造成的不均等。

第九章

教育与社会流动

社会流动①（social mobility）是衡量社会公平的重要方面，是推动社会公平不可或缺的重要力量。早在19世纪末期，英国科学家高尔顿在用线性回归的方式揭示子代身高相对父代身高的研究就蕴含了代际流动②的思想（Galton，1886）。美籍苏联裔社会学家索洛金（Sorokin，1927）对社会流动进行过系统的研究，探讨了不同历史时期社会分层的本质和形式、社会地位与心理身体特征的关系、社会流动的渠道和筛选机制以及流动性和稳定性对个人和社会生活的社会和心理影响，这可以看作国外最早的对于社会流动问题的系统分析。

教育在社会流动中的作用是社会流动研究的重要方面。教育对社会流动的作用也是教育在经济社会发展过程中作用的一个重要方面。教育不仅可以促进经济增长，改善收入分配，还可以促进社会流动。教育从某种意义上是社会的稳定器，通过教育促进社会流动，能够增强社会活力，促进经济可持续增长。不过，就像教育在收入分配中的作用一样，教育机会的不平等也会导致教育影响社会流动。因此，研究教育和社会流动的关系，对于教育政策与社会政策的设计至关重要。

本章首先论述社会流动的内涵以及如何测量，其次分析教育能否促进社会流动，再次结合相关理论和文献对教育在代际流动中作用机制进行理论分析，最后

---

① 国外关于社会流动的研究起步较早，学科视角多样，研究成果丰富，本书只对其中部分文献进行了综述，挂一漏万之处还请读者包涵。

② 社会流动的一种类型。

进行了高等教育能否促进代际流动的实证研究。

第一节　社会流动的内涵及其测量

一、社会流动的内涵和外延

秦雪征（2014）认为，社会流动是指个体的经济地位可改变的程度，通常包括代内流动性和代际流动性。迈克洛斯（Michalos）认为，社会流动的概念是指从一个社会地位转移到另一个社会地位的现象，无论是与家庭背景相比，还是与以前的就业（社会分层、职业地位、阶级认同、社会经济地位）相比较。社会流动包括代际社会流动（intergenerational social mobility）[①] 和代内社会流动（intra-generational social mobility）[②]。代际社会流动是指社会地位从父母到子女的传递（生命机会、社会公正、社会不平等）。代内社会流动也叫职业流动[③]，通常指一个人在其一生的就业史（Michalos，2014）。布林（Breen）认为代际社会流动是指父母和孩子的收入之间的关系，或者个人所处的阶级地位和她/他长大的阶级[④]。代内社会流动是指看一个人在自己的工作生活中环境的变化，有学者认为代际社会流动是指儿童成年后在社会经济地位阶梯上爬得比父母高的能力（Azomahou and Yitbarek，2016）。总的来看，我们不难发现，代际社会流动是至少两代人之间社会经济地位的传递，而代内社会流动是个体一生内经济地位的变化。

社会学中，职业流动、阶层流动、收入流动是更常见的衡量社会流动所关注的方面（Torche，2015）。经济学中，衡量社会流动则往往从职业流动、收入流动、教育流动三个方面来进行（Iversen et al.，2019）。经济学对代际流动的研究

---

① 代际流动的类型非常丰富，收入、职业、教育、健康、个人偏好、移民等，其中，收入、职业和教育是最常见的代际流动的衡量指标。

② 从常识来看，实现代内社会流动的途径和手段有很多，例如：从军、婚姻（Choi et al.，2020）、明星、创业、教育、邻里环境（Chetty et al.，2018；Chetty and Hendren，2018a，2018b；Manduca and Sampson，2019）等。

③ 在社会学里，职业是一个很具有代表性的指标，可以用来衡量和判断一个人的阶层，这也是社会学常采用阶层流动或职业流动来衡量社会流动的原因之一。具体可以参考 Breen R. *Social mobility in Europe*. Oxford University Press on Demand，2004：9－13.

④ 本书不对阶级和阶层概念区分。

开始于对收入代际流动的分析，贝克尔从家庭效用最大化的角度开启了经济学研究代际流动的篇章，劳动经济学、社会经济学、教育经济学的手册中均有单独的章节对代际流动进行系统阐述（Björklund and Salvanes，2011；Black and Paul，2011；Sacerdote，2011）。社会学对社会流动/代际流动的分析最早开始于职业和阶层的分析，积累了较为丰厚的研究基础。1967 年，布劳和邓肯提出的“布劳—邓肯”地位获得模型奠定了职业代际流动研究的基础，他们首次采用量化的方法分析了父、子代职业流动模型，从数据上揭示了父、子代职业的关系（Blau and Duncan，1967）。与此同时，威斯康星学派的塞维尔和豪森利用威斯康星州若干轮青年的调查数据，发现了家庭经济背景、教育和职业期望、教育和职业获得关系，这些研究是威斯康星学派地位获得研究的代表性成果（Sewell and Hauser，1975）。

二、社会流动的测量

从社会学的角度来看，社会流动往往通过绝对社会流动（absolute mobility）和相对社会流动（relative mobility/social fluidity）来测量。绝对社会流动可以分解为不动率（immobility rate）和流动率（mobility rate）、垂直（长期）流动率（vertical mobility rate）和非垂直（短期）流动率（non-vertical mobility rate）以及向上流动率（upward mobility rate）和向下流动率（downward mobility rate）。相对社会流动往往提供一个内在的衡量社会流动性的指标，尽可能独立于结构变化，但反映的是一个特定社会的开放程度（Michalos，2014）。

绝对社会流动是用当前阶层地位（或阶层目的地）和阶层起源的交叉列表[①]来揭示流动的模式和速度，其中流动被简单地理解为起源和目的地之间的流动。绝对社会流动通常采用差别指数（index of dissimilarity）来衡量，即最终阶层相对于原始阶层发生改变的比率。相对社会流动比较不同阶层出身的人进入一个阶层而不是另一个阶层的机会，因此它告诉我们出生在一个阶层而不是另一个阶层的利弊。通常可以用优势比（odds ratio）来衡量。完美流动指的是优势比等于 1 的情况。此外，多元 log 回归、半参准完美流动模型（semi quasi-perfect mobility）、准完美流动模型（quasi-perfect mobility）等也常用于相对社会流动的测量。社会学一般更关注相对社会流动的测量（Breen，2004）。总的来看，相对社会流动更受社会学家青睐，难度也更大。

① 列联表一般以原始阶层为横向，以最终阶层为纵向。

$$\text{优势比} = \frac{\text{出生在阶层 C 的现在属于阶层 A 的人数} / \text{出生在阶层 C 的现在属于阶层 B 的人数}}{\text{出生在阶层 D 的现在属于阶层 A 的人数} / \text{出生在阶层 D 的现在属于阶层 B 的人数}}$$

以上测量绝对社会流动和相对社会流动的方式均为社会学中常见的思路，经济学中则有另一套方法。在经济学中，绝对社会流动的测量大概有三种方法（以收入为例），第一，绝对向上流动（absolute upward mobility），即某一范围内（例如一个国家内），父母收入在第 25 分位的孩子们的平均收入在全国孩子收入中的百分等级。第二，孩子收入从后 20% 上升到前 20% 的可能性。第三，父母收入在第 25 分位的孩子的家庭收入在贫困线以上的概率。这三种方式主要是基于美国社会制定的标准。相对社会流动主要通过代际收入弹性（intergenerational income elasticity）、等级—等级斜率（rank-rank scope）来衡量。前者是指孩子收入对数对父母收入对数做回归产生的系数 β，后者是指孩子收入在所有孩子收入中的百分等级与父母收入在所有父母收入中的百分等级的相关系数 ρ。一般来说，等级—等级斜率比代际收入弹性更加稳健（Chetty et al.，2014）。

$$\log_{孩子收入} = \alpha + \beta\log_{父母收入} + \delta \tag{9.1}$$

$$\rho = Corr(percentile_{孩子收入},\ percentile_{父母收入}) \tag{9.2}$$

第二节　教育和社会流动

与其他实现社会流动的方式相比，教育可能带来最大范围最大程度上的社会流动。几十年来，教育能否促进社会流动以及其中的影响因素和影响机制备受学者们关注。教育既可以通过代内社会流动的方式，也可以通过代际社会流动的方式参与到社会流动的过程。国内外已有的关于教育与社会流动的研究主要集中在教育的代际流动。因为代内流动从人力资本的角度看就是终生收入问题。不同教育的年龄收入曲线从一定意义上可以看作是代内流动在收入上的反映。

从代际流动角度看，父代具有的教育相关的特征（认知和非认知特征）影响了子代教育获得[①]（包括认知和非认知特征）的现象都可以称作教育的代际流动。

① 教育获得是衡量职业和社会地位非常有利的指标。

一、教育与社会流动的理论研究

法国著名社会学家布迪厄（Pierre Boudieu）从1965年开始对法国中学会考中的佼佼者的家庭经济背景、学习状况、劳动力市场上的表现以及职业发展等特征进行了长期追踪研究，发现了家庭经济背景和阶层地位传递的关系，并率先提出了权力再生产（power reproduction）的概念，即“权力和资本在学校场域中通过国家意识和个体习惯的符号化实现再生产的过程”（王晨，2007）。总的来看，布迪厄从阶层复制的角度，揭示了教育和社会流动的关系，促使人们关注阶层固化和教育不平等的问题。

芝加哥大学的贝克尔最早在经济学中引入了社会流动的问题并重点关注经济的代际流动。贝克尔认为不平等和代际流动理论的核心假设是每个家庭都在最大化一个跨越几代人的效用函数，效用最大化取决于父母的消费、孩子的数量和质量（以成年后的收入来衡量）。贝克尔对社会流动的研究奠定了经济学家研究社会流动的基础，大大丰富了社会流动的研究视角，对于后续的研究有重要的启发和借鉴意义（Becker and Tomes，1979，1986；List and Uhlig，2017）。

赫克曼全生命周期人力资本理论的提出大大拓宽了技能的概念，非认知、行为等因素受到了经济学家的重视，这也大大丰富了传统社会流动的研究内容和研究范畴。赫克曼从技能形成的角度，将贝克尔提出的单一技能、儿童阶段的一个时期、成年后的一个时期、一个孩子的单亲家庭代际收入模型扩展到儿童阶段和成年后的多个时期、多种技能、多种形式投入的代际流动模型，这一模型更贴近现实，模型解释力也更强。此外，赫克曼利用全生命周期理论动态补偿（dynamic complementarity）①、技能培养的关键和敏感期等一系列概念，对社会流动的相关研究进行了进一步深化（Heckman and Mosso，2014）。

二、测量、内生性和识别策略

（一）测量

教育的代际流动有两种衡量方式：第一，作为连续变量的受教育年限；第

① 立足全生命周期，早期投入，后期见效，特别对于非认知技能的培养更是如此，对劣势家庭孩子的早期干预效果明显，这一发现有着深刻的政策含义，即对于处境不利的弱势家庭孩子的后期（童年以后）干预意义不大。

二，作为定序变量的教育程度。前者可以用代际教育回归系数（intergenerational educational regression coefficient，IER）和代际教育相关系数（intergenerational educational correlation coefficient，IEC）来测量；后者则可以用转换矩阵（transition matrixes）来测量（罗楚亮、刘晓霞，2018），这一方法可以用于测量相对社会流动。代际教育回归系数与前文所述的代际收入弹性有类似之处，即孩子受教育年限对父母受教育年限做回归，父母受教育年限前的系数即为代际教育回归系数。代际教育相关系数是代际教育回归系数与父母受教育年限的标准差和孩子受教育年限比值的乘积。一般来说，代际教育相关系数更稳定（Emran et al.，2016）。

$$代际教育相关系数 = 代际教育回归系数 \times \frac{SD（父母受教育年限）}{SD（孩子受教育年限）}$$

（二）内生性

内生性的来源。测量教育代际流动同样面临较大的内生性挑战。相当长一段时间内，学界主要围绕可观测到的教育的代际流动性主要是环境还是遗传造成的。可观测的代际流动性是由能力、偏好等基因为主的先天性因素还是由父母抚养方式等环境因素决定的直接决定着政策干预的可能和走向。如果可观测的代际流动性主要是由遗传决定的，那么用政策干预来促进代际流动无疑会受到限制。相反，当环境因素更能解释代际流动的话，那么政府可以通过政策干预来消除代际不平等进而促进社会公平（Björklund and Salvanes，2011；Emran and Sun，2015；Solon，2002）。为此，学者们提出了一系列方法来识别代际流动中的因果关系。

近年来，遗传和环境的争论不再是因果识别的重点，父母个人特征对孩子产出的影响即教育代际流动的影响机制逐步受到学者们的关注，学界开始关注具体是哪些因素对父母的教育获得、孩子的教育获得产生了影响以及其中的机制，学界主要关注的影响因素有信贷约束、父母教养方式、父母时间投入、亲子互动等。

信贷约束与教育成就。信贷约束是否影响乃至决定了子代的教育成就，尚未有公认的结论出现。达尔和洛克纳（Dahl and Lochner，2012）利用美国《所得税抵免法案》（*Earned Income Tax Credit*）形成的政策冲击作为收入的工具变量，分析了收入对学生学习成绩的影响，研究发现，家庭收入每增加 1 000 美元，孩子数学和语文成绩能提高 1 个标准差的 6%（Dahl and Lochner，2012）。但是，也有研究指出，这一研究所估计的收入效应并非一个纯收入的影响，因为不同家庭所需减免的税收不同，《所得税抵免法案》能够增加就业但可能会减少工人的工作时间，而母亲的工作时间对孩子的学习成绩有影响。此外，达尔和洛克纳试图控制法案对父母时间分配的影响，但事实上，该研究未能控制家庭劳动力供给决策的内生性或父母投资的内生性问题（Heckman and Mosso，2014）。卡内罗和赫克曼（Carneiro and Heckman，2002）利用美国 NLSY79 调查的劳动收入的追踪数据分析了信贷约束对大学入学率的影响。同时对已有的家庭收入对大学入学率影响的研究进行了述评，区分了短期流动性约束和影响认知、非认知技能的长期因素，作者认为观察到的大学入学率的差异可能是由于父母对孩子上学的消费价值不同而非信贷约束所导致的（Carneiro and Heckman，2002），而能力才是决定教育获得的第一决定因素（Heckman and Mosso，2014）。而库克和洛赫纳（Caucutt and Lochner，2020）认为儿童能力的早期测量可能只是家庭收入在儿童早期作用的结果，因此卡内罗和赫克曼（2002）低估了儿童早期收入的重要性，同时，作者同样运用 NLSY 的调查数据，采用结构方程模型发现，一半的年轻夫妇都面临信贷约束，而且大学毕业生组成的家庭最能从信贷约束的放松中获益（Caucutt and Lochner，2020）。切蒂等（Chetty et al.，2017）利用全美 3 000 万大学生的数据发现，来自父母收入前 1% 的家庭的学生进入常青藤大学的可能性是来自父母收入处于后 20% 的家庭的学生的 77 倍（Chetty et al.，2017）。信贷约束对大学教育有显著影响是一支重要文献（Lochner and Monge – Naranjo，2011；Lochner and Monge – Naranjo，2012）。简言之，关于信贷约束是否对学生的教育获得构成影响，已有的经验证据尚不能做出确定性的回答。此外，家庭收入和信贷约束也不完全一致。长期收入（permanent income）本质上与暂时性的补贴（教育激励补贴、儿童看护补贴等）是不一样的，前者利于家庭对孩子进行长期投资，这一对概念在定义信贷约束的代理变量时需要加以注意。

父母时间投入、教养方式和教育的代际流动。以赫克曼（Heckman）为代表的一批经济学家立足全生命周期理论的视角，强调父母时间投入（parenting）、教养方式（parenting）、亲子互动（parent-child interaction）等非物质投入对子代教育成就的重要影响。利泽里和西尼斯卡尔奇（Lizzeri and Siniscalchi，2008）设计了一个监督学习的理论模型，讨论了一个最基本的问题，父母如何帮助孩子是最有效的。孩子在一个表现型任务中失败可能会对其效用产生负面的影响，因此，家长可以帮助孩子以使其高兴。然而，如果孩子失败了并因此知道了他自己的能力，这对于孩子有长期的好处。如果由于孩子能力不足，父母帮助了孩子以避免失败，那么孩子的学习动力就消退了。因此，家长往往面临一个权衡，作者最终得出结论，部分避免失败（partial sheltering from failure）即父母有限干预对于孩子的学习是最优的（Lizzeri and Siniscalchi，2008）。伯纳尔和基恩（Bernal and Keane）利用 NLSY 调查的单身母亲的数据，采用准结构方程模型（quasi-strucural model）的策略，构造了母亲职业和孩子看护的动态决策模型，以消除母亲和孩子不可观测特征的异质性带来的估计偏误和单身母亲选择将孩子放入儿童看护中心的自选择偏误，作者分析了母亲时间投入对孩子认知技能发展的影响，研究发现，全职工作的母亲将孩子放在儿童看护中心会减少孩子认知能力测试的得分（Bernal and Keane，2010）。

（三）识别策略

双胞胎样本。双胞胎样本法可以控制通过固定家庭效应仍不能控制的遗漏偏误，例如：母亲的不可观测与孩子教育获得相关的天赋特征、可能影响孩子教育获得的与基因相关的特征。但是，双胞胎样本法也可能面临个人特质不同，甚至双胞胎出生时的体重也不尽相同等问题，而这些特征不排除与教育获得相关的可能性（Behrman and Rosenzweig，2004；S. E. Black et al.，2007）。贝尔曼和罗森茨威格（Behrman and Rosenzweig，2002）利用美国明尼苏达州 20 年（1936～1955 年）的同卵双胞胎样本数据，发现父亲教育水平与子代教育水平具有正向的积极影响，但是母亲教育水平对子代教育水平负向影响的结果则不稳健。当然也有学者指出，后者容易受到数据编码问题的影响（Antonovics and Goldberger，2005）。

收养（adoptee）样本。收养样本和双胞胎样本的思路本质上是一样的，都是旨在通过控制其他因素来识别仅有的尚未控制的特定因素是否在对结果起作用。收养样本的识别策略主要依托以下几个假设：第一，被收养的孩子在婴儿时被随机分配到收养家庭；第二，被收养的孩子被收养父母像亲生孩子一样对待。萨瑟·多特（Sacerdote，2007）利用随机分配的被收养的韩裔美国人的 10 年（1970～1980 年）的数据，分别以孩子的受教育年限、母亲的受教育年限为因变量和自变量进行了分析，研究发现基因和婴儿的天赋比养育环境更能决定孩子的教育获得，父母教育和家庭规模比父母收入和邻居特征更能决定孩子的教育获得（Sacerdote，2007）。比约克隆德利用瑞典 4 年内（1962～1966 年）出生和收养的所有孩子的全样本数据，分别以父母的受教育年限和子代的受教育年限为自变量和因变量，同时通过一系列内生性检验证明了收养孩子过程中的选择性分配并不构成测量偏误问题或遗漏变量偏误问题，研究发现，父母的基因和孩子的养育环境对于子代的教育获得同样重要（Björklund et al.，2006）。可以看出，基因和环境影响代际流动的过程中到底谁更起作用，已有研究结论并不一致。

工具变量。布莱克（Black）等利用发生在 20 世纪六七十年代挪威的由 7 年级毕业到 9 年级毕业的教育改革来进行因果识别，这一改革是在挪威的不同地方先后实施的，前后持续了 12 年，因此，这一改革对父母的教育年限产生了影响，即突如其来的教育年限的增长对这一批父母的能力形成了一种外生冲击，因此，作者以教育改革形成的外生冲击作为父母教育年限的工具变量，研究发现母亲教育年限的增加有利于儿子教育年限的增加（Black et al.，2005）。奥雷奥普洛斯同样利用制度形成的外生冲击来寻找工具变量，以美国20世纪60～80年代发生在不同州的三次教育改革作为影响父母教育水平的工具变量，以孩子的留级为因变量，识别出了教育代际流动的因果效应。研究发现，父母的受教育年限对子女的留级有同等重要的影响，父母的教育获得能够减少孩子高中辍学的可能性（Oreopoulos et al.，2006）。

三、教育和社会流动的经验证据

教育代际流动和经济代际流动密不可分。经济的代际流动有两种路径，第一，父母的社会地位直接传递给子女，例如：直接继承财产、婚姻、利用以家庭为基础的社会网络或文化资本进行社会安置、人格特质的传递等。此外，这一路径随着教育层级的提高而逐渐变得更弱，对于受过高等教育的个体而言，这一路径最弱，这可能与高等教育能为雇主释放强有力的信号资质有关。第二，在父母社经地位的加持下，孩子可以拥有较好的教育获得，进而获得和父母一样的社经地位，这一过程中，教育起到了中介的作用（Blau and Duncan，1967；Hout and DiPrete，2006；Narayan et al.，2018）。

教育代际流动的机制是如何运行的是经济学家关注的主要问题之一。有学者提出可能存在以下四种路径。第一，遗传传递。拥有更高受教育程度的父母有更高的利于教育获得的天赋，例如：认知能力。第二，社会化。通过社会化的过程，父母具有的与教育获得相关的准则和价值能够传递给下一代，例如：时间偏好。第三，经济资源。教育程度高的父母有更多资源，这些资源可用于消除借贷约束和教育的机会成本。第四，选择和获得。父母的教育选择可能直接影响孩子的选择，父母的获得可能提高子女教育的边际生产率（Björklund and Salvanes，2011）。

教育扩张和教育的代际流动。教育扩张能否促进社会流动是研究社会流动绕不开的话题，此处的教育扩招既包括政策带来的教育扩招，也包括年代差异带来的教育扩招，学者们对此进行了大量的研究。罗楚亮（2018）立足我国各年龄组人群受教育程度差异的视角，利用2013年中国居民收入调查（CHIPS）的数据，采用Mosteller标准化处理的方法，得出教育扩张总体上提高了教育流动性的结论（罗楚亮、刘晓霞，2018）。然而也有大量研究发现，教育扩张未必促进了教育的代际流动性。李春玲（2010）利用2005年1%人口抽样调查数据的部分数据，采用Mare升学模型，发现大学扩招并没有减少阶层、性别、民族之间的教育机会差距，甚至还导致了城乡间教育机会的不平等。李春玲（2014）基于2006年、

2008 年、2011 年的全国综合社会调查（CGSS）的数据，同样采用 Mare 升学模型，研究发现，中等教育的城乡不平等是教育分层的关键所在，而这也是农村学生上大学机会减少的原因。吴愈晓（2013）利用中国综合社会调查的数据（CGSS2008）发现，父母受教育年限对子女教育获得的作用显著，而且这一作用不断上升。这些研究从某种程度上契合了最大限度维持不平等理论（maximally maintained inequality，MMI）和有效维持不平等理论（effectively maintained inequality，EMI）。

城乡分割对于教育扩张的积极作用也有一定的削弱。郭等（2019）利用 CHIPS2013 的截面数据，发现 1986 年《义务教育法》的实施和 1999 年高校扩招促进了城市学生教育的向上流动，但是没有促进农村地区学生的向上流动。

教育代际流动的性别差异。比约克隆德等和托马斯（Bjorklund et al. and Thomas）分别利用瑞典和南非的数据发现，母亲受教育程度对子女受教育程度的影响大于父亲（Björklund et al.，2006；Thomas，1996），但是，贝尔曼和罗森茨威格（Berhrman and Rosenzweig，2002）以及普卢格（Plug，2004）利用美国的数据发现，提高父亲的受教育程度能提高子代的教育程度（Antonovics and Goldberger，2005；Behrman and R.，2005；Behrman and Rosenzweig，2002；Plug，2004）。

此外，女孩比男孩有更大的教育代际流动。埃姆兰和孙（Emran and Sun）利用 CHIPS1988、CHIPS2002 两轮调查的截面数据，采用以异方差来代替工具变量的策略（Klein and Vella，2009；Klein and Vella，2010；Rigobon，2003），分别以父母的教育水平是否超过小学和孩子的受教育年限为自变量和因变量，分析了 14 年间中国农村的教育流动性，研究发现，1988 年儿子的代际流动性低于女儿，2002 年时，二者具有了可比性。此外，14 年间，女儿的教育代际流动性基本没有变化，儿子的教育代际流动性明显降低（Emran and Sun，2015）。埃姆兰和施普利（Emran and Shipli）利用印度的数据，采用双胞胎模型和代际相关系数的方法发现，来自城市地区女孩的教育代际流动要更大，但是男孩则没有这样的流动性（Emran and Shilpi，2015）。类似的结果在巴西也有发现（Leone，2017）。

国际比较。世界银行（2018）利用 148 个国家和地区的覆盖全球 96% 人口的 40 年（20 世纪 40 年代至 20 世纪 80 年代）的数据发现，第一，受发展中国家教育扩张的影响，发展中国家和富裕国家教育的绝对向上流动已经在逐步趋近。第二，代际教育回归系数和代际教育相关系数的方法都发现，发展中国家和富裕国家教育的相对代际流动的差距在逐步扩大。第三，发展中国家相对教育代际流动的增加主要受不同年代的父母和子女受教育年限扩展这一改变而非代际之间的联系。第四，全球范围内，撒哈拉以南的非洲和南亚的“80 后”的教育代际流动水平最低，这些地区也是世界上教育获得最低的地区（Narayan et al.，2018）。

邻里环境对教育的社会流动也有重要作用。以切蒂（Chetty）为代表的一批经济学家充分肯定了邻里环境对子代教育的重要影响。切蒂和亨德伦利用准实验的研究设计，分析了邻里环境对教育获得等的影响，发现孩子幼年时，搬到一个大学入学率高的地区能增加孩子的大学入学率，而且这一可能性随着年龄的增长不断降低（Chetty and Hendren，2018a）。切蒂和亨德伦采用固定效应的方法，分析了县层面的成长环境对子代教育获得的影响，即居住在高流动性的县对低收入家庭的孩子认知技能和社会情感技能等的影响（Chetty and Hendren，2018b）。还有学者对父母离婚对教育获得的影响进行了分析。研究发现，父母离婚对高等教育学业有负面影响（Brand et al.，2019），但是这种影响不是对所有学生都成立，对于那些能够预料到或者已经接受了父母婚姻破裂事实的学生而言，这种负面影响几乎不存在（Brand et al.，2019）。

四、基本结论和主要应对策略

关于教育能否促进社会流动这一命题，因时间、地区、学科的不同而有不同的回答。社会学中有一支颇有影响力的文献认为，教育对社会流动的作用是负面的，是一种阶级再生产（Bowles et al.，2009；Willis，1981），作为一门强调认识世界的学科，社会学对此提出了很多理论解释，也有社会学者提出教育并非简单的阶层复制（程猛，2018）。作为一门经世致用的学科，经济学除了看到教育对于特定人群的社会流动作用不是很强外，还提出了一些具有政策含义的应对策略。具体如下：

有效的早期干预是技能形成、教育获得的重要手段。受动态补偿（dynamic complementarity）规律的影响，早期干预的利好有助于技能的形成和惠及个体成年后的各种表现，这种干预对于劣势家庭的孩子较为有效，但这种干预主要针对非认知技能时，效果才比较明显，如果主要针对认知技能，例如智商，则收效甚微（Heckman and Mosso，2014；Lochner and Monge-Naranjo，2012）。干预的手段之一是针对处境不利儿童进行有条件转移支付。因为有条件转移支付的干预才有利于技能形成，无条件转移支付在促进孩子技能形成过程中效果有限（Del Boca et al.，2014）。

养育方式、指导方式和亲子互动对于教育获得的重要性不亚于传统上关注的信贷约束和收入时机（timing of receipt of income），这三种方式也是技能形成的有效策略，而且养育方式可以通过早期干预来得以提升和进步（Heckman and Mosso，2014）。

搬家。在孩子幼年时，家庭宜从贫困率高、刑事案件多的县/社区搬到贫困率低、刑事案件少的社区/县，这样有利于孩子的教育获得和劳动力市场表现的改善和提高。Chetty 的系列研究证明了邻里环境对教育获得、收入增加等方面的重要影响，邻里环境无疑是促进代内社会流动的一个重要手段。

五、结论与展望

社会流动是一个经典的社会学、经济学和教育学的研究主题。如果从社会学家索洛金 1927 年出版《社会流动》一书算起，关于社会流动的研究已经有将近一个世纪的历史，其中，涌现出大量丰富而精彩的研究。在社会变革和知识日益丰富的大背景下，笔者尝试性地提出下一阶段研究教育和社会流动需要解决的问题。

人力资本概念的扩展带来教育代际流动研究的多样化。已有研究大都是以父、子代教育水平作为教育代际流动的代理指标，例如教育年限、留级等。赫克曼全生命周期理论的提出，大大扩展了人力资本的概念，非认知技能、行为等也被纳入人力资本的范畴，因此，可用于研究教育代际流动的教育特征大大增加，未来的关于教育代际流动的研究面临教育特征多样化带来的维度灾难，而且代际之间任意两个教育相关的特征未必都能可以直接观测，证明可能存在的相关甚至是因果关系、厘清教育代际流动的内在机制将更具挑战。

社会流动的研究积累存在学科差异和中西差异。时间上来看，不论从全球还是国内来看，社会学对社会流动的研究起步最早，经济学次之，教育学最后。哪怕是国内研究社会流动较早的社会学科，其对这一主题的研究也明显晚于西方，我国社会学领域的社会流动的研究开始于 20 世纪 90 年代（李春玲，2019），西方则开始于 20 世纪 20 年代左右。从研究关注点来看，社会学强调对假说的提出、阐述和验证或证伪（Bian，2002；李春玲，2019），专业性程度相对较高也相对规范，例如每年组织两次的专门的国际会议“社会分层和流动研究委员会 28”（Research Committee 28 on Social Stratification and Mobility）（Hout and DiPrete，2006）。经济学强调因果关系的识别，更关注代际流动（Black and Paul，2011；Holmlund et al.，2011；秦雪征，2014），教育学有相当一部分研究属于规范研究和相关关系的分析（余秀兰，2014；郑若玲，2007）。

教育阶段和教育类型的多样化和地区（国别）文化的差异带来教育代际流动的异质性。职业教育和普通教育、公立教育和民办教育、基础教育和高等教育等的教育代际流动的形式和大小可能都不相同。特别地，基础教育中，在上海等地出现的一种现象值得关注：私立教育对于普通民众更具吸引力，使得优势家庭的孩子更多地进入了私立教育系统，公立学校主要服务劣势家庭的孩子。私立教育与教育不平等形成的这一均衡是否会对教育代际流动产生影响以及其中的影响机制，这些都是有待进一步探索的问题。

第三节　教育在代际流动中作用机制的理论分析

事实上，迄今为止，学术界始终未能打开教育在代际流动中的作用机制问题的黑匣子。早在20世纪60年代，美国社会学家布劳（Peter Michael Blau）和邓肯（Otis Dudley Duncan）就开始关注教育在代际流动中的作用机制，但直到20世纪90年代，关于这一问题的社会学和经济学的实证研究才大量出现。虽然社会学家主要关注教育在职业代际流动中的作用机制，经济学家侧重考察教育在收入代际流动中的作用机制，但职业和收入都是反映社会地位的重要指标，具有较强的关联性。现有研究往往只关注教育能否促进代际流动和改善社会不平等，却没有意识到教育本身也可能受到收入等家庭背景因素的影响。人们在关注微观教育投资行为与代际流动的关系时，往往容易忽略宏观环境因素对代际流动的影响。因此，假如从收入代际流动的视角全面、系统地审视教育在代际流动中的作用机制，就必须将父代收入对子代教育获得的影响以及子代教育获得对其收入的影响这两个问题结合起来进行研究，并关注宏观环境的作用。本研究基于上述思路构建分析框架，结合相关文献（尤其是实证研究）从理论上分析教育在代际流动中的作用机制。

一、教育在代际流动中作用机制的分析框架

人力资本理论认为教育、健康、迁移等方面的投资可以增加个人的人力资本，提高劳动生产率，增加个人收入，从而有利于社会成员实现向上流动。高尔顿—贝克尔—索伦（Galton-Becker-Solon）模型是人力资本理论从收入视角研究代际流动机制问题的基础。该模型假设每个家庭只有一个家长和一个孩子，家长持久收入为 y_{t-1}，在总收入预算约束下，家庭对家长自身的消费 C_{t-1} 和对孩子的人力资本投资 I_{t-1} 进行分配，以实现家庭效用的最大化（假设为Cobb-Douglas形式）。上述说法可用经济学模型进行表述：

$$
\begin{aligned}
&\max U=(1-\alpha)\log C_{t-1}+\alpha\log y_t\\
&\text{s. t. } y_{t-1}=C_{t-1}+I_{t-1}\\
&y_t=(1+r)I_{t-1}+E_t
\end{aligned}
\tag{9.3}
$$

其中，α 取值范围为0～1，表示父代对子代持久收入 y_t 和自身消费 C_{t-1} 的偏向性；r 表示父代对子代人力资本投资的收益率；E_t 则表示除人力资本投资外，

其他所有影响子代持久收入的因素。E_t 包括子代的禀赋（endowment）和子代的市场运气（market luck），子代的市场运气被假定独立于父代收入和子代禀赋。子代禀赋主要包括两个部分：一个是基因特征（genetic traits，如能力、种族等），另一个是文化特征（cultural traits，如学习、技能、目标等），这两个方面的特征有一部分是遗传于父代禀赋的。

求解上述最优化问题可得：

$$y_t = \beta y_{t-1} + \alpha E_t \tag{9.4}$$

其中，$\beta = \alpha(1+r)$，被称为代际收入弹性，该系数越大，则代际收入流动性越低。

由此可见，高尔顿—贝克尔—索伦模型将代际收入传递分解为两个路径：一个是父代通过对子代进行人力资本投资影响子代收入；另一个是父代通过遗传影响子代收入。第一个路径反映了父代对子代有意识的资源投入，第二个路径则反映了父代对子代无意识的、潜移默化的影响。按照贝克尔（Becker）和托姆斯（Tomes）的观点，子代禀赋受到三方面因素的影响，即家庭的声誉和关系网络、家庭的基因构成和家庭特有的文化，这些因素主要来源于父代、祖父代、其他家庭成员以及其他家庭（社区环境）。需要说明的是，遗传既包括生物学意义上的基因特征遗传，也包括文化特征遗传。文化特征遗传既可能来自家庭内部，也有可能来自邻居或社区（neighborhoods effects）。不过，该模型仅仅考虑了人力资本（教育）和遗传方面的代际传递，事实上，父代还可通过赠予或者遗产继承的方式将物质财富直接转移给子代，从而实现代际收入的传递。

除人力资本理论外，社会资本理论和文化资本理论也为分析教育在代际流动中的作用机制问题提供了思路。社会资本理论认为，父代社会资本既可以通过影响子代教育获得间接影响子代社会地位，也可以直接影响子代社会地位。文化资本理论强调文化资本再生产是代际间地位传递的重要渠道。文化资本再生产有两个关键阶段：第一个阶段是早期社会化阶段。这一阶段主要依靠学前的家庭教育，即父代对子代有意识地引导和子代对父代无意识地效仿，如果子代获得了父代的"惯习"（habitus），那么早期社会化阶段的文化资本再生产就基本实现了。第二个阶段是学校教育社会化阶段。因为学校会对不同社会阶层出身者实施差别教育，所以各社会阶层出身的人便产生差异化的文化资本；社会上层利用自身的文化资本优势使子代获得教育认证，从而确保其继承优势社会地位。

事实上，人力资本理论、社会资本理论和文化资本理论在解释代际流动机制问题时可纳入一个分析框架。在人力资本理论视角下，父代对子代的人力资本投入不仅包括经济资源投入，还应包括非经济资源投入。经济资源投入就是人力资本的物质投入，非经济资源投入即为文化资本理论视角下的文化资本投入和社会资本理论视角下的社会资本投入。人力资本理论视角下的“遗传”包括基因特征遗传和文化特征遗传。其中，文化特征遗传就是文化资本理论视角下的“文化资本的遗传”，即子代对父代无意识的效仿所传承的文化资本。

因此，综合上述理论，可将代际地位的传递路径归结为三个渠道，即经济资源投入、非经济资源投入和遗传。父代收入既有可能借助这三个渠道影响子代教育获得进而影响子代收入，也有可能不通过影响子代教育获得而直接影响子代收入。经济资源投入和非经济资源投入路径属于父代有意识的行为，遗传路径则属于父代无意识的行为。父代收入借助三个渠道影响子代教育获得进而影响子代收入表明教育在代际流动中具有中介效应，父代收入借助三个渠道直接影响子代收入或者通过子代教育获得以外的因素影响子代收入的作用即为残差效应。从微观来看，教育中介效应的大小（即教育对代际流动性的贡献值）取决于两个因素，即父代收入对子代教育获得的影响效应以及子代教育获得对其收入的影响效应。从数值上看，教育对代际流动性的贡献值等于父代收入对子代教育获得的影响效应与子代教育获得对其收入的影响效应（教育收益率）的乘积，而教育对代际流动性的解释力等于教育对代际流动性的贡献值与代际收入弹性的比值。此外，宏观环境也会作用于子代教育获得进而影响代际地位的传递。例如，公共教育政策试图提高弱势群体的教育获得以改善教育不平等，从而影响教育在代际流动中的中介效应；收入不平等一方面影响家庭对子代教育获得的经济资源投入，另一方面影响教育收益率，从而对教育在代际流动中的中介效应产生影响。因此，借鉴已有研究，从收入代际流动的视角可描绘教育在代际流动中的作用机制分析图（见图9-1）。

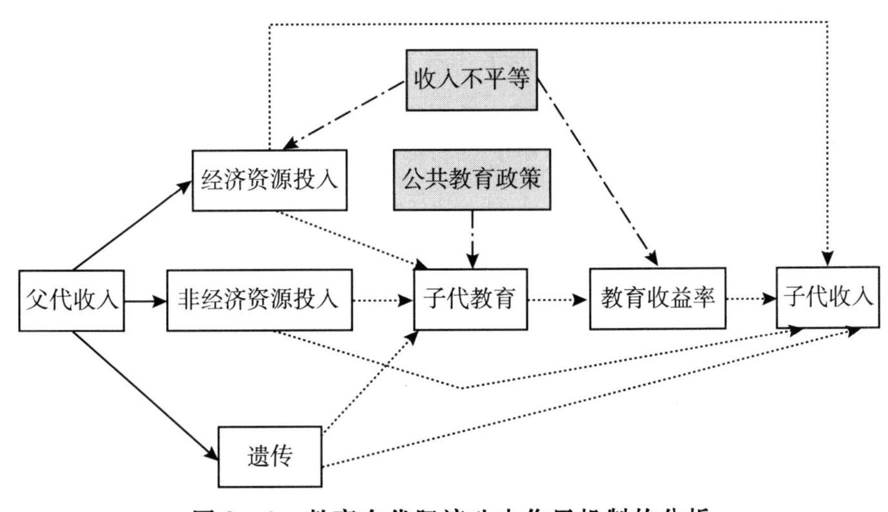

图9-1 教育在代际流动中作用机制的分析

注：┈┈▶表示教育在代际流动中的中介效应，——▶表示残差效应，—·—▶表示公共教育政策和收入不平等对教育中介效应的影响。

二、教育在代际流动中作用机制的理论分析

根据教育在代际流动中的作用机制的分析框架，可首先分析父代收入如何影响子代教育获得以及子代教育获得如何影响其收入两个问题，上述因素将从微观上决定教育中介效应的大小。其次，从宏观环境的角度分析教育的中介效应如何受到公共教育政策和收入不平等等因素的影响。

（一）父代收入对子代教育获得的影响分析

按照人力资本理论的观点，父代收入较高的家庭将有能力为子代投入更多的资源，帮助子代进行人力资本投资。贝克尔认为父代对子代的人力资本（教育）投资由两个因素决定，即父代对子代教育的投资能力和父代对子代教育的投资动机。下面分别从父代对子代教育的投资能力和投资动机的角度，利用文献探讨父代收入是如何影响子代教育获得的。

1. 父代对子代教育的投资能力

基于父代对子代教育投资能力的视角，下面从经济资源投入、非经济资源投入和遗传三个渠道分析父代收入是如何影响子代教育获得的。

第一个渠道是经济资源投入。经济资源投入与父代收入的关系最为直接，父代收入较高的家庭具有丰富的经济资源。首先，经济资源丰富的家庭可以为子代提供教育费用，这不仅有学校教育的费用，还可能有课外补习的费用。其次，经济资源丰富的家庭可以帮助子代进入质量较高的公立学校或私立学校，以获取更优质的教育资源。比如，我国基础教育的“择校费”制度、高校“双轨制”招生时的“自费生”制度等，都为经济资源丰富的家庭提供了入学“特权”。

第二个渠道是非经济资源投入。所谓非经济资源投入主要是指社会资本和文化资本投入，它们虽然与父代收入相关，但并不绝对。当然，区分文化资本和社会资本是困难的，故可将父代对子代的文化资本投入和社会资本投入统称为非经济资源投入。非经济资源投入可能在以下几个方面对子代教育获得产生影响。其一，收入比较高的家庭，可能对子代的教育期望较高，并可能相对重视子代教育问题。子代在此影响下，自我教育期望和学习热情也较高。休厄尔和豪瑟（Sewell and Hauser）甚至认为，子代维持学习积极性和获得良好学业表现的根本原因在于父代的鼓励。其二，收入较高的家庭，父代参与子代教育事务的可能性较大。有研究表明：父代参与行为，如检查孩子的作业、参加家长会、参与家校

合作活动等有助于提高学生的学业成绩。其三，不同收入水平的家庭，其教育风格会有差异，可能会通过影响子代的认知能力或非认知能力进而影响子代教育获得。有研究发现，父代为子代读书的频率会影响子代的认知能力，父代鼓励子代参与课外活动会影响子代的非认知能力。

第三个渠道是遗传。基因特征遗传或文化特征遗传都属于父代无意识的行为，反映了基因和成长环境对子代潜移默化的影响。遗传的影响主要体现在以下几个方面。其一，能够取得较高收入的父代，可能具有良好的基因和文化禀赋特征，这些特征可能会无意识地传递给子代，并可能有助于子代教育获得。比如，父代认知能力会遗传给子代，有利于子代教育获得；父代的某些性格特征、拼搏精神、榜样光环等非认知能力有可能促进子代努力学习。其二，家庭收入与家庭稳定性、生活习惯等家庭内部的成长环境因素密切相关。收入较高的家庭一般比较稳定，父代的生活习惯较好，这些都可能影响子代教育获得。邓肯和布鲁克斯—冈恩（Duncan and Brooks-Gunn）指出，家庭不稳定、酗酒会破坏子代教育获得。其三，除家庭内部外，来自邻居或社区的成长环境因素也可能对子代教育获得产生影响。高收入家庭往往居住在治安稳定、居民素质较高的社区，可能会为子代提供安定的学习环境、良好的同伴效应等支持。不过，有研究表明，邻居效应对代际流动的影响较小。

2. 父代对子代教育的投资动机

理性选择理论从微观层面构建了教育决策理性行动模型，从父代对子代教育投资动机的视角解释了不同社会地位的家庭对子代教育投资决策行为的差异。理性选择理论假设众人均有“相对风险规避”（relative risk aversion）的倾向性，相比而言，人们更关心如何避免向下流动，而非如何实现向上流动。换言之，决定投资子代教育行为的是父代对子代教育投资的风险预期。对优势家庭而言，若不接受较高层次教育，则预期地位下降幅度相对较大，但若接受较高层次教育，其失败风险较小，于是优势家庭会选择帮助子代进行较高层次的教育投资，其投资动机比较强烈。对弱势家庭而言，若不接受较高层次教育，其预期地位下降幅度相对较小，但若接受较高层次教育，其失败风险较大，于是弱势家庭便不倾向于帮助子代进行较高层次的教育投资，其投资动机则相对较弱。

综上所述，无论是从教育投资能力还是教育投资动机的角度来看，父代收入较高的优势家庭都更容易获取教育资源，尤其是优质教育资源，从而造成教育不平等。李春玲、李煜的研究发现，改革开放以来，我国教育不平等现象日益严重。工作竞争理论或许可以解释这一现象：劳动者所能够获得的工作机会并不是简单取决于自身的人力资本（绝对的教育获得），而是其在劳动力队列中的相对教育获得。优势家庭为了保持子代在劳动力队列中的位置，可能会努力提高教育获得，并将其作为应对教育扩张或改革的防御措施。一方面，这可能导致教育过度；另一方面，这可能导致教育竞争从数量转向质量。教育装备竞赛或许会进一步加剧教育不平等。

（二）子代教育获得对其收入的影响分析

子代教育获得对其收入的影响反映了父代对子代进行教育投资的收益率的情况。帕萨罗普洛斯（Psacharopoulos）等发现：从明瑟教育收益率来看，20 世纪 90 年代中后期，世界平均值为 9.7%，OECD 国家平均值为 7.5%，亚洲平均值为 9.9%。邓峰和丁小浩在未考虑代际传递和不加入任何控制变量的情况下，估计了我国教育收益率的变化趋势，我国教育收益率在 1989～1993 年缓慢上升（5%～6%），1993～2004 年迅速上升（2000 年达到 10% 左右），2004～2006 年趋于平稳（11% 左右），2006～2009 年则有所回落但仍在 10%～11%。胡跃峰在控制父代收入、父子年龄的情况下所计算的 2008 年、2010 年与 2012 年的我国教育收益率分别为 15.8%、11.2% 与 16.0%。可见，总体而言，改革开放以来的大部分时期，我国教育收益率都表现出上升的变化趋势，并逐渐达到较高水平。

教育收益率与代际流动性之间的关系如何呢？索隆（Solon）将代际收入流动性假定为 4 个因素的函数：人力资本天赋（如认知能力）的自动遗传性，私人人力资本投资的生产率，教育收益率，公共人力资本投资的进展性。前三个因素与代际收入流动性正相关，第四个因素与代际收入流动性负相关。基于此，低教育收益率国家的代际收入流动性会较高。舍瓦利埃（Chevalier）等通过欧洲和美国的比较研究也证实了这一点。那么，为什么较高的教育收益率反而会降低代际流动性呢？当教育收益率较高时，家庭投资子代教育的积极性较高，家庭所拥有的资源或者说家庭背景就变得更为重要。那些拥有较少资源的弱势家庭，难以与优势家庭竞争教育资源，所获得的教育收益较低，其发生代际向上流动的机会也更少。因此，子代的收入不平等会在较大程度上取决于父代的收入不平等，收入不平等在代际间得以延续。

三、公共教育政策对教育中介效应的影响分析

如前所述，宏观环境也会影响教育的中介效应。根据人力资本理论，父代对子代教育的资源投入能力会影响子代人力资本的积累，从而影响子代收入，进而影响代际流动性。为弥补私人教育投资能力的不足，国家可利用财政资源

实施公共教育经费投入、教育扩张、教育信贷等公共教育政策，这些政策可以通过影响子代教育获得、改善教育不平等，从而削弱教育在代际流动中的中介效应。

（一）公共教育经费投入政策的影响

图9-2展示了1992年以来我国财政性教育经费占GDP比例的变化趋势。长期以来，虽然我国公共教育经费投入缓慢上升，但始终处于较低水平，直到2012年，这一比例方才突破4%。不过，在公共教育经费投入缓慢上升的背景下，我国公民总体的受教育程度明显提高。20世纪末，我国大多数地区都已通过“两基”达标验收，基本普及九年义务教育，2011年九年义务教育在全国范围内全面普及，所有适龄儿童少年都有受教育的机会。2016年，中国高中教育阶段的毛入学率已近90%，普及高中教育指日可待。21世纪初，中国高等教育已步入大众化阶段，正迎来普及化阶段。

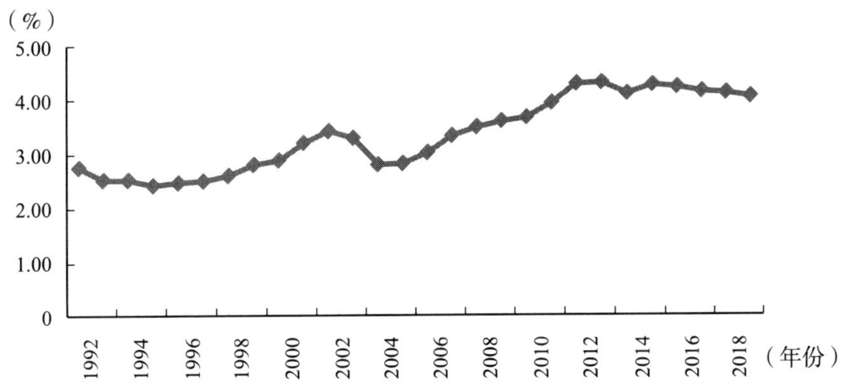

图9-2　1992~2019年我国财政性教育经费占GDP比例的变化情况

资料来源：1992~2014年数据来自《中国统计年鉴》（2014~2016年），2015~2019年数据来自《全国教育经费执行情况统计公告》（2015~2019年）。

不过遗憾的是，我国公民的教育获得并不均等。利用中国收入分配研究院发布的中国家庭收入调查（CHIP）2013年数据，可描述父代不同年收入分组情况下子代受教育程度的分布情况。如表9-1所示，低收入组家庭的子代仅为初中及以下教育程度的比例高达35.9%，明显高于中等收入家庭和高收入家庭的子代，而子代为大专及以上教育程度的比例则随着家庭收入的上升而增加。可见，较高收入家庭和较低收入家庭的子代在教育获得上的差距是相当明显的。

表 9-1　　父代不同年收入分组情况下子代受教育程度的分布情况（N = 2110）

单位：%

	收入	子代受教育程度		
		初中及以下占比	高中或中职占比	大专及以上占比
父代年收入分组	低收入组	35.9	24.6	39.5
	中等收入组	27.9	25.2	46.9
	高收入组	16.2	18.2	65.7

资料来源：中国家庭收入调查（CHIP）2013 年调查数据。

鉴于我国教育存在的不平等状况，政府理应对低收入家庭加大公共教育经费投入。比如举办公立学校，对低收入家庭的孩子减免学杂费、提供食宿补贴，提供高校助学贷款等。人力资本理论认为公共教育经费投入可以弥补私人教育投资的不足，对资源投入能力不足的弱势家庭加大公共教育经费投入是理所当然的选择。梅耶和洛普（Mayer and Lopoo）发现，政府对低收入家庭的儿童加大教育支出会提高代际收入流动性。但是，公共教育经费的“蛋糕”毕竟是有限的，必须有的放矢。相比于公共教育经费投入绝对数量的增长，资金的具体用途和利用效率或许更为重要。

众多研究者认为，对学前教育加大投入甚至普及学前教育可以减轻较低社会阶层的代际地位复制效应，为其创造更多的向上流动机会。许多经验研究表明人们社会地位的差异早在婴幼儿时期就已经埋下了伏笔。比如凯斯（Case）、帕洛尼（Palloni）发现代际地位传递早在子宫和儿童早期就已经开始了；厄米施（Ermisch）认为认知能力和非认知能力所造成的社会地位的差异始于生命周期的早期阶段；杨（Yang）认为贫穷家庭对子代早期教育的投资相对较少，他们的孩子更容易上低质量的学校，这导致他们更不可能上大学；赫克曼甚至断言，一个孩子如果落后了就再也赶不上来了。

然而，在公共教育经费投入缓慢增加的背景下，我国对学前教育的投入并不充裕。如图 9-3 所示，1996 ~ 2017 年，与其他非义务教育学校（普通高中、普通高校）相比，幼儿园的公共财政教育经费投入占其教育总经费的比例在大多数年份都明显偏低，只有 2000 ~ 2006 年处于相对较高水平，2010 ~ 2014 年甚至明显下降。根据《2019 年全国教育事业发展统计公报》的数据，2019 年全国共有幼儿园 28.12 万所，其中，民办幼儿园 17.32 万所，占比高达 61.6%；2019 年全国入园儿童 1 688.23万人，其中，民办幼儿园的入园儿童为 904.68 万人，占比高达 53.6%。学前教育的公共教育经费投入不足，可能会在一定程度上抑制代际流动性。

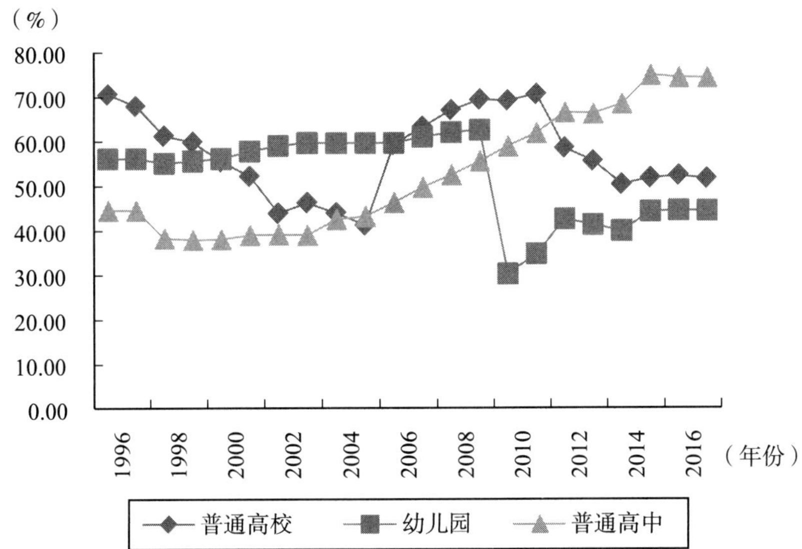

图9-3　1996~2017年3类非义务教育学校教育总经费中公共财政教育经费占比变化情况

资料来源：1996~2011年数据根据《中国统计年鉴》(1998~2013年)数据计算得出；2012~2017年数据根据《中国教育经费统计年鉴》(2013~2018年)数据计算得出。

(二) 教育扩张政策的影响

改革开放以来，有两项教育扩张政策特别值得关注：一个是1986年我国颁布了《中华人民共和国义务教育法》，这一举措以法律形式确保了公民接受义务教育的机会；另一个是1999年我国开始实施的高校扩招政策，它使得公民接受高等教育的机会逐渐增多。下面以这两项教育扩张政策为例，观察教育扩张前后教育获得的变化。

首先，分别观察义务教育法和高校扩招政策对义务教育和高等教育入学机会的总体影响。如图9-4所示，在义务教育法颁布的1986年前后，我国小学学龄儿童净入学率和小学毕业生升学率增速较为明显。如图9-5所示，若以实施高校大规模扩招政策的初始年(1999年)为基准，扩招前后若干年(1991~2007年)，我国高等教育毛入学率由3.5%迅速提升至23.0%，增长了4.6倍。尤其是1999~2000年，高等教育毛入学率由10.5%跃升至12.5%，一年的增幅近20%，扩张效应十分明显。从总体上看，这两项教育扩张政策确实增加了义务教育和高等教育的入学机会。

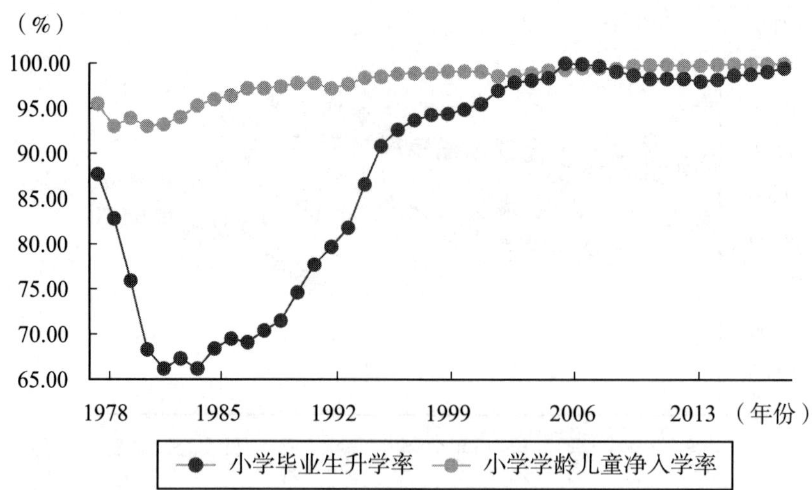

图 9-4　1978~2019 年中国义务教育入学机会变化趋势

资料来源：1978~2008 年数据来源于《新中国六十年统计资料汇编》，2009~2019 年数据来源于《中国教育事业统计年鉴》(2009~2019 年)。

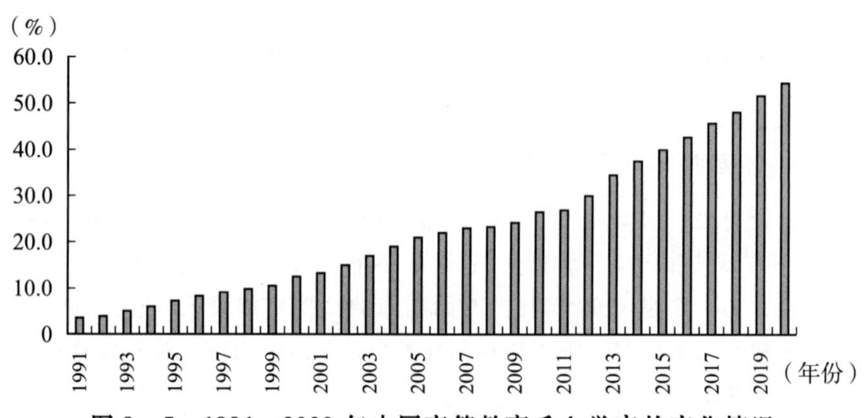

图 9-5　1991~2020 年中国高等教育毛入学率的变化情况

资料来源：1991~2007 年数据来源于中国教育统计年鉴（2007 年），2008~2020 年数据来源于《全国教育事业发展统计公报》(2008~2020 年)。

其次，分析这两项政策对各级各类教育规模的影响。如图 9-6 所示，1990~2019 年，从每十万人口各级教育平均在校生数这一反映教育规模的指标来看，除了小学阶段外，我国各级教育规模的发展速度都是很快的，幼儿园和高等学校的发展势头尤为强劲。例如，1990~2018 年，每十万人口高等学校平均在校生数始终在增长，尤其是在 1999 年以后，增速明显加快。不过，由于计划生育政策实施等原因，我国人口规模增速放缓，人口出生率下降，导致一些教育阶段的规模增长出现拐点。比如，1998 年前后、2003 年前后、2012 年前后，我国小学、初中和高中阶段每十万人口的平均在校生数都分别出现了下滑。

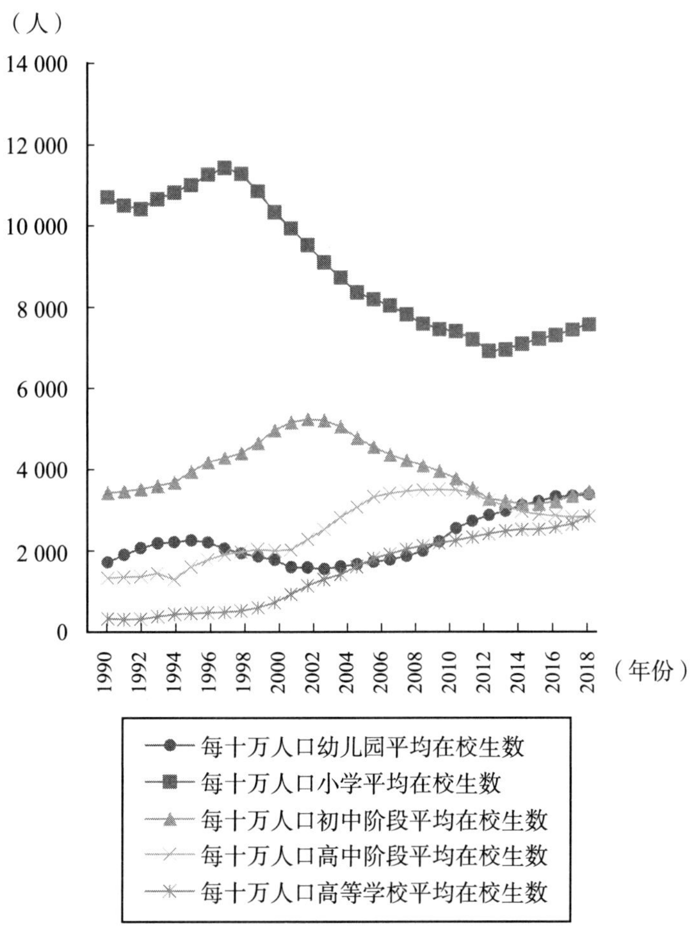

图 9－6　1990～2019 年每十万人口各级教育平均在校生数

资料来源：中国国家统计局官方网站，初中阶段包括普通初中和职业初中，高中阶段合计数据包括普通高中、成人高中、普通中专、职业高中、技工学校和成人中专，高等学校包括普通高等学校和成人高等学校。

综上所述，从总体上看，教育扩张政策使得我国公民总体的入学机会明显增多，教育规模也明显扩张。虽然教育扩张政策提高了社会总体的教育获得水平，但是，这一政策是否降低了教育不平等呢？教育扩张政策对教育平等化的作用在学术界存在争议。工业化假设认为，随着工业化程度提高，教育将会变得更加平等。最大化维持不平等假设（MMI）、有效维持不平等假设（EMI）、理性选择理论则认为教育不平等是难以避免的。国内研究者关于教育扩张对教育不平等的影响研究相对较少，主要集中于高校扩招对高等教育不平等的影响方面，相关研究对高校扩招后教育不平等的发展趋势的判断存在争议，但一般认为各社会阶层的教育存在分化，优势阶层有更多机会占据较高层次的教育资源。比如刘精明发现，高等教育扩招以来，虽然教育不平等在总体上呈现下降趋势，但社会阶层差异十分明显，优势阶层在本科阶段的教育机会优势不断扩大，而社会底层主要在职业教育阶段受益良多；李春玲发现，虽然从教育规模来看，高校扩招后的教育平等化程度明显提高，但从教育质量因素来看，优势社会阶层越来越容易获取优质教育资源，教育并未平等化，从而验证了 MMI 假设和 EMI 假设在中国的适切性；杨中超认为教育扩招没有显著改善教育不平等的状况。

（三）其他公共教育政策的影响

首先，一些研究分析了教育信贷对子代教育获得的影响。在平稳运行的资本市场中，贫困家庭可以通过借贷为教育投资进行融资来抵消由于家庭收入差距导致的教育不平等；反之，由于资本市场不完善导致的信贷约束会限制贫困家庭投资教育。改革开放以来，我国的资本市场一直处于不断完善的过程中，普通民众通过信贷解决子代教育问题的渠道并不十分畅通。

其次，一些研究分析了教育分流政策对子代教育获得的影响。在世界各国，教育分流政策都普遍存在。比如，教育体系普遍被分为普通教育和职业教育，学校被分为重点学校和普通学校、公立学校和私立学校等。国内也有研究表明，家庭社会地位越高，子代越容易进入重点学校读书。可见，教育分流成为家庭背景影响子代教育获得的中间机制。

综上所述，改革开放以来，我国公共教育经费投入不断增长，国家实施义务教育政策和高校扩招政策，我国公民总体的教育获得水平有了显著提高。然而，上述政策或许并未改善教育不平等，加之信贷约束和教育分流政策，教育不平等或有扩大之势。如果公共教育政策无法改善教育不平等，父代收入对子代教育获得的影响效应就会变大。在其他条件不变的情况下，教育不平等将会增强教育在代际流动中的中介效应，提高教育对代际流动性的贡献值，从而提高代际收入弹性，降低代际流动性水平。不少研究发现，教育扩张并不能改善教育不平等，代际流动性水平也并未因此增强，甚至有所下降。

（四）收入不平等对教育中介效应的影响分析

学术界很少审视教育的中介效应与收入不平等之间的作用机制。杰里姆（Jerrim）和麦克米兰（Macmillan）基于国际成人能力评估项目（PIAAC）数据，开展了教育对收入代际流动和收入不平等的影响的国际比较研究，并探讨了两者的作用机制。他们认为，收入不平等会对教育在代际流动的中介效应产生双重影响：一方面，收入不平等会影响父代收入对子代教育获得的作用；另一方面，收入不平等也会影响子代教育收益率。

首先，从收入不平等影响父代收入对子代教育获得的作用来看，贝克尔发现，在收入越不平等的国家，优势家庭越有可能为子代教育投入更多资源，其投资动机也更强烈。可见，收入不平等会加剧教育不平等。

其次，从收入不平等影响子代教育收益率来看，收入越不平等的国家，其教育收益率越高。比如，根据人力资本理论，大学毕业生的平均收入比高中毕业生的平均收入更高。但是，在收入分配较为平等的国家，大学毕业生和非大学毕业生的收入差距相对较小。原因在于，在收入分配较为平等的国家，个人税收政策较为合理，再分配和转移支付政策较为完善，高收入者和低收入者的收入得以有效调节，从而缩小了较高教育水平和较低教育水平的收益率差距。可见，收入不平等会提高教育收益率，国家采取调节收入分配的政策将会在一定程度上降低教育收益率。

综上所述，收入不平等一方面增强了父代收入对子代教育获得的影响，另一方面也提高了教育收益率，这会增强教育在代际流动中的中介效应，即提高教育对代际流动性的贡献值。假设教育对代际流动性的解释力保持不变，那么收入不平等就会提高代际收入弹性，降低代际流动性。

四、基本结论与建议

基于相关理论和文献分析，可以得出如下结论：

第一，“虎父无犬子”表明代际间的社会地位存在一定程度的传递现象，其传递路径主要有三个渠道，即经济资源投入、非经济资源投入和遗传。父代收入既有可能借助这三个渠道影响子代教育获得进而影响子代收入（此即教育在代际流动中的中介效应），也有可能不通过子代教育获得而影响子代收入。优势家庭通过对子代进行教育投资实现代际地位传递的做法，既契合中华传统文化，也符合法律规范要求。不过，优势家庭的子代在教育获得上的优势意味着教育不平等，优势家庭可通过更为隐蔽的方式铸就代际流动的壁垒，避免子代社会地位下滑。

第二，从微观教育投资的视角来看，教育在代际流动中的中介效应较大，因此，教育避免“虎父”出现“犬子”的作用较大。原因有二：其一，从父代收入对子代教育获得的影响来看，因为父代收入较高的优势家庭有更积极的教育投资动机和更强的教育投资能力，所以优势家庭的子代会比弱势家庭的子代更容易获取更多数量和更高质量的教育机会。因此，优势家庭通过教育获得占领“先机”，从而复制自身的优势社会地位；弱势家庭由于在“教育军备竞赛”中处于劣势，更难以通过教育实现向上流动。其二，改革开放以来的大部分时期，我国教育收益率都是比较高的，这反而会降低代际流动性。因为在较高教育收益率的“诱惑”下，家庭投资子代教育的动机较为强烈，此时家庭所拥有的资源多寡就显得更为重要。由于收入较低的弱势家庭拥有的资源较少，其教育获得的数量和质量都处于劣势，从而造成教育收益率较低，实现代际向上流动的机会也更少。

第三，公共教育政策和收入不平等可能会增强教育在代际流动中的中介效应，提高教育在代际流动中的贡献值，从而有利于“虎父”通过教育避免“犬子”的出现。公共教育经费投入、教育扩张等公共教育政策主要通过影响子代教育获得来影响教育在代际流动中的中介效应，然而，上述政策虽然增加了社会总体的教育获得水平，但并没有改善教育不平等，从而有可能进一步增强教育在代际流动中的中介效应。收入不平等在“父代收入对子代教育获得的影响”环节和“子代教育获得对其收入的影响”环节具有双重正向作用，从而也可能增强教育在代际流动中的中介效应。

第四，代际流动的中介因素并非只有教育，父代还可通过社会资本、财富积累等方式帮助子代获取较高收入。现有研究发现，教育对我国代际流动性的解释力低于社会资本和财富资本。在资源约束条件下，理性的“虎父”必然会选择地位传递效果最好的投资对象。如果权力寻租和财富积累更容易实现代际地位传递，那么社会大众就会为提高子代福利进行扭曲投资，造成对教育投资的“挤出效应”。

基于研究结论，提出如下政策建议：

第一，建立完善的婴幼儿教育和医疗保健体系，确保子代在早期成长阶段的发展均衡性。其一，建立完善的生育保险制度和生育期间的带薪休假制度，确保妇女能够安心地陪伴和养育子代，减轻隔代抚养可能对婴幼儿营养与健康方面的不利影响。其二，继续营造优生优育的良好氛围，通过社区为年轻父母开展婴幼儿养育培训。其三，加大学前教育和幼儿医疗领域的经费投入，增加公立幼儿园和普惠性民办幼儿园，在社区医院设立儿科门诊，努力促进不同收入家庭的婴幼儿在教育与医疗方面的机会均等化。

第二，重视家庭教养方式和成长环境的作用，鼓励父代积极参与子代养育。其一，父代需维持和谐的婚姻关系和良好的家庭环境，养成良好的学习、工作和生活习惯，为孩子树立积极向上的学习榜样，实现良好的文化遗传。其二，父代应改善家庭教养方式，主动配合学校教育活动。比如为孩子读书、检查孩子的作业、鼓励孩子参与课外活动、参加家长会、参与家校合作活动等。其三，社区要加强安全管理，倡导邻里关爱，举办社区活动等，为弱势家庭的子代提供良好的成长环境。

第三，对低收入地区和家庭加大教育财政投入，确保教育获得的均等性。其一，改变义务教育由地方政府投资为主的融资制度，努力实现省级政府统一投入、中央通过转移专项基金补助的方式，进一步优化教育资源配置，增加优质教育资源的有效供给，从而缩小城乡或区域间教育数量和质量的差距。其二，消除普通教育和职业教育的壁垒，尤其要打通高职和本科对接的“断头路”，为各类人群提供更为宽广的成才途径。其三，为低收入家庭的孩子减免学杂费、提供食宿补贴、提供免费或低收费课外辅导服务，减轻其学习的经济困难。其四，进一步完善资本市场，改革高校奖助学金和助学贷款政策，鼓励金融机构为低收入家庭的子代接受高等教育提供良好的信贷支持。其五，在实行教育扩张政策时，应均衡扩大不同家庭背景的子代的受教育机会，这样既可降低教育的继承效应，也可降低教育收益率，进而可能提高代际流动性水平。

第四，完善公共服务体系和社会保障制度，减轻低收入家庭对子代进行教育投资时的预算约束，弥补其社会资本和文化资本的不足。其一，通过税收杠杆调节收入分配差距，调节过高收入，取缔非法收入，加大对低收入者的转移支付力度，扩大中等收入群体，逐步形成橄榄形分配格局。其二，政府应充分提供住房、养老、医疗、教育、文化、体育等基本公共服务，优先确保低收入群体的基本社会福利。

第四节　高等教育促进代际流动的实证研究

教育是个体获取向上流动机会的重要途径。然而，随着高校学费上涨、大学生就业难等问题日益凸显，弱势群体越来越难以通过接受高等教育实现社会地位的向上流动。在此背景下，“读书无用论”甚嚣尘上。近年来，我国出现高考报名率下降、中学生辍学打工、考研热降温等现象，说明部分群体已选择主动摒弃向上流动的教育渠道。但是，读书真的无用吗？从布劳、邓肯的地位获得模型来看，教育是个体社会地位获得的关键因素，“现代化理论”也认为获得高等教育机会是个体实现代际向上流动的重要渠道。可见，从代际流动的视角来看，“读书无用论”并无道理。虽然现有研究分析了高等教育促进代际流动的作用，但是在此视角下针对“读书无用论”现象开展的实证研究却存在不足。因此，透过“读书无用论”现象，通过实证研究分析高等教育促进代际流动的作用仍具有较强的理论和现实意义。

就高等教育而言，“读书无用论者”只是认为某些层次的高校、某类质量的高校或某些类别的专业是无用的，且“读书无用论者”多集中于某些特殊群体。其一，从“读书无用论”指向的高等教育层次和质量来看，并非针对所有高校，而主要针对较低层次或较低质量的高校。从高等教育层次来看，学生及家长往往不愿意选择大专院校；从高等教育质量来看，无论是本科阶段还是研究生阶段，学生及家长往往更青睐名校，对一般院校则不太认可。换言之，在很多“读书无用论者”看来，在教育层次和质量偏低的高校读书才是“无用”的，在教育层次和教育质量较高的高校读书仍然是“有用”的。其二，从“读书无用论”指向的高等教育专业来看，一般认为就读理工类专业更为“有用”，就读人文类专业相对“无用”。其三，从“读书无用论者”的家庭背景和地域来源来看，主要集中于弱势群体或农村地区。优势群体或城镇居民通常并不认为读书“无用”；相反，他们往往十分重视子女教育。

基于“读书无用论”现象，结合研究可行性，提出如下研究问题：第一，高等教育层次对代际流动有何影响？第二，高等教育层次对不同家庭背景以及城镇或农村子代的代际流动的影响有何差异？第三，高等教育质量对代际流动有何影响？第四，高等教育质量对不同家庭背景以及城镇或农村子代的代际流动的影响有何差异？第五，高等教育专业类别对代际流动有何影响？第六，高等教育专业类别对不同家庭背景以及城镇或农村子代的代际流动的影响有何差异？

一、概念界定

研究高等教育促进代际流动的作用，主要涉及高等教育和代际流动两个核心概念。此处提及的高等教育，仅限于国民教育序列的学历教育，可从高等教育层次、质量和专业三个维度对其进行细分。代际流动是指一个家庭内部两代人或几代人之间发生的社会经济地位的变动，通常指子代的社会经济地位相对于父代的社会经济地位的变动情况。代际流动根据流动方向可以分为三类：向下流动、水平流动和向上流动。所谓代际向上流动就是指子代的社会经济地位相对于父代的社会经济地位有所提升，可以代际向上流动的可能性来反映代际流动的状况。衡量社会经济地位的指标是社会学家常用的“社会阶层”，其测量基于戈德索普（John H. Goldthorpe）等的EGP阶层分类法。

教育与代际流动的关系是社会学领域的经典问题，并受到教育学家和经济学家的广泛关注。该领域的经典研究始于布劳、邓肯的地位获得模型，他们认为教育是人们社会地位获得的最重要的影响因素。由于高等教育与劳动力市场的关联非常密切，因而关于高等教育促进代际流动问题的研究很多。“现代化理论”在阐释高等教育在代际流动中的作用时认为：家庭背景对接受过高等教育的群体的社会经济地位的影响将会弱化甚至消失，这类群体将通过高等教育占据优越的社会位置。虽然不少研究已经证实了“现代化理论”的合理性，但是一些研究则试图将高等教育进行细分，寻找更为精确的结论。这方面的研究主要涉及高等教育层次、高等教育质量和高等教育专业类别对代际流动的影响。

从高等教育层次的角度看，有研究发现：学士学位获得者比研究生学位获得者更容易实现代际流动，其代际效应相对较弱甚至消失；相比于学士学位持有者，家庭背景对研究生学位持有者的大学选择、学习领域、收入等方面影响更大。不过，有一些针对接受过研究生教育的群体的地位获得研究发现，相对于其他教育水平，家庭背景对研究生教育水平群体地位获得的影响更弱，甚至在某些硕士学位项目或MBA项目上消失。从高等教育专业类别的角度看，专业类别对代际效应具有调节作用。个体的学科专业选择具有阶层属性：理工类等技术类专业对劣势阶层的吸引力更大，而人文社科类专业更受优势阶层的青睐。究其原因，相比于人文社科类专业，理工类等技术类专业在劳动力市场上的就业更不容易受家庭背景的影响。但是，也有研究者认为家庭背景与专业选择是相互独立的，最多存在弱关联。从高等教育质量的角度研究就读不同质量的高校对代际流动的影响的研究相对更少，这可能是因为高等教育质量的度量比较困难，或者缺乏相关的统计数据。美国研究者发现：贫穷家庭出身的美国学生若想实现代际收入向上流动未必需要选择那些超级名校（准入率极低的学校），那些准入率较高、成功率尚可的普通学校其实是更好的选择。国内研究者发现：重点大学和高职高专的毕业生与一般大学相比，在从事管理技术类职业的机会方面没有显著差异。

“OED三角”是社会学家研究教育在代际流动中作用的基本分析框架，由美国社会学家布劳和邓肯所提出。OED三角涉及三个核心变量，即家庭背景（O）、子代教育获得（E）和子代社会地位获得（D）。家庭背景通过中介变量——子代教育获得间接影响子代社会地位获得的过程包括两个环节，即OE关联和ED关联。前者反映家庭背景对子代教育获得的影响，后者反映子代教育获得对其社会地位获得的影响。可见，为更好地发挥教育促进代际流动的作用，应当减弱OE关联，从而削弱OD关联。下面以高等教育为例，梳理OE关联与ED关联的相关研究。

（一）家庭背景对子代高等教育获得的影响（OE关联）

关于家庭背景与子代教育获得的关系存在两种对立的观点：工业化假设和再生产假设。前者认为：随着工业化程度提高，教育机会越来越取决于勤奋努力、聪明才智等后致性因素，而不是家庭背景、性别、种族等先赋因素，教育机会将会变得更加平等；后者认为：优势阶层会通过学校制度安排、向子女提供各种资源等方式帮助子女获取教育机会；而来自较低社会阶层的子女，则往往在教育竞争中被淘汰。尽管上述观点都获得了经验研究的支持，但越来越多的学者认为，个体的教育机会不可避免地受制于家庭背景的影响，家庭背景差异是导致学生教育机会不均等的重要因素。高等教育机会不平等在20世纪开始就受到研究者的普遍关注。康格和唐纳伦（Conger and Donnellan，2007）认为，良好的家庭社会经济地位能够为子女提供较多的发展资本，从而有利于子女高等教育机会的获得。王龙（2013）认为，教育场域中的正统文化一般是精英文化，所以弱势家庭的子代更难获得高等教育、特别是本科及以上教育。为改善高等教育机会不平等，世界各国普遍实行了高等教育扩张政策，但高等教育扩张是否会改善高等教育机会不平等尚未达成共识。一些研究表明高等教育机会不平等在教育扩张期间会降低。然而，最大化维持不平等假设（MMI）、有效维持不平等假设（EMI）、理性选择理论则认为在教育扩张背景下，高等教育机会不平等是难以避免的。一些研究发现家庭背景所导致的高等教育机会不平等有日益扩大的趋势。比如：李春玲（2014）发现：大学阶段的城乡教育机会不平等均有所扩大。史密斯等（Smith，2016）基于中国台湾和捷克斯洛伐克1956～1985年出生的6个出生世代的调查数据，发现家庭背景所导致的高等教育不平等日益扩大。一些研究发现：虽然从教育规模来看，高校扩招后教育机会均等化程度明显提高，但从教育质量因素来看，优势社会阶层越来越容易获取优质教育资源，教育机会并未均等化，从而检验了MMI假设和EMI假设在中国的适切性。

（二）子代高等教育获得对其社会地位获得的影响（ED关联）

现代化理论认为：教育等后致性因素将越来越成为子代社会地位获得的决定性因素，而家庭背景对接受高等教育的子代社会地位获得的影响将会弱化甚至消失。不过，也有不少研究发现：家庭背景对接受高等教育的子代社会地位获得的影响仍然存在。王处辉和朱焱龙（2015）认为，虽然高等教育是影响代际流动的关键因素，但它具有隐秘性的“继承性”特点，处于社会转型期的中国，父代地位仍会对个体的社会流动产生影响；丁岚和祁杨杨（2018）认为，虽然教育是提高代际收入流动性的主要途径，但家庭资源的劣势仍是阻碍高学历人群代际流动性提高的主要因素。一些研究分析了高等教育不同层次对子代社会地位获得的影响以及家庭背景的作用。杨中超和岳昌君（2016）发现：高等教育层次越高，从事管理技术类职业的机会越大；家庭背景对接受专科、本科和研究生教育的子代从事管理技术类职业的影响没有显著差异。有研究发现，高等教育层次越高，家庭背景对子代社会地位获得的影响越弱甚至消失；但也有研究认为，家庭背景对学历较低者的影响很强，在学士学位获得者中变弱或消失，但在研究生学位获得者中再次增强，即家庭背景的影响呈现“U”形特征。

综上所述，虽然高等教育促进代际流动的研究十分常见，但从高等教育的层次、专业类别和质量的角度细致分析这一问题的研究则相对较少。因此，可对高等教育进行层次、质量和专业的细分，以是否实现代际向上流动为例，观察高等教育对不同家庭背景和城乡子代代际流动作用的差异性，从而更加深入、细致地分析高等教育促进代际流动的作用。

二、数据与变量

（一）数据

分析数据来源于中国人民大学中国调查与数据中心负责的中国综合社会调查（CGSS）。2005～2008 年数据库包含受访者 14 岁时父母的职业[①]、14 岁时父母的单位性质、父母党员身份、父母受教育程度以及受访者的初职、户籍出身、受教育程度、性别、党员身份、居住地、出生年份等方面的信息，为研究提供了良好的数据支持。在分析子代高等教育层次对代际向上流动的影响时，为扩大样本容量，将 2005 年、2006 年和 2008 年调查数据合并形成了混合截面数据。在分析子代高等教育质量或专业类别对代际向上流动的影响时只使用 CGSS 2008 年的调查数据。这一年的调查数据还提供了受访者接受高等教育的专业和质量方面的信息。由于当前“读书无用论”是在高校扩招政策实施之后逐渐兴起的，主要影响的是 20 世纪 80 年代以后出生的人群，所以筛选了受访者出生时间为 1980 年及之后的样本。

（二）变量

1. 因变量

我们以代际向上流动的可能性来衡量代际流动状况，各模型的因变量为“是否代际向上流动”，根据子代社会阶层相对于父代社会阶层的变化情况对该变量进行赋值，编码为虚拟变量（1 = 是，0 = 否）。需要说明的是：子代社会阶层是依据受访者的初职转换而来，因为有研究发现：与当前职业相比，教育和家庭背

① 2006 年调查数据中采用的是受访者 18 岁时的父母职业信息，2005 年和 2008 年的数据采用了受访者 14 岁时的父母职业信息，故三年合并的数据可能存在偏误。但是，考虑到这些数据都是通过采访子代获取的，14 岁时和 18 岁时的父母职业信息可能并无太大区别。

景对初职的影响更强。

2. 关于家庭背景的自变量

关于家庭背景的自变量主要包括：父代单位性质、父代党员身份、父代受教育年限和户籍出身。父代单位性质、父代党员身份和父代受教育年限均采用父母双方中处于优势地位的一方的信息。父代单位性质定义为虚拟变量（0 = 体制外，1 = 体制内）。父代党员身份定义为虚拟变量（0 = 非中共党员，1 = 中共党员）。根据现行学制将父代就读的最高教育层次转换成受教育年限，定义为连续变量。户籍出身定义为农业户口和非农业户口两类，设为虚拟变量（0 = 农业户口，1 = 非农业户口）。

3. 关于子代的自变量

分析子代高等教育层次对代际向上流动的影响时，由于需要与未接受高等教育的子代进行对比，故分析样本中既包括接受过高等教育的子代，也包括未接受高等教育的子代。“子代高等教育层次”变量编码为分类变量（1 = 未上大学，2 = 上大专，3 = 上本科及以上）。

分析子代高等教育质量或专业类别对代际向上流动的影响时，分析样本中仅包括接受过高等教育的子代。“子代高等教育质量”由子代就读的最高教育程度的院校类别来定义，设为虚拟变量（0 = 非央属高校，1 = 央属高校）。虽然中央所属高校的教育质量未必一定优于非中央所属高校，但学校的行政隶属关系还是反映了办学经费、办学水平、受政策扶持力度等有利于提升教育质量的因素，因而能够在一定程度上代表个体接受高等教育的质量。由于“读书无用论者”所认为的“有用”专业多集中于理工农医类，“无用”专业多集中于人文社科类，故将“子代高等教育专业类别”大致划分为两个大类，设为虚拟变量（0 = 人文社科类，1 = 理工农医类）。研究子代高等教育质量或专业类别对代际向上流动的影响时，还需控制子代就读的高校层次，故加入“是否为本科及以上大学”这一虚拟变量（0 = 否，1 = 是）。

此外，在上述模型中，还将子代其他一些特征作为控制变量纳入模型，主要包括：子代性别（虚拟变量：0 = 女，1 = 男）、子代党员身份（虚拟变量：0 = 非中共党员，1 = 中共党员）、子代居住地（虚拟变量：0 = 农村，1 = 城镇）。

三、描述统计

首先，描述在家庭背景、子代高等教育层次等因素影响下，“是否代际向上流动”的分布情况及卡方检验结果。如表 9 - 2 所示，家庭背景 4 个因素都与“是否代际向上流动”显著相关。总体而言，家庭背景处于劣势的子代可能有更多代际向上流动的机会。具体来看：父代为体制外单位或父代为非中共党员或户籍出身为农业户口的，子代实现代际向上流动的比例更高；不过，代际向上流动的比例并未随着父代受教育程度的提升而相应表现出规律性的变化。"子代居住地"与"是否代际向上流动"显著相关，城镇代际向上流动的比例显著高于农村。虽然接受本科及以上层次高等教育的子代比接受大专层次高等教育的子代有更高代际向上流动的比例，但从卡方检验结果来看，不同高等教育层次的子代在代际向上流动机会方面并没有显著差异。

表9－2　家庭背景、子代高等教育层次等因素影响下，"是否代际向上流动"的分布情况与卡方检验（N＝868）

变量		是否代际向上流动（行百分比）		Pearson 卡方检验
		否（%）	是（%）	
父代单位性质	体制外	57.7	42.3	11.129（P＜0.001）
	体制内	68.7	31.3	
父代党员身份	非中共党员	60.3	39.7	19.138（P＜0.001）
	中共党员	78.4	21.6	
父代受教育程度	文盲、半文盲	64.7	35.3	33.28（P＜0.001）
	小学	58.2	41.8	
	初中	55.4	44.6	
	高中或中职	67.4	32.6	
	大专及以上	87.4	12.6	
户籍出身	农业户口	56.6	43.4	8.117（P＜0.01）
	非农业户口	66.8	33.2	
子代高等教育层次	未上大学	63.3	36.7	1.679（P＞0.1）
	上大专	67.9	32.1	
	上本科及以上	61.3	38.7	
子代居住地	农村	69.9	30.1	3.003（P＜0.1）
	城镇	62.5	37.5	

其次，描述在家庭背景、子代高等教育质量和专业类别等因素影响下，"是否代际向上流动"的分布情况及卡方检验结果。对接受高等教育的子代而言，家庭背景4个因素中只有"父代受教育程度"与"是否代际向上流动"是显著相关的，但代际向上流动的比例并未随着父代受教育程度的提升而表现出规律性的变化。"子代高等教育专业类别"与"是否代际向上流动"显著相关，就读理工

农医类专业比就读人文社科类专业的代际向上流动的比例更高。就读不同质量高校的子代或城乡子代在代际向上流动的比例上没有显著差异（见表9－3）。

表9－3　家庭背景、子代高等教育质量和专业类别等因素影响下，“是否代际向上流动”的分布情况与卡方检验（N＝168）

变量		是否代际向上流动（行百分比）		Pearson 卡方检验
		否（%）	是（%）	
父代单位性质	体制外	64.3	35.7	1.956（P＞0.1）
	体制内	75.4	24.6	
父代党员身份	非中共党员	70.2	29.8	1.223（P＞0.1）
	中共党员	78.7	21.3	
父代受教育程度	文盲、半文盲	0	0	17.273（P＜0.001）
	小学	46.2	53.8	
	初中	57.1	42.9	
	高中或中职	80.3	19.7	
	大专及以上	90.0	10.0	
户籍出身	农业户口	57.9	42.1	2.336（P＞0.1）
	非农业户口	74.5	25.5	
子代高等教育质量	非央属高校	70.5	29.5	1.205（P＞0.1）
	央属高校	79.5	20.5	
子代高等教育专业类别	人文社科类	79.1	20.9	4.211（P＜0.05）
	理工农医类	64.9	35.1	
子代居住地	农村	83.3	16.7	0.359（P＞0.1）
	城镇	72.2	27.8	

由于需要针对接受过高等教育的人群计算相关指数，所以从分析数据库中提取接受大专和本科教育的个案共计1 145个，其中，接受大专教育的个案有713个，接受本科教育的个案有432个。

接着来看农业劳动者阶层和管理与专业人员阶层子代高等教育机会的分布情况。根据分析数据库，“父代社会阶层”与“子代高等教育机会”的卡方检验值为560.059，显著性水平为0.000，两者显著相关。具体而言，父代为管理与专业人员阶层的，子女上大专和上本科的比例分别为22.0%和15.7%；父代为农业劳动者阶层的，子女上大专和上本科的比例分别为3.3%和1.9%。管理与专业人员阶层的子女接受大专教育的比例是农业劳动者阶层子女的6.7倍，接受本科教育的比例是农业劳动者阶层子女的8.3倍。可见，无论是大专层次还是本科层次，农业劳动者阶层的子女接受高等教育的比例明显比管理与专业人员阶层的子女少很多，而且，农业劳动者阶层的子女接受高等教育的劣势在本科层次更为突出。

最后来看接受不同高等教育的子代成为管理与专业人员的机会分布情况。根据分析数据库，未上大学、上大专和上本科的子代成为管理与专业人员的比例分别为：7.7%、41.9%和64.1%；“子代高等教育机会”与“子代是否成为管理与专业人员”的卡方检验值为1 319.319，显著性水平为0.000。可见，子代接受高等教育的层次越高，就越有可能步入管理与专业人员阶层的行列。究其原因，专业技术人员和公务员对学历往往有硬性要求，企业管理岗位也往往要求相关人员具有较高的学历。尤其是改革开放后，接受大专、本科甚至研究生教育几乎成为进入管理与专业人员岗位的必要条件。

四、模型与研究结果

（一）计量模型

通过上述描述统计只能够观察单一变量对代际向上流动的影响，如果要同时分析各因素对代际向上流动的影响，则需要构建计量模型。主要建立两类二项Logistic回归模型，即子代高等教育层次对代际向上流动的影响模型、子代高等教育质量或专业类别对代际向上流动的影响模型。两模型的基本形式相同，如下所示：

$$\log[P_i/(1-P_i)] = \beta_0 + \beta_1 X_1 + \beta_2 X_2 + \cdots + \beta_n X_n + \mu \tag{9.5}$$

其中，P_i为代际向上流动的发生概率，X_1，X_2，…，X_n是家庭背景相关变量、子代高等教育相关变量（子代高等教育层次及子代高等教育质量、子代高等教育专业类别）及子代性别、子代党员身份、子代居住地等自变量，β_1，β_2，…，β_n为上述自变量相应的回归系数，μ为残差项。

（二）研究结果

1. 子代高等教育层次对代际向上流动的影响

子代高等教育层次对代际向上流动影响模型的回归结果如表9-4所示。除构建包含各主要解释变量的主效应模型之外，还构建了包含“子代高等教育层次”和家庭背景各变量，“子代高等教育层次”和“子代居住地”的交互项的模型，以检验在不同家庭背景和城乡分割条件下，子代高等教育层次对代际向上流动的作用是否有显著差异。

如表9-4所示，通过分析主效应模型的回归结果，可以发现：给定其他变量，相比于没有上大学的子代，上大专的子代和上本科及以上的子代向上流动的概率分别是其1.1倍或1.6倍。但是，上大专的子代与未上大学的子代在代际向上流动的机会方面并无显著差异。

如表9-4所示，通过分析交互效应的回归结果，可以发现：首先，子代高等教育层次和父代受教育年限的两个交互项的回归系数均显著为负，表明教育代际效应会减弱代际向上流动。不过，子代高等教育层次和大部分家庭背景变量的交互项的回归系数都不显著，说明高等教育层次对不同家庭背景的子代实现代际向上流动的影响基本没有显著差异。其次，子代居住地与子代高等教育层次的交互项是显著的，说明各高等教育层次的城乡子代在代际向上流动的概率上均具有显著差异。无论是上大专或上本科及以上，农村子代实现代际向上流动的概率都显著比城镇子代要高，但这一比较优势在大专阶段更为突出。总体来说，接受高等教育对农村子代实现代际向上流动的意义更为重大。

表9-4　子代高等教育层次对代际向上流动影响模型的回归结果

自变量	主效应		交互效应	
	回归系数	优势比	回归系数	优势比
父代单位性质：体制内	-0.258 (0.183)	0.773	-0.287 (0.193)	0.751
父代党员身份：中共党员	-0.660*** (0.225)	0.517	-0.657*** (0.253)	0.518
父代受教育年限	-0.0651*** (0.024)	0.937	-0.0880*** (0.0276)	0.916
户籍出身：非农业户口	-0.524*** (0.199)	0.592	-0.488** (0.219)	0.614
子代高等教育层次：上大专	0.0935 (0.212)	1.098	0.0823 (0.269)	1.086
子代高等教育层次：上本科及以上	0.483** (0.21)	1.621	1.513*** (0.375)	4.542
子代性别：男	-0.561*** (0.15)	0.571	-0.579*** (0.155)	0.560

续表

自变量	主效应		交互效应	
	回归系数	优势比	回归系数	优势比
子代党员身份：中共党员	-0.3 (0.379)	0.741	-0.457 (0.414)	0.633
子代居住地：城镇	1.087*** (0.26)	2.967	0.247 (0.361)	1.281
子代高等教育层次：上大专×父代单位性质：体制内			1.067** (0.523)	2.905
子代高等教育层次：上大专×父代党员身份：中共党员			0.723 (0.54)	2.061
子代高等教育层次：上大专×父代受教育年限			-0.187** (0.084)	0.830
子代高等教育层次：上大专×户籍出身：非农业户口			0.834 (0.686)	2.303
子代高等教育层次：上本科及以上×父代单位性质：体制内			-0.683 (0.528)	0.505
子代高等教育层次：上本科及以上×父代党员身份：中共党员			0.196 (0.588)	1.217
子代高等教育层次：上本科及以上×父代受教育年限			-0.217*** (0.084)	0.805
子代高等教育层次：上本科及以上×户籍出身：非农户口			-0.164 (0.64)	0.849
子代居住地：城镇×子代高等教育层次：上大专			-1.576* (0.952)	0.207
子代居住地：城镇×子代高等教育层次：上本科及以上			-3.327** (1.529)	0.0359
常数项	-0.0761 (0.231)	0.927	0.850** (0.389)	2.339
伪R方	0.0615		0.0902	
样本量	868		868	

注：(1) 括号内为稳健标准误；(2) * 表示在0.1水平上显著，** 表示在0.05水平上显著，*** 表示在0.01水平上显著；(3) 交互项已做了中心化处理。

综上所述，在其他条件不变的情况下，相比于没有接受高等教育的子代，接受本科及以上教育的子代更容易实现代际向上流动，但接受大专教育的子代与未接受高等教育的子代在代际向上流动机会上没有显著差异。高等教育层次对不同家庭背景的子代实现代际向上流动的作用基本不具有显著差异。接受高等教育对农村子代实现代际向上流动的作用都比对城镇子代要大，且这一比较优势在大专阶段更为明显。

2. 子代高等教育质量或专业类别对代际向上流动的影响

子代高等教育质量或专业类别对代际向上流动影响模型的回归结果如表 9 – 5 所示。除构建包含各主要解释变量的主效应模型之外，还构建了包含“子代高等教育质量”和父代受教育年限、“子代高等教育专业类别”和家庭背景各因素、“子代高等教育专业类别”和“子代居住地”的交互项，以检验在不同家庭背景和城乡分割条件下，子代高等教育质量或专业类别对代际向上流动的作用是否有显著差异，结果在表 9 – 5 中展示。

表 9 – 5　子代高等教育质量或专业类别对代际向上流动影响模型的回归结果

自变量	主效应		交互效应 1		交互效应 2		交互效应 3	
	回归系数	优势比	回归系数	优势比	回归系数	优势比	回归系数	优势比
父代单位性质：体制内	-0.272 (0.458)	0.762	-0.24 (0.461)	0.787	-0.387 (0.471)	0.679	-0.325 (0.461)	0.722
父代党员身份：中共党员	0.101 (0.479)	1.106	0.0981 (0.5)	1.103	0.0335 (0.493)	1.034	0.0975 (0.487)	1.102
父代受教育年限	-0.269*** (0.083)	0.764	-0.271*** (0.083)	0.763	-0.267*** (0.084)	0.766	-0.282*** (0.087)	0.754
户籍出身：非农户口	-0.458 (0.58)	0.632	-0.495 (0.603)	0.61	-0.529 (0.587)	0.589	-0.469 (0.57)	0.625
是否本科及以上大学	0.768** (0.386)	2.156	0.772* (0.397)	2.165	0.839** (0.39)	2.314	0.781** (0.395)	2.183
子代高等教育专业：理工农医类	0.755* (0.394)	2.129	0.726* (0.424)	2.067	0.706* (0.396)	2.026	0.284 (0.393)	1.328
子代高等教育质量：央属高校	-0.276 (0.462)	0.759	-0.299 (0.471)	0.741	-0.367 (0.469)	0.693	-0.247 (0.478)	0.781
子代性别：男	-0.684* (0.384)	0.50	-0.664* (0.387)	0.515	-0.782** (0.398)	0.458	-0.727* (0.396)	0.483

续表

自变量	主效应		交互效应 1		交互效应 2		交互效应 3	
	回归系数	优势比	回归系数	优势比	回归系数	优势比	回归系数	优势比
子代党员身份：中共党员	-1.168 (0.83)	0.311	-1.152 (0.864)	0.316	-1.301 (0.81)	0.272	-1.136 (0.848)	0.321
子代居住地：城镇	0.374 (1.759)	1.454	0.383 (1.847)	1.466	0.439 (1.789)	1.551	6.417*** (0.983)	612.3
子代高等教育专业：理工农医类×父代单位性质：体制内			0.808 (0.909)	2.244				
子代高等教育专业：理工农医类×父代党员身份：中共党员			0.0091 (1.006)	1.009				
子代高等教育专业：理工农医类×父代受教育年限			-0.0562 (0.168)	0.945				
子代高等教育专业：理工农医类×户籍出身：非农业户口			-0.858 (1.189)	0.424				
父代受教育年限×子代高等教育质量：央属高校					-1.818* (1.084)	0.162		
子代居住地：城镇×子代高等教育专业：理工农医类							16.56*** (1.644)	1.549×10^{7}

续表

自变量	主效应		交互效应 1		交互效应 2		交互效应 3	
	回归系数	优势比	回归系数	优势比	回归系数	优势比	回归系数	优势比
常数项	1.875 (1.906)	6.521	1.898 (1.98)	6.675	2.004 (1.909)	7.418	-3.767*** (1.251)	0.0231
伪 R 方	0.1537		0.1593		0.1639		0.1697	
样本量	168		168		168		168	

注：(1) 括号内为稳健标准误；(2) * 表示在 0.1 水平上显著，** 表示在 0.05 水平上显著，*** 表示在 0.01 水平上显著；(3) 交互项已做了中心化处理。

通过分析主效应模型的回归结果，可以发现：给定其他变量，就读理工农医类专业比就读人文社科类专业实现代际向上流动的概率显著高出 1.1 倍。给定其他变量，就读非央属高校的子代更容易实现代际向上流动，但是这种差异并不显著。

如表 9-5 所示，通过分析三个交互效应的回归结果，可以得出如下结论：第一，高等教育质量对不同家庭背景的子代实现代际向上流动的影响基本没有显著差异，但是，父代受教育年限对子代高等教育质量的影响会削弱其代际向上流动的机会。上述结论验证了“现代化理论”认为家庭背景对接受过高等教育的子代社会地位获得的影响趋于弱化或消失的观点。第二，高等教育质量对城乡子代实现代际向上流动的影响并没有显著差异。第三，高等教育专业类别对不同家庭背景的子代实现代际向上流动的影响没有显著差异。第四，相比于就读人文社科类的城镇子代和就读所有专业的农村子代，就读理工农医类的城镇子代实现代际向上流动的概率显著要高。

综上所述，在其他条件不变的情况下，就读央属高校或就读非央属高校在代际向上流动机会上并无显著差异，而且高等教育质量对不同家庭背景或城乡子代实现代际向上流动的影响也没有显著差异。学习理工农医类专业的子代更容易实现代际向上流动，且就读理工农医类专业的城镇子代更容易实现代际向上流动，但高等教育专业类别对不同家庭背景的子代实现代际向上流动的影响没有显著差异。

3. 两个社会阶层的子代接受高等教育状况的比较分析

表 9-6 呈现了父代社会阶层对子代是否接受高等教育的影响的二项 Logistic 模型（模型 1）以及父代社会阶层对子代高等教育机会的影响的多分变量 Logistic 模型（模型 2）的回归结果。需要说明的是：采用多分变量 Logistic 模型需要满足相关选项是否服从“无关方案的独立性”（即 IIA）假定，即选择任意两个选

项的概率之比与其他选项的属性无关。换言之，多分变量 Logistic 模型满足 IIA 假定的条件是：去掉任何一个“子代高等教育机会”的选项都不会改变参数的一致性，不会对估计结果造成实质性的影响。于是对模型进行了 Hausman 检验，检验后得以通过，说明适合采用多分变量 Logistic 模型进行拟合。

表 9-6　父代社会阶层对子代是否接受高等教育或子代高等教育机会的影响

变量	模型 1		模型 2			
			上大专		上本科	
	回归系数	优势比	回归系数	平均边际效应	回归系数	平均边际效应
父代社会阶层（参照水平：管理与专业人员）						
常规非体力劳动者	-0.344** (0.136)	0.709**	-0.234 (0.156)	-0.016	-0.540*** (0.209)	-0.031
小业主	-0.269* (0.138)	0.764*	-0.175 (0.163)	-0.012	-0.427** (0.204)	-0.026
技术工人	-0.405*** (0.110)	0.667	-0.330** (0.130)	-0.026	-0.523*** (0.167)	-0.029
非技术工人	-0.406*** (0.123)	0.666***	-0.299** (0.143)	-0.022	-0.596*** (0.191)	-0.034
农业劳动者	-0.537*** (0.178)	0.584***	-0.506* (0.275)	-0.025	-0.551** (0.221)	-0.046
父代单位性质：体制内	0.318** (0.135)	1.375**	0.311* (0.166)	0.026	0.317 (0.199)	0.015
父代党员身份：中共党员	0.323*** (0.087)	1.381***	0.398*** (0.100)	0.037	0.180 (0.127)	0.005
父代受教育年限	0.147*** (0.013)	1.158***	0.125*** (0.014)	0.009	0.191*** (0.019)	0.010
户籍出身：非农业户口	0.859*** (0.127)	2.361***	0.848*** (0.159)	0.070	0.872*** (0.203)	0.0401
出生世代：1960~1969 年	-1.105*** (0.107)	0.331***	-0.845*** (0.127)	-0.059	-1.544*** (0.155)	-0.083

续表

变量	模型 1		模型 2			
			上大专		上本科	
	回归系数	优势比	回归系数	平均边际效应	回归系数	平均边际效应
出生世代：1970～1979 年	-0.530*** (0.098)	0.589***	-0.374*** (0.118)	-0.025	-0.742*** (0.133)	-0.041
常数项	-2.653*** (0.213)	0.071***	-3.107*** (0.252)		-3.779*** (0.319)	
伪 R 方	0.190		0.156			
样本量	5 694		5 694			

注：(1) 模型 1 的因变量是：子代是否接受高等教育，基准结果是：否；模型 2 的因变量是：子代高等教育机会，基准结果是：未上大学。(2) 括号内为稳健标准误；(3) * 表示在 0.1 水平上显著，** 表示在 0.05 水平上显著，*** 表示在 0.01 水平上显著。

观察模型 1 和模型 2 的回归结果，可以发现：父代社会阶层各类别基本通过了显著性检验。农业劳动者的子女比管理与专业人员阶层的子女接受高等教育的机会明显更少，约为 0.584 倍。从父代社会阶层各水平对子代高等教育机会（上大专或上本科）的边际效应的比较来看：相比父代为管理与专业人员阶层，父代为农业劳动者阶层对子代接受大专教育的边际效应为 -0.03，而父代为农业劳动者阶层对子代接受本科教育的边际效应为 -0.05。可见，无论是上大专还是上本科，管理与专业人员的子女都比子女农业劳动者的子女有更多的机会，而且这种优势在本科层次更为突出。

由于模型 1 的因变量为虚拟变量——子代是否接受高等教育，模型 2 的因变量为分类变量——子代高等教育机会，所以两个模型相当于互相做了稳健性检验。对比两模型中家庭背景各解释变量的符号和显著性水平后发现是基本一致的。可见，两个模型的分析结果是比较稳健和可靠的。

综上所述，改革开放以来，虽然人们接受高等教育的机会普遍增多，但不同社会阶层出身的子代接受高等教育的状况则存在显著差异。比如：农业劳动者阶层的子女比管理与专业人员阶层的子女明显拥有更少接受高等教育的机会，而且这种劣势在本科层次更为显著。上述结论与刘精明（2006）、李春玲（2010）的分析结果相似。

4. 两个社会阶层的子代通过高等教育成为管理与专业人员的机会的比较分析

表 9-7 呈现了子代是否接受高等教育对其成为管理与专业人员的影响的二

项 Logistic 模型（模型 3）以及子代高等教育机会对其成为管理与专业人员的影响的二项 Logistic 模型（模型 4）的回归结果。

表 9－7　　子代是否接受高等教育、子代高等教育机会对其成为管理与专业人员的影响

变量	模型 3		模型 4	
	回归系数	优势比	回归系数	优势比
父代社会阶层（参照水平：管理与专业人员）				
常规非体力劳动者	－0.723*** (0.180)	0.485	－0.686*** (0.175)	0.503
小业主	－0.432** (0.177)	0.649	－0.426** (0.174)	0.653
技术工人	－0.562*** (0.136)	0.570	－0.584*** (0.135)	0.558
非技术工人	－0.676*** (0.151)	0.508	－0.671*** (0.149)	0.511
农业劳动者	－1.144*** (0.204)	0.319	－1.170*** (0.207)	0.310
父代单位性质：体制内	0.031 (0.155)	1.031	0.019 (0.157)	1.019
父代党员身份：中共党员	0.125 (0.102)	1.133	0.152 (0.102)	1.164
父代受教育年限	0.018 (0.013)	1.018	0.014 (0.013)	1.014
户籍出身：非农业户口	－0.065 (0.141)	0.937	－0.061 (0.142)	0.941
子代是否接受高等教育：是	2.360*** (0.095)	10.590		
子代高等教育机会：上大专			2.051*** (0.109)	7.779
子代高等教育机会：上本科			3.020*** (0.163)	20.500

续表

变量	模型3		模型4	
	回归系数	优势比	回归系数	优势比
出生世代：1960~1969年	-0.169 (0.125)	0.844	-0.089 (0.130)	0.915
出生世代：1970~1979年	-0.099 (0.117)	0.906	-0.040 (0.121)	0.961
“子代是否接受高等教育”与“父代社会阶层”的交互项×常规非体力劳动者	0.019 (0.049)	1.019		
是×小业主	0.020 (0.044)	1.020		
是×技术工人	-0.048 (0.036)	0.953		
是×非技术工人	0.048 (0.039)	1.049		
是×农业劳动者	0.229*** (0.031)	1.258		
“子代高等教育机会”与“父代社会阶层”的交互项上大专×常规非体力劳动者			-0.014 (0.054)	0.987
上大专×小业主			0.023 (0.052)	1.023
上大专×技术工人			-0.015 (0.042)	0.985
上大专×非技术工人			0.045 (0.044)	1.046
上大专×农业劳动者			0.249*** (0.038)	1.282
上本科×常规非体力劳动者			0.661 (0.499)	1.936
上本科×小业主			0.097 (0.461)	1.101

续表

变量	模型 3		模型 4	
	回归系数	优势比	回归系数	优势比
上本科 × 技术工人			-0.328 (0.378)	0.721
上本科 × 非技术工人			0.331 (0.439)	1.393
上本科 × 农业劳动者			0.154 (0.486)	1.166
常数项	-1.816*** (0.001)	0.163	-1.843*** (0.227)	0.158
伪 R 方	0.232		0.244	
样本量	5 694		5 694	

注：(1) 模型 3 和模型 4 的因变量均为“子代是否成为管理与专业人员”，基准结果是：否；(2) 括号内为稳健标准误；(3) * 表示在 0.1 水平上显著，** 表示在 0.05 水平上显著，*** 表示在 0.01 水平上显著；(4) 交互项已做了中心化处理。

分析模型 3 可以发现：给定其他变量，接受高等教育的子代比未接受高等教育的子代更有可能成为管理与专业人员，其概率约为 10.6 倍。从“父代社会阶层”与“子代是否接受高等教育”的交互项来看：农业劳动者阶层接受高等教育的子女相比于管理与专业人员阶层接受高等教育的子女更有可能成为管理与专业人员，但优势并不明显，其概率约为 1.26 倍。

分析模型 4 可以发现：其一，给定其他变量，子代接受高等教育的层次越高，其越容易成为管理与专业人员。接受大专教育的子代成为管理与专业人员的概率约是未接受高等教育的子代的 7.8 倍，接受本科教育的子代成为管理与专业人员的概率约是未接受高等教育的子代的 20.5 倍。其二，从“父代社会阶层”与“子代高等教育机会”的交互项来看：无论是大专层次还是本科层次，农业劳动者阶层接受高等教育的子女都比管理与专业人员阶层接受高等教育的子女更有可能成为管理与专业人员。但是，这种优势在大专层次略为显著。在大专层次，农业劳动者阶层子女成为管理与专业人员的概率是管理与专业人员阶层接受高等教育的子女的 1.28 倍；而在本科层次，则是 1.17 倍。

由于模型 3 的核心自变量——“子代是否接受高等教育”为虚拟变量，模型 4 的核心自变量——“子代高等教育机会”为分类变量，所以两个模型相当于互相做了稳健性检验。对比两个模型主要解释变量的符号和显著性水平后发现是基本一致的。可见，两个模型的分析结果是比较可靠的。

综上所述，改革开放以来，农业劳动者阶层接受高等教育的子女比管理与专业人员阶层接受高等教育的子女更容易成为管理与专业人员，但这种优势并不明显。虽然在大专和本科层次，农业劳动者阶层的子女都比管理与专业人员阶层的子女更容易成为管理与专业人员，但这种优势在大专层次略为显著。上述结论与托尔切（Torche，2011）的分析结果相似。结合农业劳动者阶层的子代和管理与专业人员阶层的子代接受高等教育状况的比较分析结果：农业劳动者阶层的子女比管理与专业人员阶层的子女明显更难获得高等教育机会，而且这种劣势在本科层次更为显著，最终可以得出结论：改革开放以来，我国高等教育的逆袭指数低于继承指数，且这种劣势在本科层次比大专层次更为突出。

五、研究结论

基于中国综合社会调查（CGSS）2005～2008 年数据库，通过构建二项 Logistic 模型，从高等教育层次、质量和专业类别三个维度，区分家庭背景和城乡区域来分析高等教育促进代际流动的作用。主要结论如下：

第一，从高等教育层次来看，相对于没有接受高等教育的子代来说，接受大专教育的子代并没有表现出显著更多的代际向上流动的机会，而接受本科及以上教育者则有更高代际向上流动的概率。高等教育层次对不同家庭背景的子代实现代际向上流动的作用基本不具有显著差异。接受高等教育对农村子代实现代际向上流动的影响比对城镇子代的影响更大，但这一比较优势在大专阶段比在本科及以上阶段更为突出。

第二，从高等教育质量来看，就读央属高校或非央属高校在代际向上流动机会方面没有显著差别，且高等教育质量对不同家庭背景或城乡子代实现代际向上流动的影响也没有显著差异。当然，由于分析数据截至 2008 年，在此之前接受高等教育并进入劳动力市场的人群大多处于精英高等教育阶段，高等教育质量问题并不突出，至于高等教育大众化阶段的代际流动问题有赖于更新的统计数据进行分析。

第三，从高等教育专业类别来看，就读理工农医类专业的确比就读人文社科类专业实现代际向上流动的概率要高。但是，不同家庭背景的子代无论选择何种类别的专业，在代际向上流动的概率方面也没有显著差异。从城乡对比来看，城镇子代选择理工农医类专业比做出同样选择的农村子代更容易实现代际向上流动。

通过“进大学的可能”（准入率）和“上大学的结果”（成功率）的乘积可

计算我国高等教育对农业劳动者阶层的逆袭指数和管理与专业人员阶层的继承指数。改革开放以来，我国高等教育的逆袭指数低于继承指数，且这种劣势在本科层次比大专层次更为突出。基于各类准入率和成功率的计算结果，提出四个研究假设并建立相应的模型以验证上述结论。通过模型分析发现：农业劳动者阶层的子女接受高等教育的机会明显少于管理与专业人员阶层的子女；无论是大专层次还是本科层次，农业劳动者阶层的子女都比管理与专业人员阶层的子女更难以获得教育机会，且这种劣势在本科层次更为突出；农业劳动者阶层接受高等教育的子女成为管理与专业人员的机会比管理与专业人员阶层接受高等教育的子女复制阶层地位的机会稍多；无论是大专层次还是本科层次，虽然农业劳动者阶层的子女都比管理与专业人员阶层的子女更容易成为管理与专业人员，但这种优势在大专层次略为突出。

改革开放以来，正如功能主义理论所说，高等教育仍然能够发挥促进代际向上流动的作用。不仅如此，从成功率来看，高等教育对处于社会底层的农业劳动者阶层的子女成为管理与专业人员的作用比对处于社会上层的管理与专业人员阶层的子女的作用还稍大一些。然而，“逆袭”成功的前提是必须有平等接受高等教育的机会。事实上，农业劳动者阶层的子女不仅接受高等教育的机会明显少于管理与专业人员阶层的子女，而且接受更高层次的本科教育的机会更显不足。由于逆袭者高等教育的准入率明显偏低，稀释了本就不占明显优势的成功率，因而削弱了高等教育帮助弱势群体实现代际向上流动的作用，最终使得高等教育的逆袭效应明显低于继承效应。因此，如果要有效帮助社会底层通过高等教育实现代际向上流动，发挥高等教育在阻断贫困代际传递过程中的积极效应，就必须努力确保社会底层享有“公平而有质量”的高等教育机会。

从某种意义上说，当前的“读书无用论”反映了某些群体从教育功利性价值的角度所做出的理性教育选择。比如：不少家庭让子女放弃接受大专教育、不倾向让子女就读人文社科类专业等。但是，经过仔细分析便会发现：某些教育选择似乎并不理性。比如：实证研究表明农村家庭出身的孩子接受高等教育或许会拥有更多向上流动的机会，但现实中一些农村家庭却让子女放弃接受高等教育的机会。考虑到高等教育的公益性，政府部门理应有所行动：首先要引导私人的教育选择，可考虑对接受大专教育、人文社科类专业的人群予以补贴、降低其教育成本；其次要营造良好的就业环境、创造更多的就业机会，为这类人群提供更多的就业机会和晋升机会。

第五节　本章小结

社会流动的概念是指从一个社会地位转移到另一个社会地位的现象，无论是与家庭背景相比，还是与以前的就业（社会分层、职业地位、阶级认同、社会经济地位）相比较。社会流动包括代际社会流动和代内社会流动。从社会学的角度来看，社会流动往往通过绝对社会流动和相对社会流动来测量。绝对社会流动通过绝对向上流动、孩子收入从后20%上升到前20%的可能性和父母收入在第25分位的孩子的家庭收入在贫困线以上的概率这三种方法测量，相对社会流动主要通过代际收入弹性等级—等级斜率来衡量。相对社会流动往往反映的是一个特定社会的开放程度。

关于教育能否促进社会流动这一命题，本书认为与其他实现社会流动的方式相比，教育可能带来最大范围最大程度上的社会流动。教育既可以通过代内社会流动的方式，也可以通过代际社会流动的方式参与到社会流动的过程中来。国内外已有的关于教育与社会流动的研究主要集中在教育的代际流动。教育代际流动和经济代际流动密不可分。经济的代际流动有两种路径：第一，父母的社经地位直接传递给子女，这一路径随着教育层级的提高而逐渐变得更弱。第二，在父母社经地位的加持下，孩子可以拥有较好的教育获得，进而获得和父母一样的社经地位，这一过程中，教育起到了中介的作用。教育代际流动可能存在以下四种路径：第一，遗传传递。拥有更高受教育程度的父母有更高的利于教育获得的天赋。第二，社会化。通过社会化的过程，父母具有的与教育获得相关的准则和价值能够传递给下一代。第三，经济资源。教育程度高的父母有更多资源，这些资源可用于消除借贷约束和教育的机会成本。第四，选择和获得。父母的教育选择可能直接影响孩子的选择，父母的获得可能提高子女教育的边际生产率。

教育在代际流动中作用机制的理论分析中，结合相关理论和文献，得到如下结论：

第一，“虎父无犬子”表明代际间的社会地位存在一定程度的传递现象，其传递路径主要有三个渠道，即经济资源投入、非经济资源投入和遗传。第二，从微观教育投资的视角来看，教育在代际流动中的中介效应较大，因此，教育避免“虎父”出现“犬子”的作用较大。第三，公共教育政策和收入不平等可能会增强教育在代际流动中的中介效应，提高教育在代际流动中的贡献值，从而有利于“虎父”通过教育避免“犬子”的出现。第四，代际流动的中介因素并非只有教育，父代还可通过社会资本、财富积累等方式帮助子代获取较高收入。

基于以上结论，提出如下政策建议：第一，建立完善的婴幼儿教育和医疗保健体系，确保子代在早期成长阶段的发展均衡性。第二，重视家庭教养方式和成长环境的作用，鼓励父代积极参与子代养育。第三，对低收入地区和家庭加大教育财政投入，确保教育获得的均等性。第四，完善公共服务体系和社会保障制度，减轻低收入家庭对子代进行教育投资时的预算约束，弥补其社会资本和文化资本的不足。

随后通过高等教育促进代际流动的实证研究，得到如下研究结论：第一，从高等教育层次来看，相对于没有接受高等教育的子代来说，接受大专教育的子代并没有表现出显著更多的代际向上流动的机会，而接受本科及以上教育者则有更高代际向上流动的概率。高等教育层次对不同家庭背景的子代实现代际向上流动的作用基本不具有显著差异。接受高等教育对农村子代实现代际向上流动的影响比对城镇子代的影响更大，但这一比较优势在大专阶段比在本科及以上阶段更为突出。第二，从高等教育质量来看，就读央属高校或非央属高校在代际向上流动机会方面没有显著差别，且高等教育质量对不同家庭背景或城乡子代实现代际向上流动的影响也没有显著差异。第三，从高等教育专业类别来看，就读理工农医类专业的确比就读人文社科类专业实现代际向上流动的概率要高。但是，不同家庭背景的子代无论选择何种类别的专业，在代际向上流动的概率方面也没有显著差异。从城乡对比来看，城镇子代选择理工农医类专业比做出同样选择的农村子代更容易实现代际向上流动。

第十章

人口变动、经济与教育发展

进入21世纪以来，中国人口年龄结构快速老龄化。尽管人口老龄化是经济社会发展的自然产物，但受人口生育政策影响，中国老龄化进程之快在其他国家不曾出现。大量研究表明，中国过去三十年经济增长奇迹在很大程度上取决于劳动力的充分供给，由劳动年龄人口份额比重上升和人口抚养比下降所导致的人口结构变迁对中国经济增长的贡献度介于1/6～1/3（胡鞍钢等，2012a）。人口结构变动将对中国经济发展跨越中等收入陷阱产生重要冲击。那么，中国要保证经济稳定增长，必须通过教育和人力资本投资，变“人口红利”为“人才红利”，从人口大国走向人力资源大国。与此同时，人口变动也将影响教育的发展，生育率的下降使不同教育层次结构（学前教育、初等教育、中等教育、高等教育）的生源规模缩小，同时，人口年龄结构老龄化也对不同教育类型（普通教育、职业教育）的需求和供给产生影响。因此，必须在充分把握中国人口规模与结构变化趋势的基础上，充分考虑人口变动对教育和经济发展的影响及相互作用，合理做好前瞻性的教育发展规划。

本章首先基于六次人口普查数据，在重点考察人口政策松动以及人口城镇化进程两项因素后，对2015～2030年中国人口规模和结构进行预测；其次，讨论了中国人口结构转变对经济发展的影响，论证了教育和人力资本是应对人口年龄结构老化的关键；再次，分析了人口变动对教育需求的影响，以基础教育为例讨论了人口老龄化对公共教育投入的挑战；最后，以学前教育和义务教育阶段为例，基于适龄人口规模和分布的变动，尝试制定教育发展规划。

第一节 中国人口规模与结构的现状与预测

人口变动包括人口总量变化和人口结构变化两个方面，人口总量的变化可以人口规模及其增长速度衡量；人口结构变化则表现为人口年龄结构和地域结构等。我国是世界上人口最多的国家，又是老龄化进程速度最快的国家，准确把握人口变动规律是合理规划教育事业发展的重要依据。

一、中国人口规模与结构的现状

（一）人口总量变化状况的分析

结合图 10 - 1 呈现的 1950 ~ 2010 年中国人口总量和自然增长率和图 10 - 2 呈现的 1950 ~ 2010 年中国人口总和生育率，中国人口变动可划分了五个阶段，并先后经历了三次人口快速增长期。

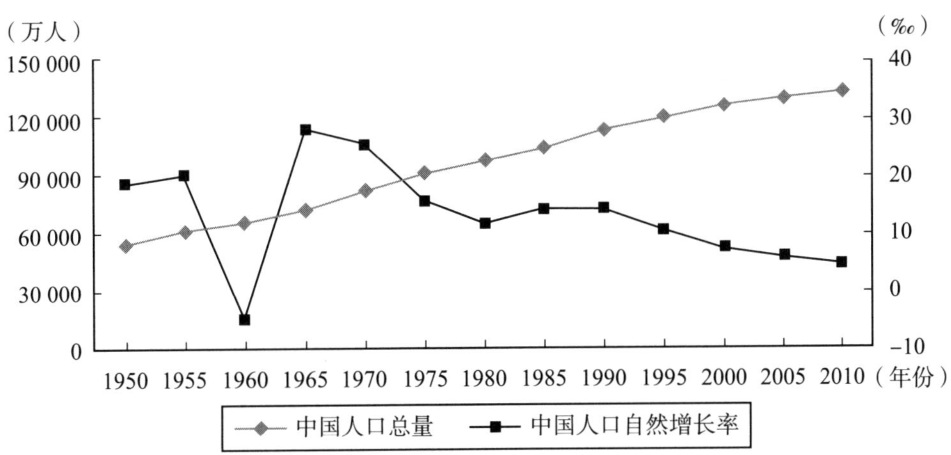

图 10 - 1 1950 ~ 2010 年中国人口总量和自然增长率

资料来源：1950 ~ 1960 年数据和 1965 ~ 2010 年数据分别来自国家统计局人口和就业统计司：《中国人口和就业统计年鉴（2002）》与《中国人口统计年鉴（2011）》，中国统计出版社。

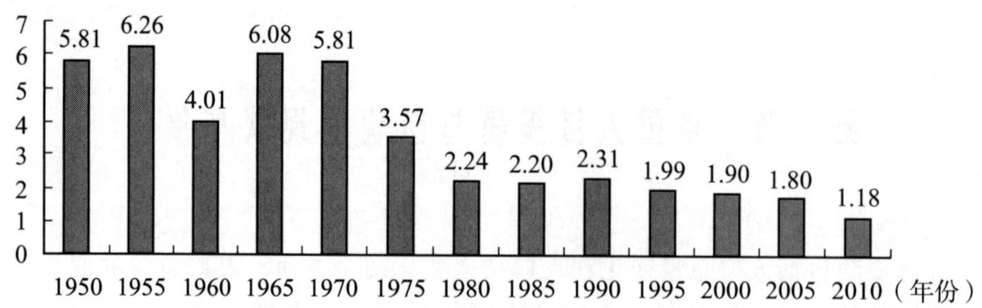

图 10-2 1950~2010 年中国人口总和生育率

资料来源：历年中国人口统计年鉴。

第一阶段：新中国成立初期（1949~1958 年）。这是我国第一次人口快速增长时期，人口自然增长率超过 20‰，生育水平较高，妇女总和生育率在 5.0 以上。这一阶段持续了十年左右，期间人口快速增加，但是由于当时中国人口基数总量为 5 亿人左右，远低于后来的人口基数，因此尽管人口自然增长率很高，但人口增长的绝对数远低于之后的两个人口增长期所带来的人口增加量。这一时期的人口增长为之后的两次人口增长，尤其是"回声婴儿潮"奠定了基础。

第二阶段：三年困难时期（1959~1961 年）。这个时期，我国非正常死亡人口高达 3 250 万人（曹树基，2005），直接导致人口死亡率骤升，人口自然增长率一度低至 -4.57，总和生育率下降到 3.289。但这个特殊时期持续时间较短，人口总量受到的影响较小。

第三阶段：三年困难时期后结束直到 20 世纪 70 年代初（1962~1975 年）。这期间的人口自然增长率接近 30‰，总和生育率一直保持在 5.8 以上，中国第二次人口快速增长时期，生育人口急剧反弹，1963 年总和生育率为 7.502 达到 1949 年以来最高。1965~1975 年 10 年期间全国新生人口近 2.6 亿人，这部分人口正是当前社会的中坚力量，约占当前全国总人口的 20%。

第四阶段：20 世纪 70 年代中期至 90 年代初期（1976~1995 年）。随着 50 年代、60 年代"婴儿潮"人口进入生育年龄，中国进入第三次人口快速增长时期，称为"回声婴儿潮"，该时期总和生育率一直高于更替水平 2.1，1990 年的人口自然增长率反弹到 14.4‰。尽管这一时期人口自然增长率低于前三个阶段，且由于计划生育政策的实施，总和生育率持续下降，处于向低水平的过渡时期，但囿于人口基数已经非常庞大，人口增长的绝对数量大，仅 1985~1990 年中国新增人口 1.24 亿人，这部分人口占当前全国总人口的 10% 左右。

第五阶段：20 世纪 90 年代中期至今（1995 年至今）。这一时期，我国人口自然增长率持续稳定下降，2010 年已经降至 4.79‰，同时由于计划生育政策严格实施，以及育龄妇女尤其是生育旺盛年龄段（20~29 岁）妇女规模的减少，这个时期的总和生育率已经低于人口更替水平2.1。2010年总和生育率达到1.181，低于世界平均水平的一半。[①]

总体而言，自新中国成立以来，我国人口持续增长，从1950年的5.6亿人口持续增加到2010年的13.4亿人口，增长了139.3%。尽管近30年以来，总和生育率和人口自然增长率持续下降，但是联合国人口基金会发表的《2010年世界人口状况报告》显示，当期世界人口总数为69.09亿人，中国人口总量为世界人口总量的将近20%，人口规模依然非常庞大，仍为世界第一人口大国。

（二）年龄结构变化状况的分析

人口年龄结构是过去人口自然增长波动的结果，也是今后人口变动的起点和基础。人口年龄结构的变动直接影响不同教育阶段适龄人口的规模，继而影响教育需求与规划。在本部分，我们从全国整体和分城乡两个层面分析年龄结构及其变化趋势。

1. 全国人口整体年龄结构变化趋势

我们使用人口年龄金字塔描述全国人口整体年龄结构变化趋势。人口年龄金字塔不仅能对人口年龄、性别结构进行非常形象的描述，还能给出未来人口在一定生育模式下人口再生产的规模、速度及发展的大致趋势。根据人口金字塔的形状，一个社会人口年龄结构可划分为三种基本类型：第一种，年轻型，也叫扩张型或增长型，即年轻人比较多，塔形下宽上窄；第二种，成年型，也叫静止型或稳定型，即除高年龄组外，各年龄组人口数相差不是很大，塔形较直；第三种，老年型也叫收缩型或减少型，即年轻人越来越少，中年以上人口比重较大，塔形下窄上宽，或呈矩形（陈卫、乔晓春、李建民，2000）。

图10－3为根据历次全国人口普查获得的人口年龄资料绘制的人口年龄金字塔，以年龄为纵轴，以人口百分比为横轴，左侧为男、右侧为女，水平条代表每一年龄组男性或女性的人口比例。从图10－3中可以看出，中国人口年龄结构已从非常明显的年轻型社会迈入老年型社会。

为了更加清晰地给出人口年龄结构变化趋势，我们绘制了1982～2012年14岁以下人口（少年儿童）占比、15～64岁人口（劳动力适龄人口）占比以及65岁以上人口（老年人口）占比的折线图（见图10－4）。按照人口学研究，0～14岁

① 同期全球每个妇女生2.5个孩子，发达国家为1.7个，欠发达国家2.7个，最不发达国家为4.5个。资料来源：《中国2010年总和生育率仅为1.18》，中国经济导报，2012年7月10日，2014年6月10日引用，http://www.ceh.com.cn/ceh/jryw/2012/7/10/121921.shtml。

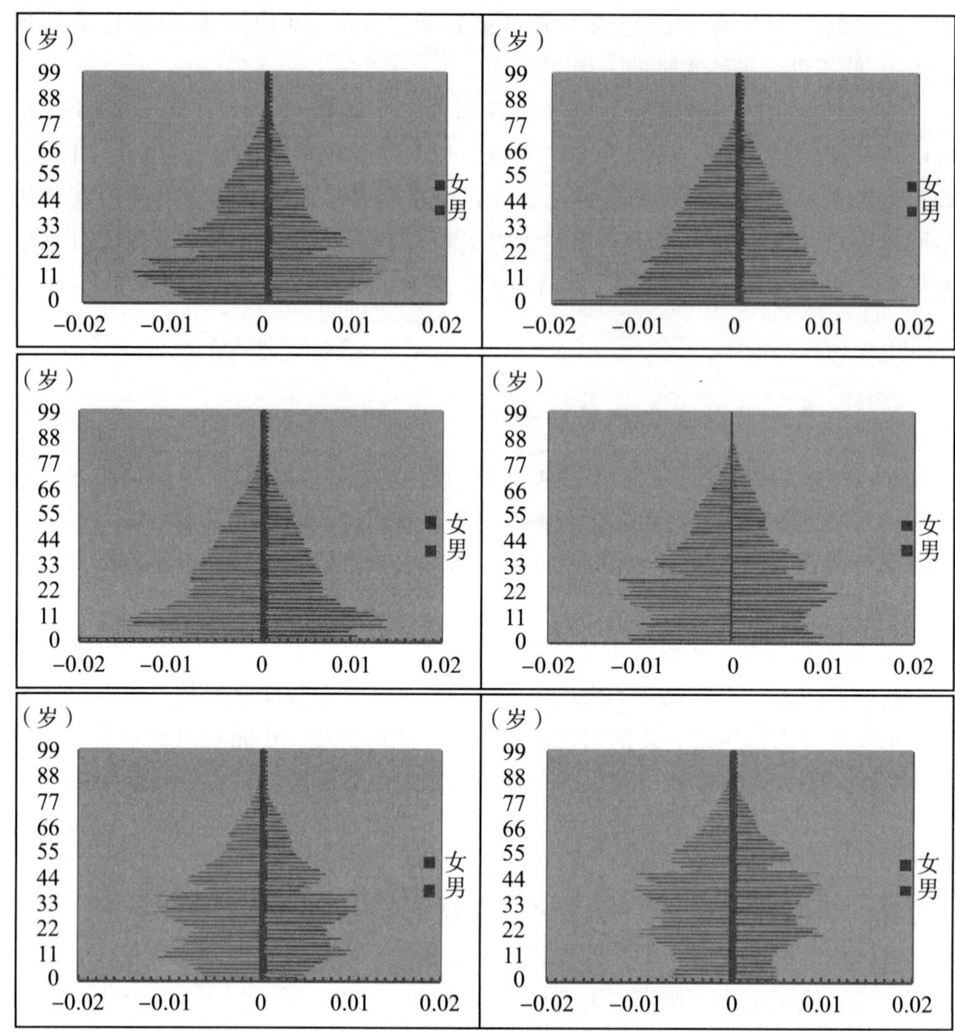

图 10-3 历次人口普查年龄金字塔

资料来源：分别来自 1953 年、1964 年、1982 年、1990 年、2000 年、2010 年全国人口普查数据当中的人口年龄数据。

少年儿童人口数占总人口比重达 35% 以上的社会是年轻型社会；65 岁以上老年人口占总人口比重超过 7% 的社会称为老年型社会；介于这两者之间的社会被称为成年型社会。从图 10-4 可以更加清晰地看出，1982~2012 年，少年儿童人口占比从 33.6% 下降到 16.5%，降幅达到 17.1 个百分点，平均每年减少 0.6 个百分点；老年人口占比从 4.9% 上升到 9.4%，升幅超过 4 个百分点，平均每年增加 0.3 个百分点。尽管 2000 年之前，15~64 岁劳动年龄人口一直处于增长状态，为中国经济增长注入强大动力。但 2000 年之后，劳动年龄人口增速变得非常平缓，甚至在2010年之后出现了下降的趋势。上述结果再次说明，中国人口结构已从年轻型社会转变为老年型社会①。

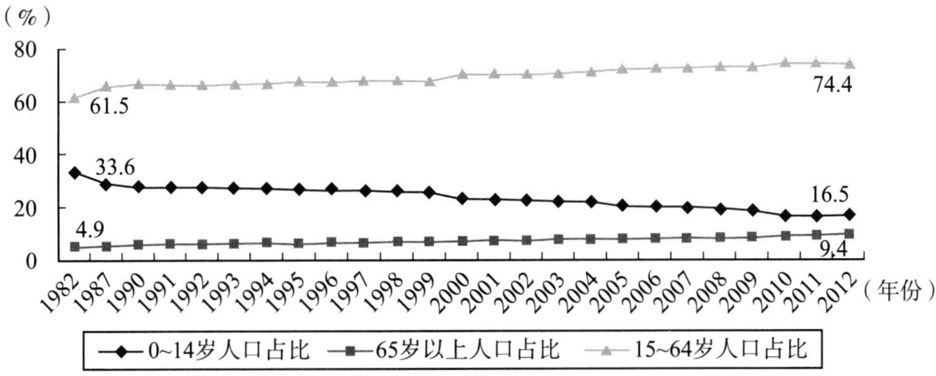

图10-4　1982~2012年我国各年龄段人口占比变化趋势

资料来源：《中国统计年鉴》2013年，中国统计出版社2013年版。

我们进一步计算了少年儿童人口抚养比和老年人口抚养比②这两项反映人口结构的关键指标，见图10-5。老少抚养比越低，说明这个社会人口负担越轻。从图10-5中可以看出，少年儿童人口抚养比从20世纪80年代初的54.63%迅速下降到20世纪90年代初的41.53%，下降了13.1个百分点；此后少年儿童人口抚养比持续下降，到2000年下降到32.7%，到2012年进一步下降到22.27%。在少年儿童人口抚养比下降的同时，老年人口抚养比稳步提高，从1982年的7.97%提高到2012年的12.69%，增加了4.78个百分点。近年来，少儿抚养比下降速率放缓，维持在较平稳的水平，而老年人口抚养比则仍然持续上升，社会总体的负担在将来可能会呈现上升状态。

在过去的半个多世纪当中，我国劳动人口快速增长，在总体人口当中的占比稳步提高，维持在较高的水平。特别计划生育政策实行后，由于少年人口抚养比快速下降，整个20世纪90年代和21世纪初中国人口负担稳步下降带来的“人口红利”正是创造中国经济奇迹最主要的动力。但随着人口老龄化的逼近，“人口红利”在渐渐消失。

---

① 从全球范围来看，国家/地区都是伴随着经济水平进入高收入国家，而实现社会年龄结构向老年型社会的转变。但中国2010年刚刚迈入中等收入国家，人口年龄结构的差异也是中国社会在中等收入向高收入社会转变过程中所存在的特殊性。

② 少年人口抚养比 $=\frac{0\sim14\text{岁人口总量}}{15\sim64\text{岁人口总量}}\times100\%$；老年人口抚养比 $=\frac{65\text{岁以上人口总量}}{15\sim64\text{岁人口总量}}\times100\%$。抚养比越低，表示一国/地区壮年人的负担越轻；反之，抚养比越高，表示该地区劳动力适龄人口的负担越重。

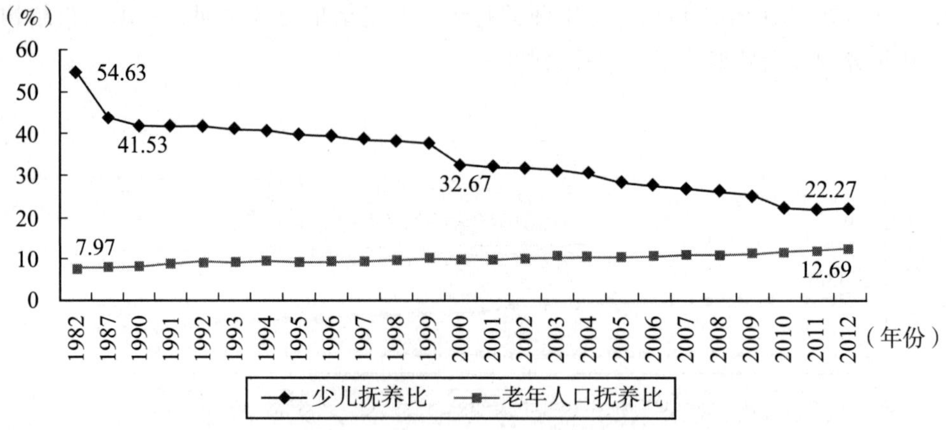

图 10-5 1982~2012 年我国老少抚养比变化趋势

资料来源:《中国统计年鉴(2013)》,中国统计出版社 2013 年版。

2. 分城乡人口年龄结构变化趋势

分城乡来,城镇和农村少年儿童人口占比同样呈现大幅下降的趋势,65 岁以上老人占总人口同样呈现大幅上升的趋势,农村地区老龄化的绝对水平和速度明显高于城镇地区。

具体来看,图 10-6 呈现了 1982~2010 年城乡 0~14 岁少儿人口占比结构变化趋势,农村地区少年儿童人口占比下降幅度远大于城镇地区,在将近 30 年时间内,城镇地区 0~14 岁人口占比从 27.57% 下降到 14.08%,共下降 13.49 个百分点;农村地区 0~14 岁人口占比从 37.78% 下降到 19.16%,共下降 18.62 个百分点。城乡差距从 10.21 个百分点,缩小到 5.08 个百分点。图 10-7 呈现了 1982~2010 年城乡 65 岁以上老年人口占比结构变化趋势,农村地区老年人口占比提升幅度远远大于城镇地区。在将近 30 年时间内,城镇地区 65 岁以上人口占比从 4.72% 上升到 11.69%,共上升 6.97 个百分点;农村地区 65 岁以上人口占比从 5.00% 上升到 14.98%,共上升 9.98 个百分点。城乡之间的差距从 0.28 个百分点,扩大到 3.29 个百分点。

由于城乡人口年龄结构的变化趋势存在一定的差异,农村地区在少年人口比下降趋势远大于城镇的同时,老年人口抚养比上升趋势也大于城镇。图 10-8 呈现了 1982~2010 年城乡少年儿童人口抚养比变化趋势,农村少年儿童人口抚养比从 66.02% 下降到 27.07%,同期城镇少年儿童人口抚养比从 40.72% 下降到 18.02%。图 10-9 呈现了 1982~2010 年城乡老年人口抚养比变化趋势,农村老年人口抚养比从 8.74% 提高到 22.75%,同期城镇老年人口抚养比从 6.97% 提高到 15.74%。

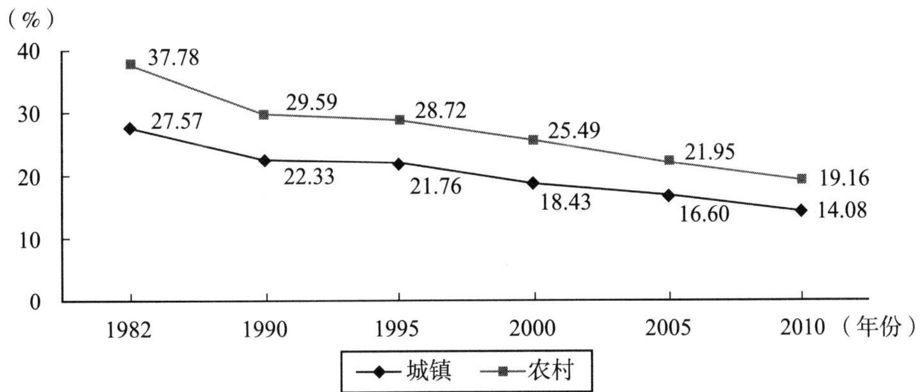

图 10－6　1982～2010 年城乡 0～14 岁少儿人口占比结构变化趋势

资料来源：1982 年数据来源于《中国人口统计年鉴》(1983)；1990 年数据来源于中国 1990 年人口普查数据；1995 年数据来源于《中国人口统计年鉴》(1996)；2000 年数据来源于《中国人口统计年鉴》(2010)；2005 年数据来源于全国 1% 人口抽样调查数据，http://www.stats.gov.cn/tjsj/ndsj/renkou/2005/htm.；2010 年数据来源于第六次人口普查数据。

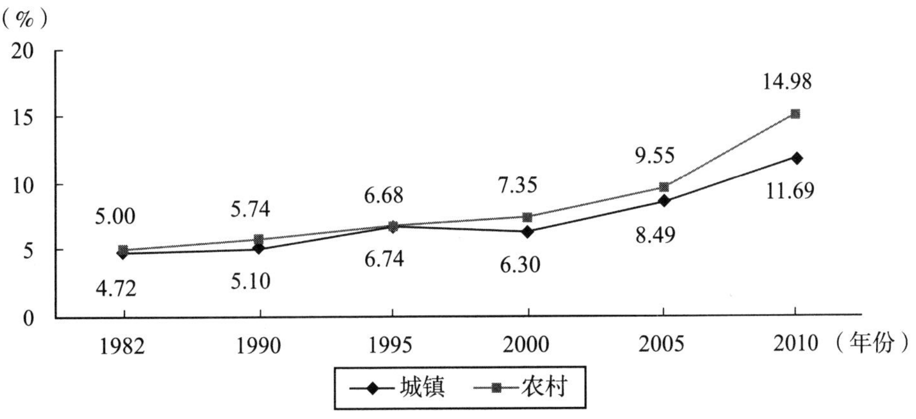

图 10－7　1982～2010 年城乡 65 岁以上老年人口占比结构变化趋势

资料来源：1982 年数据来源于《中国人口统计年鉴》(1983)；1990 年数据来源于中国 1990 年人口普查资料（第二册），第 113、第 132～133 页；1995 年数据来源于《中国人口统计年鉴》(1996)；2000 年数据来源于《中国人口统计年鉴》(2010)；2005 年数据来源于全国 1% 人口抽样调查数据；http://www.stats.gov.cn/tjsj/ndsj/renkou/2005/htm. 2010 年数据来源于第六次人口普查数据。

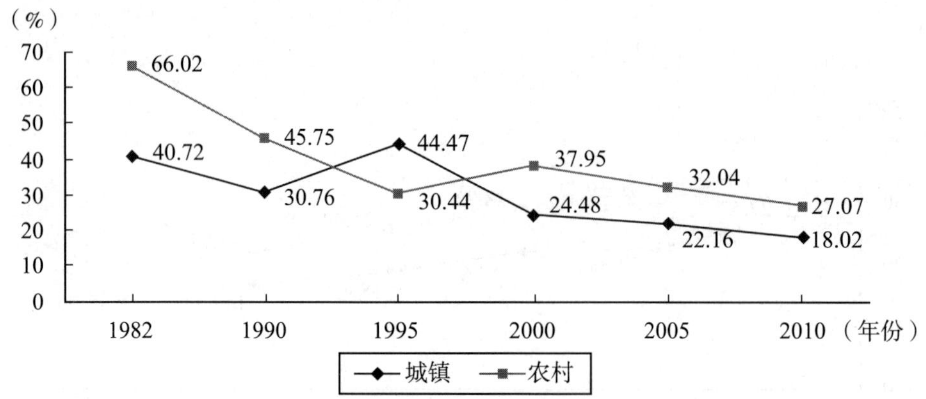

图 10－8　1982～2010 年城乡少年儿童人口抚养比变化趋势

资料来源：1982 年和 1995 年数据分别根据《中国人口统计年鉴（1983）》和《中国人口统计年鉴（1996）》中人口年龄状况和市、镇、县人口年龄分组数据计算；1990 年数据来源于中国 1990 年人口普查资料（第二册），第 18～29 页；2000 年数据根据《中国人口统计年鉴（2001）》中按城乡分的年龄结构计算；2005 年数据来源于《中国人口统计年鉴（2006）》，第 87～89 页；2010 年数据根据第六次全国人口普查数据计算。

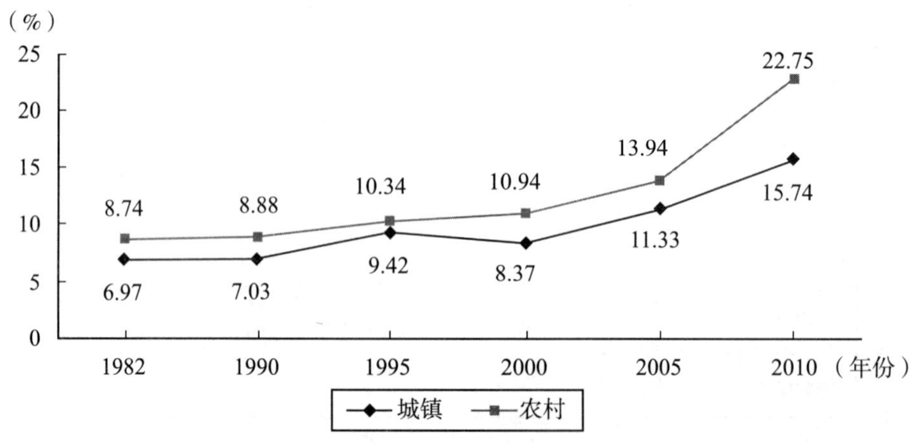

图 10－9　1982～2010 年城乡老年人口抚养比变化趋势

资料来源：1982 年和 1995 年数据分别根据《中国人口统计年鉴（1983）》和《中国人口统计年鉴（1996）》中人口年龄状况和市、镇、县人口年龄分组数据计算；1990 年数据来源于中国 1990 年人口普查资料（第二册），第 18～29 页；2000 年数据根据《中国人口统计年鉴（2001）》中按城乡分的年龄结构计算；2005 年数据来源于《中国人口统计年鉴（2006）》，第 87～89 页；2010 年数据根据第六次全国人口普查数据计算。

上述分析表明，农村地区比城镇地区显示出收缩性更为严重的社会特征，老年人口的负担比重更为明显。出现以上城乡差异的主要原因有两点：第一，在计划生育政策的作用下，中国农村地区的人口出生率下降幅度比城镇地区的下降幅度大（王放，2009）；第二，改革开放以后，我国城镇化程度不断提高，农村人口大规模向城镇迁移和流动，尤其是青壮年农村人口向城镇迁移的趋势不断加强，他们的未成年子女越来越倾向随父母迁移到城镇，这进一步加剧农村地区少年儿童人口占比的下降和老年人口占比的上升。而且，从 20 世纪 90 年代以来，流动人口家庭化的现象日益普遍，随迁儿童逐渐增加，这也会导致农村儿童数量减少。

（三）城乡人口构成状况的分析

在中国人口从农村向城市单向流动的过程中，中国人口流动还存在着从中西部经济欠发达地区向东部沿海经济发达地区流动的模式。

表 10－1 列出了在跨省流动人口中，流入人口最多的六个省市全部为东部沿海发达地区，即广东、浙江、上海、江苏、北京和福建。六省市流入人口占全国流动人口总量的 23.3%，其中流入广东的人口占全国流动人口的比例最高，为 8.2%。在上海和北京，外来流入人口占当地常住人口的比例分别高达 39.0% 和 35.9%。

表 10－1　2010 年跨省流入人口规模最大的六省流动人口数据

地区	流入人口[a] 数量（万人）	本省常住人口数量[b]（万人）	流入人口占全省常住人口比重（%）	全国流动人口总量（万人）	流入人口占全国流动总人口比重（%）
广东	2 150	10 441	20.6	26 094	8.2
浙江	1 182	5 447	21.7	26 094	4.5
上海	898	2 303	39.0	26 094	3.4
江苏	738	7 869	9.4	26 094	2.8
北京	704	1 962	35.9	26 094	2.7
福建	431	3 693	11.7	26 094	1.7

注：a 流入人口是指现住地与户口登记地不一致的人，具体地讲就是指那些现居住在本市半年以上但其户口登记在外省市的人口。b 常住人口是人口统计中的一个名词，指实际居住在某地区满特定时间（例如在中国的统计中是以半年，在日本则一般是 3 个月）的人口总数。与户籍人口不同之处在于，计算常住人口时，要将户籍人口扣除流出去该地区达某特定时间以上（例如半年）的流动人口，再加上流入当地已经过特定时间（例如半年以上）的流动人口。

资料来源：根据第六次人口普查数据整理。

表10-2显示了在跨省流动人口中，流出人口最多的六个省全部为中西部不发达地区，分别是四川、安徽、湖南、江西、河南和湖北。这六个省流出人口共占全国流动人口总量的34.4%，其中外出人口数量最多的是河南省，但是外出人口比例最高的为安徽省，为27.0%。

表10-2　　2010年跨省流出人口规模最大的六省流动人口数据

地区	外出人口数量（万人）	本省常住人口数量（万人）	流出人口占全省常住人口比重（%）	全国流动人口总数（万人）	流出人口占全国流动人口比重（%）
湖北	1 295	5 728	22.6	26 094	5.0
湖南	1 239	6 570	18.9	26 094	4.7
河南	1 965	9 405	20.9	26 094	7.5
安徽	1 611	5 957	27.0	26 094	6.2
江西	771	4 462	17.3	26 094	3.0
四川	2 091	8 045	26.0	26 094	8.0

资料来源：根据第六次人口普查数据整理。

二、中国人口规模与结构的预测：2015~2030年

高质量的人口预测是做好教育规划的信息基础。在本小节中，我们将对未来15年中国人口的规模和结构进行预测。人口预测模型较多，国内学者主要使用年龄移算模型、宋健人口发展模型和王广州系统仿真结构功能模型（李永胜，2004），相关模型各有所长。其中，王广州系统仿真结构模型可通过中国社科院人口与劳动者研究中心专门开发的人口预测系统（CPPS2008）较便捷实现，该系统自2002年发布后，经专家多次修正和检验，预测结果稳定，且在教育领域规划中多次运用（袁桂林，2005；张辉蓉等，2013）。本研究同样选择王广州系统仿真结构模型，利用CPPS2008人口预测系统进行预测。

通过本小节的人口预测，我们可以看到，在未来十五年，中国人口老龄化进程将快速推进，人口红利将快速消失，即便是人口政策松动下人口率按照高方案和中方案发展，虽然一定程度上缓解人口老龄化程度，但无法改变中国老龄化的趋势，因此，必须从人力资本的角度应对劳动力下降对经济增长的冲击。同时，学校教育适龄人口的规模也会在波动中下降，这也为化解已有教育问题、提升教育质量、优化教育结构提供了机会窗口。总之，做好教育规划，使教育发展适应

适龄人口变动的实际情况，也能减少中国应对人口老龄化对经济增长冲击。

（一）人口增长参数设定

王广州系统仿真结构模型涉及总和生育率、平均预期寿命、生育模式、出生性别比、城市化规模五项指标，必须对其分别进行设定。

1. 城乡总和生育率指标

总和生育率是人口增长预测中最关键指标。考虑中国继 2013 年启动“单独二孩”政策后，又于 2015 年启动了“全面二孩”政策，可以预期，未来人口生育率会出现波动。同时，由于中国人口计生政策长期存在城乡二元性，且人口流动也表现出城乡二元性，我们将分城乡设定总和生育率。

本研究基于 2010 年度第六次人口普查数据进行预测。参考相关人口学研究（田雪原，2007），假定 2010 ~ 2014 年保持 2010 年城乡人口总和生育率不变，而 2015 ~ 2030 年，分高、中、低三套方案分别设定城乡总和生育率。

第一，高方案。假设 2015 ~ 2030 年农村总和生育率迅速达到并保持在人口更替水平 2.1，城镇总和生育率则迅速提升并保持为 1.8。按人口学划分标准，总和生育率达到 2.1，则人口增长能够保持代际更替；而总和生育率达到 1.8，则是理想低生育水平（尹文耀，2013），长远看，高增长方案是最理想人口增长方案。

第二，中方案。假设 2015 ~ 2030 年农村总和生育率迅速达到并保持在 1.8，城镇总和生育率迅速达到并保持在 1.5。即农村达到理想的低生育水平，而城镇达到每个妇女平均生育一个半孩子状态。

第三，低方案。假定城乡人口总和生育率在 2015 ~ 2030 年一直保持第六次人口普查时期的极低人口增长状态，农村和城镇人口总和生育率分别为 1.44 和 1.02。

考虑到高方案和中方案人口总和生育率的上升来自人口政策松动，因此，通过比较高方案与低方案、中方案与低方案的人口差距也可以作为人口政策效应的评价。

2. 城镇化模式指标

中国正处于城镇化加速期，仍将在很长一段时间处于农村人口向城镇单向迁移模式，人口迁移率与城镇化率增长速度保持一致（李玲，2012）。已有预测研究表明，到 2030 年中国城镇化率将达 80%（万广华，2011）。因此，在 2011 年中国城镇化率 51.27% 的基础上，本研究假定 2012 ~ 2030 年城镇化率年均提升 1.51 个百分点，到 2030 年达到 80%。

3. 其他参数指标

由于人口政策调整不会对平均预期寿命、生育模式、出生性别比三项指标产生直接的干预效果，因此，我们假定以上三项指标与第六次普查年水平保持一致。

（二）2013～2030年我国人口规模和年龄结构的预测结果

我们以2010年第六次人口普查数据为基数，根据上述设定的各种参数，使用CPPS人口预测软件，分别做出人口增长高方案、中方案和低方案在2011～2030年的人口年龄金字塔，在此由于篇幅的限制，我们以五年为一个周期，呈现2015年、2020年、2025年以及2030年的人口年龄金字塔。

图10－10呈现了低方案下人口年龄金字塔变化趋势，即保持现有人口政策不变，人口老龄化加速推进的趋势。新出生人口将持续减少，人口年龄结构不断收缩，到2030年已经呈现出明显的“头重脚轻”，人口老龄化现象加剧。到2030年，预计老年人口将达到25 657万人，占同时期人口总量的19.1%，老年人口抚养比更是达到了27.7%。而估计同期少儿人数将达到16 006万人，占同时期人口总量的11.9%，少儿抚养比达到17.3%，社会总抚养比将达到45%。这就意味着如果保持人口政策不变，到2030年，我国非劳动年龄人口将近是劳动年龄人口的一半，劳动年龄人口负担较重，且老龄化严重，威胁到国民经济的发展以及国家的安全，这也说明，人口政策的调整势在必行。

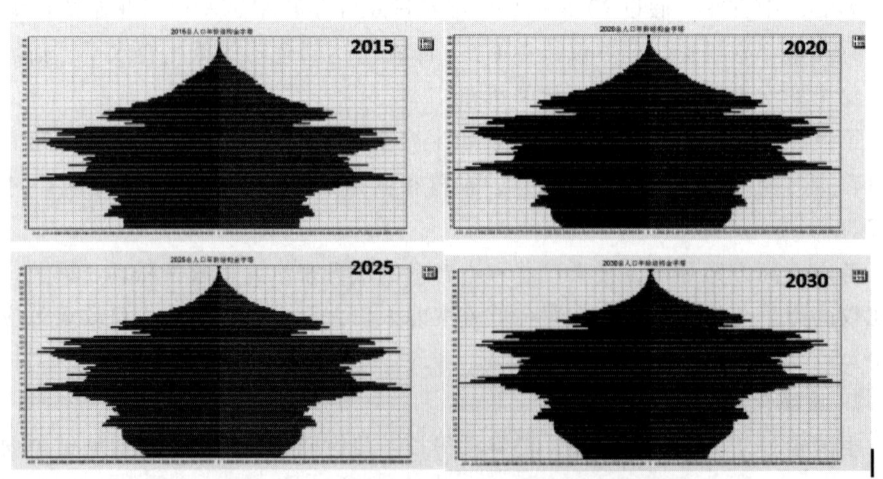

图10－10　低方案下人口年龄金字塔变化

图10－11呈现了高方案下人口年龄金字塔的变化情况。2015年的人口年龄金字塔塔底开始迅速拓宽，这不仅与总和生育率的增加有关，还与当时处于生育高峰年龄的25岁左右人口基数较大有关。在之后的2020年、2025年以及2030年中，人口年龄金字塔的塔底依旧大于放开人口政策之前的收缩部分，但是却呈

现收缩的状态，这是因为在放开人口生育政策前20年的人口基数较少，虽然总和生育率增加，但是由于基数小，新出生人口数仍旧呈收缩趋势。

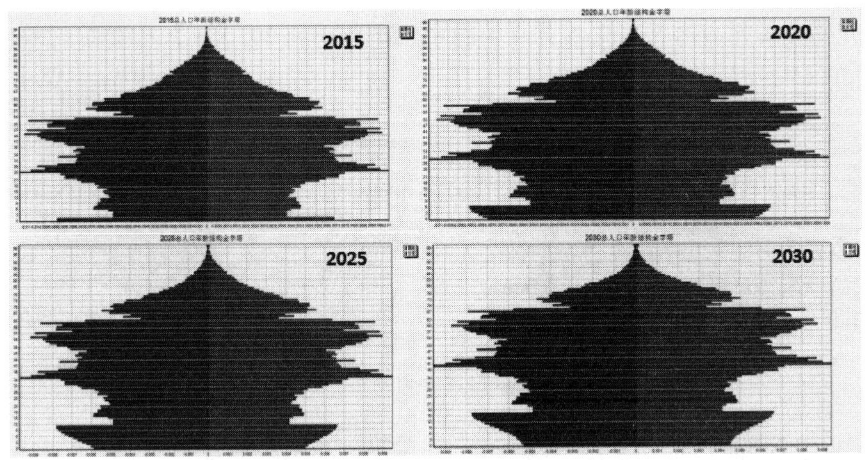

图10-11　高方案下人口年龄金字塔变化

从总体来看，在高方案人口增长趋势下，我国的年龄结构将向稳定型发展，从长期看能够缓解人口老龄化进程、改善人口结构，但人口老龄化已然是难以避免的趋势。在2020~2030年将有一段艰难的过程。因为此时老年人口和少儿人口占比较多，而劳动力人口占比较少，老年和少儿抚养系数都非常高。我们通过计算可知，预测老年人口在2030年将达到25 657万人，占同时期总人口的17.7%，比人口政策保持不变方案下相应比重少1.5个百分点，而老年人口抚养比达到27.3%，与人口政策保持不变方案下相应比例基本相同。但是，在高方案下，预测2030年少儿人数将达到25 502万人，占同期总人口的17.6%，比人口政策保持不变方案下相应比重多5.7个百分点，而少儿抚养比达到27.1%，比人口政策保持不变方案下相应比例高出将近10个百分点。在高方案下，到2030年，社会总抚养比将达到54.4%，青壮年负担较重，也不利于我国经济社会的健康发展。

图10-12呈现了中方案下人口年龄金字塔的变化趋势。其变化的大致趋势与高方案人口政策下的人口年龄结构变化趋势相似，只是由于总和生育率低于高方案，故从2015~2030年新出生人口比高方案相应人口少。与高方案相比，中方案的人口增长相对温和，在2020~2030年老年抚养系数较高的情况下，少儿抚养系数适中，劳动人口的压力相对较轻。我们通过计算可知，在中方案下，预测老年人口在2030年将达到25 657万人，占同时期总人口的18.2%，比人口政策保持不变方案下相应比重少1.5个百分点，而老年人口抚养比达到27.5%，与

人口政策保持不变方案下相应比例基本相同。但是，在高方案下，预测 2030 年少儿人数将达到 21 567 万人，占同期总人口的 15.3%，比人口政策保持不变方案下相应比重多 3.4 个百分点，而少儿抚养比达到 23.1%，比人口政策保持不变方案下相应比例高出 5.8 个百分点。在中方案下，到 2030 年，社会总抚养比将达到 50.6%。

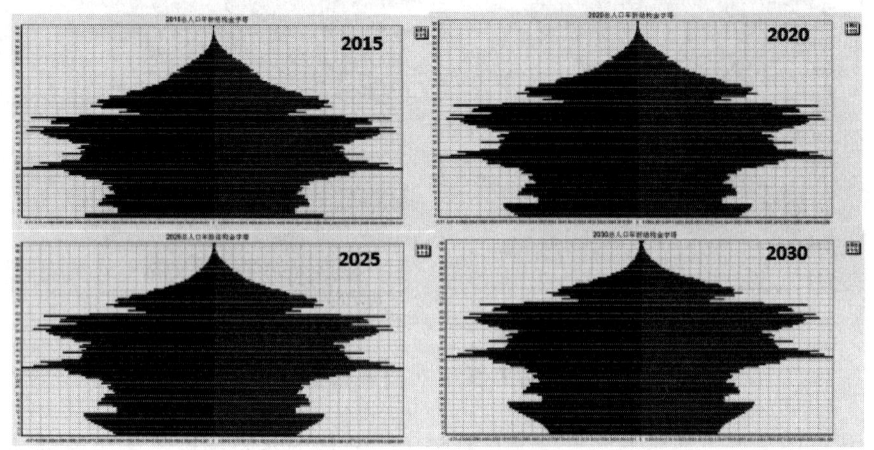

图 10-12　中方案下人口年龄金字塔变化

第二节　中国人口结构转变与经济发展

中国自 2000 年开始进入老龄化社会①，但当时人均 GDP 只有 840 美元，不足世界平均水平 20%，是典型的"未富先老"。尽管中国政府先后在 2013 年和 2015 年放宽了人口生育政策，在一定程度上延缓了老龄化的进程，但从上一小节对中国人口规模和结构的预测来看，老龄化趋势不可避免，劳动力适龄人口规模会持续下降。不同于发达国家人口老龄化、劳动力老龄化是步入高收入水平后的自发实现过程，中国人口结构变化则是人口政策的外生结果。在世界上已进入老龄化社会的 70 多个国家和地区中，只有包括中国在内的 4 个国家处于中等收入水平（邬沧萍，2001）。可以说，相对于其他国家，人口结构的快速变化将成为中国跨越"中等收入陷阱"阶段所面临的新问题。

回顾过去，我们以前的经济发展很大程度上是靠人口红利的贡献，展望未

① 2000 年中国 65 岁及以上人口占总人口比重达到 7%，标志着中国正式进入人口老龄化社会。

来，劳动力老化将带走“人口红利”，对中国经济增长中的劳动生产率以及产业结构调整均产生影响，为稳定经济增长，必须依靠教育和人力资本，变劳动力数量为质量。因此，在本小节中，我们将分析人口结构变化对经济发展的影响，并讨论教育和人力资本为什么被视为人口结构变化背景下经济持续发展动力。

一、中国人口结构转变对经济发展的影响

（一）劳动力供给趋紧，并推动劳动成本上涨

2015 年劳动力规模由 2012 年的 9.37 亿人降至 9.11 亿人，这是中国劳动力人口连续 4 年绝对值下降，中国人口红利似乎正在逐年缩水①。劳动力供给的短缺，抬升企业的人力成本，图 10－13 呈现了 2000～2013 年中国城镇单位就业人员平均工资指数变化，根据劳动力市场中供需关系，由于青壮年劳动力适龄人口供给下降，而经济增长又对劳动力需求增加，不断推高了劳动力平均工资。用工成本上涨，使得大量外资企业离开中国，迁移到越南、马来西亚、菲律宾等用工成本较低的东南亚国家，这对中国经济产生巨大挑战。

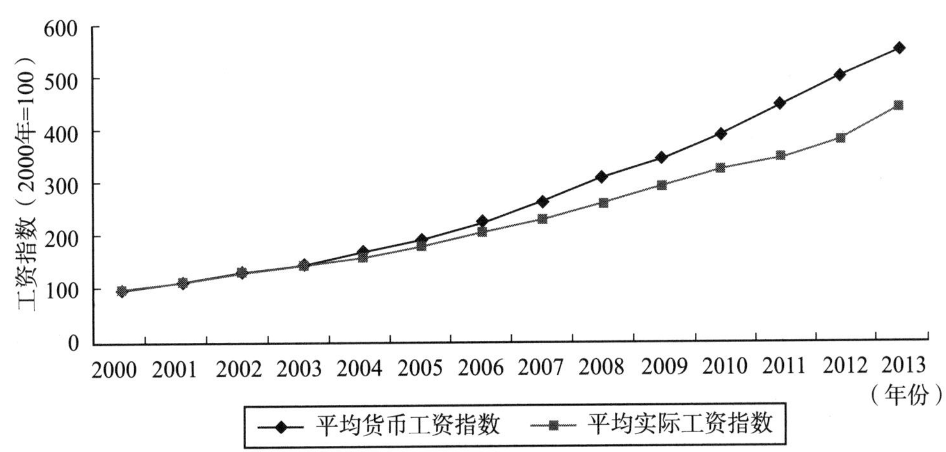

图 10－13　2000～2013 年中国城镇单位就业人员平均工资指数变化

资料来源：国家统计局，国家数据库. http：//data. stats. gov. cn/workspace/index？ m = hgnd。

① 《劳动力人口连续四年下降中国十年后的经济支撑在哪？》，凤凰财经综合，http：//finance. ifeng. com/a/20160227/14238700_0. shtml。

（二）劳动力老化将抑制劳动生产率和经济增长

劳动生产率的决定要素是劳动者素质的高低，而身体素质是劳动者素质的自然条件和基础，人口老龄化会对劳动生产率带来的负面影响（李建民，2015）。于学军（1995）指出，美国的研究显示，鞋厂、服装厂和家具厂的工人的劳动生产率在45岁以后开始明显下降，劳动力老化对总体生产率提高和经济增长抑制作用较大，在知识变化迅速的部门更为严重。希尔贝克（Skirbekk，2003）对奥地利劳动力适龄人口构成进行了分析（见表10－3），发现劳动生产率的年龄分布大致是一种正态分布，劳动生产率最高的年龄段一般是25～34岁和35～44岁。马尔姆贝里（Malmberg et al.，2008）同样发现，在其他条件一定的情况下，拥有更高比例年长（50岁以上）劳动力的部门的工资显著高于拥有更高比例年轻（30岁以下）劳动力的部门的工资，但没有发现拥有年长劳动力的部门拥有较高劳动生产率的证据。当然，在不同的产业或不同的地区，劳动生产率的年龄分布也不尽相同，但一般来说，老年人口的劳动生产率都低于青年劳动力（Hofer and Url，2008）。

表10－3　　　2001年奥地利劳动生产率的年龄分布

年龄组（岁）	相对劳动生产率水平（以25～34岁年龄组为1）	
	小型企业	大型企业
19岁及以下	0.92	0.76
20～24	0.93	0.80
25～34	1.00	1.00
35～44	1.01	1.03
45～49	0.97	0.92
50～65	0.94	0.80

同时，我国当前劳动力市场中的劳动生产率水平依然很低。按购买力平价计算，2014年为21 000美元，不及美国劳动生产率的1/5和韩国劳动生产率的1/3（李建民，2015）。如果不能有效改变劳动生产率不高的现状，随着青壮年劳动力的减少以及劳动力老化，将会直接抑制经济的增长。

（三）劳动力老化不利于技术革新和产业结构升级

即使我们采取延迟退休等政策，在一定程度上可以保证了劳动力市场规模，但不可否认，青壮年劳动力是接受新兴事物、拥有创新精神的主力军，而老年劳动力因身体素质衰退，接受新事物能力也会下降，创新精神不足，不能适应技术革新和产业结构调整所带来的职业的转换和必要的调动，不利于改革和竞争（熊必俊，2002；杨道兵、陆杰华，2006）。随着社会技术的不断发展和进步，新的行业、新的职业和新的工种将不断涌现，传统的产业和行业逐渐衰退消失，社会分工将更加复杂和频繁，劳动者的职业变换日益频繁，老化的劳动力对职业变动的适应能力较差，较难适应产业结构的调整。因此，劳动力老化不仅不利于劳动生产率的提高，而且不利于产业结构的调整，从而影响到社会经济的发展（杨道兵、陆杰华，2006）。

二、教育和人力资本是应对人口年龄结构老化的关键

面对人口年龄结构老化所带来"人口红利"的逐步消失，必须通过教育提升劳动人力资本水平、提升劳动生产率，以"转方式、调结构"应对人口年龄结构老化对经济发展带来的挑战，从以劳动密集型产业为主转向以知识密集、科技创新型产业为主。

第一，大力发展农村教育，促进劳动力供给。通过教育，提升农村人口受教育程度，不仅能加快农业现代化进程，提升农业劳动生产率，更能释放更多农村剩余劳动力并加快转移农业富余劳动力，大幅度提高非农产业的劳动参与率，增加劳动供给，缓解劳动力短缺和劳动力成本上升的压力。

第二，加快现代职业教育体系建设、构建劳动者终身职业培训体系等，提升第二、第三产业劳动力生产率。相对于中青年劳动力，老年劳动力在既有知识水平相对较低的状况下，原有知识、技能落后，接受新知识和新技术的速度放缓，不仅不利于产业结构升级和调整，而且会对劳动生产率产生抑制作用。相对来说，德国是人口老龄化与经济发展关系良性的案例。相关学者对德国近 30 年不同年龄劳动力与技术变化工作岗位适应性关系的研究结果表明，年长劳动力能很好地适应技术变化，从事认知能力密集型的工作岗位有明显增长。有 4 个主要原因可以解释这个现象：（1）德国等发达国家的年长劳动力拥有较高的人力资本存量，可以帮助他们适应技术的变化；（2）技术降低了体力需求强度，可以推迟年长劳动力工作效率下降时间的到来；（3）年长劳动力与年轻劳动力一起工作可以获得协同效率，提高整体的劳动生产率；（4）企业采取了适应年龄变化的生产技术和工作环境的措施（Gordo and Skirbekk，2013；Göbel and Zwick，2013）。因此，参考德国经验，中国在应对劳动力老化的背景下，需要不断加强对劳动力的教育和培训，优化教育产业结构，构造终身学习体系，提高他们的知识水平和技

能，适应产业升级和调整的需求，最终获得较好的劳动生产率。

第三节　中国人口变动对教育发展的影响

教育是中国应对人口年龄结构变化对经济影响最关键的抓手，与此同时，人口变化对教育事业本身也产生着深刻的影响。在教育发展规划中，必须掌握人口变化对教育需求与供给的影响，做出科学的发展规划。在本小节，我们将分析人口变动对学龄人口规模及其分布的影响、学龄人口变动对教育需求以及布局的影响，同时以基础教育为例，讨论老龄化对公共教育投入的挑战。

一、人口变动对教育规模和分布的影响

我国人口变动，尤其是人口年龄结构变动和人口流动，直接决定着我国学龄人口及各教育阶段适龄人口的规模及其在城乡和地区间分布差异的变化。

根据1982年、1990年、2000年以及2010年人口普查数据，我们绘制了相应年份全国学龄人口及各教育阶段适龄人口规模及城乡分布（见图9－14～图9－19）。同时，绘制各省份学龄人口比例构成（见图9－20～图9－22）以及东、中、西部地区各教育阶段（除大学以外）适龄人口比例构成图（见图9－23～图9－25）。需要说明，由于历次人口普查数据中对31个省份人口年龄结构的划分均是以4年为分界点进行汇报，并没有针对每一个年份的具体数据。为此，在绘制过程中，我们将0～4岁人口视为学龄前人口，将5～14岁人口视为义务教育阶段适龄人口，将15～19岁视为高中适龄人口，将19～24岁视为大学适龄人口，由于这一划分方案与中国现行学制下各级教育适龄人口构成有一定差异，因此在分析地区差异及变化时，应更为谨慎，主要关注于变化趋势，而不是具体数值。根据适龄人口变化趋势，我们得到以下有益的结论：

（一）人口变动影响我国学龄人口规模

受计划生育政策和生育文化的影响，学龄人口整体呈现下降的趋势，以1990年为转折点，学龄人口大幅下降。除20世纪80年代学龄人口有非常小幅增加以外，在30年期间，全国学龄人口共减少约0.85亿，学龄人口占比从42.85%减少到26.65%。

就各时期各教育阶段而言，在这30年期间仍有波动，主要受1985～1990年

的人口自然增长率反弹的影响，即“回声婴儿潮”时期出生的人口陆续成为各教育阶段的适龄人口，学前、小学、初中、高中学龄人口在整体下降的情况下在特殊的时点又会再次波动。在学前教育阶段，适龄人口从1982年的7 810万人增加到1990年的8 474万人，此后，学前教育阶段适龄人口开始下降，到2000年下降为6 001万人，比1982年减少1 809万人，2000年以来下降趋势有所减缓。义务教育阶段学龄人口在20世纪八九十年代持续下降，在2000年左右经历了一次回升之后再次快速下降，小学阶段适龄人口在2010年比2000年下降达4 754万人，而初中教育阶段适龄人口除2000年有些许上升外，总体也呈下降趋势，约减少了2 639万人。高中阶段适龄人口在80年代有快速的上升，之后呈下降趋势。大学阶段适龄人口总体呈上升趋势，先后受第二次和第三次人口快速增长期的影响，大学适龄人口规模在1990年和2010年，分别达到10 374万人、10 060万人，整体呈波动上升趋势。

（二）人口变动影响城乡学龄人口规模

在城乡人口自然增长率均呈现下降的背景下，受到城镇化进程的影响，城镇地区人口机械增长幅度大于新生人口的下降幅度，因而各学段学龄人口普遍呈现缓慢上升趋势；在农村地区，基于生育率的快速下降和人口机械下降幅度较大，各学段学龄人口变动趋势与全国各学段学龄人口变动趋势较为一致，各时点变化幅度略大于全国的平均水平。城镇地区，学前教育阶段适龄人口稳步上升，2010年的学前适龄人口是1982年的2.04倍；小学、初中、高中阶段学龄人口上升较为缓慢，上升率分别为155%、173%、181%，其中在90年代上升速率较快；高中和大学阶段适龄人口上升速度非常快，达到333%，尤其是20世纪末21世纪初，上升速度非常惊人。农村地区则维持与全国总趋势的一致性，2010年学前、小学、初中、高中、大学适龄人口分别下降到1982年水平的52.89%、27.13%、43.11%、66.95%、86.58%。

受城镇化影响，城镇地区与农村地区学龄人口的差距在逐渐缩小，甚至在高中和大学阶段，出现反超的局面。在改革初期，我国农村地区人口远多于城镇，1982年农村学龄人口是城镇地区的3倍多，足足超出了2.68亿人，但在这几十年期间，差距不断缩小，到2010年，差距只有700万左右。截至2010年，农村学前、小学、初中教育阶段适龄人口仍多于城镇地区，而进入20世纪之后，城镇高中和大学教育阶段适龄人口开始超过农村地区。

（三）人口变动影响不同地区学龄人口规模

自20世纪90年代以来，在东、中、西部三个地区中，各阶段学龄人口构成基本均呈现不断下降的趋势，除东、中部地区学前适龄人口构成比例在 2000 年后出现略微反弹①。

20 世纪 90 年代，三大区域学前教育阶段适龄人口占比均呈现下降的趋势，而 2000 年以来，由于大量人口从西部地区流入中部、东部，造成 2000～2010 年东部地区学前适龄人口构成比例从 4.7% 提升到 5.0%，中部地区学前适龄人口构成比例从 5.2% 提升到 5.9%；相反，西部地区学前适龄人口构成比例从 7.1% 下降到 6.5%。在各地区人口增长率不断放缓的背景下，受到人口从西部省份向中西部省份不断流动的趋势下，不同省份之间学龄人口构成比例的差异性不断加大。各省份学前教育阶段适龄人口在各省份总人口中所占比重的变异系数从 1990 年的 0.16 上升到 2010 年的 0.24，义务教育阶段适龄人口在各省份总人口中所占比重的变异系数从 1990 年的 0.16 上升到 2010 年的 0.28。

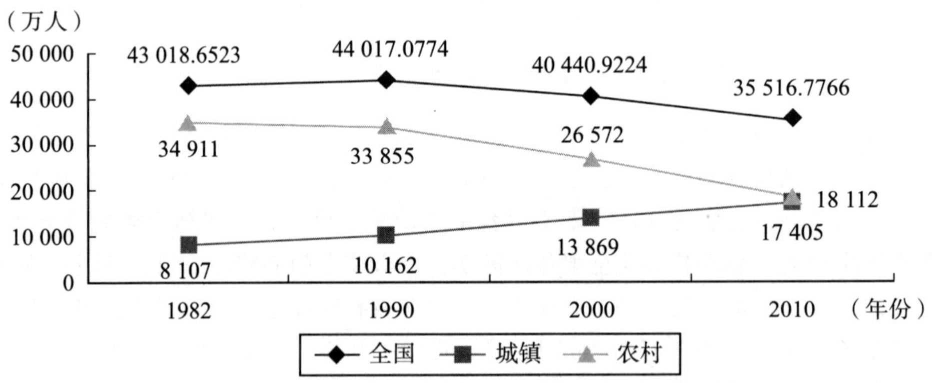

图 10－14　全国、城镇、农村学龄人口变动状况

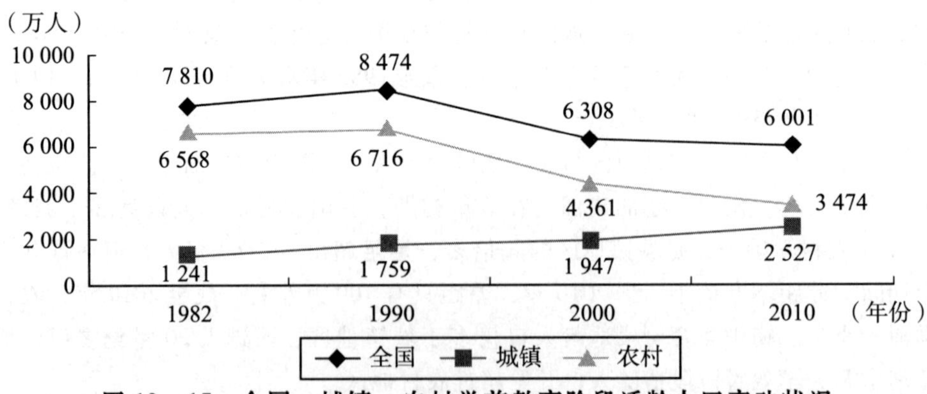

图 10－15　全国、城镇、农村学前教育阶段适龄人口变动状况

① 造成东部、中部地区学前教育适龄人口反弹的原因主要是，西部地区流入的二代农民工子女逐渐进入生育年龄，这一人口年龄结构的变化加大了东部和中部地区普及学前教育的压力。

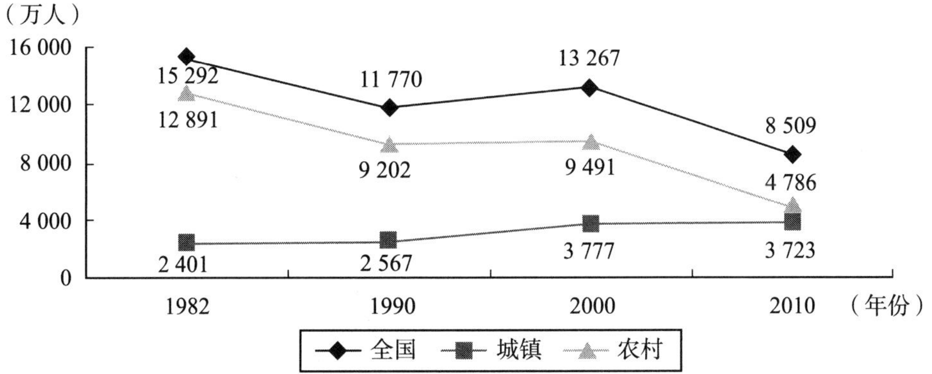

图 10 – 16　全国、城镇、农村小学教育阶段适龄人口

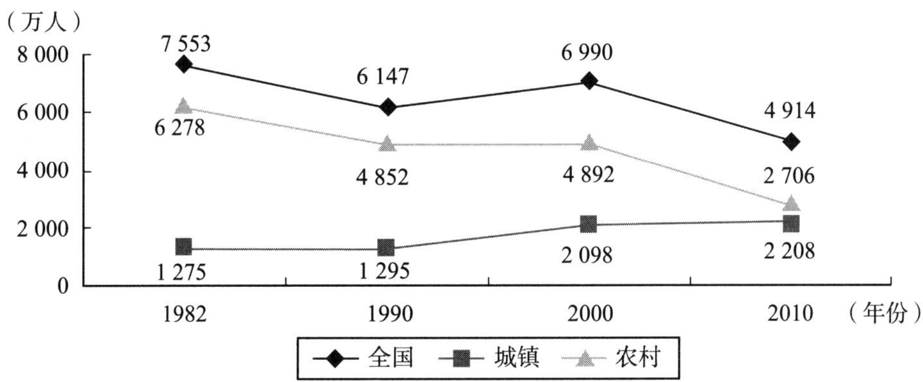

图 10 – 17　全国、城镇、农村初中教育阶段适龄人口

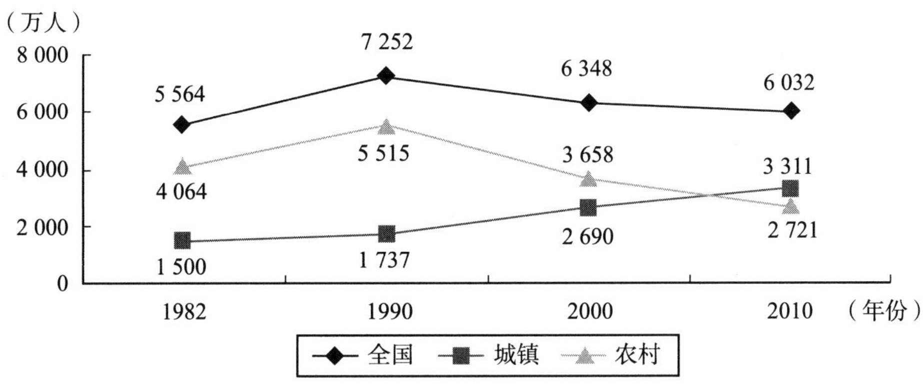

图 10 – 18　全国、城镇、农村高中教育阶段适龄人口

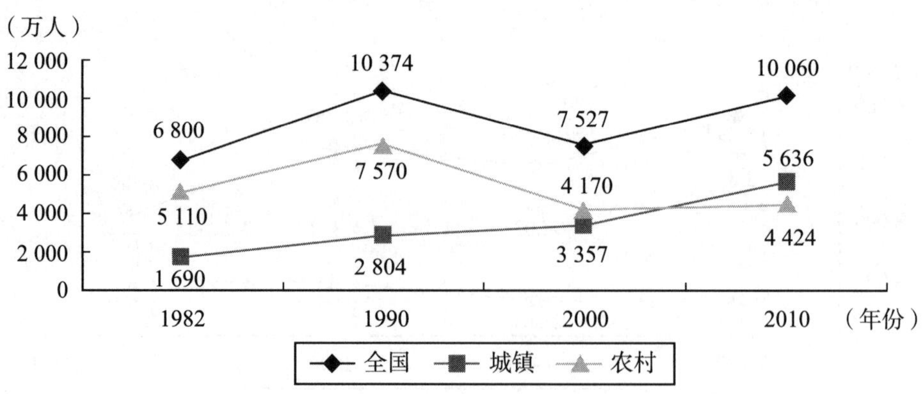

图 10－19　全国、城镇、农村高等教育阶段适龄人口

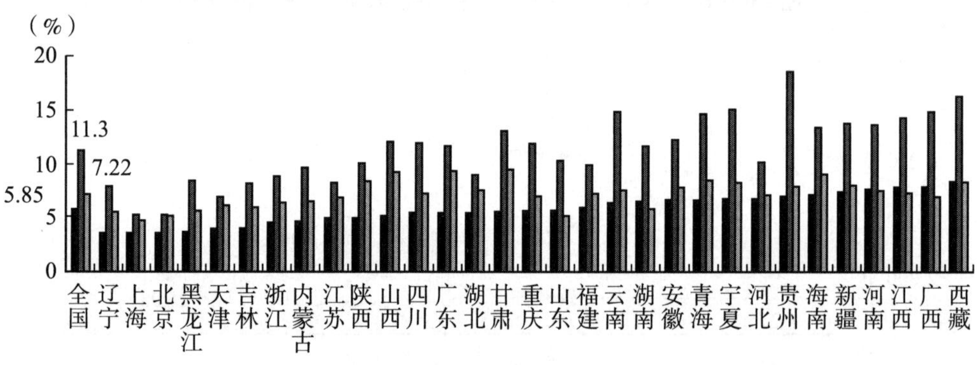

图 10－20　2010 年各省份学龄人口比例构成

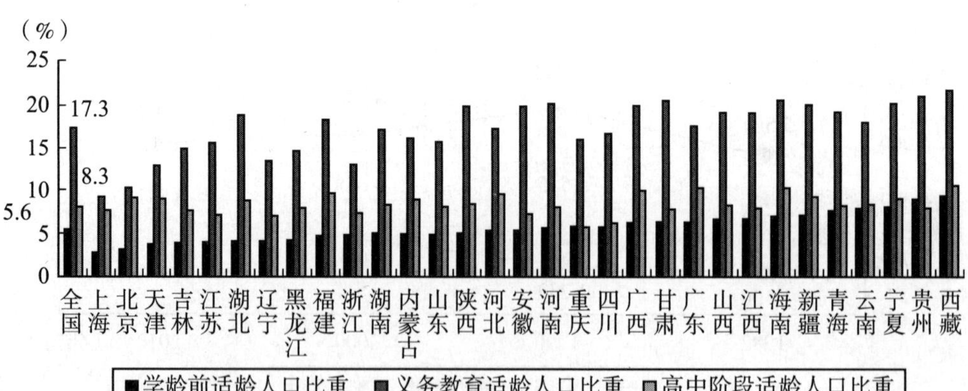

图 10－21　2000 年各省份学龄人口比例构成

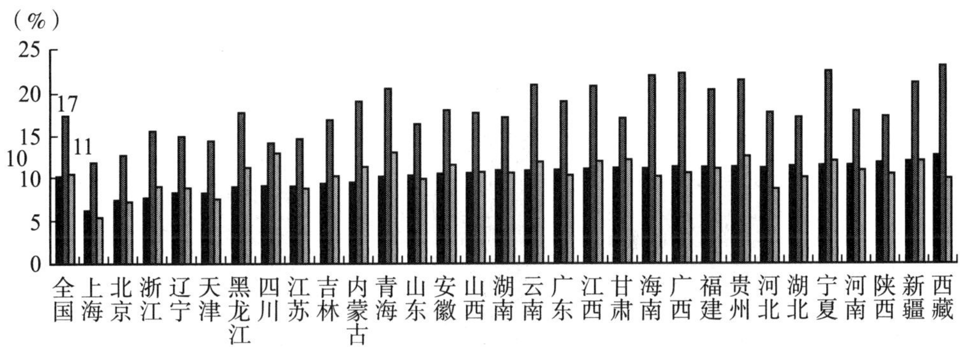

图 10-22　1990 年各省份学龄人口比例构成

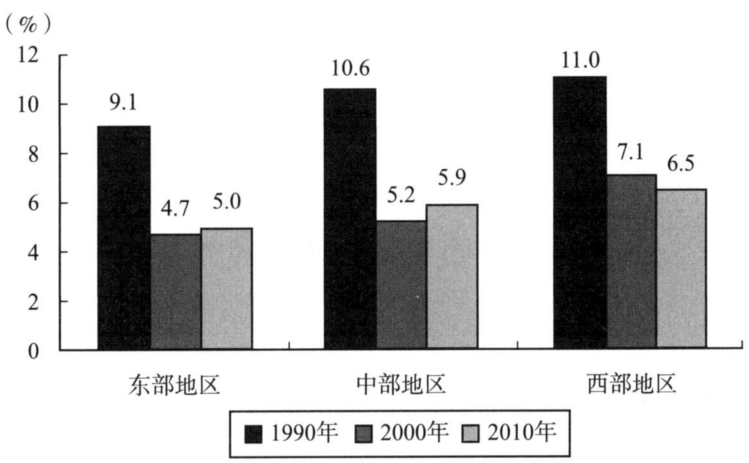

图 10-23　东、中、西部地区学前教育阶段适龄人口构成

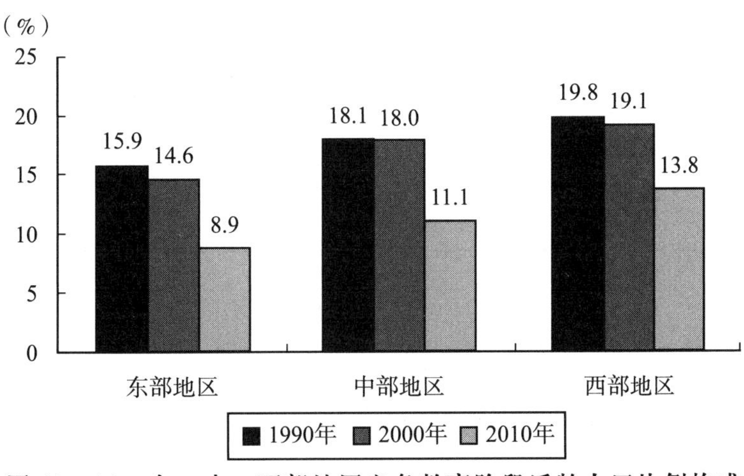

图 10-24　东、中、西部地区义务教育阶段适龄人口比例构成

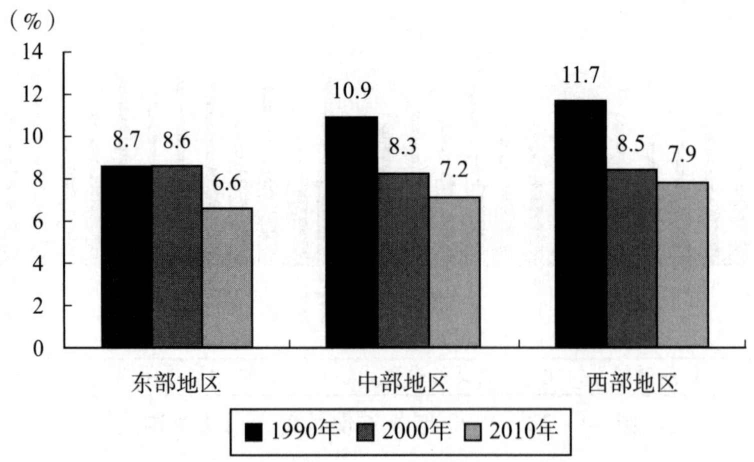

图 10-25　东、中、西部地区高中教育阶段适龄人口比例构成

注：学前、小学、初中、高中、大学教育各阶段适龄人口分别指年龄为 3~6 岁、7~12 岁、13~15 岁、16~18 岁、19~22 岁人口数。

资料来源：根据全国第四、第五、第六次人口普查数据整理。

二、学龄人口变动对教育需求及布局的影响

（一）各教育阶段在校生规模的变化趋势

受入学率影响，学龄人口规模并不等同于在校生规模。图 10-26 展现了 1978~2012 年我国各级各类学校在校生规模的变动情况，我们对比分析了各级各类学校在校生规模与适龄人口规模变化趋势之间的关系。各级学校在校生规模虽然以相应的各级教育适龄人口数为基础，但其也受制于各级教育具体的发展进程和相关的招生政策，直接反映在各级教育毛入学率的变化上。结合表 10-4 呈现的各级教育 1991~2009 年毛入学率变化情况，我们分别对各级各类学校招生规模与适龄人口变化趋势之间的关系展开分析。

表 10-4　　各级教育毛入学率　　单位：%

年份	小学	初中	高中阶段	高等教育
	按各地相应学龄计算	12~14 周岁	15~17 周岁	18~22 周岁
1991	109.5	69.7	暂缺	3.5
1992	109.4	71.8	26.0	3.9

续表

年份	小学	初中	高中阶段	高等教育
	按各地相应学龄计算	12~14 周岁	15~17 周岁	18~22 周岁
1993	107.3	73.1	28.4	5.0
1994	108.7	73.8	30.7	6.0
1995	106.6	78.4	33.6	7.2
1996	105.7	82.4	38.0	8.3
1997	104.9	87.1	40.6	9.1
1998	104.3	87.3	40.7	9.8
1999	104.3	88.6	41.0	10.5
2000	104.6	88.6	42.8	12.5
2001	104.5	88.7	42.8	13.3
2002	107.5	90.0	42.8	15.0
2003	107.2	92.7	43.8	17.0
2004	106.6	94.1	48.1	19.0
2005	106.4	95.0	52.7	21.0
2006	106.3	97.0	59.8	22.0
2007	106.2	98.0	66.0	23.0
2008	105.7	98.5	74.0	23.3
2009	104.8	99.0	79.2	24.2

资料来源：教育部门户网站，http://www.moe.edu.cn/publicfiles/business/htmlfiles/moe/s4959/201012/113470.html。

在学前教育阶段，在该阶段学龄人口呈现下降趋势的背景下，在校生规模在2009年之后迅速增长。事实上，社会各界和政府对学前教育重视程度不断提高，学前教育毛入园率迅速提高，2010年学前教育毛入园率达到56.6%，比2005年大幅提高15.2%[①]，而2013年全国学前毛入园率已经达到67.5%，比2010年又

① 中国新闻网，http://www.chinanews.com/edu/2011/03-10/2896169.shtml。

增加了10.9个百分点①，这种由政策主导的快速发展使得幼儿园在校生规模大幅增长，其变动趋势有别于学前适龄人口变动状况（见图10－23）。

在义务教育阶段，在校生规模与适龄人口规模变化趋势基本一致（见图10－24）。小学在校生规模自20世纪90年代后期开始快速下降，无论从规模还是从走向上看，都与学龄人口基本趋于一致；初中在校生规模在21世纪初回升之后开始逐渐下降，它的下降趋势与适龄人口的下降趋势是一致的。对于该阶段的适龄人口变动与其在校生规模几乎一致的现象很好理解，结合表10－4毛入学率数据，由于近几十年，我国一直致力于普九工作，小学初中毛入学率不断增长，基本开始稳定，因此其在校生人数与人口规模的变化趋势越来越一致，尤其是义务教育阶段毛入学率基本达到100%时。

在高中阶段和高等教育阶段，总的在校生规模一直在缓步增加（见图10－25），这与我国高中阶段和高等教育阶段适龄人口下降的趋势正好是相异的。在这两个阶段，教育规模受教育普及率、招生政策（例如高考扩招）等因素的影响更大，因此在校生规模的变化并未与人口变动趋势完全一致。

（二）各级各类教育在校生规模的城乡分布状况

从本节第一部分的分析中可知，我国各学段适龄人口在城乡之间的分布是具有差异的，且差异在逐步缩减，那么我国城乡各学段在校生规模是否具有同样的特点呢？

图10－26、图10－27展现出了我国城乡小学、初中在校生规模，小学和初中阶段城乡在校生规模的变动状况是与相应学龄人口变动较为一致的。这主要是因为在义务教育阶段，我国普遍实行就近入学政策（公立学校），因此适龄人口所在地区与其就读学校所在区域是比较一致的，这意味着在各个地区，小学和初中适龄人口规模与在校生规模比较一致。但是由于就近入学的政策实施得并不是非常彻底，同时由于私立学校的存在，有一部分适龄人口可能会离开自己所在区域，进入到其他区域教育条件更好的学校，这就会使得教育发展较弱的区域，通常是农村，适龄人口流失得比较严重，也因为如此，农村学校的收缩往往快于它的适龄人口的收缩。但总体而言，在义务教育阶段，就近入学政策贯彻得越来越彻底，且我国民办学校并不多，2010年民办普通小学5 186所，民办普通初中4 282所，因此一个特定地区小学、初中的在校生规模与其相应的适龄人口规模出入不会很大。

① 《2014年两会教育专题报道》，http：//www.cdgdc.edu.cn/xwyyjsjyxx/2014nlhjy/jyggfzdt/278248.shtml。

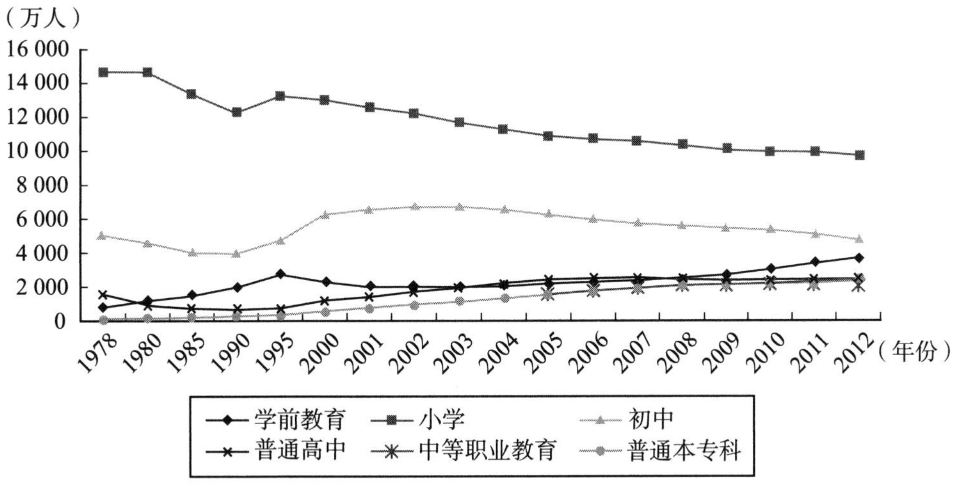

图 10－26 各级各类在校生情况

资料来源：根据《中国统计年鉴（2013）》数据整理。

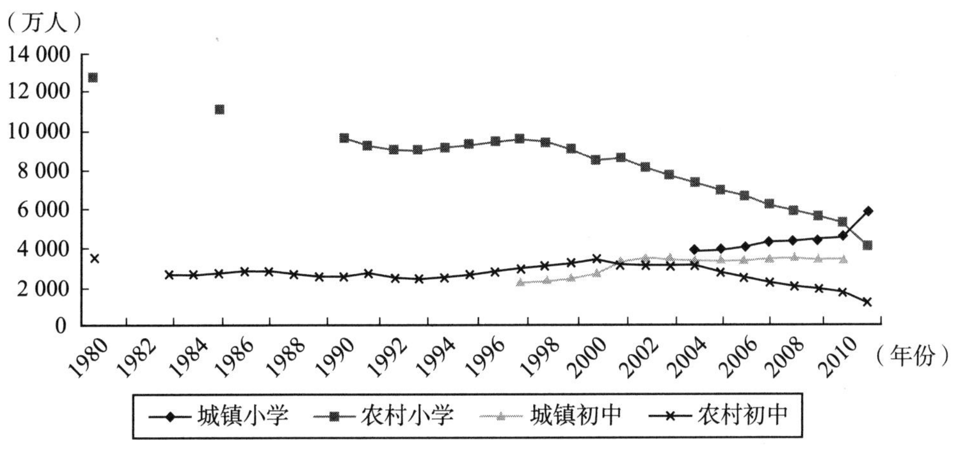

图 10－27 城乡义务教育在校生情况

图 10－28 展现出我国城乡高中在校生规模与适龄人口的城乡分布存在较大差异。城镇高中在校生规模非常庞大，且规模在不断扩张，而农村高中在校生规模徘徊在一两百万，只占很小的一部分，且有下降的趋势。这主要是由于目前我国高中阶段的教育施行的是选拔性的招生方式，而且多数高中建在县一级的地区，因此高中的布局与城乡适龄人口的分布具有非常大的差异。

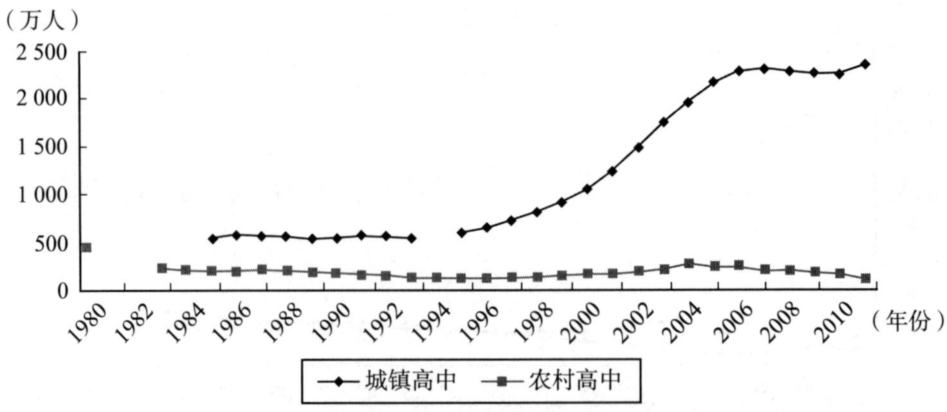

图 10-28 城乡普通高中在校生情况

资料来源：由 CNKI 中国知网统计数据分析，汇总各类统计年鉴而得。http：//tongji.cnki.net/kns55/Dig/dig.aspx，部分年份数据缺失。

（三）学龄人口规模变动对义务教育规划的挑战

由上述分析可知，无论从整体，还是分城乡来看，我国义务教育阶段适龄人口规模与在校生规模较为一致，这主要是因为相对于其他学段的发展进程及招生政策，我国中小学招生政策稳定。下面将对学龄人口规模变动对义务教育发展影响做一个回顾。

义务教育阶段学龄人口规模的波动直接影响到义务教育受教育需求，从图 10-29 义务教育阶段招生数量与人口出生率变化趋势中可清楚发现，小学和初中阶段招生规模波动分别比人口出生率的波动晚了 7 年和 13 年左右，1987 年和 1990 年，小学和初中分别达到招生峰值；相应地，1987 年人口出生率峰值出现后的 1995 年和 2000 年小学达到高峰，此后，由于“普九”工作推行，小学和初中招生规模的高峰持续了较长时间；在 1997 年和 2003 年以后，入学率相对稳定，前期人口出生率下降的趋势开始反映到初中与小学招生规模上，二者均持续下降。

在全国适龄人口规模整体趋于下降的同时，农村和城镇义务教育阶段适龄人口规模的变动趋势并不相同，这种趋势反映在城乡学校在校生比例上。如图 10-30 所示，小学阶段农村在校生占比从 1982 年的 88% 下降到 2010 年的 54.1%，初中阶段农村在校生占比从 1997 年的 56.85% 下降到 2010 年的 33.82%，同时也使得城镇适龄人口在人口出生率下降之时，不减反增，义务教育各阶段在校生比例均快速上升。

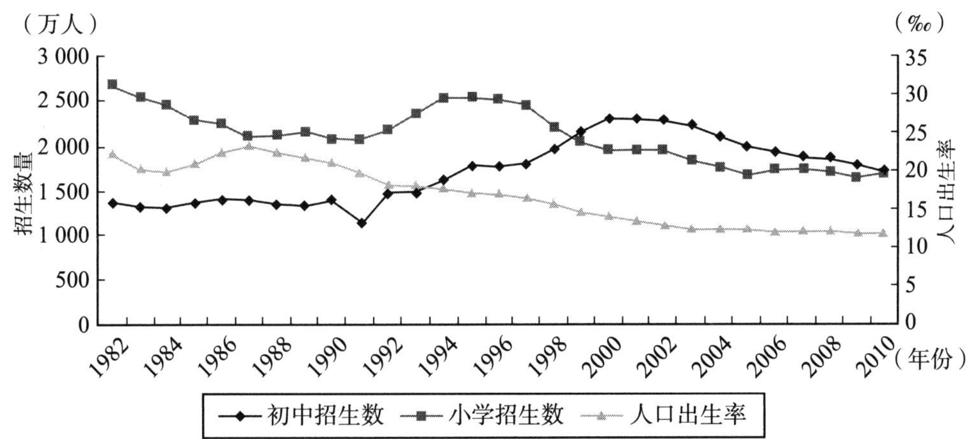

图 10-29 1982~2010 年人口出生率与中小学招生数量

注：根据《中国统计年鉴（2010）》数据整理得到。

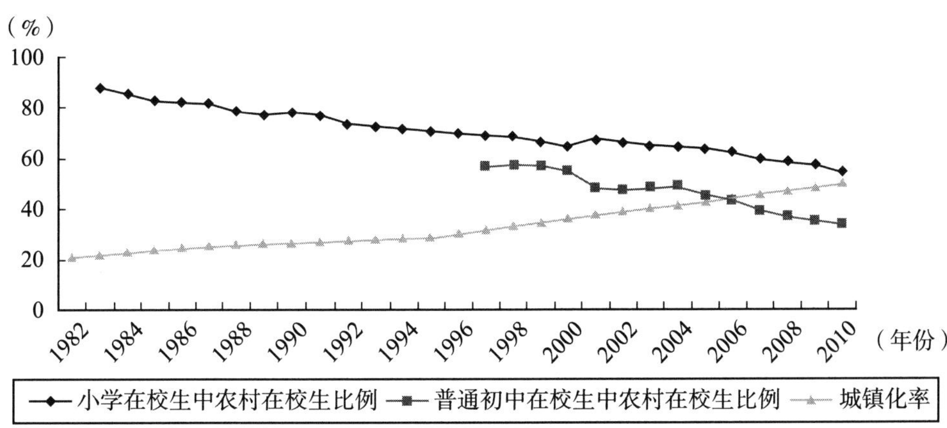

图 10-30 1982~2010 年义务教育阶段在校生中农村学生占比变动状况

注：根据历年《中国教育统计年鉴》数据整理得到。

由上述分析可知，20 世纪 80 年代以来生育水平的“骤然”下降和人口分布的快速改变对我国城乡义务教育需求都产生了巨大影响。由于未能充分考虑并提前应对人口变动的影响，义务教育发展问题已经在某些领域突显出来。例如，农村地区在 20 世纪 90 年代“普九”过程中，未充分考虑学龄人口快速萎缩趋势，后因生源不足，形成了大量“麻雀学校”，其办学效率低下、质量堪忧；为解决以上问题，各地又开始大搞以“关”“合”“转”为核心的学校布局结构调整，一方面造成大量新建校舍荒废，资源严重浪费，另一方面又造成部分学校由于覆盖面积过大出现资源短缺、学生安全问题频发等问题（石人炳，2003）；而城镇地区，由于没有提前应对适龄流入人口所带来的教育需求激增问题（2005 年全国6~14周岁义务教育阶段流动人口子女规模达到1 100多万[①]，此后持续增加)，导致义务教育资源出现供不应求的局面，2005年城镇流动适龄人口中9.3%处于失学或辍学状态[②]。

除了九年义务教育以外，按目前国家的教育政策，学前教育、普通高中教育也将会成为公众必需品，一旦这两个学段的教育发展到义务教育的水平，即毛入学率基本达到饱和状态、招生政策稳定、实行就近入学等政策，那么一个地区学龄人口的变动，也会迅速影响该阶段的教育需求。长远来看，基于人口变动对教育发展需求的影响，预测各阶段教育需求变化趋势，进而规划未来教育发展是非常重要的。

三、人口老龄化对公共教育投入的挑战：以基础教育为例

人口年龄结构是社会结构中的最基本形式，更是其他社会结构包括阶层结构、城乡结构、区域结构、就业结构和社会组织结构等的基础（陆学艺，2010）。回顾世界人口年龄结构变迁历史，人口老龄化是不可避免的趋势，将成为人类社会人口结构的常态。人口老龄化不仅对教育规模产生影响，而且很可能引发社会公共资源与社会福利代际之“争”问题，对基础教育公共投入提出挑战。

（一）人口老龄化对基础教育公共投入的挑战：美国经验分析

自20世纪60年代末迈入老龄化社会开始，老龄化成为美国一个主要的人口问题。20世纪70年代美国65岁以上老年人占比为10%，2010年老年人占比提高到13%[③]；根据2010年人口普查结果估计，预计人口老龄化进程将会在2010~2030年迎来高峰，2050年老年人占比会提高到20%以上[④]。由于美国公共资源配置等公共事务是由当地居民通过对相关法案表决、投票所决定，不同利益群体的人口比例构成会对地方公共事务产生重要影响。那么，伴随着美国人口年龄结

---

① 赵沁平：《为流动人口子女接受义务教育提供制度保障》，2007年11月20日，2014年6月10日引用，http://www.zgpaw.com.cn/wszb/2007-11/20/content_34581.htm。

② 《我国18周岁以下流动人口受教育状况堪忧》，2004年2月17日，2014年6月10日引用，http://news.xinhuanet.com/newscenter/2004-02/17/content_1316989.htm。

③ Jacobsen et al. America's aging population [DB/OL]. http://www.prb.org/pdf11/aging-in-america.pdf, 2013-06-27.

④ 第二次世界大战后，1946~1964年美国“婴儿潮”时期出生的超大规模人口将在2010年后陆续进入老龄化阶段；受经济迅速发展和医疗卫生条件改善等因素的影响，美国第二次世界大战后人口平均期望寿命有了根本提高，1900年出生的婴儿中，仅有40%的人能活到65岁以上，而第二次世界大战后出生的婴儿则有80%可以活到65岁以上。

构不断走向老龄化，地方法案投票人口越来越“老”，老年人的偏好不可避免会对各级政府公共事务决策形成压力和冲击，其中，一个非常值得注意的问题是政府基础教育公共投入决策因人口老龄化所面临的压力和冲击。

根据美国20世纪80年代以来相关学术文献，越来越多的研究者以“美国人口老龄化与基础教育公共投入”为主题，基于美国历次人口普查数据、各种居民调查数据等大型数据库，利用多种技术手段构建实证模型开展相关研究，表10－5概要性地呈现了20世纪90年代以来相对影响较大的9项研究。

表10－5　20世纪90年代以来以“美国人口老龄化和基础教育公共支出”为主题部分研究

研究者	数据	样本	方法	结论
Button (1992)	佛罗里达州6个县的面板数据（1987～1989年）	6个县	OLS	有关地方基础教育公共投资的法案表决中，代际冲突普遍存在；55岁以上居民占比对学校增税法案通过率有显著负向影响
Deller and Walzer (1993)	伊利诺伊州农村生活追踪调查数据库（1989年、1991年）	2 074名居民	描述性统计分析；OLS	尽管退休人员并未表现出对增加地方性基础教育公共投入明显的反对态度，但相对于非退休从业人口，他们对基础教育公共投入支持程度明显降低，且普遍认为地方基础教育公共投入水平已经可以满足教育事业需要
Miller (1996)	州层面面板数据（1960年、1970年、1980年、1990年）	48个州	OLS	州层面选举人中65岁以上人口构成比例对于州人均公共教育支出存在负向影响，尽管这一影响在统计意义上并不显著
Poterba (1998)	州层面面板数据（1961年、1971年、1981年、1991年）	48个州	OLS；工具变量模型	州层面65岁以上老年人口构成比例对州层面生均公共教育支出存在显著的负向影响；老年人构成比例对与老年人相关的公共支出存在显著的正向影响，老年人对基础教育公共支出具有明显“挤出”效应

续表

研究者	数据	样本	方法	结论
Ladd and Murray (2001)	州层面面板数据(1972 年、1982 年、1992 年)	48 个州	OLS；州层面固定效应模型	州层面 65 岁以上老年人口构成比例对州层面人均公共教育支出和生均公共教育支出均存在负向影响
Harris (2001)	学区层面面板数据（1972 年、1982 年、1992 年）	10 753 个学区	OLS；州层面固定效应模型	学区层面 65 岁以上老年人口构成比例对学区生均公共教育支出均存在显著负向影响
Fletcher (2008)	县层面两年的面板数据(1900 年、2000 年)	3 100 个县	OLS	县层面老年人占比的增加对地区公共事务决策“中间人”构成具有重要影响，并因此对县级层面基础教育公共支出产生显著负向影响；这种负向影响在收入水平较低的县表现更大
Tosun (2009)	州层面面板数据(1970 年、1980 年、1990 年、2000 年)	48 个州	OLS；州层面固定效应模型，时间固定效应模型、自回归模型	州层面 65 岁以上老年人口构成比例对州层面生均公共教育支出存在显著的负向影响，尤其是 75 岁以上老年人口占比的负向影响更大
Figlio and Fletcher (2010)	学区层面数据(1970 年、1980 年、1990 年)	9 113 个学区	2Stage - OLS；工具变量模型	学区层面“婴儿潮”时期出生人口比重（以此为指标衡量老年人口占比）对学区基础教育公共支出存在显著负向影响，并对学区的中小学办学存在显著负向影响

从表 10 - 5 中所呈现的研究来看，实证数据的模型检验大多支持人口老龄化确实对美国基础教育公共投入带来挑战的结论，挑战不仅体现在州层面，同时也体现在县级财政和学区财政层面，即老年人口占比与各层级基础教育公共投入量、公共投入增加速度以及相关增加公共基础教育法案通过率成反比，以老年人口为目标群体的财政支出对基础教育公共支出形成了“挤出”效应；部分研究还发现，随着老龄化程度不断加大，老年人口构成比例对各级政府基础教育投入的影响效应在不断增加，当然，这种影响效应是负向影响，在不同研究中，影响程

度大小并不完全一致。

（二）人口老龄化对基础教育公共投入的挑战：中国问题分析

人口年龄结构的老化将成为人类社会常态，这是我们必须面对的客观趋势。尤其在中国，受相关人口政策影响，中国人口增长模式从传统型（高出生率—高死亡率）向现代型（低出生率—低死亡率）的转变速度快于世界任何一个国家，中国也是世界上唯一老年人口过亿的国家，“未富先老”的基本国情决定了中国人口老龄化对社会发展带来的压力将更加突出。因此，我们必须重视人口结构变化可能对中国社会发展带来的影响，其中，人口老龄化对基础教育公共资源合理配置形成的压力和挑战就是非常重要的一个问题。

根据对美国文献的梳理，在公共资源有限和代际竞争存在的背景下，基于长趋势面板数据经验研究发现，人口老龄化确实对美国基础教育公共投入带来了挑战。那么，对于政治经济和财政体制以及文化传统都与美国存在着很大差异的中国，随着人口快速变老，中国基础教育公共投入是否和美国一样将会面临人口老龄化所带来的挑战。回答这一问题，对于中国获得“人才红利”、顺利实现社会经济转型和可持续发展非常重要。

由于中国人口年龄结构变化不是一个自然渐进发展的过程，与“未富先老”的基本国情一致，对人口老龄化问题的研究明显滞后于现实要求。就现有相关研究来看，关注到人口老龄化对基础教育发展可能产生影响的研究非常少；而这些数量不多的研究，往往是从传统人口学理论出发思考学龄人口规模变化对不同阶段教育事业发展的影响，这些研究由于没能跳出教育事业本身探讨老龄化问题的影响，并不足以全面应对人口年龄结构变化对中国教育事业产生的冲击。

截至目前，中国知网上关注老龄化对基础教育财政影响的文献仅查到一篇（顾佳峰，2011），该文章从人口地理学角度分析了老龄化问题对县级基础教育公共经费的影响，结论是老龄化没有削减县级基础教育公共投入。我们认为，该文没有得出老龄化对基础教育公共投入形成挑战的原因主要有两点：一方面，文章使用2000年人口普查数据，而当年中国65岁以上老年人占比为6.95%，15～64岁青壮年占比高达70.2%，0～14岁群体占比为22.9%，是新中国成立后“老少抚养比”最低的人口红利峰值期，且国家经济强劲增长，利用这一期数据分析代际竞争对基础教育公共经费所产生挑战的问题并不合适；另一方面，在2001年“以县为主”基础教育管理体制确定之前，确切地说是2005年“农村义务教育经费保障机制”推行之前，在“人民教育人民办”的基础教育投入体制下，研究人口老龄化对基础教育财政的影响缺乏现实意义。

2011年末中国65岁及以上老人已达1.23亿人，人口老龄化率达9.13%，预计2030年中国人口老龄化率将超过14%，未来20～40年将成为中国人口老龄化高峰阶段（王志宝，2013）。笔者认为，随着中国步入"深度老龄化"社会，老年人口赡养比正迅速提高，理论上而言，人口老龄化同样会对中国基础教育公共投入形成压力和挑战。

首先，美国的经验表明，政府有可能为了维护当代老年人所代表的政治群体的利益，以青少年发展潜力为代价换取政治稳定。随着中国政治民主化进程的推进，以及未来老年人知识水平的提高和生活成长文化背景的变化，未来老年人的参政议政意识会不断增强，一旦形成以老年人为主体的政治团体，他们对地方政府甚至是中央政府形成的压力不容忽视。那么，从追求自身效用最大化的角度出发，不断壮大的老年人群体会对基础教育公共投入形成压力。

其次，中国人口流动是一个从农村到城市、从中西部地区到东部地区单向流动的过程，这导致不同区域老龄化进程并不一致，同时也增加了人口年龄结构变化对基础教育公共投入可能带来挑战的复杂性。从第六次人口普查数据看，老龄化问题最严重的地区往往是农村地区以及重庆、四川等劳动力外流大省。一方面，人口单向流动加剧了不发达地区所承受人口老龄化的压力。另一方面，若这种单向流动长期存在，那么，省和地方政府在完成教育经费投入4%的考核目标后，投资基础教育动力往往不足，因为对于经济不发达和落后地区，其基础教育投入带来的溢出效应巨大，该类地区增加基础教育投入很可能带来发达地区巨大的人力资本收益；对于经济发达的人口流入省份和区域，尽管青壮年人口的输入延缓了老龄化对其带来的冲击，但他们则面临着外来人口与本地人口关于资源配置的冲突。

最后，受传统儒家文化影响，家庭养老一直是中国传统的养老模式，老年人口社会福利保障制度的建立远远滞后于人口结构变迁的速度，在中国人口结构、家庭结构转变以及社会文化观念转型的背景下，传统大家庭不复存在，家庭养老功能不断弱化，这加剧了中国社会养老问题。要解决老年人社会养老保障问题势必给公共财政带来严峻挑战，据世行预测2010～2075年中国基本养老保险的收支缺口累计将达9.15万亿元①。这无形中进一步加大了老龄化问题对基础教育公共投入的压力。

总而言之，在中国基础教育质量问题仍然不高、教育公平与均衡问题仍然严峻的今天，为基础教育提供充足的公共投入不仅是办好人民满意教育的根本要求，也是中国跨越"中等收入陷阱"获得"人才红利"的重要基础，我们必须重视一切可能对基础教育事业发展产生挑战的因素，其中，当然包括人口老龄化

① 项怀诚：《中国养老体系面临考验　社保基金任重道远》，新浪财经，2005年10月24日，2014年6月10日引用，http：//finance.sina.com.cn/roll/20051024/0951363106.shtml。

对基础教育公共投入可能形成的挑战。由美国前车之鉴和中国现实状况的分析验证可知中国人口老龄化对基础教育公共投入形成挑战具有非常强的现实可能性，但是，这种挑战是否一定会造成基础教育公共投入增长停滞甚至削减，以及影响程度和大小，这都取决于中国政府是否对这种前所未有的人口年龄结构变化可能产生的问题做出及时和正确的预判，取决于相关公共政策的合理制定与完善。为此，面对人口结构快速老化的不可逆转趋势，中国政府需要基于人口社会调查、教育财政和社会福利保障等相关领域数据加强监测与评价，科学、准确地揭示老龄化问题对基础教育公共投入的挑战和影响，及时发现潜在问题；同时，明确长期发展战略目标，统筹短期目标和即期目标，避免因为某一群体偏好而有损社会经济持续发展的动力。

第四节　人口结构与学前教育规划

为有效缓解老龄化加速、劳动年龄人口短缺、失独家庭问题突出等诸多社会经济发展问题，中国政府先后实施“单独二孩”政策和“全面二孩”政策。根据本章第一小节的人口预测，未来一段时期会迎来小规模的“婴儿潮”。人口增长的波动将影响教育资源需求，特别是在中国要以教育为抓手、提高劳动力人口素质，变“人口红利”为“人才红利”的背景下。同时，考虑到中国正处于城镇化加速期，农村人口在将来较长一段时期仍将持续、快速向城镇转移，再加之独生子女群体分布以城镇为主，两项因素交错使得人口政策调整后城镇地区学前教育需求所面临压力更大。为更好满足学生和社会对高质量教育的需求，也为了避免教育资源出现配置风险和浪费，必须充分考虑未来适龄人口规模变化趋势后做出前瞻性的教育发展规划。在第四节和第五节中，我们将以学前教育和义务教育为例，结合第一节中人口预测数据，对未来十五年相应教育阶段的发展做出规划。

需要说明的是，人口预测是以 2010 年全国第六次人口普查数据，兼顾城镇化进程中人口迁移变动因素，按照低人口增长方案、中人口增长方案和高人口增长方案进行。其中，低人口增长方案假定 2013 年及以后的人口增长按照人口政策实施前即“六普”时期总和生育率不变，而高人口增长方案和中人口增长方案则假定人口增长率因人口政策松动得到不同程度提升，因此，第四节和第五节的人口结构与教育规划案例实质上可以视为对“单独二孩”和“全面二孩”这两项人口政策松动对学前教育和义务教育阶段适龄人口变动趋势与教育需求影响效应的评价与分析。

一、学前教育阶段适龄人口（3~6岁）规模的预测

依据学前教育办学特点，我们将学前三年教育适龄人口定义为3~6岁，对全国、城镇和农村学前三年适龄人口2013~2030年的变化趋势分别进行了预测，结果见图10-31。

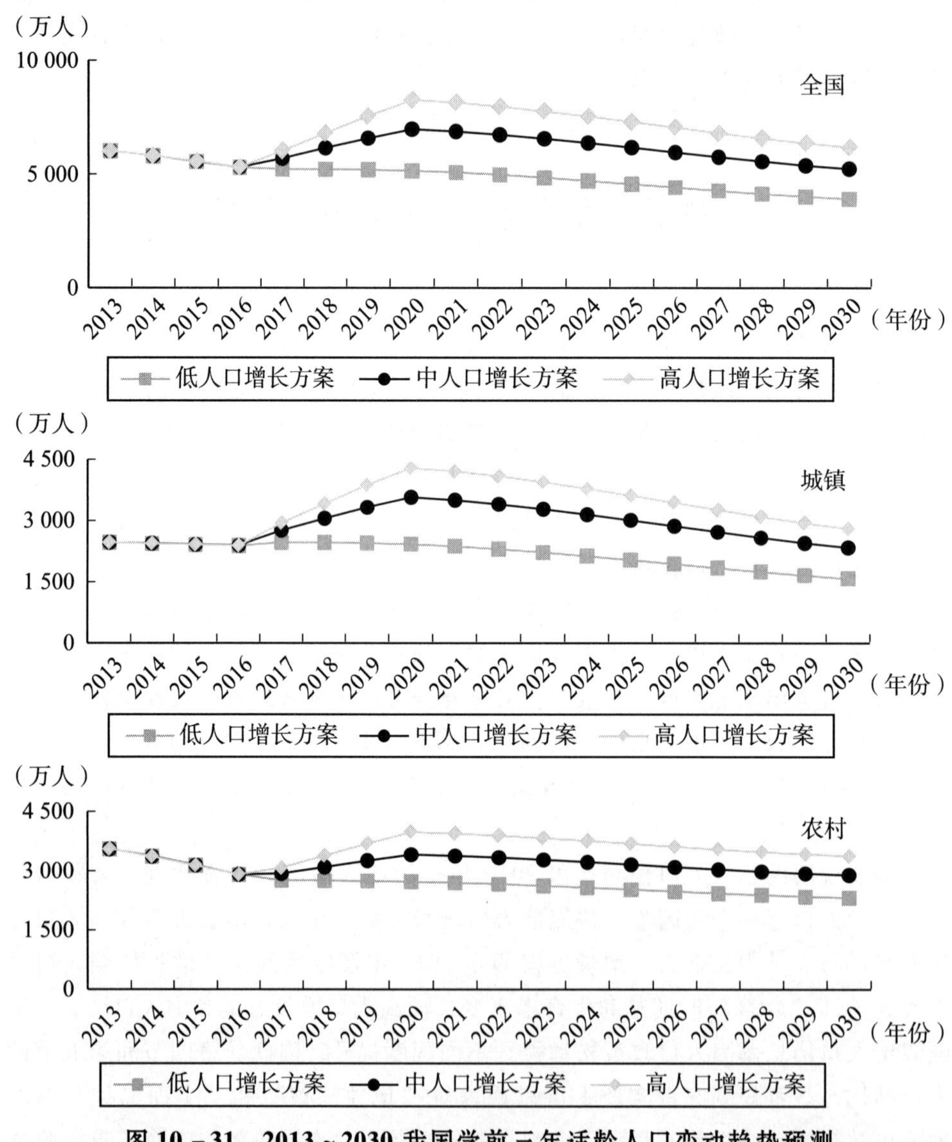

图10-31　2013~2030我国学前三年适龄人口变动趋势预测

由于2017年以前的学前适龄人口出生于2014年以前，其规模不受预测方案的影响，三种方案的预测结果保持一致。但2017年及其之后，三种方案预测得到的学前适龄人口规模则表现出较大差异。特别是受到累积效应影响，随着时间推延，三种方案预测得出的学前适龄人口规模在一定时期内差异会越来越大。由于高方案和中方案人口预测得到的变化趋势基本一致，我们仅以高增长方案和低增长方案的差距为例进行分析：

从全国总体看，相对于低人口增长方案，高增长方案下学前教育阶段适龄人口规模的增加量将从2017年的798万人扩大到2020年的3 117.2万人，而3 117.2万相当于2020年高增长方案下学前适龄人口总规模的38%，更是该年度低增长方案下学前适龄人口总规模的61%；跨过2020年这一人口增长高峰的拐点后，两种方案预测得到学前适龄人口规模的差距有所回落，但2030年的差距仍高达2 283万人。

从城镇来看，相对于低人口增长方案，高增长方案下学前教育规模的增加量将从2017年的479.7万人扩大到2020年的1 863.5万人，而1 863.5万相当于2020年高增长方案下学前适龄人口总规模的44%，更是该年度低增长方案下学前适龄人口总规模的77%；此后，差距有所回落，2030年两种方案差距仍高达1 219.7万人。

从农村来看，相对于低人口增长方案，高增长方案适龄人口规模的增加量将从2017年的318.5万人扩大到2020年的1 235.7万人，而1 235.7万相当于2020年高增长方案下学前适龄人口总规模的31%，更是该年度低人口增长方案下学前适龄人口总规模的46%；此后，差距有所回落，2030年两种方案差距仍高达1 064.1万人。

二、学前教育阶段适龄人口变动对教育需求的影响

根据以上我国2013~2030年城乡学前教育适龄人口变化趋势的预测，本研究从幼儿园学位需求数量、幼儿园需求数量以及教师需求数量三方面就人口政策变动对学前教育资源需求的影响进行分析。

（一）幼儿园学位需求总规模预测

自《教育规划纲要》提出以来，在各级政府高度重视下，中国学前三年毛入园率以年均3.6个百分点的速度提升，“2013年已达67.5%，比2010年提升了10.9个百分点，提前实现发展目标，在园幼儿增加918万人，相当于过去10年增量总和，‘入园难’问题初步缓解”①。但考虑到2013年底放宽人口政策后，

① 《我国学前三年毛入园率提前实现“十二五”目标》，《中国教育报》数字版，2014年2月27日，2014年6月10日引用，http://www.jyb.cn/china/gnxw/201402/t20140227_571734.html。

学前三年适龄人口将从 2017 年左右开始进入激增期，直至 2020 年左右达到峰值，这无形中增加了学前三年毛入园率保持快速提升状态的难度。因此，我们假设，以学前三年适龄人口峰值的 2020 年为分界点，毛入园率提升速度分为两阶段①：2013～2020 年毛入园率年均提升 0.36 个百分点，到 2020 年实现《教育规划纲要》“学前三年毛入学率达到 70%”的目标；2020～2030 年，学前三年毛入园率提升速度重新回到快车道，年均提升 3 个百分点，到 2030 年实现全面普及学前三年教育的目标。根据上述假设，由毛入园率计算公式②和学前适龄人口预测数，可计算全国幼儿在园学位需求规模。

图 10－32 呈现了三种人口增长预测方案下，全国整体幼儿在园学位需求规模变动趋势。如果人口政策不发生变动，适龄人口持续下降，2020 年之前幼儿在园学位需求规模呈现整体下降的趋势，此后由于加快毛入园率提升速度，学前三年幼儿在园学位需求规模略微有所回升，到 2030 年实现学前三年义务教育普及目标时，全国幼儿在园学位需求规模为 3 898.40 万人，较之 2013 年的 3 894.67 万人基本持平。换句话说，如果不调整人口政策，保障 2030 年普及学前三年教育目标的学位需求较为轻松。但是，由于 2013 年底人口政策放宽，按照高增长方案，2020 年在园幼儿规模达到 5 784.8 万人，2030 年达到 6 182.3 万人；按中增长方案，2020 年在园幼儿规模达到 4 887.1 万人，2030 年达到 5 232.3 万人。预测得到幼儿在园学位需求规模远远大于政策不变的参照状态，这体现了人口政策对学前教育资源需求的压力。

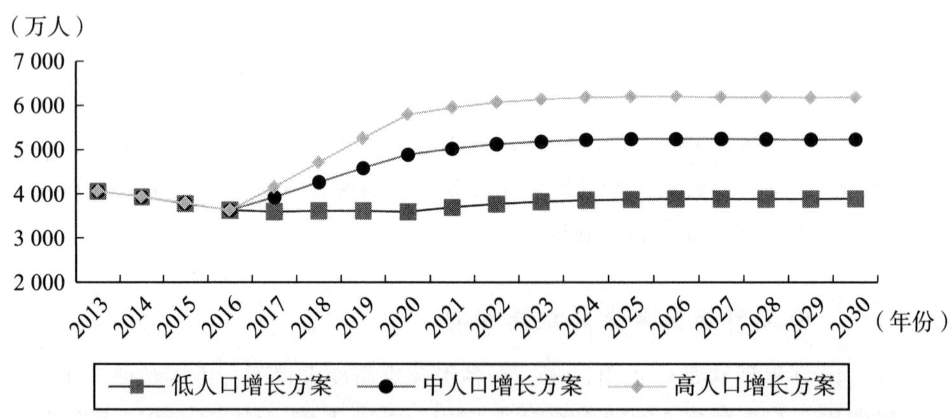

图 10－32　三种预测方案下 2013～2030 年全国学前三年幼儿园学位数量需求预测

① 本书在预测幼儿园在园幼儿数的过程中，假设学前三年毛入园率及其提升速度在城镇和农村间保持一致。

② 学前三年毛入园率＝在园幼儿数÷“3～6 岁适龄人口数”。

进一步，我们分别计算了各年度基于高增长方案（以下简称高方案）和中增长方案（以下简称中方案）预测得到幼儿在园学位需求规模与不受人口政策影响的低增长方案（以下简称低方案）预测得到幼儿在园学位需求规模的差值，由表10－6可以看到，放宽人口生育政策后所带来的人口增长高峰将显著增加普及学前教育的难度，加上人口持续从农村流向城镇，城镇地区所面临的学前教育需求压力将进一步加大。

表10－6　人口政策松动后在园幼儿数量相对扩张规模　单位：万人

年份	全国		城镇		农村	
	中方案－低方案[a]	高方案－低方案[c]	中方案－低方案	高方案－低方案	中方案－低方案	高方案－低方案
2014[b]	—	—	—	—	—	—
2016	—	—	—	—	—	—
2018	647	1 097	407	659	240	439
2020	1 285	2 183	805	1 305	480	878
2022	1 342	2 282	832	1 349	510	933
2024	1 362	2 318	831	1 347	531	971
2026	1 358	2 316	811	1 315	547	1 001
2028	1 344	2 296	780	1 265	563	1 030
2030	1 334	2 284	752	1 220	582	1 064

注：a指中等人口增长方案下预测得到幼儿在园学位需求规模与低方案预测得到幼儿在园学位需求规模的差值。b指该年份数据不受人口政策变动影响，因此，不受预测方案影响。c指高人口增长方案下预测得到幼儿在园学位需求规模与低方案预测得到幼儿在园学位需求规模的差值。

受人口政策变动的影响，在中方案下，城镇地区2020年幼儿在园学位需求规模将增加805万，尽管此后需求差距有一定程度缩小，但在2030年仍达到752万人；农村地区2020年幼儿在园学位需求规模将增加480万人，在2030年需求差距进一步提高到582万人。在高方案下，城镇地区2020年幼儿在园学位需求规模将增加1 305万人，在2030年仍达1 220万人；农村地区2020年幼儿在园学位需求规模将增加878万人，在2030年需求差距进一步提高到1 064万①。

① 相对人口政策不变低方案对幼儿园需求数量的预测，跨过2020年适龄人口峰点后，农村地区幼儿入园数量差距持续增大的原因在于，普及率提高对入园人数的增量效应大于适龄人口下降对入园人数的抑制效应。

（二）幼儿园需求数量预测

根据办园规模要求，本研究将每所幼儿园规模定为6个班，每个班30人（张辉蓉等，2013）。基于幼儿园学位需求数量预测结果，可计算幼儿园需求数量（见图10－33）。2012年全国幼儿园数量共计18.13万所①，较2010年的15.04万所②，两年共新建幼儿园3.09万所，年均建设1.5万所；若2013年仍保持以上幼儿园新建速度，那么，2013年全国幼儿园总量约19.6万所。但按照“6×30＝180”的办园规模标配，2013年需要幼儿园数量22.5万所，理论供需缺口仍有2.9万所。如果人口政策不发生调整，从图10－34可清晰看到，随着学前适龄人口规模持续下降，对幼儿园的需求数量在2013年后同样持续下降，直至2020年后略微增加，这验证了前文所得到的结论，即在原有人口政策下，2030年普及学前三年教育的目标相对比较轻松。

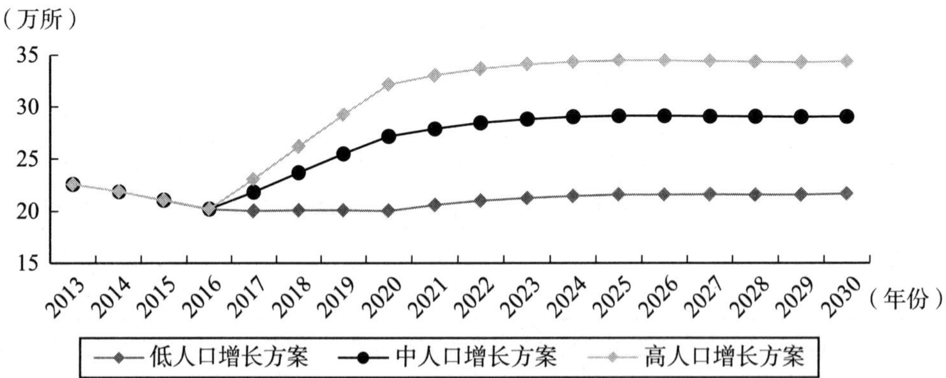

图10－33　三种预测方案下2013～2030年全国学前三年幼儿园需求数量变动趋势

然后，受人口政策调整影响，2017年开始，全国幼儿园需求数量将快速增加。按高方案，全国幼儿园需求数量在2020年分别达到32.1万所和34.3万所，即使按中方案，全国幼儿园需求总量在2020年和2030年也将分别达到27.1万所和29.06万所；相对2013年已建幼儿园数量，到2030年，高方案的幼儿园数缺口达14.5万所，中方案的幼儿园数缺口也达10万所。

更进一步，我们分别计算了基于高方案和中方案对幼儿园需求数量预测值与不受人口政策影响的低人口增长方案对幼儿园需求数量预测值之间的差距，从

① 《2012年全国教育事业发展统计公报》，中华人民共和国教育部，http://www.moe.gov.cn/publicfiles/business/htmlfiles/moe/moe_633/201308/155798.html。

② 《中国教育统计年鉴（2010）》，中国统计出版社2011年版。

图10－33中可以看到，人口政策调整将显著拉大幼儿园的供需缺口，尤其是在城镇地区。相对低人口增长方案的预测结果，在中方案下，城镇地区和农村地区2020年幼儿园需求数量缺口分别为4.47万所和2.66万所，两类地区2030年幼儿园需求数量缺口分别为4.18万所和3.23万所。而在高方案下，城镇地区和农村地区2020年幼儿园需求数量缺口分别达到7.25万所和4.88万所，两类地区2030年幼儿园需求数量缺口分别达到6.78万所和5.91万所（见表10－7）。

表10－7　　人口政策松动后幼儿园数量相对扩张规模　　单位：所

年份	全国		城镇		农村	
	中方案－低方案[a]	高方案－低方案[c]	中方案－低方案	高方案－低方案	中方案－低方案	高方案－低方案
2014[b]	—[b]	—	—	—	—	—
2016	—	—	—	—	—	—
2018	35 957	60 943	22 618	36 580	13 339	24 363
2020	71 349	121 228	44 705	72 472	26 644	48 756
2022	74 528	126 728	46 219	74 926	28 309	51 801
2024	75 642	128 781	46 155	74 823	29 487	53 958
2026	75 461	128 677	45 068	73 061	30 393	55 615
2028	74 644	127 537	43 359	70 290	31 284	57 247
2030	74 110	126 885	41 802	67 766	32 308	59 120

注：a指中等人口增长方案下预测得到幼儿园需求数量与低方案下预测得到幼儿园需求数量的差值。b指该年份数据不受人口政策变动影响，因此，不受预测方案影响。c指高人口增长方案下预测得到幼儿园需求数量与低方案下预测得到幼儿园需求数量的差值。

（三）幼儿园教师需求数量预测

利用生师比预测教师需求，这是国际上最常用的方法①。2013年教育部《幼儿园教职工配备标准（暂定）》中规定“全日制幼儿园每班配备2名专任教师和1名保育员，或配备3名专任教师”。本研究在预测时，按照每班30人，每班配两名专任教师和1名保育员的标准进行计算（见图10－34）。

① Arun C. Mehta. *Projections of Population, Enrollment, and Teachers with Focus on Elementary Education* [M]. New Delhi: NIEPA, 2003.

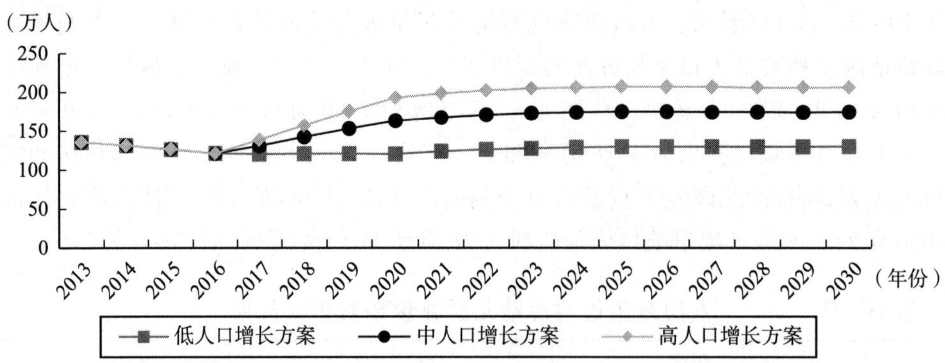

图 10－34　三种预测方案下 2013～2030 年全国学前三年教师需求数量变化趋势

从预测结果可看出，受适龄人口规模持续下降影响，2016 年及以前我国幼儿园专任教师和保育员需求总量呈下降趋势；而 2016 年之后，如果人口政策不发生调整，幼儿园专任教师和保育员数量的需求整体变化不大，2016 年专任教师和保育员理论需求量分别为 242.1 万人和 121.1 万人；到 2020 年实现学前三年教育普及率达到 70% 的目标时，幼儿园专任教师和保育员需求量分别为 240.18 万人和 120.1 万人；而到 2030 年实现学前教育完全普及的目标时，幼儿园专任教师和保育员需求量分别为 259.89 万人和 129.9 万人（见图 10－35）。

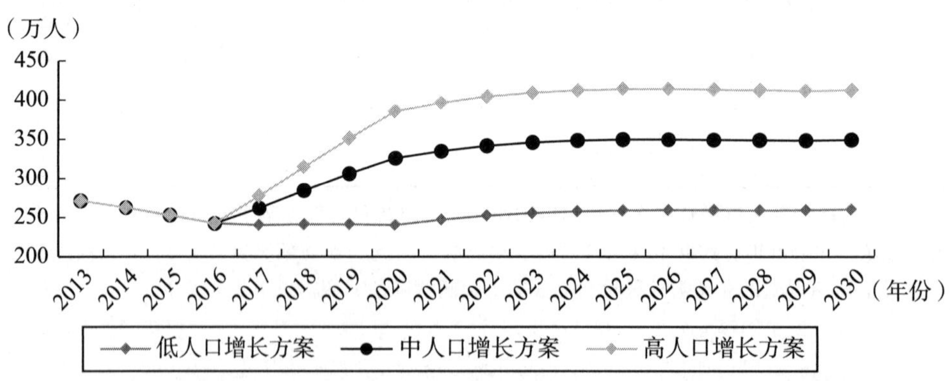

图 10－35　三种预测方案下 2013～2030 年全国学前三年教师需求数量变化趋势

近两年学前教育大规模扩招过程中幼儿园教师缺口已经相当巨大，统计显示，在 2011 年，全国幼儿园专任教师人数仅为 131.56 万人[①]，而实际需求量超过 200 万人。而人口政策的放宽，将非常显著地增加幼儿园教师需求，特别是在 2016～2020 年适龄人口规模快速扩大期间，中方案下，四年期间专任教师和保育

① 《中国统计年鉴（2012）》，中国统计出版社 2012 年版。

员需求数量分别增加 83.35 人万和 41.67 万人，高方案下，四年期间专任教师和保育员需求数量分别增加 71.6 万人和 143.2 万人。因此，幼儿园教师队伍的培养和补充任务艰巨。

更进一步，我们分别计算了基于高方案和中方案对幼儿园专任教师和保育员需求数量预测值与不受人口政策影响的低人口增长方案下对幼儿园专任教师和保育员需求数量预测值之间的差距。可以看到，人口政策调整将显著拉大幼儿园教师需求缺口，尤其城镇地区缺口更大。相对人口政策不调整的低增长方案预测结果，在中方案下，城镇地区和农村地区 2020 年幼儿园专任教师需求数量缺口分别为 53.65 万人和 31.97 万人，两类地区保育员需求数量缺口分别为 26.82 万人和 15.99 万人；到 2030 年，两类地区幼儿园专任教师需求数量缺口分别为 50.16 万人和 38.77 万人，两类地区保育员需求数量缺口分别为 40.65 万人和 70.94 万人（见表 10-8、表 10-9）。

表 10-8　人口政策松动后专任教师数量相对扩张规模　单位：人

年份	全国		城镇		农村	
	中方案－低方案[a]	高方案－低方案[c]	中方案－低方案	高方案－低方案	中方案－低方案	高方案－低方案
2014[b]	—	—	—	—	—	—
2016	—	—	—	—	—	—
2018	431 488	731 313	271 419	438 959	160 069	292 354
2020	856 192	1 454 734	536 458	869 663	319 733	585 072
2022	894 330	1 520 731	554 628	899 117	339 702	621 613
2024	907 709	1 545 371	553 864	897 879	353 845	647 493
2026	905 537	1 544 119	540 821	876 735	364 716	667 384
2028	895 724	1 530 444	520 311	843 486	375 413	686 959
2030	889 322	1 522 625	501 623	813 187	387 699	709 437

注：a 指中等人口增长方案下预测得到幼儿园教师需求数量与低方案下预测得到幼儿园教师需求数量的差值。b 指该年份数据不受人口政策变动影响，因此，不受预测方案影响。c 指高人口增长方案下预测得到幼儿园教师需求数量与低方案下预测得到幼儿园教师需求数量的差值。

表 10-9　人口政策松动后幼儿园保育员数量相对扩张规模　单位：人

年份	全国		城镇		农村	
	中方案－低方案[a]	高方案－低方案[c]	中方案－低方案	高方案－低方案	中方案－低方案	高方案－低方案
2014[b]	—	—	—	—	—	—
2016	—	—	—	—	—	—
2018	215 744	365 656	135 709	219 480	80 034	146 177
2020	428 096	727 367	268 229	434 831	159 867	292 536
2022	447 165	760 365	277 314	449 559	169 851	310 807
2024	453 854	772 686	276 932	448 939	176 923	323 746
2026	452 768	772 059	270 411	438 368	182 358	333 692
2028	447 862	765 222	260 156	421 743	187 706	343 479
2030	444 661	761 312	250 811	406 594	193 850	354 719

注：a 指中等人口增长方案下预测得到幼儿园教师需求数量与低方案下预测得到幼儿园教师需求数量的差值。b 指该年份数据不受人口政策变动影响，因此，不受预测方案影响。c 指高人口增长方案下预测得到幼儿园教师需求数量与低方案下预测得到幼儿园教师需求数量的差值。

三、学前教育阶段的教育规划的建议

从前文分析可发现，由于人口政策的松动，我国学前教育阶段适龄人口规模将在 2016～2020 年出现较大幅度的波动。如果能提前做出应对，并顺利度过 2016～2020 年这一学前教育发展攻坚阶段，则能较为顺利实现普及学前教育目标。本书基于三种不同人口增长方案对 2013～2030 年学前教育资源配置需求展开预测，在分析人口政策松动对学前教育需求影响效应的基础上，就有效满足城乡学前教育需求问题提出以下建议：

第一，充分重视 2017 年之前学前教育发展的“机会窗口”，加大学前教育财政支持力度、解决已有办学问题，为应对学前教育资源需求增加所带来的挑战提前做好规划。《教育规划纲要》提出以来，学前教育经历快速扩张期，2013 年学前三年普及率已达 67.5%。但在成绩背后，数量扩张伴随质量的隐忧，班级规模大、教师素质低、办园条件差等诸多问题屡屡见于媒体报端。考虑到人口政策松动所带来的“婴儿潮”人口至少将在 2017 年才成为学前教育阶段适龄人口，2016 年及以前仍将是学前教育阶段适龄人口的加速下降区，而此后则将迎来学龄人口快速增长阶段。因此，2017 年之前学前教育阶段适龄人口加速下降时期则是学前教育发展的“机会窗口”，必须充分把握，在解决已有问题的基础上，切实提升学前教育质量，为应对学前教育资源需求增加的挑战提前做好规划。反之，如果错失这一“机会窗口”，则会在2017年进入适龄人口加速增长期后陷入被动。

第二，在跨过2017～2020年学前适龄人口增长高峰期后，适龄人口将经历快速下降期，特别在城镇地区；如果不做好充分规划，则很可能会造成城镇地区学前教育资源过剩与农村地区学前教育资源不足同时存在。从人口预测数据分析结果看，在2020～2030年，尽管全国学前教育需求变化不大，但分城乡看，城镇地区学前教育需求会缓慢下降，而同一时期，农村地区学前教育需求仍呈现稳定中缓慢增长趋势。

第三，考虑到劳动力供给的滞后性，在当前职业高中、职业中专和高等职业阶段的教育规划中，应有计划地扩大学前教育专业招生规模，加大幼儿园教师培训力度，为应对高质量幼儿教师需求快速提升提供坚实的师资保障。“量少质差”是我国学前教师队伍建设的普遍问题，尤其近年来学前教育大规模扩招，高素质师资短缺问题严重。2011年全国幼儿园生师比高达26：1[①]，远超出2013年教育部《幼儿园教职工配备标准（暂定）》生师比10：1的要求；再考虑地区间、城乡间教师数量和质量分布参差不齐，学前教育快速扩张阶段遗留的师资队伍建设问题更为严重。2013年调查显示，重庆、贵州等地农村幼儿园生师比大多在50：1和60：1之间，且以代课、兼任教师居多。如果不提前做出规划，现有教师队伍完全难以适应2017年迎来适龄人口高峰后的需求。考虑到高素质教师的培养需要周期，因此，在现阶段职业高中、职业中专和高等职业阶段的教育规划中，应重视对学前教育方向人才培养，扩大应用型幼儿教师专业的招生规模。同时，由于教师缺口巨大，且专业学生培养周期长，必须重视通过培训的途径提升幼儿园教师队伍整体素质。

第四，人口迁移变动强化了人口政策松动后学前教育规划的难度，各地区更应加强对未来适龄人口的预测，综合考虑本地城镇化发展水平、人口流动模式等因素，对学前教育财政投入、幼儿园学校布局、资源配置做出合理规划。城镇化进程下大规模人口从农村流向城镇，尤其是流向东部城市，这与人口政策调整所带来适龄人口增加的趋势重叠，导致城镇地区，尤其是东部城镇地区会在2017年左右迎来更为严峻的需求挑战。本研究是基于全国层面数据考证的趋势性分析，从城镇地区和农村地区整体预测的结果来看，受人口迁移变动的影响，城镇地区受人口政策变动的影响更大，但跨过适龄人口扩张的高峰期后，适龄人口快速

---

① 《教师队伍总量增加幼儿园生师比26：1》，央视网新闻，2011年9月6日，2014年6月10日引用，http：//news. cntv. cn/20110906/113999. shtml。

下降；与之相对，尽管农村地区在适龄人口扩张高峰期所面临挑战低于城镇地区，但考虑到农村地区原有资源薄弱，以及跨过适龄人口扩张的高峰期后适龄人口下降趋势较慢，因此，城乡学前教育应采取不同的策略以应对人口变动冲击。若进一步落实到各个具体的地区，则问题更为复杂，必须基于具体的人口基数、人口增长率、人口流动模式进行人口预测，做出适合本地的规划，提前应对需求冲击。

第五节　人口结构与义务教育规划

在本节中，我们将在回顾过去30年因为忽视人口变动对义务教育发展影响而造成义务教育资源供给不匹配的基础上，基于高、中、低三类人口增长方案对未来义务教育阶段适龄人口的预测结果，从义务教育阶段招生规模、教师需求规模以及经费需求规模三个维度的需求做出分析，并对义务教育发展做出规划。需要说明的是，正如本章第四节所指出，本小节的研究事实上是对“单独二孩”和“全面二孩”这两项人口政策松动后义务教育阶段适龄人口变动趋势与教育需求的分析。

一、人口变动及其对义务教育发展影响的回顾

20世纪80年代初，为改变人口过快增长的趋势、缓解人口对资源和环境的压力，中国政府实施以独生子女政策为核心的计划生育政策。计划生育政策在控制人口数量、提高人口素质、促进经济发展和社会进步等维度发挥重要作用的同时，也带来人口年龄结构的大幅波动，“少子老龄化”是中国当前人口结构现状。与此同时，人口从农村到城市大规模的快速的单向流动，使我国仅用30年就完成发达国家历时一百年才能完成的人口结构转变和城镇化进程。但是，由于没有对人口变化的影响做出充分预判并提前做好准备，义务教育发展中出现了一系列问题。

（一）人口增长变化对义务教育招生需求的影响

为分析适龄人口变动对义务教育招生需求的影响，在此呈现1982～2010年期间人口出生率、小学和初中阶段适龄人口变化趋势（见图10－36），由于计划生育政策被党的十二大定为基本国策，中国人口出生率在20世纪80年代初急速紧缩；但随着20世纪60年代“婴儿潮”时期出生人口在1984年前后逐渐进入生育年龄，“回声婴儿潮”的出现使得人口出生率大幅反弹；为此，1987年党的十三大进一步紧抓计划生育，人口出生率此后则再次快速滑落，2000年以后则基本稳定在极低人口增长率水平。

图 10－37 显示，30 年来，伴随人口出生率下降，全国中小学适龄人口规模总体呈现下降趋势，小学适龄人口规模减少 6 782.06 万人，初中适龄人口减少 2 638.54 万人，义务教育阶段适龄人口总量占全国总人口比例从 17.4% 下降到 11.3%。而义务教育阶段学龄人口规模的波动直接影响到义务教育总需求，从图 10－37 义务教育阶段招生数量与人口出生率变化趋势中可清楚发现，小学和初中阶段招生规模波动分别比人口出生率的波动晚了 7 年和 13 年左右，1987 年和 1990 年，小学和初中分别达到招生峰值；相应地，1987 年人口出生率峰值出现后的 1995 年和 2000 年小学和初中招生达到高峰，此后，由于“普九”工作推行，小学和初中招生规模的高峰持续较长时间；在 1997 年和 2003 年以后，入学率相对稳定，前期人口出生率下降的趋势开始反映到初中与小学招生规模上，二者均持续下降。

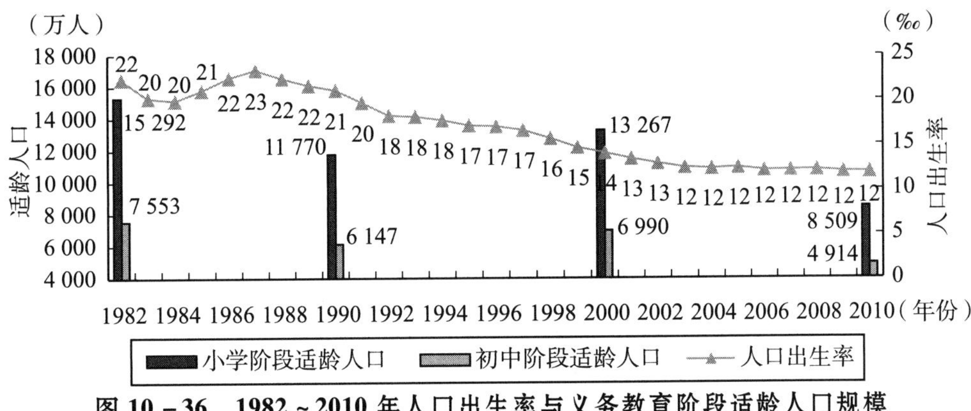

图 10－36　1982～2010 年人口出生率与义务教育阶段适龄人口规模

资料来源：初中和小学适龄人口分别指 13～15 岁、7～12 岁年龄段人口；适龄人口数据根据第三、第四、第五和第六次全国人口普查数据整理得到；人口出生率数据来源于《中国统计年鉴（2010）》。

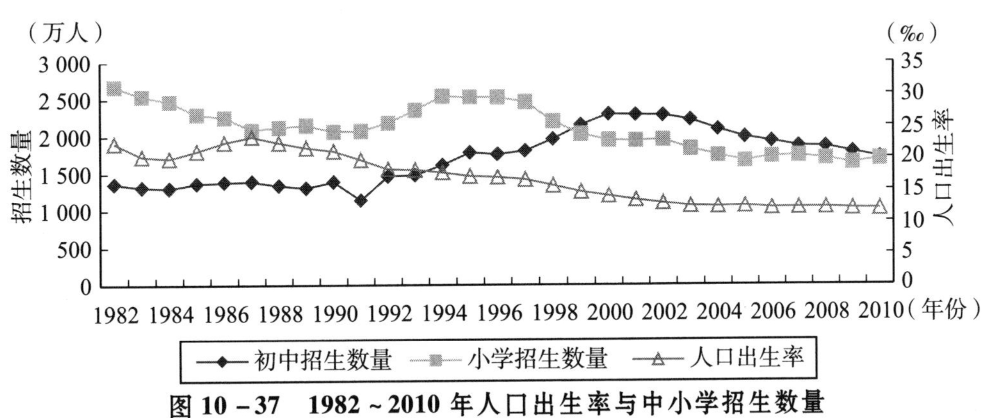

图 10－37　1982～2010 年人口出生率与中小学招生数量

资料来源：根据《中国统计年鉴（2010）》数据整理得到。

（二）人口分布变化对城乡义务教育需求的影响

从图 10－38 所呈现的城乡义务教育阶段适龄人口分布变动状况来看，在全国适龄人口规模整体趋于下降的同时，农村和城镇义务教育阶段适龄人口规模的变动趋势并不相同：2010 年，农村地区小学和初中适龄人口规模分别下降到 1982 年水平的 27.13% 和 43.11%，而城镇地区小学和初中适龄人口规模分别上升至 1982 年水平的 1.55 倍和 1.73 倍。出现以上现象的原因在于，计划生育政策对农村地区人口出生率抑制作用远大于城镇（王放，2009），同时，过去 30 年是城市化和人口迁移速度最快的 30 年，伴随城镇化推进，农村学龄人口快速机械减少与部分城镇地区学龄人口快速机械增长同时存在。因此，小学阶段农村在校生占比从 1982 年的 88% 下降到 2010 年的 54.1%，初中阶段农村在校生占比从 1997 年的 56.85% 下降到 2010 年的 33.82%（见图 10－39），同时也使得城镇适龄人口在人口出生率下降之时，不减反增，义务教育各阶段在校生比例均快速上升。

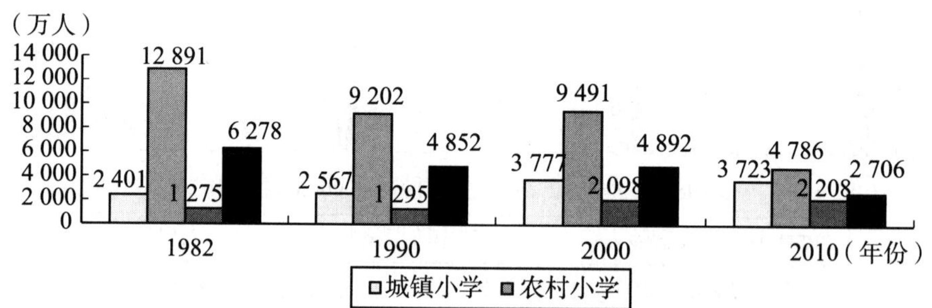

图 10－38　1982～2010 年城乡义务教育阶段适龄人口分布变动状况

资料来源：根据第三、第四、第五和第六次全国人口普查数据整理得到。

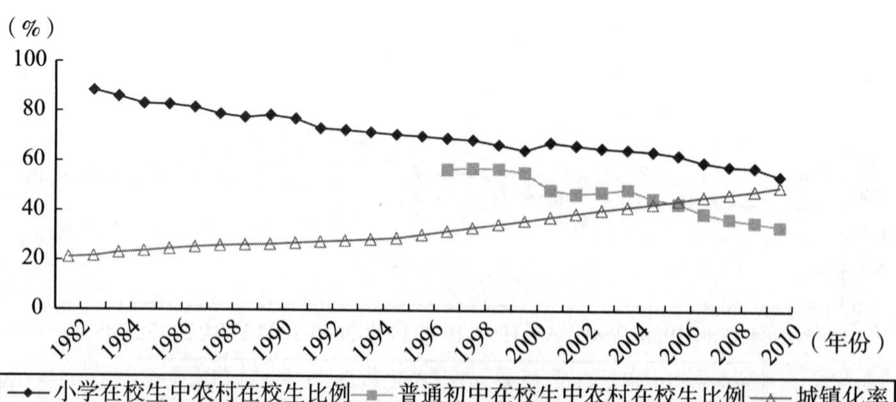

图 10－39　1982～2010 年义务教育阶段在校生中农村学生占比变动状况

资料来源：根据历年《中国教育统计年鉴》数据整理得到。

（三）人口变动与教育资源供需不匹配

20 世纪 80 年代以来生育水平的骤然下降和人口分布的快速改变对我国城乡义务教育需求都产生了巨大影响。由于未能充分考虑并提前应对人口变动的影响，义务教育发展已经在某些领域出现了问题。例如，农村地区在 20 世纪 90 年代“普九”过程中，未充分考虑学龄人口快速萎缩趋势，后因生源不足，形成了大量“麻雀学校”，办学效率低下、质量堪忧。为解决以上问题，各地又开始大搞以“关”“合”“转”为核心的学校布局结构调整；而城镇地区，则由于没有提前应对适龄流入人口所带来教育需求激增的问题（2005 年全国 6 ~ 14 周岁义务教育阶段学龄流动人口子女规模达到 1 100 多万①，此后持续增加），义务教育资源出现供不应求的局面，2005 年城镇流动适龄人口中 9.3% 处于失/辍学状态②。

综上所述，人口的变动确实影响到义务教育发展需求，长期看，“头痛医头脚痛医脚”的短视调整性政策会严重影响教育的长远发展。着眼于 2013 年人口政策松动可能带来的适龄人口变化，为保证满足义务教育需求、实现教育健康发展，必须准确预测义务教育需求变化趋势，进而对未来教育发展规划提供参考。

二、义务教育阶段适龄人口（7 ~ 15 岁）规模的预测

按照各地普遍实施的学制，本研究将小学和初中适龄人口分别界定为 7 ~ 12 岁、13 ~ 15 岁，对 2013 ~ 2030 年全国及城乡小学和初中适龄人口进行预测，如图 10 - 40 所示。

由于人口政策松动后出生人口最早会在 2021 年和 2027 年先后进入小学和初中，在这两个时间节点前，三种方案人口预测结果一致；此后，相对于低人口增长方案，高方案和中方案预测得到初中和小学适龄人口规模会出现大幅增长。考虑到高人口增长方案和中人口增长方案预测得到适龄人口变化趋势一致，而本书重在趋势研究，因此，我们仅以高人口增长方案和低人口增长方案的预测结果进行对比分析。

---

① 赵沁平：《为流动人口子女接受义务教育提供制度保障》，中国平安网，2007 年 11 月 20 日，2014 年 6 月 10 日引用，http://www.zgpaw.com.cn/wszb/2007 - 11/20/content_34581.htm。

② 《我国 18 周岁以下流动人口受教育状况堪忧》，新华网，2004 年 2 月 17 日，2014 年 6 月 10 日引用，http://news.xinhuanet.com/newscenter/2004 - 02/17/content_1316989.htm。

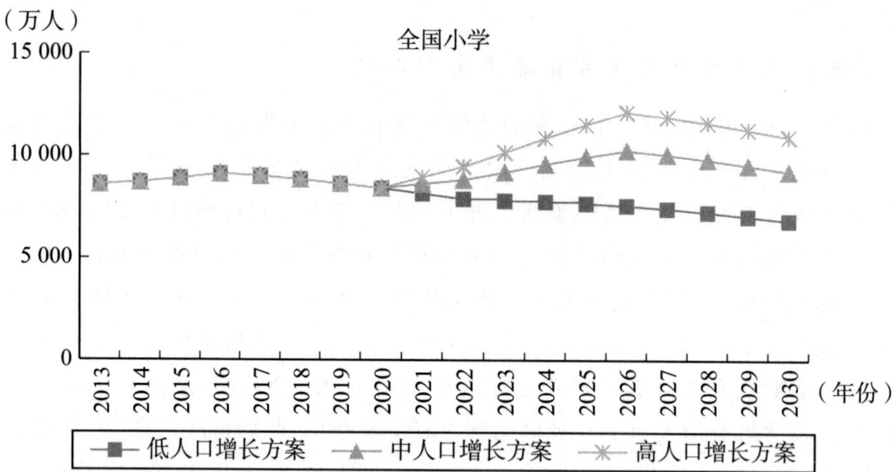
（万人）
全国小学
15 000
10 000
5 000
0
2013
2014
2015
2016
2017
2018
2019
2020
2021
2022
2023
2024
2025
2026
2027
2028
2029
2030
（年份）
低人口增长方案
中人口增长方案
高人口增长方案

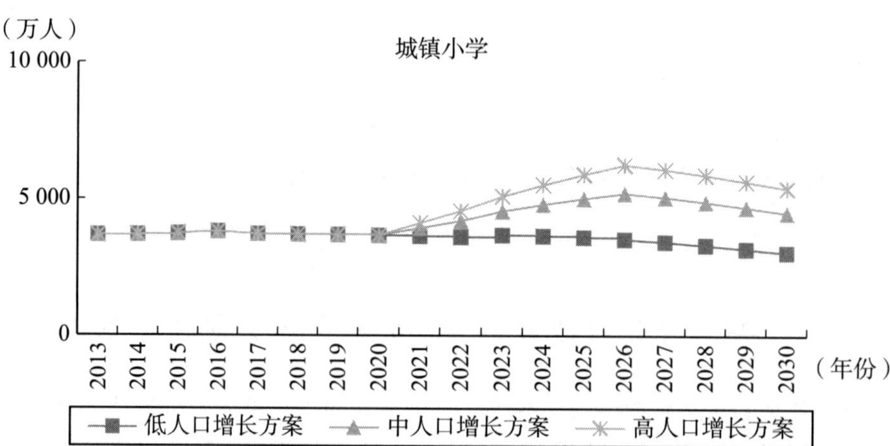
（万人）
城镇小学
10 000
5 000
0
2013
2014
2015
2016
2017
2018
2019
2020
2021
2022
2023
2024
2025
2026
2027
2028
2029
2030
（年份）
低人口增长方案
中人口增长方案
高人口增长方案

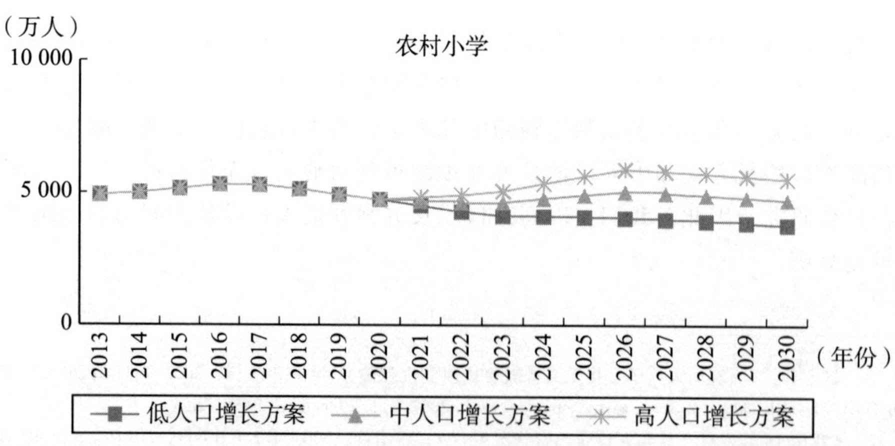
（万人）
农村小学
10 000
5 000
0
2013
2014
2015
2016
2017
2018
2019
2020
2021
2022
2023
2024
2025
2026
2027
2028
2029
2030
（年份）
低人口增长方案
中人口增长方案
高人口增长方案

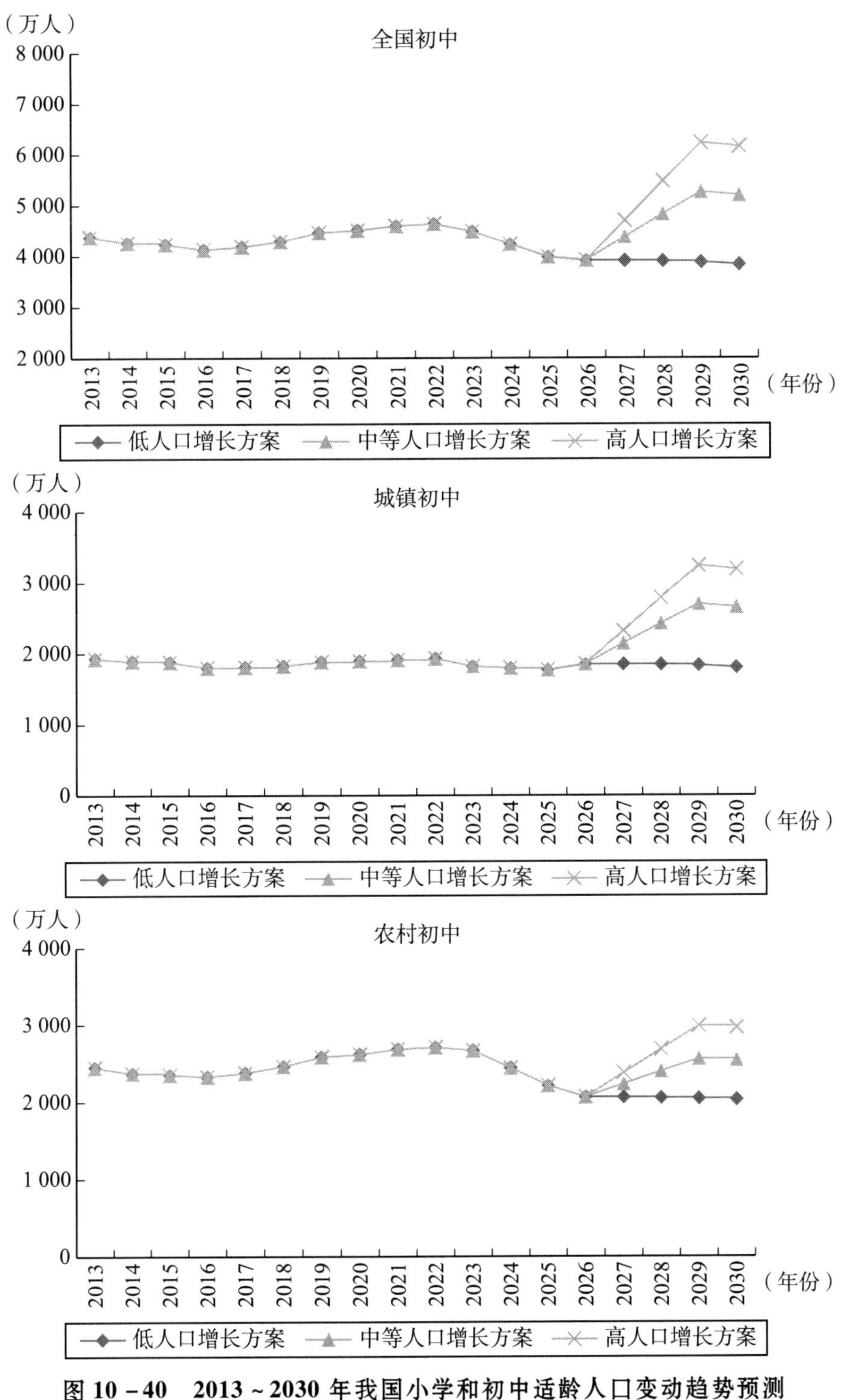

图 10-40　2013～2030 年我国小学和初中适龄人口变动趋势预测

在2021年和2027年两个时间节点前，小学和初中适龄人口规模同样出现了起伏与波动，尤其是农村，这主要源于20世纪80年代中期“回声婴儿潮”时期出生人口的子女相继成为义务教育阶段适龄人口。从全国看，小学适龄人口会在2016年左右达到“峰值”（9 109.6万人），初中适龄人口会在2022年达到“峰值”（4 633.6万人）；而“峰值”过后则缓慢下降；城乡对比分析，尽管农村人口不断向城镇迁移，但由于20世纪80年代计划生育政策在城镇更为严格，“回声婴儿潮”现象在农村表现突出，这使得2016年和2022年初中和小学适龄人口波峰主要在农村体现，城镇并不明显。

在2021年和2027年两个时间节点后，人口政策调整后出生人口相继进入小学和初中，适龄人口规模快速增长，相比来看，城镇小学和初中适龄人口增长更为迅速，且分别在2023年和2028年前后超过农村。具体而言，在高人口增长方案下：（1）在全国，小学和初中适龄人口将分别在2026年和2029年达到峰值，小学适龄人口从2020年的8 413.3万人迅速攀升到2026年的12 136.5万人，六年增长44%；初中适龄人口从2026年的3 918万人迅速攀升到2029年的6 227.3万人，三年增幅58.9%。（2）在城镇，小学适龄人口从2020年的3 672.3万人迅速攀升到2026年的6 250.2万人，增幅70%；初中适龄人口从2026年的1 851万人迅速攀升到2029年的3 240.7万人，增幅75.1%。（3）在农村，小学适龄人口从2020年的4 741万人攀升到2026年的5 886万人，增幅24%；初中适龄人口从2026年的2 067万人攀升到2029年的2 986.5万人，增幅44.8%（见图10-40、图10-41）。

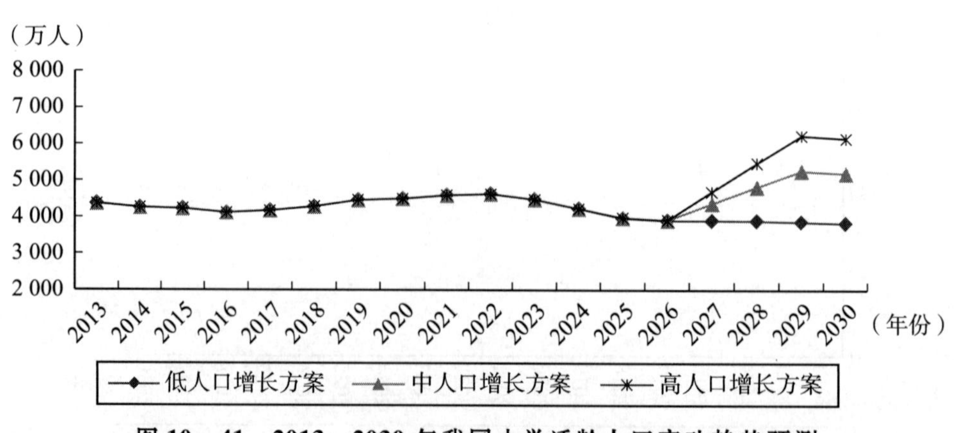

图10-41　2013~2030年我国小学适龄人口变动趋势预测

三、义务教育阶段学龄人口变动对教育需求的影响

本部分将基于义务教育阶段学龄人口的预测，着重分析人口政策松动对招生规模、教师队伍和教育经费投入需求所产生的影响。

（一）义务教育阶段招生规模预测

考虑到我国小学阶段净入学率达到99.71%，初中阶段毛入学率也已达到104.1%，根据新型城镇化和户籍制度深化改革的内在要求，城镇和农村都应保证常住人口接受义务教育。因此，完全有理由假定，预测期内所有适龄人口是当地初中和小学招生对象。那么，通过比较高方案/中方案与低人口增长预测得到适龄人口规模间的差值，即可分析人口政策松动对义务教育招生规模的影响（见表10-10和表10-11）。由于2021年之前的小学适龄人口规模以及2026年之前的初中适龄人口规模均不受人口政策影响，因此表中仅呈现以上两个时间点及之后的数据①。

表10-10　人口政策对小学招生规模的影响　单位：万人

年份	全国		城镇		农村	
	中方案—低方案[a]	高方案—低方案[b]	中方案—低方案	高方案—低方案	中方案—低方案	高方案—低方案
2021	473	797	298	479	175	318
2022	936	1 584	589	951	347	633
2023	1 393	2 362	876	1 416	518	945
2024	1 838	3 119	1 152	1 866	685	1 253
2025	2 271	3 857	1 420	2 300	851	1 556
2026	2 690	4 573	1 677	2 719	1 013	1 854
2027	2 633	4 478	1 633	2 647	1 001	1 831
2028	2 563	4 361	1 578	2 557	985	1 803

① 同理，在教师需求规模和教育经费投入需求的政策影响效应中也仅呈现这一时期的数据。

续表

年份	全国		城镇		农村	
	中方案—低方案[a]	高方案—低方案[b]	中方案—低方案	高方案—低方案	中方案—低方案	高方案—低方案
2029	2 484	4 228	1 515	2 457	968	1 772
2030	2 400	4 088	1 450	2 350	950	1 738

注：a 指中等人口增长方案下预测得到相应学龄段在校生规模与低方案下预测得到在校生规模的差值。b 指高人口增长方案下预测得到相应学龄段在校生规模与低方案下预测得到在校生规模的差值。

表 10－11　　人口政策对初中招生规模的影响　　单位：万人

年份	全国		城镇		农村	
	中方案—低方案[a]	高方案—低方案[b]	中方案—低方案	高方案—低方案	中方案—低方案	高方案—低方案
2027	469	794	296	477	174	317
2028	929	1 577	585	947	344	630
2029	1 384	2 350	870	1 410	514	941
2030	1 366	2 321	856	1 387	510	934

注：a 指中等人口增长方案下预测得到相应学龄段在校生规模与低方案下预测得到在校生规模的差值。b 指高人口增长方案下预测得到相应学龄段在校生规模与低方案下预测得到在校生规模的差值。

从分析结果来看，人口政策松动将会给义务教育招生带来明显压力，尤其在城镇地区。本书以趋势研究为主，仅以高方案为例描述人口政策对义务教育阶招生规模的影响：(1) 在全国，伴随着适龄人口“峰值”出现，2026 年小学招生规模相对扩大 4 573 万人，而 2029 年初中招生规模相对扩大 2 350 万人，以上数值均相当于该年度低人口增长方案预测得到招生规模的 61%；(2) 在城镇，2026 年小学招生规模相对扩大 2 719 万人，而 2029 年初中招生规模相对扩大 1 409 万人，以上数值均相当于该年度低人口增长方案预测得到相应学段招生规模的 77%；(3) 在农村，2026 年小学招生规模相对扩大 1 854 万人，而 2029 年初中招生规模相对扩大 940.7 万人，以上数值均相当于该年度低人口增长方案预测得到相应学段招生规模的 46%。在跨过 2026 年和 2029 年两个高峰后，随着适龄人口规模的快速下降，义务教育阶段招生规模受人口政策的影响逐渐减小。

（二）义务教育阶段教师需求规模预测

利用生师比预测教师需求，这是国际上最常用的方法（Arun，2003）。现行中小学教师编制政策规定，城市、县镇和农村三级小学生师比标准依次为19:1、21:1和23:1，初中生师比标准则依次为13.5:1、16:1和18:1[①]。由于近年我国并未调整出台中小学生师比标准，但考虑到生师比标准在城市、县镇和农村三类地区依次递增的“倒挂”现象明显不符合教育发展规律，这是造成农村地区中小学教师结构性缺编和年龄结构老化的主要原因（韩小雨等，2010），同时城镇化造成部分县镇因师资不足，“超大规模”班级频现。为此，预测教师需求时对以上生师比标准略作调整，假定城市生师比标准不变，县镇提高为城市标准，农村提高为县镇标准，即城镇小学和初中生师比分别为19:1和初中13.5:1，农村小学和初中生师比分别为21:1和16:1。

考虑教师队伍建设需要较长调整期，我们首先分析了低人口增长方案下教师需求随人口变动的趋势（见图10-42和图10-43）。如果没有人口政策调整，城镇义务教育阶段教师需求相对平稳，城镇初中和小学需求规模分别保持在140万人和195万人左右。在农村地区，对应于适龄人口波动规律，小学和初中教师需求分别会在2016年和2022年前后出现一个“高峰”，此后又快速下降，小学教师需求量从2016年的252万人下降到2020年的226万人，四年下降10%；初中教师需求量从2022年的169万人下降到2026年的129万人，四年下降23%。

根据招生规模预测结果，义务教育阶段教师需求同样因为“单独二孩”政策而出现较大幅度波动。我们通过比较高方案/中方案预测得到教师需求规模与参照方案预测得到教师规模之间的差值，进而分析人口政策对教师需求规模的影响，见表10-12和表10-13。

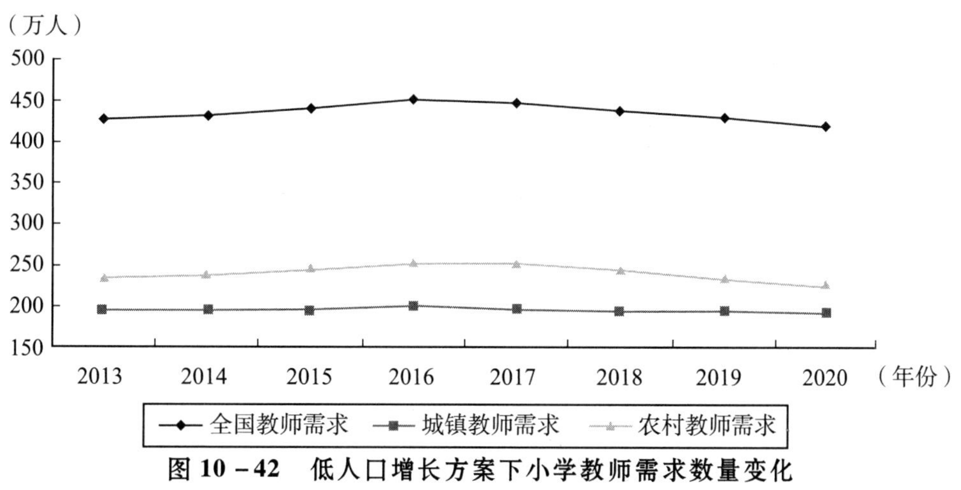

图10-42　低人口增长方案下小学教师需求数量变化

① 国务院办公厅：《国务院办公厅转发中央编办、教育部、财政部关于制定中小学教职工编制标准意见的通知》，2001年。

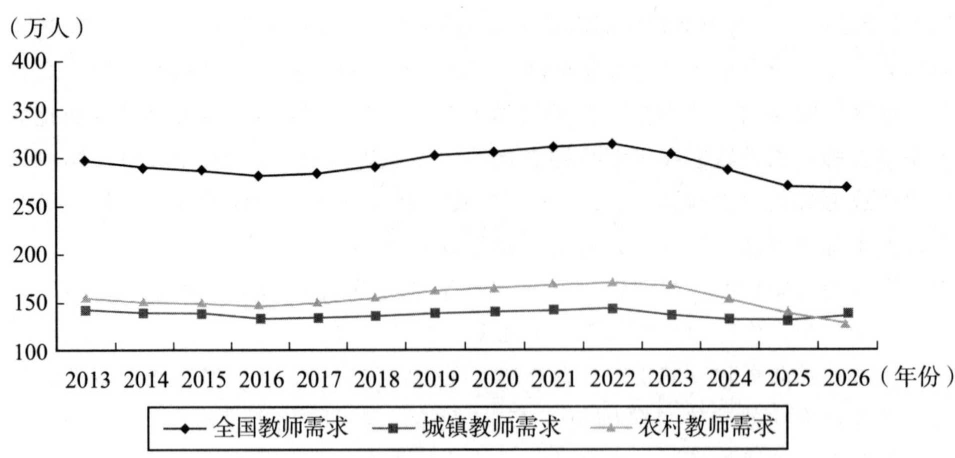

图 10-43　低人口增长方案下初中教师需求数量变化

表 10-12　　人口政策松动对小学教师需求数量的影响　　单位：万人

年份	全国		城镇		农村	
	中方案—低方案[a]	高方案—低方案[b]	中方案—低方案	高方案—低方案	中方案—低方案	高方案—低方案
2021	24	40	16	25	8	15
2022	48	80	31	50	17	30
2023	71	120	46	75	25	45
2024	93	158	61	98	33	60
2025	115	195	75	121	41	74
2026	137	231	88	143	48	88
2027	134	226	86	139	48	87
2028	130	220	83	135	47	86
2029	126	214	80	129	46	84
2030	122	206	76	124	45	83

注：a 指中等人口增长方案下预测得到小学教师需求规模与低方案下预测得到小学教师需求规模的差值。b 指高人口增长方案下预测得到小学教师需求规模与低方案下预测得到小学教师需求规模的差值。

表 10－13　人口政策松动对初中教师需求数量的影响　单位：万人

年份	全国		城镇		农村	
	中方案—低方案[a]	高方案—低方案[b]	中方案—低方案	高方案—低方案	中方案—低方案	高方案—低方案
2027	33	55	22	35	11	20
2028	65	109	43	70	22	39
2029	97	163	64	104	32	59
2030	95	161	63	103	32	58

注：a 指中等人口增长方案下预测得到初中教师需求规模与低方案下预测得到初中教师需求规模的差值。b 指高人口增长方案下预测得到初中教师需求规模与低方案下预测得到初中教师需求规模的差值。

根据分析结果，人口政策对城乡义务教育阶段教师需求规模产生较大影响，尤其在城镇地区。以高方案为例，以适龄人口“峰值”出现的两个年份，描述人口政策对义务教育阶段教师需求规模影响：（1）在城镇，2026 年小学教师需求规模相对扩大 143 万人，2029 年初中教师需求规模相对扩大 88 万人；（2）在农村，2026 年小学教师需求规模相对扩大 88 万人，2029 年初中教师需求规模相对扩大 59 万人。在跨过 2026 年和 2029 年两个高峰后，随着适龄人口规模快速下降，义务教育阶段教师需求规模受人口政策的影响逐渐减小。

（三）义务教育阶段教育经费需求预测

自 2005 年“农村义务教育经费保障新机制”实施以来，义务教育阶段财政性教育经费投入保持 20% 以上的年均增长速度，有力保障了义务教育经费投入快速增长。到 2010 年，义务教育经费投入总量增加到 2005 年的 2.4 倍以上，极大地推动义务教育健康发展。尽管如此，我国现阶段义务教育经费投入水平仍然不高。从国际比较来看，在 2010 年，OECD 国家初中（lower secondary education）和小学（primary education）阶段教育经费总投入占 GDP 的比重为 2.6%，小学和初中生均教育经费指数①分别为 0.23 和 0.26②；而在中国，初中和小学教育经费总投入占 GDP 的比重仅为 2.06%，小学和初中生均教育经费指数分别为 0.16 和 0.21③，均低于 OECD 国家平均水平。

---

① 生均教育经费指数是指某级生均教育经费占人均 GDP 的比例（生均教育经费指数 = 生均教育经费 ÷ 人均 GDP）。小学、初中生均教育经费指数在日本分别为 0.24 和 0.28，在美国分别为 0.24 和 0.26。

② OECD. *Education at a Glance* 2013：*OECD Indicators* [M]. OECD，2013.

③ 根据《中国统计年鉴（2011）》相关数据折算。

可以预期，未来中国义务教育阶段生均投入水平会持续提升，一方面，为改变当前教育经费较低的投入水平，必须稳步提升教育经费投入标准；另一方面，从世界发达国家教育发展经验来看，伴随着国家经济水平的发展，不断降低的生师比和不断提高的教师工资水平成为教育经费增加的主要原因。

正因为如此，中国义务教育阶段教育经费需求同时面临着人口政策松动和生均教育经费投入标准提高所带来的压力。那么，在分析人口政策对义务教育阶段教育经费需求影响①之前，我们需要对人均 GDP 和生均教育经费指数进行预测。第一，人均 GDP 的预测。参考美国高盛投资公司对中国经济增长预测结果②，即 2011～2020 年 GDP 年均增速 7.9%，2020～2030 年 GDP 年均增速 5.7%，以 2010 年全国 GDP 为基础可预测相应年份 GDP，除以本研究相应年份中国人口总量预测结果计算出各年度人均 GDP。在高人口增长方案和中人口增长方案下，2030 年人均 GDP 分别可达到 11.6 万元和 11.9 万元。第二，生均教育经费指数的预测。假定在中国政府高度重视下，我国小学和初中生均教育经费指数分别按照年均 4.1% 和 2.0% 的增长速度，到 2020 年达到美国 2010 年小学和初中生均教育经费指数 0.24 和 0.26 的水平，2020 年后则一直保持这一水平。

利用人均 GDP 和生均教育经费指数的测算结果，可计算得到 2013～2030 年各年份初中和小学阶段生均教育经费投入标准。事实上，这是教育经费需求预测中最常见的研究手段之一（李祖超、徐文城，2005；王红、胡瑞文，2010；马志远，2011）。进一步，结合适龄人口规模的预测值，我们计算了初中和小学教育经费需求总量，并测算了人口政策影响效应（见表 10－14）。

表 10－14　　人口政策松动对义务教育阶段教育经费需求的影响

年份	小学		初中		义务教育阶段教育经费总投入占 GDP 比例	
	中方案—低方案[a]（亿元）	高方案—低方案[b]（亿元）	中方案—低方案（亿元）	高方案—低方案（亿元）	中方案（%）	高方案（%）
2021	443	730	—	—	2.3	2.3
2022	1 259	2 089	—	—	2.3	2.4
2023	2 149	3 564	—	—	2.3	2.4

① 需要说明，由于统计年鉴中 GDP 统计数据没有区分城乡，本研究在测算义务教育经费需求时不区分城镇和农村，仅从整体进行预测和分析。

② O'Neill and Stupnytska A. The Long-Term Outlook for the BRICs and N-11 Post Crisis [J]. *Global Economics Paper*, No. 192. Goldman Sachs, https://360.gs.com.

续表

年份	小学		初中		义务教育阶段教育经费总投入占 GDP 比例	
	中方案—低方案[a]（亿元）	高方案—低方案[b]（亿元）	中方案—低方案（亿元）	高方案—低方案（亿元）	中方案（%）	高方案（%）
2024	3 108	5 154	—	—	2.3	2.5
2025	4 149	6 877	—	—	2.4	2.5
2026	5 276	8 737	—	—	2.4	2.6
2027	5 416	8 959	812	1 331	2.4	2.7
2028	5 531	9 140	2 113	3 479	2.5	2.8
2029	5 625	9 286	3 549	5 844	2.5	2.9
2030	5 704	9 410	3 680	6 051	2.5	2.8

注：a 指中等人口增长方案下预测得到小学教师需求规模与低方案下预测得到小学教师需求规模的差值。b 指高人口增长方案下预测得到小学教师需求规模与低方案下预测得到小学教师需求规模的差值。

仅以高方案为例，分析人口政策的影响效应：2021 年以后小学教育经费需求总量将大幅度提升，相对于人口政策不变的参照方案，到 2030 年，小学阶段教育经费需求总量差距高达 9 410 亿元，初中阶段教育经费需求总量差距则高达 6 051 亿元，以上数值分别相当于该年度不考虑政策变动参照方案预测得到相应学段教育经费需求总量的 48%；如果义务教育阶段经费需求能够得到充分满足，那么，2030 年义务教育经费总投入占 GDP 的比重将达到 2.8%，这一水平已超过 2010 年中上收入水平国家 2.5% 的平均水平，接近高收入水平国家 2.9% 的平均水平。

四、义务教育阶段的教育规划的建议

受人口政策松动的影响，我国小学和初中将在 2021 年和 2027 年先后迎来适龄人口规模快速膨胀，在此之前，城乡适龄人口规模相对平稳下降，这为化解已有问题、应对未来需求压力提供了有力的人口背景。教育规划必须重视这一关键的“机会窗口”，为应对人口政策规模变动对教育需求的压力奠定基础，否则，将不能充分保证青少年较好地接受教育。为满足教育发展需求、最大限度发挥教育资源效用，根据 2013 ~ 2030 年义务教育阶段学龄人口预测结果，本研究从教师队伍规划、教育经费投入规划两方面提出以下建议。

第一，教师队伍建设规划更具稳定性和前瞻性，重视高素质人才招聘与现有教师队伍素质提升“两条腿走路”，提出更高的用人要求，尝试更灵活的教师人事制度，避免教师年龄结构缺编等问题重演。

教师队伍建设的特点之一就是周期长，其决策稍有失误就会对将来很长一段时期教育发展产生不良影响。由于20世纪90年代中小学教师队伍建设过程中，没有充分重视适龄人口变化和人口城乡流动等因素，造成当前城镇和农村地区教师队伍建设面临各种困难。即在当前城镇地区教师整体缺编、超大班额问题突出的同时，农村地区却因教师整体超编、十余年缺少教师编制造成年龄结构严重老化的问题（曾晓东，2012）；从个人理性的角度看，相对年轻、有能力的教师更不愿接受农村从教的现状，而城镇缺编则为他们离开农村创造了条件，这又进一步加剧农村教师质量下滑和年龄老化问题。

2016～2020年是中小学教师退休进入相对爆发期，而同一时期农村适龄人口则因为“回声婴儿潮”出现小幅度上升，以上两方面因素为农村地区提供了相对更多教师岗位，这不仅为解决教师年龄结构老化问题创造契机，也为应对人口政策松动、适龄人口扩大所造成教师需求增加创造了条件。但需要注意，教育队伍规划具有持续性，尽管“单独二孩”政策会增加教师的需求，但其对适龄人口波动的影响具有明显周期性特征，从中国人口长期变化规律看，适龄人口下滑的趋势不可避免，那么，对中小学教师总体规模的需求仍会减少。这意味着教师规模不能针对历年适龄人口数的变动而时刻调整，否则，会在未来造成更加严重的超编和年龄结构老化等问题。

因此，针对未来人口变化背景，教师队伍建设规划应注意以下几点：（1）提高教师招聘标准，使得“空缺”的教师岗位都能招到高素质人才；（2）完善教师工资制度和社保福利制度，尤其在农村地区，提高中小学教师职业在劳动力市场中的吸引力；（3）针对“单独二孩”政策造成教师需求量在一定时期内的猛增，可尝试更灵活的“延长退休年龄”政策，尤其针对城镇地区部分高素质老年教师；（4）通过培训等途径，提高教师质量。

第二，进一步健全转移支付制度，明确界定政府间义务教育财政支出责任，在保证中央政府继续加大财政经费投入力度的同时，完善义务教育投入监评制度，切实杜绝中央政府下拨资金“漏损”，最终确保义务教育阶段生均经费投入标准和经费投入总量稳定提升。

根据预测，伴随人口政策松动后所产生影响效应的体现以及生均教育经费标准的提高，未来义务教育经费投入的需求压力将大幅提升。当然，如果能够较好地满足这一经费需求，则可以实现义务教育经费总投入占GDP的比例达到2010

年中上收入水平国家2.5%的平均水平，并接近高收入水平国家2.9%的平均水平。考虑到2010年我国小学和初中教育经费总投入中来自财政性经费的比重已分别高达94.9%和92.3%，从义务教育事业特征出发，以上比例在未来将保持稳定或者进一步提升，可以说，在满足不断增大义务教育经费需求的过程中，公共财政面临很大压力。但根据本书的预测，为保证需求得到满足，义务教育经费投入在2020年前应保持10%左右的增幅，2021～2030年应保持6%～8%左右的增幅。事实上，2013年中央财政支出年度增幅6.2%，全国财政收入增幅8.8%①，这意味着，只要严格落实“两个增长”教育财政政策要求，完全可以满足承担义务教育发展经费的增量需求。

针对未来人口变化背景，教育投入规划应注意以下几点：(1) 在人口流动性持续增大、户籍制度改革深化、中国亟须用“人才红利”取代“人口红利”、义务教育外溢性很大的背景下，应进一步增大中央政府对义务教育的投入责任。(2) 在加大中央政府投入责任的同时，应加大对地方政府监管，杜绝中央转移支付下拨资金的“漏损”，当然，也应解决“委托地方政府办学”中的监管约束和激励问题。(3) 在经费投入过程中，必须有所侧重，除了对过去城乡二元结构因素的考虑外，还应考虑小城镇和大城市之间、大城市内部资金投入分布。整体来说，应充分利用城乡适龄人口规模变动的差异，因势利导，实现城乡教育一体化。当然，解决这一问题涉及更具体和复杂的教育网点分布规划，需要更专门的研究。

从经济增长的本质来看，推动经济增长的三大动力无非是人口、制度变革和技术革命，其中，因人口结构所带来的“人口红利”被誉为创造中国近30年经济快速增长奇迹最重要的动力。通过描述中国人口结构的变化趋势，并基于“六普”数据对未来15年人口规模和结构进行预测，可以清楚地看到，尽管人口政策在近年来有所松动，但人口老龄化的趋势不可避免。随着中国人口结构快速老化，中国要保证经济稳定、持续增长，在本质上，必须依靠教育，通过教育提高劳动力人口素质和人力资本水平，变“人口数量红利”为“人口质量红利”。为了实现这一目标，必须从教育层次结构和类型结构上做出更具前瞻性的合理规划。

第六节　本章小结

本章重点在于理清我国人口变动与经济以及教育发展的关系。回顾过去，由

① 财政部：《上半年全国财政收入增长8.8%》，凤凰网，2014年7月15日，2014年8月10日引用，http：//finance. ifeng. com/a/20140715/12725220_0. shtml。

于教育规划对人口结构的影响效应关注不够，教育事业发展中资源需求不足和浪费现象共存。放眼未来，受人口老龄化影响，公共财政中教育支出的压力更大，同时，为了减缓老龄化进程对人口政策的松动会造成各教育阶段适龄人口在未来出现小幅波动。本章尝试以学前教育和义务教育阶段为例，基于未来 15 年人口预测数据，从招生规模、教师需求规模以及经费需求规模等维度做出了分析和规划，研究发现，如果能在考虑适龄人口波动的基础上提前做出预判和规划，不仅能使教育发展的供给和需求得到满足，而且能促进教育质量和办学水平提升；反之，如果不能根据人口变动做好规划，则很可能出现教育事业发展中资源需求不足与浪费的现象。

第十一章

教育、技术进步与经济增长

自内生经济增长理论创立以来，对教育和经济增长关系的研究集中于两条路径，一是教育对人力资本的影响，一是教育对技术进步的影响。在绝大多数研究中，都直接以教育水平作为人力资本的代理变量，而教育对技术水平的影响机制则比较复杂，但总体上这种影响也基本是正向的。无论从哪方面来看，良好的教育都应当促进经济增长，然而有些研究却发现，教育水平的提高对经济增长的促进作用只在中低收入国家表现得比较显著，而在高收入国家并不显著，甚至会有负向的影响，即“K—L 之谜”。对这一谜团，以往的研究往往只关注技术的绝对水平，而忽略了技术本身所具有的结构与教育水平之间的关系。了解劳动力市场所需技能的发展水平和结构，有助于政府、雇主、员工进行预测、规划，为形成有效技能发展战略提供参考。

本章将在第一节构建一个同时以技术水平和教育水平为自变量的模型，综合考虑二者之间的相互作用，以对“K—L 之谜”做出解答。随后的部分首先介绍人力资本视角下技能的定义、分类及测量，其次选取劳动力市场中的典型职业——计算机程序员，进一步讨论技术变化对技能需求的影响，最后从需求与供给角度出发，探究劳动力市场中技能错配的情况。

第一节 外生技术条件下的教育与产出关系

教育对经济增长产生影响的重要途径之一是教育促进了生产技术的进步。以往的研究通常把技术进步看作是教育水平提高的结果，而忽略了技术本身具有的特征，即技术是由企业外生选定的，而在选定技术条件下企业需要有接受过相应教育的劳动者与之相匹配。本章以此为出发点构建了包含企业外生技术、劳动者个人选择和社会教育水平三个因素的市场均衡模型，来研究教育投入与产出的关系。结论是人均产出的边际增长率随着外生技术水平的提高而增加，但是随着教育水平的提高先增加后减少，该结论为教育经济学中的“K—L 之谜”做出了解答。最后本章采取宏观和微观数据进行了实证分析，计算出教育投入增长的最优路径，并建议政府应鼓励国家层面的创新。

自从以卢卡斯和罗默为代表的内生经济增长理论创立以来，对教育和经济增长关系的研究集中于两条路径，一是教育对人力资本的影响，二是教育对技术进步的影响。教育对人力资本的积累具有促进作用，这一点是毋庸置疑的，事实上，绝大多数研究文献都直接以教育水平作为人力资本的代理变量，而教育对技术水平的影响机制则比较复杂，但总体上这种影响也基本是正向的。国内学者如华萍（2005）、董亚娟和孙敬水（2010）、金戈（2014）等利用我国省际面板数据，考察了教育对全要素生产率（TFP）的影响，研究结果表明，高等教育投入相比于基础教育投入更有利于全要素生产率的增长。

总而言之，无论从哪方面来看，良好的教育都应当促进经济增长。然而，克鲁格和林达尔（Krueger and Lindal, 2001）的研究却发现，教育水平对经济增长的影响在发达国家、低收入国家以及中等收入国家表现各异，教育水平的提高对经济增长的促进作用只在中低收入国家表现得比较显著，而在高收入国家并不显著，甚至会有负向的影响。范登布舍、阿吉翁和梅吉尔（Vandenbussche, Aghion and Meghir, 2006）称教育与经济增长这种复杂的关系为“K—L 之谜”，并对此进行了解答，他们认为人力资本总量并不是一个充分统计量，在国家投入资本进行技术创新和技术模仿的背景下，人力资本的结构更能说明经济增长的结果。他们的主要结论是，技能型人力资本带来的增长效应会随着国家向技术前沿的趋近而增强。本节试图从另一方面，即技术进步的角度来理解“K—L 之谜”。以往的研究往往只关注技术的绝对水平，如全要素生产率、技术进步率等，而忽略了技术本身所具有的结构与教育水平之间的关系。技术的一个重要特征是，劳动者要掌握该技术就必须接受一定程度的教育或培训，特别是对于水平较高、特异性较强的技术尤其如此。与此同时，对于单个的企业而言，技术的进步并非完全来自整个国家教育水平的提高，它很大程度上是企业自我选择的结果。例如通过进口先进的生产设备，引进先进的管理理念等来提高技术水平，这对处于工业化前期的国家而言尤为如此。而一旦企业决定采取某项技术，就必须有与之适应的、接受过一定程度教育并能掌握该技术的工人与之匹配，但二者之间并非完全契合。

如果企业采用了较高水平的技术设备，而市场上又缺乏足够的掌握该技术设备的工人，就会出现技术人才短缺的现象，进而对企业生产产生不利影响，这在我国制造业发达的南方地区，尤其是珠三角地区，表现得十分明显。反之，如果企业采用较低水平的技术设备，而市场上有着大量受过高水平教育的劳动力，他们之间进行恶性竞争，就会出现所谓的“人才浪费”或“教育过度”现象，这也是教育工作者时常反思的问题。通常的经济增长模型一般以技术水平作为生产函数的自变量，而以教育水平作为技术水平的控制变量。为了克服上述缺陷，本章试图构建一个同时以技术水平和教育水平为自变量的模型，综合考虑二者之间的相互作用，以及由此对经济增长产生的影响，并在某种程度上对“K—L 之谜”做出解答。

一、模型构建

（一）企业

我们假定市场是完全竞争的，并假设所有的企业都是同质的，因此可以忽略企业规模，一个国家看作只有一家企业。本书不讨论人力资本因素的影响，故假定企业存在只包含技术水平、物质投入和劳动投入的柯布—道格拉斯生产函数，我们采取 Vandenbussche Aghion 和 Meghir（2006）中的函数形式，并且只讨论单一物质投入时的情形：

$$Y = A^{1-\alpha}L^{1-\alpha}K^{\alpha} \tag{11.1}$$

其中，Y 表示总产出，A 表示企业采取的技术水平，L 表示劳动投入，K 表示物质投入，将其写成集约形式为：

$$y = A^{1-\alpha}k^{\alpha} \tag{11.2}$$

其中，y、k 分别代表人均产出和人均物质投入。

企业的利润等于总产出减去物质资本的租金和支付给工人的工资，我们用 r 表示物质资本的收益率，δ 表示物质资本的折旧率，w 表示工资率，于是企业的利润函数 π 为：

$$\pi = Ly - (r+\delta)Lk - wL \tag{11.3}$$

将生产函数代入式（11.3）得：

$$\pi = L[A^{1-\alpha}k^{\alpha} - (r+\delta)k - w] \tag{11.4}$$

假设企业面临给定的劳动力水平 L，那么它将选择人均物质投入水平 k 来最大化利润，其一阶条件为：

$$\frac{\partial \pi}{\partial k}=\alpha A^{1-\alpha}k^{\alpha-1}-(r+\delta)=0 \tag{11.5}$$

可得：

$$k=A\left(\frac{r+\delta}{\alpha}\right)^{\frac{1}{\alpha-1}} \tag{11.6}$$

在市场完全竞争的条件下，由市场出清条件知，企业的最大利润只能为零，这表明工资率 w 需满足：

$$w=A^{1-\alpha}k^{\alpha}-(r+\delta)k \tag{11.7}$$

将式（11.6）中的最优 k 值代入得：

$$w=gA \tag{11.8}$$

其中：

$$g=(r+\delta)^{\frac{\alpha}{\alpha-1}}\alpha^{\frac{\alpha}{1-\alpha}}(1-\alpha) \tag{11.9}$$

由此可以看出，市场均衡状态下的工资率和生产所采用的技术水平是成正比的，这一点与现实情况也比较相符。对此可以有两点解释。第一，工人为了掌握一定水平的生产技术，就必须接受相应的教育或培训，而由此就会产生机会成本。技术水平越高，接受教育的时间就越长，机会成本就会越大，为了补偿这种成本，工人就会要求更高的工资。第二，技术水平体现了一个人的受教育程度，而教育无论是给国家还是个人都会带来收益，这种收益分为货币形式和非货币形式两种。工资代表的就是货币形式的收益，该收益会随着教育程度的提高而增加。因此，本文的结论可以给测量教育货币形式的收益提供新的思路，g 表征的是技术的“价格”，在某种程度上也可以看作教育收益率。

根据 g 的表达式（11.9），因为 $\alpha<1$，所以（$r+\delta$）的指数为负，这可以得出 g 是关于 r 的减函数，而 r 是物质资本的价格。因此，式（11.9）实际上说明了技术水平和物质资本的替代关系，可以计算出替代弹性系数为：

$$\frac{\partial g}{\partial r}\cdot\frac{r}{g}=\frac{r\alpha}{(\alpha-1)(r+\delta)} \tag{11.10}$$

下面研究企业的总产出。我们将式（11.6）中的最优 k 值代入企业产出的表达式 $Y=Ly$ 中，再根据式（11.6）、式（11.7）和式（11.8）可以得到：

$$Y=\frac{LgA}{1-\alpha} \tag{11.11}$$

或

$$Y=\frac{Lw}{1-\alpha} \tag{11.12}$$

可以看出，在给定劳动力投入水平的情况下，总产出和技术水平及工资率都是正相关的。因此企业提高产出的途径有两个：一是采取更先进的技术，二是支付给工人更高的工资。但是这与现实显然是不符合的，因为在一个国家总人口固定的情况下，无限制地提高工资并不能带来劳动供给的增加，同时生产技术的提高又加大了企业生产的准入门槛。于是，下面我们来讨论劳动力供给的问题。

（二）劳动力市场

个人选择到哪家企业就业，考虑因素主要有两个，第一是企业的待遇；第二是自身的能力，即能否胜任企业的工作。因此本文讨论劳动力供给，也是从这两个角度出发。

首先看工资对劳动力供给的影响。劳动经济学的研究结果表明，个人劳动力供给曲线表现为一条向下弯的曲线，而市场劳动力供给曲线是所有个人劳动力供给曲线的加总，它表现为一条向右上倾斜且边际递减的曲线，如图 11－1 所示。

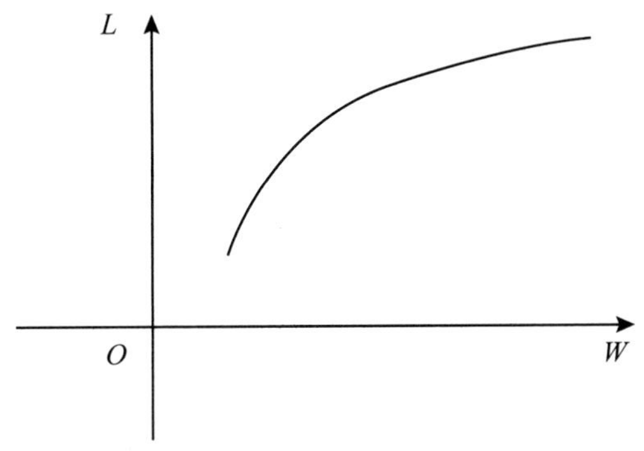

图 11－1　市场劳动力供给曲线

此处我们可以假定 $L(w)=Cw^{\theta}$，其中 C、θ 为常数，且 $0<\theta<1$。

其次考虑劳动力个人能力的因素。企业首先选定水平为 A 的生产技术，劳动者要想掌握这项技术就必须接受一定水平的教育。显然，一个国家的平均受教育程度越高，那么掌握这项技术的劳动者就会越多，反之亦然。而劳动者本身的能力也存在差异，在受教育程度相同的情况下，能力越高的人所能掌握的技术水平也越高，由此可以建立模型。

我们假定国家的总人口是 P，并且按照能力大小均匀分布在 $[0,P]$ 上，我们用 h 表示个体劳动者的能力大小，并把它归一化为 1，即能力最低的人 $h=0$，能力最高的人 $h=1$。国家的平均教育水平为 E，对于能力为 h，受教育程度为 E 的劳动者，我们采用苏雪娟（Xuejuan Su，2004）中的函数形式来表示他获得的技能水平 H：

$$H=Eh^{\gamma} \tag{11.13}$$

其中，γ 为介于 0～1 的常数。

这里不考虑企业内部培训的因素。对于生产技术水平为 A 的企业，他只招收技能水平大于等于 A 的劳动者，即劳动者的准入条件是：$Eh^{\gamma} \geqslant A$，我们用图 11-2 来表示。

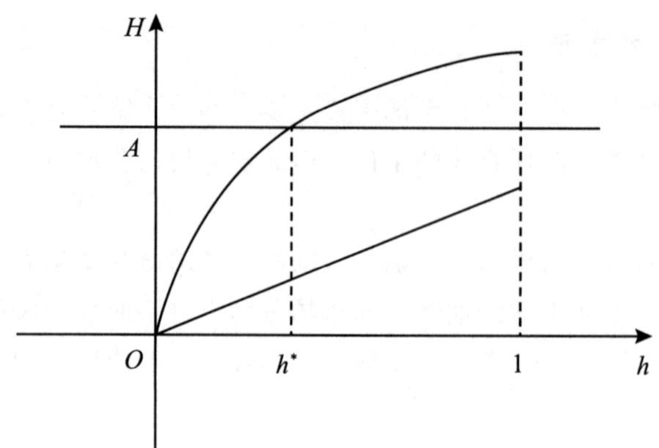

图 11-2　不同初始能力劳动者的培养曲线

如图 11-2 所示，横轴表示初始能力 h，斜线表明在未接受任何教育时个人技能按照能力水平均匀分布。纵轴表示接受教育之后的劳动者技能水平，曲线为函数式 $H=Eh^{\gamma}$。给定生产技术水平 A，那么位于水平线 $H=A$ 上方的部分才是企业可接受的，即 $h \geqslant h^{*}$ 的部分。通过计算可得：

$$m\{h \mid Eh^{\gamma} \geqslant A\} = 1 - \left(\frac{A}{E}\right)^{\frac{1}{\gamma}} \tag{11.14}$$

其中，m 表示集合的测度，我们已经将总人口按照能力水平归一化，因此符合条件的劳动力人数就是测度 m 乘以总人口 P。再考虑到工资的因素，我们可以将市场的劳动力供给函数写为：

$$L = Cw^{\theta}P\left[1 - \left(\frac{A}{E}\right)^{\frac{1}{\gamma}}\right] \tag{11.15}$$

再将 $w=gA$ 代入式（11.15）化简，可以得到国家教育水平为 E 时，生产技术水平为 A 的企业面临的劳动力供给曲线：

$$L(E, A) = Cg^{\theta}A^{\theta}P\left[1 - \left(\frac{A}{E}\right)^{\frac{1}{\gamma}}\right] \tag{11.16}$$

通过对 L 求 A 和 E 的偏导数可以得到 L 的变化趋势：

$$\frac{\partial L}{\partial A} = Cg^{\theta}PA^{\theta-1}\left[\theta - \left(\theta + \frac{1}{\gamma}\right)\left(\frac{A}{E}\right)^{\frac{1}{\gamma}}\right] \tag{11.17}$$

$$\frac{\partial L}{\partial E} = \frac{1}{\gamma}Cg^{\theta}PA^{\theta+\frac{1}{\gamma}}E^{-\frac{1}{\gamma}-1} \tag{11.18}$$

经过计算可以得到下面命题：

命题 11.1：市场的劳动力供给随着教育水平的提高而增加，随着企业技术水平的提高先增加后减少。

不管技术水平如何，提高教育水平总可以增加高素质劳动力的供给，从而促进企业生产，这一点是毫无疑问的，而提高技术水平可以提升工资率，因此会有更多的劳动者愿意进入市场，此时供给增加；但是当技术水平提高到一定程度之后，就增加了劳动者掌握该技术的难度，一部分无法胜任该技术工作的劳动者选择退出市场，从而供给下降。因此企业招募员工时，一定要综合考虑这两方面因素。

（三）国家

前文我们假定企业都是同质的，因此一个国家的总产出就等于企业的产出，将式（11.16）的劳动力供给函数代入式（11.11）的企业生产函数可得：

$$Y = Ly = \frac{1}{1-\alpha} C g^{\theta+1} A^{\theta+1} P\left[1 - \left(\frac{A}{E}\right)^{\frac{1}{\gamma}}\right] \tag{11.19}$$

我们关心国家的人均产出（人均 GDP），用 p 来表示，需要将总产出除以国家的总人口 P，即：

$$p = \frac{1}{1-\alpha} C g^{\theta+1} A^{\theta+1}\left[1 - \left(\frac{A}{E}\right)^{\frac{1}{\gamma}}\right] \tag{11.20}$$

此处要注意我们是将总产出除以总人口 P，而非企业投入的劳动力 L，这是因为计算人均 GDP 时是将国家的每一位公民都考虑在内，无论他是否参与了生产。而当我们考虑单个企业的人均产出时，才除以 L。

为了对“K—L 之谜”做出解答，我们关注 p 对教育水平 E 的边际增长率，即提升一单位的 E 所带来的人均 GDP 的边际增长率。用 φ 来表示，定义如下：

$$\varphi = \frac{\frac{\partial p}{\partial E}}{p} = \frac{A^{\frac{1}{\gamma}}}{\gamma E\left(E^{\frac{1}{\gamma}} - A^{\frac{1}{\gamma}}\right)} \tag{11.21}$$

我们研究 A、E 对 φ 的影响。通过 φ 对 A 求导可得：

$$\frac{\partial \varphi}{\partial A} = \frac{E^{\frac{1}{\gamma}-1}}{\gamma^2\left(E^{\frac{1}{\gamma}} A^{-\frac{1}{\gamma}} - 1\right)^2 A^{\frac{1}{\gamma}+1}} > 0 \tag{11.22}$$

于是有：

命题 11.2：在教育水平一定的情况下，人均 GDP 的边际增长率随着技术水平的提高而增加。

与命题 11.1 结合起来看，当技术水平较低时，提升技术水平会增加劳动供给，但是当技术水平达到一定高度时，再提升反而会减少劳动供给，从而抑制生产，因此企业似乎没有动力采用较高水平的技术。但是命题 11.2 说明，技术水平的提升始终会带来边际增长率的提高，因此，不断地提高生产技术水平还是具有重大意义的。

φ 对 E 求导得：

$$\frac{\partial \varphi}{\partial E}=\frac{A^{\frac{2}{\gamma}}}{\gamma\left(E^{\frac{1}{\gamma}+1}-EA^{\frac{1}{\gamma}}\right)^{2}}\left[1-\left(\frac{1}{\gamma}+1\right)\left(\frac{E}{A}\right)^{\frac{1}{\gamma}}\right] \tag{11.23}$$

令式（11.23）等于零解得：

$$E=\left(\frac{\gamma}{\gamma+1}\right)^{\gamma}A \tag{11.24}$$

说明最优状态下，E 和 A 的比值是一个常数，于是有：

命题 11.3：在技术水平一定的情况下，人均 GDP 的边际增长率会随着教育水平的提高先增加后减少，当教育水平达到技术水平的某个固定比例时，边际增长率达到最大。

由命题 11.3 可以看出，教育水平的提升并不总能带来人均 GDP 增长率的增加，相反，当教育水平高到一定程度时，甚至会导致增长率的降低。这也在一定程度上解释了克鲁格和林达尔（Krueger and Lindahl）文章中的发现，即教育对经济增长的促进作用只在教育处于较低水平时比较显著。

综合来看，一个国家的经济增长率依赖于教育水平和技术水平之间的关系，并非教育水平越高且技术水平也越高的国家增长率就越快。发达国家凭借自身的经济优势有着比发展中国家更高的教育水平和技术水平是毫无疑问的，但这并不意味着发达国家就有着更高的经济增长率，特别是当这种经济增长是由教育水平提高带来的时候。一个国家是否有着最优的经济增长率取决于该国教育水平和技术水平是否达到了最优的比例。因此，在国家选定技术水平 A 后，要根据人力资本的培养程度（即 γ 的值）来决定最优的教育投入。

（四）对"K—L 之谜"的解答

前文已经分析，人均 GDP 关于教育水平的边际增长率的高低，与教育水平和技术水平的相对比例有关，而与它们的绝对大小无关。下面我们将表明，一个有着较低教育水平和较低技术水平的发展中国家，依然可以有着比发达国家更高的边际增长率。

我们用 1 来表示某发达国家，它的教育水平为 E_1，技术水平为 A_1；用 2 来表示某发展中国家，相应地，教育水平为 E_2，技术水平为 A_2。自然我们假定，$E_1>E_2$，$A_1>A_2$，即国家 1 的教育水平和技术水平都高于国家 2。两国人均 GDP 的边际增长率分别为：

$$\varphi_1=\frac{A_1^{\frac{1}{\gamma}}}{\gamma E_1(E_1^{\frac{1}{\gamma}}-A_1^{\frac{1}{\gamma}})},\ \varphi_2=\frac{A_2^{\frac{1}{\gamma}}}{\gamma E_2(E_2^{\frac{1}{\gamma}}-A_2^{\frac{1}{\gamma}})} \tag{11.25}$$

计算可得，$\varphi_1>\varphi_2$ 当且仅当：

$$E_2\left[\left(\frac{E_2}{A_2}\right)^{\frac{1}{\gamma}}-1\right]>E_1\left[\left(\frac{E_1}{A_1}\right)^{\frac{1}{\gamma}}-1\right] \tag{11.26}$$

可以看出，决定二者大小的因素有 E_1、E_2 以及两国教育水平和技术水平的比例。因此，当 E_2/A_2 小到一定水平时，就会有 $\varphi_1<\varphi_2$，即国家 1 的边际增长率小于国家 2。

我们可以举数值的例子来说明。首先假定 $\gamma=0.25$，对于国家 1，假定 $A_1=10$，$E_1=12$；对于国家 2，假定 $A_2=8$，$E_2=9$，于是国家 1 的教育水平和技术水平都高于国家 2，但可以计算，$\varphi_1=0.31$，$\varphi_2=0.74$，于是国家 1 的边际增长率低于国家 2，说明在落后国家教育对经济增长的拉动更为显著，这一点正好与克鲁格和林达尔的结论契合。

二、数值计算

产出函数是关于 E 和 A 的非线性函数，且不能转化成线性函数，因此无法直接对其进行回归分析，所以我们尝试从另外的角度对其进行检验。

我们考虑政府的投资行为。假设政府对教育的投入是 I，则国家的平均教育水平和财政投入成正比，和国家的总人口成反比，忽略掉常数项，我们直接令：

$$E=\frac{I}{P} \tag{11.27}$$

于是国家的总收入 S 为产出减去支出：

$$S=\frac{1}{1-\alpha}Cg^{\theta+1}A^{\theta+1}P\left[1-\left(\frac{AP}{I}\right)^{\frac{1}{\gamma}}\right]-I-F \tag{11.28}$$

其中，F 表示除了教育支出之外的其他支出。政府选择教育投入的数量来最优化收入，其一阶条件为：

$$\frac{\partial S}{\partial I}=\frac{1}{\gamma(1-\alpha)}Cg^{\theta+1}A^{\theta+1+\frac{1}{\gamma}}P^{1+\frac{1}{\gamma}}I^{-\frac{1}{\gamma}-1}-1=0 \tag{11.29}$$

解得：

$$I=\left[\frac{1}{\gamma(1-\alpha)}Cg^{\theta+1}A^{\theta+1+\frac{1}{\gamma}}P^{1+\frac{1}{\gamma}}\right]^{\frac{\gamma}{\gamma+1}} \tag{11.30}$$

我们用 G_I、G_A、G_P 来表示 I、A、P 关于时间的增长率，将式（11.30）两边取对数再对时间求导可得：

$$G_I = \frac{\gamma\theta + \gamma + 1}{\gamma + 1} G_A + G_P \tag{11.31}$$

式（11.31）为政府的最优教育投资模型。可以看出，政府对教育的投入应随着国家的技术水平和人口的增长而增长，且增长率满足一定的比例关系。技术水平的影响主要体现为，当技术水平提升时，为了培养出能掌握更高技术的人才，需要增加教育投入；而人口增加时，市场上会拥有更多的潜在劳动力，此时政府对教育的投入也应增加。

下面我们利用真实的数据来校准 θ 和 γ 的值，从而为政府决策提供参考。

（一）θ 值的校准

θ 体现的是工资水平与劳动力供给之间的关系。对本章中劳动力供给关于工资的函数两边取对数可得：

$$\ln L = \ln C + \theta \ln w \tag{11.32}$$

我们来讨论 L 和 w 的选取。首先假定所有的工作岗位和劳动者都是同质的，即工作所要求的技术水平和劳动者自身的技能水平都相同。那么在已知所有劳动者当前既有工资水平的情况下，我们给定某一份工作的工资水平，既有工资低于这一水平的人是愿意从事这项工作的，因为他们可以得到更高的工资。反之，既有工资高于这一水平的人则因为得到的工资降低而不愿意从事这项工作。因此，某一工资水平下的劳动力供给可以看作是既有工资低于这一水平的劳动者的全体，而工资的百分位数恰好能反映这一点。将所有的劳动者按照工资水平从低到高排列，某一百分位数所对应的工资水平即工资低于这一水平的劳动者占总劳动者的比例，因此，我们将 L 取作工资的百分位数，以此来代表这一工资水平所对应的劳动力供给。

本书的数据源于北卡罗来纳大学、美国营养与食品安全局和中国疾病预防控制中心联合发布的中国健康和营养调查数据库（CHNS），从该数据库中可以得到我国居民 1990 年、1992 年、1996 年、1999 年、2003 年和 2005 年六个年份的收入分布情况，再计算得到以 5% 为一档的工资百分位数的数据列表。结果摘自陈云（2009），如表 11－1 所示。

表 11－1　　我国历年工资收入的百分位数　　单位：元

百分位（%）	1990 年	1992 年	1996 年	1999 年	2003 年	2005 年
5	201.16	173.43	244.53	327.6	279.99	225.79
10	493.15	451.96	599.79	725.72	489.09	766.34

续表

百分位(%)	1990 年	1992 年	1996 年	1999 年	2003 年	2005 年
15	770.52	751.14	948.36	1 165.29	934.06	1 374.28
20	1 042.53	1 012.41	1 332.5	1 633.68	1 511.02	2 142.3
25	1 298.7	1 316.71	1 686.99	2 115.43	2 144.34	2 885.75
30	1 572.47	1 619.83	2 080.39	2 632.64	2 728.82	3 686.35
35	1 813.95	1 907.96	2 482.19	3 239.73	3 339.49	4 579.71
40	2 067.55	2 165.69	2 901.55	3 865.89	4 053.58	5 485.08
45	2 323.41	2 484.95	3 330.68	4 426.9	4 761.9	6 268.45
50	2 574.65	2 788.08	3 764.71	4 994.11	5 558.9	7 145.45
55	2 807.86	3 100.39	4 235.18	5 597.85	6 306.95	8 167.1
60	3 075.55	3 461.15	4 684.45	6 249.6	7 299.49	9 145.47
65	3 342.99	3 837.99	5 196.04	6 830.8	8 263.49	10 391.41
70	3 685.62	4 268.94	5 824.37	7 653.31	9 437.77	11 697.05
75	4 027.76	4 860.53	6 474.57	8 538.49	10 842.67	13 251.15
80	4 536.52	5 502.29	7 291.07	9 576.75	12 134.7	14 932.7
85	5 161.56	6 372.04	8 427.32	11 006.37	14 223.95	17 549.28
90	6 190.08	7 725.66	10 234.54	12 895.17	16 763.1	21 317.46
95	8 354.41	10 648.8	13 409.2	16 222.42	21 899.15	28 049.48

可以看到工资水平呈现明显的上升趋势，说明随着经济总量的递增和居民平均收入的提高，劳动供给曲线也会呈现明显的变化，说明时间序列数据中包括随时间增长的变量。为了剔除这种时间趋势的影响，我们需要在模型中引入时间变量，于是得到计量模型：

$$\ln L_{it} = \ln C + \theta \ln w_{it} + t + \varepsilon_t \tag{11.33}$$

该数据同样可以看作是以百分位数为标识的面板数据，但特殊之处在于，不同年份下同一百分位对应的自变量 L 取相同的值，即不存在互异性。因此无论是取平均数还是做差分，都会出现被解释变量取值为零的状况，所以差分模型、固定效应模型和随机效应模型都不能使用，于是这里我们使用组间模型（BE）。因为百分位数和工资水平都取了对数，所以此处无须进行系数标准化处理。

我们首先使用组间模型进行回归，然后再将数据看作是普通的横截面数据进行简单的 OLS 回归，得到结果如表 11－2 所示。

表 11-2　　工资水平对劳动力供给水平的回归结果

变量	组间模型（BE）	OLS
ln$w$	0.754*** (0.019)	0.744*** (0.011)
t		-0.045*** (0.002)
Constant	-2.444*** (0.155)	88.172*** (4.486)
R^2（组内）	0.99	0.98

注：***、**、*分别表示在1%、5%、10%的置信水平上显著。

比较两次回归的结果，R^2 的值非常接近 1，说明拟合效果非常好，该模型与现实比较吻合。利用组间模型回归时 t 的系数缺失，是因为不同分位数下对应的 t 的均值都是 1 995.83，不存在互异性，因此无法得到 t 的系数。

我们关心 θ 的数值，即 Lnw 的系数。组建模型回归得到的系数是 0.754，普通 OLS 回归得到的系数是 0.744，二者很接近，并且标准差都很小，说明拟合效果良好。为了方便计算，我们取 0.754 和 0.744 的中间值并保留两位小数，即 θ 的拟合值为 0.75。

（二）γ 值的校准

对于人力资本培养函数，即式（11.13）两边取对数得：

$$\ln H = \ln E + \gamma \ln h \tag{11.34}$$

其中，E 可以用受教育年限代表。h 表示的是劳动者初始能力的大小，初始能力包括两方面：智力因素和体力因素，本书特别强调劳动者掌握高水平技术的能力。而高新技术与脑力劳动是密切相关的，因此我们只考虑智力因素。这里用智力水平来代表劳动者的初始能力，通常智力水平的衡量标准是智商，故我们将 h 取作劳动者的智商。

对于技能水平 H，一般情况下生产活动的技术水平用全要素生产率来衡量，但是全要素生产率属于宏观数据，它很难与表示单个劳动者技能的微观数据建立联系，因此我们采用代理变量的方式对其进行处理。在苏雪娟（2004）的文章中，接受一定教育的劳动者所获得的人力资本是以工资的形式体现的，这与本书的结论也是相符的，即工资水平和技术水平之间成正比关系：$w = gA$。由此可以看出二者的联系，一项工作提供的工资越高，说明该工作的技术含量也越高；反过来，一项工作涉及的技术水平越高，那么它提供的工资也就越高，因此可以认为工资水平和技术水平具有线性相关关系。于是，我们用工资水平作为技术水平的代理变量，此处将 H 取作劳动者的工资水平。

工作年限会对工资水平产生显著影响，因此在讨论教育和智商对工资的影响时需要将工作年限的影响剔除。我们引入工作年限变量 Y，将回归方程修改为：

$$\ln H_i = \ln E_i + \ln h_i + Y_i + \varepsilon \tag{11.35}$$

在 Mincer 的教育收益率回归方程里，还考虑了工作年限的平方项，于是：

$$\ln H_i = \ln E_i + \ln h_i + Y_i + Y_i^2 + \varepsilon \tag{11.36}$$

对上面两个式子进行回归，同样我们关心的 E 和 h 是取对数的形式，因此无需进行系数标准化。

数据来源于美国 Stata Press 2007 年出版的 *Getting Started with Stata for Windows*，选取北京师范大学出版社 2011 年出版的《计量经济学实验教程》中附录工资方程 2 数据库。该数据库包含了 935 名个体劳动者的微观数据，变量包括工资、周工作时间数、智商、KWW 成绩、教育年限、工作年限、年龄、出生地、父母受教育程度等。此处假定智力水平没有国际差异，我们选择其中的工资、智商、教育年限、工作年限，对上面两个式子做回归分析。该数据库的描述性统计如表 11-3 所示。

表 11-3　　数据库的描述性统计

变量	样本数	均值	标准差	最小值	最大值
工资	935	957.95	404.36	115	3 078
教育年限	935	13.49	2.2	9	18
智商	935	101.28	15.05	50	145
工作年限	935	11.56	4.37	1	23

两次回归的结果如表 11-4 所示。

表 11-4　　技能水平对教育水平和初始能力的回归结果

变量	模型 1	模型 2
$\ln E$	0.814*** (0.101)	0.819*** (0.012)
$\ln h$	0.535*** (0.093)	0.535*** (0.093)
Y	0.02*** (0.003)	0.015* (0.013)

续表

变量	模型 1	模型 2
Y^2		0.0002 * (0.0006)
Constant	1.975 *** (0.395)	1.989 (0.397)
R^2	0.163	0.163

注：***、**、*分别表示在1%、5%、10%的置信水平上显著。

两次回归的结果非常接近，说明 Y^2 对工资的影响不大，教育和智商之外的主要影响来自工作年限的一次项。教育年限变量 $\ln E$ 的系数为 0.814 和 0.819，和模型中的系数 1 较为接近，说明模型对现实的解释力较强。我们关心的 γ 值即 $\ln h$ 的系数，两次回归的结果都为 0.535，并且在 1% 的置信水平上显著，由此我们取 $\gamma = 0.54$。

（三）计算结果

将校准得到的 θ 和 γ 代入政府教育投资模型的式（11.31）中，计算得到：

$$G_I = 1.23G_A + G_P \tag{11.37}$$

可见除了人口增长的因素，教育投资的增长也必须要快于技术水平的增长，这样才能保证国家的竞争力。当然，式（11.37）没有将物价水平考虑在内，并且假定教育达到完全均等的状态，但是仍可为政府决策提供参考。

三、结论建议

本书讨论了教育与技术进步之间的关系及其对经济增长的影响。与以往文献将技术进步看作是教育水平提高的结果的做法不同，本书认为技术是外生给定的，在技术水平确定的条件下，劳动者需要接受一定的教育或培训来匹配该技术。技术水平的提升固然可以带来产出的增长，但这也同时要求我们不断加大对教育的投入。当然，教育水平对经济增长的影响也是非线性的，它不仅取决于教育本身的绝对水平，还取决于它与技术水平之间的相对差距。发达国家固然拥有较高的技术水平，但也意味着需要有较高的教育水平与之匹配，因此并非较高的教育投入水平就能带来较快的经济增长。本书计算的结果是，技术水平和教育水平的提高都能带来经济总量的增长，但是对人均数量的影响却各不相同。在教育水平固定的情况下，提高技术水平总是能导致人均边际增长率的提高。但是提高教育水平导致的结果则是人均边际增长率先加快后减缓。因此在教育水平位于某个中间值的时候，人均边际增长率达到最快。于是在满足一定条件的情况下，会出现发达国家人均产出对教育的边际增长率低于发展中国家的现象，这也在一定程度上符合克鲁格和林达尔的研究结论。

第一，国家应鼓励创新，特别是国家层面的创新。政府应加大对科研院所的投入水平，并加强基础科学的研究，以此拉动公共知识的生产，鼓励科研成果向生产力的转化。企业或个人层面的技术创新由于受到专利的保护，会给它的使用者带来一定的成本，因此对经济增长的拉动作用不如国家层面的技术创新那么明显。本书强调技术的外生性，意为企业可以自主选择技术水平，全国范围内的技术扩散对经济增长具有关键作用，而这又取决于公共知识无偿使用性的程度。提高教育水平只是释放了生产率提升的潜力，但是这种潜力毕竟是有限的，而更根本的方法则是提升企业的生产技术水平。

第二，加快职业教育的发展。提升教育水平对经济增长的促进作用主要体现在，教育使得劳动者能够掌握一定水平的生产技术，从而促进了生产率的提高。而相比于普通本科教育，职业教育与此关系更为密切。普通本科教育更多地从事公共知识的传授，使劳动者尽快地掌握生产技能，特别是与企业相适应的生产技能，以及最大限度挖掘劳动者的潜力，是职业教育的目标与方向，当然，除此之外还包括公司自己的内部培训。当一个国家的生产技术水平达到一定的高度之后，与之相配套的职业教育体系便是不可或缺的。我们不应当只关注技术的绝对水平，更应当关注技术水平与教育水平之间的差距。目前一些西方发达国家，如德国采取的本科教育与职业教育并行的“双轨制”，以及我国出台的促使一批本科院校向应用技术型大学转型的政策意见，都是因循的这个思路。

第三，合理规划教育投资的规模。教育投入水平并非越高越好，它需要与国家的技术水平和人口规模相匹配。本书给出了最优的教育投入增长率的计算公式，它是全要素生产率的增长率与人口增长率的函数，以此可以作为政府的决策参考。当然，本书所说的合理规划教育投资规模，并不是指国家有意限制教育投入的增长。本书的结论是建立在教育达到绝对均等状态的前提假设之下的，而在现实生活中，不同的劳动者个体、不同的学校、不同的地区、不同的行业之间，都会存在诸多差异。对于投资过度的行业或地区，我们自然要限制投资水平的增长，而对于那些经济发展落后，教育水平较低的地区，或者技术落后的行业，我们自然要加大教育的投入，这一点与本书的结论并不矛盾。如何在不同的地区和行业之间分配教育投资，则是需要进一步研究的问题。

第二节　技术进步、技能需求与教育供给

技能需求研究不仅有助于政府、雇主、员工了解劳动力市场所需技能的发展水平和结构，更有助于在获得详细数据信息的基础上，帮助政策制定者进行预测、规划，为形成有效技能发展战略提供参考。再者，关于技能需求及其变动的研究，可为教育发展规划、教育供给提供依据，如如何规划正规教育的专业和培养规格、更好培养青少年具备终身发展最需要的知识和技能；以及提供有效的职业培训等。

本章接下来的部分首先介绍人力资本视角下技能的定义、分类及测量，然后选取劳动力市场中的典型职业——计算机程序员，进一步讨论技术变化对技能需求的影响，最后从需求与供给角度出发，探究劳动力市场中技能错配的情况。

一、技能的概念与内涵

20 世纪 60 年代产生的人力资本理论，不仅对经济学和其他社会科学的学术研究产生深远影响，还对经济、教育等领域的政策改革产生深远影响。然而，传统的人力资本分析往往将“人力资本”简化为其最基本的外壳——受教育年限。这种简化处理的方法在研究初期不失为明智之举，然而已经不能满足新时期研究需要。基于技能的新人力资本研究正在形成。

第一，“技能”作为对人力资本的直接测量，改变了以往对人力资本的间接测量。

人力资本理论产生以后，大量的实证研究验证了人力资本对个体和对社会的市场化、非市场化收益。然而，这些研究始终没有解决一个重要问题，即在实证研究中到底怎么测量人力资本。由于人力资本（凝结在人身上的各种体力、健康、知识或技能）难以被直接地测量，已有研究普遍的做法是，用受教育年限作为人力资本的代理变量。

随着调查工具和手段的改进，数据库的不断丰富和完善，这种方法的局限越来越凸显。(1) 受教育年限只反映个体接受学校教育的时长，而不反映学校教育的质量和结果。同等受教育年限的个体，由于其所在学校的质量不同或（和）个体的努力程度不同，教育的结果可能存在天壤之别。(2) 从时间上来看，受教育年限只反映个体在正式的学校受教育期间所获得的人力资本，而不反映学校教育

结束后人力资本不断增长或消减的动态过程。换言之，“受教育年限”在个体结束学校教育后就几乎是静止不变的，而人力资本积累则是贯穿于人生命始终的过程。(3）从空间上来看，受教育年限侧重反映个体在学校所积累的人力资本，而不能综合反映个体在学校、家庭、社会等不同场所积累的人力资本。

由于“受教育年限”指标存在以上局限，美国斯坦福大学教授、著名教育经济学研究者艾瑞克·汉纳谢克（Eric Hanushek）指出，以往基于“受教育年限”指标得出的实证研究结论以及基于这些结论产生的政策分析都值得重新推敲。人力资本研究亟须找到对人力资本的更好测量方法。“技能”作为对人力资本的直接测量，有效解决了以上局限——技能既反映学校教育的时长，也反映学校教育的质量和结果；技能是一个动态变化的概念，能够很好地反映个体一生之中人力资本不断消减和增长的动态过程；技能能够综合反映个体从学校、家庭、社会等不同场所积累的人力资本总和。研究者主张用技能来直接测量人力资本。

第二，“技能”作为劳动力就业能力的根本，是政府进行人力资本干预的新方向。

环顾当今西方发达国家，国民受教育年限几乎接近极值。继续用“受教育年限”来衡量和比较这些国家的人力资本，已经不合时宜。传统地通过提高国民受教育年限来进行人力资本干预的政策，也已经没有施展余地。这些国家一方面经历了教育事业的蓬勃发展，另一方面却深受年轻人失业率居高不下等难题困扰。以往的人力资本政策在哪里出现了差错？

这些国家发现，以往的人力资本政策过于关注国民受教育年限的提高，而忽略了教育是否能真正提高劳动者的技能。对个体而言，只有掌握劳动力市场所需要的技能，才能获得就业、保证收入和维持生活；对社会而言，只有具备与劳动力市场需求相吻合的技能类型，才能保证就业、促进增长和维护稳定。一些政府和国际组织纷纷出台技能发展战略报告。例如，英国于2006年发布《经济全球化背景下的共同繁荣——培养世界一流的技能》报告；世界银行于2010年发布《技能提升：就业增加、生产率提高的关键》报告；OECD组织于2012年发布《更好的技能、更好的工作和更好的生活：技能发展战略》报告；等等。这标志着“技能”成为这些国家与国际组织人力资本干预的新方向。政策层面的现实需求，推动了一些研究者围绕技能的需求、技能不匹配、技能供给等问题开展研究。正是基于以上两方面背景，新人力资本研究围绕“技能”概念而展开。艾瑞克·汉纳谢克、詹姆斯·赫克曼（James Heckman）等国际知名的教育经济学研究者指出，基于技能的新人力资本研究是一片崭新的、富有前景的研究领域。接下来，本章将重点对技能的定义、分类与测量等进行介绍。

二、技能的定义

最早对技能（skills）进行研究的是心理学。在心理学中，技能是指人们通过练习而获得的动作方式和动作系统，它既可以指操作活动方式，也可以指心智活动方式。“技能”与“能力”（ability）概念不同。能力是一种心理特征，它是指顺利实现某种活动的心理条件。只有能够广泛迁移和应用的知识和技能，才能转化为能力；能力既是掌握知识和技能的前提，也是掌握知识和技能的结果，二者相互促进、相互转化。

经济学中的“技能”定义与心理学不同。虽然经济学研究者还未形成关于技能的一致定义，有的研究者直言技能的定义比较困难，更多的研究者干脆避开技能的定义不谈，但是不同研究者都认可技能是一个比较宽泛的概念，它涵盖各种知识、特征与潜能。例如，OECD 组织的一份报告将技能定义为“完成一项任务或活动所必须具备的知识、特征与潜能的集合。一个国家在一定时间内所具备的技能总和，就构成了这个国家的人力资本”。可见，“技能”是对人力资本的直接测量，心理学中的“知识”“技能”“能力”都属于人力资本的范畴，因而都包含在经济学的“技能”概念中。

经济学也曾对“技能”与“能力”做严格区分，认为技能来自后天习得（acquired skills），能力来自自然禀赋（natural ability）。早期的人力资本研究都强调人力资本是通过后天投入获得的，先天的能力不属于人力资本。在明瑟收入方程中，能力往往被当作一个遗漏变量。但是新的遗传学研究表明，自然禀赋与后天习得之间并不存在截然界限，自然禀赋会受后天环境的影响，后天习得也受自然禀赋的制约，二者总是交互发生作用。现在的经济学研究不再对“技能”与“能力”概念进行区分，甚至可以看到同一篇文献交替使用这两个词语的现象。此外，“胜任力”（competence）一词在经济学研究中的含义也与“技能”相同，可以交替使用。

三、技能的分类

研究者出于研究目的需要，按照不同标准对技能进行分类（见表 11－5）。较早对技能进行分类的是美国职业分类大典（dictionary of occupational titles，DOT）。它将从事不同职业所需的技能分为三类：与数据（data）打交道的技能、与人（people）打交道的技能、与具体事物（things）打交道的技能，分别对应认知技能、人际交往技能和身体技能。这一分类标准成为后续许多研究的基础。

表 11-5　　技能类型的不同划分方法

研究者	分类依据	技能类型
美国职业分类大典（DOT）	处理对象的不同	认知技能、人际交往技能、身体技能
David Autor 等（2003）	被计算机技术取代的程度	程序性的认知技能、非程序性的认知技能、非程序性的非认知技能、程序性的身体技能、非程序性的身体技能
世界银行（2010）	技能的专门性和处理对象的不同	认知技能、非认知技能和职业技能
联合国教科文组织（2012）	技能的水平和专门性	基础技能、通用技能、职业技能
Micheal Handel（2012）	技能的专门性	一般技能、特殊技能

大卫·奥托（David Autor）等在研究技术进步对技能需求的影响时，在 DOT 分类的基础上，按照计算机技术对技能的取代程度，将技能细分为程序性的认知技能（routine cognitive）、非程序性的认知技能（non-routine cognitive analytical，即 expert thinking）、非程序性的非认知技能（non-routine non-cognitive interpersonal，即 complex communication）、程序性的身体技能（routine manual）和非程序性的身体技能（non-routine manual physical）五类。所谓“程序性”是指一项技能被编写成计算机程序进而被计算机技术取代的程度。例如，同样是认知技能，程序性的认知技能容易被计算机技术取代（例如电话接线员、图书管理员等职业需要的技能），而非程序性的认知技能难以被计算机技术取代（例如律师、医生、教师等职业需要的技能）。该分类框架在分析劳动力市场技能需求的变化、计算机技术的进步对技能需求的影响时尤为适用，被后续许多研究借鉴。

世界银行在组织劳动力技能测试时将技能分为认知技能、非认知技能和职业技能（technical skills）三类。在该分类中，身体技能属于非认知技能。职业技能是指从事某一项具体工作时所使用的认知技能和非认知技能的集合。个体就业能力的高低以及劳动力市场的结果不仅取决于与工作直接相关的职业技能，还取决于一般性的认知技能和非认知技能。可见，该分类与 DOT 分类的差别是，DOT 分类认为每一项职业都需要认知技能、人际交往技能和身体技能，不同职业对这三类技能的需求程度不同，但世界银行的分类将职业技能作为单独的一类。

联合国教科文组织在分析青年人的就业能力时将技能分为基础技能（foundation skills)、通用技能（transferable skills）和职业技能（technical and vocational skills）三类（见表 11 - 5）。基础技能是指基本的读写算技能，它既是获得维持基本生活所需工作的前提，也是进一步掌握通用技能和职业技能的基础。通用技能是指在不同的工作情境下都可以使用的技能，例如交流和沟通能力、分析和解决问题的能力、领导能力、创造能力等。职业技能是指从事特定职业所需要的特殊技能。该分类方法试图既体现技能的专门性，又体现技能的水平高低，结果造成了一定的混乱。例如，有研究认为，基本的读写算技能也是通用技能。

迈克尔—汉德尔根据技能的专门性，将技能分为一般技能（general skills）和特殊技能（job-specific skills）两类。一般技能是指从事不同职业都需要使用的技能；特殊技能是指从事某一职业所需要使用的特定技能。这种分类方法对于分析长久以来的“通识教育”与“职业教育”之争（例如美国教育体制与德国教育体制的比较）尤为适用。但其缺点是难以对一般技能和特殊技能分别进行直接的测量。

综上所述，研究者对技能的分类还未形成共识。这为共同探讨和深入研究技能问题带来一定阻碍，也限制了技能研究的拓展与丰富。不同分类方法之间的共同点是，都重视从劳动力市场的需求出发探讨技能类型。变化的劳动力市场需求会影响技能的需求结构，进而影响教育的内容和形式，这是新人力资本研究与传统人力资本研究的重要区别之一。传统人力资本研究一再强调教育对经济社会发展的重要性，却忽略了教育是通过何种机制促进经济社会发展（或者教育到底怎么促进经济社会发展）。新人力资本研究基于对技能的分类以及对不同类型技能的探讨，能够更加深入细致地研究教育所培养的不同技能的经济社会价值。在劳动力市场分工越来越细化、劳动力市场需求变化加快的背景下，劳动者的团结协作能力、人际沟通能力等非认知技能受到雇主的重视。企业调查结果显示，在企业进行员工招聘、考核以及决定升迁过程中，员工的非认知技能是企业考察的重要因素。因此，上述分类方法都认识到了非认知技能的重要性。詹姆斯·赫克曼认为，以往的学术研究和政策讨论都专注于认知技能，忽略了至少同等重要的非认知技能。他本人对非认知技能的研究长达十余年。

四、技能的测量

技能包含内容很多，不存在一个单一指标能够综合反映各项技能，而只能对不同技能进行分别测量。本章依次介绍认知技能、非认知技能和职业技能的测量方法以及国际国内有影响力的技能调查。

（一）认知技能的测量

认知技能的测量由来已久，已有研究常用阅读、数学、科学等标准化测试成绩来表示认知技能。例如，国际学生评价项目（programme for international student assessment，PISA）和国际数学和科学成就趋势研究（trends in international mathematics and science study，TIMMS）都是认知技能测试的典型代表。前者测试阅读、数学和科学三个科目，后者测试数学和科学两个科目。虽然两个测试的设计思路存在差异，PISA 测试更侧重学生在实际情境中运用知识的能力，而 TIMMS 测试更侧重学生对课程知识的掌握程度，但是两个测试成绩呈现高相关性。例如，对 19 个国家的测试成绩进行分析表明，2003 年的 TIMMS 测试成绩与 2003 年的 PISA 测试成绩在数学科目上相关系数为 0.87，在科学科目上相关系数为 0.97。这种强相关性说明两个测试都在测量认知技能的相同成分。

（二）非认知技能的测量

非认知技能的测量相对较为困难，虽然不同领域的研究者越来越重视非认知技能，但是非认知技能的内涵及测量方法还未形成共识。第一，非认知技能包含的内容很多，是否存在一个单一的指标来对非认知技能进行统一测量？第二，非认知技能的测量容易受个体主观情绪、态度等的影响，不像认知技能的测量那样客观化。第三，不同地域、种族、宗教、文化、道德观念的人群，对非认知技能的理解和态度存在偏差，使得编制一套具有跨文化适用性和可比性的非认知技能测试工具尤为困难。

已有研究常测量非认知技能的某一方面，例如社会适应性、自我价值感、自我控制感等。实证研究者则基于数据的可得性，利用已有的非认知技能测试数据开展实证研究。已有实证研究所使用的非认知技能测量指标可能存在很大差别。直到最近 20 年来，人格心理学中“大五人格理论”（Big Five personality traits）的发展，让越来越多的研究者认同人格结构中比较稳定的五大因素，即外倾性、情绪稳定性、开放性、随和性和尽责性。大五人格量表不断改进，并被证明具有较好的跨语言、跨评定者和跨文化的稳定性。现在越来越多的研究者使用大五人格量表测量非认知技能。詹姆斯·赫克曼认为，大五人格量表是测量非认知技能很好的工具。美国哥伦比亚大学教授亨利·莱文（Henry Levin）建议，有必要在大规模教育评价项目（例如 PISA 等）中纳入非认知技能测试，而大五人格量表是已有关于非认知技能测试的最好方法。

（三）职业技能的测量

已有研究主要通过自陈式问卷来收集职业技能的相关信息。首先，将工作所需的技能进行分类；其次，对每一类技能在工作中所使用的频率及难易程度进行调查，也有研究辅之以雇主调查或专家判断法来了解职业技能。

奥特尔等在程序性假设的基础上，将工作内容细分为非程序性的分析类工作内容、非程序性的交互类工作内容、程序性的认知类工作内容、程序性的体力类工作内容以及非程序性的体力类工作内容五类。基于美国职业大典数据（DOT），分别用劳动力的一般教育发展（GED）的数学成绩，对活动的指导控制规划程度，精确达到设定的限制、界值或标准程度，手指灵巧程度，眼、手、脚的协调程度测量上述五类工作内容，最终获得职业的程序性和非程序技能需求情况。

弗雷（Frey C.）和奥斯本（Osborne M.）在奥特尔等的研究基础上，进一步讨论了职业的程序性问题。他们认为随着机器学习和移动机器人技术的发展以及大数据时代的到来，不仅程序性的工作内容容易被机器取代人工，非程序性的工作内容也受到了计算机等科学技术的影响，例如非程序性的医学诊断任务已被证明可以被计算机取代。因此，基于美国职业信息网络数据，以感知和操作类工作内容、创造性智力类工作内容、社会智力类工作内容等计算机难以取代人工完成的任务作为计算机取代人工的瓶颈，以机器学习方面的专家将 70 个职业手动归为可自动化和不可自动化两类，采用高斯过程二类分类分析方法，估算出各职业劳动力被计算机取代的概率。研究发现美国大概有 47% 的职业存在被计算机取代的风险。英国德勤公司借鉴弗雷和奥斯本的研究，估算了英国的各类职业被计算机取代的概率，研究发现在未来的 10 ~ 20 年，英国约有 35% 的职业存在自动化的高风险。在 2001 ~ 2015 年，英国低概率自动化的职业，即位于自动化概率 10% ~40% 分位的职业，就业人数增加；位于自动化概率 50% 分位的职业就业人数也在增加；高概率自动化的职业，即位于自动化概率 60% ~100% 分位的职业，就业人数减少。

马尔科林（Marcolin L.）等基于经济合作与发展组织的国际成人能力评估调查（programme for the international assessment of adult competencies，PIAAC）数据研究了职业的程序性内容。通过问卷调查中的四个问题构建职业程序性强度指标，这四个问题分别是：建立工作任务顺序的自由度，决定完成任务类型的自由度，自主规划活动的频次，自主安排时间的频次。根据程序性强度指标将职业分为非程序性的职业、低程序性强度的职业、中等程序性强度的职业以及高程序性强度的职业四类。以劳动力的受教育水平和职业作为其技能的代理变量，发现在非程序性的职业和低程序性强度的职业内，劳动力的技能水平越高从事这两类职业的概率越大。而在中等和高等程序性强度职业内，中等技能水平的劳动力比例最高。

（四）国际国内有影响力的技能调查

现有的技能调查主要有三种形式。第一，在大规模社会调查中包含一部分关于技能测试的模块，如表 11－6 所列举的各项调查。第二，面向青少年学生的认知技能测试，如 PISA 测试和 TIMMS 测试。第三，面向成年劳动力的技能专门调查，如国际成人技能调查（programme for the international assessment of adult competencies，PIAAC）等。

表 11－6　已有关于非认知技能的实证研究常使用的数据来源

数据库名称	测量指标	测量工具	年份
英国儿童发展调查（National Child Development Survey，NCDS）	社会适应性	布里斯托社会适应测试	1965 1969 1974
美国收支动态长期追踪调查（Panel Study of Income Dynamics，PSID）	成就动机	阿特金斯成就动机理论指导下的成就动机量表	1971
美国青年追踪调查（National Longitudinal Survey of Youth 1979，NLSY）	自我控制感	罗特控制点量表	1979
	自我价值感	罗森伯格自尊量表	1980
澳大利亚家庭、收入及劳动力动态调查（Household Income and Labour Dynamics in Australia，HILDA）	个人掌控感	佩尔林和斯库勒个人掌控感量表	2003 2004
	人格	大五人格量表	2005
荷兰家庭追踪调查（The DNB Household Survey）	人格	大五人格量表	2005
英国家庭追踪调查（The British Household Panel Survey）	人格	大五人格量表	2005

表 11－7 从样本量的大小、技能测试的全面性、专业力量的参与、是否包含个体的经济社会结果指标四个方面对三种形式的技能调查进行比较。可以发现，第三种形式的技能调查不仅样本量大、对技能的测试详细而全面、专业队伍强，而且包含个体的经济社会结果指标，有利于开展技能的经济社会影响研究。不少专家学者和政策制定者都在呼吁或着手开展第三种形式的技能调查。本章主要介绍第三种形式的技能调查，并依次介绍国际性的成人技能调查、其他国家的成人

技能调查和我国的成人技能调查。

表 11－7　　三种技能调查的优缺点比较

项目	样本量大	技能测试详细而全面	专业力量参与	包含个体的经济社会结果指标
第一种	√	×	√	√
第二种	√√	√	√√	×
第三种	√√	√√	√√	√

注：×表示不具备该项特征，“√”和“√√”都表示具备该项特征，但“√√”的程度更强。

第一，国际性成人技能调查。国际性的成人技能调查主要有 OECD 组织的 PIAAC 测试和世界银行组织的 STEP 测试（skills toward employability and productivity，STEP）。PIAAC 测试的前身是国际成人基本阅读技能测试（international adult literacy survey，IALS）和国际成人基本技能测试（adult literacy and life skills survey，ALL）。测试内容包括读写技能、计算技能和在丰富的技术环境中解决问题的技能三个部分。目前已经举办两轮 PIAAC 测试，一共有 33 个国家参与，主要是发达国家。基于 PIAAC 测试的结果，参与国可以了解本国劳动力的技能现状及存在的问题，还可以进行跨国比较和历时分析，有利于对劳动力的技能状况进行动态监测。

STEP 测试的发端较晚，它于 2012 年开始主要在发展中国家施测。测试内容包括认知技能、非认知技能和职业技能三个部分。STEP 测试区别于 PIAAC 测试的重要特点在于：（1）它不仅包含成年劳动力的个人调查，也包括企业雇主调查，有利于将技能的供给与需求信息匹配起来；（2）STEP 测试是首次，也是目前唯一包含非认知技能的国际测试项目。它使用大五人格量表等工具来测量非认知技能，可以说是国际技能测试的一大进步。而且，STEP 测试成绩与 PIAAC 测试成绩之间可以相互转换，这为扩大跨国研究的样本量提供了便利。

第二，其他国家劳动力技能调查。国别性的劳动力技能调查主要有美国的新职业分类大典和英国的技能和就业调查等。美国 O＊NET 调查通过向劳动者发放问卷，收集他们在工作中所使用的各项技能信息。其目的是将个体数据进行汇总，形成各个职业所需要的技能类型和水平的数据集。因此，美国的职业分类大典不仅包含详细的职业分类，还包含对不同职业所需技能的细致描述。该数据集定期更新，并通过网络免费向公众开放，以便于求职者、雇主、就业指导者、学校教师等不同角色的人群便利地了解职业信息，实现技能供给与需求的更好匹配。

英国SES调查起源于20世纪80年代中期的英国工作状况调查（working in Britain survey），改版后的调查分别于1997年、2001年、2006年和2012年施测过四次。基于这四轮调查形成的数据集，研究者可以开展英国劳动力技能的变化趋势研究。

第三，我国劳动力技能调查。我国大规模劳动力技能调查主要有中国社会科学院人口与劳动经济研究所组织的中国城市劳动力市场调查成人基本能力测试。该调查于2002年在沈阳、西安、武汉、福州、上海5个城市开展，每个城市调查约700户城市居民家庭和600位城市外来人口。测试的内容包括短文阅读（prose literacy）、文件阅读（document literacy）和数量分析（quantitative literacy）三个方面。基于该调查，可以分析劳动力技能水平及其对劳动力市场结果的影响，还可以对城市外来人口、“下岗”职工等特殊人群进行分析。不过，该调查还未形成历时较长的纵向数据，而且样本覆盖地域不广，制约了它在研究中的使用。

五、小结

传统人力资本研究将人力资本简化为其最基本的外壳——受教育年限，这种简化处理的方法已经受到来自理论研究和政策分析的挑战。基于技能的新人力资本研究正在形成。本章对人力资本视角下技能的定义、分类与测量等进行了梳理。梳理发现，已有研究对技能的定义与分类还未形成共识，但是已有研究都重视从劳动力市场的需求出发探讨技能的定义与分类。其中一个表现是，不同的研究者都认识到了现代劳动力市场对劳动者的非认知技能的重视。对于认知技能、非认知技能和职业技能，已有研究已经形成较为认可的测量方法。一些国际组织和发达国家已经开展针对成年劳动力的技能专门调查，我国劳动力技能调查已经起步，但仍存在可以改进之处。

具体而言，已有研究对我国人力资本研究的启示意义包括：

第一，重视跨学科合作，对技能概念进行理论研究和实证研究。技能的定义、分类与测量等涉及心理学、生物学等其他学科的知识。只有通过跨学科的合作，准确而深入地把握技能概念的内涵，才能为实证研究打下基础。2010年，美国芝加哥大学成立了一个人力资本与经济机会研究小组，由詹姆斯·赫克曼教授担任组长，其成员包括来自经济学、心理学、生物学、教育学、社会学等多个学科的专家。鼓励跨学科之间交叉融合、相互借鉴，是未来人力资本研究的趋势。

第二，重视对非认知技能的形成机制及其经济社会影响的研究。我国的学校教育实践、学术研究和政策讨论一直都强调认知技能，忽略了非认知技能。国外许多研究表明，非认知技能是影响个体经济社会表现的重要因素。那么，家庭、学校等不同的教育主体在非认知技能培养中各自承担什么作用？在应对新生代农民工的就业、社会融入等问题时，除了重视认知技能、职业技能的培训以外，如何加强非认知技能的干预？这些问题都需要深入研究。

第三，开展全国性的劳动力技能调查，加强技能的数据库建设。2012年，云南省昆明市参加了世界银行组织的STEP测试，STEP测试成绩与PIAAC测试成绩可以相互转化，这为研究我国劳动力技能问题以及进行一定的国际比较提供了基础。但是，参加STEP测试的仅有昆明市一个城市，而且样本量不大。为了更加深入地研究技能问题，同时对我国劳动力技能水平及其存在的问题进行动态监测，未来有必要开展我国劳动力技能测试。我国可以借鉴一些发达国家、国际组织的技能测试经验，并注重测试成绩与国际技能测试成绩之间的可比性。在对劳动力的认知技能进行测试的同时，还应尝试测量非认知技能。

第四，在国外新人力资本研究方兴未艾之时，我国研究者应加强对技能的应用研究。例如，技能的形成机制、技能的经济社会影响、劳动力市场技能需求的变化、技能不匹配、技能供给如何影响技能需求等都是技能研究的热点问题。我国人力资本研究者应该充分挖掘现有数据，开展对技能的实证研究，为我国在“人口红利”即将消失的背景下建设技能强国提供实证依据。

第三节　技术变化对非认知技能需求的影响

随着信息技术的广泛应用与人工智能的快速发展，技能偏向的技术变革提高了对劳动力的技能需求。然而，劳动力市场需求与教育供给的信息不对称，使劳动力市场中技能不匹配现象日益严重。技能不匹配为大学生就业带来了极大的挑战。雇主们抱怨毕业生“只有教育背景，而不是正确的工作技能”。高校毕业生的劳动力供需结构不平衡，教育供给不符合劳动力市场的技能需求，因此研究当前中国劳动力市场的技能需求至关重要。

技能作为人力资本的重要组成部分，在新的技术环境下，社会需求不断变化，成为未来经济发展的核心因素。不管是传统人力资本理论的技能提升说，还是筛选假设理论的学历符号论，都将教育看作认知能力的重要体现，对非认知技能的作用和价值重视不够。当前，我国市场经济体系逐步确立，市场竞争日益激烈，工作生活节奏不断加快，人际交往、团队合作和自信乐观等非认知技能已成为新一代优秀劳动者不可或缺的精神品质。2012 年，美国国家研究委员会发布了题为“Education for Life and Work: Developing Transferable Knowledge and Skills in the 21st Century”（《生活、工作教育：21 世纪可迁移知识和技能的培养》）的报告，呼吁美国教育学界重视学生非认知技能的培养，以满足 21 世纪社会和经济发展的需求。

一、技能需求的整体变化

对各类技能需求变动的研究主要依托于工作分析法，通过工作分析法获得工作详细内容，并基于程序性假设对其进行分类，结合职业结构变化，获得各类技能需求变动趋势。但工作分析法耗时耗力，对研究者的要求也较高。因此，已有基于该方法的研究多是利用公开的有详细职业工作内容的数据，如美国职业大典及在其基础上发展起来的美国职业信息网络数据等。

奥特尔等采用美国职业大典数据，估算了职业的各类程序性和非程序性工作内容大小，并结合美国人口普查和人口现状调查数据，基于职业结构的变化探讨了美国从 1960～1998 年职业技能需求变化情况。非程序性的分析类工作内容和非程序性的交互类工作内容劳动力投入在这将近 40 年的时间内大幅上升。各类工作内容的劳动力投入变化与产业内每年工人使用计算机比例变化的回归分析结果表明，职业的迅速计算机化导致程序性的认知类工作内容劳动力投入减少，非程序性的认知类工作内容劳动力投入增加。列维和默南在奥特尔等研究的基础上将职业工作内容分为专家思考型（expert thinking）、复杂沟通型（complex communication）、程序性认知工作内容、程序性体力工作内容、非程序性体力工作内容五类，同样使用美国职业大典和人口普查数据，以 1969 年为基线，研究了 1969～1998 年美国职业技能需求变化情况，发现专家思考型和复杂沟通型工作内容需求持续增长，程序性认知和体力工作内容需求在 20 世纪 70 年代保持平稳，但在 80 年代和 90 年代不断下降，非程序性体力工作内容需求一直呈下降趋势。为了探究计算机使用对劳动力市场技能需求变化的影响，列维和默南预测了在不使用计算机的情况下劳动力技能需求变化情况，发现在不使用计算机的情况下程序性认知和体力工作内容需求都将有所增加。斯皮茨（Spitz D.）沿用了奥特尔等对工作内容的分类，基于德国联邦研究所职业培训部门组织的资格和职业调查数据，分析了 1979～1999 年职业技能需求变化情况，发现分析与交互式的工作内容增加而程序性的认知和体力工作内容减少，非程序性的体力工作内容变化存在一定的波动，但整体趋于上升趋势。为了探究计算机使用对该技能需求变化的影响，通过计算机使用比例变化与各类工作内容变化的回归分析，发现计算机与非程序性的认知类工作互补，对程序性的认知类工作内容和体力工作内容具有一定的替代性。

古斯（Goos M.）等基于程序性假设将工作内容分为抽象类的（abstract）、程序类的（routine）以及服务类的（service），其中抽象类的与服务类的属于非程序类的，难以被计算机取代，抽象类的工作内容比服务类的工作内容对劳动力的教育水平要求高。采用美国职业信息网络数据对这三类工作内容进行量化，以工作时长代替劳动力从业人数，基于1993～2006年的欧盟劳动力调查数据，研究了16个欧洲国家技能变化情况，发现职业每提高其抽象类的、服务类的工作内容一个标准差，将分别增加1.33%和1.28%的劳动力需求，职业每提高程序类的工作内容一个标准差，将减少1.33%的劳动力需求。阿埃多（Aedo C.）等同样沿用了奥特尔等对工作内容的分类方法，并将其作为职业技能需求的代表。采用美国职业信息网络数据，测算出各职业技能需求，并将该结果与包括美国在内的30个国家的职业（世界银行的国际收入分配数据库）进行匹配。通过国际的横向比较发现，人均收入水平越高的国家，对非程序性认知（分析与交互式工作内容）技能、程序性认知技能需求越高，对程序性和非程序性的身体技能（体力类工作内容）需求越低。

结合我国职业结构的变化，可以粗略获得我国劳动力市场对各类技能需求变化情况。在2000年前，我国劳动力市场对非程序性身体技能需求最大，其次为程序性身体技能。一方面，我国以第一产业为主，农民在整个职业结构中占比最大，而农民需求最大的技能分别是非程序身体技能和程序性身体技能；另一方面，在整个职业结构中占比第二大的生产工人、运输工人和有关人员对非程序性身体技能和程序性身体技能的需求也较大，导致非程序性身体技能和程序性身体技能需求旺盛。但在2000年后，程序性认知技能超过程序性身体技能成为需求第二大的技能类型，在2010年之后，又超过非程序性身体技能成为需求最大的技能类型。由表11－8可以看出，办事人员和有关人员对程序性认知技能需求最大，其次分别为生产工人、运输工人和有关人员，各类专业、技术人员以及商业、服务性工作人员。随着第二产业和第三产业的发展，这三类人员都有较大幅度的增加，对程序性认知技能的需求也随之上升。非程序性认知技能需求最小，其次为非程序性非认知技能，但在1982～2010年劳动力市场对这两类技能的需求稳步上升（见图11－3），其中非程序性非认知技能需求有超过程序性身体技能需求的趋势。

表 11-8　各国劳动力市场技能需求变化

国家	年份	非程序性认知技能	非程序性非认知技能	程序性认知技能	程序性身体技能	非程序性身体技能
中国	1982	2.684	2.780	2.918	2.964	3.113
	1990	2.695	2.791	2.921	2.947	3.091
	2000	2.727	2.818	2.940	2.916	3.042
	2010	2.812	2.884	2.990	2.870	2.952
美国	1980	2.967	2.983	3.181	2.621	2.426
	2008	3.023	3.08	3.130	2.497	2.335
智利	1992	2.733	2.859	3.035	2.732	2.720
	2009	2.790	2.904	3.031	2.626	2.624
巴西	1981	2.757	2.909	2.961	2.692	2.61
	2009	2.798	2.921	3.060	2.646	2.554
波兰	2002	2.929	2.969	3.005	2.669	2.639
	2010	2.983	2.999	3.018	2.615	2.568
土耳其	2004	2.809	2.913	2.962	2.826	2.813
	2008	2.827	2.927	2.986	2.771	2.738
印度	1994	2.766	2.889	2.866	2.928	3.017
	2010	2.772	2.907	2.889	2.875	2.966

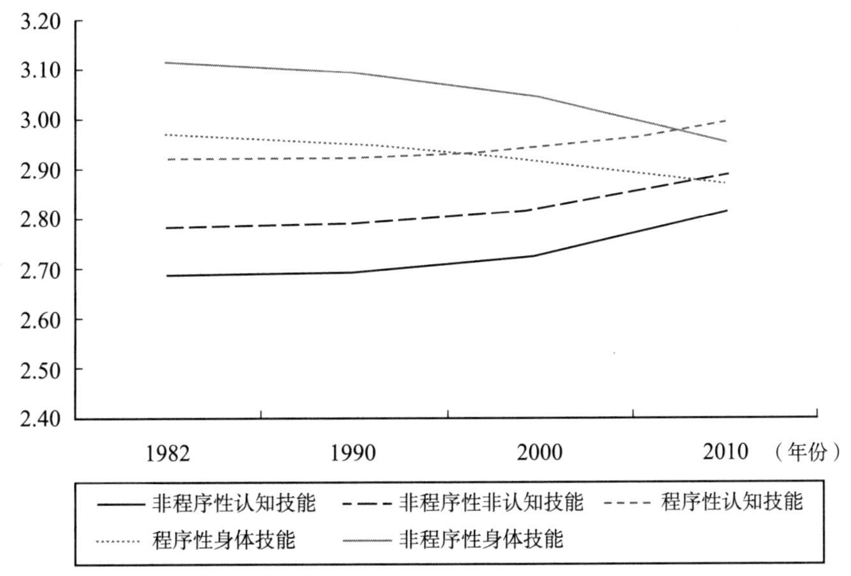

图 11-3　我国劳动力市场技能需求变化趋势

与其他研究者采用相同的方法计算出的其他国家技能需求变化进行比较，发现我国对各类技能需求的变化趋势与其他国家技能需求变化趋势一致。

对非程序性认知技能、非程序性非认知技能的需求各国都在增加，其中美国对这两类技能的需求最大，其次为波兰。在程序性认知技能方面，除了美国、智利对这类技能的需求有略微下降外，其他国家的需求都有所上升，美国和智利对这类技能的需求虽然在下降，但整体需求在几个国家中仍然最高。在程序性身体技能和非程序性身体技能方面，各国的需求都在下降。虽然中国和印度对这两类技能的需求也在下降，但需求量在几个国家中仍然最高。将技能与各国的人均GDP匹配，发现人均GDP越高的国家，对非程序性认知技能、非程序性非认知技能以及程序性认知技能的需求越大。程序性和非程序性身体技能需求都随着人均GDP的增加而减少（见图11－4）。

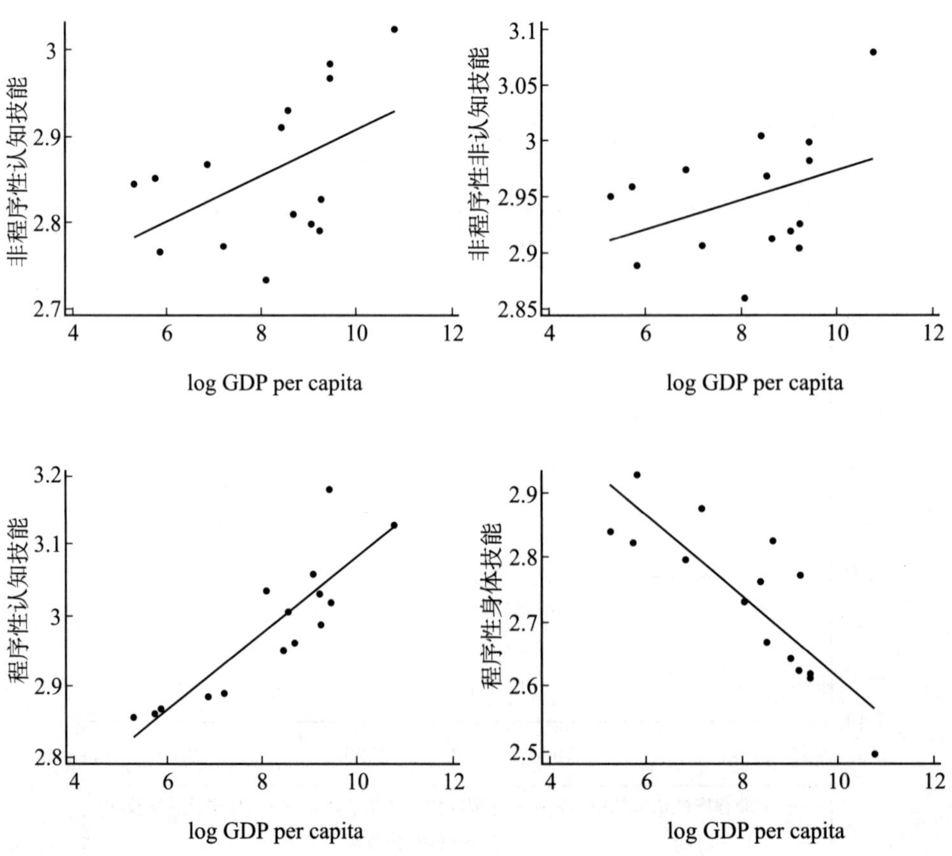

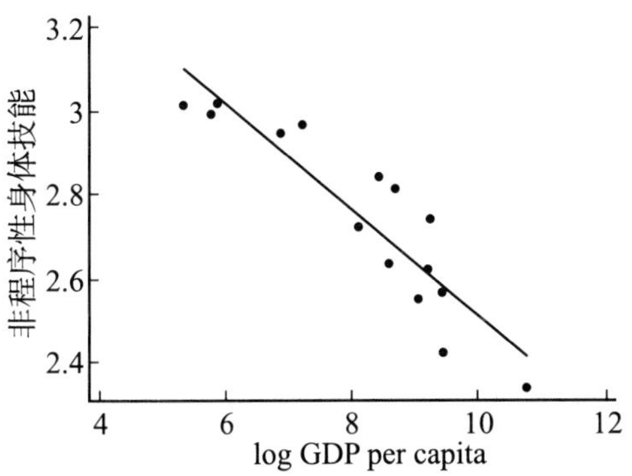

图 11-4　各国技能与人均 GDP 之间的关系

近年来，越来越多的学者关注非认知技能对劳动力市场的影响，探究劳动力市场对就业人员非认知技能的需求情况。心理学家提出大五人格模型等测量工具，来概括个体的性格特质与人格特征，关注对非认知技能行为表现的描述研究。而经济学家则认为所有与认知能力无关，与工作情境相关的社交与情感方面的技能，如人际沟通和社会交往技能，某些特殊的性格、品质、个性、态度、动机和兴趣等均成为影响劳动者未来工作表现和工资收入的重要因素。已有研究表明，非认知技能是解释工资收入差异的重要因素，对劳动者收入具有显著的正向影响，在控制教育水平后影响作用甚至强于认知能力。然而，劳动力市场的非认知技能需求情况如何，已有研究并没有给出全面准确的解释。这些研究仅选取部分人格特质和少量样本，对非认知技能需求做一些简单的描述分析，并没有一个全面完整的概念框架和代表性强的调查数据，也没有重视不同行业、不同岗位的非认知技能需求差异。因此，关于劳动力市场非认知技能需求的研究比较薄弱，有待进一步深入探讨，而中国劳动力市场的非认知技能需求情况更是值得研究。那么，在当前经济发展背景和新的技术环境下，中国劳动力市场中计算机程序员岗位对非认知技能的需求状况是怎么样的？劳动力市场中非认知技能的经济回报如何？哪些非认知技能将是未来教育发展重点关注的方向？这些问题本章将逐一探讨。

二、非认知技能的概念

不同学科之间对非认知技能的概念界定尚未形成公认、统一的意见。心理学家更倾向于用“人格”或“人格特质”的概念，而经济学家将这些人格特质统一概括为非认知技能，关注非认知技能对社会经济产出的影响。

20 世纪 80 年代以来，人格心理学家试图用大五人格模型去综合复杂、多样化的人格特征，将人格分为五个维度：情绪稳定性（焦虑、生气、抑郁、敏感害羞、冲动、脆弱）、外向性（热情、乐群、独断性、有活力、寻求刺激、积极情绪）、开放性（想象力、审美、感情丰富、尝新、思辨、不断检验旧观念）、宜人性（信任、坦诚、利他、温顺、谦虚、慈悲）、尽责性（自信、有条理、责任感强、追求成就、自律、审慎）。此外，心理学家也尝试用自尊、控制点和自我效能感来表征和测量人格特质。自尊是指个体基于自身价值，对自己的长处和重要性做出的主观评价，并由此形成的自重、自爱，要求受到他人、集体和社会尊重的情感。控制点是指个体对影响其生活、控制其行为结果的决定因素的看法。自我效能感是指人们对自身能否利用所拥有的技能去完成某项工作行为的自信程度。

非认知技能，也可以被称为“软技能”，是对应于认知能力而提出的，与专业知识无关，是劳动者在工作情境中需要的非学术技能，如沟通交流、团队合作、人际交往、问题解决与分析、领导能力、创新创造、积极性、职业道德、灵活性和适应性等，甚至所谓的“情商”和“软实力”等，都可以被纳入“非认知技能”，并不是一个单一的指标而是一个包含复杂维度的概念。

此外，非认知技能强调与工作情景相关。它是指凝聚在劳动者身上，对个体的经济收入、社会地位以及生活行为产生重要影响，并可以通过后期投资和干预行为进行提升和改善，除认知能力以外的能力，具体包括自信、自尊、专注、成就动机、自律、坚毅、社交技能等。也有学者关注教育情境中非认知技能的作用与价值，将非认知技能分为：态度和信念（例如对学习或学习环境的态度，对学习能力的自我认知）；社会和情绪素质（例如考试焦虑，处理自己和他人情绪的策略）；学习过程/加工（例如学习技能、时间管理、目标导向）；性格特征/人格特征（例如大五人格模型）。

OECD 技能研究报告中提到非认知技能，又称为社会情感技能、软技能或人格技能，是实现目标、团队合作和管理情绪所涉及的技能，在日常生活中通过人的行为表现出来。它表现为思想、情感和行为一致的模式，通过正式或非正式的学习得以发展，影响未来的社会经济成果，是贯穿个体一生的能力。这一定义强调了非认知技能概念的潜在本质，它表现为个体在各种情境和背景下反应的一致模式，可以通过环境变化和投资增强这些技能，从而推动个体未来的社会经济成果。本章认同 OECD 报告中对非认知技能的概念界定，它包括实现目标、团队合作和管理情绪三个方面的技能，实现目标的非认知技能表现为毅力、自控力、工作热情，团队合作的非认知技能表现为社交能力、尊敬他人、关心他人，管理情绪的非认知技能表现为自尊、乐观和自信。

三、非认知技能的经济价值与经验证据

众多研究表明非认知技能与个体的社会行为、经济产出有较为密切的关系，自我效能、自尊、毅力、正义的信念和延迟满足能力等人格特质对个体的职业发展具有正向的促进作用。但心理学家更多关注非认知技能的描述研究，而经济学家主要探讨非认知技能在个体职业生涯中的经济价值，将个体的非认知技能水平与社会行为选择、工资收入、劳动力市场回报、职业晋升等联系起来。

早期经济学家通常认为个体的人格特质不具有稳定性，不相信个体行为的偏好。他们关注个体的行为选择而非个体行为本身，认为个体行为受限于个体所处情景的约束和激励，虽然新古典经济学模型也常放入一些心理变量，其目的仍是解释个体的行为选择。因此，经济学家关注的仅是那些影响个体行为选择的心理学变量。此外，人格特质通常难以被直接测量，需要借助主观调查报告，并且早期研究也未能形成统一的测量工具且很少在大样本数据中使用，这使得早期经济学家很少关注与人格特质相关的研究。

2009 年《人格研究期刊》将与人格特质稳定性相关的研究进行回顾与总结，阐明了在不同情境下个体的人格特质仍然具有稳定性，受到心理学家的普遍认同。为此，心理学家开发了一系列测量人格特质的研究工具，包括大五人格量表、罗特的内外控制点量表和罗森堡的自尊量表。由此，经济学领域越来越多的学者开始关注人格特质，并逐渐概括为非认知技能，对非认知技能的经济价值进行了实证研究。

很多研究表明积极的工作态度、动机和良好的个性品质等非认知技能对个体的教育获得、社会行为以及劳动力市场的经济产出具有重要影响。自 2001 年起，赫克曼和鲁宾斯坦与心理学家合作，通过对普通教育发展考试（the general educational development，GED）的情况进行一系列研究，发现了非认知技能在预测教育获得、未来工资收入和社会行为上具有显著的正向促进作用，揭示了非认知技能的经济价值。GED 是为高中辍学者提供的一种文凭考试，考试合格则证明其具有高中毕业的认知水平。赫克曼等研究发现 GED 文凭持有者的工资水平虽勉强高于其他高中辍学者，但却比同等认知水平高中毕业生的工资低 10%。对于雇主来说，GED 文凭或许是一种混合信号。它虽然表示劳动者与完成高中教育的人具有相似的认知技能，但在其他如积极的工作态度、动机等非认知技能方面被认为是不合格的。

OECD 技能研究报告探讨非认知技能对提升个人教育获得、劳动力市场回报和社会行为的作用时，依据其 9 个成员国的调查数据，采用不同特质组合代表非

认知技能。其中，自尊、责任感、毅力、外倾性等非认知技能对未来经济回报的影响最为显著。黄国英和谢宇借助中国家庭追踪调查（CFPS）2010 年和 2012 年的数据，探讨了认知水平和非认知水平差异对收入的影响机制，比较了认知技能和非认知技能对收入的影响作用。研究发现认知技能对劳动者收入具有显著的正向作用，在这一影响机制中教育的作用较为显著，在控制教育水平之后，认知技能对收入具有微弱但显著的影响。而非认知技能对劳动者收入的影响更加显著，且独立于认知技能的影响之外。

非认知技能是影响工资收入差异的重要因素，影响效应甚至强于认知技能。赫克曼等采用 1979 年美国国家青年纵向调查（national longitudinal survey of youth，NLSY79）数据进一步分析了认知技能和非认知技能对工资收入、教育获得、职业选择和风险行为的影响。该数据中对非认知技能的测量使用了罗特的内外控制点量表和罗森堡的自尊量表。研究发现认知技能和非认知技能可以解释很大比例的收入差异，但有趣的是，对某些行为和劳动力市场产出来说，非认知技能的影响效应堪比甚至要强于认知技能。赫克曼认为，这一发现能很好地修正阿罗和斯宾塞等提出的劳动力市场信号理论，教育可以提升个体的人力资本水平，不仅仅是认知技能的信号。郑加梅和卿石松的研究中提到非认知技能与心理特征是劳动力市场性别工资差异的主要解释因素之一，对教育获得、职业选择和工资收入具有广泛影响。布兰登、格雷格和麦克米伦探讨了教育水平、认知技能和非认知技能对英国劳动力市场中代际收入传递的影响作用。研究发现父代收入与子代收入之间的关联性在 50% 左右，教育水平对代际收入传递的影响掩盖了认知和非认知技能的重要作用，认知技能可以解释代际收入传递的 20%，而非认知技能占其中的 10%。

接受高等教育是提升个体非认知技能的重要途径，许多研究关注大学期间非认知技能的培养与未来劳动力市场经济产出之间的关系。它们多利用“首都大学生成长追踪调查数据”，构建反映大学生非认知技能发展变化的增长曲线模型，研究发现非认知技能超越家庭背景对学生的影响，成为影响大学生初入职收入最稳定的因素之一，验证了大学教育对人力资本的提升作用。孙国府和张羽通过分析 2 000 余名装备制造业工程师的问卷调查数据，借助有序 Probit 模型和线性回归模型，研究工科学生在大学期间非认知技能培养情况与未来年收入和职业晋升之间的关系。整体而言，工程师大学期间参与非认知技能培养活动和未来职业发展水平呈显著正相关关系；性别不同、参加工作年代不同、工作序列不同的工程师群体之间也存在差异。过度投资于以“知识积累”为基础的认知技能而忽略对情感—社会适应性、人际沟通交往能力等非认知技能的培养，将使学生参加工作后面临各种问题。

也有研究认为非认知技能来源于工作经验。何珺子和王小军探索教育如何提升个体的技能以及技能影响收入的作用机制，并分别估计个体在进入劳动力市场后认知技能和非认知技能的教育回报率。研究发现学校教育主要培养了个体的认知技能，非认知技能主要从工作中获得；对于男性来讲，非认知技能的教育回报率更加显著。

四、当前劳动力市场对非认知技能的需求

从20世纪中期以来，社会学家围绕“工作社会化”议题展开了一系列研究，证明了工作情境中需要一些非认知技能。雇主在招聘雇员时，稳定、可靠的品质被看作是最重要的技能，而不是劳动者的生产技能。20世纪90年代末，美国教育部和人口调查局合作开展的社会调查显示：雇主在招聘生产工作员工或非管理类员工时，劳动者的态度和沟通能力是两种最受重视的工作技能，被重视程度明显高于技能性文凭和教育年限。同期，英国的一项关于企业招聘负责人的劳动力市场调查发现，人事经理对劳动者的工作态度、行为动机和人格特质更加关注，重要性高于生产性技能。

随着大数据时代的到来，劳动力市场的技能需求正不断被技术变化和计算机的广泛应用所影响。加德纳等（2017）收集标题中包含大数据的1216个招聘广告，了解大数据相关岗位的技能需求情况，研究发现大数据相关工作具有多面性，既强调分析信息的能力，也非常重视软技能和新兴的硬技能。布鲁克斯、格里尔和莫里斯（2018）对798个涉及岗位职责和学历需求等内容的信息系统安全岗位的招聘广告进行分析，研究发现网络、标准和政策方面的技能需求排在前三位，软技能中与团队合作相关的技能需求最普遍。李曼丽、王争鸣和李长海采用质化研究的方法，对27名参加过青藏铁路建设的优秀工程师进行深度采访，探索优秀工程师的胜任力模型，研究发现责任感、勤奋和坚持是工程师职业中最重要的工作技能，沟通与团队协作能力也十分重要。

综上所述，已有研究对非认知技能概念界定的侧重点不同，心理学研究关注个体的人格特质，而经济学家主要研究与工作情境相关的社会情感技能，探究非认知技能的经济价值。有的通过大规模的社会调查数据，研究劳动者非认知技能对教育获得、社会行为或经济产出的影响，说明了非认知技能对个人成功及未来发展的重要性；有的依据大学生的非认知技能水平，追踪未来入职后的收入情况，将非认知技能作为解释工资收入差异的重要原因；而已有研究对劳动力市场非认知技能需求的关注较少，少量文献仅选取部分非认知技能内容和个别样本，对非认知技能需求做一些简单的描述研究，并没有一个全面完整的概念框架和代

表性强的调查数据，也没有重视不同行业的非认知技能需求差异，值得进一步深入研究。

奥特尔、莱维和默南的研究中提到计算机资本可以代替劳动者执行遵循明确规则的常规认知和操作型任务，也可以为对劳动者完成非常规的问题解决和复杂的沟通交流任务进行补充。为进一步验证这一假设，他们将美国职业词典（DOT）中工作任务需求的代表性数据与人口调查中就业人员的样本进行匹配，形成1960~1980年行业和职业任务投入情况的面板数据，研究发现各类行业、职业或教育团体中，信息技术的不断发展将会加大公司对计算机的投入，减少常规认知型和操作型任务（计算机可以替代的）的劳动投入，增加非常规分析型和互动型任务（与计算机互补的）的劳动投入（见表11-9）。

表11-9　　　　计算机对四种工作任务类型的影响

任务类型	计算机影响	职业类型（举例）
常规认知型	大量替代	记录、计算、重复性的客户服务
非常规分析互动型	强烈互补	形成/测试假设、医学诊断、写作、销售、管理
常规操作型	大量替代	采摘、分拣、重复装配
非常规操作型	有限的替代或互补	清洁服务、汽车驾驶

IT/互联网/通信是一个典型的知识密集型行业，程序员职业是这一行业中最为普遍的工作岗位。其工作任务主要是数据的分析处理、软硬件的开发制作以及代码的编写，大部分属于非常规分析互动型的工作任务。人力资本是这一行业获得竞争优势的重要因素。个体能力与工资绩效、工作满意度以及组织的成长息息相关。在普遍的概念中，认知技能对于这一行业的工作和发展非常重要，而非认知技能的影响却容易被忽视。随着信息技术的不断发展，IT/互联网/通信行业也会加大对计算机的投入，减少常规认知型和操作型任务的劳动投入，增加非常规分析型和互动型任务的劳动投入。由此，程序员岗位对劳动者非认知技能的需求，尤其是完成互动型任务所需要的沟通交流和团队合作技能的需求将会加大。

为验证这一假设，本章依据智联招聘的职位类别划分，选择IT/互联网/通信行业中的程序员岗位作为研究对象，探讨当今经济发展背景和技术环境下，计算机程序员岗位对劳动者非认知技能的需求情况以及工资回报。

由此，提出以下研究问题：

（1）当前技术变化和经济发展背景下，计算机程序员岗位非认知技能的需求是怎样的？哪种非认知技能的需求多？

（2）计算机程序员岗位非认知技能的工资回报如何？

(3) 计算机程序员高级岗位和普通岗位中各种非认知技能的需求是否存在差异?

五、研究设计

(一) 数据来源

本章采用爬取网络数据的方法,选取中国智联招聘网 2017 年 11 月至 2018 年 1 月 IT/互联网/通信企业发布的关于计算机程序员的招聘信息,提取发布时间、招聘岗位名称、企业名称、工作地点、薪资水平、工作经验、学历要求、招聘人数、岗位描述等内容,共获得 132 253 个样本。

之后,本书对爬取的网络数据进行清洗处理,删除工资收入、岗位描述等变量缺失的样本,通过字节长度核查岗位描述中的内容,删除岗位描述空白、错误或是重复的样本。由于招聘广告中包含一部分实习和兼职招聘岗位,这部分岗位的工资收入和职责要求均与正常全职岗位有所差别,本书暂且将实习和兼职岗位删除,只考虑全职岗位的情况,得到实际样本 29 601 个。

(二) 操作性概念及其指标体系

本章依据 OECD 技能研究报告中关于非认知技能的概念框架,将非认知技能分为实现目标的技能、团队合作的技能和管理情绪的技能三个维度(见表 11 - 10),并进一步分成毅力、自控力、工作热情、社交能力、尊敬他人、关心他人、自尊、乐观和自信九个方面。根据每个方面的具体内容和概念界定,本研究查阅牛津高阶英汉双解词典和朗文当代高级英语词典,结合程序员相关岗位的职责说明,选取了一些关键词代表这些非认知技能。

表 11 - 10　　　　非认知技能的分类及关键词指标

技能类型	技能内容	关键词指标
实现目标的技能	毅力	毅力;坚持;目标;执着;不懈;努力;不怕困难;尝试
	自控力	遵守;组织;纪律;勤奋;吃苦;耐劳;认真;踏实;态度;耐心;细致;诚恳;虚心;谦虚;诚实;严谨;判断
	工作热情	积极;进取;热情;兴趣;有志;爱岗;敬业;热爱;上进;喜欢;激情;热衷;爱好

续表

技能类型	技能内容	关键词指标
团队合作的技能	社交能力	沟通；交流；团队；合作；协作；互动；人际；交往；社交；友好
	尊重他人	尊重；尊敬；听从；服从；倾听；品德；品质；遵守；重视
	关心他人	帮助；配合；辅助；关心；关怀；辅导
管理情绪的技能	自尊	责任；道德；自我
	乐观	乐观；开朗；活泼；压力；抗压；开心；快乐
	自信	自信；信心；相信

（三）模型及分析方法

本章从非认知技能的需求频率和工资回报两个角度，探究计算机程序员岗位非认知技能的需求情况。首先，本章采用词频统计分析法，依据以上非认知技能概念选取的关键词，计算这些代表非认知技能的关键词在所有样本岗位描述（即岗位要求）中出现的频数和频率。

$$P = \frac{N_{NCskill_i}}{N} \tag{11.38}$$

P 代表某一非认知技能在所有招聘信息中出现的频率，$N_{NCskill_i}$ 表示含有某一非认知技能关键词的招聘信息数量，N 代表所有招聘信息的总数。某一非认知技能在全体样本中出现的频率越高，说明该技能对完成计算机程序员岗位的工作越重要，是计算机程序员岗位要求更普遍的非认知技能。

之后，为进一步通过非认知技能的工资回报，验证哪种非认知技能对完成计算机程序员岗位的工作任务更加重要，本章采用 OLS 回归的方法，基于明瑟的工资收入模型，选取是否高级岗位、城市人均工资水平、工作经验、教育年限、招聘人数、招聘性别倾向等一系列影响岗位工资收入的变量，构建非认知技能的工资回报模型：

$$\begin{aligned} \text{Ln}wage = {} & \beta_0 + \beta_1 NCskill + \beta_2 Leader + \beta_3 \text{Ln}cityperwage + \beta_4 Experience \\ & + \beta_5 Edu + \beta_6 Recruit + \beta_7 Male + \varepsilon_i \end{aligned} \tag{11.39}$$

因变量 $wage$ 表示这一岗位的工资收入，由于招聘广告中的薪资大都表示为一个范围数值，本研究选取最高点与最低点的平均值代表该岗位的工资收入，删除了少量工资面议的样本。自变量中 $NCskill$ 既可以分为实现目标的技能、团队合作的技能和管理情绪的技能三大部分，也可以细分为毅力、自控力、工作热情、社交能力、尊敬他人、关心他人、自尊、乐观和自信九个方面，本章将自变

量 *NCskill* 分别按照三个和九个维度代入模型，设置 12 个虚拟二值变量，凡是某个招聘信息的岗位描述中提到某一种非认知技能的关键词，则 *NCskill* = 1，表明该工作岗位要求劳动者具备这种非认知技能，反之 *NCskill* = 0。

在劳动力市场中，岗位类型对工资收入具有重要影响，本章同样采用词频统计分析的方法，将岗位名称、岗位描述中含有“高级工程师、高级专员、专家、主管、经理、总监和项目负责人”等词语的岗位界定为高级岗位，其余岗位界定为普通岗位，由此加入是否高级岗位变量 *Leader*。由于不同城市之间经济发展水平差异较大，而招聘广告对工作地点的城市划分并不明确，本章借助岗位名称、企业名称、工作地点和岗位描述等内容，将每一个招聘岗位的工作地点细分到地市级（或直辖市级），并与 2017 年《中国城市统计年鉴》中全国各城市在岗职工平均工资数据进行匹配，得到变量 *citypetwage*，以此来衡量该工作地点所在城市的工资收入。招聘广告中工作经验要求是按不限、1 年以下、1～3 年、3～5 年、5～10 年和 10 年以上进行划分，本章依据这一划分标准设置多个虚拟变量 *Experience*。学历要求是按照不限、中专/中技/高中、大专、本科、硕士和博士进行划分，本章借鉴已有研究的处理方式，将学历转化为教育年限，将不限视为缺失值，用全部样本的均值进行填补，并通过工资收入验证填补数值的稳健性，得到教育年限变量 *Edu*。*Recruit* 表示某一个岗位的招聘人数，本章删除少量招聘人数“不限”的岗位。*Male* 表示某一个岗位的招聘性别倾向，此变量同样是依据岗位描述中是否提到关于“男性”的要求进行设定。

（四）变量基本信息

本章基于上述数据、概念和指标以及分析方法，将研究中的变量的设置、说明、取值等基本信息呈现如表 11－11 所示。

表 11－11　　变量的基本信息

变量	说明	均值	标准差	最小值	最大值
工资收入	岗位收入区间平均值	9 621.723	7 325.862	1 000	105 000
是否高级岗位	高级岗位 = 1，普通岗位 = 0	0.106	0.308	0	1
城市人均工资收入	城市人均工资收入	86 504.67	22 137.08	36 793	122 749
工作经验 1 年以下	是 = 1；其余工作经验要求 = 0	0.027	0.162	0	1
工作经验 1～3 年	是 = 1；其余工作经验要求 = 0	0.172	0.378	0	1

续表

变量	说明	均值	标准差	最小值	最大值
工作经验 3~5 年	是=1；其余工作经验要求=0	0.162	0.369	0	1
工作经验 5~10 年	是=1；其余工作经验要求=0	0.054	0.225	0	1
工作经验 10 年以上	是=1；其余工作经验要求=0	0.004	0.062	0	1
教育年限	中专/中技/高中=12；大专=15；不限=15.281；本科=16；硕士=19；博士=22	15.281	0.973	12	22
招聘人数	单位：人	4.635	6.397	1	150
招聘性别倾向	男性=1；无性别要求=0	0.016	0.124	0	1
实现目标的技能	岗位描述中提到毅力、自控力和工作热情其中一项技能=1；反之=0	0.388	0.487	0	1
团队合作的技能	岗位描述中提到社交能力、尊敬他人和关心他人，其中一项技能=1；反之=0	0.417	0.493	0	1
管理情绪的技能	岗位描述中提到自尊、乐观和自信其中一项技能=1；反之=0	0.200	0.400	0	1
毅力	岗位描述中提到此项技能=1，反之=0	0.080	0.271	0	1
自控力	同上	0.198	0.398	0	1
工作热情	同上	0.264	0.441	0	1
社交能力	同上	0.372	0.483	0	1
尊敬他人	同上	0.026	0.159	0	1
关心他人	同上	0.109	0.311	0	1

续表

变量	说明	均值	标准差	最小值	最大值
自尊	同上	0.161	0.368	0	1
乐观	同上	0.077	0.266	0	1
自信	同上	0.006	0.078	0	1

为进一步了解不同层级程序员岗位的技能需求，本研究进一步将样本按是否为高级岗位进行划分，共得到高级程序员岗位 3 150 个，普通程序员岗位 26 451 个，通过比较两类群体中各种非认知技能的需求频率，了解高级岗位与普通岗位非认知技能需求的差异。最后，本章将总样本分为高级程序员岗位和普通程序员岗位两个子样本，分别代入模型，进一步比较程序员高级岗位和普通岗位之间非认知技能的工资回报差异。

（五）计算机程序员岗位非认知技能的需求与回报

1. 计算机程序员岗位非认知技能的需求频率

本章首先利用词频统计分析法，依据表 1 代表不同非认知技能的关键词，对中国智联招聘网 2017 年 11 月至 2018 年 1 月间计算机程序员岗位的招聘广告进行研究，得到各种类型非认知技能的需求频率如表 11－12 所示。

表 11－12　　计算机程序员岗位中非认知技能的需求频率

技能类型	频数	频率（%）	技能类型	频数	频率（%）
实现目标的技能	11 489	38.81	毅力	2 367	8
			自控力	5 856	19.78
			工作热情	7 806	26.37
团队合作的技能	12 354	41.74	社交能力	11 008	37.19
			尊敬他人	772	2.61
			关心他人	3 214	10.86
管理情绪的技能	5 934	20.05	自尊	4 775	16.13
			乐观	2 271	7.67
			自信	182	0.61

由表 11－12 可知，计算机程序员岗位对实现目标的技能、团队合作的技能和管理情绪的技能需求频率分别为 38.81%、41.74% 和 20.05%。其中，对团队

合作技能的需求比另外两种非认知技能的需求更大。在九种非认知技能维度中，社交能力的需求比例为37.19%，超过总样本的三成，是九种非认知技能中需求最多的。除了社交能力之外，对工作热情和自控力的需求也相对较高，分别占总样本的26.37%和19.78%。这说明计算机程序员岗位最看重劳动者的社交能力，其次是工作热情和自控力。

科学技术发展的突飞猛进一定程度上解决了工作中遇到的难题，但现实中仍有互联网等技术难以突破的问题，许多项目和管理工作需要集体的力量，需要员工的合作才能完成，更加凸显了人作为主体的能动性，更加强调了人与人之间配合协作的重要性。计算机程序员岗位与电脑和机器打交道的机会较多，工作内容比较枯燥，没有工作热情很难将每项工作都顺利完成。此外，程序员的工作比较精密，面对庞大的数据和代码，需要非常仔细和认真的态度。自控力较强的人不容易放纵自己，对工作要求较高，做事更加仔细耐心，工作态度更加认真，有助于更好地完成编码等一系列工作。

2. 计算机程序员岗位非认知技能的工资回报

接下来，本章将利用非认知技能的工资回报模型，通过工资收入进一步讨论程序员岗位中各种非认知技能的经济价值，如果某种非认知技能的工资回报越高，则说明这种非认知技能对完成程序员岗位的工作任务更加重要。本章将非认知技能分别按照三种和九种技能类型代入模型，并控制岗位层级、城市人均工资水平、工作经验、学历要求、招聘人数和招聘性别倾向等一系列对岗位工资收入有影响的变量，得到OLS1和OLS2（见表11-13）。

表11-13　　计算机程序员岗位非认知技能的工资回报情况

自变量		OLS1	OLS2
是否高级岗位		0.262*** (0.008)	0.259*** (0.008)
城市人均工资水平		0.695*** (0.010)	0.690*** (0.010)
工作经验	工作经验1年以下	-0.208*** (0.015)	-0.207*** (0.015)
	工作经验1~3年	0.197*** (0.007)	0.195*** (0.007)
	工作经验3~5年	0.484*** (0.007)	0.481*** (0.007)

续表

自变量		OLS1	OLS2
工作经验	工作经验 5～10 年	0.735*** (0.012)	0.731*** (0.012)
	工作经验 10 年以上	1.318*** (0.038)	1.298*** (0.038)
学历要求		0.115*** (0.003)	0.113*** (0.003)
招聘人数		0.002*** (0.000)	0.001* (0.000)
招聘性别倾向		-0.119*** (0.019)	-0.090*** (0.019)
实现目标的技能		-0.076*** (0.006)	
团队合作的技能		0.015*** (0.005)	
管理情绪的技能		-0.030*** (0.007)	
毅力			0.018** (0.009)
自控力			-0.060*** (0.007)
工作热情			-0.075*** (0.006)
社交能力			0.026*** (0.006)
尊敬他人			-0.011 (0.015)
关心他人			-0.008 (0.008)
自尊			-0.050*** (0.007)

续表

自变量	OLS1	OLS2
乐观		0.044*** (0.009)
自信		0.060** (0.030)
常数项	-0.810*** (0.113)	-0.715*** (0.113)
R^2	0.516	0.518
调整后的 R^2	0.518	0.518

注：(1) *** 表示 $P<0.01$，** 表示 $P<0.05$，* 表示 $P<0.1$。(2) 括号内为标准误。

OLS1 数据结果表明，具有团队合作技能需求的程序员岗位工资收入比没有这种技能需求的岗位工资收入高 1.5%，在 0.01 的水平上具有显著性，而实现目标的技能和管理情绪的技能的需求情况与本岗位的工资收入呈负向关系。某些需要这两种非认知技能的程序员岗位相比没有此种技能需求的岗位，工资收入反而要低 7.6% 和 3%。这说明程序员岗位中团队合作技能非常重要，相比另外两种非认知技能具有较好的工资回报。

从 OLS2 的结果可以看出，毅力、社交能力、乐观和自信的工资回报较高，并分别在 0.05、0.01、0.01 和 0.05 的水平上具有显著性。具有此种非认知技能需求的岗位，其工资收入比没有这种技能需求的岗位高 1.8%、2.6%、4.4% 和 6%，这说明毅力、社交能力、乐观和自信对计算机程序员岗位非常重要，具有更好的工资回报。

这与前一部分需求频率分析的结果相一致，团队合作的技能，尤其是社交能力的需求较强。此外，计算机程序员日常中的编写代码、数据分析等工作时间长相对枯燥，没有毅力，很难坚持将每项工作完成。乐观自信的人则更加重视自己在团队中的作用与价值，相信自己能发挥较大的作用，乐于跟同事配合协作，遇到问题敢于跟别人沟通交流，即使在面临困境和挫折时，也会付出更大努力，积极寻找解决问题的方法。

本章模型中的控制变量是否为高级岗位在 0.01 的水平上具有显著性，计算机程序员高级岗位比普通岗位的平均工资收入高 26%，那么对非认知技能的需求是否存在差异呢？

3. 计算机程序员高级岗位和普通岗位之间非认知技能需求频率的差异

为进一步探究不同层级程序员岗位的非认知技能需求差异，本章将样本按是否为高级岗位进行划分，共得到高级程序员岗位样本 3 150 个和普通程序员岗位样本 26 451 个，得到不同样本群体非认知技能的需求情况（见表 11 - 14 和图 11 - 5）。

表 11 - 14　　不同样本群体三种非认知技能的需求频率　　单位：%

技能类型	全样本	高级岗位	普通岗位
实现目标的技能	38.81	30.13	39.85
团队合作的技能	41.74	45.05	41.34
管理情绪的技能	20.05	17.49	20.35

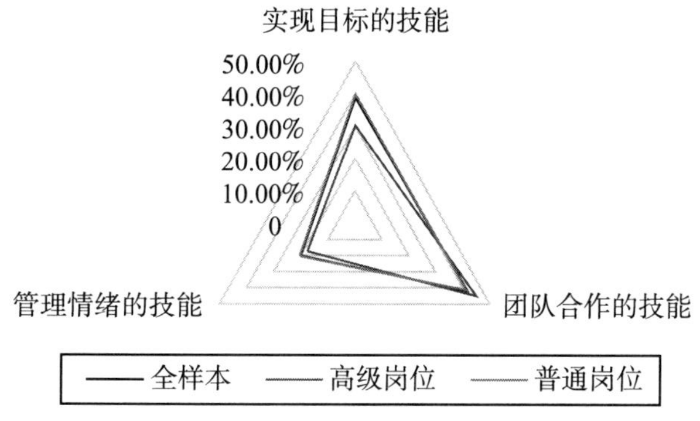

图 11 - 5　不同样本群体三种非认知技能的需求频率对比

由表 11 - 14、图 11 - 5 可知，无论是高级岗位还是普通岗位，团队合作的技能仍是三种非认知技能中需求频率最高的，与总样本情况一致。两类群体相比之下，高级岗位中团队合作的技能需求频率为 45.05%，高于普通岗位的 41.34% 和全样本的 41.74%。而普通岗位中实现目标的技能、管理情绪的技能分别为 39.85% 和 20.35%，要高于全样本的 38.81% 和 20.05%，以及高级岗位的 30.13% 和 17.49%。这说明程序员高级岗位相比普通岗位更看重劳动者团队合作的能力，而普通岗位比高级岗位更重视劳动者实现目标的技能和管理情绪的技能。接下来，本章进一步探究高级岗位和普通岗位九种非认知技能的需求情况（见表 11 - 15 和图 11 - 6）。

表 11 - 15　　不同样本群体九种非认知技能的需求频率　　单位：%

技能类型	全样本	高级岗位	普通岗位
毅力	8.00	7.30	8.08
自控力	19.78	17.43	20.06
工作热情	26.37	15.94	27.61

续表

技能类型	全样本	高级岗位	普通岗位
社交能力	37.19	41.43	36.68
尊敬他人	2.61	1.71	2.71
关心他人	10.86	10.13	10.94
自尊	16.13	13.62	16.43
乐观	7.67	8.76	7.54
自信	0.61	0.54	0.62

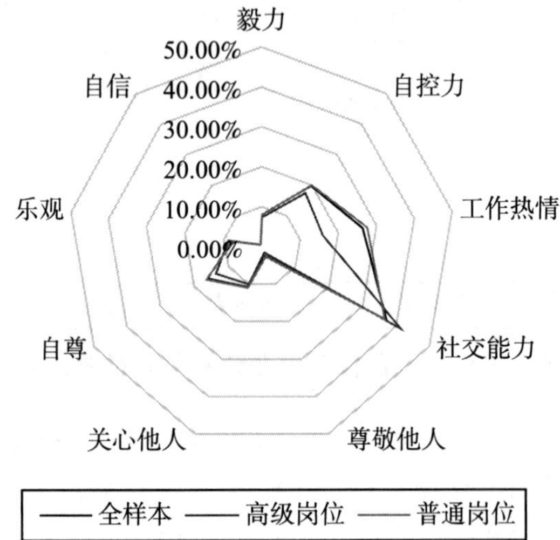

图 11-6　不同样本群体九种非认知技能的需求频率对比

从以上图表可以看出，不管是高级岗位还是普通岗位，社交能力仍是九种非认知技能中需求频率最高的。除社交能力外，高级岗位中自控力和工作热情的需求频率为 17.43% 和 15.94%，排在第二位和第三位。而普通岗位中需求频率排在第二位和第三位的是工作热情（27.61%）和自控力（20.06%），与总样本的情况基本一致。对比高级岗位和普通岗位两类群体可以看出，高级岗位的社交能力和乐观的需求频率为 41.43% 和 8.76%，高于普通岗位的 36.68% 和 7.54%。除此之外，其余七种非认知技能的需求频率，普通岗位均高于高级岗位。这说明高级程序员岗位比普通岗位更重视劳动者的人际交往能力和乐观心态，而普通岗位比高级岗位更重视毅力、自控力等非认知技能，说明不同层级岗位的技能需求情况略有差异。

4. 程序员高级岗位和普通岗位之间非认知技能工资回报的差异

为进一步从工资回报角度验证不同层级程序员岗位非认知技能的需求差异，本章分别将两个群体的样本高级岗位和普通岗位，代入非认知技能工资回报模型进行分析。

由表 11 - 16 可知，高级岗位中需要劳动者具备实现目标技能的岗位比没有这种技能需求的岗位，工资收入高 3.3 个百分点，在 0.1 的水平上显著。从九种技能类型中可以看出，看重劳动者工作热情和自信的岗位工资收入比没有这种技能需求的岗位工资收入高 6.5% 和 27.5%，在 0.01 的水平上具有显著性。

表 11 - 16　程序员高级岗位与普通岗位之间非认知技能的工资回报情况

自变量	高级岗位		普通岗位	
	OLS1	OLS2	OLS1	OLS2
城市人均工资水平	0.842*** (0.027)	0.838*** (0.027)	0.668*** (0.010)	0.661*** (0.010)
工作经验 1 年以下	-0.618** (0.276)	-0.544** (0.276)	-0.188*** (0.014)	-0.187*** (0.014)
工作经验 1～3 年	-0.234*** (0.025)	-0.232*** (0.025)	0.228*** (0.007)	0.226*** (0.007)
工作经验 3～5 年	0.025 (0.018)	0.026 (0.018)	0.547*** (0.008)	0.543*** (0.008)
工作经验 5～10 年	0.255*** (0.020)	0.258*** (0.020)	0.878*** (0.015)	0.873*** (0.015)
工作经验 10 年以上	0.667*** (0.056)	0.678*** (0.057)	1.559*** (0.051)	1.550*** (0.051)
学历要求	0.109*** (0.009)	0.107*** (0.009)	0.109*** (0.003)	0.107*** (0.003)
招聘人数	-0.021*** (0.003)	-0.022*** (0.003)	0.003*** (0.000)	0.002*** (0.000)
招聘性别倾向	-0.073 (0.390)	-0.049 (0.390)	-0.107*** (0.019)	-0.078*** (0.019)
实现目标的技能	0.033* (0.018)		-0.080*** (0.006)	

续表

自变量	高级岗位		普通岗位	
	OLS1	OLS2	OLS1	OLS2
团队合作的技能	0.010 (0.017)		0.012** (0.006)	
管理情绪的技能	-0.022 (0.021)		-0.030*** (0.007)	
毅力		0.022 (0.028)		0.019** (0.009)
自控力		-0.015 (0.021)		-0.061*** (0.007)
工作热情		0.065*** (0.021)		-0.078*** (0.007)
社交能力		0.017 (0.017)		0.024*** (0.006)
尊敬他人		-0.107* (0.055)		-0.005 (0.015)
关心他人		0.010 (0.024)		-0.013 (0.008)
自尊		-0.041* (0.024)		-0.049*** (0.008)
乐观		-0.005 (0.028)		0.045*** (0.010)
自信		0.275*** (0.100)		0.041 (0.031)
常数项	-1.768*** (0.322)	-1.690*** (0.323)	-0.439*** (0.118)	-0.326*** (0.118)
样本量	3 150	3 150	26 451	26 451
R^2	0.416	0.420	0.469	0.472
调整后的 R^2	0.416	0.416	0.472	0.472

注：(1) *** 表示 $P<0.01$，** 表示 $P<0.05$，* 表示 $P<0.1$。(2) 括号内为标准误。

普通岗位中需要劳动者具备团队合作技能的岗位比没有此种技能需求的岗位，工资收入高 1.2 个百分点。从九种技能类型中可以看出，看重劳动者的毅力、社交能力和乐观的岗位工资收入比没有此种技能需求的岗位工资收入高 1.9%、2.4% 和 4.5%，在 0.01 的水平上具有显著性。

综上所述，从需求频率和工资回报两个角度来看，计算机程序员岗位中团队合作的技能是三种维度中需求最普遍、回报较高的非认知技能。九种技能维度中，社交能力的需求频率高于其他八种非认知技能，也具有较好的工资回报。此外，工作热情和自控力也是需求比较普遍的非认知技能。毅力、乐观和自信等非认知技能的工资回报也较高。普通岗位非认知技能的需求情况与全样本基本一致；高级岗位同样强调团队合作技能和社交能力，但实现目标的技能回报更高，工作热情和自信心的回报也较高。

六、小结

本研究发现劳动力市场中典型的以非常规分析型任务为主、强调认知技能的计算机程序员岗位，对非认知技能有较高的需求与回报。其中，团队合作技能以及社交能力是需求最强烈的非认知技能。这与加德纳等（2017）和布鲁克斯等（2018）分别对大数据相关工作和信息系统安全岗位进行研究发现的结论相一致。非认知技能对计算机相关岗位非常重要，与团队合作相关的技能需求频率最高。20 世纪 90 年代末，美国教育部和人口调查局合作开展的社会调查也发现雇主在招聘生产工作员工或非管理类员工时，沟通交流技能是最受重视的工作技能之一。即使是工程师岗位，沟通与团队协作能力也十分重要。

此外，非认知技能中工作热情和自控力的需求也比较强烈，毅力、乐观和自信等非认知技能的工资回报也较高。已有研究更多关注个体的认知技能、非认知技能中团队的合作技能，对工作热情、自控力、毅力、乐观和自信等其他非认知技能未给予足够关注。

本章还发现不同层级岗位的技能需求存在较大差异，这可能与岗位职责有关，有待进一步深入探讨。本研究中高级岗位主要包括高级工程师、高级专员、专家、主管、经理、总监和项目负责人等，他们经常需要从公司层面安排工作任务，与公司员工的配合协作、沟通交流更多，不仅要承担自己的工作，还要为团队的共同目标和项目负责，面临的压力和困难通常更多，凡是遇到挫折和难处，皆是关系到公司发展的重大问题。而普通岗位往往承担更多基础和实质性的任务与工作，较少参与组织的管理和协调，对员工自身能力的要求更多。其中有些岗位还是面向初入职的学生，基础性技能显得更加重要。但是，普通岗位的员工若想晋升高级岗位，必须具备毅力、社交能力和乐观的心态。这些品质是成为高级管理者必备的条件，工资回报随之提高。

面对技术环境不断变化的时代，教育供给应当满足劳动力市场的技能需求，劳动力市场的技能需求为学校的培养方案提供重要参考。已有研究表明，学生社团活动、工作实习经历和社会实践活动对提高学生的非认知技能水平具有非常重要的作用。课程教学也是实现认知技能提升的重要手段。因此，学校应当从学生培养体系和课程改革两方面着手，加强学生非认知技能的培养。

第四节　技能需求与教育供给

随着数字技术的高速发展，世界范围内进入了新一轮的技术革命，技术进步在促进企业转型升级的同时，也加剧了劳动力市场技能不匹配的风险[①]。2016 年的《中国劳动力市场技能缺口研究》报告指出，目前我国劳动力市场上面临严重的工作错配问题，出现了“过度教育”和“技能不足”两种现象[②]。一方面是高校的人才培养与市场需求脱节，大学生已成为失业风险高发群体，高学历却无法满足企业用工的实际需求。另一方面，尽管劳动人口数量庞大，但一些雇主很难找到与工作匹配的人才。

根据个人能力的测量维度不同，工作错配可以分为两类，一类是教育错配，另一类是技能错配。过去，学者们对教育错配尤其是过度教育的关注较多，这方面的实证文献比较丰富。近年来，不断有学者提出，技能错配作为衡量工作错配的指标更为准确（Green，2007；Lourdes，2013；Ferreira，2017）。但限于数据的不可得性，技能错配的研究才刚刚兴起，正有待完善。

本章尝试利用 2015 年的中国社会综合调查数据（CGSS），分析当下我国劳动者的工作匹配现状。主要回答以下问题：第一，劳动者教育错配和技能错配的发生率分别是多少？呈现怎样的分布特征？第二，相比教育错配，技能错配对劳动者的工资收入影响如何？本研究旨在探讨劳动者的技能供给和工作需求之间的匹配问题，具有重要的现实意义。在当下技能快速变革、产业转型升级的关键时期，考察并分析技能人才与工作岗位的匹配状况，一方面可以为政府出台相关教

---

① 闫德利、戴建军：《数字技术如何影响就业？》，载于《新经济导刊》2018 年第 9 期。

② 清华大学、复旦大学：《中国劳动力市场技能缺口研究》，中国劳动力市场技能供需研讨会，2016 年，https：//news. fudan. edu. cn/_upload/article/files/41/1f/0abd108e4bb592d339bda3dcaf80/a1f429e3 - 9191 - 4194 - bc5f - cbacbf7b0313. pdf。

育决策、优化人力资本配置提供参考依据；另一方面可以为劳动者的职涯发展服务提供一些借鉴。

一、技能错配与教育错配

由于高等教育扩招趋势的全球化，早期学者们更多地关注过度教育的问题。邓肯和霍夫曼（Duncan and Hoffman，1981）提出了衡量教育与工作错配的三种水平，包括过度教育、教育不足与教育适切。艾伦等（Allen et al.，2007）把教育错配总结为“劳动者所拥有的教育水平与特定工作所需的教育水平之间的对应关系，当其教育水平超过或低于工作所需的水平时存在”。

2000 年以后，艾伦（2001）等发现有相当一部分劳动者在实际工作中发生了技能错配。昆蒂尼（Quintini，2011）将技能错配分为“技能不足”和“技能过度”两类，前者是指劳动者的技能低于其工作要求的水平；后者则相反。此处的技能是指一种综合能力，既包括劳动者从学校教育中获得的各种能力和技能，也包括劳动者在工作场所通过做中学或在培训机构习得的技能[①]。

学者们比较了教育错配和技能错配两个指标，初步认为技能错配是更为优质的衡量工作错配的指标（Green，2007；Ferreira，2017）。一方面，受教育程度难以直接对个体的能力或者技能水平进行测量；另一方面，教育水平没有考虑到个人生命周期中技能的获得与损失。洛德斯（Lourdes，2013）指出，由于工作需求是经常变化的，在衡量错配时需要一个动态变化的测量指标，教育资格无法满足这一点。技能错配被认为更可靠的原因在于它能对个人在特定时点所拥有的实际能力进行测量。

此处重点梳理近年来有关技能错配的实证文献[②]，归纳为以下几个方面：

首先，对技能错配的测量方法，学者们进行了大量的讨论（Allen，2013；McGuinness，2017）。主要有四种方法：一是自我报告法，通过直接向劳动者询问他们在工作中使用技能的程度对其技能水平进行主观测量；二是通过人力资源专家直接测量；三是调查，也即客观测量劳动者所实际掌握的技能水平，如读写与计算能力等，并与工作所需的技能水平对比；四是数学统计方法，即以各职业的技能均值为标准，在 0.5 个或 1 个标准差内进行计算，或者以众数为标准进行计算，其优点是容易计算。目前，较为常见的是自我报告法。

其次，在技能错配的发生率方面，发达国家技能过度的问题相对更为普遍，

① 刘云波：《劳动者技能错配的研究进展及启示》，载于《中国职业技术教育》2018 年第 30 期。

② 由于教育错配，尤其是过度教育的研究文献已十分丰富、成熟，限于篇幅本章不再赘述。

并且，技能错配的发生率远低于教育错配的发生率。根据 2012 年的 PIACC 调查数据，欧盟各主要国家的技能过度的发生率在 11% ~29% 之间，技能不足的发生率大多在 10% 以下，各国技能过度的问题更为突出。萨拉·弗利西（Sara Flisi，2014）对欧盟 17 国的调查发现，有大约 30% 的受雇者存在过度教育，而只有大约 17% 的人属于技能过度，同时技能过度和过度教育的人比例相当低，约为总体的 15%。麦克尼斯（McGuinness et al.，2017）总结了 13 份覆盖 28 个发达国家的技能过度研究文献，发现这些国家技能过度平均的发生率约为 20%，这些测量均采用主观方法。

再次，一些研究分析了技能错配者的社会人口统计特征。一项关于加拿大的研究发现，女性、年轻人和兼职/临时雇员等群体更容易发生技能过度（Krahn and Lowe，1998）。从受教育水平的分布来看，受教育程度较低的人更可能存在过度技能。个体接受的不同类型的教育会影响其技能错配的发生水平。研究表明，拥有职业教育与培训经历的人发生错配的比例会比较低（McGuinness and Wooden，2007）。

关于技能错配现象，学者们给出了诸多理论解释。传统的人力资本理论（human capital theory）假设市场力量会导致一种均衡，个人总是会被分配到他们的最佳位置，其技能会得到最大限度的利用，从长远来看，错配被视为将能自行解决的暂时的现象。该理论侧重于劳动力市场的长期供给侧，不关注构成需求侧的变量，如个人的职业、工作或工作任务，将它们视为是等效的。随后，有学者提出工作分配理论（assignment theory），其对工作错配的收入效应具有很强的解释力（Hartog and Oosterbeek，1988）。该理论强调个体特征和工作性质在影响个人技能与工作岗位是否匹配上具有同样重要的作用。它认为，雇主在安排雇员时是根据劳动者的技能水平自上而下地分配，最高技能的个人被分配到需要最高技能的工作中，类似地，一直到最低技能的个人分配到需要最低技能的工作。它提供了一个从劳动力市场供需两方面来分析的框架，在承认教育提高生产力的同时，看到了工作性质在决定劳动者的生产贡献和薪酬等方面的重要作用。但是，目前还无法证实技能过度者的收入比技能不足者高，这是因为如果报酬与工作的联系更紧密，那么技能不足者可能比技能过度者收入更高，反之亦然。

最后，在收入效应方面，与过度教育一样，过度技能会对个人的工资产生显著的负向影响，也即相比同等技能水平但工作匹配者而言收入显著减少。麦克尼斯等（2017）对 10 份有关技能过度的收入效应研究进行了总结，发现技能过度带给劳动者的收益率损失平均为 7.5%。艾伦等（2007）的分析显示过度教育对工资的影响很大，而过度技能的工资效应要弱得多。在技能不足对收入的影响效应方面，目前学术界对并未达成一致的看法。艾伦等（2007）的研究发现，在德国和英国，技能短缺对工资产生了积极影响。佩里等（Perry et al.，2014）认为技能不足的劳动者，由于在工作中应用了更多的技能，相比拥有同样技能但工作匹配的劳动者会获得更多收入；但也有学者对欧盟15个成员国的数据进行了实证分析，发现技能不足对个人收入不会产生显著性影响（Sánchez – Sánchez and McGuinness，2015）。

总之，目前已有的技能错配研究更多地关注发达国家和地区，缺少对发展中国家的关注。国内关于个体技能错配的实证研究还非常匮乏，亟待完善，以廓清当下对国内劳动者工作匹配现状的认知。并且，在理论上，有关技能错配和教育错配二者之间的相互关系及其对收入影响效应的强弱，以及技能不足的收入效应是否存在等有争议的问题都需要进一步探索和验证，以丰富人力资本配置领域的相关知识。

二、数据与研究方法

（一）样本来源与数据特征

本章所采用的数据来自中国国家调查数据库官方网站公布的2015年中国社会综合调查数据（CGSS）。该数据覆盖全国28个省，有效问卷10 968份，其中涉及到工作错配关键变量所在的东亚社会调查（EASS）的工作模块被抽中概率为1/6。

该问卷对工作错配的测量采用了主观自我报告法，因此，可以根据具体题目对错配进行直接测量。有关教育错配问题的表述是“您认为您所受的教育与现在的工作需要，是否相匹配”。对应的答案选项是“相匹配/超过了/达不到/不知道”，根据前三个回答选项，将劳动者分为教育适切、过度教育和教育不足三类。类似地，针对技能错配的问题是，“您认为您掌握的技能与现在的工作需要，是否相匹配?”针对与前文相同的回答选项，又可以将劳动者分为技能适切、过度技能和技能不足三类。根据定义，劳动者教育错配和技能错配的发生率如表11 – 17所示。

表11 – 17　　劳动者工作错配的发生率（2015年）

教育错配/匹配	样本数	比重（%）	技能错配/匹配	样本数	比重（%）
教育适切	754	72.36	技能适切	849	81.01
过度教育	115	11.04	过度技能	98	9.35

续表

教育错配/匹配	样本数	比重（%）	技能错配/匹配	样本数	比重（%）
教育不足	173	16.6	技能不足	101	9.64
总计	1 042	100	总计	1 048	100

总体上，相比教育资格匹配，技能水平所衡量的工作匹配度更高。劳动者自我报告的技能错配水平要比教育错配的自我报告水平低一些，约少了 8 个百分点。

参照前文的文献研究，一方面分析工作错配在性别、年龄和受教育程度等方面的社会人口特征，另一方面在控制受教育年限、工作经验和是否自雇等因素的条件下估算错配的收入效应。所涉及的主要变量见表 11－18。

表 11－18　　　　主要变量的基本特征

变量	均值	标准差	最小值	最大值	样本数
2015 年职业收入（元）#	29 225.86	26 859.06	700	190 000	6 544
年龄（周岁）	50.40	16.90	18	95	10 968
受教育年限（年）	8.64	4.74	0	18	10 939
工作经验（年）	20.43	13.92	1	60	1 256

变量	标签	频率	比重（%）	样本数
性别（男 =1，女 =0）	男	5 834	53.19	10 968
	女	5 134	46.81	
是否自雇（自雇 =1，雇员 =0）	雇员	3 119	78.88	3 954
	自雇	835	21.12	
是否全职（全职 =1，兼职 =0）	兼职	467	11.86	3 937
	全职	3 470	88.14	
工作所在地区（中部 =0，东部 =1，西部 =2）	东部	4 388	40.01	101 368
	西部	2 716	24.76	
	中部	3 864	35.23	

注：#为去掉异常值的影响，把劳动者工资收入的上下 1% 视为缺失值处理。

（二）研究方法与模型选取

本章采用列联表分析工作错配发生率的分布特征。在对表格的独立性假设进行检验时，考虑到个别单元格的期望频数可能会比较低，将优先采用费舍精确（Fisher's exact）检验，并结合皮尔逊卡方（Pearson chi2）检验，对教育错配和技能错配之间的关联程度进行判断①。

在此基础上，结合人力资本理论和工作分配理论，构建工作错配—收入模型。首先，基于人力资本理论列出明瑟收入方程：

$$\ln Y = \beta_0 + \beta_1 Sch + \beta_2 Exp + \beta_3 Exp2 + \beta_m IND_m + e \tag{11.40}$$

其中，Y 代表了劳动者的年职业收入；Sch 代表了受教育程度，Exp 和 $Exp2$ 分别代表了工作经验和工作经验平方；IND_m 代表了性别等控制变量。

其次，在式（11.40）的基础上，加入以技能适切（或教育适切）为参照组的过度技能和技能不足（或者过度教育和教育不足）等虚拟变量（$MATCH_t$），有工作错配的收入方程如下：

$$\ln Y = model(10-40) + \beta_t MATCH_t + e \tag{11.41}$$

最后，参照工作分配理论，考虑到是否自雇和是否全职工作等工作特征因素（$OCCn$），对上述模型进行拓展，得到工作错配—收入模型为：

$$\begin{aligned}\ln Y &= model(10-41) + \beta_n OCC_n + e = model(10-40) + \beta_t MATCH_t + \beta_n OCC_n + e \\ &= \beta_0 + \beta_1 Sch + \beta_2 Exp + \beta_3 Exp2 + \beta_m IND_m + \beta_t MATCH_t + \beta_n OCC_n + e \end{aligned} \tag{11.42}$$

三、实证结果与分析

（一）教育错配和技能错配的发生率及特点

对教育错配和技能错配做交叉列联表（见表 11－19），发现：

表 11－19　　教育错配和技能错配发生率的交叉列联表　　单位：%

教育错配	技能错配			合计（100%）
	过度技能	技能适切	技能不足	
过度教育	7.04 (63.96)	2.97 (27.03)	0.99 (9.01)	11 (100)
教育适切	1.68 (2.31)	69.77 (95.52)	1.59 (2.17)	73.04 (100)
教育不足	0.89 (5.59)	7.83 (49.07)	7.23 (45.34)	15.96 (100)

注：每一类教育匹配中的第一行数字为每个单元格在总体中占比；第二行括号中的数字是以该行类别为 100% 计算。

① 劳伦斯·汉密尔顿：《应用 STATA 做统计分析》，郭志刚译，重庆大学出版社 2015 年版，第 120～126 页。

第一，教育适切同时也是技能适切的劳动者约占到样本总体的70%，也即有三成的劳动者认为自己存在一种以上的错配，同时是过度教育和技能过度、教育不足和技能不足的劳动者分别各占到7%左右。第二，过度教育同时技能不足和教育不足同时是过度技能的发生率都比较低，在总体中所占比重均不超过1%。第三，教育不足同时是技能适切的发生率为7.83%，占到教育不足者的一半左右（约49%）。第四，约有96%的教育适切者认为自己是技能适切的，教育匹配和技能匹配的分布高度重合。第五，在过度教育群体中，约有64%的工人认为自己是技能过度的，同时约有27%的过度教育者认为自己是技能匹配的，另有9%的过度教育者则自我报告为技能不足。

经检验，列联表的费舍精确检验值和皮尔逊卡方检验的 P 值都小于0，这说明教育匹配状况与技能匹配状况之间存在明显的关联。可以看到，随着过度教育转向教育不足，过度技能在总体中的发生率在下降，技能不足的发生率随之上升。

在性别方面，男性的过度教育和过度技能的发生率均略高于女性（见表11－20），同时男性的教育不足的发生率略高于女性，只有技能不足的发生率略低于女性。但两组错配的费舍精确检验值和皮尔逊卡方检验 P 值均高于0.5，说明教育错配和技能错配在性别之间都不存在显著的关联性。

表11－20　　不同性别的教育错配和工作错配发生率　　单位：%

性别	教育错配				技能错配			
	教育适切	过度教育	教育不足	合计	技能适切	过度技能	技能不足	合计
男	70.9	11.46	17.64	100	81.27	9.89	8.83	100
女	74.11	10.53	15.37	100	80.71	8.71	10.58	100

类似地，对年龄分组并做交叉列联表发现（见表11－21），尽管随着年龄的增长，教育错配和技能错配的总体发生率会有所下降，但精确检验和卡方检验的结果表明，技能错配并未在年龄组别之间呈现明显差异（卡方检验的 P 值和精确检验值均大于0.1），而在0.1的置信水平上，教育错配的发生率随着年龄的增长有明显下降（卡方检验 P 值为0.059，精确检验值为0.052）。

表11－21　　不同年龄的教育错配和技能错配发生率　　单位：%

年龄	教育错配				技能错配			
	教育适切	过度教育	教育不足	合计	技能适切	过度技能	技能不足	合计
18～34岁	67.78	13.33	18.89	100	76.32	11.65	12.03	100

续表

年龄	教育错配				技能错配			
	教育适切	过度教育	教育不足	合计	技能适切	过度技能	技能不足	合计
35～50岁	68.02	13.82	18.16	100	78.88	10.96	10.16	100
51～65岁	77.43	7.78	14.79	100	84.67	7.28	8.05	100

按照受教育程度做交叉列联表发现（见表11－22），总体上过度教育的发生率会随着受教育水平的增加而增加，教育不足的发生率会随着受教育水平的增加而下降，呈现出明显的关联性（卡方检验的P值和精确检验值均低于0.01）；相似地，在0.1的置信水平上，过度技能的发生率随着受教育水平的增加而增加，而技能不足的发生率则相反（卡方检验P值为0.076，精确检验值为0.074）。

表11－22　　不同受教育程度的错配发生率　　单位：%

年龄	教育错配				技能错配			
	教育适切	过度教育	教育不足	合计	技能适切	过度技能	技能不足	合计
初中及以下	71.32	8.27	20.4	100	82.49	7.04	10.47	100
中职或高中	70.98	13.33	15.69	100	79.68	11.16	9.16	100
专科及以上	75.93	14.94	9.13	100	78.84	12.86	8.3	100

考虑到工作经验对错配的影响，选取工作经验少于5年，也即毕业5年以内的劳动者的受教育程度分析（见表11－23）。首先从整体人群的受教育程度来看，目前我国刚毕业工作5年以内的劳动者学历占比最多的是初中及以下学历，占到了一半左右（45%～47%）；专科以上学历约占到了31%，其余是高中学历（22%～24%）。其次，在初中及以下5年内毕业的人群中，工作错配主要表现为自身能力不足—教育不足或者技能不足；而在高中阶段，教育/技能过度和教育/技能不足的发生率基本上各占一半；在高等教育阶段，过度教育略高于教育不足，过度技能和技能不足持平。最后，检验结果表明：（1）教育错配在不同的受教育阶段呈现较大差异（卡方检验P值和精确检验值均小于0.05），高中阶段教育错配的发生率最高（50%），其中过度教育和教育不足分别占到整个高中阶段的1/4，远远高于高等教育阶段和基础教育阶段；（2）技能错配在高中阶段发生率为35%，高于其他两个教育阶段，但由于卡方检验和精确检验的结果均不显著（大于0.1），并不能说明受教育程度和技能错配之间存在关联。

表 11-23　　毕业 5 年内不同教育程度的错配发生率　　单位：%

受教育程度	教育错配				受教育程度	技能错配			
	教育适切	过度教育	教育不足	合计		技能适切	过度技能	技能不足	合计
初中及以下（45.76%）	70.37	8.64	20.99	100	初中及以下（46.89%）	80.72	7.23	12.05	100
中职或普高（23.73%）	50	23.81	26.19	100	中职或普高（22.60%）	65	17.5	17.5	100
专科及以上（30.51%）	74.07	14.81	11.11	100	专科及以上（30.51%）	74.07	12.96	12.96	100

此外，按照教育类型差异，分别把高中阶段和高等教育阶段划分为职业教育和普通教育两组，分别与两类错配做列联表分析。结果发现，无论是技能错配还是教育错配均与教育类型没有明显的关联（卡方检验 *P* 值和精确检验值均大于 0.1）（结果略）。

（二）教育错配和技能错配对收入的影响效应

分别把技能错配、教育错配和两类错配代入到模型（3）中，得到稳健性回归结果如下（见表 11-24）。

表 11-24　　教育错配和技能错配对工资收入的影响

变量	方程（a）		方程（b）		方程（c）	
	系数	稳健标准误	系数	稳健标准误	系数	稳健标准误
参照组：技能适切						
过度技能			-0.204**	[0.091]	-0.019	[0.110]
技能不足			-0.08	[0.107]	-0.159	[0.115]
参照组：教育适切						
过度教育	-0.251***	[0.085]			-0.255**	[0.105]
教育不足	0.111	[0.081]			0.173*	[0.092]
性别	0.250***	[0.059]	0.258***	[0.059]	0.250***	[0.060]
受教育年限	0.080***	[0.008]	0.079***	[0.008]	0.080***	[0.008]
工作经验	0.022**	[0.009]	0.021**	[0.009]	0.021**	[0.009]
工作经验平方	-0.001**	[0.000]	-0.001**	[0.000]	-0.001**	[0.000]

续表

变量	方程（a）		方程（b）		方程（c）	
	系数	稳健标准误	系数	稳健标准误	系数	稳健标准误
是否自雇	0.377***	[0.085]	0.348***	[0.087]	0.356***	[0.086]
是否全职工作	0.260**	[0.119]	0.251**	[0.120]	0.257**	[0.120]
参照组：中部地区						
东部地区	0.297***	[0.060]	0.311***	[0.061]	0.309***	[0.060]
西部地区	-0.079	[0.099]	-0.088	[0.099]	-0.082	[0.099]
样本数	469		474		461	
R^2	0.306		0.307		0.314	

注：*** 表示 $P<0.01$，** 表示 $P<0.05$，* 表示 $P<0.1$。

表 11-24 中三个回归方程的调整后判定系数（R^2）都大于 0.3，也即这三个工作错配—收入模型中的变量解释了年收入 30% 左右的方差，解释力度较强。

方程（a）中，在控制其他因素不变的条件下，对于同等受教育程度的人而言，相比于教育适切者（工作匹配），过度教育者的工资收入平均减少了 25.1%，两者之间存在显著的差异。但是，对于同等受教育程度的人而言，教育不足者和教育适切者的工资收入不存在显著差异。方程（b）中，在控制其他因素不变的条件下，相比于技能适切者而言，过度技能者的平均工资减少了 20.4%，存在显著的差异。类似地，技能不足者和技能适切者的工资收入没有显著差异。

无论是在单纯的教育错配模型中，还是在单纯的技能错配模型中，教育过度或者技能过度都会对工资收入产生显著的负向影响。而与工作需求相比，技能不足或者教育不足者相比于同等人力资本水平者而言，其工资收入没有显著差异。

方程（c）中，一同放入了教育错配和技能错配的虚拟变量，模型对年收入方差的解释力度增强（相比方程（b），调整后的 R^2 增加了 7 个百分点）。相比方程（b），过度技能对工资的负向影响不再显著，说明过度技能对收入的影响作用基本上被教育错配解释了。相比方程（a），在控制技能错配的类型以后，过度教育的系数变大，仍然显著。并且，教育不足者相比教育适切者（同等受教育程度但工作匹配）而言，其平均工资显著地高出 17.3%。

为进一步分解教育错配和技能错配交叉组别的收入效应，提取表 11-24 中发生率最高的前五组①作为新样本，代入模型（3）中回归，得到结果如表 11-25 所示。

① 保证每一组的样本数都大于 30，以便进行 OLS 回归。

表 11-25　　教育错配 VS 技能错配的交叉组别的收入效应（前五组）

变量		系数	稳健标准误	P 值
参照组：过度教育×过度技能	教育适切×技能适切	0.287***	[0.106]	0.007
	过度教育×技能适切	0.044	[0.177]	0.801
	教育不足×技能适切	0.381***	[0.136]	0.005
	教育不足×技能不足	0.333**	[0.154]	0.031
	性别	0.251***	[0.062]	0.000
	受教育年限	0.079***	[0.008]	0.000
	工作经验	0.019**	[0.009]	0.043
	工作经验平方	-0.0004*	[0.0002]	0.056
	是否自雇	0.366****	[0.090]	0.000
	是否全职工作	0.274**	[0.127]	0.032
参照组：中部地区	东部地区	0.327***	[0.063]	0.000
	西部地区	-0.078	[0.101]	0.436
	样本数	435	$R^2=0.315$	

注：*** 表示 $P<0.01$，** 表示 $P<0.05$，* 表示 $P<0.1$。

结果表明，在控制其他因素不变的前提下，发生率最高的五组错配/匹配类型中，同时发生过度教育和过度技能的劳动者其工资明显低于同时发生教育适切和技能适切、同时发生教育不足和技能适切以及同时发生教育不足和技能不足的劳动者，低了28%～39%。此外，同时发生过度教育和过度技能的劳动者，与同时发生过度教育和技能适切的劳动者相比，两者之间的工资没有显著差异。这可以由工作分配理论来解释，当收入与工作岗位的特征更加紧密联系时，工作岗位的高低（根据技能需求排序）对收入的影响更强。因此，一旦发生过度教育和过度技能，工作岗位"低就"，其"多余"的那部分人力资本相比于同等人力资本水平但工作匹配者、相比于同等人力资本水平但工作"高就"者而言，无法在劳动力市场上通过工作岗位变现产生经济回报，造成了收入的损失。

（三）进一步探索——工资待遇的主观认同感

除了探讨教育错配和技能错配对收入的影响效应，笔者还分别对不同错配的劳动者关于工资待遇的主观认同程度进行了分析（见图 11-7）。

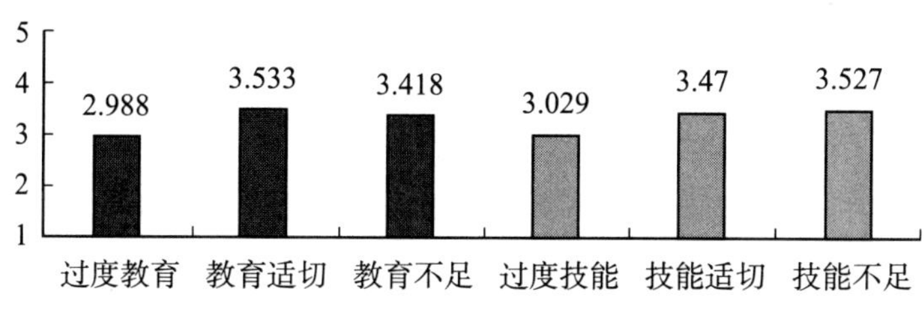

图 11－7　自评其单位待遇的合理程度

具体来讲，问卷中有一道题目，是根据劳动者自身的工作技能来评价单位待遇的合理程度。回答选项的分值从 1～5 代表了非常不合理到非常合理的不同程度。从各组的均值来看，过度教育和过度技能者所认为的合理程度最低，基本在 3 分左右，态度比较中立；而教育/技能匹配和教育/技能不足的人群则偏于比较合理。通过方差分析（ANOVA）发现，教育错配和技能错配分别存在显著的组间差异（F 统计的 p 值均小于 0）。并且，通过 Scheffe 多重比较检验发现，教育错配的组间差异主要体现为过度教育明显低于教育适切、过度教育明显低于教育不足；类似地，技能错配的组间差异主要体现为过度技能明显低于技能适切、过度技能明显低于技能不足。此外，笔者还对待遇的合理程度进行了稳健性的 OLS 回归［代入模型（3）］，发现过度教育和过度技能对主观合理性的影响与收入的影响趋势基本一致（篇幅所限，结果略）。

四、小结

综上所述，本章的实证研究发现：第一，总体上，劳动者过度技能和技能不足的发生率略低于过度教育和教育不足的发生率；有 30% 的劳动者至少发生了一种教育错配或者技能错配；随着过度教育转为教育适切，过度教育的发生率下降，并且技能不足的发生率随之上升，教育匹配状况与技能匹配状况之间存在明显的关联。

第二，教育错配和技能错配都与性别和教育类型没有明显的关联；教育错配的发生率会随着年龄的增加而明显下降，这可能是由于工作流动导致匹配；总体上，过度教育和过度技能都会随受教育程度的增加而增加，教育不足和技能不足反而下降；对于毕业 5 年以内的人群，过度教育和过度技能发生率最高的教育阶段是高中，教育不足和技能不足发生率最高的阶段也是高中，也即普通高中或中职毕业生是工作错配程度最高的群体。

第三，相比工作匹配者而言，过度教育和过度技能者的工资都有显著减少，造成收入损失；但过度技能对收入的影响作用基本可以被过度教育所解释；同时发生过度教育和过度技能的人群相比其他非过度教育的人群，工资收入会有显著减少，低于同时发生教育和技能匹配的人群和同时发生教育不足和技能不足的劳动者，验证了工作分配理论中工作岗位特征的重要作用。此外，过度教育者对工资待遇合理性的评分显著低于相比教育适切和教育不足者，过度技能者亦然。

以上结论具有一定的政策参考价值。第一，针对高中阶段工作错配发生率较高的事实，政府应当给予一定的重视。高中（中职）毕业生的工作错配问题相比大学毕业生更为突出。对于高中（中职）毕业生而言，过度和不足并存，并且后者更为突出。并且，中职毕业生并未如理论所预期的——工作错配的发生率较普通高中毕业生更低。这实际上反映出当下中等职业教育所提供的技能可能与劳动力市场脱节。建议在普通高中面向就业的学生开设就业技能课程，加强职业学校与企业、行业联系的紧密性，在职后培训投入方面向高中毕业生倾斜。

第二，应当为工作错配者提供更多的技能培训、鼓励劳动者持续自我学习。由于有相当一部分人群是过度教育，但并未同时发生过度技能，也即其掌握的技能恰好满足岗位所需或者不足。这意味着这部分劳动者所接受的教育并未向其提供满足工作场所需的技能，可能更多偏向于通识教育。这种教育安排从劳动力市场所反映的结果来看并不合理，容易造成教育资源的浪费。在教育系统内，一方面应当提供更多与真实工作岗位相关的技能学习和培训，另一方面避免单纯的“知识灌输”，改进教学模式和授课方法，注重提高学生的能力和技能提升。此外，还有一部分发生教育不足但技能适切的人群值得关注，需要深入挖掘其内在转变机制。为应对日益复杂的工作岗位，鼓励劳动者积极参与在职培训，不断走出“舒适区”提升自我、学会学习并建立终身学习的观念。

第三，鉴于过度教育和过度技能对于工资的显著负向影响，应采取措施尽量降低技能无法充分利用的消极影响。可以考虑提供更多的就业信息服务，促进供需匹配；在企业内部推动工作组织变革，灵活调整岗位任务；减少束缚劳动力流动的制度障碍等。

第五节　本章小结

本章建立的同时以技术水平和教育水平为自变量的模型，认为技术是外生给定的，劳动者需要接受一定的教育或培训来匹配该技术。模型发现，教育水平对经济增长的影响是非线性的，它不仅取决于教育本身的绝对水平，还取决于它与技术水平之间的相对差距。发达国家拥有较高的技术水平，也意味着需要有较高的教育水平与之相匹配，因此并非较高的教育投入水平就能带来较快的经济增长。计算结果表明，技术水平和教育水平的提高都能带来经济总量的增长，但是对人均数量的影响却各不相同。在教育水平固定的情况下，提高技术水平总是能导致人均边际增长率的加快，而提高教育水平导致的结果则是人均边际增长率先加快后减缓。因此在教育水平位于某个中间值的时候，人均边际增长率达到最高。于是在满足一定条件的情况下，会出现发达国家人均产出关于教育的边际增长率低于发展中国家的现象，这也在一定程度上符合克鲁格和林达尔的研究结论。这启示我们，国家应鼓励创新，加快职业教育的发展，并合理规划教育投资的规模。

对于人力资本视角下技能的定义、分类，已有研究还未形成共识，但是已有研究都重视从劳动力市场的需求出发探讨技能的定义与分类。其中一个表现是，不同的研究者都认识到了现代劳动力市场对劳动者的非认知技能的重视。对于认知技能、非认知技能和职业技能，已有研究已经形成较为认可的测量方法。一些国际组织和发达国家已经开展针对成年劳动力技能的专门调查，我国劳动力技能调查已经起步，但仍存在可以改进之处。

对于劳动力市场中典型的以非常规分析型任务为主、强调认知技能的计算机程序员岗位的研究发现，该岗位对非认知技能有较高的需求与回报，其中团队合作技能以及社交能力是需求最强烈的非认知技能，此外非认知技能中工作热情和自控力的需求也比较强烈，毅力、乐观和自信等非认知技能的工资回报也较高。而已有研究更多关注个体的认知技能、非认知技能中团队合作技能，对工作热情、自控力、毅力、乐观和自信等其他非认知技能未给予足够关注。研究还发现不同层级岗位的技能需求存在较大差异，这可能与岗位职责有关，有待进一步深入探讨。面对技术环境不断变化的时代，教育供给应当满足劳动力市场的技能需求，劳动力市场的技能需求为学校的培养方案提供了重要参考，学校应当从学生培养体系和课程改革两方面着手，加强学生非认知技能的培养。

对于技能需求与教育供给的研究发现，劳动者过度技能和技能不足的发生率略低于过度教育和教育不足的发生率，随着过度教育转为教育适切，过度教育的发生率下降，并且技能不足的发生率随之上升，教育匹配状况与技能匹配状况之间存在明显的关联。教育错配和技能错配都与性别和教育类型没有明显的关联；教育错配的发生率会随着年龄的增加而有明显下降。相比工作匹配者而言，过度教育和过度技能者的工资都有显著减少，造成收入损失；但过度技能对收入的影响作用基本可以被过度教育所解释；同时发生过度教育和过度技能的人群相比其他非过度教育的人群，工资收入会有显著减少，低于同时发生教育和技能匹配的人群和同时发生教育不足和技能不足的劳动者。这启示我们，政府应加强职业学校与企业、行业联系的紧密性，应当为工作错配者提供更多的技能培训、鼓励劳动者持续自我学习，应采取措施尽量降低技能无法充分利用的消极影响，可以考虑提供更多的就业信息服务，在企业内部推动工作组织变革，减少束缚劳动力流动的制度障碍等。

参考文献

[1] 安虎森、吴浩波：《利用空间面板数据模型研究空间相关性问题——来自地级及地级以上城市样本数据》，载于《西南民族大学学报》（人文社科版）2015 年第 5 期。

[2] 奥登、匹克斯：《学校理财——政策透视》，上海财经大学出版社 2003 年版。

[3] 白俊红等：《研发要素流动、空间知识溢出与经济增长》，载于《经济研究》2017 年第 7 期。

[4] 白天亮、曲哲涵：《向上流动的路怎样才畅通》，载于《人民日报》2010 年 9 月 16 日。

[5] 柏培文：《全国及省际人力资本水平存量估算》，载于《厦门大学学报》（哲学社会科学版）2012 年第 4 期。

[6] 边燕杰等：《结构壁垒、体制转型与地位资源含量》，载于《中国社会科学》2006 年第 5 期。

[7] 蔡昉：《读懂中国经济——大国拐点与转型路径》，中信出版集团 2017 年版。

[8] 蔡昉：《理解中国经济发展的过去、现在与未来——基于一个贯通的增长理论框架》，载于《经济研究》2013 年第 11 期。

[9] 蔡昉：《人口转变、人口红利与刘易斯转折点》，载于《经济研究》2010 年第 4 期。

[10] 蔡昉：《如何开启第二次人口红利?》，载于《国际经济评论》2020 年第 2 期。

[11] 蔡昉：《未来的人口红利——中国经济增长源泉的开拓》，载于《中国人口科学》2009 年第 1 期。

[12] 蔡增正：《教育对经济增长贡献的计量分析——科教兴国战略的实证依据》，载于《经济研究》1999 年第 2 期。

[13] 曹树基：《1959～1961年中国的人口死亡及其成因》，载于《中国人口科学》2005年第1期。

[14] 曹妍、张瑞娟：《我国高等教育入学机会及其地区差异：2007～2015年》，载于《教育发展研究》2017年第1期。

[15] 陈恒林：《社会公正视角下当代中国社会转型期"二代"现象研究》，陕西师范大学，2015年。

[16] 陈琳：《中国代际收入流动性的实证研究：经济机制与公共政策》，复旦大学，2011年。

[17] 陈耐帅、许友谊：《"211工程"院校入学机会分布的区域差异分析》，载于《高校教育管理》2014年第8期。

[18] 陈卫、乔晓春、李建民：《人口学教程》，人民教育出版社2000年版。

[19] 陈晓宇：《谁更有机会进入好大学——我国不同质量高等教育机会分配的实证研究》，载于《高等教育研究》2012年第2期。

[20] 陈彦斌、刘哲希：《经济增长动力演进与"十三五"增速估算》，载于《改革》2016年第10期。

[21] 陈钊、陆铭、金煜：《中国人力资本和教育发展的区域差异：对于面板数据的估算》，载于《世界经济》2004年第12期。

[22] 陈昭、刘映曼：《中国财政支出对经济发展质量的空间溢出效应——基于省级数据时空异质性研究》，载于《地方财政研究》2019年第12期。

[23] 程猛：《"读书的料"及其文化生产：当代农家子弟成长叙事研究》，中国社会科学出版社2018年版。

[24] 程永宏：《改革以来全国总体基尼系数的演变及其城乡分解》，载于《中国社会科学》2007年第4期。

[25] 初春、吴福象：《金融集聚、空间溢出与区域经济增长——基于中国31个省域空间面板数据的研究》，载于《经济问题探索》2018年第10期。

[26] 崔玉平：《教育对经济增长贡献率的估算方法综述》，载于《清华大学教育研究》1999年第3期。

[27] 邓峰、丁小浩：《中国教育收益率的长期变动趋势分析》，载于《统计研究》2013年第7期。

[28] 邓华、曾国屏：《科学素养与经济增长关系评述》，载于《科普研究》2012年第6期。

[29] 丁岚、祁杨杨：《高学历人群代际流动性的阶段解析——基于CGSS及CLDS数据》，载于《大学教育科学》2018年第6期。

[30] 丁小浩：《规模扩大与高等教育入学机会均等化》，载于《中国教育学

前沿》2007 年第 2 期。

[31] 丁小浩、梁彦：《中国高等教育入学机会均等化程度的变化》，载于《高等教育研究》2010 年第 2 期。

[32] 董志华：《人力资本与经济增长互动关系研究——基于中国人力资本指数的实证分析》，载于《宏观经济研究》2017 年第 4 期。

[33] 都阳：《转折期的中国收入分配：中国收入分配相关政策的影响评估》，中国发展出版社 2012 年版。

[34] 杜育红、赵冉：《教育在经济增长中的作用：要素积累、效率提升抑或资本互补?》，载于《教育研究》2018 年第 5 期。

[35] 段万春、郑静凯：《创新视角下知识密集型服务业研究述评及展望》，载于《经济问题探索》2013 年第 2 期。

[36] 樊明成：《我国高等教育入学机会的城乡差异研究》，载于《教育科学》2008 年第 1 期。

[37] 樊未晨：《教育部：2020 年全国普及高中阶段教育》，[EB/OL].(2017-04-07) [2021-01-08]. http://article.cyol.com/news/content/2017-04/07/content_15896803.htm.

[38] 范柏乃、来雄翔：《中国教育投资对经济增长贡献率研究》，载于《浙江大学学报》(人文社会科学版) 2005 年第 4 期。

[39] 范巧：《基于雷布钦斯基定理的行业要素密集性质研究——来自中国工业部门 36 个主要行业的例证》，载于《工业技术经济》2012 年第 9 期。

[40] 方长春：《家庭背景与教育分流：教育分流过程中的非学业性因素分析》，载于《社会》2005 年第 4 期。

[41] 高虹远：《文化资本与地位获得：对浙江某市私营企业主子女上向流动的个案分析》，载于《社会》2007 年第 1 期。

[42] 高勇：《中国城市教育获得的不平等程度考察》，载于《学术研究》2008 年第 4 期。

[43] 格里高利·克拉克：《应该读点经济史——一部世界经济简史》，中信出版社 2009 年版。

[44] 顾辉：《社会流动视角下的“X 二代”研究》，合肥工业大学出版社 2016 年版。

[45] 顾佳峰：《人口结构与教育财政的空间计量分析：对于代际关系的再诠释》，载于《社会科学战线》2011 年第 11 期。

[46] 郭丛斌、闵维方：《家庭经济和文化资本对子女教育机会获得的影响》，载于《高等教育研究》2006 年第 11 期。

［47］郭志刚等：《分层线性模型：应用与数据分析方法》，社会科学文献出版社 2007 年版。

［48］国家统计局综合司：《马建堂就 2012 年国民经济运行情况答记者问》，http：//www. stats. gov. cn/tjgz/tjdt/201301/t20130118_17719. html.

［49］韩军辉、龙志和：《基于多重计量偏误的农村代际收入流动分位回归研究》，载于《中国人口科学》2011 年第 5 期。

［50］韩小雨、庞丽娟、谢云丽：《中小学教师编制标准和编制管理制度研究——基于全国及部分省区现行相关政策的分析》，载于《教育发展研究》2010 年第 8 期。

［51］杭永宝：《中国教育对经济增长贡献率分类测算及其相关分析》，载于《教育研究》2007 年第 2 期。

［52］郝雨霏、陈皆明、张顺：《中国高校扩大招生规模对代际社会流动的影响》，载于《西北大学学报》（哲学社会科学版）2014 年第 2 期。

［53］何珺子、王小军：《认知能力和非认知能力的教育回报率——基于国际成人能力测评项目的实证研究》，载于《经济与管理研究》2017 年第 5 期。

［54］侯龙龙、李锋亮、郑勤华：《家庭背景对高等教育数量和质量获得的影响——社会分层的视角》，载于《高等教育研究》2008 年第 10 期。

［55］胡鞍钢、刘生龙、马振国：《人口老龄化、人口增长与经济增长——来自中国省际面板数据的实证证据》，载于《人口研究》2012 年第 3 期。

［56］胡博文：《非认知能力对劳动者收入的影响：机制探讨和实证分析》，浙江大学，2017 年。

［57］胡亚茹、陈丹丹：《中国高技术产业的全要素生产率增长率分解——兼对“结构红利假说”再检验》，载于《中国工业经济》2019 年第 2 期。

［58］胡跃峰：《基于家庭金融性资产的我国居民代际收入流动性研究》，浙江财经大学 2015 年版。

［59］胡再勇：《要素密集度异质、巴萨效应和出口贸易结构——理论分析与中国的经验研究》，载于《经济问题探索》2018 年第 5 期。

［60］黄国英、谢宇：《认知能力与非认知能力对青年劳动收入回报的影响》，载于《中国青年研究》2017 年第 2 期。

［61］黄燕萍等：《中国地区经济增长差异：基于分级教育的效应》，载于《经济研究》2013 年第 4 期。

［62］姜意：《要素密集度与经济发展》，载于《管理世界》1989 年第 6 期。

［63］焦斌龙、焦志明：《中国人力资本存量估算：1978—2007》，载于《经济学家》2010 年第 9 期。

[64] 李春玲：《高等教育扩张与教育机会不平等——高校扩招的平等化效应考查》，载于《社会学研究》2010 年第 3 期。

[65] 李春玲：《教育不平等的年代变化趋势（1940～2010）——对城乡教育机会不平等的再考察》，载于《社会学研究》2014 年第 2 期。

[66] 李春玲：《社会政治变迁与教育机会不平等——家庭背景及制度因素对教育获得的影响（1940－2001）》，载于《中国社会科学》2003 年第 3 期。

[67] 李春玲：《中国社会分层与流动研究 70 年》，载于《社会学研究》2019 年第 6 期。

[68] 李海峥等：《中国人力资本测度与指数构建》，载于《经济研究》2010 年第 8 期。

[69] 李海峥、李波、裘越芳：《中国人力资本的度量：方法、结果及应用》，载于《中央财经大学学报》2014 年第 5 期。

[70] 李海峥、唐棠：《基于人力资本的劳动力质量地区差异》，载于《中央财经大学学报》2015 年第 8 期。

[71] 李汉林：《中国单位现象与城市社区的整合机制》，载于《社会学研究》1993 年第 5 期。

[72] 李佳、常桐善：《影响高等教育入学机会公平性的指标体系之厘定》，载于《清华大学教育研究》2013 年第 5 期。

[73] 李建民：《"中国的人口新常态与经济新常态"》，载于《人口研究》2015 年第 1 期。

[74] 李玲：《"城乡义务教育学校标准化建设优化研究——基于学龄人口变化趋势预测"》，载于《教育研究与实验》2012 年第 4 期。

[75] 李曼丽、王争鸣、李长海：《现代工程师的胜任力及其高等教育准备——来自"青藏铁路工程"技术人员的质化研究报告》，载于《高等工程教育研究》2009 年第 6 期。

[76] 李全生：《布迪厄的文化资本理论》，载于《东方论坛》（青岛大学学报）2003 年第 1 期。

[77] 李善同、吴三忙、李雪：《转折期的中国收入分配：中国收入分配相关政策的影响评估》，中国发展出版社 2012 年版。

[78] 李绍荣、李雯轩：《我国区域间产业集群的"雁阵模式"——基于各省优势产业的分析》，载于《经济学动态》2018 年第 1 期。

[79] 李文胜：《中国高等教育入学机会的公平性研究》，北京大学出版社 2008 年版。

[80] 李秀敏：《人力资本、人力资本结构与区域协调发展》，载于《华中师

范大学学报》（人文社会科学版）2007 年第 3 期。

[81] 李扬、张晓晶：《“新常态”：经济发展的逻辑与前景》，载于《经济研究》2015 年第 5 期。

[82] 李永胜：《人口预测中的模型选择与参数认定》，载于《财经科学》2004 年第 2 期。

[83] 李煜：《制度变迁与教育不平等的产生机制：中国城市子代的教育获得（1966～2003）》，载于《中国社会科学》2006 年第 4 期。

[84] 李政、杨思莹、何彬：《FDI 抑制还是提升了中国区域创新效率？——基于省际空间面板模型的分析》，载于《经济管理》2017 年第 4 期。

[85] 李祖超、徐文城：《城镇化进程中的教育需求预测分析》，载于《教育研究》2005 年第 11 期。

[86] 李佐军：《引领经济新常态 走向好的新常态》，载于《国家行政学院学报》2015 年第 1 期。

[87] 梁润、余静文、冯时：《人力资本对中国经济增长的贡献测算》，载于《南方经济》2015 年第 7 期。

[88] 廖楚晖：《政府教育投入对经济增长贡献的分析法——兼论两种基本分析模型的局限性》，载于《安徽大学学报》2004 年第 3 期。

[89] 林秀梅、张廷廷、孙海波：《中国经济增长供给侧动力结构及其演进特征》，载于《西安交通大学学报》（社会科学版）2017 年第 2 期。

[90] 林毅夫：《李约瑟之谜、韦伯疑问和中国的奇迹：自宋以来的长期经济发展》，引自：林毅夫：《林毅夫自选集》，山西经济出版社 2010 年版。

[91] 刘海英、赵英才、张纯洪：《人力资本“均化”与中国经济增长质量关系研究》，载于《管理世界》2004 年第 11 期。

[92] 刘浩、钱民辉：《谁获得了教育——中国教育获得影响因素研究述评》，载于《高等教育研究》2015 年第 8 期。

[93] 刘宏元：《努力为青年人创造平等的受教育机会——武汉大学 1995 级新生状况调查》，载于《青年研究》1996 年第 4 期。

[94] 刘精明：《高等教育扩展与入学机会差异：1978～2003》，载于《社会》2006 年第 3 期。

[95] 刘精明：《扩招时期高等教育机会的地区差异研究》，载于《北京大学教育评论》2007 年第 4 期。

[96] 刘亮、章元、张伊娜：《论农民工的市民化与歧视消除——基于 2005～2010 年人口普查上海市样本的对比研究》，载于《复旦学报》（社会科学版）2015 年第 5 期。

[97] 刘仁毅等:《按生产要素密集度对工业进行分类的指标体系和统计方法》，载于《上海社会科学院学术季刊》1985 年第 1 期。

[98] 刘新荣、占玲芳:《教育投入及其结构对中国经济增长的影响》，载于《教育与经济》2013 年第 3 期。

[99] 陆学艺:《当代中国社会结构》，社会科学文献出版社 2010 年版。

[100] 路晓峰、邓峰、郭建如:《高等教育扩招对入学机会均等化的影响》，载于《北京大学教育评论》2016 年第 3 期。

[101] 吕光明、徐曼、李彬:《收入分配机会不平等问题研究进展》，载于《经济学动态》2014 年第 8 期。

[102] 吕忠伟、李峻浩:《R&D 空间溢出对区域经济增长的作用研究》，载于《统计研究》2008 年第 3 期。

[103] 罗伯特·M. 索洛等:《经济增长因素分析》，商务印书馆 1991 年版。

[104] 罗楚亮、刘晓霞:《教育扩张与教育的代际流动性》，载于《中国社会科学》2018 年第 2 期。

[105] 罗来军等:《中国教育规模与质量影响经济增长的内生路径分析》，载于《经济理论与经济管理》2009 年第 1 期。

[106] 罗斯托:《经济增长理论史》，陈春良等译，浙江大学出版社 2016 年版。

[107] 马颖、何清、李静:《行业间人力资本错配及其对产出的影响》，载于《中国工业经济》2018 年第 11 期。

[108] 马志远:《中国财政性教育经费占 GDP4 的可行性分析: 国际比较的视角》，载于《教育研究》2011 年第 3 期。

[109] 毛冠凤等:《综合创新生态系统下“创新、创业、创投和创客”联动发展研究: 来自深圳龙岗区的经验》，载于《科技进步与对策》2018 年第 1 期。

[110] 孟东方、李志:《学生父亲职业与高等学校专业选择关系的研究》，载于《青年研究》1996 年第 11 期。

[111] 孟望生、王询:《中国省级人力资本水平测度——基于成本法下的永续盘存技术》，载于《劳动经济研究》2014 年第 4 期。

[112] 倪超、孟大虎:《人力资本、经济增长与空间溢出效应——基于我国 1978～2015 年省级面板数据的实证研究》，载于《北京工商大学学报》(社会科学版) 2017 年第 6 期。

[113] P. 布尔迪约、J. C. 帕斯隆:《继承人: 大学生与文化》，邢克超译，商务印书馆 2002 年版。

[114] 潘昆峰等:《央属高校招生名额分配的原则和方案设计》，载于《北

京大学教育评论》2010 年第 2 期。

[115] 潘文卿：《中国的区域关联与经济增长的空间溢出效应》，载于《经济研究》2012 年第 1 期。

[116] 彭聃龄：《普通心理学》，北京师范大学出版社 2004 年版。

[117] 钱晓烨、迟巍、黎波：《人力资本对我国区域创新及经济增长的影响——基于空间计量的实证研究》，载于《数量经济技术经济研究》2010 年第 4 期。

[118] 钱雪亚：《人力资本水平统计估算》，载于《统计研究》2012 年第 8 期。

[119] 乔红芳、沈利生：《中国人力资本存量的再估算：1978－2011 年》，载于《上海经济研究》2015 年第 7 期。

[120] 乔锦忠：《优质高等教育入学机会分布的区域差异》，载于《北京师范大学学报》（社会科学版）2007 年第 1 期。

[121] 秦雪征：《代际流动性及其传导机制研究进展》，载于《经济学动态》2014 年第 9 期。

[122] 石人炳：《我国人口变动对教育发展的影响及对策》，载于《人口研究》2003 年第 27 期。

[123] 孙国府、张羽：《非认知能力培养对工程师职业发展水平的实证分析——以工科生大学期间参与学生社工为例》，载于《高等工程教育研究》2014 年第 4 期。

[124] 孙启进：《高等教育规模扩张背景下的入学机会差异分析》，载于《教育学术月刊》2010 年第 7 期。

[125] 孙淑军：《物质资本、人力资本投资对产出水平及经济增长的影响》，载于《西安工业大学学报》2012 年第 1 期。

[126] 孙旭：《基于受教育年限和年龄的人力资本存量估算》，载于《统计教育》2008 年第 6 期。

[127] 谭刚：《论建筑业在国民经济中的地位》，载于《建筑经济》1990 年第 11 期。

[128] 谭永生：《人力资本与经济增长》，中国财政经济出版社 2007 年版。

[129] 唐建荣等：《产业集聚与区域经济增长的空间溢出效应研究——基于中国省级制造业空间杜宾模型》，载于《统计与信息论坛》2018 年第 10 期。

[130] 陶西平：《跨上义务教育均衡发展的新高度》，载于《师资建设》2016 年第 1 期。

[131] 田萍：《浅论经济新常态的一般逻辑》，载于《上海经济研究》2017 年第 3 期。

[132] 田雪原：《21世纪中国人口发展战略研究》，社会科学文献出版社2007年版。

[133] 宛群超、邓峰：《FDI、科技创新与中国新型城镇化——基于空间杜宾模型的实证分析》，载于《华东经济管理》2017年第10期。

[134] 万广华：《2030年：中国城镇化率达到80%》，载于《国际经济评论》2011年第6期。

[135] 王晨：《权力再生产的教育机制——布尔迪厄教育社会学理论及其现实意义》，载于《高等教育研究》2007年第9期。

[136] 王处辉、朱焱龙：《高等教育获得与代际流动：机制、变迁及现实》，载于《中南大学学报》（社会科学版）2015年第2期。

[137] 王芳、刘伟宏、江年攀：《福建省人力资本对经济增长贡献的研究》，载于《福建广播电视大学学报》2012年第2期。

[138] 王放：《中国生育率下降背景下义务教育的发展》，载于《中国青年研究》2009年第6期。

[139] 王红、胡瑞文：《2020年我国教育经费投入强度需求预测及实施方案构想》，载于《教育发展研究》2010年第1~7期。

[140] 王金营：《人力资本与经济增长：理论与实证》，中国财政经济出版社2001年版。

[141] 王德劲、刘金石、向蓉美：《中国人力资本存量估算：基于收入方法》，载于《统计与信息论坛》2006年第5期。

[142] 王龙：《高考竞争中弱势群体成因的社会学分析：基于场域理论的研究视角》，载于《华东师范大学学报》（教育科学版）2013年第4期。

[143] 王少义、杜育红：《高等教育入学机会地域不公平研究》，载于《国家教育行政学院学报》2013年第5期。

[144] 王少义：《高等教育入学机会省际不平等研究》，北京师范大学博士学位论文，2013年。

[145] 王伟宜、谢作栩：《中国不同社会阶层子女高等教育入学机会差异研究》，载于《高等教育研究》2006年第10期。

[146] 王亚菲、贾雪梅、王春云：《中国行业层面就业核算研究》，载于《统计研究》2021年第12期。

[147] 王奕俊、赵晋：《职业教育的规模、结构与质量对经济发展影响的实证分析》，载于《教育经济评论》2017年第1期。

[148] 王韵含、高文书：《中国劳动力技能回报率到底如何测度？——基于省级调查数据的实证研究》，载于《北京工商大学学报》（社会科学版）2019年

第 2 期。

[149] 王征宇、姜玲、梁涵：《受高等教育劳动力对经济增长贡献的区域差异研究》，载于《教育研究》2011 年第 10 期。

[150] 王志宝：《近 20 年来中国人口老龄化的区域差异及其演化》，载于《人口研究》2013 年第 1 期。

[151] 王志丰、谭敏：《福建省城乡高等教育入学机会差异的实证研究》，载于《集美大学学报》2016 年第 4 期。

[152] 魏下海：《人力资本、空间溢出与省际全要素生产率增长——基于三种空间权重测度的实证检验》，载于《财经研究》2010 年第 12 期。

[153] 魏延志：《地区经济社会发展水平与城市居民教育不平等（1978～2006）——基于 cgss2006 的多层线性模型的分析》，载于《青年研究》2013 年第 2 期。

[154] 文东茅：《我国男性与女性高等教育机会、学业成绩及就业结果的比较分析》，载于《清华大学教育研究》2005 年第 5 期。

[155] 邬沧萍：《人口老龄化对社会经济的影响和我们的对策》，载于《中国特色社会主义研究》2001 年第 6 期。

[156] 吴愈晓：《中国城乡居民的教育机会不平等及其演变（1978—2008）》，载于《中国社会科学》2013 年第 3 期。

[157] 伍德里奇：《横截面与面板数据的经济计量分析》，中国人民大学出版社 2007 年版。

[158] 武鹏：《改革以来中国经济增长的动力转换》，载于《中国工业经济》2013 年第 2 期。

[159] 肖焰、蔡晨：《基于能力理论的人力资本研究综述》，载于《中国石油大学学报》（社会科学版）2017 年第 6 期。

[160] 肖远飞、吴允：《财政分权、环境规制与绿色全要素生产率——基于动态空间杜宾模型的实证分析》，载于《华东经济管理》2019 年第 11 期。

[161] 谢波、陈仲常：《自然资源、人力资本异质性与区域经济增长——基于省际面板数据的经验分析》，载于《人口与经济》2011 年第 4 期。

[162] 谢勇：《人力资本与收入不平等的代际间传递》，载于《上海财经大学学报》2006 年第 2 期。

[163] 谢作栩、谭敏：《我国不同社会阶层少数民族的高等教育入学机会差异分析》，载于《高等教育研究》2009 年第 10 期。

[164] 熊必俊：《人口老龄化与可持续发展》，中国大百科全书出版社 2002 年版。

[165] 许多多：《大学如何改变寒门学子命运：家庭贫困、非认知能力和初职收入》，载于《社会》2017 年第 4 期。

[166] 许和连、亓朋、祝树金：《人力资本与经济增长研究进展述评》，载于《财经理论与实践》2007 年第 1 期。

[167] 许天戟、王用琪：《面对 WTO 中国建筑业如何与国际接轨》，载于《西安交通大学学报》（社会科学版）2001 年第 1 期。

[168] 宣烨：《要素价格扭曲、制造业产能过剩与生产性服务业发展滞后》，载于《经济学动态》2019 年第 3 期。

[169] 燕安：《我国人力资本与区域经济增长差异趋向研究》，南开大学学位论文，2010 年。

[170] 杨道兵、陆杰华：《我国劳动力老化及其对社会经济发展影响的分析》，载于《人口学刊》2006 年第 1 期。

[171] 杨东平：《高等教育入学机会：扩大之中的阶层差距》，载于《清华大学教育研究》2006 年第 1 期。

[172] 杨广军：《高等教育入学机会均等的阶层差距：浙江省 2008 年数据实证分析》，载于《经济与社会发展》2009 年第 11 期。

[173] 杨建芳等：《人力资本形成及其对经济增长的影响》，载于《管理世界》2006 年第 5 期。

[174] 杨江华：《我国高等教育入学机会的区域差异及其变迁》，载于《高等教育研究》2014 年第 12 期。

[175] 杨楠：《西部地区资源型产业集聚对产业低碳化的影响机制研究》，成都理工大学，2019 年。

[176] 杨万平、李冬：《中国生态全要素生产率的区域差异与空间收敛》，载于《数量经济技术经济研究》2020 年第 9 期。

[177] 杨中超：《教育扩招促进了代际流动?》，载于《社会》2016 年第 6 期。

[178] 杨中超、岳昌君：《学历、专业对高校毕业生初职社会经济地位的影响研究——基于全国高校毕业生调查数据的实证分析》，载于《教育研究》2016 年第 10 期。

[179] 姚先国：《教育、人力资本与地区经济差异》，载于《经济研究》2008 年第 5 期。

[180] 姚先国、赵丽秋：《中国代际收入流动与传递路径研究：1989 ~ 2000》，第六届中国经济学年会论文，2006 年，http：//down. cenet. org. cn/upfile/234/2006729183040173. pdf.

[181] 姚益龙：《有关教育与经济增长理论的文献综述》，载于《学术研究》

2004 年第 3 期。

[182] 姚毓春、袁礼、董直庆：《劳动力与资本错配效应：来自十九个行业的经验证据》，载于《经济学动态》2014 年第 6 期。

[183] 姚毓春、袁礼、王林辉：《中国工业部门要素收入分配格局——基于技术进步偏向性视角的分析》，载于《中国工业经济》2014 年第 8 期。

[184] 叶茂林等：《教育对经济增长贡献的计量分析》，载于《数量经济技术经济研究》2003 年第 1 期。

[185] 尹福禄、申博：《金融集聚、空间溢出与区域经济增长——基于省级面板数据的空间计量分析》，载于《哈尔滨商业大学学报》（社会科学版）2018 年第 3 期。

[186] 尹文耀、姚引妹、李芬：《生育水平评估与生育政策调整——基于中国大陆分省生育水平现状的分析》，载于《中国社会科学》2013 年第 6 期。

[187] 于学军：《中国人口老化的经济学研究》，中国人口出版社 1995 年版。

[188] 余秀兰：《教育还能促进底层的升迁性社会流动吗》，载于《高等教育研究》2014 年第 7 期。

[189] 袁桂林等：《中国分城乡学龄人口变动趋势分析》，载于《教育科学》2006 年第 1 期。

[190] 袁金玲：《区域经济韧性的时空演化与影响因素分析》，哈尔滨工业大学，2019 年。

[191] 曾晓东：《中国中小学教师发展报告（2012）》，社会科学文献出版社 2012 年版。

[192] 张辉蓉、黄媛媛、李玲：《我国城乡学前教育发展资源需求探析：基于学龄人口预测》，载于《教育研究》2013 年第 5 期。

[193] 张军扩、侯永志、刘培林等：《高质量发展的目标要求和战略路径》，载于《管理世界》2019 年第 7 期。

[194] 张军、吴桂英、张吉鹏：《中国省际物质资本存量估算：1952 ~ 2000》，载于《经济研究》2004 年第 10 期。

[195] 张可方：《知识密集型服务业对地区差距的影响研究》，湖南大学学位论文，2007 年。

[196] 张雷：《多层线性模型应用》，教育科学出版社 2003 年版。

[197] 张晓峒：《计量经济学基础》，南开大学出版社 2007 年版。

[198] 张学良：《中国交通基础设施促进了区域经济增长吗——兼论交通基础设施的空间溢出效应》，载于《中国社会科学》2012 年第 3 期。

[199] 张翼：《家庭背景对人们教育和社会阶层地位获得的影响》，载于

《广州大学学报》(社会科学版) 2010年第10期。

[200] 赵婀娜:《高教质量"国家报告"首次发布》,载于《人民日报》2016年4月8日。

[201] 赵楠:《劳动力流动与产业结构调整的空间效应研究》,载于《统计研究》2016年第2期。

[202] 赵小雨、王学军、郭群:《区域创新能力、农业经济与生态环境协调发展关系研究——省级面板数据空间计量分析》,载于《科技进步与对策》2018年第7期。

[203] 赵彦云、王康、邢炜:《转型期中国省际经济波动对经济增长的空间溢出效应》,载于《统计研究》2017年第5期。

[204] 郑加梅、卿石松:《非认知技能、心理特征与性别工资差距》,载于《经济学动态》2016年第7期。

[205] 郑路:《改革的阶段性效应与跨体制职业流动》,载于《社会学研究》1999年第6期。

[206] 郑若玲:《高考对社会流动的影响——以厦门大学为个案》,载于《教育研究》2007年第3期。

[207] 郑世林、张宇、曹晓:《中国经济增长源泉再估计:1953~2013》,载于《人文杂志》2015年第11期。

[208] 郑世仁:《教育社会学导论》,五南图书出版公司2000年版。

[209] 钟昌标:《外商直接投资地区间溢出效应研究》,载于《经济研究》2010年第1期。

[210] 周德昌:《简明教育辞典》,广东高等教育出版社1992年版。

[211] 周金燕:《人力资本内涵的扩展:非认知能力的经济价值和投资》,载于《北京大学教育评论》2015年第1期。

[212] 朱万里、郑周胜:《自然资源、人力资本与区域创新能力——基于空间面板计量模型的分析》,载于《科技管理研究》2018年第13期。

[213] 朱紫雯、徐梦雨:《中国经济结构变迁与高质量发展——首届中国发展经济学学者论坛综述》,载于《经济研究》2019年第3期。

[214] Acemoglu D. *Introduction to Modern Economic Growth*. N. J., Princeton University Press, 2009.

[215] Acosta P. A, Muller N., and Sarzosa, M. A. Beyond qualifications: Returns to cognitive and socio-emotional skills in Colombia, 2015.

[216] Adalet McGowan M. and D. Andrews. Skill Mismatch and Public Policy in OECD Countries. OECD Economics Department Working Papers, No. 1210, OECD

Publishing, Paris, 2015.

[217] Aghion P., Howitt P. *The Economics of Growth*. MA, MIT Press, 2009.

[218] Allen J., De Weert E. What does educational mismatches tell us about skills mismatches? A cross-country analysis. *European Journal of Education*, 2007 (42): 59 - 73.

[219] Allen J., M. Levels and van der Velden R. Skill Mismatch and Skill Use in Developed Countries: Evidence from the PIAAC Study. Maastricht University, Research Centre for Education and the Labour Market Working Papers, No. 17, 2013.

[220] Allen J., Van der Velden R. Educational Mismatches versus Skill Mismatches: Effects on Wages, Job Satisfaction, and On-the - Job Search. *Oxford Economic Papers*, 2001 (3): 434 - 452.

[221] Almeida L., Behrman J., Robalino D. The right skills for the job? *Rethinking training policies for workers*. World Bank Publications, 2012.

[222] A multi-country study of inter-generational educational mobility. 2021 - 03 - 29. https: //www. iss. u-tokyo. ac. jp/ ~ rc28/DennyEtAl_RC28. pdf.

[223] Antonovics K. L., Goldberger A. S. Does Increasing Women's Schooling Raise the Schooling of the Next Generation? Comment. *The American Economic Review*, 2005, 95 (5), 1738 - 1744.

[224] Arneson, Richard. Equality and equal opportunity for welfare. *Philosophical Studies*, 1989 (1): 77 - 93.

[225] Arrow K J, Bowles S, Durlauf S N. *Meritocracy and Economic Inequality* [M]. Princeton University Press, 2000.

[226] Arun C. M. Projections of population, enrollment, and teachers with focus on elementary education. New Delhi: NIEPA, 2003.

[227] Autor D H, Levy F, Murnane R. J. The skill content of recent technological change: An empirical exploration. *Quarterly Journal of Economics*, 2003, 118 (4): 1279 - 1333.

[228] Azomahou T. T., Yitbarek E. A. Intergenerational Education Mobility in Africa Has Progress Been Inclusive? *World Bank Woking Paper*, 2016, 7843, 1 - 68.

[229] Barro and Robert J. Economic growth in a cross-section of countries. *The Quarterly Journal of Economics*, 1991 (2).

[230] Barro R., J. Lee. International comparisons of educational attainment. *Journal of Monetary Economics*, 1993, 32 (3): 363 - 394.

[231] Barro R. J., Lee J - W. International data on educational attainment: Up-

dates and implications. *Oxford Economic Papers*, 2011, 53 (3): 541 - 563.

[232] Barro R. J., Lee J - W. International measures of schooling years and schooling quality. *American Economic Review*, 1996, 86 (2): 218 - 223.

[233] Barro R. J. Human Capital and Growth. *American Economic Review*, 2001, 91 (2): 12 - 17.

[234] Becker, Gary, Barry Chiswick. Education and the Distribution of Earnings. *The American Economic Review*, 1966 (1/2): 358 - 369.

[235] Becker G. S. *Human Capital: A theoretical and Empirical Analysis, with Special Reference to Education*. New York: National Bureau of Economic Research, 1964.

[236] Becker G. S., Tomes N. An equilibrium theory of the distribution of income and intergenerational mobility. *Journal of Political Economy*, 1979, 87 (6): 1153 - 1189.

[237] Becker G. S., Tomes N. An equilibrium theory of the distribution of income and intergenerational mobility. *Journal of Political Economy*, 1979, 87 (6), 1153 - 1189.

[238] Becker G. S, Tomes N. Human capital and the rise and fall of families. *Journal of Labor Economics*, 1986, 4 (3): 1 - 39.

[239] Becker G. S., Tomes, N. Human capital and the rise and fall of families. *Journal of Labor Economics*, 1986, 4 (3, Part 2), S1 - S39.

[240] Behrman, Rosenzweig M. R. Does Increasing Women's Schooling Raise the Schooling of the Next Generation. *The American Economic Review*, 2002, 92 (1), 323 - 334.

[241] Behrman, Rosenzweig M. R. Returns to birthweight. *Review of Economics and Statistics and Statistics*, 2004, 86 (2), 586 - 601.

[242] Behrman R., R. M. Does Increasing Women's Schooling Raise the Schooling of the Next Generation? Reply. *The American Economic Review*, 2005, 95 (5), 1745 - 1751.

[243] Benhabib J., M. M. Spiegel. Human capital and technology diffusion. *Handbook of Economic Growth*, 2005 (5): 935 - 966.

[244] Benhabib J., M. M. Spiegel. The role of human capital in economic development evidence from aggregate cross-country data. *Journal of Monetary Economics*, 1994, 34 (2): 143 - 173.

[245] Benhabib J., Spiegel M. M. The role of human capital in economic devel-

opment evidence from aggregate cross-country data. *Journal of Monetary Economics*, 1994 (2).

[246] Benison E. F. United Sates Economic Growth? *The Journal of Bussiness*, 1962, 35 (2): 109 - 121.

[247] Bernal R., Keane M. P. Quasi-structural estimation of a model of childcare choices and child cognitive ability production. *Journal of Econometrics*, 2010, 156 (1), 164 - 189.

[248] Bernardi F. Social origins and inequality in educational returns in the labor market in Spain. European university institute, 2012.

[249] Bernardi F. Unequal transitions: Selection bias and the compensatory effect of social background in educational careers. *Research in Social Stratification & Mobility*, 2012, 30 (2).

[250] Bian, Yanjie, John Logan. Market transition and the persistence of power: The changing stratification system in Urban China. *American Journal of Sociology*, 1996 (5): 739 - 758.

[251] Bian Y. Chinese social stratification and social mobility. *Annual Review of Sociology*, 2002, 28 (1), 91 - 116.

[252] Bishop J. H. Drinking from the Fountain of Knowledge: Student Incentive to Study and Learn Externalities, Information Problems and Peer Pressure, In E. A. Hanushek, F. Welch (Eds.). *Handbook of the Economics of Education vol.* Ⅱ. Amterdam: North Holland, 2006.

[253] Björklund, Anders, MarkusJäntti, and John Roemer. Equality of opportunity and the distribution of long-run income in Sweden. *Social Choice and Welfare*, 2012 (2 - 3): 675 - 696.

[254] Björklund, Lindahl M., Plug E. The origins of intergenerational associations: Lessons from Swedish adoption data.. *The Quarterly Journal of Economics*, 2006, 121 (3), 999 - 1028.

[255] Björklund, Salvanes K. Education and family background: Mechanisms and policies. In *Handbook of the Economics of Education*, Elsevier, 2011, 3: 201 - 247.

[256] Black, Devereux P. J., Salvanes K. G. Why the apple doesn't fall far: Understanding intergenerational transmission of human capital. *American Economic Review*, 2005, 95 (1), 437 - 449.

[257] Black, Paul D. Recent developments in intergenerational mobility. *IIA Dis-*

cussion Paper, 2011, 4: 1487 – 1541, 1410.

[258] Black S. E., Devereux P. J., Salvanes K. G. From the cradle to the labor market? The effect of birth weight on adult outcomes. *The Quarterly Journal of Economics*, 2007, 122 (1), 409 – 439.

[259] Blanden J. Cross-country rankings in intergenerational mobility: A comparison of approaches from economics and sociology. *Journal of Economic Surveys*, 2013, 27 (1): 38 – 73.

[260] Blanden J., Gregg P., Macmillan L.. Accounting for intergenerational income persistence: Noncognitive skills, ability and education. *The Economic Journal*, 2007, 117 (519): 43 – 60.

[261] Blanden J., Wilson, Haveman R., et al. Understanding the mechanisms behind intergenerational persistence: A comparison of the United States and Great Britain. In Smeeding T., Erikson R., Jäntti M. Persistence. *Privilege and Parenting: The Comparative Study of Intergenerational Mobility*. New York: Russell Sage, 2011: 29 – 72.

[262] Blau P. M., O. D. Ducan. *The American Occupational Structure*. New York: Wiley, 1967.

[263] Bosworth B. P., Collins S. M. The Empirics of Growth: An Update. *Brookings Papers on Economic Activity*, 2003, 34 (2): 113 – 206.

[264] Bourdieu P. Cultural reproduction and social reproduction//Karabel J., Halsey A. H. *Power and Ideology in Education*. New York: Oxford University Press, 2013: 487 – 511.

[265] Bourdieu P. The forms of capital//Richardson J. G. *Handbook of Theory & Research for the Sociology of Education*. New York: Greenwood Press, 1986: 241 – 258.

[266] Bourguignon, François, and Francisco Ferreira. *The Microeconomics of Income Distribution Dynamics*. Washington, D. C.: Oxford University Press, 2005.

[267] Bourguignon, François, Francisco H. G. Ferreira, and Marta Menendez. Inequality of opportunity in Brazil. *Review of Income and Wealth*, 2007 (4): 585 – 618.

[268] Bowels S., H. Gintis. *Schooling in CapitalistAmerica: Educational Reformand the Contradictions of Economic Life*. New York: Basic. 1976.

[269] Bowles S. Gintis H. *Schooling in Capitalist America*. New York: Basic Books, 1975.

[270] Bowles S., Gintis H., Groves M. O. *Unequal chances: Family background and economic success*. Princeton University Press, 2009.

[271] Bowles S., Gintis H., Osborne M. The determinants of earnings: A be-

havioral approach. *Journal of Economic Literature*, 2001, 39 (4): 1137 - 1176.

[272] Bradbury B., Jenkins S. P., Micklewright J. *The Dynamics of Child Poverty in Industrialised Countries*. Cambridge: Cambridge University Press, 2001: 279 - 280.

[273] Brand J. E., Moore R., Song X., Xie Y. Parental divorce is not uniformly disruptive to children's educational attainment. Proc Natl Acad Sci USA, 2019, 116 (15), 7266 - 7271.

[274] Breen R., Goldthorpe J. H. Explaining educational differentials. Rationality & Society, 1997, 9: 275 - 305.

[275] Breen R., Goldthorpe J H. Explaining educational differentials: towards a formal rational action theory. *Rationality and Society*, 1997 (9): 275 - 305.

[276] Breen R., Jonsson J. O. Explaining change in social fluidity: educational equalization and educational xxpansion in Twentieth - Century Sweden. *American Journal of Sociology*, 2007, 112 (6): 1775 - 1810.

[277] Breen R. *Social Mobility in Europe*. Oxford University Press on Demand, 2004.

[278] Brian K. OECD Insights Human Capital How what you know shapes your life. Paris: OECD.

[279] Brooks N. G., Greer T. H., Morris S A. Informationsystems security job advertisement analysis: Skills review and implications for information systems curriculum. *Journal of Education for Business*, 2018 (3): 1 - 9.

[280] Brunori, Paolo, Francisco H. G. Ferreira, Vito Peragine. *Getting Development Right*. London: Palgrave Macmillan US, 2013.

[281] Button. A sign of generational conflict: The impact of Florida aging voters on local school and tax referenda, 1992, 73 (4): 786 - 797.

[282] Carneiro P., Heckman J. The evidence on credit constraints in post-secondary schooling. *The Economic Journal*, 2002, 112 (482), 705 - 734.

[283] Case A., Paxson C. H. Children's health and social mobility. *The Future of Children*, 2006, 16 (2): 151 - 173.

[284] Caucutt E. M., Lochner L. Early and late human capital investments, borrowing constraints, and the family. *Journal of Political Economy*, 2020, 128 (3), 1065 - 1147.

[285] Chang H. 23 *Things They Don't Tell You about Capitalism*. London: Penguin Group, 2011: 286.

[286] Chetty R., Friedman J. N., Hendren N., Jones M. R., Porter S. R. The opportunity atlas: Mapping the childhood roots of social mobility (0898-2937). Retrieved from, 2018.

[287] Chetty R., Friedman J. N., Saez E., et al. Mobility Report Cards: The Role of Colleges in Intergenerational Mobility. *Nber Working Papers*, 2017.

[288] Chetty R., Hendren N., Kline P., Saez E. Where is the land ofopportunity? The geography of intergenerational mobility in the United States. *The Quarterly Journal of Economics*, 2014, 129 (4), 1553-1623.

[289] Chetty R., Hendren N. The impacts of neighborhoods on intergenerational mobility I: Childhood exposure effects. *The Quarterly Journal of Economics*, 2018a, 133 (3), 1107-1162.

[290] Chetty R., Hendren N. The impacts of neighborhoods on intergenerational mobility II: County-level estimates. *The Quarterly Journal of Economics*, 2018b, 133 (3), 1163-1228.

[291] Chiswick, Barry. The average level of schooling and the intra-regional inequality of income: A clarification. *The American Economic Review*, 1968 (3): 495-500.

[292] Chi W. The role of human capital in China's economic development: Review and new evidence. *China Economic Review*, 2008 (3).

[293] Choi S., Chung I., Breen R. How Marriage Matters for the Intergenerational Mobility of Family Income: Heterogeneity by Gender, Life Course, and Birth Cohort. *American Sociological Review*, 2020, 1-28.

[294] Cohen, Gerald A. On the currency of egalitarian justice. *Ethics*, 1989 (4): 906-944.

[295] Coleman J. *Foundations of Social Theory*. Cambridge: Belknap Press of Harvard University, 1990: 328.

[296] Colman J. S. Equality of educational opportunity. Washington D. C.: U. S. Government Printing Office, 1966: 22.

[297] Conger R. D., Donnellan M. B. An interactionist perspective on the socioeconomic context of human development. *Annual Review of Psychology*, 2007, 58: 175-199.

[298] Cunha F., Heckman J. The technology of skill formation. Cambridge: National Bureau of Economic Research, 2007: 7.

[299] Dahl G. B., Lochner L. The impact of family income on child achieve-

ment: Evidence from the earned income tax credit. *American Economic Review*, 2012, 102 (5), 1927 - 1956.

[300] Del Boca D., Flinn C., Wiswall M. Household choices and child development. *Review of Economic Studies*, 2014, 81 (1), 137 - 185.

[301] Deller and Walzer, The effects of an aging rural population on the financing of rural public education, 1993, 9 (2), 104 - 114.

[302] Denison E. F. United States Economic Growth. *The Journal of Bussiness*, 1962, 35 (2): 109 - 121.

[303] Dension E. F. *Sources of Economic Growth in the United States and Alternative Before US*. New York: Committee for Economic Development, 1962.

[304] Desjardins R., K. Rubenson. An Analysis of Skill Mismatch Using Direct Measures of Skills. OECD Education Working Papers, No. 63, OECD Publishing, 2011.

[305] Ding S., Knight J. Why has China Grown So Fast? The Role of Physical and Human Capital Formation. *Oxford Bulletin of Economics & Statistics*, 2011 (2).

[306] Dolton P., Marcenaro - Gutierrez O. D. If you pay peanuts do you get monkeys? A cross country analysis of teacher pay and pupil performance. *Economic Policy*, 2011, 26 (65): 7 - 55.

[307] Dolton P., O'neill D., Sweetman O. Gender differences in the changing labor market: therole of legislation and inequality in changing the wage gap for qualified workers in the United Kingdom. *Journal of Human Resources*, 1996, 31 (3): 549 - 565.

[308] Dubey R. S, Tewari V., Pandiya B. A soft approach towards gaining employability in IT professionals: IEEE International Conference on Industrial Engineering and Engineering Management, 2018.

[309] Dublin L. I., Lotka A. *The Money Value of Man*. New York, N. Y.: Ronald, 1930.

[310] Dufur M. J., Parcel T. L., Troutman K. P. Does capital at home matter more than capital at school? socialcapital effects on academic achievement. *Research in Social Stratification & Mobility*, 2013, 31 (1): 1 - 21.

[311] Duncan G., Hoffman S. The incidence and wage effects of overeducation. *Economics of Education Review*, 1981 (1): 75 - 86.

[312] Duncan G. J., Brooks G. J. *Consequences of Growing up Poor*. New York: Russell Sage Foundation, 1997: 258 - 259.

[313] Dworkin, Ronald. *Sovereign Virtue: The Theory and Practice of Equality*. Cambridge: Cambridge University Press, 2000.

[314] Dworkin, Ronald. What is equality? Part 1: Equality of welfare. *Philosophy & Public Affairs*, 1981 (3): 185 - 246.

[315] Dworkin, Ronald. What is equality? Part 2: Equality of resources. *Philosophy & Public Affairs*, 1981 (4): 283 - 345.

[316] Early schooling and later outcomes: evidence from pre-school extension in France, 2021 - 03 - 29. https://2012.economicsofeducation.com/user/pdfsesiones/088.pdf.

[317] Eccles J. S., Barber B. L., Stone M., et al. Extracurricular activities andadolescent development. *Journal of Social Issues*, 2003, 59 (4): 865 - 889.

[318] Eisner R. Extended accounts for national income and product. *Journal of Economic Literature*, 1988, 26 (4): 1611 - 1684.

[319] Emran S., Greene W., Shilpi F. When measure matters: Coresidency, truncation bias, and intergenerational mobility in developing countries. *World Bank Working Paper*, 2016, 7608, 1 - 34.

[320] Emran S., Shilpi F. Gender, geography, and generations: Intergenerational educational mobility in post-reform India. *World Development*, 2015, 72, 362 - 380.

[321] Emran S., Sun Y. Magical transition? Intergenerational educational and occupational mobility in rural China: 1988 - 2002. *World Bank Paper* 7316, 2015.

[322] Engelbrecht H. International R&D spillovers amongst OECD economies. *Applied Economics Letters*, 1997 (5).

[323] Engel E. *Der Werth des Menschen*. Berlin: Verlag von Leonhard Simion, 1883.

[324] Farr W. Equitable taxation of property. *Journal of Royal Statistics*, 1852, 16 (March issue): 1 - 45.

[325] Ferreira M., Künn - Nelen, A., Grip A. D. Work - Related Learning and Skill Development in Europe: Does Initial Skill Mismatch Matter? . in Solomon W. Polachek, Konstantinos Pouliakas, Giovanni Russo, Konstantinos Tatsiramos (ed.) Skill Mismatch in Labor Markets. Emerald Publishing Limited, 2017: 345 - 407.

[326] Figlio and Fletcher. Suburbanization, Demographic and the consequences for school finance. Nber Working Paper. Http://211.253.40.86/Mille/Service/Ers/30000/Img/000000020094/W16137. Pdf, 2010.

[327] Fleisher B., Li H. Zhao M. Q. Human capital, economic growth, and regional inequality in China. *China Economic Review*, 2010 (2).

[328] Fleisher B. M., et al. Human capital, economic growth, and regional inequality in China. *Journal of Development Economics*, 2010, 92 (2): 215 - 223.

[329] Fletcher E. A. The Influence of the Elderly on School Spending in a Median Voter Framework. *Education Finance and Policy*, 2008, 8 (3), 283 - 315.

[330] Fleurbaey, Marc. *Fairness, Responsibility, and Welfare*. London: Oxford University Press, 2008.

[331] Foshay A. W. *Educational Achievements of Thirteen-year-olds in Twelve Countries: Results of An International Research Project*, 1959 - 1961. Hamburg: UNESCO Institute for Education, 1962.

[332] Fraumeni B. M. Choosing a Human Capital Measure: Educational Attainment Gaps and Rankings. National Bureau of Economic Research, 2015.

[333] Funded by 2016 Comprehensive Discipline Construction Fund of Faculty of Education, Beijing Normal University.

[334] Gaer D. V. D., Schokkaert E., Martinez M. Three Meanings of Intergenerational Mobility. *Economica*, 2010, 68 (272).

[335] Galton F. Regression towards mediocrity in hereditary stature. The Journal of the Anthropological Institute of Great Britain, 1886, 15, 246 - 263.

[336] Gamoran A. The variable effects of high school tracking. *American Sociological Review*, 1992, 57 (6): 812 - 828.

[337] Ganzeboom H. B. G., Luijkx R., Treiman D J. International class mobility in comparative perspective. *Research in Social Stratification & Mobility*, 1989, 8: 3 - 79.

[338] Ganzeboom H. B. G., Treiman D. J. Internationally comparable measures of occupational status for the 1988 international standard classification of occupations. *Social Science Research*, 1996, 25 (3): 201 - 239.

[339] Gardiner A., Aasheim C., Rutner P, et al. Skill requirements in big data: A content analysis of job advertisements. *Journal of Computer Information Systems*, 2017: 1 - 11.

[340] Göbel C., T. Zwick. Are personnel measures effective in increasing productivity of old workers? *Labour Economics*, 2013, 22, 80 - 93.

[341] Glenn, Groof. *Finding the Right Balance: Freedom, Autonomy and Accountability in Education, vol.* Ⅱ. The Netherland: Lemma Publishers, 2002.

[342] Goins P. Closing the skills gap. http://www.csg.org/pubs/capitolideas/2015_sept_oct/skills_gap.aspx.

[343] Gordo L. R., V. Skirbekk. Skill demand and the comparative advantage of age: Jobs tasks and earnings from the 1980s to the 2000s in Germany. Labour Economics, 2013, 22, 61 - 69.

[344] Graham J. W., Webb R. H. Stocks and depreciation of human capital: New evidence from a present-value perspective. *Review of Income and Wealth*, 1979, 25 (2): 209 - 224.

[345] Grawe N. D., Mulligan C. B. Economic interpretations of intergenerational correlations. *Journal of Economic Perspectives*, 2002, 16 (3): 45 - 58.

[346] Green F., Machin S., Wilkinson D. The meaning and determinants of skills shortages. *Oxford Bulletin of Economics and Statistics*, 1998, 60 (2): 165 - 187.

[347] Green F. *Skills and Skilled Work: An Economic and Social Analysis.* Oxford: Oxford University Press, 2013: 21.

[348] Green F., S. McIntosh. Is there a genuine under-utilization of skills amongst the over-qualified? *Applied Economics*, 2007, 39 (4): 427 - 439.

[349] Griliches Z. Capital - Skill Complementarity. *Review of Economics & Statistics*, 1969 (4).

[350] Gundlach E., et al. Second thoughts on development accounting. *Applied Economics*, 2002, 34: 1359 - 1369.

[351] Guo Y., Song Y., Chen Q. Impacts of education policies on intergenerational education mobility in China. *China Economic Review*, 2019, 55, 124 - 142.

[352] Hampdenthompson G., Guzman L., Lippman, L. Cultural Capital: What Does It Offer Students? A Cross - National Analysis. *Education and Social Inequality in the Global Culture*, 2008.

[353] Handel M. Trends in Job Skill Demands in OECD Countries. OECD Social, Employment and Migration Working Papers, No. 143, Paris: OECD Publishing, 2012: 7, 8, 83.

[354] Hansen M. N. Education and Economic Rewards Variations by Social - Class Origin and Income Measures. *European Sociological Review*, 2001, 17 (3).

[355] Hanushek A. E., Woessmann L. Schooling, Educational Achievement, and the Latin American Growth Puzzle. *Journal of Development Economics*, 2012, 99: 497 - 512.

[356] Hanushek E. A. , L. Woessmann. How much do educational outcomes matter in OECD countries? *Economic Policy*, 2011, 26 (67): 427 -491.

[357] Hanushek E. A. Developing a Skills - Based Agenda for 'New Human Capital' Research. http: //ssrn. com/abstract = 1889200.

[358] Hanushek E. A. , Kimko D. D. Schooling, Labor - Force Quality, and the Growth of Nations. *Review of American Economics*, 2000, 90 (5): 1184 -1208.

[359] Hanushek E. A. , Rivkin S. G. How to improve the supply of high quality teachers? . In Ravitch (Eds) . *Brookings Papers on Education Policy*. Washington, D. C. : Brookings Institution Press, 2004: 7 -25.

[360] Hanushek E. A. , Rivkin S. G. Teacher quality. In Hanushek, & F. Welch (Eds.), *Handbook of the Economics of Education*, vol. Ⅱ, 1051 - 1078, Amsterdam: North Holland, 2006.

[361] Hanushek E. A. , Woessmann L. Do better schools lead to more growth? Cognitive skills, economic outcomes, and causation. *Journal of Economic Growth*, 2012, 17 (4): 267 -321.

[362] Hanushek E. A. , Woessmann, L. How much do educational outcomes matter in OECD countries? . *Economic Policy*, 2011, 26 (67): 427 -491.

[363] Hanushek E A, Woessmann L. The economics of international differences in educational achievement. Hanushek E. A. , Machin S. , Woessmann L. *Handbooks in Economics*, Vol. 3. The Netherlands: North - Holland, 2011: 89 -200.

[364] Hanushek E. A. , Woessmann, L. The Role of Cognitive Skills in Economic Development. *Journal of Economic Literature*, 2008, 46 (3): 607 -668.

[365] Hanushek E. A. , Zhang L. , Quality - Consistent Estimates of International Schooling and Skill Gradients. *Journal of Human Capital*, 2009, 3 (2): 107 - 143.

[366] Hartog J. , Oosterbeek H. Education, allocation and earnings in theNetherlands: Overschooling? *Economics of Education Review*, 1988, 7 (2): 185 -194.

[367] Heckman J. J. A Research Agenda for Understanding the Dynamics of Skill Formation. http: //ssrn. com/abstract = 1889200.

[368] Heckman J. J. , Kautz T. Fostering and measuring skills: Interventions that improve character and cognition. Cambridge: National Bureau of Economic Research, 2013: 10.

[369] Heckman J. J. , Lochner L. J. , Todd P. E. Earnings functions, rates of return and treatment effects: The mincer equation and beyond. *Handbook of the Eco-*

nomics of Education, 2006, 1 (6): 307 -458.

[370] Heckman J. J., Mosso S. The economics of human development and social mobility. *Annual Review of Economics*, 2014, 6 (1): 689 -733.

[371] Heckman J. J., Raut L. K. Intergenerational long-term effects of preschool-structural estimates from a discrete dynamic programming model. *Journal of Econometrics*, 2016, 191 (1): 164 -175.

[372] Heckman J. J., Rubinstein Y. The importance of noncognitive skills: Lessons from the GED testing program. *American Economic Review*, 2001, 91 (2): 145 - 149.

[373] Heckman J. J. Skill formation and the economics of investing in disadvantaged children. *Science*, 2006, 312 (5782): 1900 - 1902.

[374] Heckman J. J., Stixrud J, Urzua S. The effects of cognitive and noncognitive abilities on labor market outcomes and social behavior. *Journal of Labor Economics*, 2006, 24 (3): 411 -482.

[375] Hofer H. and T. Url. Growth Effects of Age-related Productivity Differentials in An Aging Society: A Simulation Study for Austria. Growth Effects of Age - Related Productivity Differentials in an Aging Society, 2008, 34 (3), 275 -297.

[376] Holmlund H., Lindahl M., Plug E. The causal effect of parents' schooling on children's schooling: A comparison of estimation methods. *Journal of Economic Literature*, 2011, 49 (3), 615 -651.

[377] Holz., Carsten A., Sun., Yue. *Physical Capital Estimates for China's Provinces*, 1952 -2015 *and Beyond*. Social Science Electronic Publishing, 2017.

[378] Hongyi Li., Huang L. Health, education, and economic growth in China: Empirical findings and implications. *China Economic Review*, 2009 (3).

[379] Hout M., DiPrete T. What we have learned: RC28's contributions to knowledge about social stratification. *Research Insocial Stratification and Mobility*, 2006, 24 (1), 1 -20.

[380] Hout, Michael. Status, Autonomy, and Training in Occupational Mobility. *American Journal of Sociology* 1984, 89 (6).

[381] Hout M. Status, Autonomy, and training in occupational mobility. *American Journal of Sociology*, 1984, 89 (6): 1397 -1409.

[382] Huebner, S. S. The human value in business compared with the property value. Proc. Thirty-fifth Ann. Convention Nat. Assoc. Life (July issue), 1914: 17 -41.

[383] Islam N. Growth Empirics: A Panel Approach. *Quarterly Journal of Eco-*

nomics, 1995 (4).

[384] Iversen V., Krishna A., Sen K. Beyond Poverty Escapes—Social Mobility in Developing Countries: A Review Article. *The World Bank Research Observer*, 2019, 34 (2), 239-273.

[385] Jackson M, Luijkx R, Pollak R, et al. Educational Fields of Study and the Intergenerational Mobility Process in Comparative Perspective. *International Journal of Comparative Sociology*, 2008, 49 (49).

[386] Jamison E. A., et al. The effects of education quality on income growth andmortality decline. *Economics of Education Review*, 2007, 26: 772-789.

[387] Jamison E. A., Jamison D. T., Hanushek E. A. The effects of education quality on income growth and mortality decline. *Economics of Education Review*, 2007, 26 (6): 771-788.

[388] Jerrim J., Macmillan L. Income inequality, intergenerational mobility, and the Great Gatsby Curve: Is education the key?. *Social Forces*, 2015, 94 (2): 505-533.

[389] John E., Markus J., Timothy S. *From Parents to Children: The Intergenerational Transmission of Advantage*. New York: Russell Sage Foundation, 2012: 53-84.

[390] Johnrawls. *Theory of Justice*. Belknap Press of Harvard Univeristy Press, 1999.

[391] Jorgenson D. W. and Fraumeni B. M. The accumulation of human and non-human capital, 1948-1984. In R. E. Lipsey and H. S. Tice (Eds.), *The Measurement of Savings, Investment and Wealth*. Chicago, I. L.: The University of Chicago Press, 1989.

[392] Jorgenson D. W. and Fraumeni B. M. The output of the education sector. In Z. Griliches (Ed.), *Output Measurement in the Services Sector. Chicago*, I. L.: The University of Chicago Press, 1992.

[393] Jorgenson D. W., F. M. Gollop and B. Fraumeni. *Productivity and US Economic Growth*. Cambridge: Harvard University Press, 1987.

[394] Kendrick J. The Formation and Stocks of Total Capital. New York, N. Y.: Columbia University Press for NBER, 1976.

[395] Kharas H., Kohli H. What is the Middle Income Trap, Why do Countries Fall into It, and how can It be Avoided? *Global Journal of Emerging Market Economies*, 2011.

[396] Kiker B. F. The historical roots of the concept of human capital. *Journal of Political Economy*, 1966, 74 (5): 481 -499.

[397] Klein R. , Vella F. A semiparametric model for binary response and continuous outcomes under index heteroscedasticity. *Journal of Applied Econometrics*, 2009, 24 (5), 735 -762.

[398] Klein R. , Vella F. Estimating a class of triangular simultaneousequations models without exclusion restrictions. *Journal of Econometrics*, 2010, 154 (2), 154 -164.

[399] Koman R. , and Marin D. Human Capital and Macroeconomic Growth: Austria and Germany 1960 -1997. An Update. Working Paper, Department of Economics, University of Munich, 1997.

[400] Krahn H. , G. Lowe. Literacy utilisation in Canadian workplaces. Statistics Canada, 1998.

[401] Krueger A. B. Lindahl M. Education for Growth: Why and For Whom? *Journal of Economic Literature*, 2001 (4).

[402] Kuczera M, Field S, Hoffman N, et al. Learning for jobs. Paris: OECD Publishing, 2008: 59.

[403] Ladd and Murray. Inter-generational conflict reconsidered: county demographic structure and the demand for public education. *Economics of Education Review*, 2001, 20 (2), 343 -357.

[404] Laroche M. , Marcel Mérette, Ruggeri G. C. On the concept and dimension of human capital in a knowledge-based. *Canadian Public Policy*, 1999, 25 (1): 87 -100.

[405] Leone T. The gender gap in intergenerational mobility: Evidenceof educational persistence in Brazil. Working Paper, 2017.

[406] Levine R. , Robert J. Barro, Determinants of Economic Growth: A Cross - Country Empirical Study. *Journal of Comparative Economics*, 1998 (4).

[407] Levin H. M. Educational Opportunity and Social Inequality in Western Europe. *Social Problems*, 1976 (2): 148 -172.

[408] Levin H M. *The Utility and Need for Incorporating Non-cognitive Skills into Large-scale Educational Assessments*. The role of international large-scale assessments: Perspectives from technology, economy, and educational research. Berlin: Springer Netherlands, 2013: 67 -86.

[409] Levy F. , Murnane R. J. *The New Division of Labor*: *How Computers are*

Creating the Next Job Market. Princeton: Princeton University Press, 2012: 47.

[410] Li H., Loyalka P., Rozelle S., et al. Human capital and China's future growth. *Journal of Economic Perspectives*, 2017, 31 (1): 25-48.

[411] Li H., P. Loyalka, S. Rozelle and B. Wu. Human Capital and China's Future Growth. *Journal of Economic Perspectives*, 2017, 31 (1): 1-26.

[412] Lipnevich A. A., Roberts R D. Noncognitive skills in education: Emerging research and applications in a variety of international contexts. *Learning and Individual Differences*, 2012.

[413] List J., Uhlig H. The Past, Present, and Future of Economics: A Celebration of the 125-Year Anniversary of the JPE and of Chicago Economics Introduction. In: Univ Chicago Press 1427 E 60TH ST, Chicago, IL 60637-2954 USA, 2017.

[414] Li T., Lai J. T., Wang Y., et al. Long-run relationship between inequality and growth in post-reform China: New evidence from dynamic panel model. *International Review of Economics & Finance*, 2016.

[415] Liu G. and Fraumeni B. M. Human Capital Measurement: Country Experiences and International Initiatives. In: Third World KLEMS Conference. Tokyo, Japan, 19-20 May 2014.

[416] Lizzeri A., Siniscalchi M. Parental guidance and supervised learning. *The Quarterly Journal of Economics*, 2008, 123 (3), 1161-1195.

[417] Li Z, Zhong H. The impact of higher education expansion on intergenerational mobility: evidence from China. *Economics of Transition*, 2017, 25 (4): 575-591.

[418] Lochner, Monge-Naranjo A. Credit constraintsin education. *Annual Review of Economics*, 2012, 225-256.

[419] Lochner, Monge-Naranjo A. The nature of credit constraints and human capital. *American Economic Review*, 2011, 101 (6), 2487-2529.

[420] Lourdes B. A., Luis E. Vila. Education and skill mismatches: wage and job satisfaction consequences. *International Journal of Manpower*, 2013, 34 (5): 416-428.

[421] Lucas, Robert E. On the mechanics of economic development. *Journal of Monetary Economics*, 1988, 22 (1): 3-42.

[422] Lucas R. On the mechanics of economic development. *Journal of Monetary Economics*, 1988, 22 (1): 3-42.

[423] Lucas S. R. Effectively Maintained Inequality: Education Transitions, Track

Mobility, and Social Background Effects. *American Journal of Sociology*, 2001 (6): 1642 - 1690.

[424] Malmberg B., T. Lindh and M. Halvarsson. Productivity Consequences of Workforce Aging: Stagnation or Horndal Effect. *Population and Development Review*, 2008, 34 (3).

[425] Manduca R., Sampson R. J. Punishing and toxic neighborhood environments independently predict the intergenerational social mobility of black and white children. *Proceedings of the National Academy of Sciences*, 2019, 116 (16), 7772 - 7777.

[426] Mankiw, Gregory, Romer D., Weil D. A contribution to the empirics of economic growth. *Quarterly Journal of Economics*, 1992 (2).

[427] Mare R. D. Change and stability in educational stratification. *American Sociological Review*, 1981, 46 (1): 72 - 87.

[428] Mare R. D. Social Background and School Continuation Decisions. *Journal of the American Statistical Association*, 1980, 75 (370).

[429] Marrero G. A., Rodriguez J. G. Inequality of opportunity and growth. *Journal of Development Economics*, 2013, 104 (3): 107 - 122.

[430] Mavromaras K., S. Mahuteau P. Sloane and Z. Wei. The Effect of Overskilling Dynamics on Wages. *Education Economics*, 2013, 21 (3): 281 - 303.

[431] Mayer S. E., Lopoo L. M. Has the intergenerational transmission of economic status changed?. *Journal of Human Resources*, 2005, 40 (1): 169 - 185.

[432] McGuinness S., M. Wooden. Overskilling, Job Insecurity and Career Mobility. IZA discussion paper, 2007, No. 2938.

[433] McGuinness S., Pouliakas K., Redmond P. How Useful Is the Concept of Skills Mismatch?. IZA discussing paper, 2017.

[434] Michalos A. C. Encyclopedia of quality of life and well-being research: Springer Netherlands Dordrecht, 2014.

[435] Miller. Demographics and spending for public education: a test of interest group influence. *Economics of Education Review*, 1996, 15 (2), 175 - 185.

[436] Mincer, Jacob. Investment in Human Capital and the Personal Distribution of Income. *Journal of Political Economy*, 1958 (4): 281 - 302.

[437] Mincer J. *Schooling, Experience, and Earnings*. New York, N. Y.: Columbia University Press for NBER, 1970.

[438] Mullen A. L., Goyette K. A., Soares J. A. Who goes to graduate school?

Social and academic correlates of educational continuation after college. *Sociology of Education*, 2003, 76 (2): 143 - 169.

[439] Mulligan C. B. and Sala-i - Martin X. A labor income-based measure of the value of human capital: an application to the states of the United States. *Japan and the World Economy*, 1997, 9 (2): 159 - 191.

[440] Mulligan C. B., Sala-i-martin, X. Transitional Dynamics in Two - Sector Models of Endogenous Growth. *Quarterly Journal of Economics*, 1993 (3).

[441] Narayan A., Van der Weide R., Cojocaru A., Lakner C., Redaelli S., Mahler D. G., Thewissen S. Fair Progress: Economic Mobility Across Generations Around the World: World Bank Publications, 2018.

[442] Nee Victor. A Theory of MarketTransition: From Redistribution to Markets in State Socialism. *American Sociological Review*, 1989 (5): 663 - 681.

[443] Neidorf T. S., et al. Comparing Mathematics Content in the NAEP, TIMSS, and PISA. National Center for Education Statistics, 2006.

[444] Neisser U., Boodoo G., Bouchard T. J., Boykin A. W., Brody N., Ceci S. J., et al. Intelligence: knowns and unknowns. *American Psychologist*, 1996, 51 (2): 77 - 101.

[445] Nelson R. R., Phelps E. S. Investment in Humans, Technological Diffusion, and Economic Growth. *Studies in Macroeconomic Theory*, 1965 (1).

[446] Nelson R. R., Phelps E. S. Investment in Humans, Technological Diffusion, and Economic Growth. *The American Economic Review*, 1966, 56 (1 - 2): 69 - 75.

[447] OECD. *Better Skills, Better Jobs, Better Lives: A Strategic Approach to Skills Policies*. Paris: OECD Publishing, 2012.

[448] OECD. OECD Skills Outlook 2013: First Results from the Survey of Adult Skills, http: //dx. doi. org/10. 1787/9789264204256 - en, 2013.

[449] Oreopoulos P., Page M. E., Stevens A. H. The intergenerationaleffects of compulsory schooling. *Journal of Labor Economics*, 2006, 24 (4), 729 - 760.

[450] Organisation F. E. C. A. *Skills for social progress: The Power of Social and Emotional Skills*. OECD Publishing, 2015.

[451] Ozturk, Ilhan. The Role of Education in Economic Development: A Theoretical Perspective. *Journal of Rural Development and Administration*, 2001, XXXIII (1): 39 - 47.

[452] Palloni A. Reproducing inequalities: luck, wallets, and the enduring

effects of childhood health. *Demography*, 2006, 43: 587 - 615.

[453] Peragine and Serlenga L.. Equality of opportunity for higher education in Italy. In J. Bishop and B. Zheng (eds), *Research in Economic Inequality*, 2008.

[454] Peragine, Vito. Measuring and implementing equality of opportunity for income. *Social Choice and Welfare*, 2004 (1): 187 - 210.

[455] Perry A. Wiederhold S. and Ackermann - Piek D. How Can Skill Mismatch be Measured? New Approaches with PIAAC. *Methods, Data, Analyses*, 2014, 8 (2): 137 - 174.

[456] Petty, W. Political Arithmetik, reprinted in C. H. Hull. *The Economic Writings of Sir William Petty*. Cambridge: Cambridge University Press, 1899.

[457] Plug E. J. A. E. R. Estimating the effectof mother's schooling on children's schooling using a sample of adoptees. *The American Economic Review*, 2004, 94 (1), 358 - 368.

[458] Poterba. Demographic structure and the political economy of public education. *Journal of Policy Analysis and Management*, 1998, 16 (1), 48 - 66.

[459] Pritchett L. Where has all the education gone? *The World Bank Economic Review*, 2001 (3).

[460] Psacharopoulos G., Patrinos H. A. Returns to investment in education: a further update. *Education Economics*, 2004, 12 (2): 111 - 134.

[461] Psacharopoulos G. *The Contribution of Education to Economic Growth: International Comparisons*. Cambridge, Ballinger Publishing Co., 1984.

[462] Quintini G. Over-qualified or Under-skilled: A Review of Existing literature. OECD Social Employment and Migration Working Paper, No. 2011: 121.

[463] Raftery A. E., Hout, M. Maximally maintained inequality: Expansion, reform, and opportunity in irish education, 1921 - 75. *Sociology of Education*, 1993, 66 (1): 41 - 62.

[464] Raftery A. E., Michael H. Maximally maintained inequality: expansion, reform and opportunity in Irish education 1921 - 75. *Sociology of Education*, 1993 (1): 56 - 57.

[465] Ramirez F. O., et al. Student Achievement and National Economic Growth. *American Journal of Education*, 2006, 113 (1): 1 - 29.

[466] Rawls, John. *A Theory of Justice*. Oxford: Oxford University Press, 1973.

[467] Rigobon R. Identification through heteroskedasticity. *Review of Economics and Statistics*, 2003, 85 (4), 777 - 792.

[468] Rita A., Jere B., *The Right Skills for the Job? Rethinking Training Policies for Workers*. Washington: World Bank Publications, 2012: 34.

[469] Robert, Goldthorpe, John H., et al. Intergenerational Class Mobility in Three Western European Societies: England, France and Sweden. *British Journal of Sociology*, 1979, 30 (4).

[470] Roemer, John., Alain Trannoy. *Handbook of Income Distribution*. Amsterdam: Elsevier B. V., 2015.

[471] Roemer, John. *Meritocracy and Economic Inequality*. Princeton, N. J: Princeton University Press, 2000.

[472] Romer P. M. Endogenous Technological Change. *Journal of Political Economy*, 1990, 98 (5): S71 – S102.

[473] Rona – Tas, Akos. The first shall be last? Entrepreneurship and communist cadres in the transition from socialism. *American Journal of Sociology*, 1994 (1): 40 – 69.

[474] Sacerdote. How large are the effects from changes in family environment? A study of Korean American adoptees. *The Quarterly Journal of Economics*, 2007, 122 (1), 119 – 157.

[475] Sacerdote. Nature and Nurture Effects on Children's Outcomes: What Have We Learned from Studies of Twins and Adoptees? *In Handbook of Social Economics*: Elsevier, 2011, 1: 1 – 30.

[476] Sanchez – Sanchez N. and S. McGuiness. Decomposing the Impacts of Overeducation and Overskilling on Earnings and Job Satisfaction: An Analysis using REFLEX Data. *Education Economics*, 2015, 23 (4): 419 – 432.

[477] Sara Flisi, Valentina Goglio, Elena Meroni, Margarida Rodrigues & Esperanza Vera – Toscano. Occupational mismatch in Europe: Understanding overeducation and overskilling for policy making. Publications Office of the European Union, 2014.

[478] Schultz T. W. Investment in human capital. *The American Economic Review*, 1961, 51 (1): 1 – 17.

[479] Schultz T. W. Reflections on Investment in Man. *The Journal of Political Economy*, 1962 (5).

[480] Sewell W. H., Hauser R. M. A review of the Wisconsin longitudinal study of social and psychological factors in aspirations and achievements 1963 – 1993. *Research in Sociology of Education & Socialization*, 1993 (1): 59 – 100.

[481] Sewell W. H., Hauser R. M. *Education, Occupation, and Earnings: Achievement in the Early Career*. New York: Academic Press, 1975.

[482] Shultz, T. W. Investment in human capital. *American Economic Review*, 1961, 51 (5): 1035 - 1039.

[483] Skirbekk V. Age and Individual Productivity: A Literature Survey. Mpidr Working Paper, 2003 - 028, 2003.

[484] Smith A. The Wealth of Nations, Book 2. London: G. Routledge, 1776.

[485] Smith M., Tsai S. L., Matějů P., et al. Educational expansion and inequality in Taiwan and the Czech Republic. *Comparative Education Review*, 2016, 60 (2): 339 - 374.

[486] Solon G. A model of intergenerational mobility variation over time and place [G] //CORAK M. Generational income mobility in North America and Europe. Cambridge: Cambridge University Press, 2004: 38 - 47.

[487] Solon, Gary. Intergenerational income mobility in the United States. *American Economic Review*, 1992 (3): 393 - 408.

[488] Solon G. Chapter 29 intergenerational mobility in the labor market. *Handbook of Labor Economics*, 1999 (3): 1761 - 1800.

[489] Solon G. Cross-country differences in intergenerational earnings mobility. *Journal of Economic Perspectives*, 2002, 16 (3), 59 - 66.

[490] Solon G., Page M. E. Duncan G. J. Correlations between neighboring children in their subsequent educational attainment. *The Review of Economics and Statistics*, 2000, 82 (3): 383 - 392.

[491] Solow R. M. Technical change and the aggregate production function. *Review of Economics and Statistics*, 1957, 39 (3): 312 - 320.

[492] Sorokin P. A. Social mobility (Vol. 3). New York: Harper, 1927.

[493] Stolzenberg R. Educational continuation by college graduates. *American Journal of Sociology*, 1994, 99 (4): 1042 - 1077.

[494] Stolzenberg, Ross. Educational Continuation by College Graduates. *American Journal of Sociology*, 1994, 99 (4).

[495] The World Bank, Development Research Center of the State Council, the People's Republic of China. China2030: Building a Modern, Harmonious, and Creative Society. World Bank Report, 2013.

[496] Thomas D. Education across generations in South Africa. *The American Economic Review*, 1996, 86 (2), 330 - 334.

[497] Torche F. Analyses of intergenerational mobility: An interdisciplinary review. *The ANNALS of the American Academy of Political and Social Science*, 2015, 657 (1), 37 -62.

[498] Torche F. Is a College Degree Still the Great Equalizer? Intergenerational Mobility across Levels of Schooling in the United States1. *American Journal of Sociology*, 2011, 117 (3).

[499] Tosun E. A. Population Aging, Elderly Migration and Education Spending: Intergenerational Conflict Revisited. Iza Working Paper2. Http: //Ftp. Iza. Org/Dp4161. Pdf, 2009.

[500] Treiman D. J. Industrialization and social stratification// Laumann E. O. Social stratification: Research and theory for the 1970s. Indianapolis: Bobbs - Merrill, 1970: 207 -234.

[501] Trow M. Problems in the transition from elite to mass higher education. *Educational Problems*, 1973 (57).

[502] UNESCO. Education for All Global Monitoring Report 2012 - Youth and skills: Putting education to work. Paris: UNESCO Publishing, 2012: 14.

[503] UNESCO. Education for All - The Quality Imperative, EFA Global Monitoring Report, 2013 - 09 - 10. http: //unesdoc. unesco. org/images/0013/001373/137333e. pdf.

[504] Vandenbussche J., Aghion P., Meghir C. Growth, distance to frontier and composition of human capital. *Journal of Economic Growth*, 2006 (2).

[505] Voicu B., Vasile M. Rural-urban inequalities and expansion of tertiary education in romania. *Journal of Social Research & Policy*, 2010, 1 (1): 1708 -1719.

[506] Walder, Andrew. Local governments as industrial firms: An organizational analysis of China's transitional economy. *American Journal of Sociology*, 1995 (2): 263 -301.

[507] Walder, Andrew. Markets and inequality in transitional economics: Toward testable theories. *American Journal of Sociology*, 1996 (4): 1060 -1073.

[508] Waldfogel J., Wassbrook E. Income-related gaps in school readiness in the U. S. and the U. K. *Australian Journal of Zoology*, 2011, 59 (3): 156 -169.

[509] Wang Y., Liu S. Education, Human Capital and Economic Growth: Empirical Research on 55 Countries and Regions. *Theoretical Economics Letters*, 2016 (2).

[510] Warren J. R., Sheridan J. T., Hauser R. M. Occupational Stratification across the Life Course: Evidence from the Wisconsin Longitudinal Study. *American Soci-*

ological Review, 2002, 67 (3).

[511] Wei H. Measuring the stock of human capital for Australia: A lifetime labour income approach. Paper presented at the 30th Annual Conference of Economists, Perth, September, 2001.

[512] Weisbrod B. A. The valuation of human capital. *Journal of Political Economy*, 1961, 69 (5): 425 - 436.

[513] Wells K. Toclose the skills gap, we shouldn't forget the need for soft skills. https://www.weforum.org/agenda/2016/10/to-close-the-skills-gap-we-shouldnt-forget-the-need-for-soft-skills.

[514] Wickens C. H. *Human Capital*, *Report of the Sixteenth Meeting of the Australasian Association for the Advancement of Science*. Wellington: Government Printer, 1924.

[515] Willis P. *Learning to Labor: How Working Class Kids Get Working Class-jobs*. Columbia University Press, 1981.

[516] Woessmann L. Schooling Resources, Educational Institutions and Student Performance: The International Evidence. *Oxford Bulletin of Economics and Statistics*, 2003, 65 (2): 117 - 170.

[517] Wossmann L. Specifying human capital. *Journal of Economic Surveys*, 2003.

[518] Yang J., Qiu M. The impact of education on income inequality and intergenerational mobility. *China Economic Review*, 2016, 37: 110 - 125.

[519] Zhang C., Zhuang L. The composition of human capital and economic growth: Evidence from China using dynamic panel data analysis. *China Economic Review*, 2011 (1).

[520] Zhigang, Yuan, Chen Lin. The Trend and Mechanism of Intergenerational Income Mobility in China: An Analysis from the Perspective of Human Capital, Social Capital and Wealth. *The World Economy*, 2013 (7): 880 - 898.

教育部哲学社會科学研究重大課題攻關項目

成果出版列表

序号	书　名	首席专家
1	《马克思主义基础理论若干重大问题研究》	陈先达
2	《马克思主义理论学科体系建构与建设研究》	张雷声
3	《马克思主义整体性研究》	逄锦聚
4	《改革开放以来马克思主义在中国的发展》	顾钰民
5	《新时期　新探索　新征程 ——当代资本主义国家共产党的理论与实践研究》	聂运麟
6	《坚持马克思主义在意识形态领域指导地位研究》	陈先达
7	《当代资本主义新变化的批判性解读》	唐正东
8	《当代中国人精神生活研究》	童世骏
9	《弘扬与培育民族精神研究》	杨叔子
10	《当代科学哲学的发展趋势》	郭贵春
11	《服务型政府建设规律研究》	朱光磊
12	《地方政府改革与深化行政管理体制改革研究》	沈荣华
13	《面向知识表示与推理的自然语言逻辑》	鞠实儿
14	《当代宗教冲突与对话研究》	张志刚
15	《马克思主义文艺理论中国化研究》	朱立元
16	《历史题材文学创作重大问题研究》	童庆炳
17	《现代中西高校公共艺术教育比较研究》	曾繁仁
18	《西方文论中国化与中国文论建设》	王一川
19	《中华民族音乐文化的国际传播与推广》	王耀华
20	《楚地出土戰國簡册［十四種］》	陈　伟
21	《近代中国的知识与制度转型》	桑　兵
22	《中国抗战在世界反法西斯战争中的历史地位》	胡德坤
23	《近代以来日本对华认识及其行动选择研究》	杨栋梁
24	《京津冀都市圈的崛起与中国经济发展》	周立群
25	《金融市场全球化下的中国监管体系研究》	曹凤岐
26	《中国市场经济发展研究》	刘　伟
27	《全球经济调整中的中国经济增长与宏观调控体系研究》	黄　达
28	《中国特大都市圈与世界制造业中心研究》	李廉水

序号	书　名	首席专家
29	《中国产业竞争力研究》	赵彦云
30	《东北老工业基地资源型城市发展可持续产业问题研究》	宋冬林
31	《转型时期消费需求升级与产业发展研究》	臧旭恒
32	《中国金融国际化中的风险防范与金融安全研究》	刘锡良
33	《全球新型金融危机与中国的外汇储备战略》	陈雨露
34	《全球金融危机与新常态下的中国产业发展》	段文斌
35	《中国民营经济制度创新与发展》	李维安
36	《中国现代服务经济理论与发展战略研究》	陈　宪
37	《中国转型期的社会风险及公共危机管理研究》	丁烈云
38	《人文社会科学研究成果评价体系研究》	刘大椿
39	《中国工业化、城镇化进程中的农村土地问题研究》	曲福田
40	《中国农村社区建设研究》	项继权
41	《东北老工业基地改造与振兴研究》	程　伟
42	《全面建设小康社会进程中的我国就业发展战略研究》	曾湘泉
43	《自主创新战略与国际竞争力研究》	吴贵生
44	《转轨经济中的反行政性垄断与促进竞争政策研究》	于良春
45	《面向公共服务的电子政务管理体系研究》	孙宝文
46	《产权理论比较与中国产权制度变革》	黄少安
47	《中国企业集团成长与重组研究》	蓝海林
48	《我国资源、环境、人口与经济承载能力研究》	邱　东
49	《“病有所医”——目标、路径与战略选择》	高建民
50	《税收对国民收入分配调控作用研究》	郭庆旺
51	《多党合作与中国共产党执政能力建设研究》	周淑真
52	《规范收入分配秩序研究》	杨灿明
53	《中国社会转型中的政府治理模式研究》	娄成武
54	《中国加入区域经济一体化研究》	黄卫平
55	《金融体制改革和货币问题研究》	王广谦
56	《人民币均衡汇率问题研究》	姜波克
57	《我国土地制度与社会经济协调发展研究》	黄祖辉
58	《南水北调工程与中部地区经济社会可持续发展研究》	杨云彦
59	《产业集聚与区域经济协调发展研究》	王　珺

序号	书　名	首席专家
60	《我国货币政策体系与传导机制研究》	刘　伟
61	《我国民法典体系问题研究》	王利明
62	《中国司法制度的基础理论问题研究》	陈光中
63	《多元化纠纷解决机制与和谐社会的构建》	范　愉
64	《中国和平发展的重大前沿国际法律问题研究》	曾令良
65	《中国法制现代化的理论与实践》	徐显明
66	《农村土地问题立法研究》	陈小君
67	《知识产权制度变革与发展研究》	吴汉东
68	《中国能源安全若干法律与政策问题研究》	黄　进
69	《城乡统筹视角下我国城乡双向商贸流通体系研究》	任保平
70	《产权强度、土地流转与农民权益保护》	罗必良
71	《我国建设用地总量控制与差别化管理政策研究》	欧名豪
72	《矿产资源有偿使用制度与生态补偿机制》	李国平
73	《巨灾风险管理制度创新研究》	卓　志
74	《国有资产法律保护机制研究》	李曙光
75	《中国与全球油气资源重点区域合作研究》	王　震
76	《可持续发展的中国新型农村社会养老保险制度研究》	邓大松
77	《农民工权益保护理论与实践研究》	刘林平
78	《大学生就业创业教育研究》	杨晓慧
79	《新能源与可再生能源法律与政策研究》	李艳芳
80	《中国海外投资的风险防范与管控体系研究》	陈菲琼
81	《生活质量的指标构建与现状评价》	周长城
82	《中国公民人文素质研究》	石亚军
83	《城市化进程中的重大社会问题及其对策研究》	李　强
84	《中国农村与农民问题前沿研究》	徐　勇
85	《西部开发中的人口流动与族际交往研究》	马　戎
86	《现代农业发展战略研究》	周应恒
87	《综合交通运输体系研究——认知与建构》	荣朝和
88	《中国独生子女问题研究》	风笑天
89	《我国粮食安全保障体系研究》	胡小平
90	《我国食品安全风险防控研究》	王　硕

序号	书　名	首席专家
91	《城市新移民问题及其对策研究》	周大鸣
92	《新农村建设与城镇化推进中农村教育布局调整研究》	史宁中
93	《农村公共产品供给与农村和谐社会建设》	王国华
94	《中国大城市户籍制度改革研究》	彭希哲
95	《国家惠农政策的成效评价与完善研究》	邓大才
96	《以民主促进和谐——和谐社会构建中的基层民主政治建设研究》	徐　勇
97	《城市文化与国家治理——当代中国城市建设理论内涵与发展模式建构》	皇甫晓涛
98	《中国边疆治理研究》	周　平
99	《边疆多民族地区构建社会主义和谐社会研究》	张先亮
100	《新疆民族文化、民族心理与社会长治久安》	高静文
101	《中国大众媒介的传播效果与公信力研究》	喻国明
102	《媒介素养：理念、认知、参与》	陆　晔
103	《创新型国家的知识信息服务体系研究》	胡昌平
104	《数字信息资源规划、管理与利用研究》	马费成
105	《新闻传媒发展与建构和谐社会关系研究》	罗以澄
106	《数字传播技术与媒体产业发展研究》	黄升民
107	《互联网等新媒体对社会舆论影响与利用研究》	谢新洲
108	《网络舆论监测与安全研究》	黄永林
109	《中国文化产业发展战略论》	胡惠林
110	《20世纪中国古代文化经典在域外的传播与影响研究》	张西平
111	《国际传播的理论、现状和发展趋势研究》	吴　飞
112	《教育投入、资源配置与人力资本收益》	闵维方
113	《创新人才与教育创新研究》	林崇德
114	《中国农村教育发展指标体系研究》	袁桂林
115	《高校思想政治理论课程建设研究》	顾海良
116	《网络思想政治教育研究》	张再兴
117	《高校招生考试制度改革研究》	刘海峰
118	《基础教育改革与中国教育学理论重建研究》	叶　澜
119	《我国研究生教育结构调整问题研究》	袁本涛 王传毅
120	《公共财政框架下公共教育财政制度研究》	王善迈

序号	书　名	首席专家
121	《农民工子女问题研究》	袁振国
122	《当代大学生诚信制度建设及加强大学生思想政治工作研究》	黄蓉生
123	《从失衡走向平衡：素质教育课程评价体系研究》	钟启泉 崔允漷
124	《构建城乡一体化的教育体制机制研究》	李　玲
125	《高校思想政治理论课教育教学质量监测体系研究》	张耀灿
126	《处境不利儿童的心理发展现状与教育对策研究》	申继亮
127	《学习过程与机制研究》	莫　雷
128	《青少年心理健康素质调查研究》	沈德立
129	《灾后中小学生心理疏导研究》	林崇德
130	《民族地区教育优先发展研究》	张诗亚
131	《WTO主要成员贸易政策体系与对策研究》	张汉林
132	《中国和平发展的国际环境分析》	叶自成
133	《冷战时期美国重大外交政策案例研究》	沈志华
134	《新时期中非合作关系研究》	刘鸿武
135	《我国的地缘政治及其战略研究》	倪世雄
136	《中国海洋发展战略研究》	徐祥民
137	《深化医药卫生体制改革研究》	孟庆跃
138	《华侨华人在中国软实力建设中的作用研究》	黄　平
139	《我国地方法制建设理论与实践研究》	葛洪义
140	《城市化理论重构与城市化战略研究》	张鸿雁
141	《境外宗教渗透论》	段德智
142	《中部崛起过程中的新型工业化研究》	陈晓红
143	《农村社会保障制度研究》	赵　曼
144	《中国艺术学学科体系建设研究》	黄会林
145	《人工耳蜗术后儿童康复教育的原理与方法》	黄昭鸣
146	《我国少数民族音乐资源的保护与开发研究》	樊祖荫
147	《中国道德文化的传统理念与现代践行研究》	李建华
148	《低碳经济转型下的中国碳排放权交易体系》	齐绍洲
149	《中国东北亚战略与政策研究》	刘清才
150	《促进经济发展方式转变的地方财税体制改革研究》	钟晓敏
151	《中国—东盟区域经济一体化》	范祚军

序号	书　名	首席专家
152	《非传统安全合作与中俄关系》	冯绍雷
153	《外资并购与我国产业安全研究》	李善民
154	《近代汉字术语的生成演变与中西日文化互动研究》	冯天瑜
155	《新时期加强社会组织建设研究》	李友梅
156	《民办学校分类管理政策研究》	周海涛
157	《我国城市住房制度改革研究》	高　波
158	《新媒体环境下的危机传播及舆论引导研究》	喻国明
159	《法治国家建设中的司法判例制度研究》	何家弘
160	《中国女性高层次人才发展规律及发展对策研究》	佟　新
161	《国际金融中心法制环境研究》	周仲飞
162	《居民收入占国民收入比重统计指标体系研究》	刘　扬
163	《中国历代边疆治理研究》	程妮娜
164	《性别视角下的中国文学与文化》	乔以钢
165	《我国公共财政风险评估及其防范对策研究》	吴俊培
166	《中国历代民歌史论》	陈书录
167	《大学生村官成长成才机制研究》	马抗美
168	《完善学校突发事件应急管理机制研究》	马怀德
169	《秦简牍整理与研究》	陈　伟
170	《出土简帛与古史再建》	李学勤
171	《民间借贷与非法集资风险防范的法律机制研究》	岳彩申
172	《新时期社会治安防控体系建设研究》	宫志刚
173	《加快发展我国生产服务业研究》	李江帆
174	《基本公共服务均等化研究》	张贤明
175	《职业教育质量评价体系研究》	周志刚
176	《中国大学校长管理专业化研究》	宣　勇
177	《“两型社会”建设标准及指标体系研究》	陈晓红
178	《中国与中亚地区国家关系研究》	潘志平
179	《保障我国海上通道安全研究》	吕　靖
180	《世界主要国家安全体制机制研究》	刘胜湘
181	《中国流动人口的城市逐梦》	杨菊华
182	《建设人口均衡型社会研究》	刘渝琳
183	《农产品流通体系建设的机制创新与政策体系研究》	夏春玉

序号	书　名	首席专家
184	《区域经济一体化中府际合作的法律问题研究》	石佑启
185	《城乡劳动力平等就业研究》	姚先国
186	《20世纪朱子学研究精华集成——从学术思想史的视角》	乐爱国
187	《拔尖创新人才成长规律与培养模式研究》	林崇德
188	《生态文明制度建设研究》	陈晓红
189	《我国城镇住房保障体系及运行机制研究》	虞晓芬
190	《中国战略性新兴产业国际化战略研究》	汪　涛
191	《证据科学论纲》	张保生
192	《要素成本上升背景下我国外贸中长期发展趋势研究》	黄建忠
193	《中国历代长城研究》	段清波
194	《当代技术哲学的发展趋势研究》	吴国林
195	《20世纪中国社会思潮研究》	高瑞泉
196	《中国社会保障制度整合与体系完善重大问题研究》	丁建定
197	《民族地区特殊类型贫困与反贫困研究》	李俊杰
198	《扩大消费需求的长效机制研究》	臧旭恒
199	《我国土地出让制度改革及收益共享机制研究》	石晓平
200	《高等学校分类体系及其设置标准研究》	史秋衡
201	《全面加强学校德育体系建设研究》	杜时忠
202	《生态环境公益诉讼机制研究》	颜运秋
203	《科学研究与高等教育深度融合的知识创新体系建设研究》	杜德斌
204	《女性高层次人才成长规律与发展对策研究》	罗瑾琏
205	《岳麓秦简与秦代法律制度研究》	陈松长
206	《民办教育分类管理政策实施跟踪与评估研究》	周海涛
207	《建立城乡统一的建设用地市场研究》	张安录
208	《迈向高质量发展的经济结构转变研究》	郭熙保
209	《中国社会福利理论与制度构建——以适度普惠社会福利制度为例》	彭华民
210	《提高教育系统廉政文化建设实效性和针对性研究》	罗国振
211	《毒品成瘾及其复吸行为——心理学的研究视角》	沈模卫
212	《英语世界的中国文学译介与研究》	曹顺庆
213	《建立公开规范的住房公积金制度研究》	王先柱

序号	书　名	首席专家
214	《现代归纳逻辑理论及其应用研究》	何向东
215	《时代变迁、技术扩散与教育变革：信息化教育的理论与实践探索》	杨　浩
216	《城镇化进程中新生代农民工职业教育与社会融合问题研究》	褚宏启 薛二勇
217	《我国先进制造业发展战略研究》	唐晓华
218	《融合与修正：跨文化交流的逻辑与认知研究》	鞠实儿
219	《中国新生代农民工收入状况与消费行为研究》	金晓彤
220	《高校少数民族应用型人才培养模式综合改革研究》	张学敏
221	《中国的立法体制研究》	陈　俊
222	《教师社会经济地位问题：现实与选择》	劳凯声
223	《中国现代职业教育质量保障体系研究》	赵志群
224	《欧洲农村城镇化进程及其借鉴意义》	刘景华
225	《国际金融危机后全球需求结构变化及其对中国的影响》	陈万灵
226	《创新法治人才培养机制》	杜承铭
227	《法治中国建设背景下警察权研究》	余凌云
228	《高校财务管理创新与财务风险防范机制研究》	徐明稚
229	《义务教育学校布局问题研究》	雷万鹏
230	《高校党员领导干部清正、党政领导班子清廉的长效机制研究》	汪　曣
231	《二十国集团与全球经济治理研究》	黄茂兴
232	《高校内部权力运行制约与监督体系研究》	张德祥
233	《职业教育办学模式改革研究》	石伟平
234	《职业教育现代学徒制理论研究与实践探索》	徐国庆
235	《全球化背景下国际秩序重构与中国国家安全战略研究》	张汉林
236	《进一步扩大服务业开放的模式和路径研究》	申明浩
237	《自然资源管理体制研究》	宋马林
238	《高考改革试点方案跟踪与评估研究》	钟秉林
239	《全面提高党的建设科学化水平》	齐卫平
240	《“绿色化”的重大意义及实现途径研究》	张俊飚
241	《利率市场化背景下的金融风险研究》	田利辉
242	《经济全球化背景下中国反垄断战略研究》	王先林

序号	书　名	首席专家
243	《中华文化的跨文化阐释与对外传播研究》	李庆本
244	《世界一流大学和一流学科评价体系与推进战略》	王战军
245	《新常态下中国经济运行机制的变革与中国宏观调控模式重构研究》	袁晓玲
246	《推进21世纪海上丝绸之路建设研究》	梁　颖
247	《现代大学治理结构中的纪律建设、德治礼序和权力配置协调机制研究》	周作宇
248	《渐进式延迟退休政策的社会经济效应研究》	席　恒
249	《经济发展新常态下我国货币政策体系建设研究》	潘　敏
250	《推动智库建设健康发展研究》	李　刚
251	《农业转移人口市民化转型：理论与中国经验》	潘泽泉
252	《电子商务发展趋势及对国内外贸易发展的影响机制研究》	孙宝文
253	《创新专业学位研究生培养模式研究》	贺克斌
254	《医患信任关系建设的社会心理机制研究》	汪新建
255	《司法管理体制改革基础理论研究》	徐汉明
256	《建构立体形式反腐败体系研究》	徐玉生
257	《重大突发事件社会舆情演化规律及应对策略研究》	傅昌波
258	《中国社会需求变化与学位授予体系发展前瞻研究》	姚　云
259	《非营利性民办学校办学模式创新研究》	周海涛
260	《基于“零废弃”的城市生活垃圾管理政策研究》	褚祝杰
261	《城镇化背景下我国义务教育改革和发展机制研究》	邬志辉
262	《中国满族语言文字保护抢救口述史》	刘厚生
263	《构建公平合理的国际气候治理体系研究》	薄　燕
264	《新时代治国理政方略研究》	刘焕明
265	《新时代高校党的领导体制机制研究》	黄建军
266	《东亚国家语言中汉字词汇使用现状研究》	施建军
267	《中国传统道德文化的现代阐释和实践路径研究》	吴根友
268	《创新社会治理体制与社会和谐稳定长效机制研究》	金太军
269	《文艺评论价值体系的理论建设与实践研究》	刘俐俐
270	《新形势下弘扬爱国主义重大理论和现实问题研究》	王泽应

序号	书　名	首席专家
271	《我国高校“双一流”建设推进机制与成效评估研究》	刘念才
272	《中国特色社会主义监督体系的理论与实践》	过　勇
273	《中国软实力建设与发展战略》	骆郁廷
274	《坚持和加强党的全面领导研究》	张世飞
275	《面向 2035 我国高校哲学社会科学整体发展战略研究》	任少波
276	《中国古代曲乐乐谱今译》	刘崇德
277	《民营企业参与“一带一路”国际产能合作战略研究》	陈衍泰
278	《网络空间全球治理体系的建构》	崔保国
279	《汉语国际教育视野下的中国文化教材与数据库建设研究》	于小植
280	《新型政商关系研究》	陈寿灿
281	《完善社会救助制度研究》	慈勤英
282	《太行山和吕梁山抗战文献整理与研究》	岳谦厚
283	《清代稀见科举文献研究》	陈维昭
284	《协同创新的理论、机制与政策研究》	朱桂龙
285	《数据驱动的公共安全风险治理》	沙勇忠
286	《黔西北濒危彝族钞本文献整理和研究》	张学立
287	《我国高素质幼儿园园长队伍建设研究》	缴润凯
288	《我国债券市场建立市场化法制化风险防范体系研究》	冯　果
289	《流动人口管理和服务对策研究》	关信平
290	《企业环境责任与政府环境责任协同机制研究》	胡宗义
291	《多重外部约束下我国融入国际价值链分工战略研究》	张为付
292	《政府债务预算管理与绩效评价》	金荣学
293	《推进以保障和改善民生为重点的社会体制改革研究》	范明林
294	《中国传统村落价值体系与异地扶贫搬迁中的传统村落保护研究》	郝　平
295	《大病保险创新发展的模式与路径》	田文华
296	《教育与经济发展：理论探索与实证分析》	杜育红
	……